단기 합격을 위한 최고의 길잡이

개인정보 관리사 CPPG

과목별 **핵심정리** ➕ 과목별 **실력 확인 문제** ➕ **최종 점검 모의고사**

최윤미, 이아람 지음

■ **도서 A/S 안내**

성안당에서 발행하는 모든 도서는 저자와 출판사, 그리고 독자가 함께 만들어 나갑니다.

좋은 책을 펴내기 위해 많은 노력을 기울이고 있으나 혹시라도 내용상의 오류나 오탈자 등이 발견되면 **"좋은 책은 나라의 보배"** 로서 우리 모두가 함께 만들어 간다는 마음으로 연락주시기 바랍니다. 수정 보완하여 더 나은 책이 되도록 최선을 다하겠습니다.

성안당은 늘 독자 여러분들의 소중한 의견을 기다리고 있습니다. 좋은 의견을 보내주시는 분께는 성안당 쇼핑몰의 포인트(3,000포인트)를 적립해 드립니다.

잘못 만들어진 책이나 부록이 파손된 경우에는 교환해 드립니다.

저자 문의 cafe : https://cafe.naver.com/cppget
본서 기획자 e-mail : coh@cyber.co.kr(최옥현)
홈페이지 : http://www.cyber.co.kr 전화 : 031) 950-6300

디지털 사회로의 전환이 가속화되면서 개인정보는 단순한 신상 정보의 차원을 넘어, 개인의 정체성과 권리, 나아가 사회적 신뢰를 지탱하는 핵심 자산으로 자리매김하였다. 온라인 환경과 데이터 기반 서비스가 일상화된 오늘날, 개인정보 보호는 기업과 기관, 나아가 모든 개인에게 중요한 과제가 되고 있다.

개인정보란 무엇이며 왜 보호해야 하는가에 대한 질문은 이제 단순한 기술적·법적 논의를 넘어 사회적 신뢰와 인권 보장의 차원으로 확장되고 있다. 법률은 개인정보를 식별 가능한 정보로 정의하지만, 실무에서는 개인정보의 비대칭성, 비가역성 등 특성을 고려해야 한다. 또한 프라이버시 개념과의 관계를 통해 개인정보 보호가 단순한 데이터 관리가 아니라 인간 존엄과 사회적 가치 보장의 문제임을 이해할 필요가 있다.

개인정보관리사(개인정보 보호 관리사)는 개인정보 보호 관련 법규와 제도, 관리체계, 기술적 보호조치 등을 종합적으로 이해하고 실무에 적용할 수 있는 전문가 자격을 의미한다. 우리나라에서 개인정보보호의 중요성이 커지면서 생겨난 민간 자격으로, 기업·기관·단체에서 개인정보 보호 책임자(CPO)나 실무 담당자에게 필요한 전문성을 검증하는 역할을 한다.

이 책은 이러한 개인정보 관리와 보호 전반을 학습하고, 개인정보관리사 시험에 효과적으로 대비할 수 있도록 다음과 같이 구성하였다.

1. **과목별 핵심 이론**
    시험 범위를 정확히 파악하고 이론을 체계적으로 학습할 수 있도록 정리하였다.

2. **과목별 실력 점검 문제**
    각 단원의 이해도를 스스로 확인하고 약점을 보완할 수 있도록 구성하였다.

3. **최종 점검 모의고사**
    실제 시험과 유사한 형태로 최종 실력을 점검하고 합격 가능성을 높일 수 있도록 하였다.

이 책이 독자 여러분의 체계적인 학습과 실력 향상에 도움이 되기를 바라며, 궁극적으로 개인정보관리사 자격시험 합격이라는 값진 성과를 거두시기를 기원한다. 나아가 본 교재가 독자 여러분을 개인정보 보호 전문가로 성장시키는 든든한 밑거름이 되기를 기대한다.

– 집필진 일동

추천사 1

오늘날 정보기술의 급속한 발전과 함께 개인정보의 안전한 관리와 활용은 우리 사회 전반에서 중요한 화두로 떠오르고 있습니다. 기업과 공공기관뿐만 아니라 개인 사용자에 이르기까지, 개인정보 보호의 원칙과 절차를 올바르게 이해하고 실천하는 것은 더 이상 선택이 아닌 필수의 요소가 되었습니다. 이러한 중요한 시점에서, 「CPPG(개인정보관리사) 자격증 교재」의 출간은 매우 뜻깊은 일이라 하겠습니다.

이 책은 실무에서 반드시 알아야 하는 개인정보 보호의 기본 원칙과 법적 근거를 충실히 담고 있어 개인정보관리사(CPPG) 자격증 취득에 필요 사항뿐만 아니라, 개인정보보호 실무에 필요한 사례와 응용 가능한 관리·보호 체계를 알기 쉽게 제시하고 있습니다. 저자께서 오랜 경력과 전문성을 바탕으로 집필한 이 교재는 단순히 시험 준비용 문자 해설을 넘어서, 현장에서 정책을 수립·시행하고 위기 상황에 대응할 수 있는 실질적인 지침서가 됩니다. 특히 개인정보 처리 단계별 관리 절차, 법률 해석의 핵심 포인트, 최신 판례와 규제 동향에 대한 설명은 수험생은 물론 현업 전문가들에게도 커다란 도움이 될 것입니다.

무엇보다 이 교재의 가장 큰 장점은 자격증 교재로서의 충실성에 있습니다. CPPG 시험의 출제 영역과 학습 목표를 체계적으로 반영하여 독자가 학습할 내용을 단계적으로 습득할 수 있도록 구성되었으며, 이해를 돕는 다양한 예시와 정리된 표·도표는 학습 효율을 한층 높여줍니다. 따라서 독자들은 이 책을 통해 단순한 자격 취득을 넘어, 개인정보 보호 전문가로서 가져야 할 폭넓은 안목과 실천 역량을 기르게 될 것입니다.

한국정보공학기술사회는 시대적 요구에 맞는 전문 자격과 지식 보급을 적극적으로 지지하고 있습니다. 이러한 맥락에서 본 교재의 출간은 우리 사회가 직면한 개인정보보호의 과제 해결에 실질적인 기여를 할 것이며, 더 나아가 정보보호 전문 인력 양성에도 튼튼한 토대가 될 것이라 확신합니다.

끝으로 이 책을 집필해 주신 저자와 관계자 여러분의 노고에 감사드리며, 이 교재가 개인정보 보호와 관리에 있어 많은 독자에게 든든한 길잡이가 되기를 기대합니다. 또한 CPPG 자격증을 준비하는 모든 수험생이 이 책을 통해 좋은 성과를 거두고, 나아가 우리 사회의 안전하고 신뢰받는 정보 환경 구축에 이바지하게 되기를 진심으로 바랍니다.

제16대 한국정보공학기술사회 회장　김유석

추천사 2

최근의 정보통신 기술은 실로 놀라울 뿐입니다. 몇 년 전까지만 해도 개인정보 보호 관계 전문가들은 빅데이터, 사물인터넷 등의 정보통신 기술 발달로 개인정보처리자와 정보 주체가 자신의 개인정보가 어떻게 처리되는지를 통제하기 어렵다고 하면서 제도적 개선이 필요하다고 역설하였습니다. 그런데 요즘은 인공지능이 발달하여 이러한 개인정보 처리에 대한 통제는 더더욱 어렵게 되었습니다. 인공지능이 스스로 개인정보가 포함된 정보들을 검색하고 가공하여 처리하면서 새로운 정보를 창출해 내고 있습니다. 그래서 개인정보처리자나 정보 주체는 개인정보의 흐름을 통제하기 어렵게 되었습니다. 개인정보의 흐름이 명확한 상황에서 규제가 이루어지고 있는 현재의 법체계에서 요구하는 법적 의무 사항을 완벽하게 준수하였다고 하여 개인정보 보호가 완벽하다고 하기 어려운 현실입니다. 또한 개인정보 유출 등 침해사고가 발생하면 대규모로 발생하기 때문에 유출 사고의 여파는 감당하기 어려운 수준에 이르게 됩니다. 그래서 개인정보 침해가 발생하지 않도록 하는 사전적인 조치가 중요합니다. 이미 오래전부터 중요성을 강조해 온 "Privacy by Design"은 단순한 이론이 아니라 개인정보 처리 업무를 기획하고 설계하는 단계에 반드시 반영되어야 하고 개인정보를 활용하고 파기하는 모든 개인정보 처리단계에 필수적으로 고려하여야 할 사안입니다. 지난 2025년 9월에 개인정보보호위원회는 "개인정보 안전관리 체계 강화 방안"을 발표하면서 사전 예방으로 보호 체계를 개편하겠다고 하였습니다. 이제 개인정보 보호를 위하여서는 개인정보 보호 책임자와 개인정보보호 업무 담당자에게는 더 깊이 있는 전문성을 요구합니다.

저는 2009년부터 행정안전부와 개인정보보호위원회에서 개인정보 보호에 대한 정책과 집행을 담당하여 왔습니다. 개인정보 보호에 대한 법과 제도를 정비하고 이를 개인정보보호 담당자들에게 알리면서 개인정보보호 업무 담당자들의 수많은 질의 사항을 처리하였습니다. 개인정보 보호법 제정 초기에는 법조문에 대한 단순한 해석 요청이 주된 내용이어서 답변하는 데 별다른 어려움이 없었습니다. 하지만 최근에는 개인정보 보호법만이 아니라 개별 사안과 관련된 법령과 지침, 개인정보 보호법의 조문과 조문 간의 관계를 참고하고 문제가 발생하게 된 전후 상황까지 종합적으로 고려하여야 질의에 답변할 수 있을 정도로 개인정보를 둘러싼 논란은 매우 복잡하고 다양해졌습니다. 복잡한 개인정보 보호 업무를 처리하기 위해서는 개인정보의 기술적·관리적 보호조치는 기본이고 조직 전반의 관계 법령과 업무의 흐름을 통찰하여야 하는 전문성을 요구하고 있습니다.

이러한 시점에서, 기술사께서 집필하신 「CPPG(개인정보관리자) 자격증 교재」의 출간은 매우 뜻깊습니다. 이 교재는 개인정보 보호 법제의 전반을 충실히 설명하는 동시에 실무자가 마주하게 될 다양한 상황과 쟁점을 알기 쉽게 정리하여 수록하고 있습니다. 특히 이 책은 CPPG 자격시험의 출제 영역과 학습 목표에 대한 충실한 반영을 바탕으로 구성되어 있어 수험생이 효과적으로 학습할 수 있게 설계되어 있습니다. 그리고 장마다 핵심 개념을 설명하고 관련 법령 및 제도적 배경을 상세히 다루어 독자들이 개인정보 보호 체계의 큰 그림을 이해하도록 돕고 있습니다. 나아가 구체적인 사례 중심의 해설과 표·도표를 활용한 직관적인 설명은 실제 현장에서 적용이 가능할 정도로 자세하게 되어 있어 개인정보 보호 업무 담당자들이 실무에서 부딪치게 될 어려움을 쉽게 해결하도록 도움을 줄 것으로 기대합니다.

바로 이러한 점에서 본 「CPPG(개인정보관리자) 자격증 교재」는 탁월한 가치를 지니고 있습니다. 본 「CPPG(개인정보관리자) 자격증 교재」는 단순한 자격시험 대비용 교재가 아닙니다. 개인정보 보호 업무 담당자들이 개인정보 보호와 관리의 원칙을 현장에서 실제로 구현할 수 있도록 돕는 실질적인 지침서라 할 수 있겠습니다. 그리고 기업과 공공기관의 개인정보 처리의 질의에 대한 답변과 조언해 주어야 하는 컨설턴트들에게도 업무에 든든한 참고 서적이 될 것으로 기대합니다.

앞으로도 개인정보 보호를 둘러싼 국내외 환경은 끊임없이 변화할 것이며, 이에 대응하려는 노력은 더욱 정교해져야 할 것입니다. 본 교재의 출간은 그러한 변화 속에서 개인정보 업무 담당자들이 흔들림 없이 전문성을 발휘하도록 돕는 중요한 이정표가 될 것이라 믿습니다.

건국대학교 정보통신대학원 겸임교수
(전) 개인정보보호위원회 서기관   김용학

합격을 위한 학습 서비스

❶ 「개인정보관리사 CPPG 합격」 카페

「개인정보관리사 CPPG 합격」 카페는 개인정보관리사 CPPG 합격을 위한 정보 교류 커뮤니티로, 다양한 「시험 정보」, 「학습 정보」, 「문의&답변」을 통하여 시험을 준비하는 데 도움을 드립니다.

※ https://cafe.naver.com/cppget

❷ 최종 점검 모의고사 문제 풀이 앱(APP) 무료 응시권 제공

최종 점검 모의고사를 앱(APP)을 이용해 풀어봄으로써 실력을 점검할 수 있도록 하였습니다.

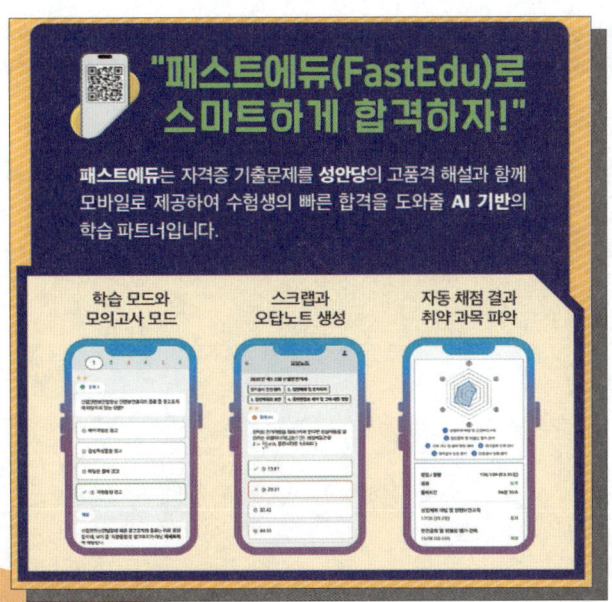

시험안내

[1] 응시자격
- 제한 없음

[2] 자격정보
- 자격명 : 개인정보관리사(CPPG, Certified Privacy Protection General)
- 자격의 종류 : 등록(비공인) 민간자격

[3] 검정기준

개인정보보호 정책 및 대처 방법론에 대한 지식 및 능력을 갖춘 인력 또는 향후 기업 또는 기관의 개인정보 관리를 희망하는 자로서, 다음의 업무능력을 보유한 자
- 개인정보보호와 관련된 보안정책의 수립
- 기업, 기관 등 개인정보보호의 이해
- 개인정보취급자 관리
- 관련 법규에 대한 지식 및 적용

[4] 시험과목 및 합격기준

시험과목	문항	배점	출제형태	시험시간	합격기준
개인정보보호의 이해	10	10	객관식 5지선다	120분	과목당 40% 이상 총점 60% 이상
개인정보보호 제도	20	20			
개인정보 라이프사이클 관리	25	25			
개인정보의 보호조치	30	30			
개인정보 관리체계	15	15			

[5] 출제기준

대단원(비율)	출제기준 중단원
1. 개인정보보호의 이해(10%)	1. 개인정보의 개요 - 개인정보의 정의　　　- 프라이버시와 개인정보 - 개인정보의 유형 및 종류　- 개인정보의 특성 - 개인정보 가치산정　　- 해외 개인정보보호 제도 소개 2. 개인정보보호의 중요성 - 정보사회와 개인정보 등 사생활 노출 - 개인정보 침해 유형 - 개인정보보호의 필요성(사회적 영향) 3. 기업의 사회적 책임 - 개인정보의 중요성 인식　- 개인정보 조직 구성, 운영 - 개인정보 조직의 역할
2. 개인정보보호 제도(20%)	1. 개인정보보호 관련 법률 체계 - 개인정보보호 관련 법 개요 - 우리나라 개인정보보호 관련 주요 법 체계 2. 개인정보보호 원칙과 의무 - OECD 8원칙 - 필요최소한의 개인정보 수집 - 목적외 개인정보 활용 금지 - 개인정보의 정확성, 완전성, 최신성 보장 - 안전조치 의무 - 개인정보 처리 방침의 수립 및 공개 - 정보주체의 권리보장　　- 사생활 침해의 최소화 - 익명처리 원칙　　　　- 법령 준수의무 - 개인정보의 처리제한　　- 개인정보 보호책임자의 지정 - 개인정보파일의 등록 및 공개 3. 정보주체의 권리 - 개인정보처리에 관한 정보를 제공받을 권리 - 개인정보처리에 관한 동의권 - 개인정보 열람권 - 개인정보 처리정지, 정정, 삭제권 - 법정대리인의 권리 - 개인정보처리로 인하여 발생한 피해를 구제받을 권리 4. 분쟁해결절차 - 개인정보 분쟁조정　　- 단체소송

|개인정보관리사|

대단원(비율)	출제기준 중단원
3. 개인정보 라이프사이클 관리(25%)	1. 개인정보 수집, 이용 – 개인정보 오너십의 이해 – 개인정보 수집, 이용 원칙 – 개인정보 수집, 이용 시 유의사항
	2. 개인정보 저장, 관리 – 개인정보 저장, 관리의 이해 – 개인정보 파기의 원칙 – 개인정보 처리 시 유의 사항
	3. 개인정보 제공 – 개인정보 제공의 이해 – 개인정보 제3자 제공, 위탁 원칙 – 제3자 제공과 위탁의 구분 – 개인정보 제공 시 유의사항
4. 개인정보의 보호조치(30%)	1. 개요 – 제·개정의 배경 – 기준의 법적 성격
	2. 개인정보의 기술적, 관리적 보호조치 기준 – 내부관리계획의 수립,시행 – 접근 통제 – 접속기록의 위·변조 방지 – 고유식별정보 – 개인정보의 암호화 – 악성프로그램 방지 – 출력복사 시 보호조치 – 개인정보 표시제한 보호조치 – 출입통제 – CCTV 영상/운영
5. 개인정보 관리체계 (15%)	1. 개인정보 관리체계 개요 – 개인정보 관리체계의 개념 – 국내외 개인정보보호 관리체계의 유형 및 현황
	2. 주요 개인정보 관리체계 – 개인정보 영향평가 – 개인정보보호 수준진단 – 개인정보보호 관리체계

차례

PART 01 개인정보의 개요

Chapter 01 개인정보의 정의
1. 개인정보의 정의 ··· 18
2. 프라이버시(Privacy)의 개념 ································ 22
3. 개인정보의 유형 및 종류 ···································· 25
4. 개인정보의 특성 ··· 27
5. 개인정보의 가치 산정 ··· 29
6. 해외 개인정보 보호 제도 소개 ···························· 31

Chapter 02 개인정보 보호의 중요성
1. 개인정보의 가치 ··· 34
2. 개인정보 침해 유형 ·· 35

Chapter 03 기업의 사회적 책임
1. 기업의 사회적 책임(CSR) ···································· 42
2. ESG 개념 ·· 43
3. 개인정보 보호 조직의 구성 ································ 44
실력 확인 문제 ··· 47

PART 02 개인정보 보호 제도

Chapter 01 개인정보 보호 관련 법률 체계
1. 개인정보 보호 관련 법 개요 ······························· 52
2. 우리나라 개인정보 보호 관련 주요 법체계 ········· 56

| 개인정보관리사 |

Chapter 02 개인정보 보호 원칙과 의무

1. 개인정보 보호 원칙 ………………………………………………………… 58
2. OECD 프라이버시 8원칙 ………………………………………………… 59
3. 개인정보의 수집 제한 ……………………………………………………… 61
4. 목적 외 개인정보 활용 금지 ……………………………………………… 65
5. 민감정보의 처리 제한 ……………………………………………………… 67
6. 고유식별정보의 처리 제한 ………………………………………………… 68
7. 주민등록번호 처리의 제한 ………………………………………………… 72
8. 고정형 영상정보처리기기의 설치, 운영 제한 …………………………… 76
9. 이동형 영상정보처리기기의 설치·운영 ………………………………… 85
10. 가명정보의 처리 …………………………………………………………… 88
11. 개인정보의 정확성, 완전성, 최신성 보장 ……………………………… 107
12. 안전조치 의무 ……………………………………………………………… 109
13. 개인정보처리 방침의 수립 및 공개 ……………………………………… 132
14. 정보주체의 권리보장 ……………………………………………………… 143
15. 사생활 침해의 최소화 …………………………………………………… 143
16. 익명 처리 원칙 …………………………………………………………… 145
17. 법령 준수 미준수 과징금 ………………………………………………… 147
18. 개인정보의 수집, 이용, 제공 등 ………………………………………… 152
19. 개인정보의 처리제한 ……………………………………………………… 161
20. 개인정보 보호책임자의 지정 …………………………………………… 163
21. 개인정보파일의 등록 및 공개 …………………………………………… 165
22. 개인정보 유출 등의 통지, 신고 ………………………………………… 166
23. 가명 정보의 처리에 관한 특례 ………………………………………… 168
24. 개인정보의 국외 이전 …………………………………………………… 169
25. 개인정보의 안전한 관리 ………………………………………………… 171
26. 자료 제출 요구 등 ………………………………………………………… 175

Chapter 03 정보주체의 권리

1. 정보주체의 권리 …………………………………………………………… 176
2. 개인정보처리에 관한 정보를 제공받을 권리 …………………………… 177

3. 개인정보 처리에 관한 동의 권리 ········· 177
4. 개인정보 열람 권리 ········· 177
5. 개인정보 전송 요구 권리 ········· 178
6. 개인정보 정정, 삭제 권리 ········· 185
7. 개인정보 처리 정지의 권리 ········· 186
8. 자동화된 결정에 대한 정보주체의 권리 ········· 187
9. 권리행사의 방법 및 절차 ········· 188
10. 손해배상책임 ········· 189
11. 법정대리인의 권리 ········· 190
12. 개인정보처리로 인하여 발생한 피해를 구제받을 권리 ········· 191

Chapter 04 분쟁해결절차
1. 개인정보분쟁조정위원회 ········· 195
2. 개인정보 분쟁조정 ········· 196
3. 단체소송 ········· 198
실력 확인 문제 ········· 201

PART 03 개인정보 라이프사이클 관리

Chapter 01 개인정보 수집, 이용
1. 개인정보 오너십(Data Ownership)의 이해 ········· 224
2. 개인정보 라이프 사이클의 이해 ········· 226
3. 개인정보 수집, 이용 원칙 ········· 227
4. 수집 출처 및 이용, 제공 내역 통지 ········· 228
5. 개인정보 수집, 이용 시 유의사항 ········· 229
6. 동의받는 방법 ········· 230
7. 영리목적의 광고성 정보 전송 제한 ········· 236

Chapter 02 개인정보 저장, 관리

1. 개인정보 저장, 관리의 이해 ·· 239
2. 개인정보 파기의 원칙 ·· 241
3. 개인정보 처리 시 유의 사항 ·· 244

Chapter 03 개인정보 제공

1. 개인정보 제공의 이해 ·· 245
2. 개인정보 제3자 제공, 이전, 위탁 ································· 246
3. 제3자 제공과 처리위탁의 구분 ····································· 251
4. 영업의 양도 등 ··· 252
5. 제3자 제공, 처리위탁, 영업양도 시 개인정보 이전의 구분 ······ 252
6. 개인정보 제공 시 유의사항 ··· 253
실력 확인 문제 ·· 255

PART 04 개인정보의 보호조치

Chapter 01 개인정보의 보호조치 개요

1. 개인정보의 안전성 확보 조치 기준의 개요 ····················· 266
2. 개인정보의 안전성 확보 조치 기준 ······························· 280

Chapter 02 공공시스템운영기관 등의 개인정보 안전성 확보 조치

1. 개요 ··· 311
2. 공공시스템운영기관 등의 개인정보 안전성 확보 조치 ········ 314
실력 확인 문제 ·· 319

PART 05 개인정보 관리체계

Chapter 01 개인정보 관리체계 개요
1. 개인정보 관리체계의 개념 ······································ 326
2. 국내외 개인정보 보호 관리체계의 유형 및 현황 ······················ 327

Chapter 02 국내 주요 개인정보 인증제도
1. 정보보호 및 개인정보 보호 관리체계 인증(ISMS-P) ·················· 328
2. 개인정보 영향평가 ·· 336

Chapter 03 국외 주요 개인정보 인증제도
1. ISO/IEC 27001 ··· 347
2. BS 10012 ··· 349
3. APEC CBPR(아시아-태평양 경제협력체 국경 간 개인정보 보호 인증제도) ···· 350

Chapter 04 공공기관 개인정보 보호 평가제도
1. 개인정보 영향평가 ·· 352
2. 공공기관 개인정보 보호 수준 평가 ································ 360
실력 확인 문제 ··· 365

PART 06 최종 점검 모의고사

1회 최종 점검 모의고사 ··· 374
2회 최종 점검 모의고사 ··· 390
최종 점검 모의고사 정답 및 해설 ·································· 416

PART
01 ......

개인정보의 개요

① 개인정보의 정의
② 개인정보 보호의 중요성
③ 기업의 사회적 책임

디지털 사회로의 전환이 가속화되면서 개인정보는 더 이상 단순한 신상 정보에 머물지 않고, 개인의 정체성, 권리, 나아가 사회적 신뢰의 기반이 되는 핵심 자산으로 자리잡고 있다. 특히 온라인 환경과 데이터 기반의 서비스가 일상화된 지금, 개인정보의 보호는 기업, 기관, 그리고 개인 모두에게 중요한 과제가 되었다.

'개인정보'가 무엇을 의미하는지 법적 정의와 실무적 개념을 명확히 하고, 프라이버시 개념과 개인정보의 관계를 통해 보호 대상의 철학적·사회적 맥락을 살펴본다. 이어서 개인정보의 다양한 유형과 분류 기준을 소개하고, 개인정보가 가지는 비대칭성, 비가역성 등 고유의 특성을 분석한다.

또한, 정보의 경제적 가치를 정량화하는 방법과 필요성에 대해 설명하고, 마지막으로 유럽(EU GDPR), 미국, 일본 등 주요 국가의 개인정보 보호 제도를 비교함으로써 글로벌 기준과 국내 대응 방향에 대해 이해한다.

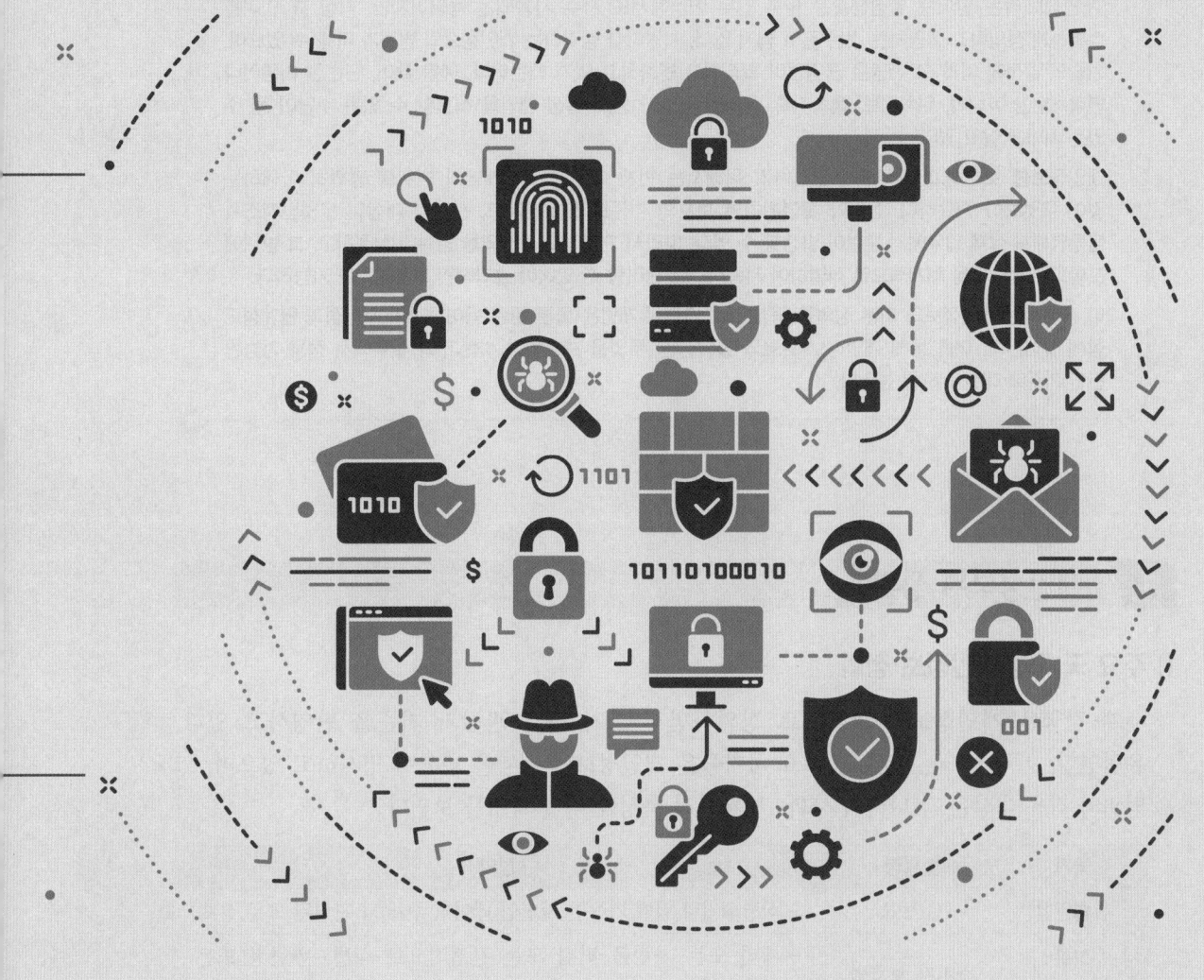

CHAPTER 01 개인정보의 정의

CERTIFIED PRIVACY PROTECTION GENERAL

'개인정보'라는 단어는 일상생활은 물론 업무 현장에서도 자주 사용되는 용어이지만, 막상 그 의미를 정확하게 정의하고 설명하는 것은 결코 쉽지 않다. 사람마다 생각하는 개인정보의 범위가 다를 수 있으며, 기술의 발전에 따라 그 개념은 끊임없이 확장되고 변화하고 있기 때문이다. 예를 들어, 단순한 이름이나 연락처뿐만 아니라, 위치정보, 접속기록, 온라인 식별자 등도 특정 개인을 식별할 수 있는 수단이 될 수 있는 시대에 살고 있다.

개인정보를 보호하고 안전하게 관리하기 위해서는 먼저 개인정보의 개념과 범위를 명확히 이해하는 것이 무엇보다 중요하다. 정의가 불명확하면 보호의 기준도 모호해지고, 관리의 대상이 무엇인지조차 불투명해져 실제 업무에서 혼란이 발생할 수 있다. 따라서 개인정보의 정의를 명확히 설정하고, 그 범위에 포함되는 정보들을 체계적으로 식별하여 지속적으로 관리할 수 있어야 효과적인 보호조치가 가능하다.

이 장에서는 개인정보의 기본 정의를 중심으로, 법령상 개념은 물론 관련 용어들과의 차이점과 연계성도 함께 살펴본다. 이를 통해 개인정보 보호의 출발점인 '무엇을 보호해야 하는가'와 실무에서 적용 가능한 판단 기준에 대한 이해를 높인다.

1 개인정보의 정의 ★

1) 주요 국가의 개인정보 정의

세계 각국은 개인정보를 법적으로 정의하면서 각기 다른 관점과 기준을 반영하고 있다. 유럽연합, 미국, 중국, 일본 등 주요 국가들은 개인정보의 개념을 법률에 명시하고 있으며, 그 범위와 적용 대상은 각 나라의 사회·법제도적 특성에 따라 차이를 보인다.

국가	법률명	정의
유럽연합	GDPR	- 식별되거나 식별 가능한 자연인(데이터 주체)과 관련된 모든 정보
미국 캘리포니아주	소비자 보호법	- 개인 또는 가정을 직접 또는 간접적으로 식별, 관련성 또는 합리적으로 연결할 수 있는 모든 데이터가 포함
중국	개인정보 보호법	- 전자 또는 기타 방식으로 기록되어 식별되었거나 식별이 가능한 자연인과 관련된 각종 정보 - 익명화 처리된 후의 정보는 제외
일본	개인정보 보호법	- 살아있는 개인과 관련된 정보 - 이름, 생년월일 또는 기타 식별자 또는 이에 상응하는 정보

① 유럽연합(EU)

「GDPR(일반 개인정보 보호법)」에서는, 식별되었거나 식별 가능한 자연인, 즉 '데이터 주체'와 관련된 모든 정보를 개인정보로 정의한다. 이 정의는 개인 식별 가능성을 기준으로 매우 넓은 범위의 정보를 포괄하며, 전 세계 개인정보 보호 규범 가운데 가장 엄격하고 포괄적인 범주에 속한다.

② 미국 캘리포니아주

「소비자 개인정보 보호법(CCPA)」에서 개인정보를 개인 또는 가정을 직접 혹은 간접적으로 식별하거나, 관련되거나, 합리적으로 연결할 수 있는 모든 데이터로 규정하고 있다. 이 정의는 개인정보를 단일한 정보 항목이 아닌, 연계 가능한 데이터 전체로 폭넓게 본다는 특징을 가진다.

③ 중국

「개인정보 보호법」에서, 전자 또는 기타 방식으로 기록되어 식별되었거나 식별 가능한 자연인과 관련된 정보를 개인정보로 본다. 단, 익명화 처리된 정보는 개인정보에서 제외되며, 이는 데이터 활용을 촉진하려는 정책적 의도를 반영한 조항으로 해석할 수 있다.

④ 일본

「개인정보 보호법」에 따라 살아 있는 개인과 관련된 정보를 개인정보로 정의한다. 여기에 이름, 생년월일, 기타 식별자 또는 이에 상응하는 정보를 포함하며, 이들 정보가 단독이거나 결합되어 개인을 식별할 수 있을 경우 개인정보에 해당된다고 본다.

이처럼 개인정보의 정의는 국가마다 다르지만, 공통적으로 '**개인을 식별할 수 있는 정보**'라는 핵심 요소를 중심으로 구성된다. 그러나 정보의 형태, 익명성 여부, 연계 가능성 등 세부 기준은 상이하기 때문에, 국제적으로 개인정보를 다루는 경우 각국의 법률을 정확히 이해하고 준수하는 것이 매우 중요하다.

2) 국내 개인정보 보호법에서의 개인정보 정의

우리나라 「개인정보 보호법」에서도 개인정보의 정의는 국외 주요 국가들과 마찬가지로 '개인의 식별 가능성'을 중심에 두고 있다. 유럽연합의 GDPR, 미국 캘리포니아주의 소비자 보호법, 일본 및 중국의 관련 법령과 유사한 접근 방식이다. 단일 정보뿐만 아니라 다른 정보와의 결합을 통해 개인을 식별할 수 있는 가능성까지 포함하는 폭넓은 개념으로 개인정보를 바라보고 있다. 이는 기술 발전에 따라 정보 식별의 방식이 점점 다양해지고 간접적인 정보 결합만으로도 개인의 신원이 드러날 수 있다는 점을 반영한 것이다.

> **「개인정보 보호법」 제2조(정의)**
>
> 1. "개인정보"란 살아 있는 개인에 관한 정보로서 다음 각 목의 어느 하나에 해당하는 정보를 말한다.
>   가. 성명, 주민등록번호 및 영상 등을 통하여 개인을 알아볼 수 있는 정보
>   나. 해당 정보만으로는 특정 개인을 알아볼 수 없더라도 다른 정보와 쉽게 결합하여 알아볼 수 있는 정보. 이 경우 쉽게 결합할 수 있는지 여부는 다른 정보의 입수 가능성 등 개인을 알아보는 데 소요되는 시간, 비용, 기술 등을 합리적으로 고려하여야 한다.
>   다. 가목 또는 나목을 제1호의2에 따라 가명처리함으로써 원래의 상태로 복원하기 위한 추가 정보의 사용·결합 없이는 특정 개인을 알아볼 수 없는 정보(이하 "가명정보"라 한다)

각 내용별로 상세히 살펴보면 정의를 더 명확하게 할 수 있다.

① 개인정보는 "살아 있는 개인에 관한 정보"이다.

이 문장은 다시 두 가지로 나눌 수 있는데, "살아 있는"과 "개인"이다. "살아 있는"은 "생명을 지니고 있는"이라는 의미로 생명력이 없는 사물이나, 고인(故人, 죽은 사람)에 대한 정보는 해당하지 않는다. "개인"은 낱낱의 사람이라는 의미로 법인이나 단체는 해당하지 않음을 의미한다.

> **참고사항** 사망자 관련 정보가 개인정보에 해당되나요?
>
> • 아니요, 원칙적으로 사망자의 정보는 개인정보에 해당하지 않는다. 다만, 사망자 정보라 하더라도 유족과의 관계를 알 수 있는 정보인 경우에는 살아 있는 유족의 정보로서 개인 정보에 해당한다.
>   ※ 출처: 개인정보보호위원회, 「개인정보 질의응답 모음집」 (2024.12.), p.8.

> **참고사항** 법인 또는 단체, 개인사업자 정보는 개인정보에 해당되나요?
>
> • 법인 또는 단체의 이름, 소재지 주소, 대표 연락처(이메일 주소 또는 전화번호), 업무별 연락처, 영업실적 등은 개인정보에 해당하지 않는다. 또한, 개인사업자의 상호명, 사업장 주소, 전화번호, 사업자등록번호, 매출액, 납세액 등은 사업체의 운영과 관련한 정보로서 원칙적으로 개인정보에 해당하지 않는다. 그러나 법인 또는 단체에 관한 정보이면서 동시에 개인에 관한 정보인 대표자를 포함한 임원진과 업무 담당자의 이름·주민등록번호·자택주소 및 개인 연락처, 사진 등 그 자체로 개인을 식별할 수 있는 정보는 개별 상황에 따라 법인 등의 정보에 그치지 않고 개인정보로 취급될 수 있다.
>   ※ 출처: 개인정보보호위원회, 「개인정보 보호 법령 및 지침·고시 해설」 (2020.12.), p.10.

이 전제를 바탕으로, 다음 ②항부터 ④항까지 중 하나에 해당하는 것을 개인정보라고 한다.

② 단독으로 개인을 알아볼 수 있는 정보이다.

단독으로 개인을 알아볼 수 있는 정보, 즉 그 정보만으로도 개인이 식별되는 정보를 말한다. 성명, 주민등록번호 및 영상 등이 예로 제시되었지만, 여기에 한정되지 않는다. 대표적으로는 법령에 따라 개인을 고유하게 구별하기 위하여 부여된 식별정보인 고유식별정보가 있으며, 이미 제시된 주민등록번호 외에도 여권번호, 운전면허번호, 외국인등록번호가 고유식별정보에 포함된다.

③ 다른 정보와 쉽게 결합하여 개인을 알아볼 수 있는 정보이다.

개인을 표현하는 정보는 거주하는 지역이나 연령, 성별, 직업 등 다양하게 있다. 그렇지만 이러한 정보가 각각 있을 때는 개인을 식별할 수 없지만, 정보가 결합되면서 개인을 식별할 수 있다. 예를 들어, '김연아'라는 이름을 가진 사람은 많지만, '피겨 스케이터'라는 정보가 더해지면 금메달리스트 김연아 선수를 떠올릴 수 있게 된다. 이렇게, 하나의 정보만으로 개인이 식별되지 않더라도 다른 정보와 쉽게 결합하여 개인을 알아볼 수 있는 정보까지도 개인정보에 포함되어 개인정보의 정의를 넓게 인정하고 있다.

④ 가명정보이다.

AI, 빅데이터가 활성화되면서 개인정보 활용에 대한 관심이 높아졌고, 개인정보를 가공한 가명정보도 개인정보에 포함되었다. 가명정보란, 원래의 상태로 복원하기 위한 추가 정보의 사용·결합 없이는 특정 개인을 알아볼 수 없는 정보를 의미한다. 앞서 '다른 정보와 쉽게 결합하여 개인을 알아볼 수 있는 정보'는 정보와 정보를 결합하여 개인을 알아볼 수 있는 것을 의미하는 것과 달리, 가명정보는 개인정보의 일부를 삭제하거나 일부 또는 전부를 대체하는 등의 방법으로 가명처리한, 불완전한 정보와 다른 정보와 결합하여 개인이 쉽게 식별할 수 있는 정보이다.

정리하자면, **살아있는 개인에 대한 정보로, 단독으로 개인을 식별할 수 있거나 결합하여 개인을 식별할 수 있는 정보 또는 가명정보를 개인정보라고 한다.**

> **참고사항 가명정보와 익명 정보**
>
> - 가명정보는 개인정보 일부를 삭제·대체하는 등 가명으로 처리하여 추가 정보 없이 개인을 알아볼 수 없도록 한 개인정보를 말한다.
> - 익명 정보란 시간·비용·기술 등을 합리적으로 고려할 때 다른 정보를 사용하여도 더 이상 개인을 알아볼 수 없는 정보이다.
> - 가명정보는 개인정보 보호법 적용 대상으로 가명정보 처리 시에는 안전 조치를 해야 하지만, 익명 정보는 주료 통계정보 등으로 사용되며 개인정보 보호법 적용 대상이 아니다.
>   ※ 출처: TTA 용어 사전

3) 개인정보 관련 용어

개인정보 보호법에는 개인정보의 정의 외에도 관련 용어에 대해서도 정의하고 있다. 학습에 많이 사용되는 주요 용어는 다음과 같다.

용어	정의
처리	- 개인정보의 수집, 생성, 연계, 연동, 기록, 저장, 보유, 가공, 편집, 검색, 출력, 정정(訂正), 복구, 이용, 제공, 공개, 파기(破棄), 그밖에 이와 유사한 행위
정보주체	- 처리되는 정보에 의하여 알아볼 수 있는 사람으로서 그 정보의 주체가 되는 사람
개인정보파일	- 개인정보를 쉽게 검색할 수 있도록 일정한 규칙에 따라 체계적으로 배열하거나 구성한 개인정보의 집합물(集合物)
개인정보처리자	- 업무를 목적으로 개인정보파일을 운용하기 위하여 스스로 또는 다른 사람을 통하여 개인정보를 처리하는 공공기관, 법인, 단체 및 개인 등

특히, 개인정보처리자는 **개인만을 의미하는 것이 아니라 공공기관, 법인, 단체도 포함된다는 것을 간과하지 않아야 한다.**

2 프라이버시(Privacy)의 개념

1) 프라이버시 정의

프라이버시란, **개인의 사적인 영역을 침해받지 않을 권리**를 말한다. 신체적 공간, 대화, 행동, 정보 등에 대한 자율성 및 비공개성을 포함한다. 프라이버시 개념은 시대와 문화에 따라 다르게 정의되어 왔으며, 근대적인 의미의 프라이버시는 비교적 최근에 형성되었다. 1890년, 미국의 법학자 Samuel Warren과 Louis Brandeis는 "The Right to Privacy"라는 논문을 발표하면서 프라이버시를 법적으로 보호해야 한다는 개념을 정립하였다. 이 논문은 "사람이 혼자 있을 권리(the right to be let alone)"를 강조하며, 현대 프라이버시 개념의 기초를 마련했다.

2) 프라이버시와 개인정보

프라이버시와 개인정보는 비슷해 보이지만, **프라이버시가 개인정보를 포함한 더 넓은 개념**이다. 개인정보가 침해되면 프라이버시에 침해되지만, 반대로 모든 프라이버시 침해가 개인정보 침해를 의미하는 것은 아니다.

구분	프라이버시(Privacy)	개인정보(Personal Information Data)
개념	- 개인의 사적인 영역과 자유를 보호하는 권리	- 특정 개인을 식별할 수 있는 모든 정보
범위	- 사생활 보호(대화, 위치, 행동 등)	- 개인을 식별하는 데이터 자체
예시	- 카메라 감시에 대한 거부권, 사적 공간 보호	- 이름, 이메일, IP 주소, 생체 정보

3) 프라이버시(Privacy) 범주

프라이버시는 **인간의 존엄과 자유를 보장하기 위한 권리**로, 다음과 같은 공간 프라이버시, 개인 프라이버시, 정보 프라이버시 세 가지 영역으로 나뉜다.

구분	설명	예시
공간 프라이버시	- 개인이 물리적 공간에서 사생활을 보호받을 권리	- CCTV를 통해 사적인 공간이 감시됨, 불법 침입
개인 프라이버시	- 개인의 신체적, 정신적 자유와 사적인 활동을 보호받을 권리	- 신체 수색, 강제 검문, 몰래카메라
정보 프라이버시	- 개인의 정보가 무단으로 수집, 사용, 공유되지 않을 권리	- 무단 데이터 수집, 스팸 이메일, 해킹으로 인한 개인정보 유출

① 공간 프라이버시

개인이 **물리적 공간**에서 타인의 간섭이나 감시 없이 사적인 생활을 유지할 권리를 의미한다. 주거지, 사무실, 차량 등 개인이 통제 가능한 물리적 환경에 대한 침해로부터 보호받는 것을 말한다. 따라서, 제3자가 개인의 허락 없이 물리적 공간을 감시하거나 불법으로 침입하는 행위는 공간 프라이버시 침해로 간주된다.

② 개인 프라이버시

개인의 신체적·정신적 자유 및 사적인 행동이나 선택의 자유를 타인의 간섭 없이 보장받을 권리이다. 개인이 자신의 신체와 정신에 대한 자율성을 유지하고, 특정한 사적인 활동(예 병원 진료, 종교 활동, 성생활 등)을 외부의 간섭 없이 수행할 수 있는 권리를 포함한다. 예를 들어 신체를 강제로 수색하거나 검문하는 행위, 몰래카메라로 촬영하는 행위, 성적인 사생활을 노출시키는 행위 등은 개인 프라이버시 침해에 해당한다.

③ 정보 프라이버시

디지털 사회에서 가장 민감하게 다뤄지는 영역으로 **개인의 정보가 동의 없이 수집, 사용, 공유되지 않을 권리**이다. 이름, 주소, 연락처, 위치 정보, 금융 정보, 인터넷 활동 기록 등 개인을 식별할 수 있는 모든 정보를 정보의 수집, 저장, 처리, 전송, 삭제 전 과정에 걸쳐 보호한다. 침해의 예로는 기업이 동의 없이 고객 정보를 수집해 마케팅에 활용하는 경우, 스팸 메일 발송, 해킹으로 인한 개인정보 유출, 불법 앱이 위치 정보를 수집하는 경우 등이 있다.

4) 개인정보 자기결정권

개인정보 자기결정권(Right to Informational Self-determination)은 **개인이 자신의 개인정보에 대해** 수집, 이용, 제공, 저장, 삭제 등 **일련의 처리 과정 전반에 걸쳐 스스로 통제할 수 있는 권리**를 말한다. 이 권리는 1983년 독일 연방헌법재판소가 인구조사법 위헌 판결에서 처음 명확히 선언하였으며, 이후 전 세계적으로 프라이버시 보호의 핵심 개념으로 자리잡았다. 우리나라에서도 헌법 제17조(사생활의 비밀과 자유) 및 개인정보 보호법을 통해 보호받고 있다.

> **참고사항** 개인정보 자기결정권 판례
>
> - 헌법재판소는 2005년 5월 26일 선고한 99헌마513 및 2004헌마190 병합 사건에서, 대한민국 헌법상 개인정보 자기결정권을 명확히 인정하고 그 법적 지위를 확립하였다. 이 사건은 인터넷 회원가입 시 주민등록번호 제공을 강제하는 관행(99헌마513)과, 주민등록증 발급 시 열 손가락 지문 날인을 강제하고 경찰청이 이를 수집·보관·전산화하여 범죄 수사에 활용하는 국가 관행(2004헌마190)이 개인의 기본권을 침해하는지를 다투는 헌법소원 사건이었다.
> - 헌법재판소는 먼저, 개인정보 자기결정권은 인간의 존엄과 가치를 보장하는 헌법 제10조, 그리고 사생활의 비밀과 자유를 보장하는 헌법 제17조에 근거한 헌법상 기본권이라고 판시하였다. 개인정보 자기결정권이란, 정보주체가 자신의 개인정보에 대해 수집·이용·보관·제공 여부를 스스로 결정하고 통제할 수 있는 권리를 말하며, 이는 근대적 사생활권 개념을 넘어 디지털 시대에 필수적인 권리로 규정되었다.
> - 99헌마513 사건에서 청구인은, 단순한 인터넷 회원가입을 위해 주민등록번호 제공을 강제하는 것은 과도한 개인정보 수집이며, 자기결정권을 침해한다고 주장하였다. 이에 대해 헌법재판소는, 주민등록번호는 다양한 개인정보와 연계되어 정보 추적과 통합이 가능한 민감 정보이므로 수집 시에는 정당한 목적과 최소한의 범위로 제한되어야 한다고 보았다. 다만 이 사건에서는 청구인의 권리가 명백히 침해되었다고 보기 어렵다며 각하 결정을 내리면서도, 개인정보 자기결정권의 존재를 분명히 인정하였다.
> - 2004헌마190 사건에서는 주민등록증 발급 시 전 국민을 대상으로 한 열 손가락 지문 날인과 정보 전산화가 위헌인지 여부가 쟁점이 되었다. 다수 의견은, 이러한 조치는 주민등록제도의 정확성과 공익을 위한 수단으로서 헌법에 위배되지 않는다고 보았다. 반면 반대 의견은, 법률의 명확한 근거 없이 이루어지는 경찰의 지문 수집과 전산화는 과잉금지원칙에 위배되며 개인정보 자기결정권을 침해한다고 판단하였다.
> - 이 판결은 우리나라에서 개인정보 자기결정권을 헌법상 독립된 권리로 인정한 선도적 판례로, 이후 개인정보 보호법 제정(2011년) 및 주민등록번호 수집 최소화 정책, 본인확인제 위헌 결정(2012년) 등 정보인권의 제도적 확장에 결정적인 기초를 제공하였다.

개인정보 자기결정권은 기술의 발전으로 인해 개인의 정보가 무분별하게 수집, 분석, 유통되면서 프라이버시 침해가 현실화되고 있는 디지털 사회에서 개인의 정체성과 권리를 구성하며 다음과 같은 요소가 있다.

권리	정의
사전 동의권	- 개인정보를 수집하거나 이용하려면 개인의 명확한 동의를 받아야 함
열람권 및 정정권	- 자신의 개인정보가 어떤 내용으로 처리되고 있는지 확인하고, 오류가 있다면 정정할 수 있음
삭제권	- 일정 조건에서 개인정보의 삭제를 요구할 수 있음(예 잊힐 권리)
처리 제한 및 거부권	- 정보 처리 목적이 부당하거나 과도할 경우 이를 제한하거나 거부할 수 있음
투명성 요구권	- 개인정보가 어떻게, 어디에서, 누구에 의해 처리되는지에 대한 정보를 요구할 수 있음

3 개인정보의 유형 및 종류

1) 개인정보의 유형 및 종류

개인정보는 그 성격에 따라 여러 유형으로 분류될 수 있으며, 각 유형은 다양한 예시를 통해 구체화 된다.

구분	유형	예시
인적사항	일반정보	- 성명, 주민등록번호, 주소, 연락처, 생년월일, 출생지, 성별 등
	가족정보	- 가족관계 및 가족구성원 정보 등
신체적 정보	신체정보	- 얼굴, 홍채, 음성, 유전자 정보, 지문, 키, 몸무게 등
	의료·건강 정보	- 건강상태, 진료기록, 신체장애, 장애등급, 병력, 혈액형, IQ, 약물테스트 등의 신체검사 정보 등
정신적 정보	기호·성향 정보	- 도서·비디오 등 대여 기록, 잡지구독정보, 물품구매내역, 웹사이트 검색내역 등
	내면의 비밀 정보	- 사상, 신조, 종교, 가치관, 정당·노조 가입 여부 및 활동내역 등
사회적 정보	교육정보	- 학력, 성적, 출석상황, 기술 자격증 및 전문 면허증 보유내역, 상벌기록, 생활기록부, 건강기록부 등
	병역정보	- 병역 여부, 군번 및 계급, 제대 유형, 근무부대, 주특기 등
	근로정보	- 직장, 고용주, 근무처, 근로경력, 상벌기록, 직무평가기록 등
	법정정보	- 전과·범죄 기록, 재판 기록, 과태료 납부내역 등

구분	유형	예시
재산적 정보	소득정보	– 봉급액, 보너스 및 수수료, 이자소득, 사업소득 등
	신용정보	– 대출 및 담보설정 내역, 신용카드번호, 통장계좌번호, 신용평가 정보 등
	부동산정보	– 소유주택, 토지, 자동차, 기타소유차량, 상점 및 건물 등
기타 정보	통신정보	– E-mail 주소, 전화통화내역, 로그파일, 쿠키 등
	위치정보	– GPS 및 휴대폰에 의한 개인의 위치정보
	습관 및 취미정보	– 흡연여부, 음주량, 선호하는 스포츠 및 오락, 여가활동, 도박성 성향 등

※ 출처 : 개인정보 포털 > 개인정보 보호란? > 개인정보 바로 알기 > 개인정보의이해 > 개인정보의 종류

2) 제공 또는 생성에 따른 개인정보 유형

① 정보주체는 자신의 개인정보를 스스로 제공할 수 있다.

정보주체가 명확한 인식과 의도를 가지고 개인정보를 입력하거나 제출하는 경우로, 가장 일반적이고 전통적인 수집 방식 중 하나이다. 예를 들어, 웹사이트 회원가입 시 이름, 이메일, 연락처, 생년월일 등을 입력하는 행위나, 구직자가 이력서를 제출할 때 학력과 경력 정보를 기재하는 경우가 이에 해당한다. 또한, 설문조사에 응답하거나 고객센터에 문의하면서 개인정보를 제공하는 경우도 직접 제공에 포함된다.

② 정보주체가 개인정보를 직접 제공하지 않더라도 정보주체의 행위 등으로 생성될 수 있다.

예를 들어, 서비스 이용 중 발생하는 웹사이트 방문 기록, 구매 내역, 검색어, 접속 로그, 위치 정보 등은 정보주체가 명시적으로 제공하지 않더라도 시스템이나 서비스 운영자의 수집을 통해 생성되는 정보이다. 이러한 정보는 정보주체의 의사와 무관하게 자동으로 수집될 수 있고, 이 정보를 통해 사용자의 성향, 관심사, 행동 패턴 등을 유추할 수 있게 된다.

③ 개인정보는 제3자를 통해 수집되기도 한다.

추천인 제도를 통한 타인의 연락처 제공, 공동 사용자의 입력 등으로 인해 본인의 동의 없이 간접적으로 수집될 수 있다.

④ 기타

그 외에도 정보주체가 직접 제공하거나 시스템을 통해 자동으로 생성되지 않았음에도 불구하고, 외부의 다양한 출처를 통해 개인정보가 수집될 수 있다. 주로 공개된 정보나 외부 데이터 연동 등을 통해 발생한다. 예를 들어, 정부나 공공기관에서 공개한 데이터베이스에

포함된 개인정보, 개인이 공개 설정을 한 SNS 프로필이나 게시물, 온라인 커뮤니티에 자발적으로 작성한 글, 기업 간 데이터 제휴나 오픈 API를 통해 수집되는 외부 플랫폼의 사용자 정보 등이 여기에 포함된다.

이처럼 개인정보는 제공 방식에 따라 직접 수집, 자동 생성, 제3자 제공 등 다양한 경로를 통해 취득된다.

유형	설명	예시
직접 제공	- 정보주체가 본인의 개인정보를 자발적으로 입력하거나 제출하는 방식	- 회원가입 시 이름·주소·연락처 입력, 이력서 제출, 설문조사 응답 등
자동 생성	- 정보주체의 행동이나 기기 사용에 따라 시스템이 자동으로 수집·기록하는 방식	- 웹사이트 방문기록, 접속 로그, IP 주소, 쿠키 정보, GPS 기반 위치 정보 등
제3자 제공	- 타인이 정보주체의 개인정보를 제공하거나 공유하는 방식	- 추천인 연락처 입력, 제휴 서비스를 통한 정보 공유, 공동사용자의 입력 등
기타 수집	- 공공데이터나 외부 DB 등 별도의 출처를 통해 수집하는 방식	- 공공기관 공개 자료, SNS 프로필 정보, 온라인에 공개된 게시물 등

4 개인정보의 특성

1) 개인정보의 식별성

- 식별성이란 **특정 정보가 단독으로 또는 다른 정보와 결합하여 특정 개인을 알아볼 수 있는 특성**이다. 어떤 정보가 어떤 방식으로든 특정 개인과 연결될 수 있는 가능성이 있다면, 해당 정보는 식별성이 있다고 한다.
- 개인정보의 법적 정의에서 단독으로 개인을 식별하거나 결합하여 개인을 식별할 수 있는 정보이므로 개인정보를 판단하는 데 있어서 식별성은 중요한 특성이다. 예를 들어, 이름, 주민등록번호, 전화번호, 이메일 주소 등은 단독으로도 개인을 식별할 수 있으므로 명백한 식별 정보를 포함한다. 반면, 연령대, 성별, 거주지역, 취향 등의 정보는 단독으로는 식별이 어렵지만, 다른 정보와 결합될 경우 개인을 유추할 수 있다면 역시 식별성이 인정된다.
- 식별성은 절대적인 개념이 아니라 상대적 개념이다. 같은 정보라도 누가, 어떤 기술을 가지고, 어떤 정보와 함께 사용하는지에 따라 식별 여부는 달라질 수 있다. 예를 들어, 특정 지역의 고등학교 교장이라는 정보만으로는 일반인에게는 식별되지 않지만, 같은 지역 내 교육청 직원에게는 누구인지 바로 파악될 수 있다. 따라서 식별성 판단은 정보의 맥락과 사용 주체의 접근 가능성을 고려하여 이루어져야 한다.

2) 식별 평가 기준

개인정보인지 여부를 판단할 때 식별성의 평가는 기술적·사회적 환경을 고려하여 현실적인 가능성에 기반해 판단해야 한다. 다음은 식별성을 평가할 때 고려해야 할 주요 기준들이다.

평가 요소	기준
단독 식별 가능성	- 해당 정보 하나만으로 개인을 알아볼 수 있는지 여부(예 주민등록번호)
결합 식별 가능성	- 다른 정보와 결합했을 때 특정 개인을 식별할 수 있는지 여부(예 직장명+직급+성별)
현실적 접근성	- 다른 정보를 실제로 입수하거나 결합할 수 있는 가능성이 있는지 여부
시간적·비용적 측면	- 식별을 위해 필요한 시간, 비용, 노력의 정도
기술 발전 수준	- 최신 기술을 통해 비식별 정보가 다시 식별 가능해질 수 있는지 여부
정보 수집 목적 및 맥락	- 정보가 사용되는 상황, 목적, 범위

① 단독 식별 가능성

특정 정보 하나만으로 개인을 식별할 수 있는지를 의미한다. 예를 들어, 주민등록번호, 여권번호, 운전면허번호와 같이 해당 정보 자체가 유일성을 지니고 있어, 별도의 정보 결합 없이도 특정인을 식별할 수 있는 경우에 해당한다. 이러한 정보는 명백하게 개인정보로 간주되며, 강력한 보호 조치가 요구된다.

② 결합 식별 가능성

개별 정보로는 특정인을 알아볼 수 없지만, 다른 정보와 결합했을 때 특정 개인이 식별될 수 있는 경우를 말한다. 예를 들어, '직장명+직급+성별'과 같은 정보는 각각으로는 식별성이 낮더라도, 특정 조직이나 인적 구조 내에서는 특정인을 추정할 수 있는 단서가 될 수 있다. 실제 업무 환경에서는 이러한 조합 정보들이 종종 민감한 식별 수단이 된다.

③ 현실적 접근성

정보 결합의 가능성을 단순 이론적 차원이 아닌 실제로 가능한지 여부로 평가하는 기준이다. 즉, 정보처리자나 제3자가 해당 정보를 실제로 획득하거나 다른 데이터와 연계하여 식별 가능성을 실현할 수 있는 현실적 여건이 갖추어졌는지를 살펴보는 것이다. 내부 접근 권한, 시스템 구조, 데이터 흐름 등을 고려해 실질적인 연결 가능성을 평가해야 한다.

④ 시간적·비용적 요소

특정 정보를 통해 개인을 식별하기 위해 얼마만큼의 시간과 비용, 노력이 필요한지를 측정하는 것으로, 만약 과도한 자원 투입 없이 비교적 용이하게 개인을 알아볼 수 있다면 개인정보로 간주될 수 있다. 반대로, 막대한 비용과 기술이 필요하다면 현실적인 식별성은 낮다고 평가할 수 있다.

⑤ 기술 발전 수준

과거에는 비식별 처리된 정보로 간주되었던 데이터도, 최신 알고리즘이나 인공지능 기술의 발전으로 인해 재식별(re-identification) 가능성이 높아지는 경우가 있다. 따라서 정보의 비식별성을 유지하기 위해서는 최신 기술 환경에 대한 지속적인 이해와 검토가 필요하다.

⑥ 정보 수집의 목적과 맥락

정보가 어떤 상황에서 수집되었으며, 어떠한 목적과 범위로 활용될 예정인지를 종합적으로 고려해야 한다. 단순 통계 분석을 위한 수집과 특정 대상에 대한 판단이나 조치를 위한 수집은 그 정보의 민감성과 식별성에서 큰 차이를 만들 수 있기 때문이다.

위와 같은 식별성 평가 기준은 정보의 속성 자체뿐만 아니라, 정보가 사용되는 현실과 환경 전반을 고려하여 개인정보 여부를 합리적으로 판단하는 데 중요한 근거가 된다. 개인정보처리자는 각 상황에 맞는 보호조치를 선택하고, 법적 책임을 다할 수 있도록 관리 체계를 갖추어야 한다.

5 개인정보의 가치 산정

1) 가치 산정 방법 유형

- 가치 산정은 개인정보의 보호 조치 중 우선 순위를 정할 때 필요하다. 모든 보호조치를 적용하면 좋겠지만, 현실적으로 자원의 한계가 있고 불가능하기 때문에 중요한 가치를 지닌 개인정보부터 위험을 줄여나가야 한다. 개인정보는 물질로 존재하지 않아 가치를 체감하기 어렵지만 위험 평가 프레임워크를 적용하여 개인정보의 가치를 산정할 수 있다.
- 가치 산정 방법은 CVM, 델파이법, 손해배상액 산정법, 소송가액 산정법 등이 있다.

방법	특징	활용 예시
CVM	- 지불·수용의사 기반 가상가치 측정	- 이용자 인식 조사, 정책 설계 기준
델파이법	- 전문가 합의 기반 정성적 추정	- 기준 수립, 보호 우선순위 판단
손해배상액 산정법	- 실제 판결 금액 기반 현실적 가치 평가	- 위험 예측, 보상 계획 수립
소송가액 산정법	- 청구 금액 기준, 정보주체 관점의 피해 평가	- 분쟁 분석, 피해액 범위 설정

2) CVM(Contingent Valuation Method, 조건부 가치측정법)

- CVM은 응답자에게 가상의 상황을 제시하고, 특정 재화나 서비스(여기서는 개인정보)에 대해 지불의사금액(WTP, Willingness to Pay)이나 수용의사금액(WTA, Willingness to Accept)을 묻는 설문조사를 통해 그 가치를 추정하는 방법이다. 예를 들어, "당신의 위치정보가 제3자에게 제공되지 않도록 하기 위해 얼마를 지불할 의향이 있는가?"와 같은 질문을 통해, 개인이 느끼는 개인정보의 중요도와 가치를 정량적으로 측정할 수 있다.
- 경제학적 가치 측정이 가능하고, 실무에서 활용 가능하다는 장점이 있으나, 가상의 질문에 의한 응답이므로 주관적이며 왜곡 가능성이 있다는 것이 단점이다.

3) 델파이법(Delphi Method)

- 델파이법은 전문가 패널을 구성하여 반복적이고 익명적인 설문을 통해 의견을 수렴하고 집단 합의를 이끌어내는 방법이다.
- 개인정보 가치에 대한 명확한 시장가가 존재하지 않을 때, 관련 전문가들(법률, 보안, 정책 등)의 판단을 모아 추정하는 데 유용하다.
- 이 방식은 특히 개인정보의 질적 특성과 사회적 중요도를 평가하는 데 효과적이다. 전문가들은 반복적 질문과 피드백 과정을 통해 보다 객관적이고 신뢰도 높은 평균적 가치 평가를 도출하게 된다. 그러나 시간 소요가 크고, 패널 선정이 결과에 영향을 줄 수 있다는 것이 단점이다.

4) 손해배상액 산정법

- 손해배상액 산정법은 개인정보가 유출되거나 침해되었을 때 실제로 발생한 손해액이나 법원이 인정한 배상액을 기반으로 개인정보의 가치를 추정하는 방식이다.
- 민사소송, 분쟁조정, 집단소송 등에서 결정된 손해배상 판결금액을 참고 지표로 삼는다. 예를 들어, A기업의 개인정보 유출 사건에서 법원이 1인당 30만 원의 손해를 인정하였다면, 유사한 개인정보 항목의 기본적 가치를 그렇게 설정할 수 있다. 이는 현실에서의 법적 책임과 보상 수준을 반영하므로 정책 수립 및 내부 통제 기준 마련에 실질적인 도움이 된다.
- 현실성과 법적 기준이 뚜렷하지만, 사례가 제한적이고, 법원의 판결이 일관되지 않을 수 있다는 것을 고려해야 한다.

5) 소송가액 산정법

- 소송가액 산정법은 실제 소송에서 개인정보와 관련된 분쟁이 발생했을 때, 원고가 청구한 금액(소송가액)을 기준으로 개인정보 가치를 추정하는 방법이다.

- '정보 유출로 인한 정신적·물질적 피해를 금전으로 환산했을 때 얼마만큼의 보상을 요구하는가'에 대한 간접적 가치 판단이다. 예를 들어, 개인정보 유출로 명예훼손이나 금전적 피해를 입은 개인이 500만 원의 손해배상 청구를 했을 경우, 해당 개인정보 항목이 그 정도의 가치를 지닌 것으로 해석될 수 있다.
- 정보주체 관점에서의 가치 인식을 반영할 수 있지만, 청구 금액이 실제 인정되는 금액과 차이가 있을 수 있고, 감정적 요소가 개입될 가능성도 있다.

6 해외 개인정보 보호 제도 소개

1) EU – 일반 개인정보 보호법(GDPR)

- 유럽연합(EU)의 일반 개인정보 보호법(GDPR)은 2018년 5월부터 시행되었다. 1995년의 개인정보 보호지침을 대체하여, 디지털 환경에서 정보주체의 권리를 실질적으로 보호하고 EU 전역의 법제 통일을 이루기 위해 제정되었다.
- EU 역내에 설립된 기업뿐만 아니라, EU 시민의 개인정보를 처리하는 전 세계 모든 조직에도 적용되는 <u>역외 적용 원칙</u>을 채택하고 있다. 정보주체는 자신의 개인정보에 대해 열람, 정정, 삭제, 처리 제한, 이동권, 자동화된 결정에 대한 거부 등 강력한 권리를 보장받으며, 기업은 이를 보장하기 위한 명확한 동의 확보, 보호책임자의 지정(DPO), 유출 통지 의무(72시간 이내) 등 사전적 관리체계를 갖추어야 한다.
- GDPR은 <u>위반 시 최대 연매출의 4% 또는 2천만 유로 중 더 큰 금액</u>을 과징금으로 부과할 수 있어, 그 규제 강도와 파급력이 강력하다.

항목	내용
적용 범위	– EU 거주자의 개인정보를 처리하는 모든 조직(EU 내외 무관)
동의	– 데이터 처리에는 명확하고 자유로운 동의가 필요하며, 그 기록을 보관
정보주체 권리	– 개인은 자신의 데이터에 대한 다양한 권리를 가짐 (예 열람, 정정, 삭제, 처리 제한, 이의 제기, 데이터 이동)
데이터 처리의 합법성	– 처리에는 정당한 근거(동의, 계약 이행, 법적 의무 등)가 있어야 함
개인정보 유출 통지	– 유출 발생 시 72시간 이내에 감독기관에 통지해야 하며, 위험이 클 경우 당사자에게도 알려야 함
DPO 지정	– 주요한 개인정보를 대규모로 처리하는 경우 개인정보 보호책임자(Data Protection Officer) 지정 필요
국제 데이터 전송	– EU 외 국가로 데이터 전송 시 적절한 보호 조치가 있어야 함 (예 표준계약조항, 적정성 결정 등)
벌칙	최대 2천만 유로 또는 전 세계 매출의 4% 중 더 큰 금액의 벌금 부과 가능

- 다음은 GDPR과 국내 개인정보 보호법을 비교한 표이다.

구분	GDPR	국내 개인정보 보호법
적용 범위	- EU 거주자의 개인정보를 처리하는 모든 조직(EU 외 기업 포함)	- 대한민국 내에서 개인정보를 처리하는 모든 공공기관·민간사업자
관할 범위	- 역외 적용 원칙 → EU 외 기업도 대상(글로벌 규제력 강함)	- 국내 적용에 한정(일부 해외 기업에 간접 적용 가능)
주요 원칙	- 목적 제한, 최소 수집, 정확성, 보관 제한, 무결성·기밀성, 책임성	- 목적 명확화, 최소 수집, 정확성, 보유 기간 제한, 안정성 확보 등 유사
동의 기준	- 명확하고 자유로운 동의(Opt-in 원칙)	- 정보주체의 동의 필요, 민감정보 및 고유식별정보는 별도 동의 필수
정보주체 권리	- 접근권, 정정권, 삭제권(잊힐 권리), 처리제한권, 이동권 등 폭넓음	- 열람·정정·삭제·처리 정지 요구권 보장, 일부는 GDPR보다 범위 제한
책임 주체	- 컨트롤러(Controller), 프로세서(Processor) 구분	- 개인정보처리자 중심, 위탁 시 수탁자 책임 일부 명시
처리 기록	- 일정 규모 이상 기업은 기록 의무화	- 일정 요건에 접속기록 및 처리 기록 보관 의무 있음
데이터 보호 책임자(DPO)	- 지정 의무 있음(규모 또는 고위험 기준)	- 일정 기준 이상 시 개인정보 보호책임자 지정 의무
벌칙 및 과징금	- 매출의 최대 4% 또는 2,000만 유로 중 높은 금액	- 과징금 부과 비율은 낮으나, 형사처벌과 병과 가능성 있음
대표 기관	- 각국 감독기구+EU EDPB(유럽 데이터보호이사회)	- 개인정보보호위원회 중심으로 통합 감독체계 운영

2) 미국 캘리포니아 - 소비자 개인정보 보호법(CCPA)

- 미국은 연방 단위의 통합 개인정보 보호법이 존재하지 않고, 주별로 다양한 법률이 제정되어 있다. 그중에서도 캘리포니아주는 2018년 '소비자 개인정보 보호법(CCPA)'을 제정하고 2020년부터 시행하면서 미국 내 가장 포괄적인 개인정보 보호 체계를 선도하고 있다. 이후 이를 보완·강화한 법률인 CPRA(California Privacy Rights Act)가 2023년부터 본격 시행되며 규제 수준이 한층 강화되었다.
- CCPA는 일정 규모 이상의 기업이 캘리포니아 주민의 개인정보를 수집·이용하는 경우를 대상으로 적용된다.
- 소비자는 자신의 개인정보에 대해 열람, 삭제 요청, 수집·판매 거부 요청권 등을 행사할 수 있다. 특히 "Do Not Sell My Info"와 같은 판매 거부 선택권을 기업이 명시적으로 제공해야 한다.

- 우리나라와는 다르게 미국의 경우 개인정보를 수집하고 거부권을 행사하지 않는 한 개인정보 판매가 가능하다. 판매 거부 링크를 제공하여 판매 거부 선택권을 강화한 것이다.
- 미국 내 다른 주들도 유사 법안을 도입하면서, CCPA는 사실상 미국판 GDPR의 출발점이 되었다.

3) 중국 – 네트워크 안전법 및 개인정보 보호법(PIPL)

- 중국은 국가 주도의 정보 통제 체계 안에서 개인정보 보호 체계를 구축해왔다. 2017년 시행된 네트워크 안전법은 사이버 공간의 안전과 국가 안보 확보를 위한 기본 법률로, 개인정보 보호를 위한 기술적·관리적 조치를 명시하고 있다. 이를 토대로 중국은 2021년 개인정보 보호법(PIPL)을 제정·시행하여, 개인정보 보호를 위한 독립된 포괄 법제를 완성하였다.
- PIPL은 중국 내에서 개인정보를 처리하거나, 중국 국민의 정보를 처리하는 해외 기업에게도 적용되며, GDPR과 유사한 정보주체 권리를 보장한다. 정보주체는 자신의 개인정보에 대해 열람, 수정, 삭제, 처리 거부, 동의 철회 등을 요구할 수 있고, 민감정보(생체정보, 의료, 금융정보 등)에 대해서는 별도의 명확한 동의와 보호 조치가 필요하다.
- 중국 법제의 가장 큰 특징은 데이터 로컬라이제이션(중국 내 저장) 원칙, 국경 간 데이터 이전 통제, 그리고 강력한 국가 통제권 보장에 있다. 위반 시 최고 5천만 위안 또는 연매출 5%의 과징금이 부과될 수 있다.

4) 일본 – 개인정보 보호법(APPI)

- 일본은 2003년 개인정보 보호법(APPI)을 제정하여 아시아 국가 중 비교적 이른 시기에 개인정보 보호의 법제화를 시작한 나라이다. 이후 2015년, 2020년, 2022년에 걸쳐 법을 개정하며 EU GDPR 수준에 부합하도록 제도 정비를 지속해왔다. 일본이 EU와의 개인정보 국외 이전을 위한 적정성 결정을 받기 위한 목적도 포함되어 있다.
- 일본의 개인정보 보호법은 모든 기업과 기관을 대상으로 하며, 정보주체는 개인정보의 수집 목적 고지, 열람, 정정, 삭제, 이용 정지 요청 등의 권리를 가진다. 또한, 익명가공정보 및 가명가공정보 개념을 도입해, 데이터 활용과 개인정보 보호 간의 균형을 이루려는 시도를 하고 있다.
- 이외에도 개인정보의 국외 이전 시 상대국의 보호수준이 적절한지 여부, 동의 여부, 제3자 제공 조건 등을 규정하고 있으며, 개인정보보호위원회(PPC)가 독립적인 감독기관으로서 규제를 담당한다.

CHAPTER 02 개인정보 보호의 중요성

CERTIFIED PRIVACY PROTECTION GENERAL

개인정보는 개인의 정체성과 사생활을 구성하는 중요한 요소이며, 이를 보호하는 것은 개인의 권리를 지키는 행위이자 사회적 신뢰를 유지하는 필수 조건이다. 개인정보의 중요성과 그에 따른 보호 필요성에 대한 이해는 정보주체는 물론, 개인정보관리사로서 필수적인 지식이다.

또한, 정보주체로서 자신의 개인정보가 침해되었다고 여겨지는 경우, 신고하고 구제를 요청할 수 있는 절차가 법적으로 마련되어 있다. 실제로 온라인을 통한 서비스 이용이 증가하면서 개인정보가 무단으로 수집되거나 외부로 유출되는 사례가 빈번하게 발생하고 있다. 개인정보 침해는 개인의 일상에 실질적인 피해를 초래할 수 있기 때문에, 개인정보 침해의 개념과 다양한 유형을 명확히 이해해야 한다.

1 개인정보의 가치

1) 개인의 정체성과 직결되는 정보
- 개인정보는 단순한 숫자나 문자 조합이 아니라, 개인의 존재를 특정할 수 있는 고유한 식별자이다.
- 이름, 생년월일, 주민등록번호와 같은 기본 정보부터 건강 정보, 위치 정보, 소비 패턴 등은 그 사람의 생활 방식, 신념, 성향까지 반영한다.
- 개인정보는 한 개인의 정체성과 밀접하게 연결되어 있으며, 그 자체로 보호받아야 할 권리의 대상이다.

2) 디지털 경제에서 핵심 자산
- 제4차 산업혁명에서 ICT 기술은 데이터가 기반이 되어 작동한다.
- 데이터 중에서도 개인정보는 가장 높은 가치를 지닌 자원이다.
- 기업은 개인정보를 분석해서 맞춤형 광고를 발송하여 판매를 높이거나, 서비스를 개선하여 고객을 늘릴 수 있다. 또한, 시장 예측을 통해 미래의 사업도 준비할 수 있다. 이렇게, 개인정보는 수익 창출과 직결되는 경제적 자산이다.

3) 유출 시 큰 피해를 초래할 수 있는 위험요소

- 개인정보는 유출되었을 때의 피해가 막대하다. 금융 정보가 유출되면 금전적 손해로 이어질 수 있고, 건강 정보나 위치 정보는 사생활 침해 및 범죄로 악용될 위험이 있다.
- 피해자는 정신적 고통과 함께 복구가 어려운 결과를 겪을 수 있으며, 기업이나 기관은 법적 책임과 사회적 신뢰 하락이라는 이중의 타격을 받게 된다.
- 사회적으로 개인정보의 중요성에 대한 인식이 확산되고, 크고 작은 유출 사고로 개인정보 유출에 대한 예민도가 높아지고 있어 유출 사고 발생 시 기업이나 기관의 신뢰도 타격은 점점 더 커지고 있다.

4) 개인의 권리와 자유를 보호하는 기반

- 개인정보 보호는 단지 정보를 숨기는 행위가 아니라, 개인의 자율성과 선택권을 보장하는 수단이다. 정보주체는 자신의 정보가 어떻게 수집되고 이용되는지 알 권리가 있으며, 이에 대해 동의하거나 거부할 수 있어야 한다.
- 정보주체로서 권리 행사는 민주주의 사회에서 개인의 기본권을 실현하는 중요한 장치이다.

5) 법과 윤리에 의해 엄격히 보호되어야 하는 대상

- 개인정보는 법률적으로도 엄격한 보호 대상이다.
- 국내외 다양한 개인정보 보호법은 정보의 수집, 이용, 보관, 파기에 이르기까지 구체적인 기준을 정하고 있으며, 위반 시 강력한 처벌 조항을 두고 있다. 개인정보가 단순한 기술적 요소가 아닌, 사회적 신뢰와 윤리를 기반으로 한 제도적 보호 대상임을 의미한다.

2 개인정보 침해 유형

1) 개인정보 침해란?

- 개인정보 침해란 **개인정보가 분실, 도난, 유출, 위조, 변조 또는 훼손되는 등 정보주체의 권리가 침해되는 행위 또는 그 우려가 있는 상태**를 말한다. 이러한 침해는 개인정보처리자가 고의 또는 과실로 적절한 보호조치를 취하지 않거나, 기술적·관리적 안전조치를 소홀히 했을 때 발생할 수 있다. 특히, 침해가 발생하지 않았더라도 개인정보가 외부에 노출되었거나, 무단 열람된 정황만으로도 '침해 우려'에 해당할 수 있다.
- 개인정보 침해는 정보주체의 사생활을 침해할 뿐만 아니라, 경제적 피해, 사회적 낙인, 명예 훼손 등 광범위한 2차 피해로 이어질 수 있어 기업과 기관의 책임은 매우 크다. 이에

따라 「개인정보 보호법」 및 관련 고시들은 침해 사고를 예방하고, 발생 시 신속히 대응할 수 있도록 접속기록 관리, 권한통제, 암호화, 파기 조치 등을 명문화하고 있다.
- 침해 사고가 발생한 경우에는 일정 기준에 따라 개인정보보호위원회 또는 한국인터넷진흥원(KISA)에 신고하고, 정보주체에게도 통지해야 한다. 이러한 법적 절차를 이행하지 않을 경우, 과태료 및 형사처벌 등 법적 제재를 받을 수 있다.
- 개인정보 침해 유형은 다음과 같이 크게 5가지로 나눌 수 있다.

유형	설명
개인정보 유출	- 법령이나 처리자의 자유로운 의사에 의하지 않고, 정보주체의 개인정보에 대하여 처리자가 통제를 상실하거나 권한 없는 자의 접근을 허용한 것을 말함
개인정보 불법유통	- 다양한 경로를 통해 수집한 개인정보가 이용 및 관리 과정에서 관리 부주의 및 실수, 악의적인 유출, 해킹 등으로 인해 유출된 후 금전적 이익 수취를 위해 불법적인 방법을 통해 거래되는 경우
개인정보 오남용	- 다양한 경로를 통해 수집한 개인정보가 이용 및 관리 과정에서 관리 부주의 및 실수, 악의적인 유출, 해킹 등으로 인해 유출된 후 불법스팸, 마케팅, 보이스 피싱 등에 악용되어 개인정보 침해가 발생하는 경우
홈페이지 노출	- 관리 부주의로 인하여 개인정보가 웹페이지의 게시물, 파일, 소스코드 및 링크(URL)에 포함되어 노출되는 경우를 말함
허술한 관리/방치	- 개인정보처리자는 개인정보를 처리함에 있어서 개인정보가 분실, 도난, 유출, 위조, 변조 또는 훼손되지 아니하도록 안전성 확보에 필요한 기술적, 관리적 및 물리적 안전조치를 취하여야 하나 안전 조치가 미비한 경우

※ 출처 : 개인정보 포털 〉 개인정보 보호란? 〉 개인정보 바로 알기

① 개인정보 유출

개인정보처리자가 본인의 의지나 법적 절차에 따른 것이 아님에도 불구하고, 개인정보에 대한 통제권을 상실하거나, 접근 권한이 없는 제3자가 해당 정보에 접근할 수 있도록 한 상태를 말한다. 예를 들어, 관리자의 실수로 내부 시스템 접근 권한 설정이 잘못되어 일반 직원이 고객의 가입 정보나 결제 정보를 조회할 수 있게 된 경우, 또는 보안 설정이 미비한 웹 서버에 개인정보가 담긴 파일이 업로드되어 검색 엔진을 통해 외부에서 접근 가능한 경우가 여기에 해당한다.

② 개인정보 불법유통

수집된 개인정보가 관리 과정에서의 부주의, 내부자의 실수 또는 고의, 외부의 해킹 등 다양한 원인으로 유출된 뒤, 이를 이용한 금전적 이익을 목적으로 불법 유통되거나 부정한 방식으로 거래되는 경우를 의미한다. 그 예로, 고객의 이름, 연락처, 계좌번호 등이 포함된 데이터베이스가 유출되어 다크웹이나 불법 거래 사이트를 통해 판매되어 보이스피싱, 스미싱, 스팸 광고 등과 같은 2차 범죄에 활용되는 사례가 있다.

③ 개인정보 오남용

수집된 개인정보가 관리 과정에서의 부주의, 내부자의 실수 또는 고의적인 유출, 해킹 등의 사유로 외부에 유출된 후, 불법 스팸 발송, 무단 마케팅, 보이스 피싱 등과 같은 범죄에 악용되어 개인정보 침해로 이어지는 경우를 말한다. 예를 들어, 고객의 이름과 연락처, 이메일 주소가 포함된 마케팅 리스트가 해킹으로 유출된 뒤, 이를 입수한 제3자가 '경품 당첨 안내'나 '택배 배송 확인' 등을 가장한 문자를 발송하여 악성 링크를 클릭하도록 유도하고, 추가적인 개인정보 탈취나 금전적 피해로 연결되는 경우가 이에 해당한다.

④ 홈페이지 노출

관리상의 부주의로 인해 개인정보가 웹페이지의 게시물, 첨부 파일, 소스코드 또는 URL 링크 등에 포함되어 외부에 노출되는 경우를 의미한다. 이러한 경우의 노출은 별도의 해킹이나 침입 없이도 검색 엔진을 통해 누구나 접근할 수 있는 형태로 공개될 수 있으며, 그로 인해 개인정보가 무단 수집되거나 악의적으로 활용될 위험이 크다. 예를 들어, 고객의 이름, 연락처, 주소 등이 포함된 엑셀 파일이 게시판에 첨부된 채 업로드되거나, 개발 과정에서 소스코드 내에 하드코딩된 주민등록번호나 API 키 등이 깃허브(GitHub)와 같은 외부 저장소에 공개되는 사례가 있다.

⑤ 허술한 관리/방치

개인정보처리자는 개인정보를 처리하는 과정에서 분실, 도난, 유출, 위조, 변조 또는 훼손을 방지하기 위해 기술적, 관리적, 물리적 보호조치를 취해야 하나, 이러한 안전조치가 충분히 이행되지 않은 경우를 말한다. 예를 들어, 개인정보가 저장된 파일을 암호화하지 않고 외부 저장매체에 보관하거나, 접속기록을 적절히 관리하지 않아 이상 징후를 사전에 탐지하지 못한 경우, 또는 퇴사자의 계정이 삭제되지 않아 무단 접근이 가능한 상태로 방치된 경우 등이 있다.

2) 개인정보 침해 신고

> **「개인정보 보호법」 제62조(침해 사실의 신고 등)**
> ① 개인정보처리자가 개인정보를 처리할 때 개인정보에 관한 권리 또는 이익을 침해받은 사람은 보호위원회에 그 침해 사실을 신고할 수 있다.
> ② 보호위원회는 제1항에 따른 신고의 접수·처리 등에 관한 업무를 효율적으로 수행하기 위하여 대통령령으로 정하는 바에 따라 전문기관을 지정할 수 있다. 이 경우 전문기관은 개인정보침해 신고센터(이하 "신고센터"라 한다)를 설치·운영하여야 한다.
> ③ 신고센터는 다음 각호의 업무를 수행한다.
>   1. 개인정보 처리와 관련한 신고의 접수·상담
>   2. 사실의 조사·확인 및 관계자의 의견 청취
>   3. 제1호 및 제2호에 따른 업무에 딸린 업무
> ④ 보호위원회는 제3항제2호의 사실 조사·확인 등의 업무를 효율적으로 하기 위하여 필요하면 「국가공무원법」 제32조의4에 따라 소속 공무원을 제2항에 따른 전문기관에 파견할 수 있다.

- 개인정보 침해 신고는 정보주체가 자신의 개인정보가 무단 수집·이용·제공, 유출, 오·남용 등으로 인해 침해되었다고 판단되는 경우, 관계 기관에 신고하거나 분쟁 조정을 신청할 수 있는 절차이다.

> **「개인정보 보호법 시행령」 제59조(침해 사실의 신고 등)**
> 보호위원회는 법 제62조제2항에 따라 개인정보에 관한 권리 또는 이익 침해 사실 신고의 접수·처리 등에 관한 업무를 효율적으로 수행하기 위한 전문기관으로 한국인터넷진흥원을 지정한다.

> **「행정조사 기본법」 제4조(행정조사의 기본원칙)**
> ① 행정조사는 조사목적을 달성하는 데 필요한 최소한의 범위 안에서 실시하여야 하며, 다른 목적 등을 위하여 조사권을 남용하여서는 아니 된다.
> ② 행정기관은 조사목적에 적합하도록 조사대상자를 선정하여 행정조사를 실시하여야 한다.
> ③ 행정기관은 유사하거나 동일한 사안에 대하여는 공동조사 등을 실시함으로써 행정조사가 중복되지 아니하도록 하여야 한다.
> ④ 행정조사는 법령 등의 위반에 대한 처벌보다는 법령 등을 준수하도록 유도하는 데 중점을 두어야 한다.
> ⑤ 다른 법률에 따르지 아니하고는 행정조사의 대상자 또는 행정조사의 내용을 공표하거나 직무상 알게 된 비밀을 누설하여서는 아니 된다.
> ⑥ 행정기관은 행정조사를 통하여 알게 된 정보를 다른 법률에 따라 내부에서 이용하거나 다른 기관에 제공하는 경우를 제외하고는 원래의 조사목적 이외의 용도로 이용하거나 타인에게 제공하여서는 아니 된다.

- 침해 신고는 다음과 같은 경로로 할 수 있다.

경로	상세
온라인	– 개인정보보호위원회 홈페이지 하단 '개인정보 침해신고센터' 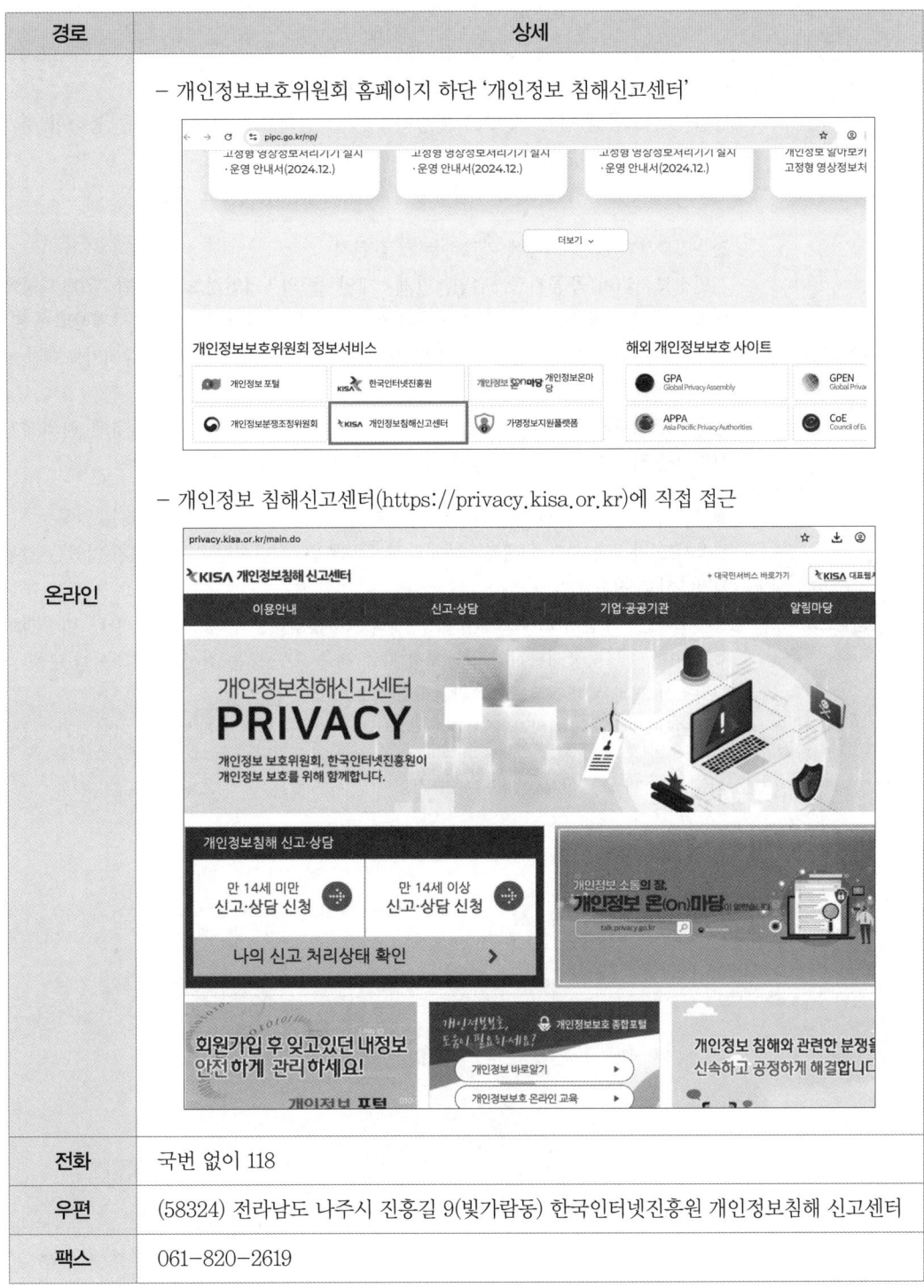 – 개인정보 침해신고센터(https://privacy.kisa.or.kr)에 직접 접근
전화	국번 없이 118
우편	(58324) 전라남도 나주시 진흥길 9(빛가람동) 한국인터넷진흥원 개인정보침해 신고센터
팩스	061-820-2619

- 침해 신고가 접수되면, 처리 절차는 다음과 같다.

경로	상세
상담	- 담당자가 내용을 확인 후 원칙적으로 <u>14일 이내</u>에 답변 - 답변은 신고인의 전자우편으로 발송하는 것을 원칙으로 하며, 전화를 통하여 추가 내용을 안내하는 경우도 있음 - <u>전화로 접수된 상담은 그 즉시 상담원이 관련 내용을 안내하고 종결</u>
행정지도	- <u>접수일로부터 60일 이내에 완료하는 것을 원칙</u> - 개인정보처리자(공공기관, 법인, 단체, 개인 등)의 「개인정보 보호법」 위반사항에 대한 신속한 시정 유도로 신고인의 침해받은 개인정보 권리 및 이익을 구제하고 종결 - 행정지도는 신고인의 개인정보 침해에 대한 정확한 사실관계 서술 및 증거자료 제출이 요구되므로, 서면 접수가 원칙 - 행정지도 결과를 통지받은 신고인은 <u>통지를 받은 날부터 14일 이내에 이의제기</u> 신청서를 작성하여 재신고의 방식으로 이의제기를 할 수 있음
행정조사	- 행정조사는 <u>행정지도에서 전환된 날짜로부터 120일 이내에 완료하는 것을 원칙</u> 행정지도 과정에서 고충 해결 및 「개인정보 보호법」 위반사항이 시정되지 않았을 경우 행정조사로 전환 가능 - 행정조사는 「개인정보 보호법」 및 「행정조사기본법」 등 관계 법령에 따라 비공개로 추진되며, 중립적·객관적인 입장에서 자료 제출 요구 또는 검사 등의 조사를 수행 → 행정조사 결과는 개인정보보호위원회로 통보하고 종결 가능 - 행정조사 결과를 통지받은 조사대상자는 이의제기 신청서를 작성하여 이의제기 가능

※ 출처 : 개인정보 침해신고 센터 〉 이용안내 〉 처리 절차

참고사항 — 개인정보 침해 신고·상담 건수

- 개인정보 침해 신고·상담 건수는 지표누리 e-나라지표(https://www.index.go.kr/unity/potal/main/EachDtlPageDetail.do?idx_cd=1366)에서 확인할 수 있다.

    * 2024년 1월~12월까지의 신고 및 상담 건수는 다음과 같다.

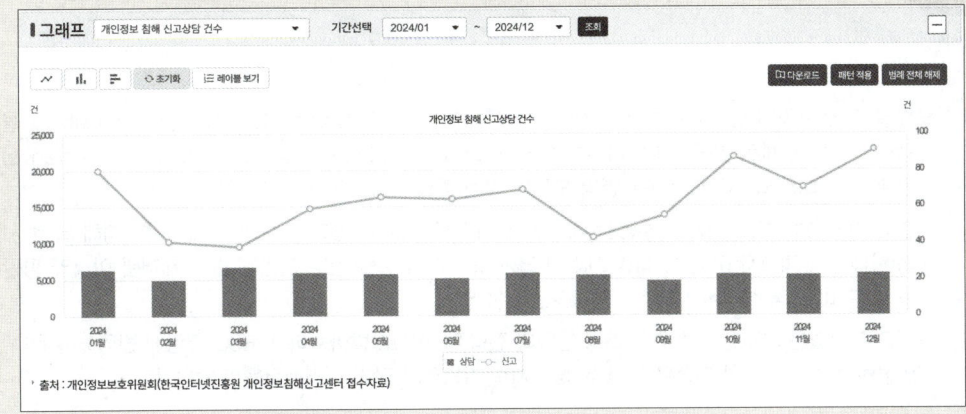

* 출처: 개인정보보호위원회(한국인터넷진흥원 개인정보침해신고센터 접수자료)

개인정보 침해 신고·상담 건수

[단위: 건]

	2024 01월		2024 02월		2024 03월		2024 04월		2024 05월		2024 06월		2024 07월		2024 08월		2024 09월		2024 10월		2024 11월		2024 12월	
	상담	신고	상담	신고	상담	신고	상담	신고	상담	신고	상담	신고	상담	신고	상담	신고	상담	신고	상담	신고	상담	신고	상담	신고
적법하지 않은 개인정보 수집	395	13	302	3	1,333	8	290	5	375	9	374	7	390	6	314	7	324	7	327	8	360	6	289	5
적법하지 않은 개인정보 이용 또는 제공	407	2	335	1	420	0	486	2	423	2	391	2	547	0	471	2	426	2	464	5	486	4	475	3
적법하지 않은 개인정보 보유 및 파기	79	4	42	1	72	5	63	3	80	9	72	7	72	3	71	4	45	4	53	10	62	5	65	3
고유식별번호 처리제한 등	64	7	47	0	49	2	51	0	56	2	46	1	66	0	63	0	58	3	53	4	55	0	69	1
영상정보처리기기 설치·운영 제한	634	13	573	3	841	3	864	11	995	21	939	20	1,179	17	967	5	879	14	940	26	902	13	816	18
가명정보 처리 제한	0	0	2	0	3	0	2	0	2	0	4	0	4	0	3	0	1	0	4	0	0	0	0	0
개인정보의 안전성 확보 조치 미비	304	12	241	14	218	7	290	13	340	9	284	13	237	11	394	11	336	13	236	15	215	5	266	19
열람·정정 등 정보주체의 권리 보호 미비	200	29	171	19	154	9	162	15	203	13	180	14	188	31	187	14	180	11	199	18	239	37	176	42
개인정보보호 관련 법령 질의 등 기타	1,606	0	1,437	0	1,196	4	1,372	10	717	0	711	0	832	1	712	0	654	1	883	1	892	0	1,012	0
합계	6,322	80	4,883	41	6,657	38	5,948	59	5,735	65	5,110	64	5,784	69	5,530	43	4,757	55	5,592	87	5,555	70	5,740	91

* 출처: 개인정보보호위원회(한국인터넷진흥원 개인정보침해신고센터 접수자료)

※ 출처: 지표누리 e-나라지표

CHAPTER 03 기업의 사회적 책임

CERTIFIED PRIVACY PROTECTION GENERAL

> 오늘날 기업은 단순한 이윤 창출을 넘어 사회적 책임(CSR, Corporate Social Responsibility)을 수행해야 하는 주체로 인식되고 있다. 특히 개인정보 보호는 ESG(Environmental, Social, Governance) 경영에서 '사회(S)'와 '지배구조(G)' 영역 모두에 걸쳐 중요한 요소로 자리매김하고 있다.
>
> 기업의 개인정보 보호 책임은 투명한 개인정보 처리방침 공개, 견고한 보안 체계 구축, 침해 발생 시 신속한 대응과 피해자 구제 등 다양하다. 이러한 노력이 부족할 경우 기업은 법적 제재뿐 아니라 평판 하락, 고객 이탈 등 심각한 사회적·경제적 손실을 입게 된다.
>
> 그러므로 기업은 개인정보 보호를 조직 운영의 전략적 과제로 받아들이고, ESG 경영에 반영해야 한다. 개인정보 보호의 충실한 이행은 결국 기업의 지속 가능성과 장기적 경쟁력을 뒷받침한다.

1 기업의 사회적 책임(CSR)

기업의 사회적 책임(CSR, Corporate Social Responsibility)은 기업이 경제적 이익뿐 아니라 사회적, 환경적 가치를 실현하기 위해 자발적으로 수행하는 책임 있는 활동을 의미한다. 과거에는 기부나 봉사활동 등 전통적인 공익 활동에 집중되었지만, 오늘날 CSR은 기업 운영 전반에 걸쳐 윤리성, 투명성, 인권 존중, 환경 보호, 소비자 보호 등 포괄적인 기준을 포함하는 개념으로 확대되고 있다. 이 중 개인정보 보호는 디지털 시대에 새롭게 부각된 CSR의 핵심 요소 중 하나이다. 개인정보와 연관지어 보면, CSR은 다음의 의미를 가지고 있다.

1) 개인정보 보호는 소비자에 대한 책임이다

기업은 서비스를 제공하면서 필연적으로 고객의 개인정보를 수집하고 처리하게 된다. 이 과정에서 정보주체의 권리를 보호하는 것은 단순한 법적 의무를 넘어, 소비자에 대한 도덕적 책임이자 사회적 약속이라 할 수 있다. 기업이 개인정보를 안전하게 관리하고, 투명하게 이용하며, 침해 발생 시 적극적으로 대응하는 모습은 소비자의 신뢰를 얻는 기반이 된다.

2) 투명성과 윤리경영의 실현이다

CSR은 기업이 윤리적이고 투명한 방식으로 경영할 것을 요구한다. 개인정보 보호는 기업 내부의 정보보호 정책, 기술적 보안체계, 직원 교육, 외부 파트너와의 협력 방식 등 다방면에 걸쳐 조직 전반의 윤리성을 반영한다. 예를 들어, 개인정보 수집 목적을 명확히 고지하고, 불필요한 정보는 수집하지 않으며, 수집한 정보는 엄격한 기준에 따라 보관·처리하는 일련의 과정은 윤리경영의 실천 그 자체이다.

3) 사회적 신뢰 구축과 지속 가능성 확보의 수단이다

현대 소비자는 제품이나 서비스의 품질뿐 아니라, 기업이 얼마나 사회적 책임을 다하는지를 평가 기준으로 삼는다. 특히 개인정보 보호는 직접적인 개인 피해와 연결되기 때문에 민감한 이슈이다. 따라서 개인정보를 철저히 보호하는 기업은 사회적 신뢰를 얻고, 장기적으로는 지속 가능한 경영 환경을 구축할 수 있다. 이 원칙은 ESG 경영의 'Social' 요소와도 긴밀히 연결되어 있으며, 투자자들 또한 CSR과 데이터 거버넌스를 주요 판단 기준으로 삼고 있다.

4) 위기 대응과 사후관리 역시 CSR의 일부이다

개인정보 침해 사고는 완전히 방지하기 어려운 측면이 존재한다. 그러나 중요한 것은 사고 발생 이후 기업이 얼마나 책임감 있게 대응하느냐에 달려 있다. 피해자에 대한 신속한 통지, 피해 구제 조치, 재발 방지를 위한 제도적 보완 등은 기업이 사회적 책임을 다하는지 여부를 판단하는 중요한 기준이 된다. 이와 같은 사후 관리 능력 또한 CSR의 연장선에 있으며, 고객과 사회가 기업을 신뢰할 수 있는지 여부를 결정짓는다.

2 ESG 개념

1) 정의

ESG는 환경(Environment), 사회(Social), 지배구조(Governance)의 약어로, **기업의 지속가능성과 장기적 가치 창출을 평가하는 비재무적 지표**이다. 기존의 재무 성과 중심의 평가 방식에서 벗어나, 기업이 환경을 보호하고 사회적 책임을 다하며 건전한 지배구조를 유지하는지를 종합적으로 고려하는 기준이다. 투자자, 소비자, 정부 등 다양한 이해관계자들이 ESG 요소를 기업 판단의 핵심 기준으로 삼고 있으며, 기업의 생존과 성장에 직결되는 요소로 자리잡고 있다.

2) ESG의 3대 요소

구분	내용
환경(E)	- 탄소배출 저감, 에너지 절약, 자원 순환, 기후 변화 대응 등 환경 보호 활동
사회(S)	- 노동 인권 보호, 다양성 존중, 지역사회 기여, 소비자 보호, 개인정보 보호 등
지배구조(G)	- 이사회 구성의 투명성, 부패 방지, 내부 통제 시스템, 윤리경영 원칙 수립 등

3) 개인정보 보호와 ESG의 연계

① 사회(S)의 핵심 요소로서의 개인정보 보호
- 개인정보 보호는 ESG의 'S(Social)' 요소에 명확히 포함되는 분야이다.
- 기업은 소비자의 데이터를 책임감 있게 수집하고, 안전하게 보관하며, 오남용되지 않도록 철저한 관리 체계를 구축해야 한다. 이는 단순한 법적 의무가 아니라, 소비자 인권 보호와 신뢰 형성이라는 사회적 책임을 실현하는 행위이다.

② 데이터 윤리와 투명한 지배구조
- 개인정보 보호 정책은 ESG의 'G(Governance)' 측면과도 연결된다.
- 투명한 정보 관리, 명확한 권한 체계, 내부 통제 시스템 등은 모두 개인정보 관련 사고를 예방하고 기업의 투명성과 책임성을 확보하는 데 기여한다.
- 개인정보보호위원회, 컴플라이언스팀 운영 등은 ESG 평가에서 긍정적으로 작용할 수 있다.

③ 장기적인 지속 가능성 확보
- ESG는 장기적인 관점에서 기업의 가치를 평가하는 기준이다.
- 개인정보 보호 역시 장기적인 신뢰 기반을 형성하는 요소로 작용한다.
- 개인정보 유출 사고는 단기적인 피해를 넘어, 기업의 명성과 생존 가능성에 치명적인 영향을 줄 수 있다. 반대로 철저한 보호 체계를 갖춘 기업은 사회적 평판과 투자자 신뢰를 획득할 수 있으며, 이는 지속 가능한 경영으로 이어진다.

3 개인정보 보호 조직의 구성

1) 개인정보 보호 전담조직의 필요성
- 개인정보 보호 전담조직은 기업 또는 조직이 개인정보 보호법 등 관련 법령을 충실히 이행하고, 개인정보 처리와 관련된 위험을 체계적으로 관리하기 위해 반드시 필요한 조직이다.
- 그럼에도 모든 기업이나 기관에서 개인정보 보호 전담조직을 두지는 못하고 있다. 왜냐하면, 안정된 기업이나 기관이 아니고서는 개인정보 보호 전담조직을 구성하고 운영하기 위한 예산, 인력, 시스템 등의 자원을 확보하기 어렵기 때문이다. 특히 중소기업이나 스타트업의

경우, 개인정보 보호의 중요성을 인식하고 있음에도 현실적인 경영상 제약으로 인해 전담 인력을 확보하거나 보호체계를 체계적으로 구축하는 데 어려움을 겪고 있다.
- 개인정보 보호에 대한 사회적 요구와 규제 수준은 지속적으로 강화되고 있기 때문에, 기업의 지속 가능성과 대외 신뢰 확보를 위해서라도 개인정보 보호 전담조직의 구축은 장기적인 관점에서 반드시 필요하다.
- 개인정보 보호 전담조직이 필요한 이유는 다음과 같다.

   ⓐ 개인정보 보호 업무는 법률, 기술, 관리적 요소가 복합적으로 얽혀 있기 때문이다. 업무 효율성과 전문성 확보 측면에서 개인정보 보호 전문 인력이 중심이 되어 개인정보 보호 관련 법령, 기술 동향, 보호 조치를 체계적으로 분석하고 적용함으로써, 중복되거나 비효율적인 업무를 줄이고, 일관된 기준에 따라 조직 전반의 보호 체계를 통일시킬 수 있다. 부서별 실무자의 혼란을 줄이고, 실제 개인정보 보호 수준을 향상시킬 수 있는 기반이 된다.

   ⓑ 개인정보 보호 전담조직은 조직 내부의 통제 체계를 강화하고 사고를 사전에 예방하는 기능을 수행한다. 개인정보 유출, 무단 접근, 오남용 등 다양한 개인정보 유출 사고는 기업의 신뢰도는 물론 재무적 손실과도 직결된다. 개인정보 보호 전담조직은 이러한 리스크를 사전에 식별하고 관리하며, 사고 발생 시 신속하고 체계적으로 대응할 수 있는 기능을 수행한다.

   ⓒ 개인정보 보호 전담조직은 조직 구성원 전체의 개인정보 보호 인식 제고와 문화 정착을 유도하는 역할을 한다. 개인정보 보호는 특정 부서만의 책임이 아니라, 모든 직원이 인지하고 실천해야 하는 조직 전체의 과제이기 때문에, 전사적인 교육과 캠페인을 통해 개인정보 보호 문화의 확산을 유도하고 실질적인 행동 변화로 이어지도록 한다.

   ⓓ 개인정보 보호 전담조직은 외부 이해관계자의 신뢰를 얻는 데 중요한 역할을 한다. 고객, 파트너사, 투자자, 감독기관 등은 기업의 개인정보 처리 수준을 하나의 신뢰 지표로 판단한다. 개인정보 보호 전담조직의 체계적인 개인정보 보호 관리체계를 수립·운영하는 것은 기업의 브랜드 가치를 제고하며 신뢰성을 높인다.

2) 개인정보 보호 조직의 구성 방식

- 개인정보 보호 조직은 일반적으로 개인정보 보호책임자(CPO, Chief Privacy Officer)를 중심으로 구성되지만, 조직의 규모나 개인정보 처리의 범위에 따라 개인정보 보호 조직의 구성 방식은 달라질 수 있다.
- 대규모 조직의 경우에는 독립된 '개인정보 보호 전담 부서' 또는 '개인정보보호위원회'(여기서 말하는 개인정보보호위원회는 개인정보의 처리와 보호에 관한 사안을 독립적으로 수행하기

위해 설립된 중앙행정기관(PIPC)을 의미하는 것이 아니라, 기업이나 기관에서 운영하는 위원회를 말한다)를 설치하고, 개인정보 관련 업무를 통합 관리하는 체계를 운영하기도 한다.

- 기업·기관 내부의 개인정보보호위원회에는 법무, 정보보안, 인사, 기획, 마케팅 등 다양한 부서의 리더가 참여한다. 반면, 중소 규모 조직의 경우에는 CPO와 실무 담당자를 최소한으로 구성하되, 외부 전문가의 자문을 받는 형태로 운영되기도 한다.
- 개인정보 보호 조직을 구성하는 데 특별한 기준이 있지는 않지만, 일반적으로 다음과 같이 구성된다.

구성	설명
개인정보 보호책임자	- 개인정보 처리에 대한 최종 책임자, 법적으로 개인정보 보호책임자 지정 필요(개인정보 보호법 제31조) - 기술·관리적 보호조치 이행을 총괄할 수 있는 권한과 책임 보유
개인정보 보호관리자	- 개인정보 보호책임자의 업무를 실무적으로 보좌 - 부서 또는 서비스 단위에서 개인정보 보호 관련 정책을 구체적으로 실행하고 운영하는 관리자
개인정보 보호담당자	- 현장에서 개인정보 업무를 직접 처리하고 실행하는 실무 담당자 - 개인정보 보호 조치 이행 및 모니터링을 수행
개인정보보호위원회	- 조직 내 개인정보 보호 활동의 방향성과 전략을 수립하고, 주요 정책을 심의·의결하는 협의체 또는 위원회 조직

PART 01 실력 확인 문제

| 개인정보의 개요 |

01 다음 중 개인정보의 정의에 대한 설명으로 옳은 것은 무엇인가?

① 고인의 의료정보는 개인을 식별할 수 있으므로 개인정보에 해당한다.
② 개인사업자의 상호명과 사업자등록번호는 무조건 개인정보에 해당한다.
③ 다른 정보와 결합하여 개인을 식별할 수 없는 정보도 개인정보이다.
④ 영상정보는 개인 식별이 가능한 경우에만 개인정보가 된다.
⑤ 모든 법인 관련 정보는 개인정보에 해당하지 않는다.

해설

「개인정보 보호법」상 '개인정보'는 개인을 식별할 수 있는 정보를 포함하며, 영상정보는 개인을 알아볼 수 있다면 개인정보로 분류된다.
①은 고인은 '살아있는 개인'이 아니므로 제외되고, ②는 사업적 목적의 정보만 해당되며, ③은 결합해도 식별 불가능하면 개인정보가 아니고, ⑤는 법인에 대한 정보라도 임원의 이름 등은 개인정보일 수 있다.

플러스이론

「개인정보 보호법」 제2조(정의)

1. "개인정보"란 살아 있는 개인에 관한 정보로서 다음 각 목의 어느 하나에 해당하는 정보를 말한다.
   가. 성명, 주민등록번호 및 영상 등을 통하여 개인을 알아볼 수 있는 정보
   나. 해당 정보만으로는 특정 개인을 알아볼 수 없더라도 다른 정보와 쉽게 결합하여 알아볼 수 있는 정보. 이 경우 쉽게 결합할 수 있는지 여부는 다른 정보의 입수 가능성 등 개인을 알아보는 데 소요되는 시간, 비용, 기술 등을 합리적으로 고려하여야 한다.
   다. 가목 또는 나목을 제1호의2에 따라 가명처리함으로써 원래의 상태로 복원하기 위한 추가 정보의 사용·결합 없이는 특정 개인을 알아볼 수 없는 정보(이하 "가명정보"라 한다)

02 다음 가명정보와 익명 정보의 차이에 대한 설명 중 적절한 것은?

① 가명정보는 법적 보호 대상이 아니며 자유롭게 유통 가능하다.
② 익명 정보는 추가 정보를 통해 개인 식별이 가능한 정보를 의미한다.
③ 가명정보는 개인정보 보호법의 적용을 받지 않는다.
④ 가명정보는 이미 개인 식별이 불가능한 정보이므로 아무런 보호조치가 필요 없다.
⑤ 익명 정보는 합리적으로 식별이 불가능한 정보를 의미한다.

해설

익명 정보는 '합리적으로 다른 정보와 결합해도 개인을 식별할 수 없는 정보'로, 개인정보 보호법 적용 대상이 아니다. 가명정보는 복원 가능성이 존재하므로 보호법 적용을 받고, 보호조치가 필요하다.

03 다음 중 '개인정보처리자'의 정의로 적절한 것은?

① 개인정보를 수집하여 개인에게 판매하는 자만 해당된다.
② 개인정보를 생성하는 시스템 개발자는 해당하지 않는다.
③ 업무 목적으로 개인정보파일을 운용하는 공공기관, 법인, 단체, 개인을 포함한다.
④ 개인정보를 취급하는 자 중 공공기관만을 의미한다.
⑤ 개인정보를 열람하는 이용자도 포함된다.

정답: 01 ④ 02 ⑤ 03 ③

> **해설**

개인정보처리자는 개인정보파일을 운용하기 위해 개인정보를 처리하는 공공기관, 법인, 단체, 개인 모두를 포함하는 개념이다. 개인 사용자는 정보주체로 분류되며, 단순 열람자는 처리자에 포함되지 않는다.

04 다음 중 정보 프라이버시 침해 사례로 적절한 것은?

① 경찰의 정당한 영장에 따른 가택 수색
② 사무실의 외부 출입자 명단 열람
③ 사적 대화 녹취본을 본인의 동의 없이 제3자에게 전송
④ 아파트 단지의 방범용 CCTV 촬영
⑤ 국회의원의 공개 회의 참석 명단 공유

> **해설**

정보 프라이버시는 개인의 정보가 무단으로 수집·이용·공유되지 않을 권리이다. 사적 대화는 정보 프라이버시에 속하며, 동의 없는 녹취 공유는 명백한 침해이다. 나머지는 공익 목적이거나 정당한 절차를 따른 경우이다.

05 다음 중 개인정보 자기결정권과 가장 관련 있는 권리가 아닌 것은?

① 신체 자유권
② 사전 동의권
③ 열람 및 정정권
④ 삭제권
⑤ 처리 제한 및 거부권

> **해설**

개인정보 자기결정권은 정보에 대한 통제권으로, 수집·이용·제공·삭제 등에 대한 자기 결정권을 의미한다. 신체 자유권은 별개의 헌법상 권리로, 직접적인 관련은 없다.

06 다음 중 결합 식별성 판단 시 고려할 수 없는 요소는?

① 시간·비용적 접근 가능성
② 수집자의 인격
③ 기술 발전 수준
④ 결합 정보의 현실적 입수 가능성
⑤ 정보 사용 맥락

> **해설**

결합 식별성은 정보의 조합으로 특정 개인을 식별할 수 있는지를 기술, 비용, 맥락 등 현실적 요인을 고려하여 판단한다. 수집자의 인격은 법적 판단 요소가 아니다.

07 다음 중 「개인정보 보호법」 제62조에 따른 침해 신고 주체로 적절한 자는?

① 개인정보를 수집한 관리자
② 개인정보보호위원회 위원장
③ 침해를 입증한 수사기관
④ 자신의 권익이 침해된 정보주체
⑤ 손해를 본 제3자 단체

> **해설**

침해 신고는 권익이 침해된 정보주체가 할 수 있으며, 개인정보보호위원회는 이를 접수·처리하는 기관이다.

08 다음 개인정보 침해 유형 중 '개인정보 유출'에 해당하지 않는 사례는?

① 해커가 DB에서 고객 정보를 추출한다.
② 관리자가 접근 권한 설정을 잘못하여 일반 직원이 고객 정보를 조회한다.
③ 고객 명단을 의도적으로 거래 사이트에 판매한다.
④ API 키와 개인정보가 담긴 파일을 깃허브에 업로드한다.
⑤ 퇴사자의 계정이 삭제되지 않아 외부에서 접근 가능하다.

정답: 04 ③ 05 ① 06 ② 07 ④ 08 ③

> **해설**
>
> ③번은 '불법유통'에 해당한다. 유출은 본인의 의지나 법령과 무관하게 통제권을 상실한 상태를 말하며, 불법거래는 유출 이후의 행위로 구분된다.

09 다음 개인정보의 가치 산정 방법 중 실제 손해액이나 법원의 판결을 기준으로 삼는 방식은?

① CVM
② 델파이법
③ 소송가액 산정법
④ 손해배상액 산정법
⑤ 정책가치 추정법

> **해설**
>
> 손해배상액 산정법은 실제 유출 사건에서 인정된 배상액을 기준으로 개인정보 가치를 현실적으로 평가하는 방식이다. 소송가액은 원고의 청구 기준이고, CVM과 델파이법은 각각 주관적/전문가 기반 방법이다.

10 다음 중 침해 신고가 접수된 이후, 행정조사로 전환될 수 있는 사유는?

① 신고인이 이의제기를 요청한 경우
② 행정지도 결과가 존재하지 않는 경우
③ 침해가 사회적 이슈가 된 경우
④ 고의성이 입증된 경우
⑤ 행정지도에서도 시정되지 않은 경우

> **해설**
>
> 행정지도 이후에도 침해 문제가 시정되지 않으면 행정조사로 전환되며, 법적 권한이 확대되는 절차이다.

11 다음 중 행정조사의 기본원칙 중 적합하지 않은 설명은?

① 최대한의 정보 수집
② 목적의 정당성
③ 적법성
④ 사전 통지
⑤ 조사권 남용 금지

> **해설**
>
> 행정조사는 조사 목적 달성에 필요한 최소한도 내에서 이루어져야 한다. 정당한 목적으로 적법하게 조사가 이루어져야 하며, 사전에 통지하고 조사권을 남용하지 않아야 한다.

12 개인정보 침해신고센터에 전화로 침해 상담을 신청한 경우, 일반적인 처리 방식은?

① 방문 접수 요구
② 당일 전화 종결 안내
③ 즉시 서면 회신
④ 3일 이내 조사 개시
⑤ 30일 내 행정지도 시행

> **해설**
>
> 전화 상담은 즉시 답변·종결이 원칙이다. 이후 추가 조사나 접수는 별도 경로를 통해 이루어진다.

13 다음 중 ESG 경영에서 개인정보 보호가 직접적으로 관련되는 분야는?

① 탄소 배출 저감
② 이사회 구성 다양성
③ 사회적 신뢰와 소비자 인권 보호
④ 노동 시간 단축과 복지 향상
⑤ 윤리규범 없는 인공지능 도입

정답: 09 ④ 10 ⑤ 11 ① 12 ② 13 ③

> 해설

개인정보 보호는 ESG 중 'S(Social)' 요소에 해당하며, 소비자 인권 보호 및 사회적 신뢰와 직결된다. 개인정보를 책임 있게 처리하는 것은 사회적 책임 실현의 중요한 방식이다.

14 다음 중 개인정보 보호가 기업의 CSR에서 차지하는 의미로 적절하지 않은 것은 무엇인가?

① 소비자의 권리 보호를 통한 도덕적 책임 이행
② 개인정보 유출 시 기업의 손해를 줄이기 위한 보험적 수단
③ 윤리성과 투명성 실현의 주요 항목
④ 사회적 신뢰 확보 및 지속 가능성 강화의 수단
⑤ 위기 발생 시 책임 있는 사후조치의 기준

> 해설

개인정보 보호는 CSR의 윤리성과 사회적 책임, 지속 가능성을 강화하기 위한 실질적 요소이다. 보험적 수단으로 보는 것은 편협하며 본질적 CSR 목적과는 거리가 있다.

15 다음 중 개인정보 보호 전담조직의 존재 필요성은 무엇인가?

① 모든 기업은 법적으로 전담조직을 설치해야 한다.
② 개인정보 보호는 기술 인력만으로도 충분히 수행 가능하다.
③ 조직 내 유일한 개인정보 책임자만 있어도 충분하다.
④ 법률·기술·관리 요소가 복합되므로 체계적 대응이 필요하다.
⑤ 전담조직 없이도 외주를 통해 모든 책임을 위임할 수 있다.

> 해설

개인정보 보호는 법률, 기술, 조직 관리 등 복합적 요소가 필요하므로, 이를 체계적으로 대응하기 위해 전담조직의 구축이 필수적이다. 전담 조직은 기업 내 통합성과 전문성을 높이는 역할도 수행한다.

16 다음 중 개인정보 보호 조직 구성 중 '개인정보 보호책임자(CPO)'의 법적 지위와 관련하여 옳은 설명은?

① 모든 기업은 외부에서 CPO를 위촉해야 한다.
② CPO는 조직 내 실무 업무만을 전담하는 하위직이다.
③ CPO는 정보보호법이 아닌 산업안전보건법에 따른 역할이다.
④ 개인정보 보호관리자보다 책임이 적다.
⑤ CPO는 법적으로 지정이 필요하며 최종 책임을 진다.

> 해설

개인정보 보호책임자(CPO)는 「개인정보 보호법」 제31조에 따라 법적으로 지정이 필요하며, 개인정보 처리의 최종 책임을 지는 자이다.

17 다음 중 중소기업이 개인정보 보호 전담조직을 제대로 구성하지 못하는 이유로 거리가 먼 것은?

① 전문 인력 부족
② 개인정보 보호에 대한 사회적 요구 부족
③ 기술적 보안 수준 미흡
④ 예산 확보의 어려움
⑤ 시스템 인프라 미비

> 해설

개인정보 보호에 대한 사회적 요구는 높아지고 있으며, 이는 전담조직 구성의 '촉진 요인'이며, 방해 요인이 아니다. 나머지는 현실적 제약이다.

정답: 14 ② 15 ④ 16 ⑤ 17 ②

PART

02 •••••

개인정보 보호 제도

① 개인정보 보호 관련 법률 체계

② 개인정보 보호 원칙과 의무

③ 정보주체의 권리

④ 분쟁해결절차

개인정보 보호 관련 법률은 개인정보 보호법을 중심으로 정보통신망법, 신용정보법 등 분야별 특별법이 있으며, 모든 공공·민간 개인정보처리자에 적용된다. 또한 개인정보 보호 원칙과 의무에는 목적 명확화, 최소 수집, 정확성·안전성 확보, 정보주체 권리 보장, 책임 이행 등이 포함된다. 특히, 정보주체는 개인정보 열람, 정정·삭제, 처리 정지 요구 등 권리가 있고, 분쟁 발생 시 개인정보분쟁조정위원회 조정 및 단체소송 등 절차로 정보주체의 권리를 구제할 수 있다.

CHAPTER 01 개인정보 보호 관련 법률 체계

CERTIFIED PRIVACY PROTECTION GENERAL

개인정보 보호법을 이해하고 대한민국의 법률 체계와 관련지어 법률 체계를 이해한다.

1 개인정보 보호 관련 법 개요

1) 목적(제1조)
이 법은 개인정보의 처리 및 보호에 관한 사항을 정함으로써 개인의 자유와 권리를 보호하고, 나아가 개인의 존엄과 가치를 구현함을 목적으로 한다.

2) 개인정보 보호 관련 법령 개념도
개인정보 보호법이 최상위 법령으로, 그 하위에 대통령령인 시행령, 시행규칙, 각 지방자치단체의 조례(자치법규)가 위치하며, 상위 법령 우선의 원칙이 적용된다.

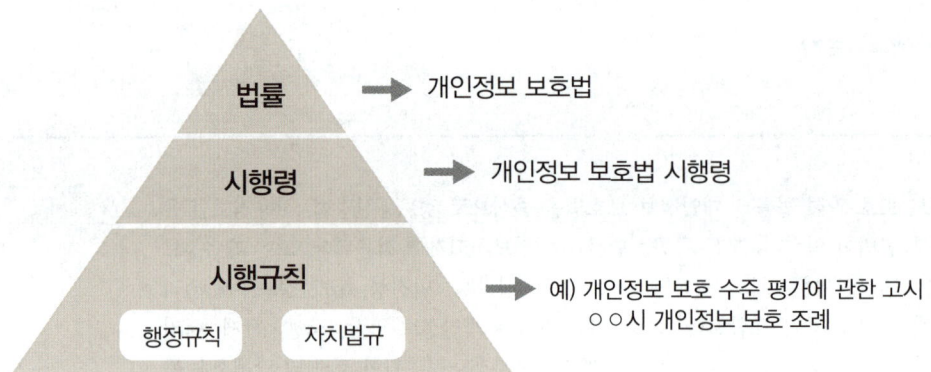

3) 개인정보 보호 관련 법령 체계도

개인정보 보호법 시행령은 개인정보 보호법에서 위임한 구체적 사항을 정하고, 고시나 조례는 시행령이 위임한 세부사항 또는 지역별 특례를 규정한다. 따라서 적용 순서는 "법 → 시행령 → 고시/조례" 순이며, 하위 법령은 상위 법령에 위반될 수 없다.

■ 상하위법

- 법률 개인정보 보호법 [시행 2024. 3. 15.] [법률 제19234호, 2023. 3. 14., 일부개정]
  - 시행령 개인정보 보호법 시행령 [시행 2024. 9. 15.] [대통령령 제34309호, 2024. 3. 12., 일부개정]
    - 행정규칙
    - 자치법규
  - 시행령 개인정보 보호위원회 직제 [시행 2024. 12. 31.] [대통령령 제35013호, 2024. 11. 26., 타법개정]
    - 시행규칙 개인정보 보호위원회 직제 시행규칙 [시행 2024. 12. 31.] [총리령 제1999호, 2024. 12. 19., 일부개정]
  - 시행령 개인정보 단체소송규칙 [시행 2011. 9. 30.] [대법원규칙 제2358호, 2011. 9. 28., 제정]
  - 시행령 법원 개인정보 보호에 관한 규칙 [시행 2024. 3. 15.] [대법원규칙 제3109호, 2023. 8. 31., 일부개정]
  - 시행령 헌법재판소 개인정보 보호 규칙 [시행 2023. 10. 5.] [헌법재판소규칙 제461호, 2023. 10. 5., 일부개정]
  - 시행령 선거관리위원회 개인정보 보호에 관한 규칙 [시행 2024. 3. 15.] [선거관리위원회규칙 제596호, 2024. 1. 19., 일부개정]
  - 행정규칙

※ 출처 : 법제처(https://www.law.go.kr/) 화면 캡쳐(2025. 8. 26.)

4) 개인정보 보호법의 구성 주요 내용

개인정보 보호법은 공공·민간 모든 개인정보처리자에 적용되며, 전자·종이문서 등 모든 형태의 개인정보를 보호 대상으로 한다. 개인정보 보호정책의 수립, 개인정보의 처리, 안전한 관리, 정보주체의 권리보장, 분쟁 및 소송, 벌칙 등 개인정보 관련 분야 누구나에게 해당하는 일반법으로서 보호 기준 및 권리와 의무 사항을 포함한다.

장	내용
제1장 총칙	목적, 정의, 개인정보 보호 원칙, 정보주체의 권리, 국가 등의 책무, 다른 법률과의 관계
제2장 개인정보 보호정책의 수립	개인정보 침해요인 평가, 자료 제출 요구 등, 개인정보 보호수준 평가, 개인정보 보호지침, 개인정보 보호의 날
제3장 개인정보의 처리 • 제1절 개인정보의 수집, 이용, 제공 등 • 제2절 개인정보의 처리 제한 • 제3절 개인정보의 처리에 관한 특례 • 제4절 개인정보의 국외 이전	• 개인정보의 수집·이용, 수집 제한, 제공, 목적 외 이용·제공 제한, 파기, 동의받는 방법 • 민감정보, 고유식별정보, 주민등록번호, (고정형, 이동형) 영상정보처리기기, 처리 위탁 • 가명정보의 처리 결합제한, 안전조치, 금지의무 등 • 개인정보 국외 이전 요건, 국외 이전 중지, 상호주의, 준용규정
제4장 개인정보의 안전한 관리	안전조치의무, 개인정보 처리방침의 수립 및 공개, 개인정보 처리방침의 평가 및 개선권고, 개인정보 보호책임자의 지정 등, 개인정보파일의 등록 및 공개, 개인정보 유출 등의 통지·신고, 노출된 개인정보의 삭제·차단
제5장 정보주체의 권리보장	개인정보의 열람, 개인정보관리 전문기관, 개인정보 전송 관리 및 지원, 개인정보의 정정·삭제, 개인정보의 처리정지 등, 자동화된 결정에 대한 정보주체의 권리 등, 권리행사의 방법 및 절차, 손해배상책임
제7장 개인정보 분쟁조정위원회	제8장 개인정보 단체소송
제9장 보칙	금지행위, 사전 실태점검, 과징금, 개선권고
제10장 벌칙	형사처벌, 과태료

5) 분야별 개인정보 보호 법률

사업 또는 업무의 내용에 따라 각 분야별로 개인정보 보호와 관련하여 준수해야할 법률이 다르다.

① 수범자와 소지자의 개념 이해

구분	유형	상세 내용
수범자	개념	- 법을 지켜야하는 **직접의무자**로 규정한 자 - 해당 법령을 준수해야 하는 사람, 기업, 단체 등 ※ 기본권 수범자는 국민을 보호해야 하는 의무를 지는 국가기관, 지방자치단체, 공공기관 등임
수범자	예시	- 개인정보 보호법의 수범자는 개인정보처리자 - 정보통신망법의 수범자는 개인정보처리자, 정보통신서비스 제공자
소지자	개념	- 법을 적용받는 대상을 말함
소지자	예시	- 개인정보 보호법의 소지자는 정보주체 - 정보통신망법의 소지자는 서비스 이용자

② 분야별 개인정보 보호 법률의 수범자와 소지자의 이해

- 분야별 개인정보 보호 법률의 수범자는 주로 개인정보처리자(공공기관, 기업, 단체 등 개인정보를 처리하는 자)이며, 일부 조항은 개인정보취급자(임직원 등)도 포함된다.
- 소지자(정보주체)는 자신의 개인정보에 대한 권리(열람, 정정, 삭제, 처리 정지 등)를 가지며, 법률은 이들의 권익 보호를 목적으로 한다.
- 특별법(예 신용정보법) 적용 시 해당 분야의 개인정보처리자가 수범자가 되며, 법령에 따라 수범자와 정보주체의 권리·의무가 법령에 따라 다르다.

구분	법률명	수범자	소지자(정보주체)	상세 내용
일반 (공통)	개인정보 보호법	민간(기업, 개인) 공공기관 등	누구나	- 개인정보의 수집, 이용, 제공, 파기 등 전반적인 보호 및 관리 기준을 규정
정보통신	정보통신망 이용촉진 및 정보보호 등에 관한 법률 (정보통신망법)	정보통신 서비스 제공자	이용 또는 가입 고객, 기업 등	- 정보통신서비스 제공 분야의 개인정보를 처리할 때 준수해야 할 사항 및 개인정보 유출 방지 대책

구분	법률명	수범자	소지자(정보주체)	상세 내용
의료	의료법, 개인정보 보호법	의료기관	환자	- 의료기 분야 환자의 개인정보 및 진료기록 관리, 보호 조치
신용	신용정보의 이용 및 보호에 관한 법률(신용정보법)	신용정보회사 또는 신용정보 집중기관	신용서비스 이용자	- 신용 분야 개인정보 수집, 이용 및 제공에 관한 규정
금융	전자금융거래법	금융회사, 전자금융업자 또는 전자금용보조사업자	금융서비스 이용자	- 전자금융거래에서 소비자의 개인정보 보호 및 정보 유출 방지 관련 내용
교육	초·중등교육법, 고등교육법, 개인정보 보호법	교육기관	교사 및 학생	- 학생 및 학부모 개인정보 관리와 보호, 교육기관에서의 개인정보 처리 기준
자동차, 교통	위치정보의 보호 및 이용 등에 관한 법률(위치정보법)	위치정보 사업자	이용 또는 가입 고객, 기업 등	- 위치정보 사업자가 개인정보 및 위치정보를 수집, 활용할 때의 보호 기준
직장, 고용	근로기준법, 개인정보 보호법	사용자 또는 사업주	근로자	- 직장에서 근로자의 개인정보를 관리 및 보호하는 데 필요한 규정
아동, 청소년	아동·청소년의 성보호에 관한 법률, 개인정보 보호법	아동과 청소년 관리기관	아동 및 청소년	- 아동과 청소년의 개인정보 보호를 위한 특별 규정
정보통신 기반시설	정보통신기반 보호법	주요정보통신 기반시설 사업자	이용 또는 가입 고객, 기업 등	- 주요통신기반시설을 설치, 운영에 관한 특별 규정

2 우리나라 개인정보 보호 관련 주요 법체계

1) 법률의 이해

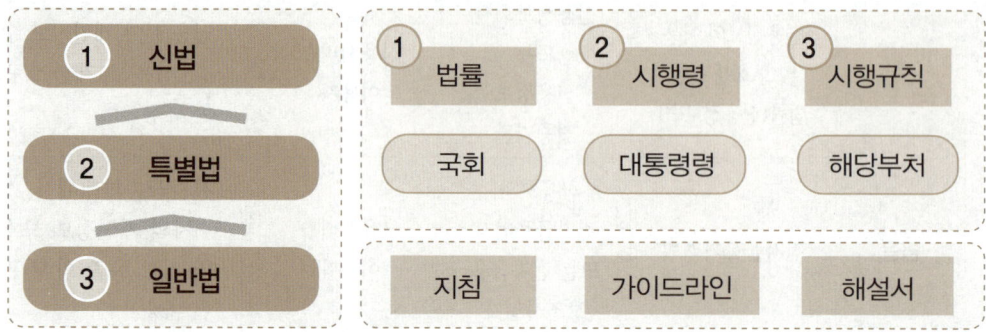

2) 대한민국 법령 위계(상하) ★

구분	유형	상세 내용
1단계	헌법	- 최상위 법으로 모든 하위 법령의 기준이 되는 법
2단계	법률	- 대한민국 헌법 40조 입법권에 따라 국회에서 정함 - 법률 이름의 길이가 긴 경우 "약칭"을 사용 　예 정보통신망 이용촉진 및 정보보호 등에 관한 법률 　　(약칭: 정보통신망법)
3단계	시행령	- 행정 규칙 : 행정청의 소관 업무 수행을 위한 규정, 고시, 부과기준 등 　예 개인정보 보호법 시행령, 지능정보화 기본법 시행령 - 자치 법규 : 지방자치단체에서 소관 업무 수행을 위한 조례
3단계	시행규칙	- 시행령의 그 상세한 내용을 규율한 것으로 소관부처에서 정함 - 개인정보 보호법은 시행규칙이 현재 없음(참고)
4단계	행정규칙	- 법률, 시행령, 시행규칙에 규정내용에 대한 구체적 지침, 고시, 기준, 가이드라인 등
4단계	자치법규	- 정부, 지방자치단체 등의 행정업무를 위한 법규 　예 ○○○시 ○○○ 자치법규

3) 법률 적용순서

구분	유형	상세 내용
법률 순위	특별법	– 특정 목적 달성을 위한 법률 예 정보통신망에 관하여는 개인정보 보호법 제39조의3(자료의 제출)이 아닌 정보통신망법에 제64조(자료의 제출 등)를 우선하여 적용
	일반법	– 특별법 등 다른 법률에 특별한 규정이 없는 경우 따르는 일반에 적용 법률 – 일반법인 경우 구체적으로 법률에서 다른 법률과의 관계를 조문으로 명시함 예 개인정보 보호법 제6조(다른 법률과의 관계) ① 개인정보의 처리 및 보호에 관하여 다른 법률에 특별한 규정이 있는 경우를 제외하고는 이 법에서 정하는 바에 따른다. ② 개인정보의 처리 및 보호에 관한 다른 법률을 제정하거나 개정하는 경우에는 이 법의 목적과 원칙에 맞도록 하여야 한다.
시간별 순위	개정법령 (신법 우선)	– 기본의 법령을 개정하고 법령에 명시된 시행일을 기준으로 가장 최근 법령을 적용함(※ 개정사항의 적용 유예가 있는 경우 제외)

CHAPTER 02 개인정보 보호 원칙과 의무

CERTIFIED PRIVACY PROTECTION GENERAL

개인정보 보호법과 OECD 8원칙 등은 개인정보의 최소한 수집, 목적 외 이용 금지, 민감·고유식별정보 및 영상정보의 엄격한 처리 제한, 가명·익명 정보 활용, 정확성·안전성 확보, 정보주체 권리 보장, 책임자 지정, 유출 통지 등 전반적 보호체계와 의무 규정을 이해한다.

이러한 원칙과 규정들은 개인정보처리자에게 안전조치와 투명한 관리책임을 부여하고, 정보주체에게는 자기정보 통제권과 사생활 보호를 보장에 대해 이해한다.

1 개인정보 보호 원칙

1) 관련 근거

- 개인정보 보호법 제3조(개인정보 보호 원칙)
- 표준 개인정보 보호지침 제4조(개인정보 보호 원칙)

2) 주요 내용 ★

구분	원칙의 특성	세부 내용
개인정보 처리자 기본 준수	명확성	- 개인정보처리자는 개인정보의 처리 목적을 명확히 함
	최소성	- 그 목적에 필요한 범위에서 최소한의 개인정보만을 적법하고 정당하게 수집
	적합성	- 개인정보처리자는 개인정보의 처리 목적에 필요한 범위에서 적합하게 처리
	활용성	- 개인정보 수집 및 이용 목적 외의 용도로 활용 불가
	목적성	- 개인정보의 처리 목적에 필요한 범위에서 개인정보의 정확성, 완전성 및 최신성 보장 의무
	안전성	- 개인정보처리자는 개인정보의 처리 방법 및 종류 등에 따라 정보주체의 권리가 침해받을 가능성과 그 위험 정도를 고려하여 개인정보를 안전하게 관리
	공개성	- 개인정보처리자는 제30조에 따른 개인정보 처리 방침 등 개인정보의 처리에 관한 사항을 공개

구분	원칙의 특성	세부 내용
정보주체 보호	권리보장	– 열람청구권 등 정보주체의 권리를 보장
	사생활 침해 최소화	– 개인정보처리자는 정보주체의 사생활 침해를 최소화하는 방법으로 처리
	익명과 가명	– 개인정보를 익명 또는 가명으로 처리하여도 개인정보 수집목적을 달성할 수 있는 경우 익명 처리가 가능한 경우에는 익명에 의하여, 익명 처리로 목적을 달성할 수 없는 경우에는 가명에 의하여 처리
	책임과 의무	– 이 법 및 관계 법령에서 규정하고 있는 책임과 의무를 준수하고 실천함으로써 정보주체의 신뢰를 얻기 위하여 노력

• 개인정보 처리의 기본을 준수하면 정보주체 정보가 보호된다. 선순환 구조이다.

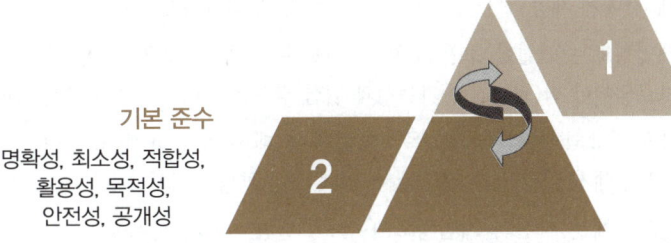

2 OECD 프라이버시 8원칙

1) 제정

구분	상세 내용
공식 명칭	– 프라이버시 보호 및 개인 데이터의 국경 간 흐름에 관한 지침(OECD Guidelines on the Protection of Privacy and Transborder Flows of Personal Data)
제정	– OECD 가이드라인 문서(1980년, 개정 2013년)
제정 목적	– 데이터의 국경 간 이동이 증가하는 가운데, 정보주체의 프라이버시 보호와 국가 간 데이터 교환의 균형을 맞추기 위해 제정 – 회원국들에게 개인정보 보호와 데이터의 자유로운 국제적 이동을 조화롭게 보장하기 위함

2) 주요 내용 ★

원칙	상세 내용
1. 수집 제한 원칙	– 개인정보는 적법하고 공정한 절차를 통해 최소한으로 수집해야 하며, 정보주체의 동의를 필요로 함(목적에 필요한 최소한의 정보 수집)
2. 정보 정확성 원칙	– 수집된 개인정보는 정확하고 최신 상태를 유지해야 하며, 처리 목적에 부합하는 방식으로 관리되어야 함(목적 범위 내 정확성, 최신성, 완전성 보장)
3. 목적 명확성 원칙	– 개인정보는 사전에 명확하게 정의된 목적을 위해서만 수집·이용되어야 하며, 목적 변경 시 정보주체의 동의가 필요함(정의된 목적을 위해서만 수집 및 이용)
4. 이용 제한 원칙	– 개인정보는 정보주체의 동의 없이는 수집 목적 외의 용도로 사용하거나 제3자에게 제공되어서는 안 됨(목적 범위 내 적합하게 처리)
5. 안전성 확보의 원칙	– 개인정보는 적절한 보안 조치를 통해 손실, 무단 접근, 변경, 유출로부터 보호되어야 함(권리침해 가능성과 위험 정도를 고려하여 안전하게 처리)
6. 공개의 원칙	– 개인정보의 처리 정책, 목적, 절차에 대해 투명하게 공개해야 하며, 정보주체가 이를 쉽게 접근할 수 있어야 함(투명 공개)
7. 정보주체의 참여 원칙	– 정보주체는 자신의 개인정보에 접근, 열람, 정정, 삭제를 요구할 권리가 있으며, 이 권리가 보장되어야 함(참여 보장)
8. 책임의 원칙	– 개인정보처리자는 법적, 윤리적 책임을 지고 개인정보 보호 원칙을 준수하며, 이를 입증할 수 있어야 함

3) OECD 프라이버시 8원칙과 GDPR 등 비교 ★

OECD 프라이버시 8원칙		GDPR	개인정보 보호법
8원칙	주요 내용		
1. 수집 제한의 원칙	적법, 최소화, 정보주체 동의	데이터 최소화, 적법성	처리목적 내 수집 최소화
2. 정보 정확성의 원칙	정확, 최신 상태, 목적 부합	정확성	최신의 정확한 정보
3. 목적 명확의 원칙	목적 명확화, 변경 시 재동의	목적 제한	처리 목적 명확화
4. 이용 제한의 원칙	목적 외 용도 사용 및 제공 금지	저장기간 제한	제한적 이용
5. 안전성 확보의 원칙	손실, 접근, 유출 등의 보호	무결성, 기밀성	안전조치
6. 공개의 원칙	투명 공개, 정보주체 쉬운 접근	적법성, 공정성, 투명성	개인정보 처리 방침 공개
7. 정보주체의 참여 원칙	정보주체 권리보장	공정성	열람청구권
8. 책임의 원칙	윤리적 책임, 입증 가능성	책임성	개인정보처리자가 입증책임

3 개인정보의 수집 제한

1) 배경

구분	상세 내용
개인정보처리자	- 개인정보의 수집 목적이 명확하지 않거나 목적에 비추어 불필요한 개인정보 수집
정보주체	- 개인정보 수집이 과도하지 않고 최소한으로 수집하도록 제한

2) 근거

구분	상세 내용
근거	개인정보 보호법 제16조(개인정보의 수집 제한)
수집 최소화	① 개인정보처리자는 제15조제1항 각호의 어느 하나에 해당하여 개인정보를 수집하는 경우에는 그 목적에 필요한 최소한의 개인정보를 수집하여야 함. 이 경우 최소한의 개인정보 수집이라는 입증책임은 개인정보처리자가 부담
수집 동의	② 개인정보처리자는 정보주체의 동의를 받아 개인정보를 수집하는 경우, 필요한 최소한의 정보 외의 개인정보 수집에는 동의하지 아니할 수 있다는 사실을 구체적으로 알리고 개인정보를 수집하여야 함
수집 거부권	③ 개인정보처리자는 정보주체가 필요한 최소한의 정보 외의 개인정보 수집에 동의하지 아니한다는 이유로 정보주체에게 재화 또는 서비스의 제공을 거부하여서는 아니 됨

3) 주요 내용

구분	핵심 내용	상세 내용
최소성	개인정보 수집 항목 최소화	- 개인정보처리자는 개인정보 수집 시 최소한의 항목만 수집해야 함 - 편의상 현재 불필요한 정보까지 과도하게 개인정보 수집항목에 포함하면 안됨 ※ 개인정보동의서의 목적과 항목이 일치해야 함
입증 책임	개인정보처리자 입증의무	- 최소한의 개인정보만 수집하였는지에 대한 입증책임은 개인정보처리자에게 있음
동의 거부권 알림	선택권 안내	- 정보주체가 동의에 거부할 수 있음을 명확하게 알려야 함
거부 불가	선택권 보장	- 정보주체가 개인정보 수집에 동의하지 않아도 재화 또는 서비스 거부를 할 수 없음

>  **참고사항** 예약 서비스 제공을 위한 개인정보 수집·이용 질의 및 답변 사례
>
> - (질의) 식당 또는 행사장에서 정보주체의 동의 절차 없이 앱 설치 또는 카카오톡 친구 맺기를 요구하고, **이에 응하지 않으면** 주문배달, 예약접수 등 **서비스 제공을 하지 않는 경우 법률 위반에 해당**하는지?
> - (답변) 개인정보처리자는 정보주체가 선택적으로 동의할 수 있는 사항을 동의하지 않거나 정보주체가 목적 외 이용·제3자 제공에 대해 별도의 동의를 하지 아니한다는 이유로 정보주체에게 재화 또는 서비스의 **제공을 거부할 수 없다.** 그러므로 앱의 설치 또는 SNS 연결을 하지 않았다는 이유로 재화 또는 서비스의 제공을 하지 않는 행위는 「개인정보 보호법」에 **위반된다고 판단**된다.
>
> ※ 출처: 2023 개인정보 법령해석 사례 30선, p.13.

4) 필요 최소한의 개인정보 수집

구분	상세 내용	조치사항
정보주체 동의	- 정보주체의 동의를 받은 경우, 동의받은 목적 범위에서만 개인정보의 이용 의무	- 필요한 최소한으로 수집 여부 점검
법률 준수	- 법률에 특별한 규정이 있거나 법령상 의무를 준수하기 위한 경우도 최소한의 개인정보만 수집 의무	- 법령의무 이행이 현저하게 곤란한 경우로 한정
제3자 정의	- 법령에 근거가 있거나 정보주체의 동의로 개인정보를 제3자에게 제공하는 경우, **필요한 범위 내에서만** 개인정보 제공 의무	"~ 등"의 포괄적 고지 지양★ - 중요사항을 부호, 색채 및 굵고 큰 글자 등으로 명확화
공공기관 소관 업무	- 공공기관이 법령에서 정한 소관 업무 수행을 위해 불가피 시 필요 최소한으로 수집 의무	- 지방자치단체 조례에서 최소한의 개인정보를 수집
계약	- 정보주체와 계약 체결, 이행 등을 위한 경우 최소한 수집 의무	- 채용 계약 시 채용 예정 직무와 관련 정보만 수집하고, 가족 정보는 수집 지양
포괄수집 배제	- 개인정보는 계약 체결 또는 회원가입 단계에서 미리 포괄적으로 수집하지 말아야 하며, 해당 정보가 필요한 시점에서 수집이 바람직	- 홈페이지 특정 서비스 이용 시만 필요한 경우 서비스 이용 시점에 수집하는 것이 바람직함
생명, 신체, 재산상의 이익	- 정보주체 또는 법정대리인의 의사표시를 할 수 없는 상태에 있거나 주소불명 등으로 사전동의를 받을 수 없는 경우로서 명백히 정보주체 또는 제3자의 **급박한 생명, 신체, 재산상의 이익을 위해 필요**하다고 인정하는 경우에도 **최소한으로 수집 의무**	- 수차례 전화했으나 전화를 받지 아니한 경우는 사전동의 가능 - 멀리 떨어져서 동의를 받기 어렵다거나 **단순 동의 거부 사실만으로는 사전 동의 불가**

구분	상세 내용	조치사항
개인정보처리자의 정당한 이익	– **개인정보처리자의 정당한 이익 달성**을 위해 필요한 경우로서 명백하게 정보주체의 권리보다 우선하는 경우에도 최소한 수집	– 개인정보처리자의 정당한 이익을 위한 것이라도 정보주체의 사생활을 과도하게 침해하거나 다른 이익을 침범하는 경우 동의 없이 수집 불가

〈사례 1〉 이용목적과 관련 없이 많은 개인정보를 제3자에게 제공

▶ 개인정보 제3자 제공 동의

1. 개인정보를 제공받는 자 : ○○생명, ○○손해보험, ○○보험, ○○화재보험
2. 제공받는 자의 이용 목적 : 생명보험, 손해보험 상품 등의 안내 전화, SMS 등 마케팅
3. 제공하는 개인정보 항목 : 이름, 생년월일, 이메일, 휴대전화번호, 자택·회사주소, 자택·회사전화번호
4. 보유 및 이용기간 : ○○○○년 ○○월 ○○일까지
5. 동의 거부권 및 불이익 : 정보주체는 개인정보 제3자 제공에 동의하지 않을 권리가 있으며, 동의를 거부할 경우 ○○ 서비스를 제한 받을 수 있습니다.

위 개인정보를 제3자 제공하는 것에 동의합니다.(선택)   동의함☐   동의하지 않음☐

※ 출처: (개정)개인정보 수집 최소화 가이드라인(2020.12월), p.5.

〈사례 4〉 마케팅 목적으로 동시에 여러 개의 연락처 정보 수집

▶ 개인정보 수집·이용 안내

1. 개인정보 수집 목적 및 항목
   – 멤버십 마일리지 적립 : 성명, ID, 비밀번호
   – **여행상품 안내 등 마케팅 : 휴대전화번호, 자택전화번호, 회사전화번호, 주소, 이메일**
2. 보유 및 이용기간 : **회원 탈퇴 시**

※ 귀하는 개인정보 수집에 동의를 거부할 권리가 있으며, 동의를 거부할 경우에는 마일리지 적립 및 여행상품 안내를 받을 수 없습니다.

위 개인정보를 수집·이용하는 것에 동의합니다.(선택)   동의함☐   동의하지 않음☐

수집 목적별로 개인정보 수집항목 등을 명확히 알리고 동의를 받아야 함

수집 목적	이용 내역	수집 항목	보유기간	동의여부(선택)
관심 분야 상품 맞춤형 정보 제공	웹 매거진 발송(월 1회)	이메일	회원탈퇴 시까지	✔
이벤트	SMS를 통한 이벤트 참여 기회 제공	휴대전화번호	○○년 ○○월 ○○일까지	✔
맞춤형 광고	관심 상품 관련 쿠폰 배송	주소	수집일로부터 6개월	☐

※ 출처: (개정)개인정보 수집 최소화 가이드라인(2020.12월), p.9.

5) 개인정보처리자자가 입증 책임

구분	상세 내용	조치사항
입증 의무	- 수집하고자 하는 개인정보가 업무 수행에 꼭 필요한 정보인지는 해당 개인정보를 <u>수집하는 개인정보처리자가 입증의무</u>	- 개인정보처리자가 입증 책임 - 수집정보 파기 등 지속 관리
보존과 파기	- 적법하게 수집한 개인정보는 계약기간 종료 등 이용 목적을 달성하거나 정보주체가 파기를 요청한 경우 지체없이 파기 의무 - 법령에 따라 보존하여야 하는 경우 해당 법령을 따름	- 보존 기간을 책정하고 기간 경과 시 <u>파기 절차를 준수</u>

〈사례 7〉 마일리지 회원관리를 위해 꼭 필요하다고 인정하기 어려운 개인정보를 수집

▶개인정보 수집·이용 동의

1. 개인정보 수집 목적: **마일리지 회원 관리**
2. 개인정보 수집 항목: **성명, 이메일, 휴대전화번호, 취미, 결혼여부, 신장, 체중, 학력, 직업, 소득, 재산규모**
3. 보유 및 이용기간
   - 보유기간: **회원 탈퇴 시**
   - 이용기간: **마일리지 서비스 제공 기간**

> 회원관리, 마일리지 적립 목적에 꼭 필요한 정보임을 입증할 수 있는 개인정보만 수집하여야 함

4. 동의 거부권 및 불이익 : 정보주체는 개인정보 수집·이용에 동의하지 않을 권리가 있으며, 동의를 거부할 경우 마일리지 적립 서비스를 받으실 수 없습니다.

위 개인정보를 수집·이용하는 것에 동의합니다.(선택)   동의함 ☐   동의하지 않음 ☐

※ 출처: (개정)개인정보 수집 최소화 가이드라인(2020.12월), p.11.

6) 정보주체의 선택권 보장

구분	상세 내용	조치사항
구제적 안내	- 동의 거부 시 불이익의 내용은 구체적이고 명확하게 알려서 정보주체의 동의 선택권이 침해되지 않도록 함	- <u>개별 항목에 대해 구체적 안내</u>
거부 불가	- 개인정보 수집,이용에 관한 동의를 받을 때에는 정보주체에게 동의 여부에 대한 실제적인 <u>선택권을 보장해야 함</u>	- 수집항목을 필수, 선택으로 구분하고 선택정보에 대한 거부권 보장

〈사례 12〉 개인정보 수집 동의서에 동의 거부 시 불이익 안내 미흡

▶ 개인정보 수집 · 이용 동의
○○○○는 다음과 같은 목적을 위하여 개인정보를 수집하고 있습니다.
1. 개인정보의 수집 목적 및 수집 항목
① 회원가입
 - 회원제 서비스 이용에 따른 본인 식별 : 성명, 아이디, 주민등록번호, 생년월일, 비밀번호, 이메일, 주소, 전화번호
 - 맞춤형 서비스 제공을 위한 자료 : 생년월일, 이메일, 휴대폰번호
② 서비스 이용정보
 - 서비스 이용 편의서비스 제공, 이용정보 분석, 사이버 공격을 대비한 자료 취득 : 접속 IP, 이용한 콘텐츠 로그, 쿠키
2. 보유 및 이용기간 : **회원 탈퇴 시**
※ 고객님께서는 상기 동의를 거부할 수 있습니다.
다만, 이에 동의하지 않을 경우에는 관련 서비스에 제한이 있을 수 있습니다. ◀ 동의서에 동의 거부 시 제한되는 서비스를 **구체적으로 안내하고 있지 않음**

위 개인정보를 수집 · 이용하는 것에 동의합니다.(선택) 동의함 ☐ 동의하지 않음 ☐

- 정보주체가 동의 여부를 선택할 경우에는 선택사항을 명시하고, 동의 거부를 이유로 다른 서비스 이용을 제한하거나 다른 화면으로 넘어가지 못하게 해서는 안 된다.

〈사례 13〉 동의를 하지 않는 경우 다음 화면으로 못 넘어가게 하는 경우

▶ 개인정보 수집 · 이용 동의

1. 개인정보 수집 목적 : 신상품 홍보 및 맞춤형 광고, 타깃 마케팅
2. 수집하는 개인정보의 항목 : 이메일주소
3. 보유 및 이용기간 : **회원 탈퇴 시**

※ 귀하는 개인정보 수집에 동의를 거부할 권리가 있으며, 거부에 따른 불이익은 없습니다.

위 개인정보를 수집 · 이용하는 것에 동의합니다.(선택) 동의함 ☐ 동의하지 않음 ☑

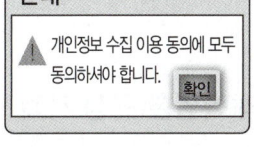

동의하지 않음을 이유로 **다음 화면으로 못 넘어가게 해서는 안 됨**

4 목적 외 개인정보 활용 금지

1) 목적 외 개인정보 활용 금지 원칙

개인정보처리자는 개인정보를 제15조제1항에 따른 범위를 초과하여 이용하거나 제17조제1항 및 제28조의8제1항에 따른 범위를 <u>초과</u>하여 <u>제3자에게 제공하여서는 아니 된다</u>(법 제18조).

2) 목적 외 개인정보 활용 허용 예외

구분	세부 내용
일반	- **정보주체로부터 별도**의 동의를 받은 경우 - **다른 법률**에 특별한 규정이 있는 경우 - 명백히 정보주체 또는 제3자의 **급박한 생명, 신체**, 재산의 이익을 위하여 필요하다고 인정되는 경우 - **통계작성, 과학적 연구, 공익적 기록 보존** 등을 위하여 필요한 경우로서 법 제28조의2 또는 제28조의3에 따라 가명처리한 경우 - 공중위생 등 **공공의 안전**과 안녕을 위하여 긴급히 필요한 경우
예외 (공공기관 한정)	- 개인정보를 목적 외의 용도로 이용하거나 이를 제3자에게 제공하지 아니하면 다른 법률에서 정하는 소관 업무를 수행할 수 없는 경우로서 **보호위원회의 심의·의결**을 거친 경우 - 조약, 그 밖의 국제협정의 이행을 위하여 외국정부 또는 국제기구에 제공하기 위하여 필요한 경우 - 범죄의 **수사와 공소의 제기 및 유지**를 위하여 필요한 경우 - 법원의 **재판업무 수행**을 위하여 필요한 경우 - 형(刑) 및 감호, 보호처분의 **집행**을 위하여 필요한 경우

3) 다른 법률의 특별한 규정 사례

구분	세부 내용
다른 법률	- 소득세법 제170조(질문·조사) 세무공무원의 조사, 질문 - 감사원법 제27조(출석답변·자료 제출·봉인 등)에 따른 **감사원의 자료 제출 요구** - 국가유공자 등 예우 및 지원에 관한 법률 제77조(자료의 제공 요청 등)에 따른 국가보훈처장의 자료 제공 요구 - 병역법 제81조(병무사범의 예방 및 단속) 제2항에 따른 **병무청장의 자료제공 요구** - 부패방지 및 국민권익위원회 설치와 운영에 관한 법률 제42조(조사의 방법) 제1항 및 제3항에 따른 국민권익위원회의 자료 제출 요청 등 - 질서행위위반규제법 제22조(질서위반행위의 조사) 제1항에 따른 관계인에 대한 자료 제출 요구 및 참고인 진술 청취 - 국회법 제128조(보고·서류 등의 제출 요구) 제1항, 국정감사 및 조사에 관한 법률 제10조(감사 또는 조사의 방법) 제1항의 보고 및 서류제출의 요구 - 공공기관의 정보공개에 관한 법률 제5조(정보공개 청구권자)에 의한 정보공개청구의 대상이 되는 정보(공공기관이 보유, 관리하는 정보)로서 동법 제9조(비공개 대상 정보) 제1항 제6호 단서 각 목에 정한 **비공개대상정보 제외 사유에 해당하는 경우**

> **참고사항** 근로자 위치정보의 수집·이용 관련 사례
>
> - (질의) 재택근무·유연근무제의 도입 또는 외근 직원에 대한 근태 관리나 유류비 절감 등의 목적으로 근로자의 위치정보를 파악하는 것이 허용되는지?
> - (답변) 회사가 **직원에 대한 근태관리 등의 목적**으로 기지국, GPS, Wi-Fi, Beacon 등의 측위설비로 수집된 개인위치정보를 이용하고자 하는 경우에는 **직원의 동의를 받아 개인위치정보를 수집·이용**하여야 한다.
> - ※ 출처: 2023 개인정보 법령해석 사례 30선, p.22.

5 민감정보의 처리 제한

1) 민감정보 개념

사상·신념, 노동조합·정당의 가입탈퇴, 정치적 견해, 건강, 성생활 등에 관한 정보, 유전정보, 범죄경력자료, 개인의 신체적·생리적·행동적 특징에 관한 정보로서 특정 개인을 알아볼 목적으로 일정한 기술적 수단을 통해 생성한 정보, 인종이나 민족에 관한 정보

2) 민감정보의 처리

구분	상세 내용
근거	개인정보 보호법 제23조(민감정보의 처리 제한)
별도 동의 원칙과 예외	① 개인정보처리자는 사상·신념, 노동조합·정당의 가입·탈퇴, 정치적 견해, 건강, 성생활 등에 관한 정보, 그밖에 정보주체의 사생활을 현저히 침해할 우려가 있는 개인정보로서 대통령령으로 정하는 정보(이하 "<u>민감정보</u>"라 한다)를 <u>처리하여서는 아니 된다.</u> 다만, 다음 각호의 어느 하나에 해당하는 경우에는 그러하지 아니하다. 　1. 정보주체에게 제15조제2항 각호 또는 제17조제2항 각호의 사항을 알리고 다른 개인정보의 처리에 대한 동의와 별도로 동의를 받은 경우 　2. 법령에서 민감정보의 처리를 요구하거나 허용하는 경우
안전조치 의무	② 개인정보처리자가 제1항 각호에 따라 민감정보를 처리하는 경우에는 그 민감정보가 분실·도난·유출·위조·변조 또는 훼손되지 아니하도록 제29조에 따른 <u>안전성 확보에 필요한 조치</u>를 하여야 한다.
정보주체 고지 의무	③ 개인정보처리자는 재화 또는 서비스를 제공하는 과정에서 공개되는 정보에 정보주체의 민감정보가 포함됨으로써 사생활 침해의 위험성이 있다고 판단하는 때에는 재화 또는 서비스의 제공 <u>전</u>에 민감정보의 공개 가능성 및 비공개를 선택하는 방법을 <u>정보주체가 알아보기 쉽게 알려야 한다.</u>

3) 유의사항

구분	핵심 내용	상세 내용
정보주체 동의	수집목적 명확화	– 업무상 필요에 의해 별도 동의를 받아 수집하는 경우에도 그 수집 목적을 명확히 하여야 함
	미래 가능성 적용 불가	– 향후 **수집 가능성**이 있다는 이유로 민감정보를 수집, 이용 동의를 받지 말아야 함

〈사례 16〉 향후 이용 가능성이 낮은데도 민감정보 수집

▶개인정보 수집·이용 동의

1. 개인정보 수집 목적 : 회사의 상품/서비스에 대한 이용실적 정보와 분석 및 고객의 관심에 부합하는 서비스와 이벤트 기획 및 개인별 최적화된 서비스 제공
2. 개인정보 수집 항목 : 설치한 애플리케이션 관련 정보(APP패키지명, 버전, 설치경로, 이용횟수, 이용시간), 이용환경(단말기 모델명, OS, 통신사) 정보, 기기관리 번호

　　*위 정보 중에서 이용자가 이용한 애플리케이션에 따라 (1) 사상, 신념 (2) 노동조합, 정당의 가입 및 탈퇴 (3) 정치적 견해 (4) 건강, 성생활 등에 관한 정보 (5) 유전정보, 형의 실효에 관한 법률상 범죄 경력에 해당하는 정보가 **포함될 수 있음**

3. 보유 및 이용기간 : **회원 탈퇴 시**

　　　　　　　　　　　　　　　　　　민감정보 수집 시에는 다른 정보와 별도로 동의 필요

※ 귀하는 개인정보 수집에 동의를 거부할 권리가 있으며, 거부 시 상품홍보 및 이벤트 참여에 제한될 수 있습니다.
　　　　　위 개인정보를 수집·이용하는 것에 동의합니다.(선택)　　동의함 ☐　동의하지 않음 ☐

　　　　　　　　　　　　민감정보의 수집 필요성이 불분명하면서 수집 가능성에 대하여 동의를 요구해서는 안 됨

※ 출처: (개정)개인정보 수집 최소화 가이드라인(2020.12월), p.17.

6 고유식별정보의 처리 제한

1) 배경 및 범위

구분	상세 내용
제한 배경	– 법령에 근거 없이 개인정보처리자의 주관적 필요에 따라 수집하지 않도록 한다.
고유식별정보 범위(영 19조)	– **주민등록번호, 여권번호, 운전면허번호, 외국인등록번호** – 법령에 따라 고유한 개인을 구별하기 위해 부여된 식별번호 ※ "사업자등록번호, 학번, 사번, 출생연도"는 **고유식별정보가 아니고** 일반적인 식별정보이다.

2) 법령 분석

구분	상세 내용
근거	개인정보 보호법 제24조(고유식별정보의 처리 제한)
원칙	① 개인정보처리자는 다음 각호의 경우를 제외하고는 법령에 따라 개인을 고유하게 구별하기 위하여 부여된 식별정보로서 대통령령으로 정하는 정보(이하 "고유식별정보"라 한다)를 처리할 수 없다.
예외(허용)	1. 정보주체에게 제15조제2항 각호 또는 제17조제2항 각호의 사항을 알리고 다른 개인정보의 처리에 대한 동의와 별도로 동의를 받은 경우 2. 법령에서 구체적으로 고유식별정보의 처리를 요구하거나 허용하는 경우 ② 삭제
안전조치	③ 개인정보처리자가 제1항 각호에 따라 고유식별정보를 처리하는 경우에는 그 고유식별정보가 분실·도난·유출·위조·변조 또는 훼손되지 아니하도록 대통령령으로 정하는 바에 따라 암호화 등 안전성 확보에 필요한 조치를 하여야 한다.
정기조사	④ 보호위원회는 처리하는 개인정보의 종류·규모, 종업원 수 및 매출액 규모 등을 고려하여 대통령령으로 정하는 기준에 해당하는 개인정보처리자가 제3항에 따라 안전성 확보에 필요한 조치를 하였는지에 관하여 대통령령으로 정하는 바에 따라 정기적으로 조사하여야 한다. ⑤ 보호위원회는 대통령령으로 정하는 전문기관으로 하여금 제4항에 따른 조사를 수행하게 가능할 수 있다.
범위	개인정보 보호법 시행령 제21조(고유식별정보의 안전성 확보 조치) ① 〈생략〉 ② 법 제24조제4항에서 "대통령령으로 정하는 기준에 해당하는 개인정보처리자"란 다음 각호의 어느 하나에 해당하는 개인정보처리자를 말한다. 1. 1만명 이상의 정보주체에 관하여 고유식별정보를 처리하는 공공기관 2. 보호위원회가 법 위반 이력 및 내용·정도, 고유식별정보 처리의 위험성 등을 고려하여 법 제24조제4항에 따른 조사가 필요하다고 인정하는 공공기관 3. 공공기관 외의 자로서 5만명 이상의 정보주체에 관하여 고유식별정보를 처리하는 자
실태조사	③ 보호위원회는 제2항 각호의 어느 하나에 해당하는 개인정보처리자에 대하여 법 제24조제4항에 따라 안전성 확보에 필요한 조치를 하였는지를 3년마다 1회 이상 조사해야 한다. ④ 다음 각호의 어느 하나에 해당하는 경우로서 고유식별정보의 안전성 확보 조치에 대한 점검이 이루어진 경우에는 제3항에 따른 조사를 실시한 것으로 본다. 1. 법 제11조의2에 따라 개인정보 보호수준 평가를 받은 경우 2. 법 제32조의2에 따라 개인정보 보호 인증을 받은 경우 3. 「신용정보의 이용 및 보호에 관한 법률」 제45조의5에 따른 개인신용정보 활용·관리 실태에 대한 상시평가 등 다른 법률에 따라 고유식별정보의 안전성 확보 조치 이행 여부에 대한 정기적인 점검이 이루어지는 경우로서 관계 중앙행정기관의 장의 요청에 따라 해당 점검이 제3항에 따른 조사에 준하는 것으로 보호위원회가 인정하는 경우 〈생략〉

3) 주요 내용 요약

구분	핵심 내용	상세 내용
원칙	고유식별정보 사용 불가	- 개인정보처리자는 고유식별정보 사용이 제한됨
예외	별도 동의	- 정보주체의 고유식별정보 수집 및 처리에 대한 별도의 동의 가능(※ 주민등록번호는 정보주체 동의로 수집 불가능)
	법령 구체적 허용	- 법령에서 구체적으로 고유식별정보의 처리를 요구 또는 허용
안전조치	개인정보처리자 안전조치	- 고유식별정보가 분실·도난·유출·위조·변조 또는 훼손되지 아니하도록 대통령령으로 정하는 바에 따라 암호화 등 안전성 확보
	이행여부 조사	- 개인정보보호위원회는 1만명 이상 정보주체의 고유식별정보 처리 공공기관 또는 5만명 이상 정보주체의 고유식별정보를 처리하는 개인정보처리자를 대상으로 안전성 확보 조치 이행여부를 3년마다 1회 이상 점검

4) 고유식별정보 처리 허용 법률

법률명(약칭)	상세 내용

금융실명 거래 및 비밀보장에 관한 법률(금융실명법) 시행령	제4조의2(실명거래의 확인 등)
	① 금융거래를 할 때 실지명의는 다음 각호의 구분에 따른 증표·서류에 의하여 확인한다.
	  1. 개인의 경우
	    가. 주민등록증 발급대상자는 주민등록증(모바일 주민등록증을 포함한다).

아동학대범죄의 처벌 등에 관한 특례법(아동학대처벌법) 시행령	제7조(민감정보 및 고유식별정보의 처리) ① 법무부장관 등 관계 행정기관의 장, 검사, 보호관찰소의 장, 교정시설의 장, 사법경찰관리, 보호관찰관, 시·도지사, 시장·군수·구청장, 아동학대전담공무원, 아동보호전문기관, 가정위탁지원센터, 아동복지시설의 장과 그 종사자, 수탁기관의 장과 그 직원은 다음 각호의 사무를 수행하기 위하여 불가피한 경우「개인정보 보호법」제23조에 따른 건강 및 성생활에 관한 정보, 같은 법 시행령 제18조제1호 및 제2호에 따른 유전정보와 범죄경력자료에 해당하는 정보 및 같은 영 제19조에 따른 주민등록번호, 여권번호, 운전면허의 면허번호 또는 외국인등록번호가 포함된 자료를 처리할 수 있다.

법률명(약칭)	상세 내용
정보통신망법	제44조의5(게시판 이용자의 본인 확인) ① 다음 각 호의 어느 하나에 해당하는 자가 게시판을 설치·운영하려면 그 게시판 이용자의 본인 확인을 위한 방법 및 절차의 마련 등 대통령령으로 정하는 필요한 조치(이하 "**본인확인조치**"라 한다)를 하여야 한다.
청소년 보호법 시행령	제17조(나이 및 본인 여부 확인 방법) ① 법 제16조제1항에 따라 청소년유해매체물을 판매 등에 제공하는 경우에는 다음 각 호의 어느 하나에 해당하는 수단이나 방법으로 그 상대방의 나이 및 본인 여부를 확인하여야 한다. 1. 대면(對面)을 통한 신분증 확인이나 팩스 또는 우편으로 수신한 신분증 사본 확인

후견등기에 관한 법률(후견등기법)	제25조(성년후견 등에 관한 기록사항)
	① 성년후견 등에 관하여는 다음 사항을 기록한다.
	  1. 후견의 종류, 심판을 한 가정법원, 사건의 표시 및 재판 확정일
	  2. 피성년후견인 등의 성명, 성별, 출생 연월일, 주민등록번호 및 등록기준지(외국인인 경우에는 주민등록번호 및 등록기준지를 갈음하여 국적 및 외국인등록번호를 기록한다)

정부24 MyGOV 민원서비스 보조금24 정책정보 고객센터

"정부24"는 민원사무처리를 위해 **고유식별정보(주민등록번호, 외국인등록번호)**를 수집 및 이용합니다.
수집된 고유식별정보는 해당 목적이외의 용도로는 이용되지 않습니다.

가. 고유식별정보의 보유 및 이용기간
  고유식별정보는 원칙적으로 고유식별정보의 처리목적이 달성되면 지체없이 파기합니다. 단, 다음의 정보는 아래의 사유로 명시한 기간 동안 보존합니다.
  1. 정부24 회원정보
    - 고유식별정보 : **주민등록번호, 외국인등록번호**
    - 보존기간 : **탈퇴 후 5일**
    - 보존근거 : 전자정부법 시행령 제90조
  2. 전자민원 신청이력 (상담이력 포함)
    - 고유식별정보 : **주민등록번호, 외국인등록번호**
    - 보존기간 : **3년**
    - 보존근거 : 공공기록물 관리에 관한 법률
  3. 전자민원 증명서(신청서 및 발급물)
    - 고유식별정보 : **주민등록번호, 외국인등록번호**
    - 보존기간 : **180일**
    - 보존근거 : 전자정부법 시행령 제90조
  4. 생활정보
    - 고유식별정보 : **주민등록번호, 외국인등록번호**
    - 보존기간 : **1일 이내**
    - 보존근거 : 전자정부법 제9조의2
  5. 국가보조금 맞춤형서비스
    - 고유식별정보 : **주민등록번호, 외국인등록번호**
    - 보존기간 : **정보 조회 후 즉시 파기**
    - 보존근거 : 전자정부법 시행령 제43조

나. 동의를 거부할 권리가 있다는 사실과 동의 거부에 따른 불이익 내용
  이용자는 "정부24"에서 수집하는 고유식별정보에 대해 동의를 거부할 권리가 있으며 동의 거부 시에는 회원가입, 민원신청 및 민원발급 서비스, 생활정보 서비스가 제한됩니다.

※ 출처: 정부24(https://www.gov.kr/) 화면(2025.1.13.)

7 주민등록번호 처리의 제한

1) 주민등록번호 제한적 허용

구분	상세 내용
생명, 신체, 재산	- 정보주체 또는 제3자의 급박한 생명, 신체, 재산의 이익을 위해 명백히 필요하다고 인정되는 경우
수집 법정주의	- **법률, 대통령령, 국회규칙, 대법원규칙, 헌법재판소규칙, 중앙선거관리위원회규칙** 및 감사원규칙에서 구체적으로 주민등록번호의 처리를 요구하거나 허용한 경우
개인정보보호위원회 고시	- 위의 경우에 준하여 주민등록번호 처리가 불가피한 경우로서 개인정보보호위원회 고시로 정한 경우에 한함

2) 관련 법령

구분	상세 내용
근거	개인정보 보호법 제24조의2(주민등록번호 처리의 제한)
주민등록번호 사용금지 (원칙과 예외)	① 제24조제1항에도 불구하고 개인정보처리자는 다음 각호의 어느 하나에 해당하는 경우를 제외하고는 **주민등록번호를 처리할 수 없다.** 1. 법률·대통령령·국회규칙·대법원규칙·헌법재판소규칙·중앙선거관리위원회 규칙 및 감사원규칙에서 구체적으로 주민등록번호의 처리를 요구하거나 허용한 경우 2. 정보주체 또는 제3자의 급박한 생명, 신체, 재산의 이익을 위하여 명백히 필요하다고 인정되는 경우 3. 제1호 및 제2호에 준하여 주민등록번호 처리가 불가피한 경우로서 보호위원회가 고시로 정하는 경우
암호화 안전조치	② 개인정보처리자는 제24조제3항에도 불구하고 주민등록번호가 분실·도난·유출·위조·변조 또는 훼손되지 아니하도록 암호화 조치를 통하여 안전하게 보관하여야 한다. 이 경우 암호화 적용 대상 및 대상별 적용 시기 등에 관하여 필요한 사항은 **개인정보의 처리 규모와 유출 시 영향 등을 고려하여** 대통령령으로 정한다.
대체 수단 제공 의무	③ 개인정보처리자는 제1항 각호에 따라 주민등록번호를 처리하는 경우에도 정보주체가 인터넷 홈페이지를 통하여 회원으로 가입하는 단계에서는 주민등록번호를 **사용하지 아니하고도 회원으로 가입할 수 있는 방법을 제공하여야 한다.**
보호위원회 지원	④ 보호위원회는 개인정보처리자가 제3항에 따른 방법을 제공할 수 있도록 관계 법령의 정비, 계획의 수립, 필요한 시설 및 시스템의 구축 등 제반 조치를 마련·지원할 수 있다.

3) 주요 내용

구분	상세 내용
개인정보처리 방침 공개	- 개인정보 **수집항목에 공개** - 작성예시, (목적)계산서 발행, (수집항목)주민등록번호, (근거)부가가치세법 제16조 및 같은법 시행령 제53조에 따라 수집
대체 수단 제공	- 법령에서 본인 확인을 요구하거나 서비스 제공과정에서 본인 확인 필요시 주민등록번호 대체 수단 제공 예) 휴대폰 인증, 보인확인 앱 인증, 신용카드, 공인인증서, 디지털원패스 등
본인 확인 경우	- 법령에서 본인 확인, 연령 확인, 복지서비스 대상 여부 확인 등의 의무를 부여하여 해당 의무 이행을 위해 필요한 경우 - 본인에게만 제공하는 서비스 등 계약 내용에 따라 본인 특정이 불가피한 경우 - 기타 본인특정을 하지 않으면 제3자의 이익을 현저히 침해할 우려가 있는 경우 등

4) 개인정보 보호법과 정보통신망법의 비교

구분	개인정보 보호법	정보통신망법
적용 대상	- **모든 공공·민간 기관**	- **정보통신서비스 제공자**(온라인 서비스)
주요 내용	- 개인정보 수집·이용·제공·파기 등 전반적인 보호 조치	- 온라인 서비스에서 개인정보 보호 조치와 추가적인 의무 부과
관할 기관	- 개인정보보호위원회	- 방송통신위원회, 과학기술정보통신부
주요 규제 내용	- 개인정보 처리 원칙, 처리 제한, 보호 조치, 권리 보장 등 ※ 원칙적인 개인정보 보호	- 온라인 사업자의 개인정보 보호 의무, 개인정보 유출 시 조치, 광고성 정보 규제 등 ※ 온라인 사업자의 책임과 의무를 강조
처벌 규정	- 과징금·형사처벌 가능	- 과징금·형사처벌 가능, 스팸 규제 등
특징	- 오프라인·온라인 **모든 분야**	- **온라인 서비스**에 상대적으로 집중됨

5) 주민등록번호 처리 허용 법률

법률명(약칭)	상세 내용

금융실명 거래 및
비밀보장에 관한
법률(**금융실명법**)
시행령
	제4조의2(실명거래의 확인 등)
	① 금융거래를 할 때 실지명의는 다음 각호의 구분에 따른 증표·서류에 의하여 확인한다.
	  1. 개인의 경우
	    가. 주민등록증 발급대상자는 주민등록증

법률명(약칭)	상세 내용
전자상거래 등에서의 소비자보호에 관한 법률	제12조(통신판매업자의 신고 등) ① 통신판매업자는 대통령령으로 정하는 바에 따라 다음 각호의 사항을 공정거래위원회 또는 특별자치시장·특별자치도지사·시장·군수·구청장에게 신고하여야 한다. 다만, 통신판매의 거래횟수, 거래규모 등이 공정거래위원회가 고시로 정하는 기준 이하인 경우에는 그러하지 아니하다. 〈개정 2016. 3. 29.〉 1. 상호(법인인 경우에는 대표자의 성명 및 주민등록번호를 포함한다)
전자금융거래법 시행령	제6조(접근매체의 갱신·대체발급 및 반환)〈생략〉 ③ 법 제6조제4항에 따른 본인 확인 방법은 다음 각호와 같다. 1. 주민등록증(모바일 주민등록증을 포함한다), 운전면허증, 여권, 외국인등록증 등 신분증이나 그밖에 본인을 확인할 수 있는 서류의 제시를 요청하여 확인하는 방법
부가가치세법	제32조(세금계산서 등) ① 사업자가 재화 또는 용역을 공급(부가가치세가 면제되는 재화 또는 용역의 공급은 제외한다)하는 경우에는 다음 각호의 사항을 적은 계산서(이하 "세금계산서"라 한다)를 그 공급을 받는 자에게 발급하여야 한다. 1. 공급하는 사업자의 등록번호와 성명 또는 명칭 2. 공급받는 자의 등록번호. 다만, 공급받는 자가 사업자가 아니거나 등록한 사업자가 아닌 경우에는 대통령령으로 정하는 고유번호 또는 공급받는 자의 주민등록번호
소득세법	제166조(주민등록 전산정보자료 등의 이용) 소득세의 과세업무 및 징수업무의 원활한 수행을 위하여 「주민등록법」에 따른 주민등록 전산정보자료 및 「가족관계의 등록 등에 관한 법률」에 따른 등록전산정보자료의 이용에 필요한 사항은 대통령령으로 정한다.
의료법 시행령	제42조의2(민감정보 및 고유식별정보의 처리) 〈생략〉법 제37조에 따른 의료기관 개설자·관리자 또는 국가시험 등 관리기관은 다음 각호의 사무를 수행하기 위하여 불가피한 경우 「개인정보 보호법」 제23조에 따른 건강에 관한 정보(이하 이 조에서 "건강정보"라 한다), 같은 법 시행령 제18조제2호에 따른 범죄경력자료에 해당하는 정보(이하 이 조에서 "범죄경력정보"라 한다), 같은 영 제19조제1호 또는 제4호에 따른 주민등록번호 또는 외국인등록번호가 포함된 자료를 처리할 수 있다.
보험업법 시행령	제102조(민감정보 및 고유식별정보의 처리) ① 금융위원회(법 제194조 및 이 영 제100조에 따라 금융위원회의 업무를 위탁받은 자를 포함한다) 또는 금융감독원장(법 제194조 및 이 영 제101조에 따라 금융감독원장의 업무를 위탁받은 자를 포함한다)은 다음 각호의 사무를 수행하기 위해 불가피한 경우 「개인정보 보호법 시행령」 제19조에 따른 주민등록번호, 여권번호, 운전면허의 면허번호 또는 외국인등록번호가 포함된 자료를 처리할 수 있다.

법률명(약칭)	상세 내용
자격기본법 시행령	제35조(고유식별정보의 처리) 주무부장관(제34조에 따라 주무부장관의 권한을 위임·위탁받은 자를 포함한다)은 법 제17조제2항 및 이 영 제23조제4항에 따른 민간자격의 등록을 위한 요건을 갖추었는지 확인하기 위하여 불가피한 경우 「개인정보 보호법 시행령」 제19조제1호에 따른 주민등록번호가 포함된 자료를 처리할 수 있다.
고용보험법	제110조(자료 제공의 요청) ① 고용노동부장관은 다음 각호의 사무를 수행하기 위하여 필요하면 주민등록정보, 가족관계등록사항, 군복무에 관한 자료, 토지·건물에 관한 자료, 국민연금·건강보험 등 각종 연금·보험에 관한 자료, 출입국 정보 등을 관계 기관의 장에게 요청할 수 있다.
전기통신 사업법	제32조의4(이동통신단말장치 부정이용 방지 등) ① 누구든지 다음 각호의 어느 하나에 해당하는 행위를 하여서는 아니 된다. 〈생략〉 ③ 제2항에 따라 본인 확인을 하는 경우 전기통신사업자는 계약 상대방에게 주민등록증(모바일 주민등록증을 포함한다), 운전면허증 등 본인임을 확인할 수 있는 증서 및 서류의 제시를 요구할 수 있다.
전자서명법 시행령	제14조(연계정보의 처리) 운영기준 준수사실의 인정을 받은 전자서명인증사업자는 제9조제1항에 따른 신원확인에 관한 사무 또는 이용자가 서명자의 신원을 식별할 수 있도록 하기 위해 불가피한 경우 본인확인기관이 「정보통신망 이용촉진 및 정보보호 등에 관한 법률」 제2조제3호에 따른 정보통신서비스 제공자의 온·오프라인 서비스 연계를 위해 서명자 등의 주민등록번호와 연계해 생성한 정보를 해당 서명자 등의 동의를 받아 처리할 수 있다.
방송법 시행령	제66조의6(고유식별정보의 처리) ① 과학기술정보통신부장관 또는 방송통신위원회(제68조에 따라 과학기술정보통신부장관 또는 방송통신위원회의 권한을 위임·위탁받은 자를 포함한다)는 다음 각호의 사무를 수행하기 위하여 불가피한 경우 「개인정보 보호법 시행령」 제19조제1호에 따른 주민등록번호가 포함된 자료를 처리할 수 있다.
벤처기업 육성에 관한 특별조치법	제25조(벤처기업의 해당 여부에 대한 확인) ① 벤처기업으로서 이 법에 따른 지원을 받으려는 기업은 벤처기업 해당 여부에 관하여 벤처기업확인기관의 장에게 확인을 요청할 수 있다. 〈생략〉③ 벤처기업확인기관의 장은 벤처기업 확인의 투명성을 확보하기 위하여 대통령령으로 정하는 바에 따라 확인된 벤처기업에 관한 정보를 공개할 수 있다. 다만, 다음 각호의 정보는 공개하여서는 아니 된다. 1. 「부정경쟁방지 및 영업비밀보호에 관한 법률」 제2조제2호에 따른 영업비밀 2. 대표자의 주민등록번호 등 개인에 관한 사항

8 고정형 영상정보처리기기의 설치, 운영 제한

1) 고정형 영상정보처리기기 설치·운영 제한

구분	상세 내용
근거	개인정보 보호법 제25조(**고정형** 영상정보처리기기의 설치·운영 제한)
설치·운영 (원칙과 예외)	① 누구든지 다음 각호의 경우를 제외하고는 공개된 장소에 고정형 영상정보처리기기를 설치·운영하여서는 아니 된다. 　1. **법령**에서 구체적으로 허용하고 있는 경우 　2. 범죄의 예방 및 **수사**를 위하여 필요한 경우 　3. **시설**의 안전 및 관리, 화재 예방을 위하여 **정당한 권한**을 가진 자가 설치·운영하는 경우 　4. **교통단속**을 위하여 **정당한 권한**을 가진 자가 설치·운영하는 경우 　5. 교통정보의 **수집**·분석 및 제공을 위하여 **정당한 권한**을 가진 자가 설치·운영하는 경우 　6. 촬영된 영상정보를 저장하지 아니하는 경우로서 대통령령으로 정하는 경우
금지장소 (예외)	② 누구든지 불특정 다수가 이용하는 **목욕실, 화장실, 발한실(發汗室), 탈의실** 등 개인의 사생활을 현저히 침해할 우려가 있는 장소의 내부를 볼 수 있도록 고정형 영상정보처리기기를 설치·운영하여서는 아니 된다. 다만, **교도소, 정신보건시설** 등 법령에 근거하여 사람을 구금하거나 보호하는 시설로서 대통령령으로 정하는 시설에 대하여는 그러하지 아니하다.
의견수렴	③ 제1항 각호에 따라 고정형 영상정보처리**기기를 설치·운영**하려는 공공기관의 장과 제2항 단서에 따라 고정형 영상정보처리기기를 설치·운영하려는 자는 공청회·설명회의 개최 등 대통령령으로 정하는 절차를 거쳐 관계 전문가 및 **이해관계인의 의견을 수렴하여야 한다.**
안내판 설치	④ 제1항 각호에 따라 고정형 영상정보처리기기를 설치·운영하는 자(이하 "고정형영상정보처리기기운영자"라 한다)는 정보주체가 쉽게 인식할 수 있도록 다음 각호의 사항이 포함된 안내판을 설치하는 등 필요한 조치를 하여야 한다. 다만, 「군사기지 및 군사시설 보호법」 제2조제2호에 따른 군사시설, 「통합방위법」 제2조제13호에 따른 국가중요시설, 그밖에 대통령령으로 정하는 시설의 경우에는 그러하지 아니하다. 　1. **설치 목적 및 장소** 　2. **촬영 범위 및 시간** 　3. **관리책임자의 연락처** 　4. 그밖에 대통령령으로 정하는 사항
녹음 불가	⑤ 고정형영상정보처리기기운영자는 고정형 영상정보처리기기의 설치 목적과 다른 목적으로 고정형 영상정보처리기기를 **임의로 조작하거나 다른 곳을 비춰서는 아니 되며, 녹음기능은 사용할 수 없다.**

구분	상세 내용
안전성 확보	⑥ 고정형영상정보처리기기운영자는 개인정보가 분실·도난·유출·위조·변조 또는 훼손되지 아니하도록 제29조에 따라 안전성 확보에 필요한 조치를 하여야 한다.
방침 마련	⑦ 고정형영상정보처리기기운영자는 대통령령으로 정하는 바에 따라 고정형 영상정보처리기기 운영·관리 방침을 마련하여야 한다. 다만, 제30조에 따른 개인정보 처리 방침을 정할 때 고정형 영상정보처리기기 운영·관리에 관한 사항을 포함시킨 경우에는 고정형 영상정보처리기기 운영·관리 방침을 마련하지 아니할 수 있다.
위탁 요건	⑧ 고정형영상정보처리기기운영자는 고정형 영상정보처리기기의 설치·운영에 관한 사무를 위탁할 수 있다. 다만, 공공기관이 고정형 영상정보처리기기 설치·운영에 관한 사무를 위탁하는 경우에는 대통령령으로 정하는 절차 및 요건에 따라야 한다.

2) 고정형 영상정보처리기기 설치·운영 제한의 예외

① 고정형 영상정보처리기기 설치·운영 예외적 허용 및 허용 시설

구분	상세 내용
근거	개인정보 보호법 시행령 제22조(고정형 영상정보처리기기 설치·운영 제한의 예외)
예외적 허용	① 법 제25조제1항제6호에서 "대통령령으로 정하는 경우"란 다음 각호의 어느 하나에 해당하는 경우를 말한다. 1. 출입자 수, 성별, 연령대 등 **통곗값 또는 통계적 특성값** 산출을 위해 촬영된 영상정보를 일시적으로 처리하는 경우 2. 그밖에 제1호에 준하는 경우로서 보호위원회의 심의·의결을 거친 경우
허용 시설	② 법 제25조제2항 단서에서 "대통령령으로 정하는 시설"이란 다음 각호의 시설을 말한다. 1. 「형의 집행 및 수용자의 처우에 관한 법률」제2조제1호에 따른 **교정시설** 2. 「정신건강증진 및 정신질환자 복지서비스 지원에 관한 법률」제3조제5호부터 제7호까지의 규정에 따른 **정신의료기관**(수용시설을 갖추고 있는 것만 해당한다), **정신요양시설 및 정신재활시설** ③ 중앙행정기관의 장은 소관 분야의 개인정보처리자가 법 제25조제2항 단서에 따라 제2항 각호의 시설에 고정형 영상정보처리기기를 설치·운영하는 경우 정보주체의 사생활 침해를 최소화하기 위하여 필요한 세부 사항을 개인정보 보호지침으로 정하여 그 준수를 권장할 수 있다.

② 고정형 영상정보처리기기 설치 법령

〈영유아보호법(제15조의4), 아동복지법(제32조), 학교폭력예방법((제20조의7)〉

법령	구분	상세 내용
영유아보육법	원칙	– 어린이집을 설치·운영하는 자는 아동학대 방지 등 영유아의 안전과 어린이집의 보안을 위하여 「개인정보 보호법」 및 관련 법령에 따른 폐쇄회로 텔레비전을 설치·관리 의무
	예외	– 어린이집을 설치·운영하는 자가 보호자 전원의 동의를 받아 특별자치시장·특별자치도지사·시장·군수·구청장에게 신고한 경우 – 어린이집을 설치·운영하는 자가 보호자 및 보육교직원 전원의 동의를 받아 「개인정보 보호법」 및 관련 법령에 따른 네트워크 카메라를 설치한 경우
아동복지법	설치	– 국가와 지방자치단체는 유괴 등 범죄의 위험으로부터 아동을 보호하기 위하여 필요하다고 인정하는 경우에는 다음 각호의 어느 하나에 해당하는 시설의 주변구역을 아동보호구역으로 지정하여 범죄의 예방을 위한 순찰 및 아동지도 업무 등 필요한 조치 가능 • 「도시공원 및 녹지 등에 관한 법률」 제15조에 따른 <u>도시공원</u> • 「영유아보육법」 제2조제3호의 어린이집, 같은 법 제7조에 따른 육아종합지원센터 및 같은 법 제26조의2에 따른 <u>시간제보육서비스지정기관</u> • 「초·중등교육법」 제38조에 따른 초등학교 및 같은 법 제55조에 따른 <u>특수학교</u> • 「유아교육법」 제2조에 따른 <u>유치원</u> – 국가와 지방자치단체는 제1항에 따라 지정된 <u>아동보호구역</u>에 「개인정보 보호법」 제2조제7호에 따른 고정형 영상정보처리기기를 설치의무
학교폭력 예방법	통합 관제	– 국가 및 지방자치단체는 학교폭력 예방 업무를 효과적으로 수행하기 위하여 교육감과 협의하여 학교 내외에 설치된 영상정보처리기기를 통합하여 관제 가능 • 이 경우 국가 및 지방자치단체는 통합 관제 목적에 필요한 범위에서 <u>최소한의 개인정보만을 처리</u>하여야 하며, 그 <u>목적 외의 용도로 활용 불가</u>

〈공동주택관리법(제2조), 주택건설기준(제39조), 주차장법 시행규칙〉

법령	구분	상세 내용
공동주택 관리법	제2조(정의)	- "의무관리대상 공동주택"이란 해당 공동주택을 전문적으로 관리하는 자를 두고 자치 의결기구를 의무적으로 구성하여야 하는 등 일정한 의무가 부과되는 공동주택으로서, 다음 중 어느 하나에 해당하는 공동주택을 말함 • 300세대 이상의 공동주택 • 150세대 이상으로서 승강기가 설치된 공동주택 • 150세대 이상으로서 중앙집중식 난방방식(지역난방방식을 포함한다)의 공동주택 •「건축법」제11조에 따른 건축허가를 받아 주택 외의 시설과 주택을 동일 건축물로 건축한 건축물로서 주택이 150세대 이상인 건축물
주택건설기준 등에 관한 규정	영상정보 처리기기의 설치(제39조)	-「공동주택관리법」제2조제1항제2호가목부터 라목까지의 공동주택을 건설하는 주택단지에는 국토교통부령으로 정하는 기준에 따라 보안 및 방범 목적을 위한 「개인정보 보호법 시행령」제3조제1항제1호 또는 제2호에 따른 영상정보처리기기를 설치 의무
주차장법 시행규칙	주차장 설치	- 주차대수 30대를 초과하는 규모의 자주식주차장으로서 지하식 또는 건축물식 노외주차장에는 관리사무소에서 주차장 내부 전체를 볼 수 있는 폐쇄회로 텔레비전(녹화장치를 포함) 또는 네트워크 카메라를 포함하는 방범설비를 설치·관리하여야 하되, 다음 각 목의 사항을 준수 • 방범 설비는 주차장의 바닥면으로부터 170센티미터의 높이에 있는 사물을 알아볼 수 있도록 설치 • 폐쇄회로 텔레비전 또는 네트워크 카메라와 녹화장치의 화면 수가 동일 • 선명한 화질이 유지될 수 있도록 관리 • 촬영된 자료는 컴퓨터보안시스템을 설치하여 1개월 이상 보관
주차장법 시행규칙	노외주차장 설치	- 대상: 제5조제3호가목(하천구역 및 공유수면으로서 주차장이 설치되어도 해당 하천 및 공유수면의 관리에 지장을 주지 아니하는 지역) - 홍수 등으로 인한 자동차 침수를 방지하기 위하여 다음 시설을 모두 설치의무 • 차량 출입을 통제하기 위한 주차 차단기 • 주차장 전체를 볼 수 있는 폐쇄회로 텔레비전 또는 네트워크 카메라 • 차량 대피를 안내할 수 있는 방송설비 또는 전광판

〈도시철도법(제41조), 보행안전법(제24조), 여객자동차 운수사업법(제27조의 3), 의료법(제38조의2)〉

법령	구분	상세 내용
도시철도법	설치	- 도시철도운영자는 범죄 예방 및 교통사고 상황 파악을 위하여 도시철도차량에 대통령령으로 정하는 기준으로 폐쇄회로 텔레비전을 설치의무
보행안전법	설치	- 보행안전 및 편의증진에 관한 법률(약칭: 보행안전법) - 국가 및 지방자치단체는 범죄로부터 보행자를 안전하게 보호하기 위하여 필요하다고 인정하는 경우에는 보행자길에 고정형 영상정보처리기기나 보안등을 설치 가능
여객자동차 운수사업법	설치	- 여객자동차 운수사업법(약칭: 여객자동차법) - 운송사업자는 여객자동차운송사업에 사용되는 <u>차량의 운행상황 기록, 교통사고 상황 파악, 차량 내 범죄예방</u>을 위하여 대통령령으로 정하는 여객자동차운송사업의 사업용 자동차에 영상기록장치를 설치의무
	설치 예외	- 다만, 「교통안전법」 제55조제1항에 따른 운행기록장치가 영상기록장치의 기능을 가지고 있는 때에는 영상기록장치를 설치한 것으로 봄
의료법	수술실 내 폐쇄회로 텔레비전의 설치	- <u>전신마취 등 환자의 의식이 없는 상태에서 수술을 시행하는</u> 의료기관의 개설자는 <u>수술실 내부</u>에 「개인정보 보호법」 및 관련 법령에 따른 폐쇄회로 텔레비전을 설치의무
	폐쇄회로 텔레비전으로 촬영 의무 및 예외	- 환자 또는 환자의 <u>보호자가 요청하는 경우(의료기관의 장이나 의료인이 요청하여 환자 또는 환자의 보호자가 동의하는 경우를 포함)</u> 의료기관의 장이나 의료인은 전신마취 등 환자의 의식이 없는 상태에서 수술하는 장면을 제1항에 따라 설치한 폐쇄회로 텔레비전으로 촬영하여야 함 ※ 예외 • 수술이 지체되면 환자의 생명이 위험해지거나 심신상의 중대한 장애를 가져오는 응급 수술을 시행하는 경우 • 환자의 생명을 구하기 위하여 적극적 조치가 필요한 위험도 높은 수술을 시행하는 경우 • 「전공의의 수련환경 개선 및 지위 향상을 위한 법률」 제2조제2호에 따른 수련병원 등의 전공의 수련 등 그 목적 달성을 현저히 저해할 우려가 있는 경우 • 그밖에 제1호부터 제3호까지의 규정에 준하는 경우로서 보건복지부령으로 정하는 사유가 있는 경우

3) 고정형 영상정보처리기기 설치 시 의견 수렴 및 위탁 문서화

구분	상세 내용
근거	– 개인정보 보호법 시행령 제23조(고정형 영상정보처리기기 설치 시 의견 수렴) – 개인정보 보호법 시행령 제26조(공공기관의 고정형 영상정보처리기기 설치·운영 사무의 위탁)

의견 수렴 방법	① 법 제25조제1항 각호에 따라 고정형 영상정보처리기기를 설치·운영하려는 공공기관의 장은 다음 각호의 어느 하나에 해당하는 절차를 거쳐 관계 전문가 및 이해관계인의 의견을 수렴하여야 한다.
	  1. 「행정절차법」에 따른 행정예고의 실시 또는 의견청취
	  2. 해당 고정형 영상정보처리기기의 설치로 직접 영향을 받는 지역 주민 등을 대상으로 하는 설명회·설문조사 또는 여론조사
	② 법 제25조제2항 단서에 따른 시설에 고정형 영상정보처리기기를 설치·운영하려는 자는 다음 각호의 사람으로부터 의견을 수렴하여야 한다.
	  1. 관계 전문가
	  2. 해당 시설에 종사하는 사람, 해당 시설에 구금되어 있거나 보호받고 있는 사람 또는 그 사람의 보호자 등 이해관계인

공공기관 사무위탁 문서화	① 법 제25조제8항 단서에 따라 공공기관이 고정형 영상정보처리기기의 설치·운영에 관한 사무를 위탁하는 경우에는 다음 각호의 내용이 포함된 문서로 하여야 한다.
	  1. 위탁하는 사무의 목적 및 범위
	  2. 재위탁 제한에 관한 사항
	  3. 영상정보에 대한 접근 제한 등 안전성 확보 조치에 관한 사항
	  4. 영상정보의 관리 현황 점검에 관한 사항
	  5. 위탁받는 자가 준수하여야 할 의무를 위반한 경우의 손해배상 등 책임에 관한 사항
	② 제1항에 따라 사무를 위탁한 경우에는 제24조제1항부터 제3항까지의 규정에 따른 안내판 등에 위탁받는 자의 명칭 및 연락처를 포함시켜야 한다.

4) 법령 주요 내용 요약

구분	원칙과 예외	세부 내용
고정형 영상정보처리기기	고정형 기기 (제2조 정의)	– 일정한 공간에서 설치된 장치이고, 지속적이고 주기적으로 카메라를 통해 사람 또는 사물의 영상을 촬영하는 장치 (※ 폐쇄회로 또는 네트워크 카메라)

구분	원칙과 예외	세부 내용
설치·운영 허용	원칙 (설치허용목록) (법 제25조)	- 법령에서 구체적으로 허용하고 있는 경우 - 범죄의 예방 및 수사를 위하여 필요한 경우(※ 어두운 골목) - 시설의 안전 및 관리, 화재 예방을 위하여 정당한 권한을 가진 자가 설치·운영하는 경우(※ 빌딩 외부) - 교통단속을 위하여 정당한 권한을 가진 자가 설치·운영하는 경우(※ 교통사고가 자주 발생하는 교차로) - 교통정보의 수집·분석 및 제공을 위하여 정당한 권한을 가진 자가 설치·운영하는 경우
	예외 (법 제22조)	- 촬영된 영상정보를 저장하지 아니하는 경우로서 대통령령으로 정하는 경우 • 출입자 수, 성별, 연령대 등 통곗값 또는 통계적 특성값 산출을 위해 촬영된 영상정보를 일시적으로 처리하는 경우 • 그밖에 제1호에 준하는 경우로서 보호위원회의 심의·의결을 거친 경우
설치·운영 불가	원칙 (설치 불가능) (법 제25조)	- 누구든지 불특정 다수가 이용하는 목욕실, 화장실, 발한실(發汗室), 탈의실 등 개인의 사생활을 현저히 침해할 우려가 있는 장소의 내부를 볼 수 있도록 고정형 영상정보처리기기를 설치·운영하여서는 아니 된다.
	예외 (영 제22조)	- 교도소, 정신보건 시설 등 법령에 근거하여 사람을 구금하거나 보호하는 시설로서 대통령령으로 정하는 시설에 대하여는 그러하지 아니하다. • 대통령령으로 정하는 시설 : 「형의 집행 및 수용자의 처우에 관한 법률」 제2조제1호에 따른 교정시설, 「정신건강증진 및 정신질환자 복지서비스 지원에 관한 법률」 제3조제5호부터 제7호까지의 규정에 따른 정신의료기관(수용시설을 갖추고 있는 것만 해당한다), 정신요양시설 및 정신재활시설
설치 시	행정절차 준수	- 고정형 영상정보처리기기를 설치·운영하려는 자는 공청회·설명회의 개최 등 대통령령으로 정하는 절차를 거쳐 관계 전문가 또는 이해관계인 등의 의견을 수렴 - 행정예고 20일간 홈페이지 또는 일간신문에 공고
안내판 설치	원칙	- 안내판 설치 의무 - 표시 의무항목 : 설치 목적 및 장소, 촬영 범위 및 시간, 관리책임자의 연락처, 그밖에 대통령령으로 정하는 사항
	예외	- 군사시설, 국가중요시설, 그밖에 대통령령으로 정하는 시설은 제외

구분	원칙과 예외	세부 내용
안전조치	사용 불가	– 임의조작 불가, 녹음기능 사용 불가
	안전조치	– 개인정보가 분실·도난·유출·위조·변조 또는 훼손되지 아니하도록 제29조에 따라 안전성 확보에 필요한 조치
	공개	– 영상정보처리기기 운영·관리 방침을 수립 공개
	사무 위탁	– 사무를 위탁하는 경우 대통령령으로 정하는 절차 및 요건

5) 고정형 영상정보처리기기 설치 장소 구분

구분	세부 내용
공개된 장소	– 도로, 공원, 공항, 항만, 주차장, 놀이터, 지하철역 등의 공공장소 – 백화점, 마트, 상가, 놀이공원, 극장 등 시설 – 버스, 택시 등 누구나 탑승할 수 있는 대중교통 – 병원 대기실, 접수대, 휴게실 – 구청·시청·주민센터의 민원실 등 국가 또는 지방자치단체가 운영하는 시설로 민원인 또는 주민의 출입에 제한이 없는 공공기관 내부 – 출입이 통제되어 해당 사무실에 직원 등 특정한 사람만 들어갈 수 있다면 공개된 장소로 볼 수 없다. 다만, 사무실이라고 하더라도 출입이 통제되지 않아 민원인이나 불특정 다수인이 아무런 제약 없이 출입이 가능하다면 공개된 장소에 해당한다.
비공개된 장소	– 아파트 등 특정시설 입주자만 이용 가능한 시설 – 소속 직원만 출입이 가능한 사무실, 권한이 있는 자만 접근 가능한 통제구역 – 학생, 교사 등 학교 관계자만 출입이 가능한 학교시설(교실, 실험실 등) – 진료실, 입원실, 수술실, 지하철 내 수유실 등 사생활 침해 위험이 큰 공간 – 비공개된 장소에 설치된 고정형 영상정보처리기기는 법 제25조가 적용되지 않으나 이를 통해 수집되는 개인영상정보는 개인정보에 해당하므로 법 제15조가 적용된다. 따라서, 특정인에 한하여 출입할 수 있는 사무실 등 비공개된 장소에 고정형 영상정보처리기기를 설치하고자 하는 경우에는 촬영범위에 포함된 모든 정보주체의 동의를 받는 것이 바람직하며, 안내판 설치나 보호조치 등은 공개된 장소에 설치된 고정형 영상정보처리기기 규정을 준용하는 것을 권장한다.

6) 고정형 영상정보처리기기 해당 유무 및 공개장소 예시

기기	운용환경	영상정보처리기기 해당 유무	공개장소
CCTV	버스, 택시	O	O
	사무실 내부		X
블랙박스	버스, 택시	X	O
	자가용		X

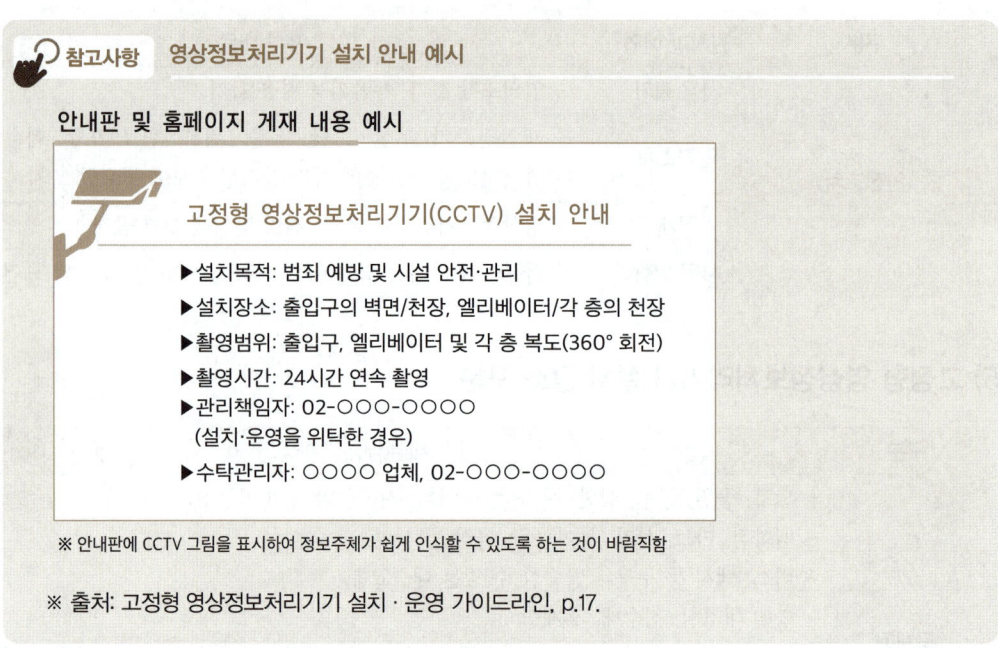

7) 개인영상정보 제공 시 준수사항 및 제공 절차

① 제공 가능한 법적 근거

개인영상정보(예 CCTV 영상)는 원칙적으로 수집 목적 내에서만 이용·제공이 가능하며, 제3자 제공은 아래의 경우에 한해 허용된다.

- 정보주체(영상 속 본인)의 동의가 있는 경우
- 다른 법률에 특별한 규정이 있는 경우
- 정보주체 또는 법정대리인이 의사표시를 할 수 없는 상태 등으로 사전 동의를 받을 수 없고, 명백히 정보주체 또는 제3자의 급박한 생명·신체·재산의 이익을 위해 필요한 경우
- 범죄의 수사, 공소의 제기 및 유지, 법원의 재판업무 수행 등

② 개인영상정보 열람 신청 및 제공 절차

정보주체/경찰 등		공공기관(개인정보처리자)		
사유 발생	신청서, 공문 등 제출	본인 여부, 신청서 확인	영상 유무, 3자 포함 확인	마스킹 등 처리 후 제공

제공 절차	세부 내용
신청	– 정보주체 또는 수사관서에서 신청서 또는 공문으로 요청 ※ 정보주체는 [개인영상정보 열람·존재확인 청구서]를 작성하여 제출 ※ CCTV는 정보주체 자신의 개인영상정보에 한해 열람 및 제공 가능
접수·확인	– 본인 여부, 신청서 내용 확인 및 해당 영상 유무 파악
내용 검토	– 제3자 영상 포함 및 타인의 사생활 침해 등 검토
열람·제공	– 영상화면의 현장 열람 또는 영상파일/출력물 등 제공 – 필요시 제3자의 영상 모자이크 또는 마스킹 등 비식별 방법을 이용한 가명처리(※ 소요 비용이 발생한 경우 제공 신청자가 부담함) 후 제공 ※ 해당 정보주체 이외의 자의 개인영상정보 보호에 노력하여야 함 ※ 열람 등의 요구 거부 시: 10일 이내 서면으로 거부 사유를 정보주체에게 통지
기록	– 이용·제공·열람 시 [개인영상정보 관리대장]에 기록
안전조치요구	– 개인정보의 안전성 확보를 위해 요청기관에 필요한 조치를 마련하도록 요청
안전조치결과	– 제공받은 기관으로부터 안전조치결과 확인
파기	– 제공받은 자는 제공 목적 달성 후 즉시 파기 및 제공기관에 통보

> **참고사항** 정보주체의 개인영상정보 열람 등의 요구 거부 기준
>
> 1. 범죄수사·공소 유지·재판 수행에 중대한 지장을 초래하는 경우
> 2. 개인영상정보의 보관기간이 경과하여 파기한 경우
> 3. 그밖에 정보주체의 열람 등 요구를 거부할 만한 정당한 사유가 존재하는 경우
>   ※ 출처 : 경찰청 영상정보처리기기 운영규칙 제12조(정보주체의 열람 등 요구)

9 / 이동형 영상정보처리기기의 설치·운영

1) 이동형 영상정보처리기기의 설치·운영 제한

구분	상세 내용
근거	개인정보 보호법 제25조의2(이동형 영상정보처리기기의 운영 제한)
개념	이동형 영상정보처리기기 : 신체 착용형, 신체 휴대용, 이동이 가능한 물체에 부착·거치형 장치

구분	상세 내용
공개된 장소 촬영 금지 (원칙과 예외)	① 업무를 목적으로 이동형 영상정보처리기기를 운영하려는 자는 다음 각호의 경우를 제외하고는 공개된 장소에서 이동형 영상정보처리기기로 사람 또는 그 사람과 관련된 사물의 영상(개인정보에 해당하는 경우로 한정한다. 이하 같다)을 촬영하여서는 아니 된다. 1. 제15조제1항 각호의 어느 하나에 해당하는 경우 2. 촬영 사실을 명확히 표시하여 정보주체가 촬영 사실을 알 수 있도록 하였음에도 불구하고 촬영 거부 의사를 밝히지 아니한 경우. 이 경우 정보주체의 권리를 부당하게 침해할 우려가 없고 합리적인 범위를 초과하지 아니하는 경우로 한정한다. 3. 그밖에 제1호 및 제2호에 준하는 경우로서 대통령령으로 정하는 경우
설치 금지장소	② 누구든지 불특정 다수가 이용하는 목욕실, 화장실, 발한실, 탈의실 등 개인의 사생활을 현저히 침해할 우려가 있는 장소의 내부를 볼 수 있는 곳에서 이동형 영상정보처리기기로 사람 또는 그 사람과 관련된 사물의 영상을 촬영하여서는 아니 된다. 다만, 인명의 구조·구급 등을 위하여 필요한 경우로서 대통령령으로 정하는 경우에는 그러하지 아니하다. ※ 범죄, 화재, 재난 또는 이에 준하는 상황에서 인명의 구조·구급 등을 위하여 사람 또는 그 사람과 관련된 사물의 영상(개인정보에 해당하는 경우로 한정)의 촬영이 필요한 경우
촬영사실 알림	③ 제1항 각호에 해당하여 이동형 영상정보처리기기로 사람 또는 그 사람과 관련된 사물의 영상을 촬영하는 경우에는 불빛, 소리, 안내판 등 대통령령으로 정하는 바에 따라 촬영 사실을 표시하고 알려야 한다.
고정형 준용	④ 제1항부터 제3항까지에서 규정한 사항 외에 이동형 영상정보처리기기의 운영에 관하여는 제25조(고정형 영상정보처리기기의 설치·운영 제한)의 제6항부터 제8항까지의 규정을 준용한다.
개인정보 보호법 시행령	제27조(이동형 영상정보처리기기 운영 제한의 예외) 법 제25조의2제2항 단서에서 "대통령령으로 정하는 경우"란 범죄, 화재, 재난 또는 이에 준하는 상황에서 인명의 구조·구급 등을 위하여 사람 또는 그 사람과 관련된 사물의 영상(개인정보에 해당하는 경우로 한정한다. 이하 같다)의 촬영이 필요한 경우를 말한다.

2) 이동형 영상정보처리기기 예시

구분	세부 내용
착용형 장치	– 안경 또는 시계 등 사람의 신체 또는 의복에 착용하여 영상 등을 촬영하거나 촬영한 영상정보를 수집·저장 또는 전송하는 장치 스마트 안경 / 스마트 워치(카메라 有) / 액션캠 / 바디캠
휴대형 장치	– 이동통신단말장치 또는 디지털 카메라 등 사람이 휴대하면서 영상 등을 촬영하거나 촬영한 영상정보를 수집·저장 또는 전송하는 장치 스마트폰 / 캠코더 / 디지털 카메라
부착·거치형 장치	– 차량이나 드론 등 이동 가능한 물체에 부착 또는 거치(据置)하여 영상 등을 촬영하거나 촬영한 영상정보를 수집·저장 또는 전송하는 장치 이동형 주차 단속 카메라 / 자율 주행 자동차 카메라 / 드론

※ 출처: 이동형 영상정보처리기기를 위한 개인영상정보 보호·활용 안내서, p.9.

10 가명정보의 처리

1) 적용 구분

구분	상세 내용
일반법	- 가명정보처리 가이드라인(개인정보보호위원회) ※ 보호법 개정 및 시행('20.8.5.)으로,「개인정보 비식별조치 가이드라인」(2016)은 더 이상 현행법에 따른 가이드라인이 아니므로 활용하지 않음
특별법 (우선 적용)	- 보건의료 데이터 활용 가이드라인(보건복지부), 교육분야 가명·익명 정보 처리 가이드라인(교육부) - 공공분야 가명정보 제공 실무안내서(행정안전부), 금융분야 가명·익명 처리 안내서(금융위원회)

2) 개인정보 보호법 주요 내용

용어	상세 내용
가명정보의 정의	제2조(정의) 1. "개인정보"란 살아 있는 개인에 관한 정보로서 다음 각 목의 어느 하나에 해당하는 정보를 말한다. 　가. 성명, 주민등록번호 및 영상 등을 통하여 개인을 알아볼 수 있는 정보 　나. 해당 정보만으로는 특정 개인을 알아볼 수 없더라도 다른 정보와 쉽게 결합하여 알아볼 수 있는 정보. 이 경우 쉽게 결합할 수 있는지 여부는 다른 정보의 입수 가능성 등 개인을 알아보는 데 소요되는 시간, 비용, 기술 등을 합리적으로 고려하여야 한다. 　다. 가목 또는 나목을 제1호의2에 따라 가명처리함으로써 원래의 상태로 복원하기 위한 추가 정보의 사용·결합 없이는 특정 개인을 알아볼 수 없는 정보(이하 "**가명정보**"라 한다) 〈생략〉
가명정보의 파기	제21조(개인정보의 파기) ① 개인정보처리자는 보유 기간의 경과, 개인정보의 처리 목적 달성, **가명정보의 처리 기간 경과** 등 그 개인정보가 불필요하게 되었을 때에는 지체 없이 그 개인정보를 파기하여야 한다. 다만, 다른 법령에 따라 보존하여야 하는 경우에는 그러하지 아니하다.
가명정보의 처리	제28조의2(가명정보의 처리 등) ① 개인정보처리자는 **통계작성, 과학적 연구, 공익적 기록보존** 등을 위하여 **정보주체의 동의 없이 가명정보를 처리할 수 있다.** ② 개인정보처리자는 제1항에 따라 가명정보를 제3자에게 제공하는 경우에는 **특정 개인을 알아보기 위하여 사용될 수 있는 정보를 포함해서는 아니 된다.**

용어	상세 내용
가명정보의 결합 제한	제28조의3(가명정보의 결합 제한) ① 제28조의2에도 불구하고 통계작성, 과학적 연구, 공익적 기록 보존 등을 위한 서로 다른 개인정보처리자 간의 가명정보의 결합은 보호위원회 또는 관계 중앙행정기관의 장이 지정하는 전문기관이 수행한다. ② 결합을 수행한 기관 외부로 결합된 정보를 반출하려는 개인정보처리자는 가명정보 또는 제58조의2에 해당하는 정보로 처리한 뒤 전문기관의 장의 승인을 받아야 한다. ③ 제1항에 따른 결합 절차와 방법, 전문기관의 지정과 지정 취소 기준·절차, 관리·감독, 제2항에 따른 반출 및 승인 기준·절차 등 필요한 사항은 대통령령으로 정한다.
가명정보 처리 시 금지의무 등	제28조의5(가명정보 처리 시 금지의무 등) ① 제28조의2 또는 제28조의3에 따라 가명정보를 처리하는 자는 특정 개인을 알아보기 위한 목적으로 가명정보를 처리해서는 아니 된다. ② 개인정보처리자는 제28조의2 또는 제28조의3에 따라 가명정보를 처리하는 과정에서 특정 개인을 알아볼 수 있는 정보가 생성된 경우에는 즉시 해당 정보의 처리를 중지하고, 지체 없이 회수·파기하여야 한다.

> 참고사항　개인정보, 가명정보, 익명 정보의 범주 및 사례

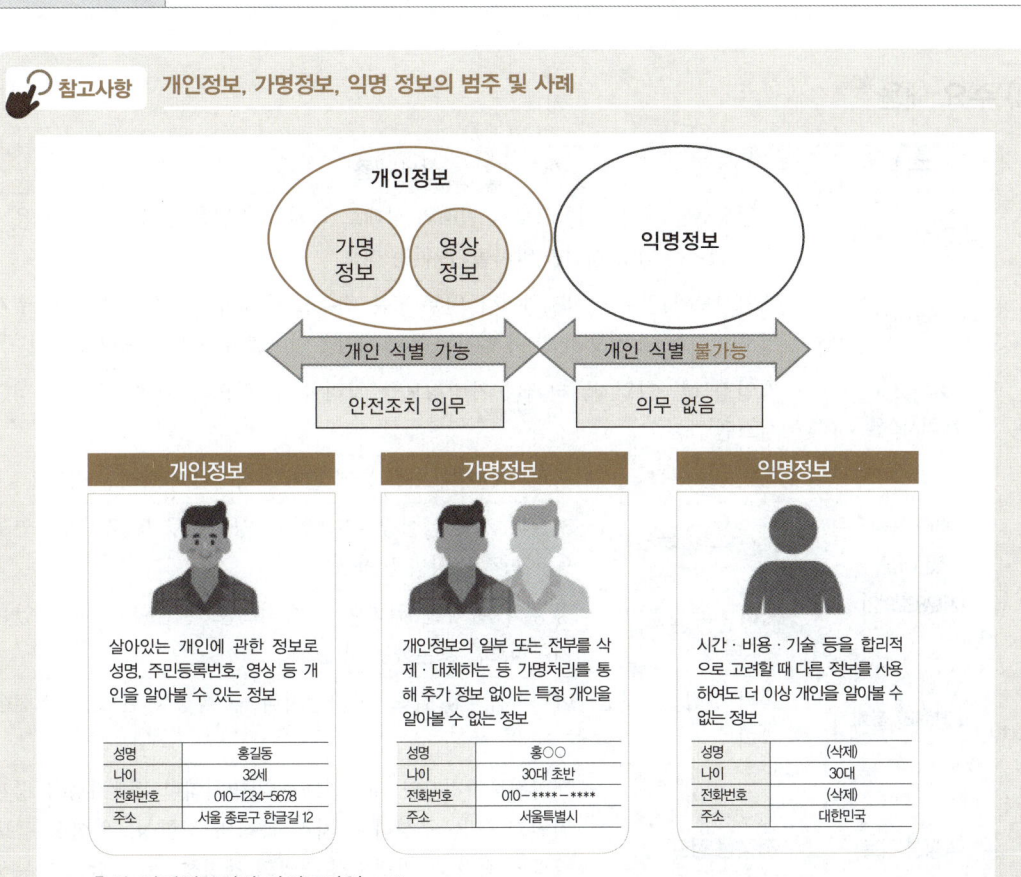

※ 출처: 가명정보처리 가이드라인, p.9.

3) 근거

구분	상세 내용
근거	개인정보 보호법 제28조의4(가명정보에 대한 안전조치의무 등)
안전성 확보 조치 의무	① 개인정보처리자는 제28조의2 또는 제28조의3에 따라 가명정보를 처리하는 경우에는 원래의 상태로 복원하기 위한 추가 정보를 별도로 분리하여 보관·관리하는 등 해당 정보가 분실·도난·유출·위조·변조 또는 훼손되지 않도록 대통령령으로 정하는 바에 따라 안전성 확보에 필요한 기술적·관리적 및 물리적 조치를 하여야 한다.
가명처리 예외	② 개인정보처리자는 제28조의2 또는 제28조의3에 따라 가명정보를 처리하는 경우 처리목적 등을 고려하여 가명정보의 처리 기간을 별도로 정할 수 있다.
가명처리 파기 기록보관	③ 개인정보처리자는 제28조의2 또는 제28조의3에 따라 가명정보를 처리하고자 하는 경우에는 가명정보의 처리 목적, 제3자 제공 시 제공받는 자, 가명정보의 처리 기간(제2항에 따라 처리 기간을 별도로 정한 경우에 한한다) 등 가명정보의 처리 내용을 관리하기 위하여 대통령령으로 정하는 사항에 대한 관련 기록을 작성하여 보관하여야 하며, **가명정보를 파기**한 경우에는 파기한 날부터 **3년 이상** 보관하여야 한다.

4) 주요 내용 ★

구분	상세 내용	
가명정보 정의	- 개인정보를 가명처리함으로써 원래의 상태로 복원하기 위한 추가 정보의 사용·결합 없이는 특정 개인을 알아볼 수 없는 정보	
가명처리	- 개인정보의 일부를 삭제하거나 일부 또는 전부를 대체하는 등의 방법으로 추가 정보(이하 '추가 정보'라 함)가 없이는 특정 개인을 알아볼 수 없도록 처리하는 것	
가명정보 처리시스템	- 개인정보를 가명처리하거나 가명정보를 처리할 수 있도록 체계적으로 구성한 시스템	
처리 목적 및 대상 (제28조의2)	통계작성을 목적	- 특정 집단이나 대상 등에 관하여 작성한 수량적인 정보
	과학적 연구를 목적	- 기술의 개발과 실증, 기초연구, 응용연구 및 민간투자연구 등 과학적인 방법을 연구
	공익적 기록 보존 목적	- 공공의 이익을 위하여 지속적으로 열람할 가치가 있는 기록정보를 보존하는 것
가명처리 절차	- 목적 설정 등 사전준비 → 위험성 검토 → 가명처리 → 적정성 검토 → 안전한 관리	
적정성 검토	적정성 검토	- 개인정보처리자가 개인정보를 가명처리한 뒤, 적정성 평가 위원회 등을 구성하여 처리 목적의 적합성, 위험성 검토 결과의 적정성, 가명처리 결과의 적정성, 목적 달성 가능성 등을 검토하여 적절히 가명처리가 되었는지 확인하는 절차

구분		상세 내용
재식별	추가 정보	– 개인정보의 전부 또는 일부를 대체하는 가명처리 과정에서 생성 또는 사용된 정보로서 <u>특정 개인을 알아보기 위하여 사용·결합될 수 있는 정보</u>(알고리즘, 매핑테이블 정보, 가명처리에 사용된 개인정보 등) ※ 가명처리 과정에서 생성·사용된 정보에 한정된다는 점에서 다른 정보와 구분됨
	재식별	– 특정 개인을 알아볼 수 없도록 처리한 가명정보에서 특정 개인을 알아보는 것
데이터 결합	결합정보	– 결합전문기관을 통해 <u>결합대상정보를 결합하여 생성된 정보</u>
	결합키	– 결합 대상 가명정보의 일부로서 해당 정보만으로는 특정 개인을 알아볼 수 없으나 다른 결합대상정보와 구별할 수 있도록 조치한 정보로서, 서로 다른 가명정보를 결합할 때 매개체로 이용되는 값
	결합전문기관	– 보호법 제28조의3 제1항에 따라 서로 다른 개인정보처리자 간의 가명정보 결합을 수행하기 위해 개인정보위 또는 관계 중앙행정기관의 장이 지정하는 전문기관
	결합신청자	– 가명정보의 결합을 신청하는 개인정보처리자 등 ※ 가명정보를 제공하거나 이용하는 자(공공기관, 법인, 단체, 개인 등)
데이터 반출	반출정보	– 결합전문기관에서 결합된 결합정보 중 결합전문기관의 심사를 통해 반출된 정보
	반출심사	– 결합된 가명정보에 대해 결합 목적, 반출 정보의 관련성, 특정 개인식별가능성, 반출정보에 대한 안전조치 계획 등을 검토하여 가명정보를 활용하고자 하는 자에게 반출하여도 문제가 없는지에 대하여 심사하는 절차

> **참고사항** 사례: 가명처리 목적별 계획서 작성 세부 항목 비교

법률에서 허용한 가명처리 목적별 세부항목을 비교할 수 있다.

구분	통계 작성 계획서	과학적 연구 계획서	공익적 기록 보존 계획서
파일명	통계명	연구명	공익적 기록 보존명
목적	통계 작성 배경 및 목적	연구 작성 배경 및 목적	공익적 기록 보존 목적
대표자 및 기간	통계 작성 대표자 수	예상 연구 기간	보존 기간
		연구 대상자 수	
방법 및 내용	통계 작성 계획 및 방법	연구 방법	공익적 기록 보존 방법
		연구 내용	내용

> 🖖 **참고사항** 잘못된 내부 이용(동일 부서 내 이용) 사례
>
> 동일 부서 내 이용으로 OO유통사의 A팀은 매장의 판매정보시스템 고도화를 위해 매장고객(고객번호, 연령, 주소) 정보와 판매정보(제품번호, 제품명, 제품금액, 제품 재고 및 판매량)를 가명처리하여 내부적으로 분석하고자 함
> - ▶ (처리현황) A팀은 가명정보 컨설팅 업체를 통해 가명처리에 관한 관리적·기술적 보호조치를 모두 준수하고 개인정보 가명처리 전용 솔루션을 통해 정형데이터에 대한 가명처리를 수행가명처리된 정보는 판매정보시스템 고도화를 위해 활용되었으며, A팀은 보다 나은 서비스 개선을 위해 처리된 가명정보를 활용하여 신상품 개발을 위한 경진대회를 개최하였음
> - ▶ (문제점) A팀은 개인정보 보호법에서 규정하고 있는 가명정보에 대한 관리적/기술적 보호조치를 모두 준수하였으며, 과학적 연구 목적 내에서 판매정보시스템을 고도화하였지만, 신상품 개발을 위한 경진대회 개최의 목적은 개인정보 보호법 제28조의2제1항에서 규정한 목적에 해당하지 않음
> - ▶ 해결방안 A팀은 원래 처리 목적 외로 가명정보를 활용하고자 하는 경우 개인정보 보호법 제28조의2제1항의 목적 범위 내에서 가명정보를 처리하여야 하며, 새로운 처리 환경에 맞추어 추가 가명처리를 수행하여야 함
>
> ※ 출처: 가명정보처리 가이드라인, p.20.

5) 정형데이터 개인정보 가명·가명처리 기술(가명정보처리 가이드라인)

① 삭제 기술

세부기술	상세 내용
삭제	- 원본정보에서 개인정보를 단순 삭제
부분 삭제	- 개인정보 전체를 삭제하는 방식이 아니라 일부를 삭제
행 항목 삭제	- 다른 정보와 뚜렷하게 구별되는 행 항목을 삭제
로컬 삭제	- 특이정보를 해당 행 항목에서 삭제

② 개인정보 일부 또는 전부 대체

구분	세부기술	상세 내용
삭제기술	마스킹	- 특정 항목의 일부 또는 전부를 공백 또는 문자('*', '_' 등이나 전각 기호)로 대체
통계도구	총계 처리	- 평균값, 최댓값, 최솟값, 최빈값, 중간값 등으로 처리
	부분총계	- 정보집합물 내 하나 또는 그 이상의 행 항목에 해당하는 특정열 항목을 총계 처리. 즉, 다른 정보에 비하여 오차 범위가 큰 항목을 평균값 등으로 대체

구분	세부기술	상세 내용
일반화 (범주화) 기술	일반 라운딩	– **올림, 내림, 반올림 등의 기준을 적용**하여 집계 처리하는 방법으로, 일반적으로 세세한 정보보다는 전체 통계정보가 필요한 경우 많이 사용
	랜덤 라운딩	– 수치 데이터를 임의의 수인 자릿수, 실제 수 기준으로 올림(round up) 또는 내림(round down)하는 기법
	제어 라운딩	– 라운딩 적용 시 값의 변경에 따라 행이나 열의 합이 원본의 행이나 열의 합과 일치하지 않는 단점을 해결하기 위해 **원본과 결과가 동일하도록 라운딩**을 적용하는 기법
	상하단 코딩	– 정규분포의 특성을 가진 데이터에서 양쪽 끝에 치우친 정보는 적은 수의 분포를 가지게 되어 식별성을 가질 수 있음 – 이를 해결하기 위해 **적은 수의 분포를 가진 양 끝단의 정보를 범주화 등의 기법**을 적용하여 **식별성을 낮추는 기법**
	로컬 일반화	– 전체 정보집합물 중 특정 열 항목(들)에서 특이한 값을 가지거나 분포상의 특이성으로 인해 식별성이 높아지는 경우, 해당 부분만 일반화를 적용하여 식별성을 낮추는 기법
	범위 방법	– 수치 데이터를 임의의 수 기준의 범위(range)로 설정하는 기법으로, 해당 값의 범위 또는 구간(interval)으로 표현
	문자데이터 범주화	– 문자로 저장된 정보에 대해 보다 **상위의 개념으로 범주화**하는 기법
암호화	양방향 암호화	– 특정 정보에 대해 암호화와 암호화된 정보에 대한 복호화가 가능한 암호화 기법 – 암호화 및 복호화에 동일 비밀키로 암호화하는 대칭키(Symmetric key) 방식과 공개키와 개인키를 이용하는 비대칭키(Asymmetric key) 방식으로 구분
	일방향 암호화 – 암호학적 해시함수	– 원문에 대한 암호화의 적용만 가능하고 암호문에 대한 복호화 적용이 불가능한 암호화 기법 – 키가 없는 해시함수(MDC, Message Digest Code), 솔트(Salt)가 있는 해시함수, 키가 있는 해시함수(MAC, Message Authentication Code)로 구분 – 암호화(해시처리)된 값에 대한 복호화가 불가능하고, 동일한 해시값과 매핑(mapping)되는 2개의 고유한 서로 다른 입력값을 찾는 것이 **계산상 불가능하여 충돌 가능성이 매우 적음**
	순서보존 암호화	– 원본정보의 순서와 암호값의 순서가 동일하게 유지되는 암호화 방식 – 암호화된 상태에서도 원본정보의 순서가 유지되어 값들 간의 크기에 대한 비교 분석이 필요한 경우 안전한 분석이 가능

구분	세부기술	상세 내용
암호화	순서보존 암호화	- 원본정보의 순서와 암호값의 순서가 동일하게 유지되는 암호화 방식 - 암호화된 상태에서도 원본정보의 순서가 유지되어 값들 간의 크기에 대한 비교 분석이 필요한 경우 안전한 분석이 가능
	형태보존 암호화	- 원본정보의 형태와 암호화된 값의 형태가 동일하게 유지되는 암호화 방식 - 원본정보와 동일한 크기와 구성 형태를 가지기 때문에 일반적인 암호화가 가지고 있는 저장 공간의 스키마 변경 이슈가 없어 저장 공간의 비용 증가를 해결 - 암호화로 인해 발생하는 시스템의 수정이 거의 발생하지 않아 토큰화, 신용카드 번호의 암호화 등에서 기존 시스템의 변경 없이 암호화를 적용할 때 사용
	동형 암호화	- <u>암호화된 상태에서의 연산</u>이 가능한 암호화 방식으로 원래의 값을 암호화한 상태로 연산 처리를 하여 다양한 분석에 이용 가능 - 암호화된 상태의 연산값을 복호화하면 원래의 값을 연산한 것과 동일한 결과를 얻을 수 있는 4세대 암호화 기법
	다형성 암호화	- 가명정보의 부정한 결합을 차단하기 위해 도메인별로 서로 다른 가명처리 방법을 사용하여 정보를 제공하는 방법 - 정보 제공 시 서로 다른 방식의 암호화된 가명처리를 적용함에 따라 도메인별로 다른 가명정보를 가지게 됨
무작위화 기술	잡음 추가	- 개인정보에 임의의 숫자 등 잡음을 추가(더하기 또는 곱하기)하는 방법
	순열(치환)	- 분석 시 가치가 적고 식별성이 높은 열 항목에 대해 대상 열 항목의 모든 값을 열 항목 내에서 무작위로 순서를 변경하여 식별성을 낮추는 기법 - 개인정보를 다른 행 항목의 정보와 무작위로 순서를 변경하여 전체 정보에 대한 변경 없이 특정 정보가 해당 개인과 연결되지 않도록 하는 방법
	토큰화	- 개인을 식별할 수 있는 정보를 토큰으로 변환 후 대체함으로써 개인정보를 직접 사용하여 발생하는 식별 위험을 제거하여 개인정보를 보호하는 기술 - 토큰 생성 시 적용하는 기술은 의사난수생성 기법이나 양방향 암호화, 형태보존 암호화 기법을 주로 사용
	(의사) 난수생성기	- 주어진 입력값에 대해 예측이 불가능하고 패턴이 없는 값을 생성하는 메커니즘으로 임의의 숫자를 개인정보와 대체

③ 가명·익명 처리를 위한 기타 기술

동형 암호화 기술은 암호화된 상태에서 연산이 가능하도록 암호화한 방식으로 이를 통해 개인정보를 강화할 수 있는 장점이 있다.

구분	세부기술	상세 내용
가명·익명 처리를 위한 다양한 기술	표본추출	– 데이터 주체별로 전체 모집단이 아닌 표본에 대해 무작위 레코드 추출 등의 기법을 통해 모집단의 일부를 분석하여 전체에 대한 분석을 대신하는 기법
	해부화	– 기존 하나의 데이터셋(테이블)을 식별성이 있는 정보집합물과 식별성이 없는 정보집합물로 구성된 2개의 데이터셋으로 분리하는 기술
	재현데이터	– 원본과 최대한 유사한 통계적 성질을 보이는 가상의 데이터를 생성하기 위해 개인정보의 특성을 분석하여 새로운 데이터를 생성하는 기법
	동형비밀분산	– 식별정보 또는 기타 식별가능정보를 메시지 공유 알고리즘에 의해 생성된 두 개 이상의 쉐어(share)*로 대체 *기밀사항을 재구성하는 데 사용할 수 있는 하위 집합
	차분 프라이버시	– 특정 개인에 대한 사전지식이 있는 상태에서 데이터베이스 질의(Query)에 대한 응답 값으로 개인을 알 수 없도록 응답 값에 임의의 숫자 잡음(Noise)을 추가하여 특정 개인의 존재 여부를 알 수 없도록 하는 기법 – 1개 항목이 차이 나는 두 데이터베이스 간의 차이(확률분포)를 기준으로 하는 프라이버시 보호 모델

> **참고사항** 수치형 데이터의 상하단 코딩(Top and Bottom Coding)
>
> 정규분포의 특성을 가진 데이터에서 양쪽 끝에 치우친 정보는 적은 수의 분포를 가지게 되어 식별성을 가질 수 있으며, 이를 해결하기 위해 적은 수의 분포를 가진 양 끝단의 정보를 범주화 등의 기법을 적용하여 식별성을 낮추는 기법

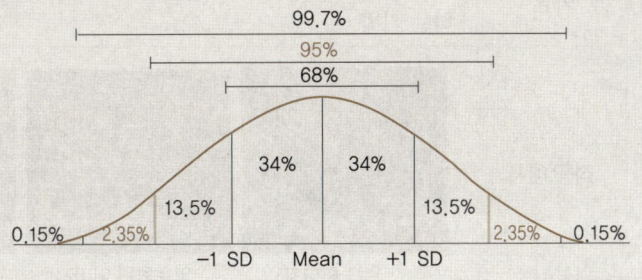

※ 출처: 가명정보처리 가이드라인, p.93.

6) 비정형데이터 개인정보 가명·가명처리 기술(가명정보처리 가이드라인)

① 영상정보 데이터 보안 기술

기술	개념 및 예시	세부 설명
필터링 기술	이미지 블러링	- 다양한 필터를 적용하여 개인영상정보를 보호조치 함 - 필터 적용 방법 • 평균: 입력 이미지의 현재 위치에서, 예를 들어 3×3 격자 범위의 주변 픽셀값의 평균을 구하여 원 픽셀값을 결과 이미지의 픽셀값으로 대체 • 가우시안: 입력 이미지의 현재 위치에서, 예를 들어 3×3 격자 범위의 주변 픽셀값에 가중치를 부여(중심으로 갈수록 높은 가중치를 부여)하여 원 픽셀값을 결과 이미지의 픽셀값으로 대체 • 중앙값: 입력 이미지의 현재 위치에서, 예를 들어 3×3 범위의 주변 픽셀값의 중앙값을 구하여 원 픽셀값을 결과 이미지의 픽셀값으로 대체 • 바이레터럴: 원본 이미지로부터 최대한 노이즈는 제거하고 엣지는 보존하기 위한 것으로 공간과 밀도를 함께 고려하여 원 픽셀값을 결과 이미지의 픽셀값으로 대체
	이미지 픽셀화 (모자이크)	- 이미지 블러링의 평균 필터와 유사하나 계산한 평균값을 해당 픽셀뿐만 아니라 적용한 주변 모든 픽셀(예를 들어 3×3 범위의)에 대체한다는 점이 다름
	이미지 마스킹	- 블랙박스로 대체
	적용 예시	원본 이미지 / ❶ 블러링 / ❷ 픽셀화 / ❸ 마스킹
이미지 암호화	개념	원본 이미지의 일부를 암호화하여 데이터 주체를 알아볼 수 없도록 하는 기법
	적용 예시	원본 이미지 / 암호화된 이미지 / 복호화된 이미지

기술	개념 및 예시	세부 설명
인페인팅 (Inpainting)	개념	- 영상 내 개인 식별 영역을 제거한 후 다른 물체 또는 배경으로 대체하여 신원을 보호하는 기술
	적용 예시	원본 이미지 / 원본의 플래그 이미지 / 인페인팅 이미지

② 인공지능(AI)을 활용한 영상정보 데이터 보안 기술

기술	구분	세부 설명
얼굴 합성	개념	- K-익명성 프라이버시보호 모델을 확장하여 K명의 얼굴을 합성한 기술로 K-same 모델로도 부름
	예시	Original, k=2, k=3, k=5, k=6, k=20
얼굴 보존형 가명·익명 처리 기술	개념	- 원본 얼굴의 요소를 변경하거나 얼굴을 완전히 합성하는 대신, 훈련된 얼굴 속성 전달 모델을 사용하여 동의한 대상의 소수(보통 2~3명)인 기증자의 얼굴에 비 신원 관련 얼굴 속성을 매핑
	예시	원본 이미지 / K-same 이미지 / 제안 이미지 ※ 출처 : Yuezun Li, De-identification Without Losing Faces(2019)
AnonymousNet 프레임워크	개념	- 얼굴 보존형 가명·익명 처리 기술의 프레임과 비슷해 보이지만 다음의 4단계 절차를 통하여 아이덴티티가 완전히 다른 이미지를 생성 ※ (1단계) 얼굴 특징 추출, (2단계) 의미 기반 속성 난독화, (3단계) 익명화된 얼굴 생성, (4단계) 적대적 교란 절차 ※ 출처 : Tao Li 외 1인, AnonymousNet: Natural Face De-Identification with Measurable Privacy(CV-COPS 2019)

AnonymousNet 프레임워크	예시	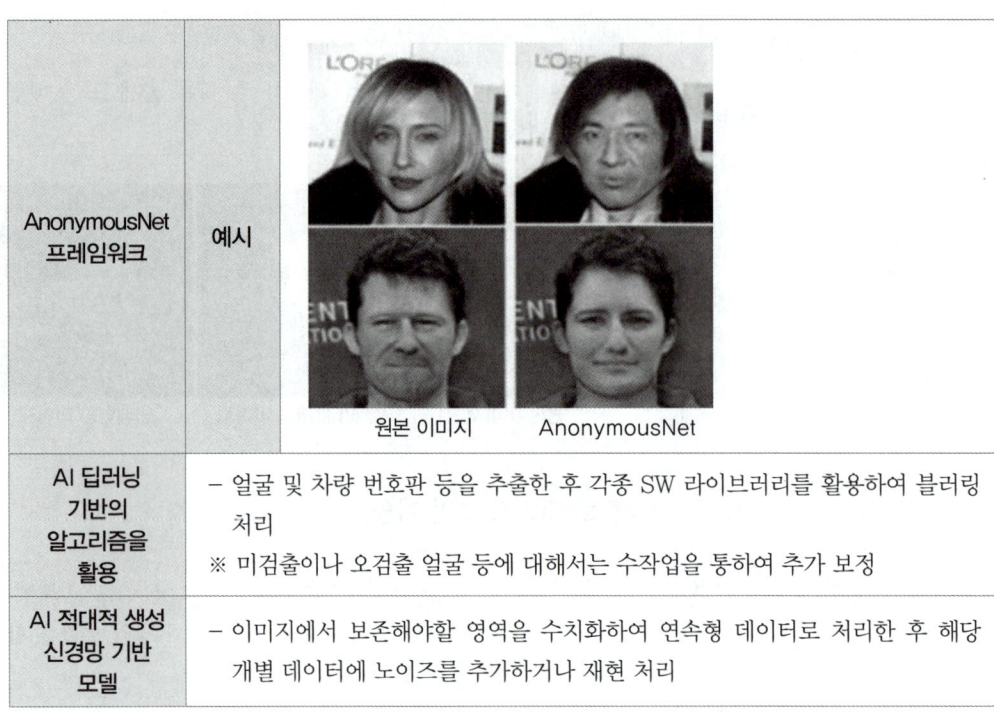 원본 이미지 　　　 AnonymousNet
AI 딥러닝 기반의 알고리즘을 활용	— 얼굴 및 차량 번호판 등을 추출한 후 각종 SW 라이브러리를 활용하여 블러링 처리 ※ 미검출이나 오검출 얼굴 등에 대해서는 수작업을 통하여 추가 보정	
AI 적대적 생성 신경망 기반 모델	— 이미지에서 보존해야할 영역을 수치화하여 연속형 데이터로 처리한 후 해당 개별 데이터에 노이즈를 추가하거나 재현 처리	

> **참고사항**　가명처리를 위한 암호화 기법 예시

※ 출처: 가명정보처리 가이드라인, p.34.

7) 가명처리 적정성 검토

① 가명 · 익명 처리 적정성 검토 흐름도

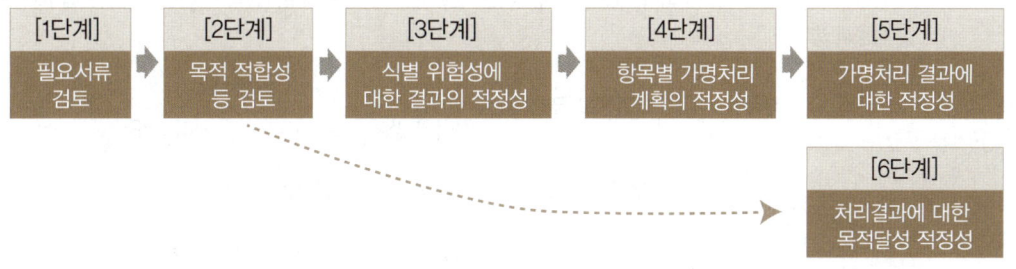

② 적정성 검토 기초 자료 목록

- 원본 데이터로 개인정보를 포함하는 데이터의 예시 상황 자료를 작성하고, 평가대상 데이터는 명 · 익명 처리를 위한 기술적 조치 이후의 데이터에 대한 자료이다.

번호	단계	산출물	가명정보 처리 기초 자료 명세서
1	목적 설정 등 사전 준비	- 처리 목적의 적합성 검토 보고서	- 원본 데이터 세부 항목별 명세
		- 가명정보 안전 조치 의무 이행 확약서	- 원본 데이터 예시
		- 가명정보 이용 제공 신청서	- 원본 데이터 항목별 개인정보 속성 예시
2	위험성 검토	- 식별 위험성 검토 결과 보고서	- 원본 데이터 분포 ※ 식별 가능성 항목 중심
		- 식별 위험성 검토 결과 근거 자료	- 평가 대상 데이터 세부 항목별 명세 ※ 집계 데이터 중심
3	가명처리	- 항목별 가명처리 계획서	- 평가 대상 데이터 세부 항목별 예시
			- 평가 대상 데이터 분포

> **참고사항** 항목별 가명·익명 처리 계획서 작성 예시

다음은 인터넷 쇼핑몰 판매 데이터에 대한 가명·익명 처리 적정성 검토 목적으로 작성된 항목별 가명·익명 처리 계획서이다. 고객의 아이디는 일련번호로 대체하고, 고객 나이는 10단위 범주화 등을 적용하였다.

순번	항목명	개인정보 유형	상세 내용	
			처리 방법	처리 수준
1	고객 아이디(ID)	개인식별정보	대체	– 일련번호로 대체
2	고객 나이	개인식별가능정보	범주화	– 10세 단위로 범주화
			상하단 코딩	– 9세 미만 삭제 – 90세 이상은 90세 이상의 경계치 입력
3	고객 주소	개인식별가능정보	부분 삭제	– 주소 정보에서 동 단위 이하 삭제
4	OO월 OO상품 구매액	개인식별가능정보	상하단 코딩	– **상단 99.9%를 초과하면 경계치로 변경**
			범주화	– 금액은 다음과 같이 범주화함 ▷ 0원: 0원 ▷ 10만 원 단위 미만: 1만 원 단위로 라운드 업 ▷ 1,000만 원 단위 미만: 10만 원 단위로 라운딩 ▷ 1,000만 원 단위 이상: 100만 원 단위로 라운딩

8) 가명처리 위험성 검토

위험성 검토는 가명처리 대상 데이터의 식별 위험성을 분석·평가하여 가명처리 방법 및 수준에 반영하기 위한 절차이며, 식별 위험성은 '데이터의 식별 위험성'과 '처리 환경의 식별 위험성'으로 구분하여 검토해야 한다.

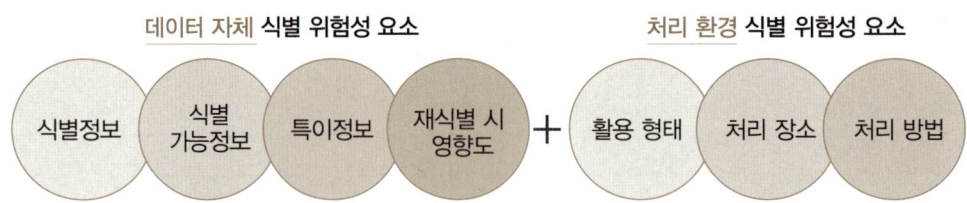

구분	용어	상세 내용
데이터 자체 식별 위험성 요소	식별정보	- 특정 개인과 직접적으로 연결되는 정보 예 성명, 고유식별정보, (개인)휴대전화번호, (개인)전자우편주소, 의료기록번호, 건강보험번호 등
	식별가능정보	- 다른 항목과 결합하는 경우 식별 가능성이 높아지는 항목 예 성별, 연령, 거주 지역, 국적, 직업, 위치정보 등 해당 정보를 처리하는 자를 기준으로 판단
	특이정보	- 전체 데이터에 식별 가능성을 가지는 고유(희소)값, 편중된 분포를 가지는 단일·다중이용 항목 예 희귀성씨 등 특이한 값, 국내 최고령 등 극단값, 특정 데이터 분석집단에서 희소한 값 등
	재식별 시 영향도	- 특정 정보주체에게 사회적 파장 등 영향도가 높은 항목 - 사회통념상 차별받을 수 있는 정보 또는 재식별로 인한 불이익이 큰 정보주체(대중적으로 유명한 사람 등)
처리환경 식별 위험성 요소	활용 형태	- 내부 이용 또는 외부 제공하는 경우 처리자(또는 취급자)가 보유하거나 접근·입수가능한 정보, 이용 범위 및 유형 등 - 보안서약서, 계약서 등을 통해 파악 가능한 범위 정보를 고려하여 식별 가능성 검토 가능
	처리 장소	- 해당 가명정보 외에 다른 정보의 접근·입수가 제한된 장소에서 처리되는지 여부 - 보안서약서, 계약서 등으로 내·외부 활용이 제한된 경우 폐쇄 환경에 준하여 검토 가능
	처리 방법	- 가명정보를 다른 정보와 연계·분석·내부 결합하는 경우 결합 후 식별 가능한 항목 - 가명정보 반복 제공 시 식별 위험이 높아지는 항목

> **참고사항** 식별정보, 식별가능정보, 특이정보
>
> ▶ 식별정보: 성명, 고유식별정보(주민등록번호, 여권번호, 외국인등록번호, 운전면허번호), (개인)휴대전화번호, (개인)전자우편주소, 의료기록번호, 건강보험번호 등 식별을 목적으로 생성된 정보
> ▶ 식별가능정보: 성별, 연령(나이), 거주 지역, 국적, 직업, 위치정보 등 개인정보처리자의 입장에서 개인을 알아볼 수 있는* 정보
>   *개인을 '알아볼 수 있는지'는 해당 정보를 처리하는 자(정보의 제공 관계에 있어서는 제공받는 자를 포함)를 기준으로 판단하여야 함
> ▶ 특이정보
>   • 희귀 성씨, 희귀 혈액형, 희귀 눈동자 색깔, 희귀 병명 등 정보 자체로 특이한 값을 가지는 정보

> - 국내 최고령, 최장신, 고액체납금액, 고액급여수급자 등 전체적인 패턴에서 벗어나는 극단값을 발생할 수 있는 정보
> - 도서·산간 지역주민의 영유아에 대한 정보 등 특정 데이터 분석 집단에서 희소한 값을 가지는 정보
>
> ※ 출처: 가명정보처리 가이드라인, p.17.

9) 개인정보 가명처리 결합 및 반출

① 개인정보 가명처리 내부 결합

개인정보처리자는 자신이 보유하고 있는 가명정보를 결합하여 활용할 수 있으며, 결합 절차가 정해져 있지는 않으나 결합 과정에서 특정 개인을 알아볼 수 없도록 유의하여야 한다.

(※ 안전한 결합을 위해 결합키를 이용한 결합 방법을 선택할 수 있다.)

가명정보 내부 결합 절차도

| 1 목적 설정 등 사전준비, 위험성 검토 | → | 2 가명처리 및 결합키 생성 | → | 3 결합 | → | 4 적정성 검토 및 추가처리 | → | 5 사후 관리 |

- 개인정보처리자는 결합된 정보를 활용할 때 특별한 사유(세부적 분석 등)가 없는 한 결합키 등 결합을 위해 사용한 정보를 삭제하여야 함

※ (주의) 결합키 생성에 이용된 알고리즘, 매핑테이블 등은 추가정보에 해당하므로, 결합된 가명정보와 분리하여 분산하여야 하고, 접근 권한을 분리하여야 함

가명정보 내부 결합 방식 예시

1	(A부서) 분석 대상 가명정보	결합키 + 결합키	(B부서) 분석 대상 가명정보
2	(A부서) 분석 대상 가명정보	결합키	(B부서) 분석 대상 가명정보
3	(A부서) 분석 대상 가명정보	삭제	(B부서) 분석 대상 가명정보
4	(A부서) 분석 대상 가명정보		(B부서) 분석 대상 가명정보

※ 출처 : 결합키 생성 등의 구체적인 내용은 [제3장 가명정보 결합 및 반출], p.57. 참고

② 가명정보 결합·반출 업무 흐름도(가명처리가이드라인)

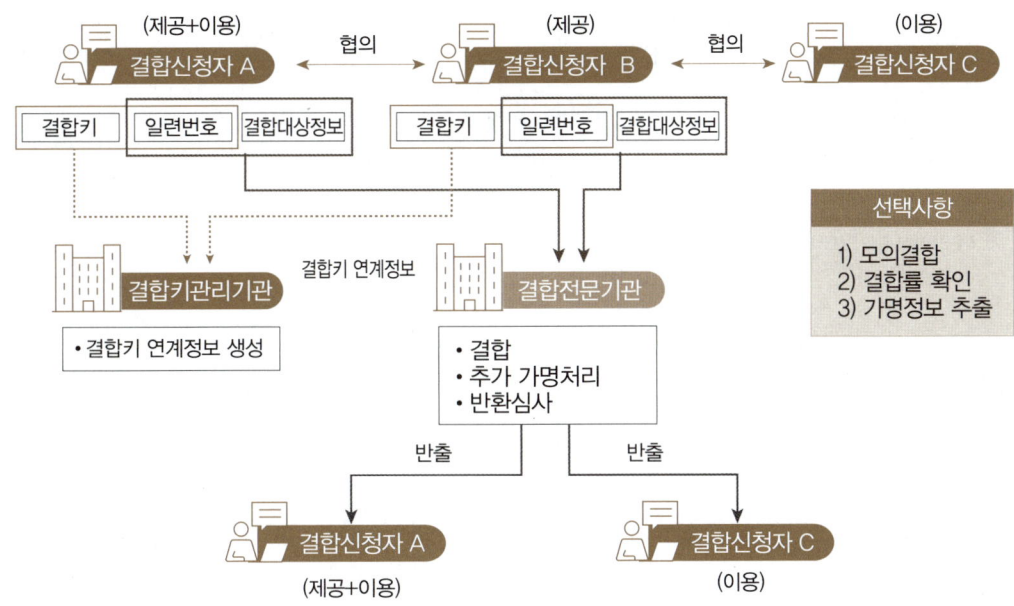

구분	상세 내용
① 결합신청	- 결합신청자는 신청자 간 결합신청에 필요한 사항*의 협의, 결합신청서 작성 등 가명정보 결합에 필요한 사전 준비사항을 확인하고 결합전문기관에 결합을 신청함 *개인정보파일에서 가명정보 결합 목적 달성에 필요한 항목을 선정, 반복결합 여부, 모의결합/결합률 확인/가명정보 추출 신청 여부, 결합키 생성 항목 등 - 결합신청자는 결합전문기관과 결합 일정, 전송 방법 등을 협의함
② 결합 및 추가 처리	- 가명정보를 제공하는 결합신청자는 결합키관리기관으로부터 결합키 생성에 이용되는 정보(Salt값)를 수신하여 결합키를 생성하고 결합신청 시 선택한 모의결합, 결합률 확인, 가명정보 추출 등이 완료되면 결합에 필요한 정보를 각 기관에 전송함 - 결합정보를 이용하는 결합신청자는 결합전문기관 공간에서 추가 가명·익명 처리를 하거나, 결합전문기관이 지원하는 분석 기능을 신청·이용하여 분석할 수 있음
③ 반출 및 활용	- 결합정보 또는 분석결과 등을 반출하려는 경우 결합전문기관에 반출을 신청함
④ 안전한 관리	- 결합정보를 이용하는 결합신청자는 반출한 결합정보(이하 반출정보)를 당초 결합신청서 및 반출신청서에 기재한 목적에 따라 처리하고 안전조치 의무 등을 준수하여야 함

③ 가명정보의 결합 유형(가명처리 가이드라인)

공통결합 (INNER JOIN)			확대결합 (OUTER JOIN)	잔여결합 (ANTI-INNER JOIN)
단일 (INNER SINGLE)	다중 (INNER MULTI)	완전 (INNER FULL)	단일 (OUTER SINGLE)	단일 (ANTI-INNER SINGLE)

유형	설명
공통단일결합 (INNER SINGLE JOIN)	결합신청자(A): dac...387ea/A1, c2e...7067c/A2, cd1...78ccd/A3, 89c...df12d/A4, 9a0...a5ddf/A5 — 결합신청자(B): abc...2cabd/B1, dac...387ea/B2, c2e...7067c/B3, 9a0...a5ddf/B4, rew...nm3d0/B5 — 결합형태: A1/B2, A2/B3, A5/B4
	결합신청자(A), 결합신청자(B), 결합신청자(C) 의 공통 단일 결합 예시 (A1/B2/C2, A2/B3/C3, ...)
공통다중결합 (INNER MULTI JOIN)	결합신청자(A), (B), (C) 3자간 결합 예시 — 결합형태: A1/B2/C2, A2/B3/C3, A5/B4/-, A4/-/C4
	결합신청자(A), (B), (C) 3자간 다중 결합 예시 — 결합형태: A1/B2/C2, A2/B3/C3, A5/B4/-

※ 출처: 가명정보처리 가이드라인, p.115.

유형	설명				
공통완전결합 (INNER FULL JOIN)	결합신청자(A) 결합신청자(B) 결합신청자(C)	**결합신청자(A)** 결합키 / 일련번호 dac...387ea / A1 c2e...7067c / A2 cd1...78ccd / A3 ... / ... 89c...df12d / A4 9a0...a5ddf / A5	**결합신청자(B)** 결합키 / 일련번호 abc...2cabd / B1 dac...387ea / B2 c2e...7067c / B3 9a0...a5ddf / B4 ... / ... rew...nm3d0 / B5	**결합신청자(C)** 결합키 / 일련번호 o23...ere12 / C1 dac...387ea / C2 c2e...7067c / C3 ... / ... 89c...df12d / C4 rew...nm3d0 / C5	**결합형태** 일련번호 A1 B2 C2 A2 B3 C3 ... A5 B4 ... A4 - C4 - B5 C5
확대단일결합 (OUTER SINGLE JOIN)	결합신청자(A) 결합신청자(B)	**결합신청자(A)** 결합키 / 일련번호 dac...387ea / A1 c2e...7067c / A2 ... / ... cd1...78ccd / A3 89c...df12d / A4 9a0...a5ddf / A5	**결합신청자(B)** 결합키 / 일련번호 abc...2cabd / B1 dac...387ea / B2 c2e...7067c / B3 ... / ... 9a0...a5ddf / B4 rew...nm3d0 / B5		**결합형태** 일련번호 A1 B2 A2 B3 A3 - A4 - A5 B4 ... ...
	결합신청자(A) 결합신청자(B) 결합신청자(C)	**결합신청자(A)** 결합키 / 일련번호 dac...387ea / A1 c2e...7067c / A2 cd1...78ccd / A3 ... / ... 89c...df12d / A4 9a0...a5ddf / A5	**결합신청자(B)** 결합키 / 일련번호 abc...2cabd / B1 dac...387ea / B2 c2e...7067c / B3 9a0...a5ddf / B4 ... / ... rew...nm3d0 / B5	**결합신청자(C)** 결합키 / 일련번호 o23...ere12 / C1 dac...387ea / C2 c2e...7067c / C3 ... / ... 89c...df12d / C4 rew...nm3d0 / C5	**결합형태** 일련번호 A1 B2 C2 A2 B3 C3 A3 - - A5 B4 - A4 - C4 ... ...
잔여단일결합 (ANTI-INNER SINGLE JOIN)	결합신청자(A) 결합신청자(B)	**결합신청자(A)** 결합키 / 일련번호 dac...387ea / A1 c2e...7067c / A2 cd1...78ccd / A3 89c...df12d / A4 9a0...a5ddf / A5 ... / ...	**결합신청자(B)** 결합키 / 일련번호 abc...2cabd / B1 dac...387ea / B2 ... / ... ... / ... c2e...7067c / B3 9a0...a5ddf / B4 rew...nm3d0 / B5		**결합형태** 일련번호 ... ... A3 - A4 - ... ...
	결합신청자(A) 결합신청자(B) 결합신청자(C)	**결합신청자(A)** 결합키 / 일련번호 dac...387ea / A1 c2e...7067c / A2 cd1...78ccd / A3 89c...df12d / A4 9a0...a5ddf / A5 ... / ...	**결합신청자(B)** 결합키 / 일련번호 abc...2cabd / B1 dac...387ea / B2 ... / ... c2e...7067c / B3 9a0...a5ddf / B4 rew...nm3d0 / B5	**결합신청자(C)** 결합키 / 일련번호 o23...ere12 / C1 dac...387ea / C2 ... / ... c2e...7067c / C3 89c...df12d / C4 rew...nm3d0 / C5	**결합형태** 일련번호 ... ... A3 - - ... ...

※ 출처: 가명정보처리 가이드라인, p.116.

③ 가명정보 결합 · 반출 세부 절차

절차		결합신청자	결합전문기관	결합키관리기관
1 결합 신청		① 결합 신청	② 결합신청서 검토 및 검수 ③ 결합 일정 · 절차 등 협의(결합신청자)	-
2 결합 및 추가처리	1. 결합키 생성	① 결합키 생성 협의 ② 결합키 및 일반번호 생성	-	③ 결합키 생성 협의 (Salt값 전송)
	2. 모의 결합 (선택)	① 결합키 전송 (→결합전문기관)	② 모의결합 가능성 검토 및 통지 ③ 모의결합 대상 결합키 선정 및 전송	-
		④ 모의결합 대상 가명처리 ⑤ 모의결합대상정보, 가명처리 내역 및 결합키 전송	⑥ 가명처리 수준 검토 (필요시 추가처리 요청) ⑦ 모의결합 수행	
		⑧ 모의결합된 정보 분석 (→결합전문기관 내) • 반출 불가	⑨ 모의결합 관련 정보 파기	
	3. 결합률 확인(선택)	① 결합키 및 일련번호 전송 (→결합키관리기관) ④ 결합률 확인	-	② 결합키연계정보 생성 ③ 결합률 측정 및 통보
	4. 가명정보 추출(선택)	① 결합키 및 일련번호 전송 (→결합키관리기관) ③ 추출 요청		② 추출 가능 여부 검토 및 통지 ④ 추출에 필요한 일련번호 선정 및 전송
	5. 가명처리 및 검토	① 가명처리 대상 정보 확정 ② 가명처리 ③ 결합대상정보, 가명처리 내역 및 일련번호 전송(→결합전문기관)	★ 가명처리 지원 (가능한 경우) ④ 가명처리 수준 검토 (필요시 추가처리 요청)	-
	6. 결합	① 결합키 및 일련번호 전송	③ 결합키연계정보 수신 및 가명정보 결합 • 반복결합의 경우 반복결합연결정보 포함	② 결합키연계정보 생성 및 전송 • 반복결합의 경우 반복결합연결정보 포함
	7. 추가처리 (필요시)	① 결합정보의 추가처리 및 분석(결합전문기관 내) • 결합전문기관에 지원 요청 가능	★ 추가처리 및 분석 지원 (가능한 경우)	-
3 반출 및 활용	1. 반출	① 반출신청	② 반출심사위원회 구성 · 운영 ③ 반출 승인 및 결합정보 반출 • 반복결합의 경우 반복결합연결정보 포함 ④ 결합키연계정보 파기	⑤ 결합키 및 결합키연계정보 파기 (필요시 유지) • 반복결합의 경우 결합키 생성방법 (Salt값) · 반복결합연결정보 생성방법(Salt값) 보관
	2. 활용	• 반출정보의 활용 원칙 준수 • 반복결합의 경우 반복결합연결정보를 통해 내부에서 연계하여 분석	-	-
4 안전한 관리		• 안전성 확보 조치 이행 • 가명정보 처리 내역 기록 · 보관	★ 반출한 정보 분석 지원 (가능한 경우) ★ 개인정보 보호 교육 제공 (가능한 경우)	-

>  **참고사항** 가명처리를 위한 결합키 생성

- 가명정보를 제공하는 결합신청자는 결합키관리기관과 결합키 생성에 관한 사항을 협의하고 결합키관리기관으로부터 결합키 생성에 필요한 정보(Salt값)를 수신함
  - 결합키 생성 시에는 결합신청자 간 결합키 생성 항목, 인코딩 방식, 알고리즘을 동일하게 사용하여야 함
  - 한글 인코딩 방식(EUC-KR, UTF-8)이 다를 경우 동일한 일방향 암호화 알고리즘으로 데이터를 암호화하여도 서로 다른 값으로 결합키가 생성되어 결합이 되지 않음(UTF-8 인코딩을 권고)
- 결합키 생성 예시

  '홍길동'+'01012345678'+'생년월일'+'abc123'
  (성명/전화번호/생년월일/Salt값)

  → 결합키 생성 알고리즘(SHA256 등) →

  'a9fe0r…sr13'

▶ 일반적으로 결합키의 대상은 성명, 전화번호, 생년월일 등 특정 개인을 식별할 수 있는 정보이며, 비정형데이터의 경우 이미지나 혹은 영상 등에 포함된 메타 데이터 내 항목(예 의료 DICOM(Digital Imaging and Communications in Medicine) 표준 헤더 내 환자 번호 등)도 가능

▶ 결합키 생성 알고리즘은 결합키 생성 항목으로 특정 개인을 식별할 수 없도록 일방향 암호화 알고리즘을 사용함

  ※ 일방향 암호화 알고리즘은 가명정보의 보호에 큰 영향을 미치게 되어 일방향 암호화 기법 중 SHA256 이상의 알고리즘(Salt값 포함)을 이용할 것을 권고함

  ※ Salt 값의 길이는 Hash 처리 결괏값의 크기와 동일한 크기를 사용하는 것이 안전함

  * 참고 : '개인정보의 암호화 조치 안내서(2020.12.)'; 개인정보보호위원회

  - 결합신청자는 가명처리 대상 정보에 정보주체별로 중복되지 않는 일련의 값(일련번호*)을 생성함

    *일련번호는 모의결합 시에는 활용되지 않으므로, 모의결합 절차가 종료된 이후 생성할 수 있음

※ 출처: 가명정보처리 가이드라인, p.66.

11 / 개인정보의 정확성, 완전성, 최신성 보장

1) 배경

구분	상세 내용
개인정보 보호법	제3조(개인정보 보호 원칙)〈생략〉 ③ 개인정보처리자는 개인정보의 처리 목적에 필요한 범위에서 개인정보의 정확성, 완전성 및 최신성이 보장되도록 하여야 한다.〈생략〉

2) 정확성, 완전성, 최신성 보장

구분	상세 내용	주요 조치 및 예시
정확성	- 수집된 개인정보가 사실과 일치하고 오류 없이 유지되어야 함	- 입력 시 오류 검증 절차(예 중복 체크, 서식검사) - 자동화된 정합성 검사 도입 - 사용자가 직접 정보 수정 요청 가능
완전성	- 개인정보가 누락 없이, 전체적으로 보존되어야 함	- 필수 항목 체크 - 수집 시 누락 방지를 위한 입력 유도 - 백업 및 데이터 무결성 검증
최신성	- 개인정보가 최신 상태로 갱신되어야 하며, 오래된 정보는 갱신되거나 삭제되어야 함	- 주기적 정보 갱신 요청(예 연 1회 주소 확인) - 장기 미이용 계정의 정보 폐기 또는 갱신 안내 - 자동 알림 시스템 도입(연락처 변경 요청 등)

3) 관리적 · 기술적 · 물리적 조치

구분	관리적 조치	기술적 조치	물리적 조치
정확성	- 직원 교육 - 개인정보 처리 절차 표준화	- 입력값 유효성 검사 - 자동 오류 알림	- 오류 시 기록물 접근 제한 - 검토 기록 보관
완전성	- 누락 방지 업무 매뉴얼화 - 이중 확인 제도 운영	- 데이터 무결성 검증시스템 - 백업 자동화	- 서버룸 접근 통제 - 백업자료 물리적 보관
최신성	- 정보 갱신 주기 설정 - 갱신 요청 공지	- 만료일 자동 알림 기능 - 최신성 점검 로직	- 최신 정보 보관 장소 분리 - 폐기 자료 물리적 파기

4) 정확성, 완전성, 최신성 보장 사례

구분	사례	상세 내용
정확성	- 회원가입 시 이메일 중복 확인 기능 제공	- 사용자가 입력한 이메일이 기존에 등록된 것과 중복되는지 실시간으로 확인하여 정확한 정보 입력을 유도
	- 주민등록번호 형식 자동 검증	- 입력값이 앞자리 생년월일, 뒷자리 구분값 등과 일치하지 않으면 오류 메시지를 표시해 잘못된 입력을 방지함
	- 상담센터에서 고객 신원 확인 절차	- 전화로 본인 인증 시, 이름과 생년월일 등 여러 정보를 교차 확인해 정확한 고객 정보 확인 후 상담을 진행함

구분	사례	상세 내용
완전성	- 의료기관에서 진료기록 저장 시 필수 항목 누락 방지 시스템 적용	- 진료기록 입력 시 진단명, 시술내역 등 필수 항목 누락 시 저장이 불가능하도록 설정하여 정보 누락 방지
	- 구직사이트 이력서 작성 시 필수 입력 항목 알림	- 이력서 제출 전 경력사항, 연락처 등이 누락된 경우 저장이 안 되거나 경고 메시지 출력
	- 시스템 자동 백업 수행	- 데이터베이스가 손상되거나 일부 유실되어도 전체 정보가 복구 가능하도록 주기적 백업 수행
최신성	- 연 1회 고객정보 갱신 요청 이메일 발송	- 보험사 등에서 고객의 주소, 연락처 변경 여부를 확인하기 위해 정기적으로 정보 갱신 요청 메일 전송
	- 장기 미접속 사용자에 대한 개인정보 파기 또는 갱신 안내	- 1년 이상 로그인하지 않은 계정은 일정 기간 후 자동 파기 또는 정보 갱신 요청을 통해 최신성 확보
	- 배송지 정보 저장 시 '최근 사용 주소' 자동 업데이트 기능	- 쇼핑몰에서 사용자가 새 주소를 입력하면 자동으로 '기본 배송지'가 갱신되어 최신 상태 유지

12 / 안전조치 의무

1) 안전조치 개요

구분	상세 내용
적용 대상	- 개인정보처리자 - 개인정보처리자로부터 개인정보를 제공받은 자 - 개인정보처리자로부터 개인정보 처리를 위탁받은 자(이하 '수탁자', 준용)
목적	- 개인정보처리자가 개인정보를 처리함에 있어서 개인정보가 분실·도난·유출·위조·변조 또는 훼손되지 아니하도록 안전성 확보에 필요한 기술적·관리적 및 물리적 안전조치에 관한 최소한의 기준을 정함
성격	- 반드시 준수해야 하는 최소한의 기준

2) 안전조치 의무 법령

구분	상세 내용
근거	- 개인정보 보호법 제29조(안전조치의무) - 개인정보 보호법 제28조(개인정보취급자에 대한 감독)
안전성 확보 조치 의무	개인정보처리자는 개인정보가 분실·도난·유출·위조·변조 또는 훼손되지 아니하도록 내부 관리계획 수립, 접속기록 보관 등 대통령령으로 정하는 바에 따라 안전성 확보에 필요한 기술적·관리적 및 물리적 조치를 하여야 한다.
취급자 감독	① 개인정보처리자는 개인정보를 처리함에 있어서 개인정보가 안전하게 관리될 수 있도록 <u>임직원, 파견근로자, 시간제근로자 등 개인정보처리자의 지휘·감독을 받아 개인정보를 처리하는 자</u>(이하 "개인정보취급자"라 한다)의 범위를 최소한으로 제한하고, 개인정보취급자에 대하여 적절한 관리·감독을 하여야 한다. 〈생략〉

3) 개인정보 보호책임자 지정 및 업무

① 법률

구분	상세 내용
근거	개인정보 보호법 제31조(개인정보 보호책임자의 지정 등)
개인정보 보호책임자 지정	① 개인정보처리자는 개인정보의 처리에 관한 업무를 총괄해서 책임질 개인정보 보호책임자를 지정하여야 한다. 다만, 종업원 수, 매출액 등이 대통령령으로 정하는 기준에 해당하는 개인정보처리자의 경우에는 지정하지 아니할 수 있다. ② 제1항 단서에 따라 개인정보 보호책임자를 <u>지정하지 아니하는 경우</u>에는 개인정보처리자의 <u>사업주 또는 대표자가 개인정보 보호책임자가 된다.</u>
개인정보 보호책임자 업무	③ 개인정보 보호책임자는 다음 각호의 업무를 수행한다. 　1. 개인정보 보호 계획의 수립 및 시행 　2. 개인정보 처리 실태 및 관행의 정기적인 조사 및 개선 　3. 개인정보 처리와 관련한 불만의 처리 및 피해 구제 　4. 개인정보 유출 및 오용·남용 방지를 위한 내부통제시스템의 구축 　5. 개인정보 보호 교육 계획의 수립 및 시행 　6. 개인정보파일의 보호 및 관리·감독 〈생략〉

② 개인정보의 안전성 보호조치 시행령

구분	상세 내용
근거	시행령 제30조(개인정보의 안전성 확보 조치)
안전성 확보	① 개인정보처리자는 법 제29조에 따라 다음 각호의 안전성 확보 조치를 해야 한다.
내부 관리계획	1. 개인정보의 안전한 처리를 위한 다음 각 목의 내용을 포함하는 내부 관리계획의 수립·시행 및 점검 　가. **법 제28조제1항에 따른 개인정보취급자**(이하 "개인정보취급자"라 한다)에 대한 관리·감독 및 교육에 관한 사항 　나. **법 제31조에 따른 개인정보 보호책임자**의 지정 등 개인정보 보호 조직의 구성·운영 사항 　다. 제2호부터 제8호까지의 규정에 따른 조치를 이행하기 위하여 필요한 세부 사항
접근 권한 제한	2. 개인정보에 대한 접근 권한을 제한하기 위한 다음 각 목의 조치 　가. 데이터베이스시스템 등 개인정보를 처리할 수 있도록 체계적으로 구성한 시스템(이하 "개인정보처리시스템"이라 한다)에 대한 접근 권한의 부여·변경·말소 등에 관한 기준의 수립·시행 　나. 정당한 권한을 가진 자에 의한 접근인지를 확인하기 위해 필요한 인증수단 적용기준 설정 및 운영 　다. 그밖에 개인정보에 대한 접근 권한을 제한하기 위하여 필요한 조치
접근 통제	3. 개인정보에 대한 접근을 통제하기 위한 다음 각 목의 조치 　가. 개인정보처리시스템에 대한 침입을 탐지하고 차단하기 위하여 필요한 조치 　나. 개인정보처리시스템에 접속하는 개인정보취급자의 컴퓨터 등으로서 보호위원회가 정하여 고시하는 기준에 해당하는 컴퓨터 등에 대한 인터넷망의 차단. 다만, 전년도 말 기준 직전 3개월 간 그 개인정보가 저장·관리되고 있는 「정보통신망 이용촉진 및 정보보호 등에 관한 법률」 제2조제1항제4호에 따른 이용자 수가 일일평균 100만명 이상인 개인정보처리자만 해당한다. 　다. 그밖에 개인정보에 대한 접근을 통제하기 위하여 필요한 조치
저장 및 전송 안전조치 (암호화)	4. 개인정보를 안전하게 저장·전송하는 데 필요한 다음 각 목의 조치 　가. **비밀번호의 일방향 암호화 저장** 등 인증정보의 암호화 저장 또는 이에 상응하는 조치 　나. **주민등록번호 등** 보호위원회가 정하여 고시하는 정보의 **암호화 저장** 또는 이에 상응하는 조치 　다. 「정보통신망 이용촉진 및 정보보호 등에 관한 법률」 제2조제1항제1호에 따른 정보통신망을 통하여 정보주체의 개인정보 또는 인증정보를 **송신·수신하는 경우 해당 정보의 암호화** 또는 이에 상응하는 조치 　라. 그밖에 암호화 또는 이에 상응하는 기술을 이용한 보안조치

구분	상세 내용
접속기록 보관 및 위조·변조 방지	5. 개인정보 침해사고 발생에 대응하기 위한 접속기록의 보관 및 위조·변조 방지를 위한 다음 각 목의 조치 가. 개인정보처리시스템에 접속한 자의 접속일시, 처리내역 등 접속기록의 저장·점검 및 이의 확인·감독 나. 개인정보처리시스템에 대한 접속기록의 안전한 보관 다. 그밖에 접속기록 보관 및 위조·변조 방지를 위하여 필요한 조치
바이러스 백신	6. 개인정보처리시스템 및 개인정보취급자가 개인정보 처리에 이용하는 정보기기에 대해 컴퓨터바이러스, 스파이웨어, 랜섬웨어 등 악성프로그램의 침투 여부를 항시 점검·치료할 수 있도록 하는 등의 기능이 포함된 프로그램의 설치·운영과 주기적 갱신·점검 조치
물리적 조치 등	7. 개인정보의 안전한 보관을 위한 보관시설의 마련 또는 잠금장치의 설치 등 물리적 조치 8. 그밖에 개인정보의 안전성 확보를 위하여 필요한 조치
시스템 구축 지원	② 보호위원회는 개인정보처리자가 제1항에 따른 안전성 확보 조치를 하도록 시스템을 구축하는 등 필요한 지원을 할 수 있다.
고시(구체화)	③ 제1항에 따른 안전성 확보 조치에 관한 세부 기준은 보호위원회가 정하여 고시한다.

③ 공공시스템운영기관 등의 개인정보의 안전성 보호조치 등 시행령

구분	상세 내용
근거	제30조의2(공공시스템운영기관 등의 개인정보 안전성 확보 조치 등)
공공시스템 대상 추가 조치	① 개인정보의 처리 규모, 접근 권한을 부여받은 개인정보취급자의 수 등 보호위원회가 고시하는 기준에 해당하는 개인정보처리시스템(이하 "공공시스템"이라 한다)을 운영하는 공공기관(이하 "공공시스템운영기관"이라 한다)은 법 제29조에 따라 이 영 제30조의 안전성 확보 조치 외에 다음 각호의 조치를 추가로 해야 한다. → ('23년) 주민등록 연계 단일접속시스템 → ('24년) 표준배포시스템 → ('25년) 개별시스템
안전성 확보 조치 포함	1. 제30조제1항제1호에 따른 내부 관리계획에 공공시스템별로 작성한 안전성 확보 조치를 포함할 것
접근 권한 안전관리 조치	2. 공공시스템에 접속하여 개인정보를 처리하는 기관(이하 이 조에서 "공공시스템이용기관"이라 한다)이 정당한 권한을 가진 개인정보취급자에게 접근 권한을 부여·변경·말소 등을 할 수 있도록 하는 등 접근 권한의 안전한 관리를 위해 필요한 조치
접속기록 점검	3. 개인정보에 대한 불법적인 접근 및 침해사고 방지를 위한 공공시스템 접속기록의 저장·분석·점검·관리 등의 조치

구분	상세 내용
통지 의무	② 공공시스템운영기관 및 공공시스템이용기관은 정당한 권한 없이 또는 허용된 권한을 초과하여 개인정보에 접근한 사실이 확인되는 경우에는 지체 없이 정보주체에게 해당 사실과 피해 예방 등을 위해 필요한 사항을 통지해야 한다. 이 경우 다음 각호의 어느 하나에 해당하는 경우에는 통지를 한 것으로 본다. 1. 법 제34조제1항에 따라 정보주체에게 개인정보의 분실·도난·유출에 대하여 통지한 경우 2. 다른 법령에 따라 정보주체에게 개인정보에 접근한 사실과 피해 예방 등을 위해 필요한 사항을 통지한 경우
전담 배치	③ 공공시스템운영기관(공공시스템을 개발하여 배포하는 공공기관이 따로 있는 경우에는 그 공공기관을 포함한다. 이하 이 조에서 같다)은 해당 공공시스템의 규모와 특성, 해당 공공시스템이용기관의 수 등을 고려하여 개인정보의 안전한 관리에 관련된 업무를 전담하는 부서를 지정하여 운영하거나 **전담인력을 배치해야 한다.**
책임자 지정	④ 공공시스템운영기관은 공공시스템별로 해당 공공시스템을 총괄하여 관리하는 부서의 장을 관리책임자로 지정해야 한다. 다만, 해당 공공시스템을 총괄하여 관리하는 부서가 없을 때에는 업무 관련성 및 수행능력 등을 고려하여 해당 공공시스템운영기관의 관련 부서의 장 중에서 **관리책임자를 지정해야 한다.**
공공시스템 운영협의회	⑤ 공공시스템운영기관은 공공시스템의 안전성 확보 조치 이행상황 점검 및 개선에 관한 사항을 협의하기 위하여 다음 각호의 기관으로 구성되는 공공시스템운영협의회를 공공시스템별로 설치·운영해야 한다. 다만, 하나의 공공기관이 2개 이상의 공공시스템을 운영하는 경우에는 공공시스템운영협의회를 통합하여 설치·운영할 수 있다. 1. 공공시스템운영기관 2. 공공시스템의 운영을 위탁하는 경우 해당 수탁자 3. 공공시스템운영기관이 필요하다고 인정하는 공공시스템이용기관

4) 주요 용어

용어		상세 내용
개인정보 처리시스템	정의	– 데이터베이스시스템 등 개인정보를 처리할 수 있도록 <u>체계적으로 구성한 시스템</u> ※ 데이터베이스 응용프로그램이 설치·운영되지 않는 컴퓨터, 노트북과 같은 업무용 컴퓨터는 개인정보처리시스템에서 제외됨
	일반적	– 데이터베이스 내의 개인정보에 접근할 수 있도록 해주는 응용시스템을 말하며, 개인정보 데이터베이스를 구축·운영하거나 데이터베이스와 연동되어 개인정보의 생성, 기록, 저장, 검색, 이용 등 개인정보 처리과정에 관여하는 응용프로그램, 웹 서버 등을 포함

개인정보 처리시스템	클라우드	- 개인정보의 생성, 기록, 저장, 검색, 이용 등 개인정보 처리 기능을 구현한 경우 해당 클라우드컴퓨팅서비스는 개인정보처리시스템으로 볼 수 있음
이용자		- 「정보통신망 이용촉진 및 정보보호 등에 관한 법률」 제2조제1항제4호에 따른 정보통신서비스 제공자가 제공하는 정보통신서비스를 이용하는 자
접속기록		- 개인정보처리시스템에 접속하는 자가 개인정보처리시스템에 접속하여 수행한 업무 내역에 대하여 식별자, 접속일시, 접속지 정보, 처리한 정보주체 정보, 수행업무 등을 전자적으로 기록한 것을 말한다. 이 경우 "접속"이란 개인정보처리시스템과 연결되어 데이터 송신 또는 수신이 가능한 상태를 말함(※ 수기로 문서를 제외) - 필수기록 항목(4가지) 　① 식별자: 개인정보처리시스템에 접속한 자를 식별할 수 있도록 부여된 ID 등 식별자 　② 접속 일시: 개인정보처리시스템에 접속 또는 업무를 수행한 시점(년-월-일, 시:분:초) 　③ 접속지 정보: 개인정보처리시스템에 접속한 컴퓨터 등 단말기 또는 IP 주소 등 　④ 처리한 정보주체 정보: 처리한 개인정보의 식별정보(ID, 고객정보, 학번, 사번 등) 　　※ "처리"란 개인정보의 수집, 생성, 연계, 연동, 기록, 저장, 보유, 가공, 편집, 검색, 출력, 정정(訂正), 복구, 이용, 제공, 공개, 파기(破棄), 그밖에 이와 유사한 행위임 　⑤ 수행 업무 　　• 개인정보처리시스템에 접속한 자가 개인정보처리시스템에서 수행한 업무 내용(검색, 열람, 조회, 입력, 수정, 삭제, 출력, 다운로드 등)을 알 수 있는 정보
정보통신망		- 전기통신설비를 이용하거나 전기통신 설비와 컴퓨터 및 컴퓨터의 이용기술을 활용하여 정보를 수집·가공·저장·검색·송신 또는 수신하는 정보통신체계
P2P(Peer to Peer)		- 정보통신망을 통해 서버의 도움 없이 개인과 개인이 직접 연결되어 파일을 공유하는 것 　※ P2P는 서버 등의 중간 매개자 없이 정보 제공자(개인)와 정보 수신자(개인)가 직접 연결되어 각 개인이 가지고 있는 파일 등을 공유하는 것을 말함(개인↔개인) 　※ 정보 제공자 및 정보 수신자 모두가 동시에 접속하지 않고서도 정보 제공자가 어떠한 파일을 공유하면 정보 수신자가 그 파일을 내려받을 수 있는 형태를 말함. 개인이 인터넷상에서 정보 검색 등을 통해 파일을 찾는 방식(개인↔서버)과는 다른 개념
공유 설정		- 컴퓨터 소유자의 파일을 타인이 조회·변경·복사 등을 할 수 있도록 설정하는 것

> **참고사항** 개인정보처리시스템 예시

- 데이터베이스를 구성·운영하는 시스템 그 자체
- 데이터베이스의 개인정보를 처리할 수 있도록 구성한 응용프로그램(Web서버, WAS 등)
- 개인정보 처리를 위해 구성된 파일처리시스템(FTP서버, 백업서버 등)
- 개인정보의 처리를 위해 클라우드컴퓨팅 환경에 구축한 시스템 또는 서비스
  ※ 출처: 개인정보의 안전성 확보 조치 기준 안내서, p.28.

용어	상세 내용
모바일 기기	– 무선망을 이용할 수 있는 스마트폰, 태블릿 컴퓨터 등 개인정보 처리에 이용되는 휴대용 기기 ※ "개인정보 처리에 이용되는 휴대용 기기"는 개인정보처리자가 업무를 목적으로 개인정보취급자로 하여금 개인정보 처리에 이용하도록 하는 휴대용 기기를 말함 ※ 개인 소유의 휴대용 기기라 할지라도 개인정보처리자의 업무 목적으로 개인정보 처리에 이용되는 경우 "모바일 기기"에 포함되며, 개인정보처리자의 "업무 목적"으로 "개인정보 처리"에 이용되지 않는 휴대용 기기는 "모바일 기기"에서 제외
비밀번호	– 정보주체 및 개인정보취급자 등이 개인정보처리시스템 또는 정보통신망을 관리하는 시스템 등에 접속할 때 식별자와 함께 입력하여 정당한 접속 권한을 가진 자라는 것을 식별할 수 있도록 시스템에 전달해야 하는 <u>고유의 문자열로서 타인에게 공개되지 않는 정보</u> ※ 식별자는 개인정보처리시스템에 접속하는 자를 식별하기 위한 목적으로 사용되는 <u>ID, 사용자 이름, 사용자 계정명 등</u>을 말함 ※ 문자열은 영대문자(A~Z), 영소문자(a~z), 숫자(0~9), 특수문자(~, !, @ 등) 등을 말함

생체정보	– 지문, 얼굴, 홍채, 정맥, 음성, 필적 등 개인의 신체적, 생리적, 행동적 특징에 관한 정보로서 특정 개인을 인증·식별하거나 개인에 관한 특징을 알아보기 위해 일정한 기술적 수단을 통해 처리되는 정보
	※ 분야별 특징
	  • 신체적: 지문, 얼굴, 홍채·망막의 혈관 모양, 손바닥·손가락의 정맥 모양, 귓바퀴 모양 등
	  • 생리적: 뇌파, 심전도, 유전정보 등
	  • 행동적: 음성, 필적, 걸음걸이, 자판입력 간격·속도 등
	※ '특정 개인을 인증·식별'은 지문·홍채·얼굴 등에서 추출한 특징점 등을 이용(비교·대조)하여 특정 개인임을 확인하는 것을 의미하고, '개인에 관한 특징을 알아보기 위해'는 인증·식별 이외의 목적으로 사람의 연령·성별·감정 등의 상태를 확인 또는 분류하는 것을 의미

용어	상세 내용
생체인식정보	– 생체정보 중 특정 개인을 인증 또는 식별할 목적으로 일정한 기술적 수단을 통해 처리되는 정보
인증정보	– 개인정보처리시스템 또는 정보통신망을 관리하는 시스템 등에 접속을 요청하는 자의 신원을 검증하는 데 사용되는 정보 ※ '신원을 검증하는 데 사용되는 정보'는 해당 시스템에서 업무를 수행할 수 있는 정당한 식별자임을 증명하기 위하여 식별자와 연계된 정보로서 비밀번호, 생체인식정보, 전자서명값, 인증토큰 등이 있음
내부망	– 인터넷망 차단, 접근통제시스템 등에 의해 인터넷 구간에서의 접근이 통제, 차단 또는 제한되는 구간
위험도 분석	– 개인정보 유출에 영향을 미칠 수 있는 다양한 위험요소를 식별·평가하고 해당 위험요소를 적절하게 통제할 수 있는 방안 마련을 위한 종합적으로 분석하는 행위
보조저장매체	– 이동형 하드디스크(HDD), 유에스비(USB) 메모리 등 자료를 저장할 수 있는 매체로서 개인정보처리시스템 또는 개인용 컴퓨터 등과 쉽게 연결·분리할 수 있는 저장매체

참고사항 **내부망 구성도** (예시)

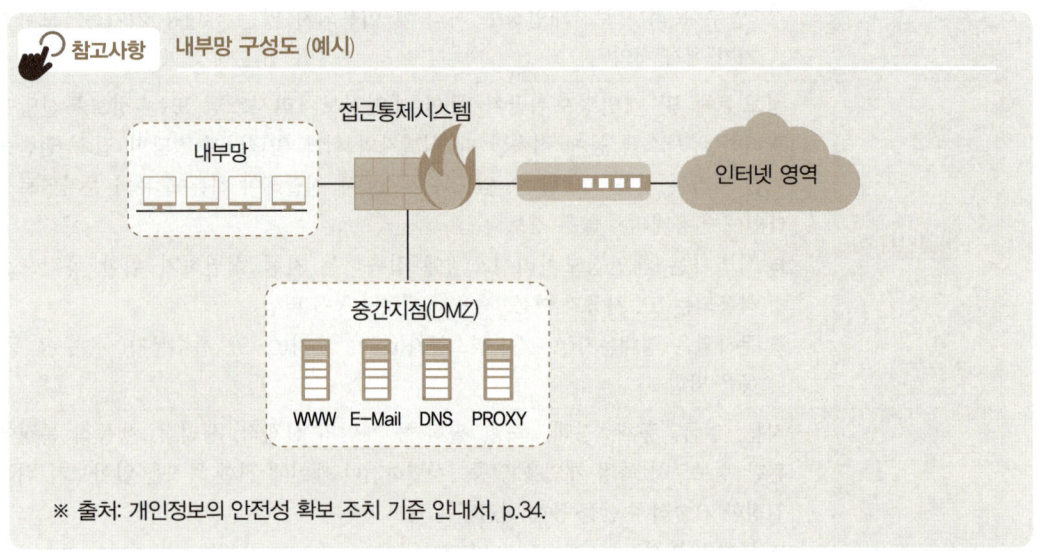

※ 출처: 개인정보의 안전성 확보 조치 기준 안내서, p.34.

5) 주요 내용

① 내부 관리계획의 수립·시행

구분	상세 내용
내부 관리계획의 수립·시행	① **개인정보처리자**는 개인정보의 분실·도난·유출·위조·변조 또는 훼손되지 아니하도록 내부 의사결정 절차를 통하여 다음 각호의 사항을 포함하는 **내부 관리계획을 수립·시행**하여야 한다. 1. 개인정보 보호 조직의 구성 및 운영에 관한 사항 2. 개인정보 보호책임자의 자격요건 및 지정에 관한 사항 　※「소상공인기본법」제2조제1항에 따른 소상공인에 해당하는 경우에는 개인정보 보호책임자를 지정하지 않을 수 있으며, 이 경우에는 그 사업주 또는 대표자가 개인정보 보호책임자가 된다. 3. 개인정보 보호책임자와 개인정보취급자의 역할 및 책임에 관한 사항 　※ 개인정보취급자의 역할 및 업무 예시 　　• 내부 관리계획 등 각종 규정, 지침 등 준수 　　• 개인정보처리시스템의 안전한 운영 및 관리 　　• 개인정보의 안전성 확보 조치 기준 이행 　　• 개인정보 보호 교육 참석 　　• 개인정보 침해사고 발생 시 대응 및 보고 　　• 개인정보 처리 현황, 처리 체계 등의 점검 및 보고 등 4. 개인정보취급자에 대한 관리·감독 및 교육에 관한 사항 5. 접근 권한의 관리에 관한 사항 6. 접근 통제에 관한 사항 7. 개인정보의 암호화 조치에 관한 사항 8. 접속기록 보관 및 점검에 관한 사항 9. 악성프로그램 등 방지에 관한 사항 10. 개인정보의 유출, 도난 방지 등을 위한 취약점 점검에 관한 사항 11. 물리적 안전조치에 관한 사항 12. 개인정보 유출사고 대응 계획 수립·시행에 관한 사항 13. 위험 분석 및 관리에 관한 사항 14. 개인정보 처리업무를 위탁하는 경우 수탁자에 대한 관리 및 감독에 관한 사항 15. 개인정보 내부 관리계획의 수립, 변경 및 승인에 관한 사항 16. 그밖에 개인정보 보호를 위하여 필요한 사항

 **참고사항** 개인정보 유출 신고 및 통지

- (신고 요건에 해당하는 경우에) 개인정보의 유출 사실을 알게 된 때에는 72시간 내에 개인정보 유출 사실을 보호위원회 또는 한국인터넷진흥원에 신고하여야 한다.
  (1) 1천 명 이상의 정보주체에 관한 개인정보가 유출 등이 된 경우
  (2) 민감정보 또는 고유식별정보가 유출된 경우
  (3) 개인정보처리시스템 또는 개인정보취급자가 개인정보 처리에 이용하는 정보기기에 대한 외부로부터의 불법적인 접근에 의해 개인정보가 유출된 경우 등
- (통지) 유출된 개인정보로 인하여 추가적인 피해가 발생하지 않도록 개인정보 유출 사실을 알게 된 때에는 개인정보가 유출된 해당 정보주체에게 법 제34조에 따른 사항을 포함하여 72시간 내에 개인정보 유출 사실을 통지하여야 한다.

※ 출처: 개인정보의 안전성 확보 조치 기준, p.51.

구분	상세 내용
내부 관리계획의 수립·시행 예외	다만, **1만명 미만의 정보주체**에 관하여 개인정보를 처리하는 소상공인·개인·단체의 경우에는 **생략할 수 있다.** ※ '소상공인'이란 「소상공인기본법」 제2조에 해당하는 자로 광업·제조업·건설업 및 운수업은 상시 근로자 수가 10명 미만, 그 외 업종은 상시 근로자 수가 5명 미만인 자를 말한다.
정기 교육	② 개인정보처리자는 다음 각호의 사항을 정하여 개인정보 보호책임자 및 개인정보취급자를 대상으로 사업 규모, 개인정보 보유 수, 업무 성격 등에 따라 차등화하여 필요한 교육을 정기적으로 실시하여야 한다. 1. 교육목적 및 대상, 2. 교육 내용, 3. 교육 일정 및 방법
이력관리	③ 개인정보처리자는 제1항 각호의 사항에 중요한 변경이 있는 경우에는 이를 즉시 반영하여 내부 관리계획을 수정하여 시행하고, 그 수정 이력을 관리하여야 한다.
실태 점검	④ 개인정보 보호책임자는 접근 권한 관리, 접속기록 보관 및 점검, 암호화 조치 등 내부 관리계획의 이행 실태를 **연 1회 이상** 점검·관리하여야 한다. ※ 이행실태 점검·관리 계획 예시 • 점검 대상 및 시기, 점검 조직 및 인력, 점검 항목 및 내용, 점검 방법 및 절차 • 점검 결과 기록 및 보관, 점검 결과 후속조치(개선, 보고) 등

② 접근 권한의 관리

구분	상세 내용
권한 최소화	① 개인정보처리자는 개인정보처리시스템에 대한 접근 권한을 개인정보취급자에게만 업무 수행에 필요한 **최소한의 범위로 차등 부여**하여야 한다.
변경 또는 말소	② 개인정보처리자는 개인정보취급자 또는 개인정보취급자의 업무가 변경되었을 경우 **지체 없이** 개인정보처리시스템의 접근 권한을 **변경 또는 말소**하여야 한다. ※ 접근 권한 변경 · 말소 미조치 예시 • 다수 시스템의 접근 권한 변경 · 말소가 필요함에도 일부 시스템의 접근 권한만 변경 · 말소할 때 • 접근 권한의 전부를 변경 · 말소하여야 함에도 일부만 변경 · 말소할 때 • 접근 권한 말소가 필요한 계정을 삭제 또는 접속차단조치를 하였으나, 해당 계정의 인증값 등을 이용하여 우회 접근이 가능할 때 등 • 취급자 계정을 삭제하지 않고 비밀번호만 초기화하는 경우
기록 보관	③ 개인정보처리자는 제1항 및 제2항에 의한 권한 부여, 변경 또는 말소에 대한 내역을 기록하고, 그 **기록을 최소 3년간 보관**하여야 한다.
별도 계정 발급	④ 개인정보처리자는 개인정보처리시스템에 접근할 수 있는 계정을 발급하는 경우, 정당한 사유가 없는 한 **개인정보취급자별로 계정을 발급**하고 다른 개인정보취급자와 공유되지 않도록 하여야 한다.
안전한 인증	⑤ 개인정보처리자는 **개인정보취급자 또는 정보주체의 인증수단을 안전**하게 적용하고 관리하여야 한다.
인증 횟수 제한	⑥ 개인정보처리자는 정당한 권한을 가진 개인정보취급자 또는 정보주체만이 개인정보처리시스템에 접근할 수 있도록 **일정 횟수 이상 인증에 실패**한 경우, 개인정보처리시스템에 대한 **접근을 제한**하는 등 필요한 조치를 하여야 한다.

참고사항 담당자 업무별 접근 권한 부여 및 기록보관 예시

• 담당자 업무별 접근 권한 부여

메뉴명		개인정보처리여부	권한 그룹													
			최고 관리자					회원 관리자					게시판 관리자			
1단계	2단계		조회	쓰기	수정	삭제	다운로드	조회	쓰기	수정	삭제	다운로드	조회	쓰기	수정	삭제	다운로드
회원 관리	회원정보 관리	O	V	V	V	V	V	V	V	V	V	−	−	−	−	−	−
	문의/상담 관리	O	V	V	V	V	V	V	V	V	V	−	−	−	−	−	−
	회원 통계	O	V	V	V	V	V	V	V	V	V	−	−	−	−	−	−
게시판 관리	공지사항	−	V	V	V	V	−	−	−	−	−	−	V	V	V	V	−
	자유게시판	O	V	V	V	V	−	−	−	−	−	−	V	V	V	V	−
...	...																

• 접근 권한 내역 보관 기록

번호	사용자ID	사용자명	권한명	권한ID	유형	일자	작업자	사유
...								
51503	cskim	김철수	회원관리자	S0002	부여	20190220 10:22:01	gdhong	담당업무 변경
51504	yhkim	김영희	상담관리자	C0005	부여	20181210 09:50:33	gdhong	상담팀 입사
51505	yhkim	김영희	회원관리자	C0005	말소	20190420 13:55:20	gdhong	퇴사
...								

※ 출처: 개인정보의 안전성 확보 조치 기준 안내서, p.60.

③ 접근 통제

구분	상세 내용
접속 권한 제한 및 유출 탐지 대응	① 개인정보처리자는 정보통신망을 통한 불법적인 접근 및 침해사고 방지를 위해 다음 각호의 안전조치를 하여야 한다. 1. 개인정보처리시스템에 대한 접속 권한을 <u>인터넷 프로토콜(IP) 주소 등으로 제한</u>하여 인가받지 않은 접근을 제한 2. 개인정보처리시스템에 접속한 인터넷 프로토콜(IP) 주소 등을 분석하여 개인정보 유출 시도 탐지 및 대응 ※ IP 주소 등에는 IP 주소, 포트 그 자체뿐만 아니라, 이상행위를 포함한다. ※ 침입차단 및 침입탐지를 위한 안전조치 예시 • 관련 시스템으로는 침입차단시스템(방화벽), 침입방지시스템(IPS), 침입탐지시스템(IDS), 웹방화벽(WAF), 보안운영체제(Secure OS), 서버접근제어시스템, 데이터베이스 접근제어시스템, 로그분석시스템(ESM, SIEM) 등이 있다. • 스위치 등의 네트워크 장비에서 제공하는 <u>ACL(Access Control List : 접근제어목록)</u> 등 기능을 이용하여 IP 주소 등을 제한함으로써 침입차단 기능을 구현할 수 있다. • 인터넷데이터센터(IDC), 클라우드컴퓨팅 서비스, 보안업체 등에서 제공하는 보안서비스, 보안기능 등도 활용할 수 있다. ※ 정책설정 운영 및 이상행위 대응 예시 • (정책설정) 신규 취약점 또는 침해사고 발생 시 탐지 및 차단 정책(룰) 업데이트를 적용한다. • (정책검토) 과도하게 허용되거나 사용되지 않는 정책 등을 주기적으로 검토 및 조치한다. • (이상행위 대응) 비인가 IP 주소, 해외 IP 주소에서의 과도한 또는 비정상적인 접속시도 탐지 및 차단 조치, 개인정보처리시스템에서 과도한 또는 비정상적인 트래픽 발생 시 탐지 및 차단 조치, 크리덴셜 스터핑 공격 등에 따라 로그인 실패 로그가 과도하게 발생할 경우 이에 대한 탐지·분석 및 대응을 한다.

구분	상세 내용
안전한 인증수단	② 개인정보처리자는 개인정보취급자가 정보통신망을 통해 외부에서 개인정보처리시스템에 속하려는 경우 **인증서, 보안토큰, 일회용 비밀번호 등 안전한 인증수단을 적용**하여야 한다. 다만, 이용자가 아닌 정보주체의 개인정보를 처리하는 개인정보처리시스템의 경우 가상사설망 등 안전한 접속수단 또는 안전한 인증수단을 적용할 수 있다.
비인가자 차단	③ 개인정보처리자는 처리하는 개인정보가 인터넷 홈페이지, P2P, 공유설정 등을 통하여 권한이 없는 자에게 공개되거나 유출되지 않도록 개인정보처리시스템, 개인정보취급자의 컴퓨터 및 모바일 기기 등에 조치를 하여야 한다.
시간 제한	④ 개인정보처리자는 개인정보처리시스템에 대한 불법적인 접근 및 침해사고 방지를 위하여 개인정보취급자가 일정 시간 이상 업무처리를 하지 않는 경우에는 자동으로 접속이 차단되도록 하는 등 필요한 조치를 하여야 한다.
비밀번호 설정	⑤ 개인정보처리자는 업무용 모바일 기기의 분실·도난 등으로 개인정보가 유출되지 않도록 해당 모바일 기기에 비밀번호 설정 등의 보호조치를 하여야 한다.
인터넷망 차단 조치	⑥ **전년도 말 기준 직전 3개월간** 그 개인정보가 저장·관리되고 있는 이용자 수가 **일일평균 100만명 이상**인 개인정보처리자는 개인정보처리시스템에서 개인정보를 다운로드 또는 파기할 수 있거나 개인정보처리시스템에 대한 접근 권한을 설정할 수 있는 개인정보취급자의 컴퓨터 등에 대한 **인터넷망 차단 조치**를 하여야 한다. 다만, 「클라우드컴퓨팅 발전 및 이용자 보호에 관한 법률」 제2조제3호에 따른 클라우드컴퓨팅서비스를 이용하여 개인정보처리시스템을 구성·운영하는 경우에는 해당 서비스에 대한 접속 외에는 인터넷을 차단하는 조치를 하여야 한다.

> **참고사항** 안전한 접속수단 예시
>
> - 가상사설망(VPN, Virtual Private Network): 개인정보취급자가 인터넷망 등을 거쳐 개인정보처리시스템에 원격으로 접속할 때 IPsec이나 SSL 기반의 암호 프로토콜을 사용한 터널링 기술을 통해 안전한 암호통신을 할 수 있게 하는 보안시스템 등을 말한다.
>   ※ IPsec, SSL 등의 기술이 사용된 가상사설망을 안전하게 사용하기 위해서는, 잘 알려진 취약점들을 조치하고 사용해야 하며, 가상사설망을 통해 접속하는 자가 정당한 권한이 있는지를 확인하여야 한다.
> - 가상 사설망 및 전용선 구성 예시

※ 출처: 개인정보의 안전성 확보 조치 기준 안내서, p.70.

④ 개인정보의 암호화

구분	상세 내용
암호화 대상	① 개인정보처리자는 비밀번호, 생체인식정보 등 인증정보를 저장 또는 정보통신망을 통하여 송·수신하는 경우에 이를 안전한 암호 알고리즘으로 암호화하여야 한다. 다만, **비밀번호**를 저장하는 경우에는 복호화되지 아니하도록 **일방향 암호화**하여 저장하여야 한다. ※ '인증정보'란 비밀번호, 생체인식정보 등 개인정보처리시스템 또는 정보통신망을 관리하는 시스템 등에 접속을 요청하는 자의 신원을 검증하는 데 사용하는 정보를 말한다. ※ 일방향 암호화는 개인정보취급자 및 정보주체 등이 입력한 비밀번호를 평문 형태가 아닌 **해시함수 등을 통해 비가역적으로 암호화한 값**으로 저장하는 것을 말한다. 개인정보처리자는 비밀번호 일방향 암호화 시 무작위 대입공격, 레인보우 테이블 공격 등에 대응하기 위한 수단으로 솔트값 추가 등을 고려할 수 있다. ② 개인정보처리자는 다음 각호에 해당하는 이용자의 개인정보에 대해서는 **안전한 암호 알고리즘으로 암호화**하여 저장하여야 한다. 1. **주민등록번호** 2. **여권번호** 3. **운전면허번호** 4. **외국인등록번호** 5. **신용카드번호** 6. **계좌번호** 7. **생체인식정보**
정보주체 개인정보 암호화	③ 개인정보처리자는 이용자가 아닌 정보주체의 개인정보를 다음 각호와 같이 저장하는 경우에는 암호화하여야 한다. 1. 인터넷망 구간 및 인터넷망 구간과 내부망의 **중간 지점**(DMZ: Demilitarized Zone)에 **고유식별정보**를 저장하는 경우 ※ DMZ는 외부에서 직접 접근이 가능하여 외부자의 침입을 받을 가능성이 있으므로 개인정보처리자가 이용자가 아닌 정보주체의 고유식별정보를 인터넷망 구간과 DMZ에 저장하는 경우, 암호화하여야 한다. • 한편, 내부망에 이용자가 아닌 정보주체의 주민등록번호 외의 고유식별정보를 저장하는 경우에는 공공기관은 개인정보 영향평가의 결과, 그 외에는 암호화 미적용 시 위험도 분석에 따른 결과에 따라 암호화의 적용 여부 및 적용 범위를 정할 수 있다. 2. **내부망에 고유식별정보**를 저장하는 경우(다만, 주민등록번호 외의 고유식별정보를 저장하는 경우에는 다음 각 목의 기준에 따라 암호화의 적용 여부 및 적용 범위를 정하여 시행할 수 있다) 가. 법 제33조에 따른 개인정보 영향평가의 대상이 되는 공공기관의 경우에는 해당 **개인정보 영향평가의 결과** 나. 암호화 미적용 시 위험도 분석에 따른 결과
송·수신 암호화	④ 개인정보처리자는 개인정보를 정보통신망을 통하여 인터넷망 구간으로 송·수신하는 경우에는 이를 안전한 암호 알고리즘으로 암호화하여야 한다.

구분	상세 내용
보조저장매체 저장 암호화	⑤ 개인정보처리자는 이용자의 개인정보 또는 이용자가 아닌 정보주체의 <u>고유식별정보, 생체인식정보</u>를 개인정보취급자의 컴퓨터, 모바일 기기 및 보조저장매체 등에 저장할 때에는 안전한 암호 알고리즘을 사용하여 암호화한 후 저장하여야 한다.
암호 관리절차 수립·이행	⑥ <u>10만명 이상</u>의 정보주체에 관하여 개인정보를 처리하는 대기업·중견기업·공공기관 또는 <u>100만명 이상</u>의 정보주체에 관하여 개인정보를 처리하는 중소기업·단체에 해당하는 개인정보처리자는 암호화된 개인정보를 안전하게 보관하기 위하여 안전한 <u>암호키 생성, 이용, 보관, 배포 및 파기 등에 관한 절차</u>를 수립·시행하여야 한다.

참고사항 — 사용을 권장하는 안전한 암호 알고리즘 및 안전한 적용 기준

– 사용을 권장하는 안전한 암호 알고리즘의 예시

구분	미국(NIST)	일본(CRYPTREC)	유럽(ECRYPT)	국내
일방향 암호 알고리즘	SHA – 224/256/384/512	SHA – 256/384/512	SHA – 224/256/384/512 Whirlpool	SHA – 224/256/384/512
대칭키 암호 알고리즘	AES – 128/192/256	AES – 128/192/256 Camellia – 128/192/256	AES – 128/192/256 Camellia – 128/192/256 Serpent – 128/192/256	SEED, HIGHT ARIA – 128/192/256 LEA – 128/192/256
공개키 암호 알고리즘(메시지 암·복호화)	RSA(사용 권고하는 키 길이 확인 필요)	RSAES – OAEP	RSAES – OAEP	RSAES
		(키 길이 2048bits 이상)		

※ 국내외 암호 연구 관련 기관에서 대표적으로 다루어지는 권고 암호 알고리즘만 표시
• TDEA(TDES), MD5, SHA-1 등 보안강도가 낮은 것으로 판명된 암호 알고리즘을 사용하여서는 안 됨

– 암호화 적용 기준 요약

구분		『개인정보 보호법』에 따른 암호화 대상 개인정보	
		이용자가 아닌 정보주체	이용자
정보통신망을 통한 송·수신 시	인터넷망	개인정보	
	정보통신망	인증정보(비밀번호, 생체인식정보 등)	
저장 시	저장 위치 무관	주민등록번호	
		인증정보(비밀번호, 생체인식정보 등) ※ 단, 비밀번호는 일방향 암호화	
		–	여권번호, 운전면허번호, 외국인등록번호, 신용카드번호, 계좌번호, 생체인식정보

	인터넷망 구간, DMZ	고유식별정보	
저장 시	내부망	고유식별정보 ※ 단, 주민등록번호 외의 고유식별정보를 저장하는 경우에는 이용자 수, 저장 형태, 암호화 수준 등을 고려해 암호화 적용 여부 및 범위를 정할 수 있음	–
개인정보취급자 컴퓨터, 모바일기기, 보조저장매체 등에 저장 시		고유식별정보, 생체인식정보	개인정보

※ 출처: 개인정보의 안전성 확보 조치 기준 안내서, p.80~85.

참고사항 DMZ 구간의 예시

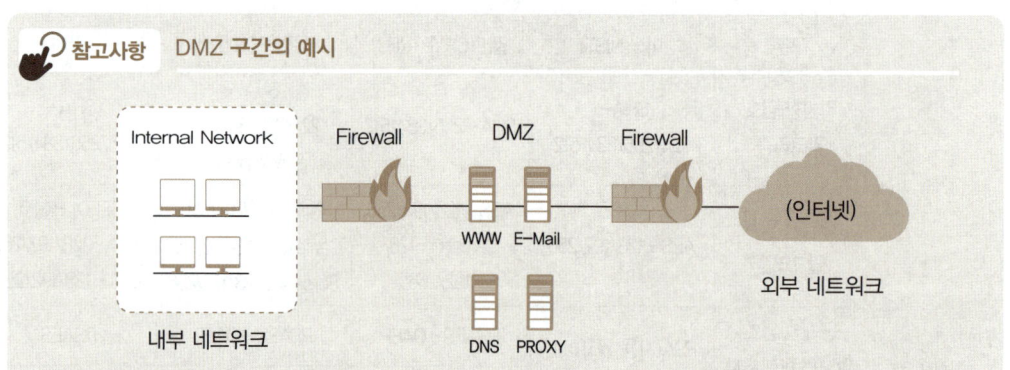

- 인터넷 영역: 개인정보처리시스템과 인터넷이 직접 연결되어 있는 구간을 의미한다.
- DMZ 영역: 인터넷망 구간과 내부망 사이에 위치한 중간 지점 또는 인터넷망 구간 사이에 위치한 중간 지점으로서 인터넷망 구간에서 직접 접근이 가능한 영역을 말한다(침입차단시스템 등으로 접근 제한 등을 수행하는 경우에도 해당).
- 내부망: 인터넷망 차단, 접근통제시스템 등에 의해 인터넷 구간에서의 접근이 통제 또는 차단되는 구간을 말한다.

※ 출처: 개인정보의 안전성 확보 조치 기준 안내서, p.82.

⑤ 접속기록의 보관 및 점검

구분	상세 내용
접속기록 보관	① 개인정보처리자는 개인정보취급자의 개인정보처리시스템에 대한 **접속기록을 1년 이상** 보관·관리하여야 한다. 다만, 다음 각호의 어느 하나에 해당하는 경우에는 **2년 이상** 보관·관리하여야 한다. 1. 5만명 이상의 **정보주체에 관한 개인정보**를 처리하는 개인정보처리시스템에 해당하는 경우 2. **고유식별정보 또는 민감정보**를 처리하는 개인정보처리시스템에 해당하는 경우 ※ **민감정보**란 사상·신념, 노동조합·정당의 가입·탈퇴, 정치적 견해, 건강, 성생활 등에 관한 정보, 그밖에 정보주체의 사생활을 현저히 침해할 우려가 있는 개인정보로서 유전자검사 등의 결과로 얻어진 유전정보, 범죄경력자료, 개인의 신체적, 생리적, 행동적 특징에 관한 정보로서 특정 개인을 알아볼 목적으로 일정한 기술적 수단을 통해 생성한 정보, 인종이나 민족에 관한 정보에 해당하는 정보를 말한다. 3. 개인정보처리자로서「전기통신사업법」제6조제1항에 따라 등록을 하거나 같은 항 단서에 따라 신고한 기간통신사업자에 해당하는 경우
접속기록 점검	② 개인정보처리자는 개인정보의 오·남용, 분실·도난·유출·위조·변조 또는 훼손 등에 대응하기 위하여 개인정보처리시스템의 접속기록 등을 **월 1회 이상** 점검하여야 한다. 특히 개인정보의 다운로드가 확인된 경우에는 내부 관리계획 등으로 정하는 바에 따라 **그 사유를 반드시 확인**하여야 한다. ※ 접속기록 내 비정상 행위 예시 • 식별자: 접근 권한이 부여되지 않은 계정 혹은 사용이 중지된 계정으로 접속한 행위 등 • 접속일시: 출근시간 전, 퇴근시간 후, 새벽시간, 휴무일 등 업무시간 외에 접속한 행위 등 • 접속지 정보: 인가되지 않은 단말기 또는 지역(IP 주소)에서 접속한 행위 등 • 처리한 정보주체 정보: 특정 정보주체에 대하여 과도하게 조회, 다운로드 등의 행위 등 • 수행업무: 대량의 개인정보에 대한 조회, 정정, 다운로드, 삭제 등의 행위 등 • 그밖에 짧은 시간에 하나의 계정으로 여러 지역(IP 주소)에서 접속한 행위 등 ※ 다운로드란 개인정보처리시스템에 접속하여 개인정보취급자의 컴퓨터 등에 개인정보를 엑셀, 워드, 텍스트, 이미지 등의 파일 형태로 저장하는 것을 말한다.
안전보관 조치	③ 개인정보처리자는 접속기록이 **위·변조 및 도난, 분실되지 않도록** 해당 접속기록을 안전하게 보관하기 위한 조치를 하여야 한다.

⑥ 악성프로그램 등 방지

구분	상세 내용
정기 업데이트 및 대응	① 개인정보처리자는 악성프로그램 등을 방지·치료할 수 있는 보안프로그램을 설치·운영하여야 하며, 다음 각호의 사항을 준수하여야 한다. 1. 프로그램의 자동 업데이트 기능을 사용하거나, 정당한 사유가 없는 한 일 1회 이상 업데이트를 실시하는 등 최신의 상태로 유지 ※ 악성프로그램 등을 방지·치료할 수 있는 보안프로그램은 실시간 감시 등을 위해 항상 실행된 상태를 유지해야 한다. 2. 발견된 악성프로그램 등에 대해 삭제 등 대응 조치
수시 업데이트 (경보 발령)	② 개인정보처리자는 악성프로그램 관련 경보가 발령된 경우 또는 사용 중인 응용 프로그램이나 운영체제 소프트웨어의 제작업체에서 보안 업데이트 공지가 있는 경우 정당한 사유가 없는 한 즉시 이에 따른 업데이트 등을 실시하여야 한다.

⑦ 물리적 안전조치

구분	상세 내용
출입통제	① 개인정보처리자는 전산실, 자료보관실 등 개인정보를 보관하고 있는 물리적 보관 장소를 별도로 두고 있는 경우에는 이에 대한 출입통제 절차를 수립·운영하여야 한다. ※ 출입통제 절차 예시 • 출입 요청 및 승인: 전산실, 자료보관실 등에 '출입 신청서'를 작성하여 개인정보 보호책임자 또는 전산실, 자료보관실 등 운영·관리책임자의 승인 등 • 출입 기록 작성: 출입에 관한 사항을 '출입 관리대장'에 기록하고 해당 업무 관계자가 이를 확인 등 • 출입 기록 관리: 정상·비정상적인 출입 여부, 장비 반입·반출의 적정성 등을 정기적으로 검토 등 ※ 출입 신청서 및 관리대장 작성 예시 • 출입 신청서: 소속, 부서명, 신청자, 연락처, 출입일자, 입실·퇴실시간, 출입목적, 작업내역 등 • 출입 관리대장: 출입일자, 입실·퇴실시간, 출입자 정보(소속, 성명, 연락처), 출입목적, 승인부서, 입회자 정보(성명 등), 승인자 서명 등
잠금장치	② 개인정보처리자는 개인정보가 포함된 서류, 보조저장매체 등을 잠금장치가 있는 안전한 장소에 보관하여야 한다.

구분	상세 내용
반출·입 통제	③ 개인정보처리자는 개인정보가 포함된 보조저장매체의 반출·입 통제를 위한 보안대책을 마련하여야 한다. 다만, 별도의 개인정보처리시스템을 운영하지 아니하고 업무용 컴퓨터 또는 모바일 기기를 이용하여 개인정보를 처리하는 경우에는 이를 적용하지 아니할 수 있다. ※ 보조저장매체 반출·입 통제 시 고려사항 예시 • 보조저장매체 보유 현황 파악 및 반출·입 관리 계획 • 개인정보취급자 및 수탁자 등에 의한 개인정보 유출 가능성 • 보조저장매체의 안전한 사용 방법 및 인가되지 않은 사용의 대응조치 • USB를 컴퓨터에 연결 시 바이러스 점검을 디폴트로 설정하는 등 기술적 안전조치 방안 등

⑧ 재해·재난 대비 안전조치

구분	상세 내용
위기대응 및 백업복구	– 10만명 이상의 정보주체에 관하여 개인정보를 처리하는 **대기업·중견기업·공공기관** 또는 **100만명 이상**의 정보주체에 관하여 개인정보를 처리하는 **중소기업·단체**에 해당하는 개인정보처리자는 화재, 홍수, 단전 등의 재해·재난 발생 시 개인정보처리시스템 보호를 위한 다음 각호의 조치를 하여야 한다. 1. 위기대응 매뉴얼 등 대응절차를 마련하고 정기적으로 점검 2. 개인정보처리시스템 백업 및 복구를 위한 계획을 마련 ※ 재난이란 국민의 생명·신체·재산과 국가에 피해를 주거나 줄 수 있는 것을 말하며, 재해란 재난으로 인하여 발생하는 피해를 말한다. ※ 개인정보침해시스템 위기대응 매뉴얼 및 백업 복구 계획 예시 • 개인정보처리시스템 **구성 요소**(개인정보 보유량, 종류·중요도, 시스템 연계 장비·설비 등) • 재해·재난 등에 따른 **파급효과**(개인정보 유출, 손실, 훼손 등) 및 초기대응 방안 • 개인정보처리시스템 백업 및 복구 **우선순위, 복구 목표시점, 복구 목표시간** • 개인정보처리시스템 백업 및 복구 방안(복구센터 마련, 백업계약 체결, 비상 가동 등) • **업무분장, 책임 및 역할** • 실제 발생 가능한 사고에 대한 **정기적 점검, 사후처리 및 지속관리** 등

⑨ 출력 · 복사 시 안전조치

구분	상세 내용
출력 항목 최소화	① 개인정보처리자는 개인정보처리시스템에서 개인정보의 출력 시(인쇄, 화면 표시, 파일 생성 등) 용도를 특정하여야 하며, 용도에 따라 출력 항목을 최소화하여야 한다. ※ 출력 시 주의사항 • 오피스(엑셀 등)에서 개인정보가 숨겨진 필드 형태로 저장되지 않도록 조치 • 웹페이지 소스 보기 등을 통하여 불필요한 개인정보가 출력되지 않도록 조치 • 다수의 개인정보처리시스템 등에서 개인정보를 각기 다른 방식으로 마스킹 할 때에는 개인정보취급자가 개인정보 집합을 구성할 수 있으므로 동일한 기준으로 표시제한 조치
출력 · 복사물 안전관리	② 개인정보처리자는 개인정보가 포함된 종이 인쇄물, 개인정보가 복사된 외부 저장매체 등 개인정보의 출력 · 복사물을 안전하게 관리하기 위해 필요한 안전조치를 하여야 한다. ※ 출력 · 복사물 보호조치 예시 • 출력 · 복사물 보호 및 관리 정책, 규정, 지침 등 마련 • 출력 · 복사물 생산 · 관리 대장 마련 및 기록 • 출력 · 복사물 운영 · 관리 부서 지정 · 운영 • 출력 · 복사물 외부 반출 및 재생산 통제 · 신고 · 제한 등 • 인쇄자, 인쇄일시 등 출력복사물 기록 저장 · 관리 • 종이 인쇄물에 대한 <u>파기 절차, 파기 여부 확인</u> 등을 포함하는 <u>파기계획 수립 및 주기적 점검</u> • 복합기 보안, 출력물 워터마크 등 출력 · 복사물 보안기술 적용 등

⑩ 개인정보의 파기

구분	상세 내용

전체 파기 경우	① 개인정보처리자는 개인정보를 파기할 경우 다음 각호 중 어느 하나의 조치를 하여야 한다.
	1. <u>완전 파괴</u>(소각 · 파쇄 등)
	2. <u>전용 소자장비</u>(자기장을 이용해 저장장치의 데이터를 삭제하는 장비)를 이용하여 <u>삭제</u>
	3. 데이터가 복원되지 않도록 초기화 또는 덮어쓰기 수행
	※ '<u>복원이 불가능한 방법</u>'이란 현재의 기술 수준에서 사회통념상 적정한 비용으로 파기한 개인정보의 복원이 불가능하도록 조치하는 방법을 말한다(표준 개인정보 보호지침 제10조).
	
	    | 구분 | 파기 방법 |
	    |---|---|
	    | 저장매체 | • 하드디스크, USB 등의 저장매체는 장비(D가우저 등)를 활용하여 파기 |
	    | 종이문서 | • 소량의 종이문서는 세절기를 이용하여 파기하며, 대량의 종이문서는 소각, 용해 등의 방법으로 파기 |
	    | 전자적 데이터 | • 전자적 데이터는 완전 삭제 프로그램 등을 이용하여 복구할 수 없는 방법으로 파기 |

구분	상세 내용
일부 파기 경우	② 개인정보처리자가 개인정보의 일부만을 파기하는 경우, 제1항의 방법으로 파기하는 것이 어려울 때에는 다음 각호의 조치를 하여야 한다. 1. 전자적 파일 형태인 경우 : 개인정보를 삭제한 후 **복구 및 재생되지 않도록 관리 및 감독** 2. 제1호 외의 기록물, 인쇄물, 서면, 그 밖의 기록매체인 경우 : 해당 부분을 **마스킹, 구멍뚫기 등으로 삭제**
복구불가 조치	③ 기술적 특성으로 제1항 및 제2항의 방법으로 파기하는 것이 현저히 곤란한 경우에는 법 제58조의2에 해당하는 정보로 처리하여 복원이 불가능하도록 조치를 하여야 한다.

> **참고사항** '채용절차의 공정화에 관한 법률 업무 매뉴얼'에 따른 파기 사례
>
> - (목적) **채용서류**에는 구직자의 여러 개인정보가 담겨 있으므로 구직자의 채용서류 반환 청구기간이 지난 경우 및 구인자가 채용서류를 반환하지 아니한 경우에는 구인자로 하여금 채용서류를 파기하게 하여 개인정보를 보호하려는 것이다.
> - (반환의 청구기간이 지난 경우) 반환의 청구기간 내에 구직자가 채용서류에 대한 반환 청구를 하지 않아 반환의 청구기간(구인자가 채용 여부가 확정된 날부터 14일에서 180일)이 지난 경우 파기해야 한다.
> - (채용서류를 반환하지 아니한 경우) 홈페이지 또는 전자우편으로 제출된 경우나 구직자가 구인자의 요구 없이 자발적으로 제출한 경우에 해당하여 구인자가 채용서류를 반환하지 아니한 경우를 말함. 이 경우 '개인정보처리자는 보유 기간의 경과, 개인정보의 처리 목적 달성 등 그 개인정보가 불필요하게 되었을 때에는 지체 없이(5일 이내) 그 개인정보를 파기'하도록 규정하고 있다.
>
> ※ 출처: 고용노동부. 채용절차의 공정화에 관한 법률 업무 매뉴얼(2025.5), p.112.

⑪ 공공시스템운영기관의 안전조치 기준 적용

구분	상세 내용
안전조치 대상	① 다음 각호의 어느 하나에 해당하는 개인정보처리시스템 중에서 개인정보보호위원회(이하 "보호위원회"라 한다)가 지정하는 개인정보처리시스템(이하 "공공시스템"이라 한다)을 운영하는 공공기관(이하 "공공시스템운영기관"이라 한다)은 제2장의 개인정보의 안전성 확보 조치 외에 이 장의 조치를 하여야 한다. 1. 2개 이상 기관의 공통 또는 유사한 업무를 지원하기 위하여 단일 시스템을 구축하여 **다른 기관이 접속**하여 이용할 수 있도록 한 **단일접속 시스템**으로서 다음 각 목의 어느 하나에 해당하는 경우 　가. **100만명 이상의 정보주체**에 관한 개인정보를 처리하는 시스템

구분	상세 내용
안전조치 대상	나. 개인정보처리시스템에 대한 **개인정보취급자의 수가 200명 이상**인 시스템 다. 정보주체의 사생활을 현저히 침해할 우려가 있는 **민감한 개인정보를 처리**하는 시스템 2. 2개 이상 기관의 공통 또는 유사한 업무를 지원하기 위하여 표준이 되는 시스템을 개발하여 다른 기관이 운영할 수 있도록 배포한 표준배포 시스템으로서 **대국민 서비스를 위한 행정업무 또는 민원업무 처리용**으로 사용하는 경우 3. **기관의 고유**한 업무 수행을 지원하기 위하여 기관별로 운영하는 개별 시스템으로서 다음 각 목의 어느 하나에 해당하는 경우 　가. **100만명 이상의 정보주체**에 관한 개인정보를 처리하는 시스템 　나. 개인정보처리시스템에 대한 **개인정보취급자의 수가 200명 이상**인 시스템 　다. 「주민등록법」에 따른 **주민등록정보시스템과 연계**하여 운영되는 시스템 　라. **총 사업비가 100억원** 이상인 시스템
적용 예외	② 제1항에도 불구하고 **보호위원회**는 다음 각호의 어느 하나에 해당하는 개인정보처리시스템에 대하여는 공공시스템으로 지정하지 않을 수 있다. 1. 체계적인 개인정보 검색이 어려운 경우 ※ 개인정보가 데이터베이스에 테이블 형태로 저장되지 않고, 문서(PDF)나 이미지(JPG, PNG 등) 내에 텍스트로 포함되어 있는 경우 2. 내부적 업무처리만을 위하여 사용되는 경우 ※ 인사·회계·예산이나 전자문서결재 등 기관 내부 직원들이 업무처리를 위해 사용하는 ERP시스템 등 3. 그밖에 개인정보가 유출될 가능성이 상대적으로 낮은 경우로서 보호위원회가 인정하는 경우

⑫ 공공시스템운영기관의 내부 관리계획의 수립 · 시행

구분	상세 내용

공공시스템별 내부 관리계획을 수립	– 공공시스템운영기관은 **공공시스템별**로 다음 각호의 사항을 포함하여 내부 관리계획을 수립하여야 한다.
	 1. 영 제30조의2제4항에 따른 관리책임자(이하 "**관리책임자**"라 한다)의 지정에 관한 사항
	 2. 관리책임자의 역할 및 책임에 관한 사항
	   ※ 공공시스템 관리책임자의 역할 및 책임(예시)
	     – 영 제30조의2제5항에 따른 공공시스템운영협의회 참석
	     – 영 제30조의2제2항에 따른 정보주체에 대한 사후통지
	     – 이 기준 제15조에 따른 공공시스템별 **내부 관리계획 수립 · 시행 및 점검(연 1회 이상)**
	     – 접근 권한 부여 · 변경 · 말소 내역에 대해 반기별 1회 이상 점검
	     – 공공시스템이용기관에 접근 권한 부여 · 변경 · 말소 관련 이행 교육 및 실태 관리
	     – 공공시스템이용기관이 소관 **접속기록에 대해 월 1회 이상** 점검 · 관리토록 교육 및 실태 관리
	 3. 제4조제1항제3호에 관한 사항 중 개인정보취급자의 역할 및 책임에 관한 사항
	 4. 제4조제1항제4호부터 제6호까지 및 제8호에 관한 사항
	 5. 제16조 및 제17조에 관한 사항
	   ※ 하나의 기관이 여러 개의 공공시스템을 운영하는 경우 시스템을 비슷한 유형으로 묶어 '유형별 안전조치 방안'을 수립할 수 있다.
	   ※ 공공시스템 관리책임자는 이 기준 제4조제4항에 따라 공공시스템별 내부 관리계획의 이행실태를 연 1회 이상 점검하여야 한다.

⑬ 공공시스템운영기관의 접근 권한의 관리

구분	상세 내용
인사정보와 연계	– 공공시스템운영기관은 공공시스템에 대한 접근 권한을 부여, 변경 또는 말소하려는 때에는 인사정보와 연계하여야 함
계정 발급 제한	– 공공시스템운영기관은 인사정보에 등록되지 않은 자에게 제5조제4항에 따른 계정을 발급해서는 안됨. 다만, 긴급상황 등 불가피한 사유가 있는 경우에는 그러하지 아니하며, 그 사유를 제5조제3항에 따른 내역에 포함하여야 함

구분	상세 내용
교육 및 서약	- 공공시스템운영기관은 제5조제4항에 따른 계정을 발급할 때에는 개인정보 보호 교육을 실시하고, 보안 서약을 받아야 함
정기 점검	- 공공시스템운영기관은 정당한 권한을 가진 개인정보취급자에게만 접근 권한이 부여·관리되고 있는지 확인하기 위하여 제5조제3항에 따른 접근 권한 부여, 변경 또는 말소 내역 등을 반기별 1회 이상 점검하여야 함
계정 관리 의무	- 공공시스템에 접속하여 개인정보를 처리하는 기관(이하 "공공시스템이용기관"이라 한다)은 소관 개인정보취급자의 계정 발급 등 접근 권한의 부여·관리를 직접하는 경우 제2항부터 제4항까지의 조치를 하여야 함

⑭ 공공시스템운영기관의 접속기록 보관 및 점검 등

구분	상세 내용
사유 소명	- 공공시스템 접속기록 등을 자동화된 방식으로 분석하여 불법적인 개인정보 유출 및 오용·남용 시도를 탐지하고 그 사유를 소명하도록 하는 등 필요한 조치를 하여야 함 ※ 자동화된 방식이란? 공공시스템에 접속하는 자가 공공시스템에 접속하여 수행한 업무 내역에 대하여 식별자, 접속일시, 접속지 정보, 처리한 정보주체 정보, 수행업무 등을 실시간으로 확인하거나 이에 준하는 방식으로 분석·점검하고, 이상행위 탐지 시 알림 및 별도의 확인이 가능한 방식을 말함
직접 점검 기능 제공	- 공공시스템운영기관은 공공시스템이용기관이 소관 개인정보취급자의 접속기록을 직접 점검할 수 있는 기능을 제공하여야 함

13 개인정보처리 방침의 수립 및 공개

1) 배경

구분	상세 내용
목적	- 개인정보의 처리 및 보호에 관하여 정한 절차 및 기준 등에 대한 사항을 적정하고 투명하게 작성 및 공개하도록 지원 - 정보주체의 권리를 보장하기 위한 본연의 취지에 부합하도록 작성 및 공개 - 정보주체가 자신의 개인정보 처리현황을 처리방침을 통해 상시 확인 및 비교 가능

2) 주요 내용

구분	상세 내용

개인정보
보호법
	제30조(개인정보 처리 방침의 수립 및 공개)
	① 개인정보처리자는 다음 각호의 사항이 포함된 개인정보의 처리 방침(이하 "개인정보 처리 방침"이라 한다)을 정하여야 한다. 이 경우 공공기관은 제32조에 따라 등록대상이 되는 **개인정보파일**에 대하여 개인정보 처리 방침을 정한다.
	  1. 개인정보의 처리 **목적**
	  2. 개인정보의 **처리 및 보유 기간**
	  3. 개인정보의 **제3자 제공**에 관한 사항(해당하는 경우에만 정한다)
	  3의2. 개인정보의 **파기** 절차 및 파기 방법(제21조제1항 단서에 따라 개인정보를 보존하여야 하는 경우에는 그 보존근거와 보존하는 개인정보 항목을 포함한다)
	  3의3. 제23조제3항에 따른 **민감정보**의 공개 가능성 및 비공개를 선택하는 방법(해당하는 경우에만 정한다)
	  4. 개인정보처리의 **위탁**에 관한 사항(해당하는 경우에만 정한다)
	  4의2. 제28조의2(**가명정보**의 처리 등) 및 제28조의3(가명정보의 **결합 제한**)에 따른 가명정보의 처리 등에 관한 사항(해당하는 경우에만 정한다)
	  5. **정보주체**와 법정대리인의 권리·의무 및 그 **행사 방법**에 관한 사항
	  6. 제31조에 따른 개인정보 **보호책임자의 성명 또는 개인정보 보호업무** 및 관련 **고충**사항을 처리하는 **부서의 명칭과 전화번호 등 연락처**
	  7. 인터넷 접속정보파일 등 개인정보를 **자동으로 수집**하는 장치의 설치·운영 및 그 거부에 관한 사항(해당하는 경우에만 정한다)
	  8. 그밖에 개인정보의 처리에 관하여 대통령령으로 정한 사항
	② 개인정보처리자가 개인정보 처리 방침을 수립하거나 변경하는 경우에는 **정보주체가 쉽게 확인**할 수 있도록 대통령령으로 정하는 방법에 따라 공개하여야 한다.
	③ 개인정보 처리 방침의 내용과 개인정보처리자와 정보주체 간에 체결한 계약의 내용이 다른 경우에는 정보주체에게 유리한 것을 적용한다.
	④ 보호위원회는 개인정보 처리 방침의 작성지침을 정하여 개인정보처리자에게 그 준수를 권장할 수 있다.
	
	제21조(개인정보의 파기)
	① 개인정보처리자는 보유 기간의 경과, 개인정보의 처리 목적 달성, 가명정보의 처리 기간 경과 등 그 개인정보가 불필요하게 되었을 때에는 지체 없이 그 개인정보를 파기하여야 한다. 다만, 다른 법령에 따라 보존하여야 하는 경우에는 그러하지 아니하다.
	
	제23조(민감정보의 처리 제한)
	③ 개인정보처리자는 재화 또는 서비스를 제공하는 과정에서 공개되는 정보에 정보주체의 민감정보가 포함됨으로써 사생활 침해의 위험성이 있다고 판단하는 때에는 재화 또는 서비스의 제공 전에 민감정보의 공개 가능성 및 비공개를 선택하는 방법을 정보주체가 알아보기 쉽게 알려야 한다.

구분	상세 내용
개인정보 보호법 시행령	제31조(개인정보 처리 방침의 내용 및 공개 방법 등) ① 법 제30조제1항제8호에서 "대통령령으로 정한 사항"이란 다음 각호의 사항을 말한다. 　1. 처리하는 개인정보의 항목 　2. 법 제28조의8제1항 각호에 따라 개인정보를 국외로 이전하는 경우 국외 이전의 근거와 같은 조 제2항 각호의 사항 　3. 제30조에 따른 개인정보의 안전성 확보 조치에 관한 사항 　4. 국외에서 국내 정보주체의 개인정보를 직접 수집하여 처리하는 경우 개인정보를 처리하는 국가명 ② 개인정보처리자는 법 제30조제2항에 따라 수립하거나 변경한 개인정보 처리 방침을 개인정보처리자의 인터넷 홈페이지에 지속적으로 게재하여야 한다. ③ 제2항에 따라 인터넷 홈페이지에 게재할 수 없는 경우에는 다음 각호의 어느 하나 이상의 방법으로 수립하거나 변경한 개인정보 처리 방침을 공개하여야 한다. 　1. 개인정보처리자의 사업장 등의 보기 쉬운 장소에 게시하는 방법 　2. 관보(개인정보처리자가 공공기관인 경우만 해당한다)나 개인정보처리자의 사업장 등이 있는 시·도 이상의 지역을 주된 보급지역으로 하는 「신문 등의 진흥에 관한 법률」 제2조제1호가목.다목 및 같은 조 제2호에 따른 일반일간신문, 일반주간신문 또는 인터넷신문에 싣는 방법 　3. 같은 제목으로 연 2회 이상 발행하여 정보주체에게 배포하는 간행물·소식지·홍보지 또는 청구서 등에 지속적으로 싣는 방법 　4. 재화나 서비스를 제공하기 위하여 개인정보처리자와 정보주체가 작성한 계약서 등에 실어 정보주체에게 발급하는 방법

3) 기본 원칙

구분	상세 내용
법령 부합성	- 개인정보처리자는 법 및 시행령에 해당하는 내용을 모두 작성하고, 법령에 부합하여야 함
투명성 및 정확성	- 개인정보처리자는 정보주체의 알 권리 보장을 위해 자신의 개인정보 처리 현황을 정확하게 반영하여 개인정보 처리 방침을 작성하고, 이를 투명하게 공개하여야 함 - 개인정보처리자는 개인정보 처리 방침에 공개한 내용이 실제 개인정보 처리 현황과 일치할 수 있도록 하는 등의 정확성과 투명성, 최신성을 유지할 수 있도록 수립 및 관리해야 함

구분	상세 내용
명확성 및 가독성	- 개인정보처리자는 법 제30조제1항 각호 및 영 제31조제1항 각호의 사항을 정보주체가 쉽게 알 수 있도록 구분하여 작성해야 하며, 가급적 각각 별도의 항목으로 **명시적으로 구분**하여 작성할 것을 권고함 - 개인정보처리자는 개인정보 처리 방침에 개인정보 처리 현황을 **구체적으로 작성**하여야 하며, **모호하고 불명확한 표현을 사용하는 것은 지양됨** - 개인정보 처리 방침은 알기 쉬운 용어로 **구체적이고 명확하게 표현**되어야 하며(표준지침 제18조제1항), 정보주체가 쉽게 이해할 수 있도록 가급적 평어체를 사용하고, 전문용어(법률용어 등)는 쉬운 표현으로 부연 설명을 제공하는 것을 권장함 - 특히 개인정보 보호법의 적용을 받는 **해외사업자의 경우 국내이용자가 이해할 수 있도록 쉽고 명확한 한글로 정보를 제공하여야 함**
접근	- 개인정보 처리 방침은 정보주체 누구나 쉽게 확인할 수 있는 방법으로 공개되어야 함 - 개인정보 처리 방침상 정보주체 권리행사 방법은 개인정보를 수집하는 방법과 동일한 수준이거나 보다 쉬운 절차로 설계하고 구체적이고 상세하게 안내하여야 함

4) 개인정보 처리 방침 기재 사항

구분	상세 내용

필수 기재사항	- 제목, 예〈개인정보처리자명〉개인정보 처리 방침
	- 개인정보의 처리 목적, 예 회원 가입 및 관리, 재화 또는 서비스 제공
	- 처리하는 개인정보의 항목
	※ 개인정보 처리 목적에 필요한 최소한의 개인정보여야 하며, 실제 처리 현황과 일치
	※ 개인정보 항목은 "~등"과 같이 축약하거나, 추상적이고 모호한 표현이 아닌 구체적 작성
	※ 해당 사무 처리 과정이나 서비스 제공 과정에서 자동으로 생성·수집되는 개인정보 항목이 있는 경우에는 해당 업무와 개인정보 항목을 명시하여야 함.
	
	예 1. 정보주체의 동의를 받지 않고 처리하는 개인정보 항목
	〈개인정보처리자명〉은(는) 다음의 개인정보 항목을 정보주체의 동의없이 처리하고 있다.
	  1. 회원 서비스 운영
	    • 법적 근거 : 개인정보 보호법 제15조1항제4호('계약 이행')
	    • 수집·이용 항목 : ID, 비밀번호

구분	상세 내용
필수 기재사항	- 개인정보의 처리 및 보유 기간 📌 1. 정보주체의 동의를 받지 않고 처리하는 개인정보 항목 〈개인정보처리자명〉은(는) 다음의 개인정보 항목을 정보주체의 동의없이 처리하고 있다. | 법적 근거	구분	수집 목적	수집 항목	보유 및 이용 기간
---	---	---	---	---
개인정보 보호법 제15조제1항제4호(계약의 이행)	회원 서비스 운영	회원 가입의사 확인, 회원제 서비스 제공에 따른 본인 식별·인증, 회원자격 유지·관리, 서비스 부정 이용 방지	ID, 비밀번호, 성명, 생년월일, 주소, 전화번호, 이메일 주소	회원 탈퇴 시까지	 - 개인정보의 파기 절차 및 방법에 관한 사항 ※ 처리하고 있는 개인정보가 불필요하게 되었을 경우 지체없이 파기한다는 내용을 기재함 - 개인정보의 안전성 확보 조치에 관한 사항 〈개인정보처리자명〉은(는) 개인정보의 안전성 확보를 위해 아래의 조치를 하고 있다. 1. 관리적 조치 : 내부 관리계획 수립·시행, 전담조직 운영, 정기적 직원 교육 2. 기술적 조치 : 개인정보처리시스템 등의 접근 권한 관리, 접근통제시스템 설치, 개인정보의 암호화, 보안프로그램 설치 및 갱신 3. 물리적 조치 : 전산실, 자료보관실 등의 접근 통제 - 정보주체와 법정대리인의 **권리·의무 및 행사 방법**에 관한 사항 ※ 해당 개인정보처리자에 대해 정보주체가 지니는 개인정보 열람, 정정·삭제, 처리 정지, 동의 철회, 자동화된 결정 거부·설명 요구 등(이하 '열람 등') 행사 방법, 행사 절차 등을 구체적으로 기재하여야 함 ※ 정보주체가 해당 개인정보처리자에 대해 개인정보 열람 등 청구를 신청할 수 있는 부서명 및 연락처를 기재할 것을 권장 - **개인정보 보호책임자의 성명** 또는 **개인정보 업무 담당부서 및 고충사항**을 처리하는 부서에 관한 사항 - 개인정보 처리 방침의 **변경에 관한 사항**
해당 시 기재사항	- 14세 미만 아동의 개인정보 처리에 관한 사항 ※ 법정대리인의 동의를 얻어 수집한다는 내용 및 확인 방법 등을 별도 구분 ※ 법정대리인의 개인정보(이름, 연락처 등)에 대해 기재하여야 함 ※ '아동용 개인정보 처리 방침'을 별도로 마련하여 안내를 권장함 ※ 해당 아동으로부터 직접 수집하는 법정대리인의 개인정보에 대해 '3. 처리하는 개인정보 항목'에 포함하여 기재 가능

구분	상세 내용
해당 시 기재사항	- 개인정보의 제3자 제공에 관한 사항 		
공통	1. 정보주체로부터 별도의 동의를 받은 경우 2. 다른 법률에 특별한 규정이 있는 경우 3. 명백히 정보주체 또는 제3자의 급박한 생명, 신체, 재산의 이익을 위하여 필요하다고 인정되는 경우 10. 공중위생 등 공공의 안전과 안녕을 위하여 긴급히 필요한 경우

공공기관	4. 개인정보를 목적 외의 용도로 이용하거나 이를 제3자에게 제공하지 아니하면 다른 법률에서 정하는 소관 업무를 수행할 수 없는 경우로서 보호위원회의 심의·의결을 거친 경우
	5. 조약, 그 밖의 국제협정의 이행을 위하여 외국정부 또는 국제기구에 제공하기 위하여 필요한 경우
	6. 범죄의 수사와 공소의 제기 및 유지를 위하여 필요한 경우
	7. 법원의 재판업무 수행을 위하여 필요한 경우
	8. 형(刑) 및 감호, 보호처분의 집행을 위하여 필요한 경우 |
	
	※ 정보주체의 동의를 받아 개인정보의 제3자 제공이 이루어지는 경우
	  1) 개인정보를 제공받는 자(제3자), 2) 제3자의 이용 목적, 3) 제공하는 개인정보 항목, 4) 제공받는 자의 보유·이용 기간을 각각 기재함
	※ 정보주체의 동의 외의 사유로 개인정보를 제3자에게 제공하는 경우
	  1) 제공의 법적 근거, 2) 개인정보를 제공받는 자(제3자), 3) 제3자의 이용 목적, 4) 제공하는 개인정보 항목을 기재하되, 제공받는 자의 보유·이용 기간은 기재하지 않아도 무방(권장사항임)
	- 추가적인 이용·제공이 지속적으로 발생 시 판단 기준
	  ※ 관련 내용(제공받는 자, 개인정보 항목, 이용·제공 목적, 제공받는 자의 보유 및 이용 기간 등)을 시행령 제14조의2 제1항 각호에 따른 추가적인 이용 및 제공하기 위한 고려사항에 따른 판단기준과 함께 구체적으로 기재하여야 함
	
	① 〈개인정보처리자명〉은(는) 「개인정보 보호법」 제15조제3항 또는 제17조제4항에 따라 「개인정보 보호법」 시행령 제14조의2에 따른 사항을 고려하여 정보주체의 동의 없이 개인정보를 추가적으로 이용·제공할 수 있다.
	
	| 제공받는 자
		제공 항목	이용·목적	보유 및 이용 기간

---	---	---	---

중개 서비스에 가입한 택시 사업자	택시 중개서비스 제공	연락처, 위치정보	택시 서비스 이용 종료 시까지	
				
				- 개인정보 처리업무의 위탁에 관한 사항
				  ※ 개인정보처리자의 목적을 위하여 개인정보를 외부의 제3자에게 맡겨 업무를 처리하는 것을 말함(콜센터, A/S센터 등).
				  ※ 해외 법인이 국내 고객의 DB를 이용한 업무를 하는 경우는 국외 이전에 의한 개인정보의 처리 위탁에 해당(데이터 보관, 콜센터 대응 등)하여, "10. 개인정보의 국외 수집 및 이전에 관한 사항"에서 기재할 수 있음. 이 경우 위·수탁 관련 사항(수탁자, 위탁 사무)을 포함하여 기재하여야 함

구분	상세 내용
해당 시 기재사항	<table><tr><th>위탁받는 자(수탁자)</th><th>위탁업무</th></tr><tr><td>제공받는 자의 법인명 또는 명칭</td><td>위탁하는 업무</td></tr></table> − 개인정보의 국외 수집 및 이전에 관한 사항 　※ 국외에서 직접 수집하는 경우란, 한국 개인정보 보호법의 직접 적용을 받는 해외 사업자 등이 국내 정보주체로부터 개인정보를 해외 서버 등에서 직접 수집하는 경우를 의미 　※ 개인정보를 처리하는 국가명을 <u>모두 기재</u>하여야 함 　※ 국외 이전 관련 기재 사항 : 국외 이전의 법적 근거, 이전되는 개인정보 항목, 개인정보가 이전되는 국가, 시기 및 방법, 이전받는 자의 성명(법인인 경우에는 그 명칭과 연락처), 개인정보를 이전받는 자의 개인정보 이용 목적 및 보유·이용 기간, 개인정보의 이전을 거부하는 방법, 절차 및 거부의 효과 − 민감정보의 공개 가능성 및 비공개를 선택하는 방법 　※ 공개될 수 있는 민감정보 항목을 모두 기재하고, 비공개를 선택하는 절차와 방법 등에 관한 구체적인 내용을 기재함 ① 〈개인정보처리자명〉은(는) 다음과 같은 재화 또는 서비스를 제공하는 과정에서 공개되는 정보에 정보주체의 민감정보가 포함될 수 있다. <table><tr><th>재화 또는 서비스명</th><th>민감정보</th><th>공개 가능성</th><th>비공개 선택 방법</th></tr><tr><td>온라인 지도앱 서비 (방문장소 저장)</td><td>건강정보</td><td>폴더는 기본적으로 '공개'폴더로 설정됨</td><td>• 민감정보가 공개될 가능성이 있는 경우 경고창을 띄워 해당 경고창에서 민감정보 공개 가능성을 안내하고, 비공개여부를 선택할 수 있도록 링크 제공 • 나의 정보 → 폴더설정 → 민감정보 공개여부 설정</td></tr></table>− 가명정보 처리에 관한 사항 　※ 가명정보 처리 시 기재 사항 : ① 가명정보의 처리 목적, ② 가명정보 처리 기간, ③ 가명정보의 제3자 제공에 관한 사항(해당 시), ④ 가명정보 처리의 위탁에 관한 사항(해당 시), ⑤ 가명처리하는 개인정보의 항목, ⑥ 법 제28조의4(가명정보에 대한 안전조치 의무 등)에 따른 가명정보의 안전성 확보 조치에 관한 사항 〈개인정보처리자명〉은(는) 「개인정보 보호법」 제15조제3항 또는 제17조제4항에 따라 「개인정보 보호법」 시행령 제14조의2에 따른 사항을 고려하여 정보주체의 동의 없이 개인정보를 추가적으로 이용·제공할 수 있다. <table><tr><th>구분</th><th>처리목적</th><th>처리항목</th><th>처리기간</th></tr><tr><td>△△ 연구</td><td>□□와 △△ 간 연관성에 대한 과학적 연구</td><td>휴대전화번호, △△일시, △△유형</td><td>결합데이터 분석 완료 시까지 (00년 00월 00일~00년 00월 00일)</td></tr></table>

- 개인정보 자동 수집 장치의 설치·운영 및 그 거부에 관한 사항
  ※ 개인정보처리자가 자신이 운영하는 웹·앱에 쿠키 또는 이와 유사한 기술(이하, '쿠키 등')과 같이 개인정보를 자동으로 수집하는 장치를 설치·운영할 경우, 그에 관한 사항을 기재하여야 함
  ※ 개인정보처리자가 쿠키 등 개인정보 자동 수집 장치를 통해 행태정보를 수집하고, 정보주체를 식별하여 행태정보를 처리하는 경우, 그 수집·이용·제공 및 거부 등에 대해 기재하여야 함
  ※ 정보주체를 식별하여 행태정보를 처리하는 경우, 「개인정보 보호법」상 개인정보에 해당

개인정보처리자가 행태정보를 수집·이용 경우	① 개인정보 처리의 법적 근거, ② 수집하는 행태정보의 항목, ③ 수집 방법, ④ 수집 목적, ⑤ 보유·이용 기간 ⑥ 거부 방법 등의 기재 의무
수집한 행태정보를 제3자에게 제공하는 경우	① 개인정보 제공의 법적 근거, ② 제공받는 사업자, ③ 제공하는 행태정보의 항목, ④ 제공 목적, ⑤ 보유·이용 기간 등의 기재 의무

해당 시 기재사항

〈설치·운영하는 개인정보 자동 수집 장치〉
① 〈개인정보처리자명〉은(는) 사용자에게 개별적인 서비스와 편의를 제공하기 위해 이용정보를 저장하고 수시로 불러오는 '쿠키(cookie)'를 사용한다.
② 쿠키는 웹사이트 운영에 이용되는 서버(http)가 정보주체의 브라우저에 보내는 소량의 정보이며 정보주체의 PC 또는 모바일에 저장된다.
③ 정보주체는 웹 브라우저 옵션 설정을 통해 쿠키 허용, 차단 등의 설정을 할 수 있다. 다만, 쿠키 저장을 거부할 경우 맞춤형 서비스 이용에 어려움이 발생할 수 있다.

■ 웹 브라우저에서 쿠키 허용/차단
 - 크롬(Chrome): 웹브라우저 오른쪽 상단 ' : ' 표시 선택 〉 새 시크릿 창(단축키: Ctrl + Shift + N)
 - 엣지(Edge): 웹브라우저 오른쪽 상단 '…' 표시 선택 〉 새 InPrivate 창(단축키: Ctrl + Shift + N)

■ 모바일 브라우저에서 쿠키 허용/차단
 - 크롬(Chrome): 모바일 브라우저 오른쪽 상단 ' : ' 표시 선택 〉 새 시크릿 탭
 - 사파리(Safari): 모바일기기 설정 〉 사파리(Safari) 〉 고급 〉 모든 쿠키 차단
 - 삼성인터넷: 모바일 브라우저 아래쪽 '탭' 아이콘 선택 〉 비밀모드 켜기 〉 시작

구분	상세 내용
해당 시 기재사항	– 개인정보 자동 수집 장치를 통해 제3자가 행태정보를 수집하도록 허용하는 경우 그 수집·이용 및 거부에 관한 사항 – 국내대리인 지정에 관한 사항 　※ 국외사업자로서 법 제31조의2에 따라 국내대리인을 지정하여야 하는 경우 국내대리인의 성명(법인인 경우 법인명, 대표자의 성명), 주소(법인인 경우 영업소 소재지), 전화번호 및 전자우편 주소를 기재하여야 함 – <u>고정형</u> 영상정보처리기기 운영·관리에 관한 사항 　※ 고정형 영상정보처리기기를 설치·운영하는 자는 '고정형 영상정보처리기기 운영·관리방침'을 마련하여야 함. 단, 법 제25조제7항 단서에 따라 개인정보 처리 방침에 포함시켜정할 수도 있음 　※ 고정형 영상정보처리기기 운영·관리 관련 기재 사항 　　① 고정형 영상정보처리기기의 설치 근거 및 설치 목적 　　② 고정형 영상정보처리기기의 설치 대수, 설치 위치, 촬영 범위 　　③ 관리책임자, 담당부서 및 영상정보에 대한 접근 권한이 있는 자 　　④ 영상정보 촬영시간, 보관기간, 보관장소, 처리 방법 　　⑤ 고정형영상정보처리기기운영자의 영상정보 확인 방법 및 장소 　　⑥ 정보주체의 영상정보 열람 등 요구에 대한 조치 　　⑦ 영상정보 보호를 위한 기술적·관리적 및 물리적 조치 　　⑧ 그밖에 고정형 영상정보처리기기 설치·운영 및 관리에 필요한 사항 – <u>이동형</u> 영상정보처리기기 운영·관리에 관한 사항 　※ 이동형 영상정보처리기기를 설치·운영하는 자는 '이동형 영상정보처리기기 운영·관리 방침'을 마련하여야 함(법 제25조의2 제4항, 법 제25조제7항). 단, 법 제25조제7항 단서에 따라 개인정보 처리 방침에 포함시켜 정할 수도 있음 　※ 이동형 영상정보처리기기 운영·관리 관련 기재 사항 　　①, ③~⑧은 고정형 영상정보처리기기 운영·관리 관련 기재 사항과 동일 　　② 이동형 영상정보처리기기의 운영 대수 – 개인정보처리자가 개인정보 처리 기준 및 보호조치 등에 관하여 자율적으로 개인정보 처리 방침에 포함하여 정한 사항 　※ 그 밖의 개인정보 보호 활동 예시 　　• ISMS-P 인증 등 개인정보 보호를 위한 국내외 인증 획득 현황 　　• 개인정보 영향평가 수행 현황 　　• 개인정보 보호 관련 블로그·유튜브 등 소셜미디어 매체를 통한 개인정보처리자의 개인정보 보호 활동 및 정책 게시 　　• 개인정보처리자의 개인정보 보호 관련 주기적인 투명성 보고서 발간 　　• 공동규제 및 자율규약 참여 현황 　　• 자율규제 단체 활동 현황 　　• CPO 협의회 활동 현황 　　• 개인정보 보호를 위한 투자 현황 　　• 휴면고객 정책 운영 　　• 모바일앱의 접근 권한 관리 및 동의 철회 방법 등 　　• 아동·청소년의 개인정보 보호 정책 및 활동 　　• 개인정보처리자의 개인정보 처리와 관련한 타 법령 링크, 용어 설명 등

> 👉 **참고사항** 국내대리인을 지정하여야 하는 경우

- 한국에 국내에 주소 또는 영업소가 없는 개인정보처리자로서 매출액, 개인정보의 보유 규모 등을 고려하여 영 제32조의3 제1항 각호의 어느 하나에 해당하는 자는 국내대리인을 지정하여야 한다.
  ① 전년도(법인인 경우 전 사업연도) 매출액*이 1조원 이상
    * 매출액: 전체 매출액은 전년도 평균 환율을 적용하여 원화로 환산한 금액 기준
  ② 전년도말 기준 직전 3개월간의 그 개인정보가 저장·관리되고 있는 국내 정보주체의 수가 일일평균 100만명 이상인 자
  ③ 법 제63조제1항에 따라 관계 물품·서류 등 자료의 제출을 요구받은 자로서 국내대리인을 지정할 필요가 있다고 보호위원회가 심의·의결한 자
- 서버가 외국에 있고, 유사 명칭의 한국법인이 존재하지 않으며, 한국어로 서비스를 제공하면서 이미 상당수 국내 이용자의 개인정보를 수집하였고, 국내에서 활동하는 기업들로부터 광고를 수주하는 등의 방법으로 영업활동을 하고 있다면 적용 대상이 될 수 있다.
- ※ 출처 : 해외 개인정보 보호법 적용 안내서(2024.4.)

구분	상세 내용
권장 기재사항	- 14세 미만 아동의 개인정보 처리에 관한 사항 - 개인정보 자동 수집 장치를 통해 제3자가 **행태정보를 수집**하도록 허용하는 경우 그 수집·이용 및 거부에 관한 사항 　※ 행태정보(Behavioral Information)란 웹사이트 방문 이력, 앱 사용 이력, 검색·구매 기록 등 개인의 온라인상 활동을 통해 생성·수집되는 정보를 의미함 　※ 제3자가 수집해 가는 행태정보와 관련하여, ① 수집도구 명칭, ② 수집해 가는 사업자, ③ 수집도구 종류, ④ 수집해 가는 행태정보 항목, ⑤ 수집해 가는 목적, ⑥ 거부 방법 등 기재 　※ 이 중 '⑥ 거부방법'의 경우, 웹 브라우저 또는 모바일 단말기에서의 차단 방법을 안내하되, 모바일 브라우저를 활용하지 않는 앱의 경우, 자체 앱 또는 모바일 단말기에서의 차단 방법을 안내하여야 함 - 정보주체의 권익침해에 대한 구제 방법 ① 정보주체는 개인정보 침해로 인한 구제를 받기 위하여 개인정보 분쟁조정위원회, 한국인터넷진흥원 개인정보침해신고센터 등에 분쟁해결이나 상담 등을 신청할 수 있다. 이 밖에 기타 개인정보 침해의 신고, 상담에 대하여는 아래의 기관에 문의 바랍니다. 　1. 개인정보 분쟁조정위원회 : (국번없이) 1833-6972 (www.kopico.go.kr) 　2. 개인정보침해신고센터 : (국번없이) 118 (privacy.kisa.or.kr) 　3. 대검찰청 : (국번없이) 1301 (www.spo.go.kr) 　4. 경찰청 : (국번없이) 182 (ecrm.cyber.go.kr) 　부서명 : OOO/연락처 : 〈전화번호〉, 〈이메일〉, 〈팩스번호〉 ② 〈개인정보처리자명〉은(는) 정보주체의 개인정보자기결정권을 보장하고, 개인정보 침해로 인한 상담 및 피해 구제를 위해 노력하고 있으며, 신고나 상담이 필요한 경우 아래의 담당부서로 연락해 주시기 바랍니다. 　▶ 개인정보 보호 관련 고객 상담 및 신고 　　부서명 : OOO 　　연락처 : 〈전화번호〉, 〈이메일〉, 〈팩스번호〉

구분		상세 내용
		– 개인정보처리자가 개인정보 처리 기준 및 보호조치 등에 관하여 자율적으로 개인정보 처리 방침에 포함하여 정한 사항

5) 개인정보 처리 방침 구성

구분		상세 내용
분류	라벨링	① 권장 표기 부분인 주요 개인정보 처리 표시
	전문	② 필수 표기 부분인 개인정보 처리 방침 전문을 구분하여 구성하는 것을 권장함
성격	라벨링	– 개인정보 처리 방침의 주요 내용을 정보주체가 직관적으로 확인할 수 있도록 요약
	전문	– 개인정보처리자가 자신의 개인정보 처리 절차 및 기준, 내부 정책 등에 대해 정보주체에게 세부적으로 설명
포함 사항	라벨링	– 정보주체가 확인하여야 하는 핵심 사항(기호 활용 시 포함이 권장되는 사항) ① 처리하는 개인정보 항목 : 민감정보, 고유식별정보, 생체정보, 자동으로 수집되는 정보 등 포함 ② 개인정보 제3자 제공 ③ 개인정보 고충처리 부서 정보
	전문	–「개인정보 보호법」제30조에 따라 포함하여야 하는 사항 및 기타 개인정보처리자가 공개하고자 하는 추가 사항

> **참고사항** 주요 개인정보 처리 표시(라벨링)를 위한 기호 활용 방법

개인정보의 유형	개인정보의 처리 단계	개인정보 보호 관련 권리 의무사항
○	⬡	□

• 예시

민감정보		• 법 제23조에 따른 민감정보 – 사상·신념, 노동조합·정당 가입·탈퇴, 정치적 견해, 건강정보, 성생활 등에 관한 정보
처리항목		• 개인정보의 처리 항목 – 수집·이용하는 개인정보의 항목 – '개인정보'를 인식할 수 있는 표시는 반드시 포함
민감정보의 공개 가능성 및 비공개 선택 방법		• 민감정보의 공개 가능성 및 비공개 선택 방법 – 재화 또는 서비스를 제공 중 민감정보의 공개 가능성이 있을 때, 비공개를 선택하는 방법 안내

※ 출처: 개인정보 처리 방침 작성지침(2024.04), p.101.~ p.104.

14 정보주체의 권리보장

1) 개인정보주체의 권리

구분	세부 내용
정보제공 요청권	- 개인정보의 처리에 관한 정보를 제공받을 권리
정보주체 결정권	- 개인정보의 처리에 관한 동의 여부, 동의 범위 등을 선택하고 결정할 권리
열람 및 전송 요구권	- 개인정보의 처리 여부를 확인하고 개인정보에 대한 열람(사본의 발급을 포함한다. 이하 같다) 및 전송을 요구할 권리
삭제 등 요구권	- 개인정보의 처리 정지, 정정·삭제 및 파기를 요구할 권리
피해 구제권	- 개인정보의 처리로 인하여 발생한 피해를 신속하고 공정한 절차에 따라 구제받을 권리
자동화된 설명요구권	- 완전히 자동화된 개인정보 처리에 따른 결정을 거부하거나 그에 대한 설명 등을 요구할 권리

15 사생활 침해의 최소화

1) 사생활 침해의 최소화 원칙

구분	상세 내용
정의	- 개인정보의 수집·이용·제공 과정에서 정보주체의 사생활이 침해되지 않도록 최소한의 정보만을 처리하고, 정보주체의 권리를 보장해야 한다는 원칙
관련 법령	- 개인정보 보호법 제3조(권리보장), 제16조(필요한 최소한의 정보 수집) - 개인정보 보호법 시행령 제14조(정보주체의 사전 동의를 받을 수 없는 경우), - 표준 개인정보 보호지침 제12조(동의를 받는 방법 등)
핵심 원칙	- ① 최소 수집 원칙, ② 목적 외 이용 금지, ③ 정보주체 권리 보장 - ④ 기술적·관리적 보호조치 이행, ⑤ 민감정보·고유식별정보의 제한적 처리
중요 개념	- 과잉 수집 금지: 서비스 제공에 반드시 필요한 정보만 수집 - 비식별 처리: 불필요한 개인정보 노출 방지 - 정보주체 동의 강화

2) 사생활 침해의 최소화 법령

구분	조항	상세 내용	개인정보 침해방지
개인정보 보호법	제16조(개인정보의 수집 제한)	- 병원에서 환자 진료 시 가족관계나 직업 등 불필요한 정보 요구 금지	- 불필요한 개인정보 수집 제한
개인정보 보호법	제17조(개인정보의 제공)	- 온라인 쇼핑몰이 제3자 마케팅 업체에 고객 정보를 넘기기 위해 동의를 받지 않은 경우 과징금 부과	- 정보주체 동의 없이 제3자 제공 금지
개인정보 보호법 시행령	제14조(자율규제의 촉진 및 지원)	- 모바일 앱에서 앱 실행 시 위치정보 자동 수집 → 설정에서 기본 비활성화 전환 권고	- 기본 설정은 최소 수집, 사용자가 선택하도록 구성
표준 개인정보 보호지침	제13조(자료 제출 요구 등의 범위와 방법)	- 교육기관에서 학생 성적을 이메일로 일괄 전송 → 동의 없이 타인의 성적 노출 문제 발생	- 정보 전송 시 개별성 보장 및 식별정보 제거 필요

3) 실무 및 위반 사례

사례	문제점	개선 방안	관련 법령
A회사가 신규 가입 시 필수 항목으로 '주소, 학력, 가족관계' 요구	과잉 수집	- 목적에 부합하지 않는 정보는 선택 항목 또는 미수집	표준 개인정보 보호지침 제12조(동의를 받는 방법 등)
B학교가 공지사항에 학생 이름과 학번, 성적 알림	고유식별정보 및 민감정보 노출	- 가명처리 후 게시 또는 개인별 통보	표준 개인정보 보호지침 제4조(개인정보 보호 원칙)
C기관이 민원 처리를 위해 주민등록번호와 전화번호를 함께 요청	고유식별정보 과잉 수집	- 고유식별정보는 법령 근거 없이는 수집 금지	개인정보 보호법 제24조의2(주민등록번호 처리의 제한)
D앱이 사용자의 주소록과 위치정보를 자동으로 접근	불필요한 민감정보 접근	- 앱 설치 시 사용자 동의 및 선택권 제공 필수	개인정보 보호법 시행령 제14조의2(개인정보의 추가적인 이용·제공의 기준 등)

16 익명 처리 원칙

1) 용어의 정의

구분	상세 내용
익명 정보	- 시간·비용·기술 등을 합리적으로 고려할 때 다른 정보를 사용하여도 더 이상 개인을 알아볼 수 없는 정보
익명 처리	- 개인정보의 전부 또는 일부를 데이터 값 삭제, 가명처리, 총계 처리, 범주화 등 다양한 기술을 적용함으로써 더 이상 특정 개인을 알아볼 수 없도록 익명 정보로 처리하는 것
익명 정보 처리자	- 업무를 목적으로 개인정보를 익명 처리하여 활용 또는 제공하는 공공기관, 법인, 단체 및 개인 등

2) 근거

구분	상세 내용
개인정보 보호법	제3조(개인정보 보호 원칙) 〈생략〉 ⑦ 개인정보처리자는 개인정보를 익명 또는 가명으로 처리하여도 개인정보 수집목적을 달성할 수 있는 경우 익명 처리가 가능한 경우에는 익명에 의하여, 익명 처리로 목적을 달성할 수 없는 경우에는 가명에 의하여 처리될 수 있도록 하여야 한다.

3) 익명 처리 절차 개념도

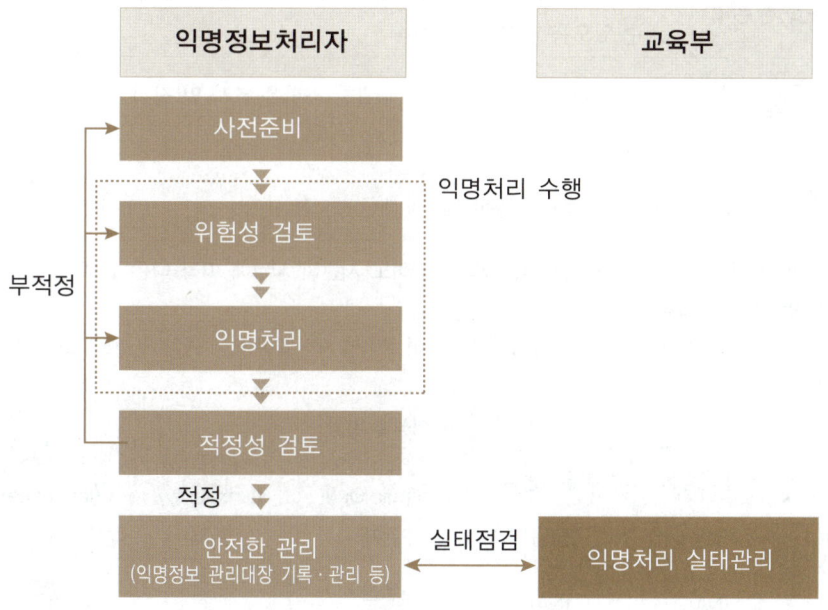

※ 출처: 개인정보보호위원회, 교육분야 가명·익명 정보 처리 가이드라인, p.43.

4) 주요 내용

구분	상세 내용	
익명 처리 원칙		– 개인식별정보는 삭제하고, 개인식별가능정보는 원칙적으로 삭제하되 데이터 이용 목적상 꼭 필요한 경우에는 안전한 방식으로 익명 처리 필요 – 익명 처리 업무를 수행하는 자는 익명 처리 대상 개인정보를 처리하는 업무 수행 금지. 다만, 불가피한 사유가 있을 경우 보완통제 대책을 수립하여 관리자의 승인하에 제한적으로 취급 가능 – 개인정보처리자는 익명 정보 적정성 검토를 수행하는 경우 가명정보 적정성 검토 위원회와 동일한 절차로 구성하여 운영 가능 – 익명 정보처리자는 '**익명 정보 관리대장**'(별지 6)을 기록·관리하고 개인정보처리자는 **연 1회 이상 점검**(해당 시) ※ 익명 정보 관리대장 포함 사항 : 익명 처리한 날짜, 익명 정보의 항목, 익명 처리한 사유와 근거, 익명 정보를 제3자에게 제공한 경우 제공받은 자와 제한사항(공개한 경우 공개처 등) – 개인정보가 포함된 데이터는 특정 개인을 식별할 수 있는 요소를 삭제하거나 익명 처리(적정성 검토 포함) 후 개방 ※ 이미 개방한 데이터가 다른 정보와 결합하여 개인 식별이 가능한지 여부 등을 주기적으로 모니터링 한 후 재식별이 되는 경우 해당 개인정보 삭제 또는 익명 처리
익명 처리 절차	사전준비	– 익명 처리 목적을 명확히 정의하고 익명 처리 대상 개인정보 선정
	익명 처리 수행	– 익명 처리 수준을 정의하고 수준에 맞도록 익명 처리 기법을 활용하여 개인정보를 익명 처리
	적정성 검토	– 익명 처리 수준 등에 맞는 익명 처리가 되었는지 여부 및 익명 정보 내 **개인정보 식별 여부 및 재식별 가능성 검토**
	안전한 관리	– 익명 처리된 익명 정보에 대해 기록·관리하고 재식별 발생 시 대응할 수 있도록 대책 수립 가능
	익명 처리 실태관리	– 익명 처리 기록·관리 등에 관한 사항을 조사 및 점검 실시

> **참고사항** 익명 정보 재식별 위험과 적정성 충족 여부에 대한 책임성
>
> - 개인정보는 익명 처리하여 익명 정보를 만들었다고 하여도 시간이 지남에 따라 다른 정보와 결합하여 개인정보가 재식별될 수 있다.
> - 시간이 지남에 따라 결합용이성과 입수가능성이 증가하여 유형별 재식별 위험이 증가(ISO/IEC 2089에 따른 분류 위험)

유형 구분	재식별 위험				
	식별가능성	복원가능성	특정가능성 (Single Out)	추론가능성 (Linkability)	연결가능성 (Inference)
가명정보	없음	없음	존재	존재	존재
익명 정보	– (NA)	– (NA)	없음	없음	없음

- 익명 정보 적정성 검토를 거쳤다고 하여도 개인정보 보호법 제58조의2에 해당하는 "개인을 알아볼 수 없는 정보"가 되었다는 **입증 책임은 개인정보처리자에 있다.**
- 따라서, 개인정보처리자는 익명 정보를 생성하는 경우 안전한 처리를 할 수 있도록 주의를 다해야 한다.

  ※ **입수가능성**: 두 가지 이상의 정보를 결합하기 위해 그 결합에 필요한 다른 정보에 **합법적으로** 접근하여 이에 대한 **지배력을 확보**할 수 있는 것으로, **해킹, 절취 등의 불법적인 방법으로 취득한** 정보는 **제외**한다.

  ※ 출처: 개인정보보호위원회, 교육분야 가명·익명 정보 처리 가이드라인, p.42.

17 법령 준수 미준수 과징금

1) 과징금 부과 및 검토사항

구분	상세 내용
근거	– 개인정보 보호법 제64조의2(과징금의 부과)
과징금의 부과	① 보호위원회는 다음 각호의 어느 하나에 해당하는 경우에는 해당 개인정보처리자에게 **전체 매출액의 100분의 3을 초과하지 아니하는 범위**에서 과징금을 부과할 수 있다. 다만, 매출액이 없거나 매출액의 산정이 곤란한 경우로서 대통령령으로 정하는 경우에는 **20억원**을 초과하지 아니하는 범위에서 과징금을 부과할 수 있다. 1. 제15조(개인정보의 **수집·이용**) 제1항, 제17조(개인정보의 **제공**) 제1항, 제18조(개인정보의 **목적 외 이용·제공 제한**) 제1항·제2항(제26조(업무**위탁**에 따른 개인정보의 **처리 제한**) 제8항에 따라 준용되는 경우를 포함한다) 또는 제19조(개인정보를 **제공받은 자의 이용·제공 제한**)를 위반하여 개인정보를 처리한 경우 2. 제22조의2(**아동**의 개인정보 보호) 제1항(제26조(업무위탁에 따른 개인정보의 처리 제한)) 제8항에 따라 준용되는 경우를 포함한다)을 위반하여 법정대리인의 동의를 받지 아니하고 만 14세 미만인 아동의 개인정보를 처리한 경우 3. 제23조(**민감정보**의 처리 제한) 제1항제1호(제26조제8항에 따라 준용되는 경우를 포함한다)를 위반하여 정보주체의 동의를 받지 아니하고 민감정보를 처리한 경우 4. 제24조(**고유식별정보**의 처리 제한) 제1항·제24조의2(주민등록번호 처리의 제한) 제1항(제26조(업무위탁에 따른 개인정보의 처리 제한) 제8항에 따라 준용되는 경우를 포함한다)을 위반하여 고유식별정보 또는 주민등록번호를 처리한 경우 5. 제26조(**업무위탁**에 따른 개인정보의 처리 제한) 제4항에 따른 관리·감독 또는 교육을 소홀히 하여 수탁자가 이 법의 규정을 위반한 경우

구분	상세 내용
과징금의 부과	6. 제28조의5(가명정보 처리 시 금지의무 등) 제1항(제26조제8항에 따라 준용되는 경우를 포함한다)을 위반하여 특정 개인을 알아보기 위한 목적으로 정보를 처리한 경우 7. 제28조의8(개인정보의 국외 이전) 제1항(제26조제8항 및 제28조의11에 따라 준용되는 경우를 포함한다)을 위반하여 개인정보를 국외로 이전한 경우 8. 제28조의9(개인정보의 국외 이전 중지 명령) 제1항(제26조제8항 및 제28조의11에 따라 준용되는 경우를 포함한다)을 위반하여 국외 이전 중지 명령을 따르지 아니한 경우 9. 개인정보처리자가 처리하는 개인정보가 분실·도난·유출·위조·변조·훼손된 경우. 다만, 개인정보가 분실·도난·유출·위조·변조·훼손되지 아니하도록 개인정보처리자가 제29조(안전조치의무)(제26조제8항에 따라 준용되는 경우를 포함한다)에 따른 안전성 확보에 필요한 조치를 다한 경우에는 그러하지 아니하다. ② 보호위원회는 제1항에 따른 과징금을 부과하려는 경우 전체 매출액에서 위반행위와 관련이 없는 매출액을 제외한 매출액을 기준으로 과징금을 산정한다. ③ 보호위원회는 제1항에 따른 과징금을 부과하려는 경우 개인정보처리자가 정당한 사유 없이 매출액 산정자료의 제출을 거부하거나 거짓의 자료를 제출한 경우에는 해당 개인정보처리자의 전체 매출액을 기준으로 산정하되 해당 개인정보처리자 및 비슷한 규모의 개인정보처리자의 개인정보 보유 규모, 재무제표 등 회계자료, 상품·용역의 가격 등 영업현황 자료에 근거하여 매출액을 추정할 수 있다.
위반행위 과징금 부과 시 검토사항	④ 보호위원회는 제1항에 따른 과징금을 부과하는 경우에는 위반행위에 상응하는 비례성과 침해 예방에 대한 효과성이 확보될 수 있도록 다음 각호의 사항을 고려하여야 한다. 1. 위반행위의 내용 및 정도 2. 위반행위의 기간 및 횟수 3. 위반행위로 인하여 취득한 이익의 규모 4. 암호화 등 안전성 확보 조치 이행 노력 5. 개인정보가 분실·도난·유출·위조·변조·훼손된 경우 위반행위와의 관련성 및 분실·도난·유출·위조·변조·훼손의 규모 6. 위반행위로 인한 피해의 회복 및 피해 확산 방지 조치의 이행 여부 7. 개인정보처리자의 업무 형태 및 규모 8. 개인정보처리자가 처리하는 개인정보의 유형과 정보주체에게 미치는 영향 9. 위반행위로 인한 정보주체의 피해 규모 10. 개인정보 보호 인증, 자율적인 보호 활동 등 개인정보 보호를 위한 노력 11. 보호위원회와의 협조 등 위반행위를 시정하기 위한 조치 여부

구분	상세 내용
과징금의 부과 예외	⑤ 보호위원회는 다음 각호의 어느 하나에 해당하는 사유가 있는 경우에는 과징금을 부과하지 아니할 수 있다. 1. 지급불능·지급정지 또는 자본잠식 등의 사유로 객관적으로 과징금을 낼 능력이 없다고 인정되는 경우 2. 본인의 행위가 위법하지 아니한 것으로 잘못 인식할 만한 정당한 사유가 있는 경우 3. 위반행위의 내용·정도가 경미하거나 산정된 과징금이 소액인 경우 4. 그밖에 정보주체에게 피해가 발생하지 아니하였거나 경미한 경우로서 대통령령(개인정보 보호법 시행령 제60조의2(과징금의 산정기준 등))으로 정하는 사유가 있는 경우
산정기준·산정절차	⑥ 제1항에 따른 과징금은 제2항부터 제5항까지를 고려하여 산정하되, 구체적인 산정기준과 산정절차는 대통령령으로 정한다.
가산금 징수	⑦ 보호위원회는 제1항에 따른 과징금을 내야 할 자가 납부기한까지 이를 내지 아니하면 납부기한의 다음 날부터 내지 아니한 과징금의 연 <u>100분의 6</u>에 해당하는 가산금을 징수한다. 이 경우 가산금을 징수하는 기간은 <u>60개월을 초과하지 못한다.</u> ⑧ 보호위원회는 제1항에 따른 과징금을 내야 할 자가 납부기한까지 내지 아니한 경우에는 기간을 정하여 독촉하고, 독촉으로 지정한 기간 내에 과징금과 제7항에 따른 가산금을 내지 아니하면 국세강제징수의 예에 따라 징수한다. 〈생략〉

2) 과징금 부과기준

구분	상세 내용
근거	- 개인정보 보호법 시행령 제30조의2(과징금의 산정기준 등) - 개인정보 보호 법규 위반에 대한 과징금 부과기준(개인정보보호위원회고시 제2020-6호)
기준금액	<table><tr><th>위반행위의 중대성</th><th>기준금액</th></tr><tr><td>매우 중대한 위반행위</td><td>3억 6천만원</td></tr><tr><td>중대한 위반행위</td><td>2억 6천만원</td></tr><tr><td>보통 위반행위</td><td>2억원</td></tr></table>

구분	상세 내용

관련 매출액의 산정	① 관련 매출액은 위반 정보통신서비스 제공자 등의 위반행위로 인하여 직접 또는 간접적으로 영향을 받는 서비스의 **직전 3개 사업년도의 연평균** 매출액으로 한다.
	② 제1항에 따른 관련 매출액 산정 시 서비스의 범위는 「전기통신사업법」 제5조를 1. 기준으로 판단하되, 구체적인 판단에 있어서는 다음 각호의 사항을 고려하여야 한다.
	  1. <u>서비스 제공 방식</u>
	  2. <u>서비스 가입 방법</u>(서비스 가입 시 온라인 가입인지 오프라인 가입인지 여부 및 하나의 사업자가 수개의 웹사이트를 운영하는 경우 독립되어 각각 별개의 가입을 요구하는지 여부 등을 의미한다)
	  3. <u>이용약관에서 규정한 서비스 범위</u>
	  4. <u>개인정보 데이터베이스 관리 조직·인력 및 시스템 운영 방식</u>
	③ 서비스에 대한 매출액은 회계자료를 참고하여 정하되, 이를 통해 위반행위와 관련한 서비스의 매출액을 산정하기 곤란한 경우에는 해당 정보통신서비스 제공자 등의 과거 실적, 동종 유사 역무제공사업자의 과거 실적, 사업계획, 그밖에 시장상황 등을 종합적으로 고려하여 매출액을 산정할 수 있다.

중대성의 판단	① 영 [별표 1의5] 2. 가. 1)에 따른 위반행위의 중대성의 판단기준 중 고의·중과실 여부는 영리 목적의 유무, 영 제48조의2에 따른 안전성 확보 조치 이행 여부 등을 고려하여 판단한다.
	② 위반 정보통신서비스 제공자 등에게 고의·중과실이 없으면 위반행위의 중대성을 보통 위반행위로 판단한다.
	③ 위반 정보통신서비스 제공자 등에게 고의·중과실이 있으면 위반행위의 중대성을 매우 중대한 위반행위로 판단한다. 다만, 위반행위의 결과가 다음 각호의 사항 중 모두 해당하는 경우에는 보통 위반행위로, 1개 이상 2개 이하에 해당하는 경우에는 중대한 위반행위로 감경한다.
	  1. 위반 정보통신서비스 제공자 등이 위반행위로 인해 <u>직접적으로 이득을 취득하지 않은 경우</u>
	  2. 위반행위로 인한 개인정보의 피해 규모가 위반 정보통신서비스 제공자 등이 보유하고 있는 <u>개인정보의 100분의 5 이내인 경우</u>
	  3. <u>이용자의 개인정보가 공중에 노출되지 않은 경우</u>

위반기간의 산정	① 제6조제1항에 따른 위반기간은 위반행위의 개시일부터 종료일까지의 기간을 말한다. 다만, 위반행위가 과징금 부과처분을 명하는 개인정보보호위원회의 심의종결일까지 종료되지 아니한 경우에는 해당 사건에 대한 개인정보보호위원회의 심의종결일을 위반행위의 종료일로 본다. ② 제1항에 따른 위반기간을 산정하면서 위반행위의 개시일 또는 종료일이 불분명한 경우에는 위반 정보통신서비스 제공자 등의 영업·재무 관련 자료, 임직원·이용자 등의 진술, 동종 유사 정보통신서비스 제공자 등의 영업 및 거래실태·관행 등을 고려하여 이를 산정할 수 있다.

구분	상세 내용

필수적
가중 · 감경
	① 위반기간을 고려하여 다음 각호와 같이 과징금을 조정한다.
	  1. 단기 위반행위: 위반기간이 1년 이내인 경우는 기준금액을 유지한다.
	  2. 중기 위반행위: 위반기간이 1년 초과 2년 이내인 경우에는 기준금액의 100분의 25에 해당하는 금액을 가산한다.
	  3. 장기 위반행위: 위반기간이 2년을 초과하는 경우에는 기준금액의 100분의 50에 해당하는 금액을 가산한다.
	② 위반횟수를 고려하여 다음 각호와 같이 과징금을 조정한다.
	  1. 최초 위반행위: 위반 정보통신서비스 제공자 등이 최근 3년간 법 제39조의15제1항 각호에 해당하는 행위로 과징금 처분을 받은 적이 없는 경우에는 제1항에 따른 조정을 거친 금액에서 기준금액의 100분의 50에 해당하는 금액을 감경한다.
	  2. 2회 이상의 위반행위: 위반 정보통신서비스 제공자 등이 최근 3년간 법 제39조의15제1항 각호에 해당하는 행위로 1회 이상의 과징금 처분을 받은 경우에는 제1항에 따른 조정을 거친 금액을 유지한다.
	③ 제2항에서 과거 위반횟수를 산정할 때에는 시정조치 명령이나 과징금 부과의 무효 또는 취소판결이 확정된 건을 제외한다.

추가적 가중 · 감경	개인정보보호위원회는 사업자의 위반행위 주도 여부, 조사 협력 여부 등을 고려하여 필수적 가중 · 감경을 거친 금액의 100분의 50의 범위 내에서 [별표]에 따라 추가적으로 가중하거나 감경할 수 있다.
시정조치의 명령	개인정보보호위원회는 과징금 부과와 함께 법 제64조제1항에 따라 해당 위반행위의 중지나 시정을 위하여 필요한 시정조치를 명할 수 있으며, 위반 정도가 경미하다고 판단되는 경우에는 과징금 부과를 시정조치의 명령으로 갈음할 수 있다.

3) 과징금과 과태료의 비교

구분	상세 내용
과징금 개념	– 법규 위반으로 얻은 경제적 이익을 환수, 일반적으로 법규를 위반하여 얻은 이익을 반환 성격
과태료 개념	– 행정법상 의무 위반에 대해 부과되며, 형사 처벌의 성격이 없고 전과 이력 없음
과징금 및 과태료	– 개인정보가 분실 · 도난 · 유출 · 위조 · 변조 · 훼손된 경우 전체 매출액의 100분의 3을 초과하지 아니하는 범위에서 과징금(법 제64조의2제1항제9호) – 3천만원 이하의 과태료(법 제75조제2항제5호)

18 개인정보의 수집, 이용, 제공 등

1) 개인정보의 수집·이용 ★

구분	상세 내용
근거	- 개인정보 보호법 제15조(개인정보의 수집·이용) - 개인정보 보호법 시행령 제14조의2(개인정보의 추가적인 이용·제공의 기준 등)
개인정보의 수집	① 개인정보처리자는 다음 각호의 어느 하나에 해당하는 경우에는 개인정보를 수집할 수 있으며 그 수집 목적의 범위에서 이용할 수 있다. 1. **정보주체의 동의**를 받은 경우 2. **법률에 특별한 규정**이 있거나 법령상 의무를 준수하기 위하여 **불가피한 경우** 3. **공공기관**이 법령 등에서 정하는 **소관 업무의 수행**을 위하여 **불가피한 경우** 4. **정보주체와 체결한 계약**을 이행하거나 **계약을 체결하는 과정**에서 **정보주체의 요청**에 따른 조치를 이행하기 위하여 필요한 경우 5. **명백히 정보주체 또는 제3자의 급박한 생명, 신체, 재산의 이익**을 위하여 필요하다고 인정되는 경우 6. **개인정보처리자의 정당한 이익을 달성**하기 위하여 필요한 경우로서 **명백하게 정보주체의 권리보다 우선하는 경우**. 이 경우 개인정보처리자의 정당한 이익과 상당한 관련이 있고 합리적인 범위를 초과하지 아니하는 경우에 한한다. 7. 공중위생 등 공공의 안전과 안녕을 위하여 긴급히 필요한 경우
개인정보 수집 동의 항목	② 개인정보처리자는 제1항제1호에 따른 동의를 받을 때에는 다음 각호의 사항을 정보주체에게 알려야 한다. 다음 각호의 어느 하나의 사항을 변경하는 경우에도 이를 알리고 동의를 받아야 한다. 1. 개인정보의 **수집·이용 목적** 2. 수집하려는 개인정보의 **항목** 3. 개인정보의 **보유 및 이용 기간** 4. **동의를 거부할 권리가 있다는 사실 및 동의 거부에 따른 불이익이 있는 경우 그 불이익의 내용**
개인정보의 동의 예외	③ 개인정보처리자는 당초 수집 목적과 합리적으로 관련된 범위에서 정보주체에게 불이익이 발생하는지 여부, 암호화 등 안전성 확보에 필요한 조치를 하였는지 여부 등을 고려하여 **대통령령(제14조의2)** 으로 정하는 바에 따라 **정보주체의 동의 없이** 개인정보를 이용할 수 있다. 〈제14조의2(개인정보의 추가적인 이용·제공의 기준 등)〉 ① 개인정보처리자는 법 제15조제3항 또는 제17조제4항에 따라 정보주체의 동의 없이 개인정보를 이용 또는 제공(이하 "개인정보의 추가적인 이용 또는 제공"이라 한다)하려는 경우에는 다음 각호의 사항을 고려해야 한다.

구분	상세 내용
개인정보의 동의 예외	1. 당초 수집 목적과 관련성이 있는지 여부 2. 개인정보를 수집한 정황 또는 처리 관행에 비추어 볼 때 개인정보의 추가적인 이용 또는 제공에 대한 예측 가능성이 있는지 여부 3. 정보주체의 이익을 부당하게 침해하는지 여부 4. 가명처리 또는 암호화 등 안전성 확보에 필요한 조치를 하였는지 여부 ② 개인정보처리자는 개인정보의 추가적인 이용 또는 제공이 지속적으로 발생하는 경우에는 제1항 각호의 고려사항에 대한 판단 기준을 법 제30조제1항에 따른 개인정보 처리 방침에 공개하고, 법 제31조제1항에 따른 개인정보 보호책임자가 해당 기준에 따라 개인정보의 추가적인 이용 또는 제공을 하고 있는지 여부를 점검해야 한다.

2) 개인정보의 수집 제한

구분	상세 내용
근거	– 개인정보 보호법 제16조(개인정보의 수집 제한)
개인정보의 수집 최소화	① 개인정보처리자는 제15조제1항 각호의 어느 하나에 해당하여 개인정보를 수집하는 경우에는 그 목적에 필요한 최소한의 개인정보를 수집하여야 한다. 이 경우 최소한의 개인정보 수집이라는 입증책임은 개인정보처리자가 부담한다.
동의 거부 구체적 고지	② 개인정보처리자는 정보주체의 동의를 받아 개인정보를 수집하는 경우 필요한 최소한의 정보 외의 개인정보 수집에는 동의하지 아니할 수 있다는 사실을 구체적으로 알리고 개인정보를 수집하여야 한다.
서비스 제공 거부 불가	③ 개인정보처리자는 정보주체가 필요한 최소한의 정보 외의 개인정보 수집에 동의하지 아니한다는 이유로 정보주체에게 재화 또는 서비스의 제공을 거부하여서는 아니 된다.

3) 개인정보의 제공

구분	상세 내용
근거	– 개인정보 보호법 제17조(개인정보의 제공)
개인정보의 제공 범위	① 개인정보처리자는 다음 각호의 어느 하나에 해당하는 경우에는 정보주체의 개인정보를 제3자에게 제공(공유를 포함한다. 이하 같다)할 수 있다. 1. 정보주체의 동의를 받은 경우 2. 제15조제1항제2호, 제3호 및 제5호부터 제7호까지에 따라 개인정보를 수집한 목적 범위에서 개인정보를 제공하는 경우

구분	상세 내용
제공 동의	② 개인정보처리자는 제1항제1호에 따른 동의를 받을 때에는 다음 각호의 사항을 정보주체에게 알려야 한다. 다음 각호의 어느 하나의 사항을 변경하는 경우에도 이를 알리고 동의를 받아야 한다. 1. 개인정보를 제공받는 자 2. 개인정보를 제공받는 자의 개인정보 이용 목적 3. 제공하는 개인정보의 항목 4. 개인정보를 제공받는 자의 개인정보 보유 및 이용 기간 5. 동의를 거부할 권리가 있다는 사실 및 동의 거부에 따른 불이익이 있는 경우 그 불이익의 내용 ③ 삭제
서비스 제공 거부 불가	④ 개인정보처리자는 당초 수집 목적과 합리적으로 관련된 범위에서 정보주체에게 불이익이 발생하는지 여부, 암호화 등 안전성 확보에 필요한 조치를 하였는지 여부 등을 고려하여 대통령령으로 정하는 바에 따라 정보주체의 동의 없이 개인정보를 제공할 수 있다.

4) 개인정보의 목적 외 이용·제공 제한 ★

구분	상세 내용
근거	– 개인정보 보호법 제18조(개인정보의 목적 외 이용·제공 제한)
범위 초과 제3자 제공 금지	① 개인정보처리자는 개인정보를 제15조제1항에 따른 범위를 초과하여 이용하거나 제17조제1항 및 제28조의8제1항에 따른 범위를 초과하여 제3자에게 제공하여서는 아니 된다.
제공하는 경우	② 제1항에도 불구하고 개인정보처리자는 다음 각호의 어느 하나에 해당하는 경우에는 정보주체 또는 제3자의 이익을 부당하게 침해할 우려가 있을 때를 제외하고는 개인정보를 목적 외의 용도로 이용하거나 이를 제3자에게 제공할 수 있다. 다만, 제5호부터 제9호까지에 따른 경우는 공공기관의 경우로 한정한다. 1. 정보주체로부터 별도의 동의를 받은 경우 2. 다른 법률에 특별한 규정이 있는 경우 3. 명백히 정보주체 또는 제3자의 급박한 생명, 신체, 재산의 이익을 위하여 필요하다고 인정한 경우 4. 삭제
공공기관 한정 ★	5. 개인정보를 목적 외의 용도로 이용하거나 이를 제3자에게 제공하지 아니하면 다른 법률에서 정하는 소관 업무를 수행할 수 없는 경우로서 보호위원회의 심의·의결을 거친 경우 6. 조약, 그 밖의 국제협정의 이행을 위하여 외국정부 또는 국제기구에 제공하기 위하여 필요한 경우 7. 범죄의 수사와 공소의 제기 및 유지를 위하여 필요한 경우 8. 법원의 재판업무 수행을 위하여 필요한 경우 9. 형(刑) 및 감호, 보호처분의 집행을 위하여 필요한 경우 10. 공중위생 등 공공의 안전과 안녕을 위하여 긴급히 필요한 경우

구분	상세 내용
정보주체 동의 (고지 요건)★	③ 개인정보처리자는 제2항제1호에 따른 동의를 받을 때에는 다음 각호의 사항을 정보주체에게 알려야 한다. 다음 각호의 어느 하나의 사항을 변경하는 경우에도 이를 알리고 동의를 받아야 한다. 1. 개인정보를 제공받는 자 2. 개인정보의 이용 목적(제공 시에는 제공받는 자의 이용 목적을 말한다) 3. 이용 또는 제공하는 개인정보의 항목 4. 개인정보의 보유 및 이용 기간(제공 시에는 제공받는 자의 보유 및 이용 기간을 말한다) 5. 동의를 거부할 권리가 있다는 사실 및 동의 거부에 따른 불이익이 있는 경우에 그 불이익 내용
게시 의무	④ 공공기관은 제2항제2호부터 제6호까지, 제8호부터 제10호까지에 따라 개인정보를 목적 외의 용도로 이용하거나 이를 제3자에게 제공하는 경우에는 그 이용 또는 제공의 법적 근거, 목적 및 범위 등에 관하여 필요한 사항을 보호위원회가 고시로 정하는 바에 따라 관보 또는 인터넷 홈페이지 등에 게재하여야 한다.
안전성 확보 조치 의무	⑤ 개인정보처리자는 제2항 각호의 어느 하나의 경우에 해당하여 개인정보를 목적 외의 용도로 제3자에게 제공하는 경우에는 개인정보를 제공받는 자에게 이용 목적, 이용 방법, 그밖에 필요한 사항에 대하여 제한을 하거나, 개인정보의 안전성 확보를 위하여 필요한 조치를 마련하도록 요청하여야 한다. 이 경우 요청을 받은 자는 개인정보의 안전성 확보를 위하여 필요한 조치를 하여야 한다.

5) 개인정보를 제공받은 자의 이용·제공 제한

구분	상세 내용
근거	– 개인정보 보호법 제19조(개인정보를 제공받은 자의 이용·제공 제한)
목적 외 제공 금지	– 개인정보처리자로부터 개인정보를 제공받은 자는 다음 각호의 어느 하나에 해당하는 경우를 제외하고는 개인정보를 제공받은 목적 외의 용도로 이용하거나 이를 제3자에게 제공하여서는 아니 된다.
예외사항	1. 정보주체로부터 별도의 동의를 받은 경우 2. 다른 법률에 특별한 규정이 있는 경우

6) 정보주체 이외로부터 수집한 개인정보의 수집 출처 등 통지 ★

① 개인정보 보호법 제20조(정보주체 이외로부터 수집한 개인정보의 수집 출처 등 통지)

구분	상세 내용
정보주체 요구 시 수집 출처 등 통지	① 개인정보처리자가 정보주체 이외로부터 수집한 개인정보를 처리하는 때에는 정보주체의 요구가 있으면 즉시 다음 각호의 모든 사항을 정보주체에게 알려야 한다. 1. 개인정보의 수집 출처 2. 개인정보의 처리 목적 3. 제37조(개인정보의 처리 정지 등)에 따른 개인정보 처리의 정지를 요구하거나 동의를 철회할 권리가 있다는 사실
매출 규모를 고려한 통지	② 제1항에도 불구하고 처리하는 개인정보의 종류·규모, 종업원 수 및 매출액 규모 등을 고려하여 대통령령으로 정하는 기준에 해당하는 개인정보처리자가 제17조(개인정보의 제공) 제1항제1호에 따라 정보주체 이외로부터 개인정보를 수집하여 처리하는 때에는 제1항 각호의 모든 사항을 정보주체에게 알려야 한다. 다만, 개인정보처리자가 수집한 정보에 연락처 등 정보주체에게 알릴 수 있는 개인정보가 포함되지 아니한 경우에는 그러하지 아니하다.
시행령 참고	③ 제2항 본문에 따라 알리는 경우 정보주체에게 알리는 시기·방법 및 절차 등 필요한 사항은 대통령령으로 정한다.
정보주체 권리보다 우선 적용	④ 제1항과 제2항 본문은 다음 각호의 어느 하나에 해당하는 경우에는 적용하지 아니한다. 다만, 이 법에 따른 정보주체의 권리보다 명백히 우선하는 경우에 한한다. 1. 통지를 요구하는 대상이 되는 개인정보가 제32조제2항 각호의 어느 하나에 해당하는 개인정보파일에 포함되어 있는 경우 ※ 제32조(개인정보파일의 등록 및 공개) 2항 각호 2. 통지로 인하여 다른 사람의 생명·신체를 해할 우려가 있거나 다른 사람의 재산과 그 밖의 이익을 부당하게 침해할 우려가 있는 경우 ② 다음 각호의 어느 하나에 해당하는 개인정보파일에 대하여는 제1항을 적용하지 아니한다. 1. 국가 안전, 외교상 비밀, 그밖에 국가의 중대한 이익에 관한 사항을 기록한 개인정보파일 2. 범죄의 수사, 공소의 제기 및 유지, 형 및 감호의 집행, 교정처분, 보호처분, 보안관찰처분과 출입국관리에 관한 사항을 기록한 개인정보파일 3. 「조세범처벌법」에 따른 범칙행위 조사 및 「관세법」에 따른 범칙행위 조사에 관한 사항을 기록한 개인정보파일 4. 일회적으로 운영되는 파일 등 지속적으로 관리할 필요성이 낮다고 인정되어 대통령령으로 정하는 개인정보파일 5. 다른 법령에 따라 비밀로 분류된 개인정보파일

② 표준 개인정보 보호지침 제9조(개인정보 수집 출처 등 통지)

구분	상세 내용
근거	– 개인정보 보호법 시행령 제15조의2(개인정보 수집 출처 등 통지 대상·방법·절차)
통지 의무자	① 법 제20조제2항 본문에서 "대통령령으로 정하는 기준에 해당하는 개인정보처리자"란 다음 각호의 어느 하나에 해당하는 개인정보처리자를 말한다. 이 경우 다음 각호에 규정된 정보주체의 수는 전년도 말 기준 직전 3개월간 일일평균을 기준으로 산정한다. 1. 5만명 이상의 정보주체에 관하여 법 제23조에 따른 민감정보(이하 "민감정보"라 한다) 또는 법 제24조제1항에 따른 고유식별정보(이하 "고유식별정보"라 한다)를 처리하는 자 2. 100만명 이상의 정보주체에 관하여 개인정보를 처리하는 자
통지 방법 및 절차	② 제1항 각호의 어느 하나에 해당하는 개인정보처리자는 법 제20조제1항 각호의 사항을 다음 각호의 어느 하나에 해당하는 방법으로 개인정보를 제공받은 날부터 3개월 이내에 정보주체에게 알려야 한다. 다만, 법 제17조제2항제1호부터 제4호까지의 사항에 대하여 같은 조 제1항제1호에 따라 정보주체의 동의를 받은 범위에서 연 2회 이상 주기적으로 개인정보를 제공받아 처리하는 경우에는 개인정보를 제공받은 날부터 3개월 이내에 정보주체에게 알리거나 그 동의를 받은 날부터 기산하여 연 1회 이상 정보주체에게 알려야 한다. 〈개정 2023. 9. 12.〉 1. 서면·전자우편·전화·문자전송 등 정보주체가 통지 내용을 쉽게 확인할 수 있는 방법 2. 재화 및 서비스를 제공하는 과정에서 정보주체가 쉽게 알 수 있도록 알림창을 통해 알리는 방법
함께 처리	③ 개인정보처리자는 법 제20조제2항에 따라 개인정보의 수집 출처 등에 관한 사항을 알리는 것과 법 제20조의2제1항에 따른 이용·제공 내역의 통지를 함께 할 수 있다. 1. 법 제20조제2항에 따른 개인정보의 수집 출처 등 통지 2. 법 제20조의2제1항에 따른 개인정보 이용·제공 내역의 통지 3. 제42조의6제10항 본문에 따른 전송 요구대상정보 전송 내역의 통지
보관 관리	④ 제1항 각호의 어느 하나에 해당하는 개인정보처리자는 제2항에 따라 알린 경우 다음 각호의 사항을 법 제21조 또는 제37조제5항에 따라 해당 개인정보를 파기할 때까지 보관·관리하여야 한다. 1. 정보주체에게 알린 사실, 2. 알린 시기, 3. 알린 방법

③ 표준 개인정보 보호지침 제9조(개인정보 수집 출처 등 통지)

구분	상세 내용
정보주체 통지 기간	① 개인정보처리자가 정보주체 이외로부터 수집한 개인정보를 처리하는 때에는 정당한 사유가 없는 한 정보주체의 요구가 있는 날로부터 3일 이내에 법 제20조제1항 각호의 모든 사항을 정보주체에게 알려야 한다.
예외	다만, 다음 각호의 어느 하나에 해당하는 경우에는 그러하지 아니하다. 1. 통지를 요구하는 대상이 되는 개인정보가 법 제32조제2항 각호의 어느 하나에 해당하는 개인정보파일에 포함되어 있는 경우 2. 통지로 인하여 다른 사람의 생명·신체를 해할 우려가 있거나 다른 사람의 재산과 그 밖의 이익을 부당하게 침해할 우려가 있는 경우
거부 통지	② 개인정보처리자는 제1항 단서에 따라 제1항 전문에 따른 정보주체의 요구를 거부하는 경우에는 정당한 사유가 없는 한 정보주체의 요구가 있는 날로부터 3일 이내에 그 거부의 근거와 사유를 정보주체에게 알려야 한다.

7) 개인정보 이용·제공 내역의 통지

구분	상세 내용
근거	– 개인정보 보호법 제20조의2(개인정보 이용·제공 내역의 통지)
목적 외 이용 제공 금지	– 개인정보처리자로부터 개인정보를 제공받은 자는 다음 각호의 어느 하나에 해당하는 경우를 제외하고는 개인정보를 제공받은 목적 외의 용도로 이용하거나 이를 제3자에게 제공하여서는 아니 된다.
예외 사항	1. 정보주체로부터 별도의 동의를 받은 경우 2. 다른 법률에 특별한 규정이 있는 경우

8) 개인정보의 파기

구분	상세 내용
근거	– 개인정보 보호법 제21조(개인정보의 파기)
파기 의무	① 개인정보처리자는 보유 기간의 경과, 개인정보의 처리 목적 달성, 가명정보의 처리 기간 경과 등 그 개인정보가 불필요하게 되었을 때에는 지체 없이 그 개인정보를 파기하여야 한다.
파기 예외	다만, 다른 법령에 따라 보존하여야 하는 경우에는 그러하지 아니하다.
복구 및 재생 불가 조치	② 개인정보처리자가 제1항에 따라 개인정보를 파기할 때에는 복구 또는 재생되지 아니하도록 조치하여야 한다.

구분	상세 내용
보존 시 분리·저장관리	③ 개인정보처리자가 제1항 단서에 따라 개인정보를 파기하지 아니하고 보존하여야 하는 경우에는 해당 개인정보 또는 개인정보파일을 다른 개인정보와 분리하여서 저장·관리하여야 한다.
파기 방법	④ 개인정보의 파기 방법 및 절차 등에 필요한 사항은 대통령령으로 정한다. → 시행령 제16조(개인정보의 파기 방법) 참고

9) 아동의 개인정보 보호

구분	상세 내용
근거	– 개인정보 보호법 제22조의2(아동의 개인정보 보호) – 개인정보 보호법 시행령 제17조의2(아동의 개인정보 보호)
법정대리인의 동의	① 개인정보처리자는 만 14세 미만 아동의 개인정보를 처리하기 위하여 이 법에 따른 동의를 받아야 할 때에는 그 법정대리인의 동의를 받아야 하며, 법정대리인이 동의하였는지를 확인하여야 한다.
법정대리인정보 수집 가능	② 제1항에도 불구하고 법정대리인의 동의를 받기 위하여 필요한 최소한의 정보로서 대통령령으로 정하는 정보는 법정대리인의 동의 없이 해당 아동으로부터 직접 수집할 수 있다.
고지 유의사항	③ 개인정보처리자는 만 14세 미만의 아동에게 개인정보 처리와 관련한 사항의 고지 등을 할 때에는 이해하기 쉬운 양식과 명확하고 알기 쉬운 언어를 사용하여야 한다.
시행령으로 정함	④ 제1항부터 제3항까지에서 규정한 사항 외에 동의 및 동의 확인 방법 등에 필요한 사항은 대통령령으로 정한다.

대통령령
(시행령)
	제17조의2(아동의 개인정보 보호)
	① 개인정보처리자는 법 제22조의2제1항에 따라 법정대리인이 동의했는지를 확인하는 경우에는 다음 각 호의 어느 하나에 해당하는 방법으로 해야 한다.
	  1. 동의 내용을 게재한 인터넷 사이트에 법정대리인이 동의 여부를 표시하도록 하고 개인정보처리자가 그 동의 표시를 확인했음을 법정대리인의 휴대전화 문자메시지로 알리는 방법
	  2. 동의 내용을 게재한 인터넷 사이트에 법정대리인이 동의 여부를 표시하도록 하고 법정대리인의 신용카드·직불카드 등의 카드정보를 제공받는 방법
	  3. 동의 내용을 게재한 인터넷 사이트에 법정대리인이 동의 여부를 표시하도록 하고 법정대리인의 휴대전화 본인인증 등을 통하여 본인 여부를 확인하는 방법

구분	상세 내용
대통령령 (시행령)	4. 동의 내용이 적힌 서면을 법정대리인에게 직접 발급하거나 우편 또는 팩스를 통하여 전달하고, 법정대리인이 동의 내용에 대하여 **서명날인** 후 제출하도록 하는 방법 5. 동의 내용이 적힌 전자우편을 발송하고 법정대리인으로부터 동의의 의사표시가 적힌 **전자우편**을 전송받는 방법 6. 전화를 통하여 동의 내용을 법정대리인에게 알리고 동의를 받거나 인터넷주소 등 동의 내용을 확인할 수 있는 방법을 안내하고 재차 **전화통화**를 통하여 동의를 받는 방법 7. 그밖에 제1호부터 제6호까지의 규정에 준하는 방법으로서 법정대리인에게 동의 내용을 알리고 동의의 의사표시를 확인하는 방법 ② 법 제22조의2제2항에서 "대통령령으로 정하는 정보"란 **법정대리인의 성명 및 연락처**에 관한 정보를 말한다. ③ 개인정보처리자는 개인정보 수집 매체의 특성상 동의 내용을 **전부 표시하기 어려운 경우**에는 인터넷주소 또는 사업장 전화번호 등 동의 내용을 확인할 수 있는 방법을 법정대리인에게 안내할 수 있다.

> **참고사항** 아동의 개인정보 보호에 대한 판례 중심 사례
>
> - 사건명 : 고등학교 교사의 학생 개인정보 목적 외 이용 사건
> - 주요 쟁점: 교사가 학생 개인정보(주소 등)를 본래 목적(담임교사 업무) 외로 사용하여 학부모에게 내용증명 발송
> - 판결 요지 및 시사점: 교사가 학생 개인정보를 수집·이용한 목적(담임교사 업무)이 종료된 후, 해당 정보를 사용해 학부모에게 내용증명을 발송한 것은 **개인정보 보호법 위반에 해당**. 목적 외 이용의 정당성·긴급성·보충성 요건을 충족하지 못해 유죄 판결. 아동의 개인정보는 목적 외로 사용할 수 없으며, 교육현장에서도 엄격한 보호가 필요함을 확인
> [선고 2017고합281, 2018. 2. 20. 판결 사례]

19 개인정보의 처리제한

1) 업무위탁에 따른 개인정보의 처리 제한

구분	상세 내용
근거	– 개인정보 보호법 제26조(업무위탁에 따른 개인정보의 처리 제한)
위탁 시 문서 포함 사항	① 개인정보처리자가 제3자에게 개인정보의 처리 업무를 위탁하는 경우에는 다음 각호의 내용이 포함된 <u>문서</u>로 하여야 한다. 1. 위탁업무 수행 목적 외 개인정보의 처리 금지에 관한 사항 2. 개인정보의 기술적·관리적 보호조치에 관한 사항 3. 그밖에 개인정보의 안전한 관리를 위하여 대통령령으로 정한 사항
공개 의무	② 제1항에 따라 개인정보의 처리 업무를 위탁하는 개인정보처리자(이하 "<u>위탁자</u>"라 한다)는 위탁하는 업무의 내용과 개인정보 처리 업무를 위탁받아 처리하는 자(개인정보 처리 업무를 위탁받아 처리하는 자로부터 위탁받은 업무를 다시 위탁받은 제3자를 포함하며, 이하 "<u>수탁자</u>"라 한다)를 정보주체가 언제든지 쉽게 확인할 수 있도록 대통령령으로 정하는 방법에 따라 공개하여야 한다. ③ 위탁자가 <u>재화 또는 서비스를 홍보하거나 판매를 권유</u>하는 업무를 <u>위탁</u>하는 경우에는 대통령령으로 정하는 방법에 따라 위탁하는 업무의 내용과 수탁자를 정보주체에게 알려야 한다. 위탁하는 업무의 내용이나 수탁자가 변경된 경우에도 또한 같다.
안전처리 감독 의무	④ 위탁자는 업무 위탁으로 인하여 정보주체의 개인정보가 분실·도난·유출·위조·변조 또는 훼손되지 아니하도록 수탁자를 교육하고, 처리 현황 점검 등 대통령령으로 정하는 바에 따라 <u>수탁자가 개인정보를 안전하게 처리하는지를 감독하여야 한다.</u>
업무 범위 초과 금지	⑤ 수탁자는 개인정보처리자로부터 위탁받은 해당 <u>업무 범위를 초과</u>하여 개인정보를 이용하거나 제3자에게 제공하여서는 <u>아니 된다.</u>
재위탁 시 동의 의무	⑥ 수탁자는 위탁받은 개인정보의 처리 업무를 제3자에게 다시 위탁하려는 경우에는 위탁자의 동의를 받아야 한다.
배상책임 시 수탁지위	⑦ 수탁자가 위탁받은 업무와 관련하여 개인정보를 처리하는 과정에서 이 법을 위반하여 발생한 손해배상책임에 대하여는 <u>수탁자를 개인정보처리자의 소속 직원으로 본다.</u>

2) 영업양도 등에 따른 개인정보의 이전 제한

구분	상세 내용
근거	- 개인정보 보호법 제27조(영업양도 등에 따른 개인정보의 이전 제한)
정보주체 고지 의무	① 개인정보처리자는 영업의 전부 또는 일부의 양도·합병 등으로 개인정보를 다른 사람에게 이전하는 경우에는 미리 다음 각호의 사항을 대통령령으로 정하는 방법에 따라 해당 정보주체에게 알려야 한다.
고지 내용	1. 개인정보를 이전하려는 사실 2. 개인정보를 이전받는 자(이하 "영업양수자 등"이라 한다)의 성명(법인의 경우에는 법인의 명칭을 말한다), 주소, 전화번호 및 그 밖의 연락처 3. 정보주체가 개인정보의 이전을 원하지 아니하는 경우 조치할 수 있는 방법 및 절차
양수자 고지 의무	② 영업양수자 등은 개인정보를 이전받았을 때에는 지체 없이 그 사실을 대통령령으로 정하는 방법에 따라 정보주체에게 알려야 한다.
고지 예외	다만, 개인정보처리자가 제1항에 따라 그 이전 사실을 이미 알린 경우에는 그러하지 아니하다.
동일 목적 범위 한정	③ 영업양수자 등은 영업의 양도·합병 등으로 개인정보를 이전받은 경우에는 이전 당시의 본래 목적으로만 개인정보를 이용하거나 제3자에게 제공할 수 있다.
양수자 지위	이 경우 영업양수자 등은 개인정보처리자로 본다.

3) 개인정보취급자에 대한 감독

구분	상세 내용
근거	- 개인정보 보호법 제28조(개인정보취급자에 대한 감독)
범위 제한 관리감독 의무	① 개인정보처리자는 개인정보를 처리함에 있어서 개인정보가 안전하게 관리될 수 있도록 임직원, 파견근로자, 시간제근로자 등 개인정보처리자의 지휘·감독을 받아 개인정보를 처리하는 자(이하 "개인정보취급자"라 한다)의 범위를 최소한으로 제한하고, 개인정보취급자에 대하여 적절한 관리·감독을 하여야 한다.
정기 교육	② 개인정보처리자는 개인정보의 적정한 취급을 보장하기 위하여 개인정보취급자에게 정기적으로 필요한 교육을 실시하여야 한다.

20 개인정보 보호책임자의 지정

1) 개인정보 보호책임자 지정 의무자 ★

구분	상세 내용
근거	- 개인정보 보호법 시행령 제32조(개인정보 보호책임자의 업무 및 지정요건 등)
공공기관 책임자 지정 요건	③ 개인정보처리자는 법 제31조제1항에 따라 개인정보 보호책임자를 지정하려는 경우에는 다음 각 호의 구분에 따라 지정한다 1. 공공기관: 다음 각 목의 구분에 따른 기준에 해당하는 공무원 등 　가. 국회, 법원, 헌법재판소, 중앙선거관리위원회의 행정사무를 처리하는 기관 및 중앙행정기관: 고위공무원단에 속하는 공무원(이하 "고위공무원"이라 한다) 또는 그에 상당하는 공무원 　나. 가목 외에 정무직공무원을 장(長)으로 하는 국가기관: 3급 이상 공무원(고위공무원을 포함한다) 또는 그에 상당하는 공무원 　다. 가목 및 나목 외에 고위공무원, 3급 공무원 또는 그에 상당하는 공무원 이상의 공무원을 장으로 하는 국가기관: 4급 이상 공무원 또는 그에 상당하는 공무원 　라. 가목부터 다목까지의 규정에 따른 국가기관 외의 국가기관(소속 기관을 포함한다): 해당 기관의 개인정보 처리 관련 업무를 담당하는 부서의 장 　마. 시·도 및 시·도 교육청: 3급 이상 공무원 또는 그에 상당하는 공무원 　바. 시·군 및 자치구: 4급 이상 공무원 또는 그에 상당하는 공무원 　사. 제2조제5호에 따른 각급 학교: 해당 학교의 행정사무를 총괄하는 사람. 다만, 제4항제2호에 해당하는 경우에는 교직원을 말한다. 　아. 가목부터 사목까지의 규정에 따른 기관 외의 공공기관: 개인정보 처리 관련 업무를 담당하는 부서의 장. 다만, 개인정보 처리 관련 업무를 담당하는 부서의 장이 2명 이상인 경우에는 해당 공공기관의 장이 지명하는 부서의 장이 된다.
공공기관 외 지정 요건	2. 공공기관 외의 개인정보처리자: 다음 각 목의 어느 하나에 해당하는 사람 　가. 사업주 또는 대표자, 나. 임원(임원이 없는 경우에는 개인정보 처리 관련 업무를 담당하는 부서의 장)
보호책임자 지정의무자	④ 다음 각호의 어느 하나에 해당하는 개인정보처리자(공공기관의 경우에는 제2조제2호부터 제5호까지에 해당하는 경우로 한정한다)는 제3항 각호의 구분에 따른 사람 중 별표 1에서 정하는 요건을 갖춘 사람을 개인정보 보호책임자로 지정해야 한다. 1. 연간 매출액 등이 1,500억원 이상인 자로서 다음 각 목의 어느 하나에 해당하는 자(제2조제5호에 따른 각급 학교 및 「의료법」 제3조에 따른 의료기관은 제외한다) 　가. 5만명 이상의 정보주체에 관하여 민감정보 또는 고유식별정보를 처리하는 자 　나. 100만명 이상의 정보주체에 관하여 개인정보를 처리하는 자 2. 직전 연도 12월 31일 기준으로 재학생 수(대학원 재학생 수를 포함한다)가 2만명 이상인 「고등교육법」 제2조에 따른 학교 3. 「의료법」 제3조의4에 따른 상급종합병원　4. 공공시스템운영기관

구분	상세 내용
보호위원회 교육지원	⑤ 보호위원회는 개인정보 보호책임자가 법 제31조제3항의 업무를 원활히 수행할 수 있도록 개인정보 보호책임자에 대한 교육과정을 개설·운영하는 등 지원을 할 수 있다.
독립성 보장	⑥ 개인정보처리자(법 제31조제2항에 따라 사업주 또는 대표자가 개인정보 보호책임자가 되는 경우는 제외한다)는 법 제31조제6항에 따른 개인정보 보호책임자의 독립성 보장을 위해 다음 각호의 사항을 준수해야 한다. 1. 개인정보 처리와 관련된 정보에 대한 개인정보 **보호책임자의 접근 보장** 2. 개인정보 보호책임자가 개인정보 보호 계획의 수립·시행 및 그 결과에 관하여 정기적으로 **대표자 또는 이사회에 직접 보고할 수 있는 체계의 구축** 3. 개인정보 보호책임자의 업무 수행에 적합한 **조직체계의 마련 및 인적·물적 자원의 제공**

2) 개인정보 보호책임자의 자격(제32조제4항 관련)

구분	상세 내용
개인정보 보호법 시행령 [별표 1]	1. 제32조제4항에 따라 개인정보 보호책임자로 지정되는 사람은 개인정보 보호 경력, 정보보호 경력, 정보기술 경력을 합하여 **총 4년 이상 보유**하고, 그중 개인정보 보호 경력을 **최소 2년 이상 보유**해야 한다. 2. 제1호에서 "개인정보 보호 경력"이란 공공기관, 기업체, 교육기관 및 연구기관 등에서 개인정보 보호 관련 정책 및 제도·개인정보 영향평가·개인정보 보호인증심사 등 개인정보 보호 업무를 수행한 경력, 개인정보 보호 관련 컨설팅 또는 법률자문 경력을 말한다. 3. 제1호에서 "정보보호 경력"이란 공공기관, 기업체, 교육기관 및 연구기관 등에서 정보보호를 위한 공통기반기술, 시스템·네트워크 보호, 응용서비스 보호, 계획·분석·설계·개발·운영·유지보수·컨설팅·감리 또는 연구개발 등 정보보호 업무를 수행한 경력, 정보보호 관련 컨설팅 또는 법률자문 경력을 말한다. 4. 제1호에서 "정보기술 경력"이란 공공기관, 기업체, 교육기관 및 연구기관 등에서 정보통신서비스, 정보통신기기, 소프트웨어 및 컴퓨터 관련 서비스 분야의 계획·분석·설계·개발·운영·유지보수·컨설팅·감리 또는 연구개발 등 정보기술 업무를 수행한 경력, 정보기술 관련 컨설팅 또는 법률자문 경력을 말한다.

> **참고사항** 개인정보 보호책임자(CPO)와 최고책임자(CISO)는 동일인 지정
>
> • 개인정보 보호책임자(CPO)와 「정보통신망법」 제45조의3에서 정하고 있는 정보보호 최고책임자(CISO)는 동일인으로 지정하거나 별도로 지정할 수 있다.
> 다만, 개인정보 활용에 따른 이해충돌 우려, 개인정보 보호 규제 전문성 확보, 개인정보의 안전성 확보 조치에 관하여 상호 간의 명확한 업무분장 필요
> ※ 출처: 2024 개인정보의 안전성 확보 조치 기준 해설, p.43.

21 개인정보파일의 등록 및 공개

구분	상세 내용
근거	- 개인정보 보호법 제32조(개인정보파일의 등록 및 공개) - 개인정보 보호법 시행령 제34조(개인정보파일의 등록 및 공개 등)

개인정보파일의 등록 의무	① 공공기관의 장이 개인정보파일을 운용하는 경우에는 다음 각호의 사항을 보호위원회에 등록하여야 한다. 등록한 사항이 변경된 경우에도 또한 같다.
	  1. **개인정보파일의 명칭**
	  2. **개인정보파일의 운영 근거 및 목적**
	  3. **개인정보파일에 기록되는 개인정보의 항목**
	  4. **개인정보의 처리 방법**
	  5. **개인정보의 보유 기간**
	  6. **개인정보를 통상적 또는 반복적으로 제공하는 경우에는 그 제공받는 자**
	  7. 그밖에 대통령령으로 정하는 사항

등록 예외	② 다음 각호의 어느 하나에 해당하는 개인정보파일에 대하여는 제1항을 적용하지 아니한다.
	  1. 국가 안전, 외교상 비밀, 그밖에 국가의 중대한 이익에 관한 사항을 기록한 개인정보파일
	  2. 범죄의 수사, 공소의 제기 및 유지, 형 및 감호의 집행, 교정처분, 보호처분, 보안관찰처분과 출입국관리에 관한 사항을 기록한 개인정보파일
	  3. 「조세범처벌법」에 따른 범칙행위 조사 및 「관세법」에 따른 범칙행위 조사에 관한 사항을 기록한 개인정보파일
	  4. **일회적으로** 운영되는 파일 등 지속적으로 관리할 필요성이 낮다고 인정되어 대통령령으로 정하는 개인정보파일
	  5. 다른 법령에 따라 비밀로 분류된 개인정보파일

보호위원회 권고	③ 보호위원회는 필요하면 제1항에 따른 개인정보파일의 등록 여부와 그 내용을 검토하여 해당 공공기관의 장에게 개선을 권고할 수 있다.
보호위원회 공개	④ 보호위원회는 정보주체의 권리 보장 등을 위하여 필요한 경우 제1항에 따른 개인정보파일의 등록 현황을 누구든지 쉽게 열람할 수 있도록 공개할 수 있다.
공개의 방법, 범위 및 절차	⑤ 제1항에 따른 등록과 제4항에 따른 공개의 방법, 범위 및 절차에 관하여 필요한 사항은 대통령령(영 제34조(개인정보파일의 등록 및 공개 등)으로 정한다. 제34조(개인정보파일의 등록 및 공개 등) ① 개인정보파일(법 제32조제2항 및 이 영 제33조제2항에 따른 개인정보파일은 제외한다. 이하 이 조에서 같다)을 운용하는 공공기관의 장은 그 운용을 시작한 날부터 60일 이내에 보호위원회가 정하여 고시하는 바에 따라 보호위원회에 법 제32조제1항 및 이 영 제33조제1항에 따른 등록사항(이하 "등록사항"이라 한다)의 등록을 신청하여야 한다. 등록 후 등록한 사항이 변경된 경우에도 또한 같다.

구분	상세 내용
공개의 방법, 범위 및 절차	② 보호위원회는 법 제32조제4항에 따라 개인정보파일의 등록 현황을 공개하는 경우 이를 보호위원회가 구축하는 인터넷 사이트에 게재해야 한다. ③ 보호위원회는 제1항에 따른 개인정보파일의 등록사항을 등록하거나 변경하는 업무를 전자적으로 처리할 수 있도록 시스템을 구축·운영할 수 있다.
별도 규칙	⑥ 국회, 법원, 헌법재판소, 중앙선거관리위원회(그 소속 기관을 포함한다)의 개인정보파일 등록 및 공개에 관하여는 국회규칙, 대법원규칙, 헌법재판소규칙 및 중앙선거관리위원회규칙으로 정한다.

> **참고사항** 개인정보파일의 등록 및 공개
>
> - 등록된 개인정보파일은 개인정보보호회원회에서 운영하는 "개인정보 포털" 홈페이지(https://www.privacy.go.kr)에서 확인할 수 있다.

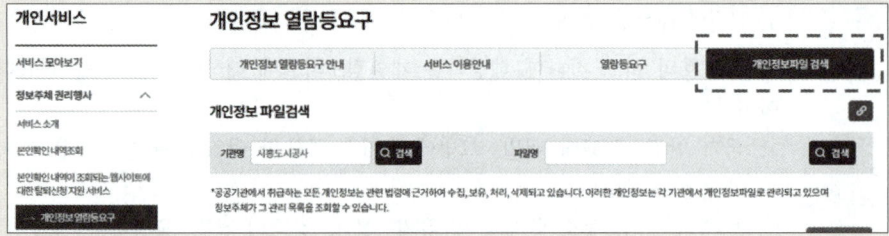

※ 출처 : 개인정보 보호포털 홈페이지 화면캡쳐(2025.8.26.)

22 개인정보 유출 등의 통지, 신고

구분	상세 내용
근거	- 개인정보 보호법 제34조(개인정보 유출 등의 통지·신고) - 개인정보 보호법 시행령 제39조(개인정보 유출 등의 통지)
유출의 통지의무	① 개인정보처리자는 개인정보가 분실·도난·유출(이하 이 조에서 "유출 등"이라 한다)되었음을 알게 되었을 때에는 지체 없이 해당 정보주체에게 다음 각호의 사항을 알려야 한다. 다만, 정보주체의 연락처를 알 수 없는 경우 등 정당한 사유가 있는 경우에는 대통령령으로 정하는 바에 따라 통지를 갈음하는 조치를 취할 수 있다. 1. 유출 등이 된 개인정보의 항목 2. 유출 등이 된 시점과 그 경위 3. 유출 등으로 인하여 발생할 수 있는 피해를 최소화하기 위하여 정보주체가 할 수 있는 방법 등에 관한 정보 4. 개인정보처리자의 대응조치 및 피해 구제 절차 5. 정보주체에게 피해가 발생한 경우 신고 등을 접수할 수 있는 담당부서 및 연락처

구분	상세 내용

유출 통지
시간 준수
및 예외
	※ 개인정보 보호법 시행령 제39조(개인정보 유출 등의 통지)
	① 개인정보처리자는 개인정보가 분실·도난·유출(이하 이 조 및 제40조에서 "유출 등"이라 한다)되었음을 알게 되었을 때에는 서면 등의 방법으로 72시간 이내에 법 제34조제1항 각호의 사항을 정보주체에게 알려야 한다. 다만, 다음 각호의 어느 하나에 해당하는 경우에는 해당 사유가 해소된 후 지체 없이 정보주체에게 알릴 수 있다.
	  1. 유출 등이 된 개인정보의 확산 및 추가 유출 등을 방지하기 위하여 접속경로의 차단, 취약점 점검·보완, 유출 등이 된 개인정보의 회수·삭제 등 긴급한 조치가 필요한 경우
	  2. 천재지변이나 그밖에 부득이한 사유로 인하여 72시간 이내에 통지하기 곤란한 경우
	② 제1항에도 불구하고 개인정보처리자는 같은 항에 따른 통지를 하려는 경우로서 법 제34조제1항제1호 또는 제2호의 사항에 관한 구체적인 내용을 확인하지 못한 경우에는 개인정보가 유출 등이 된 사실, 그때까지 확인된 내용 및 같은 항 제3호부터 제5호까지의 사항을 서면 등의 방법으로 우선 통지해야 하며, 추가로 확인되는 내용에 대해서는 확인되는 즉시 통지해야 한다.
	③ 제1항 및 제2항에도 불구하고 개인정보처리자는 정보주체의 연락처를 알 수 없는 경우 등 정당한 사유가 있는 경우에는 법 제34조제1항 각호 외의 부분 단서에 따라 같은 항 각호의 사항을 정보주체가 쉽게 알 수 있도록 자신의 인터넷 홈페이지에 30일 이상 게시하는 것으로 제1항 및 제2항의 통지를 갈음할 수 있다. 다만, 인터넷 홈페이지를 운영하지 아니하는 개인정보처리자의 경우에는 사업장 등의 보기 쉬운 장소에 법 제34조제1항 각호의 사항을 30일 이상 게시하는 것으로 제1항 및 제2항의 통지를 갈음할 수 있다.

피해 최소화 대책	② 개인정보처리자는 개인정보가 유출 등이 된 경우 그 피해를 최소화하기 위한 대책을 마련하고 필요한 조치를 하여야 한다.
신고 의무	③ 개인정보처리자는 개인정보의 유출 등이 있음을 알게 되었을 때에는 개인정보의 유형, 유출 등의 경로 및 규모 등을 고려하여 대통령령으로 정하는 바에 따라 제1항 각호의 사항을 지체 없이 보호위원회 또는 대통령령으로 정하는 전문기관에 신고하여야 한다. 이 경우 보호위원회 또는 대통령령으로 정하는 전문기관은 피해 확산방지, 피해 복구 등을 위한 기술을 지원할 수 있다.
시행령 구체화	④ 제1항에 따른 유출 등의 통지 및 제3항에 따른 유출 등의 신고의 시기, 방법, 절차 등에 필요한 사항은 대통령령으로 정한다.

23 가명 정보의 처리에 관한 특례

1) 가명정보의 처리 등 ★

구분	상세 내용
근거	- 개인정보 보호법 제28조의2(가명정보의 처리 등)
가명처리 목적	① 개인정보처리자는 **통계작성, 과학적 연구, 공익적 기록보존** 등을 위하여 정보주체의 동의 없이 가명정보를 처리할 수 있다.
개인정보 제공 금지	② 개인정보처리자는 제1항에 따라 가명정보를 **제3자에게 제공**하는 경우에는 특정 개인을 알아보기 위하여 사용될 수 있는 정보를 포함해서는 **아니 된다.**

2) 가명정보의 결합 제한

구분	상세 내용
근거	- 개인정보 보호법 제28조의3(가명정보의 결합 제한)
전문기관의 가명정보 결합	① 제28조의2에도 불구하고 통계작성, 과학적 연구, 공익적 기록보존 등을 위한 서로 다른 개인정보처리자 간의 가명정보의 결합은 보호위원회 또는 관계 중앙행정기관의 장이 지정하는 전문기관이 수행한다.
전문기관의 승인	② 결합을 수행한 기관 외부로 결합된 정보를 반출하려는 개인정보처리자는 가명정보 또는 제58조의2에 해당하는 정보로 처리한 뒤 전문기관의 장의 승인을 받아야 한다. ※ 제58조의2(적용 제외) 이 법은 시간·비용·기술 등을 합리적으로 고려할 때 다른 정보를 사용하여도 더 이상 개인을 알아볼 수 없는 정보에는 적용하지 아니한다.
시행령 근거	③ 제1항에 따른 결합 절차와 방법, 전문기관의 지정과 지정 취소 기준·절차, 관리·감독, 제2항에 따른 반출 및 승인 기준·절차 등 필요한 사항은 대통령령으로 정한다.

3) 가명정보에 대한 안전조치의무 등 ★

구분	상세 내용
근거	- 개인정보 보호법 제28조의4(가명정보에 대한 안전조치의무 등)
추가 정보 분리 보관	① 개인정보처리자는 제28조의2 또는 제28조의3에 따라 가명정보를 처리하는 경우에는 원래의 상태로 복원하기 위한 **추가 정보를 별도로 분리**하여 보관·관리하는 등 해당 정보가 분실·도난·유출·위조·변조 또는 훼손되지 않도록 대통령령으로 정하는 바에 따라 안전성 확보에 필요한 기술적·관리적 및 물리적 조치를 하여야 한다.

구분	상세 내용
처리 기간	② 개인정보처리자는 제28조의2 또는 제28조의3에 따라 가명정보를 처리하는 경우 처리 목적 등을 고려하여 가명정보의 처리 기간을 별도로 정할 수 있다.
보관기간	③ 개인정보처리자는 제28조의2 또는 제28조의3에 따라 가명정보를 처리하고자 하는 경우에는 가명정보의 처리 목적, 제3자 제공 시 제공받는 자, 가명정보의 처리 기간(제2항에 따라 처리 기간을 별도로 정한 경우에 한한다) 등 가명정보의 처리 내용을 관리하기 위하여 대통령령으로 정하는 사항에 대한 관련 기록을 작성하여 보관하여야 하며, 가명정보를 파기한 경우에는 파기한 날부터 3년 이상 보관하여야 한다.

4) 가명정보 처리 시 금지의무 등

구분	상세 내용
근거	– 개인정보 보호법 제28조의5 가명정보 처리 시 금지의무 등
가명처리 금지	① 제28조의2 또는 제28조의3에 따라 가명정보를 처리하는 자는 특정 개인을 알아보기 위한 목적으로 가명정보를 처리해서는 아니 된다.
처리 중지 및 회수·파기 의무	② 개인정보처리자는 제28조의2 또는 제28조의3에 따라 가명정보를 처리하는 과정에서 특정 개인을 알아볼 수 있는 정보가 생성된 경우에는 즉시 해당 정보의 처리를 중지하고, 지체 없이 회수·파기하여야 한다.

24 개인정보의 국외 이전

1) 개인정보의 국외 이전

구분	상세 내용
근거	– 개인정보 보호법 제28조의8 개인정보의 국외 이전
원칙	① 개인정보처리자는 개인정보를 국외로 제공(조회되는 경우를 포함한다)·처리위탁·보관(이하 이 절에서 "이전"이라 한다)하여서는 아니 된다.
예외	다만, 다음 각호의 어느 하나에 해당하는 경우에는 개인정보를 국외로 이전할 수 있다. 1. 정보주체로부터 국외 이전에 관한 별도의 동의를 받은 경우 2. 법률, 대한민국을 당사자로 하는 조약 또는 그 밖의 국제협정에 개인정보의 국외 이전에 관한 특별한 규정이 있는 경우 3. 정보주체와의 계약 체결 및 이행을 위하여 개인정보의 처리위탁·보관이 필요한 경우로서 다음 각 목의 어느 하나에 해당하는 경우

구분	상세 내용
예외	가. 제2항 각호의 사항을 제30조에 **따른 개인정보 처리 방침에 공개한 경우** 나. 전자우편 등 대통령령으로 정하는 방법에 따라 제2항 각호의 사항을 **정보주체에게 알린 경우** 4. 개인정보를 이전받는 자가 제32조의2에 따른 개인정보 보호 인증 등 보호위원회가 정하여 고시하는 인증을 받은 경우로서 다음 각 목의 조치를 모두 한 경우 가. 개인정보 보호에 필요한 안전조치 및 정보주체 권리보장에 필요한 조치 나. 인증받은 사항을 개인정보가 이전되는 국가에서 이행하기 위하여 필요한 조치 5. 개인정보가 이전되는 국가 또는 국제기구의 개인정보 보호체계, 정보주체 권리보장 범위, 피해구제 절차 등이 이 법에 따른 개인정보 보호 수준과 실질적으로 동등한 수준을 갖추었다고 보호위원회가 인정하는 경우
고지사항	② 개인정보처리자는 제1항제1호에 따른 동의를 받을 때에는 미리 다음 각호의 사항을 정보주체에게 알려야 한다. 1. **이전되는 개인정보 항목** 2. **개인정보가 이전되는 국가, 시기 및 방법** 3. **개인정보를 이전받는 자의 성명(법인인 경우에는 그 명칭과 연락처를 말한다)** 4. **개인정보를 이전받는 자의 개인정보 이용 목적 및 보유·이용 기간** 5. **개인정보의 이전을 거부하는 방법, 절차 및 거부의 효과**
변경 시 동의	③ 개인정보처리자는 제2항 각호의 어느 하나에 해당하는 사항을 변경하는 경우에는 정보주체에게 알리고 동의를 받아야 한다.
보호조치	④ 개인정보처리자는 제1항 각 호 외의 부분 단서에 따라 개인정보를 국외로 이전하는 경우 국외 이전과 관련한 이 법의 다른 규정, 제17조부터 제19조까지의 규정 및 제5장의 규정을 준수하여야 하고, 대통령령으로 정하는 보호조치를 하여야 한다.
위반계약금지	⑤ 개인정보처리자는 이 법을 위반하는 사항을 내용으로 하는 개인정보의 국외 이전에 관한 계약을 체결하여서는 아니 된다.
시행령 근거	⑥ 제1항부터 제5항까지에서 규정한 사항 외에 개인정보 국외 이전의 기준 및 절차 등에 필요한 사항은 대통령령으로 정한다.

2) 개인정보의 국외 이전 중지 명령★

구분	상세 내용
근거	- 개인정보 보호법 제28조의9(개인정보의 국외 이전 중지 명령)
중지 사유	① 보호위원회는 개인정보의 국외 이전이 계속되고 있거나 추가적인 국외 이전이 예상되는 경우로서 다음 각호의 어느 하나에 해당하는 경우에는 개인정보처리자에게 개인정보의 국외 이전을 중지할 것을 명할 수 있다. 1. 제28조의8제1항, 제4항 또는 제5항을 위반한 경우 2. 개인정보를 이전받는 자나 개인정보가 이전되는 국가 또는 국제기구가 이 법에 따른 개인정보 보호 수준에 비하여 개인정보를 적정하게 보호하지 아니하여 정보주체에게 피해가 발생하거나 발생할 우려가 현저한 경우

구분	상세 내용
이의제기 기간	② 개인정보처리자는 제1항에 따른 국외 이전 중지 명령을 받은 경우에는 명령을 받은 날부터 7일 이내에 보호위원회에 이의를 제기할 수 있다.
시행령 근거	③ 제1항에 따른 개인정보 국외 이전 중지 명령의 기준, 제2항에 따른 불복 절차 등에 필요한 사항은 대통령령으로 정한다.

3) 상호주의

구분	상세 내용
근거	– 개인정보 보호법 제28조의10(상호주의)
원칙	– 제28조의8에도 불구하고 개인정보의 국외 이전을 제한하는 국가의 개인정보처리자에 대해서는 해당 국가의 수준에 상응하는 제한을 할 수 있다.
예외	다만, 조약 또는 그 밖의 국제협정의 이행에 필요한 경우에는 그러하지 아니하다.

4) 준용 규정

구분	상세 내용
근거	– 개인정보 보호법 제28조의11(준용 규정)
준용	– 제28조의8제1항 각호 외의 부분 단서에 따라 개인정보를 이전받은 자가 해당 개인정보를 제3국으로 이전하는 경우에 관하여는 제28조의8 및 제28조의9를 준용한다. 이 경우 "개인정보처리자"는 "개인정보를 이전받은 자"로, "개인정보를 이전받는 자"는 "제3국에서 개인정보를 이전받는 자"로 본다.

25 개인정보의 안전한 관리

1) 국내대리인의 지정

① 국내대리인의 지정 ★

구분	상세 내용
근거	– 개인정보 보호법 제28조의5 제31조의2(국내대리인의 지정)
대리인 지정	① 국내에 주소 또는 영업소가 없는 개인정보처리자로서 매출액, 개인정보의 보유 규모 등을 고려하여 대통령령으로 정하는 자는 다음 각호의 사항을 대리하는 자(이하 "국내대리인"이라 한다)를 지정하여야 한다. 이 경우 국내대리인의 지정은 문서로 하여야 한다.

구분	상세 내용
대리인 지정	1. 제31조제3항에 따른 개인정보 보호책임자의 업무 2. 제34조제1항 및 제3항에 따른 개인정보 유출 등의 통지 및 신고 3. 제63조제1항에 따른 물품·서류 등 자료의 제출
국내 소재	② 국내대리인은 국내에 주소 또는 영업소가 있어야 한다.
공표 사항	③ 개인정보처리자는 제1항에 따라 국내대리인을 지정하는 경우에는 다음 각호의 사항을 개인정보 처리 방침에 포함하여야 한다. 1. 국내대리인의 성명(법인의 경우에는 그 명칭 및 대표자의 성명을 말한다) 2. 국내대리인의 주소(법인의 경우에는 영업소의 소재지를 말한다), 전화번호 및 전자우편 주소
위반 시 준용	④ 국내대리인이 제1항 각호와 관련하여 이 법을 위반한 경우에는 개인정보처리자가 그 행위를 한 것으로 본다.

② 국내대리인의 지정 대상자의 범위

구분	상세 내용
근거	– 개인정보 보호법 시행령 제32조의3(국내대리인 지정 대상자의 범위)
대리인 지정	① 법 제31조의2제1항 각호 외의 부분 전단에서 "대통령령으로 정하는 자"란 다음 각호의 어느 하나에 해당하는 자를 말한다. 1. 전년도(법인인 경우에는 전 사업연도를 말한다) 전체 매출액이 1조원 이상인 자 2. 전년도 말 기준 직전 3개월 간 그 개인정보가 저장·관리되고 있는 국내 정보주체의 수가 일일평균 100만명 이상인 자 3. 법 제63조제1항에 따라 관계 물품·서류 등 자료의 제출을 요구받은 자로서 국내대리인을 지정할 필요가 있다고 보호위원회가 심의·의결한 자
환산금액 기준	② 제1항제1호에 따른 전체 매출액은 전년도 평균 환율을 적용하여 원화로 환산한 금액을 기준으로 한다.

2) 개인정보 보호 인증

구분	상세 내용
근거	– 개인정보 보호법 제32조의2(개인정보 보호 인증)
인증 가능	① 보호위원회는 개인정보처리자의 개인정보 처리 및 보호와 관련한 일련의 조치가 이 법에 부합하는지 등에 관하여 인증할 수 있다.
유효기간	② 제1항에 따른 인증의 유효기간은 3년으로 한다.

구분	상세 내용
인증 취소	③ 보호위원회는 다음 각호의 어느 하나에 해당하는 경우에는 대통령령으로 정하는 바에 따라 제1항에 따른 인증을 취소할 수 있다. 다만, 제1호에 해당하는 경우에는 취소하여야 한다. 1. 거짓이나 그 밖의 **부정한 방법으로 개인정보 보호 인증을 받은 경우** 2. 제4항에 따른 **사후관리를 거부 또는 방해**한 경우 3. 제8항에 따른 인증기준에 **미달**하게 된 경우 4. 개인정보 보호 관련 법령을 위반하고 그 **위반사유가 중대**한 경우
사후관리	④ 보호위원회는 개인정보 보호 인증의 실효성 유지를 위하여 **연 1회 이상** 사후관리를 실시하여야 한다.
인증 심사원	⑤ 보호위원회는 대통령령으로 정하는 전문기관으로 하여금 제1항에 따른 인증, 제3항에 따른 인증 취소, 제4항에 따른 사후관리 및 제7항에 따른 인증 심사원 관리 업무를 수행하게 할 수 있다.
인증표시·홍보	⑥ 제1항에 따른 인증을 받은 자는 대통령령으로 정하는 바에 따라 인증의 내용을 표시하거나 홍보할 수 있다.
자격요건 근거	⑦ 제1항에 따른 인증을 위하여 필요한 심사를 수행할 심사원의 자격 및 자격 취소 요건 등에 관하여는 전문성과 경력 및 그밖에 필요한 사항을 고려하여 대통령령으로 정한다.
시행령 근거	⑧ 그밖에 개인정보 관리체계, 정보주체 권리보장, 안전성 확보 조치가 이 법에 부합하는지 여부 등 제1항에 따른 인증의 기준·방법·절차 등 필요한 사항은 대통령령으로 정한다.

3) 개인정보 영향평가 ★

구분	상세 내용
근거	– 개인정보 보호법 제33조(개인정보 영향평가)
제출의무자 (공공기관)	① **공공기관의 장**은 대통령령으로 정하는 기준에 해당하는 개인정보파일의 운용으로 인하여 정보주체의 개인정보 침해가 우려되는 경우에는 그 **위험요인의 분석과 개선사항 도출**을 위한 평가(이하 "영향평가"라 한다)를 하고 그 결과를 보호위원회에 제출하여야 한다.
영향평가 의뢰	② 보호위원회는 대통령령으로 정하는 인력·설비 및 그밖에 필요한 요건을 갖춘 자를 영향평가를 수행하는 기관(이하 "평가기관"이라 한다)으로 지정할 수 있으며, **공공기관의 장**은 영향평가를 **평가기관에 의뢰**하여야 한다.
고려 요소	③ 영향평가를 하는 경우에는 다음 각호의 사항을 고려하여야 한다. 1. 처리하는 **개인정보의 수** 2. 개인정보의 **제3자 제공 여부** 3. 정보주체의 권리를 해할 **가능성 및 그 위험 정도** 4. **그밖에** 대통령령으로 정한 사항

구분	상세 내용
의견 제시	④ 보호위원회는 제1항에 따라 제출받은 영향평가 결과에 대하여 의견을 제시할 수 있다.
결과 첨부	⑤ 공공기관의 장은 제1항에 따라 영향평가를 한 개인정보파일을 제32조제1항에 따라 등록할 때에는 영향평가 결과를 함께 첨부하여야 한다.
전문가 육성 기준 마련	⑥ 보호위원회는 영향평가의 활성화를 위하여 관계 전문가의 육성, 영향평가 기준의 개발·보급 등 필요한 조치를 마련하여야 한다.
평가기관의 지정 및 취소	⑦ 보호위원회는 제2항에 따라 지정된 평가기관이 다음 각호의 어느 하나에 해당하는 경우에는 평가기관의 지정을 취소할 수 있다. 다만, 제1호 또는 제2호에 해당하는 경우에는 평가기관의 지정을 취소하여야 한다. 1. 거짓이나 그 밖의 부정한 방법으로 지정을 받은 경우 2. 지정된 평가기관 스스로 지정 취소를 원하거나 폐업한 경우 3. 제2항에 따른 지정요건을 충족하지 못하게 된 경우 4. 고의 또는 중대한 과실로 영향평가 업무를 부실하게 수행하여 그 업무를 적정하게 수행할 수 없다고 인정되는 경우 5. 그밖에 대통령령으로 정하는 사유에 해당하는 경우
청문 실시	⑧ 보호위원회는 제7항에 따라 지정을 취소하는 경우에는 「행정절차법」에 따른 청문을 실시하여야 한다.
시행령 근거	⑨ 제1항에 따른 영향평가의 기준·방법·절차 등에 관하여 필요한 사항은 대통령령으로 정한다.
특별 우선 적용	⑩ 국회, 법원, 헌법재판소, 중앙선거관리위원회(그 소속 기관을 포함한다)의 영향평가에 관한 사항은 국회규칙, 대법원규칙, 헌법재판소규칙 및 중앙선거관리위원회규칙으로 정하는 바에 따른다.
공공기관 외 적극 노력 의무	⑪ 공공기관 외의 개인정보처리자는 개인정보파일 운용으로 인하여 정보주체의 개인정보 침해가 우려되는 경우에는 영향평가를 하기 위하여 적극 노력하여야 한다.

4) 노출된 개인정보의 삭제·차단

구분	상세 내용
근거	- 개인정보 보호법 제34조의2(노출된 개인정보의 삭제·차단)
노출 금지	① 개인정보처리자는 고유식별정보, 계좌정보, 신용카드정보 등 개인정보가 정보통신망을 통하여 공중(公衆)에 노출되지 아니하도록 하여야 한다.
전문기관 협력 (보호 의무)	② 개인정보처리자는 공중에 노출된 개인정보에 대하여 보호위원회 또는 대통령령으로 지정한 전문기관의 요청이 있는 경우에는 해당 정보를 삭제하거나 차단하는 등 필요한 조치를 하여야 한다.

26 자료 제출 요구 등

1) 역할

개인정보보호위원회는 아래의 목적을 위하여 개인정보처리자, 관계 중앙행정기관의 장, 지방자치단체의 장 및 관계 기관·단체 등에 자료의 제출이나 의견의 진술 등을 요구할 수 있다(※개인정보 보호법 제11조, 자료 제출 요구 등).

구분	목적	세부
개인정보 보호위원회	기본계획의 효율적 수립	- 법규 준수 현황과 개인정보 관리 실태 등에 관한 자료의 제출이나 의견의 진술 등 • 개인정보처리자가 처리하는 개인정보 및 개인정보파일의 관리와 고정형 영상정보처리기기 또는 이동형 영상정보처리기기의 설치·운영에 관한 사항 • 개인정보 보호책임자의 지정 여부에 관한 사항 • 개인정보의 안전성 확보를 위한 기술적·관리적·물리적 조치에 관한 사항 • 정보주체의 열람, 개인정보의 정정·삭제·처리 정지의 요구 및 조치 현황에 관한 사항
	개인정보 보호 정책 추진, 성과평가 등	- 개인정보관리 수준 및 실태파악 등을 위한 조사 실시 - <u>개인영상정보 처리업무 총괄책임자의 업무 추진 사항</u>
중앙행정 기관의 장	시행계획의 효율적 수립·추진	- 법규 준수 현황과 개인정보 관리 실태 등에 관한 자료의 제출이나 의견의 진술 등

CHAPTER 03 정보주체의 권리

CERTIFIED PRIVACY PROTECTION GENERAL

> 정보주체는 개인정보 처리에 대해 정보 제공, 동의, 열람, 정정·삭제, 처리 정지, 전송 요구, 자동화된 결정에 대한 대응, 피해 구제 등 다양한 권리를 가진다. 이러한 권리는 서면, 전자우편 등 다양한 방법으로 행사할 수 있고, 개인정보처리자는 정당한 사유가 없는 한 신속하게 조치해야 하며, 권리 침해 시 손해배상 및 피해 구제 절차도 보장할 수 있다.

1 정보주체의 권리

구분	상세 내용
근거	- 개인정보 보호법 제4조(정보주체의 권리)

정보주체 권리 (6가지)	정보주체는 자신의 개인정보 처리와 관련하여 다음 각호의 권리를 가진다.
	1. 개인정보의 처리에 관한 정보를 **제공받을 권리**
	  • 정보주체는 자신의 개인정보가 어떻게 처리되고 있는지에 대한 정보를 제공받을 권리가 있다. 이는 개인정보의 수집 목적, 처리 방법, 보유 기간 등을 포함한다.
	2. 개인정보의 처리에 관한 **동의 여부, 동의 범위** 등을 **선택하고 결정**할 권리
	  • 정보주체는 자신의 개인정보 처리에 대한 동의를 선택하고 결정할 권리가 있다. 이는 동의의 범위와 조건을 스스로 설정할 수 있는 권리를 포함한다.
	3. 개인정보의 처리 여부를 확인하고 개인정보에 대한 **열람**(사본의 발급을 포함한다. 이하 같다) 및 **전송을 요구**할 권리
	  • 정보주체는 자신의 개인정보가 처리되고 있는지를 확인할 수 있으며, 필요한 경우 개인정보의 열람(사본의 발급 포함) 및 전송을 요구할 수 있는 권리가 있다.
	4. 개인정보의 처리 **정지, 정정·삭제 및 파기**를 요구할 권리
	  • 정보주체는 자신의 개인정보의 처리 정지, 정정, 삭제 및 파기를 요구할 수 있는 권리가 있다. 이는 개인정보가 잘못 처리되었거나 더 이상 필요하지 않을 경우와 정보주체의 의사결정권 보장을 위함이다.
	5. 개인정보의 처리로 인하여 발생한 피해를 **신속하고 공정한 절차**에 따라 **구제받을 권리**
	  • 정보주체는 개인정보의 처리로 인해 발생한 피해에 대해 신속하고 공정한 절차를 통해 구제를 받을 권리가 있다. 이는 법적 구제 수단을 포함한다.
	6. **완전히 자동화된** 개인정보 처리에 따른 결정을 **거부하거나** 그에 대한 **설명 등을 요구할 권리**
	  • 정보주체는 완전히 자동화된 개인정보 처리에 의해 내려진 결정에 대해 거부할 수 있으며, 해당 결정에 대한 설명을 요구할 권리가 있다. 이는 개인정보의 자동화 처리로 인한 불이익을 방지하기 위한 권리이다.

2. 개인정보처리에 관한 정보를 제공받을 권리

구분	상세 내용
근거	- 개인정보 보호법 제20조의2(개인정보 이용·제공 내역의 통지)
통지 의무	① 대통령령으로 정하는 기준에 해당하는 개인정보처리자는 이 법에 따라 수집한 개인정보의 이용·제공 내역이나 이용·제공 내역을 확인할 수 있는 정보시스템에 **접속하는 방법을 주기적**으로 정보주체에게 **통지**하여야 한다.
예외	다만, 연락처 등 정보주체에게 통지할 수 있는 개인정보를 수집·보유하지 아니한 경우에는 통지하지 아니할 수 있다.
시행령 근거	② 제1항에 따른 통지의 대상이 되는 정보주체의 범위, 통지 대상 정보, 통지 주기 및 방법 등에 필요한 사항은 대통령령으로 정한다.

3. 개인정보 처리에 관한 동의 권리

구분	상세 내용
근거	- 개인정보 보호법 제20조의2(개인정보 이용·제공 내역의 통지)
개인정보의 처리	- 업무 목적 등을 고려하여 합리적인 범위 내에서 필요한 최소한의 개인정보를 수집 - 개인정보의 이용이 필요한 시점에 수집(※ 미래의 상황을 고려하여 미리 수집 불가) - 개인정보 제공 시 최소한의 개인정보만을 제공
정보주체의 선택권 보장	- 동의가 불필요한 사항은 동의 요소에서 제외 - **동의 여부에 대한 정보주체의 선택권 보장** - **동의 거부 등에 따른 불이익 금지** ※ 동의 거부 또는 처리 정지 등을 이유로 별도 비용이나 대가를 요구할 수 없음

4. 개인정보 열람 권리 ★

구분	상세 내용
근거	- 개인정보 보호법 제35조(개인정보의 열람)
정보주체 요구권	① 정보주체는 개인정보처리자가 처리하는 자신의 개인정보에 대한 열람을 해당 개인정보처리자에게 요구할 수 있다.

구분	상세 내용
요구 방법	② 제1항에도 불구하고 정보주체가 자신의 개인정보에 대한 열람을 공공기관에 요구하고자 할 때에는 **공공기관에 직접 열람을 요구**하거나 대통령령으로 정하는 바에 따라 **보호위원회를 통하여 열람을 요구할 수 있다.**
열람 기간	③ 개인정보처리자는 제1항 및 제2항에 따른 열람을 요구받았을 때에는 대통령령으로 정하는 기간 내에 정보주체가 해당 개인정보를 열람할 수 있도록 하여야 한다. 이 경우 해당 기간 내에 열람할 수 없는 정당한 사유가 있을 때에는 정보주체에게 그 사유를 알리고 열람을 연기할 수 있으며, 그 사유가 소멸하면 지체 없이 열람하게 하여야 한다.

열람 제한 또는 거절 사유	④ 개인정보처리자는 다음 각호의 어느 하나에 해당하는 경우에는 정보주체에게 그 사유를 알리고 열람을 제한하거나 거절할 수 있다.
	1. **법률에 따라** 열람이 금지되거나 제한되는 경우
	2. **다른 사람의 생명·신체를 해할 우려가 있거나 다른 사람의 재산과 그 밖의 이익을 부당하게 침해할 우려가 있는 경우**
	3. 공공기관이 다음 각 목의 어느 하나에 해당하는 **업무를 수행할 때 중대한 지장을 초래하는 경우**
	  가. 조세의 부과·징수 또는 **환급**에 관한 업무
	  나. 「초·중등교육법」 및 「고등교육법」에 따른 각급 학교, 「평생교육법」에 따른 평생교육시설, 그 밖의 다른 법률에 따라 설치된 고등교육기관에서의 **성적 평가 또는 입학자 선발**에 관한 업무
	  다. 학력·기능 및 **채용**에 관한 **시험, 자격 심사**에 관한 업무
	  라. 보상금·급부금 산정 등에 대하여 **진행 중인 평가 또는 판단**에 관한 업무
	  마. 다른 법률에 따라 진행 중인 **감사 및 조사**에 관한 업무

시행령 근거	⑤ 제1항부터 제4항까지의 규정에 따른 열람 요구, 열람 제한, 통지 등의 방법 및 절차에 관하여 필요한 사항은 대통령령으로 정한다.

5. 개인정보 전송 요구 권리

1) 개인정보 전송 요구 권리

구분	상세 내용
근거	− 개인정보 보호법 제35조의2(개인정보의 전송 요구)

구분	상세 내용
전송정보 요건	① 정보주체는 개인정보 처리 능력 등을 고려하여 대통령령으로 정하는 기준에 해당하는 개인정보처리자에 대하여 다음 각호의 요건을 모두 충족하는 개인정보를 자신에게로 전송할 것을 요구할 수 있다. 　1. 정보주체가 전송을 요구하는 개인정보가 정보주체 본인에 관한 개인정보로서 다음 각 목의 어느 하나에 해당하는 정보일 것 　　가. 제15조제1항제1호, 제23조제1항제1호 또는 제24조제1항제1호에 따른 동의를 받아 처리되는 개인정보 　　나. 제15조제1항제4호에 따라 체결한 계약을 이행하거나 계약을 체결하는 과정에서 정보주체의 요청에 따른 조치를 이행하기 위하여 처리되는 개인정보 　　다. 제15조제1항제2호 · 제3호, 제23조제1항제2호 또는 제24조제1항제2호에 따라 처리되는 개인정보 중 정보주체의 이익이나 공익적 목적을 위하여 관계 중앙행정기관의 장의 요청에 따라 보호위원회가 심의 · 의결하여 전송 요구의 대상으로 지정한 개인정보 　2. 전송을 요구하는 개인정보가 개인정보처리자가 수집한 개인정보를 기초로 **분석 · 가공**하여 별도로 **생성한 정보가 아닐 것** 　3. 전송을 요구하는 개인정보가 컴퓨터 등 **정보처리장치로 처리되는** 개인정보일 것
전송 대상	② 정보주체는 매출액, 개인정보의 보유 규모, 개인정보 처리 능력, 산업별 특성 등을 고려하여 대통령령으로 정하는 기준에 해당하는 개인정보처리자에 대하여 제1항에 따른 전송 요구 대상인 개인정보를 기술적으로 허용되는 합리적인 범위에서 다음 각호의 자에게 전송할 것을 요구할 수 있다. 　1. 제35조의3제1항에 따른 개인정보관리 전문기관 　2. 제29조에 따른 안전조치의무를 이행하고 대통령령으로 정하는 시설 및 기술 기준을 충족하는 자
전송 형태	③ 개인정보처리자는 제1항 및 제2항에 따른 전송 요구를 받은 경우에는 시간, 비용, 기술적으로 허용되는 합리적인 범위에서 해당 정보를 컴퓨터 등 정보처리장치로 처리 가능한 형태로 전송하여야 한다.
전송 의무 (세무 관련)	④ 제1항 및 제2항에 따른 전송 요구를 받은 개인정보처리자는 다음 각호의 어느 하나에 해당하는 법률의 관련 규정에도 불구하고 정보주체에 관한 개인정보를 전송하여야 한다. 　1. 「국세기본법」 제81조의13 　2. 「지방세기본법」 제86조 　3. 그밖에 제1호 및 제2호와 유사한 규정으로서 대통령령으로 정하는 법률의 규정
전송 철회	⑤ 정보주체는 제1항 및 제2항에 따른 전송 요구를 철회할 수 있다.
전송 중단	⑥ 개인정보처리자는 정보주체의 본인 여부가 확인되지 아니하는 경우 등 대통령령으로 정하는 경우에는 제1항 및 제2항에 따른 전송 요구를 거절하거나 전송을 중단할 수 있다.

구분	상세 내용
타인권리 침해금지	⑦ 정보주체는 제1항 및 제2항에 따른 전송 요구로 인하여 타인의 권리나 정당한 이익을 침해하여서는 아니 된다.
준용	⑧ 제1항부터 제7항까지에서 규정한 사항 외에 전송 요구의 대상이 되는 정보의 범위, 전송 요구의 방법, 전송의 기한 및 방법, 전송 요구 철회의 방법, 전송 요구의 거절 및 전송 중단의 방법 등 필요한 사항은 대통령령으로 정한다.

2) 정보전송자의 기준

구분	상세 내용
근거	- 개인정보 보호법 시행령 제42조의2(정보전송자 기준)
보건의료 정보전송자	- 법 제35조의2제1항 각 호 외의 부분 및 제2항 각 호 외의 부분에서 "대통령령으로 정하는 기준에 해당하는 개인정보처리자"란 각각 다음 각 호의 어느 하나에 해당하는 자 1. 보건의료 관련 기관, 법인 및 단체 중 다음 각 목의 어느 하나에 해당하는 자(이하 "보건의료정보전송자"라 한다) 가. 질병관리청 나. 「국민건강보험법」 제13조에 따른 국민건강보험공단 및 같은 법 제62조에 따른 건강보험심사평가원 다. 「의료법」 제3조의4에 따른 상급종합병원 라. 그밖에 「보건의료기본법」 제3조제4호에 따른 보건의료기관 중 개인정보를 전송할 수 있는 기술적·재정적 능력과 그 개인정보가 저장·관리되고 있는 정보주체의 수 등을 고려하여 보호위원회가 보건복지부장관과 협의하여 고시하는 자
통신정보 전송자	2. 통신 관련 기관, 법인 및 단체 중 다음 각 목의 어느 하나에 해당하는 자 가. 「전파법」 제10조에 따라 주파수를 할당받아 이동통신서비스를 제공하는 자로서 정보주체와 이동통신서비스의 이용에 관한 계약을 체결한 자 나. 그밖에 「전기통신사업법」 제5조제2항에 따른 기간통신사업을 경영하는 자 중 개인정보를 전송할 수 있는 기술적·재정적 능력과 그 개인정보가 저장·관리되고 있는 정보주체의 수 등을 고려하여 보호위원회와 과학기술정보통신부장관이 공동으로 정하여 고시하는 자
에너지정보 전송자	3. 에너지 관련 기관, 법인 및 단체 중 다음 각 목의 어느 하나에 해당하는 자 가. 「전기사업법」 제2조제10호에 따른 전기판매사업자 나. 다음의 어느 하나에 해당하는 자 중 개인정보를 전송할 수 있는 기술적·재정적 능력과 그 개인정보가 저장·관리되고 있는 정보주체의 수 등을 고려하여 보호위원회와 산업통상자원부장관이 공동으로 정하여 고시하는 자 1) 「도시가스사업법」 제2조제2호에 따른 도시가스사업자 2) 그 밖의 「도시가스사업법」 제2조제1호의2에 따른 도시가스사업 관련 기관, 법인 및 단체

3) 전송 요구 대상 정보의 범위

구분	상세 내용
근거	- 개인정보 보호법 시행령 제42조의4(전송 요구 대상 정보의 범위)
정보전송자 기준	① 정보주체는 법 제35조의2제1항 또는 제2항에 따라 정보전송자에 대하여 다음 각 호의 구분에 따른 개인정보를 자신, 법 제35조의3제1항에 따라 지정을 받은 개인정보관리 전문기관(이하 "개인정보관리 전문기관"이라 한다) 또는 일반수신자에게 전송할 것을 요구할 수 있다.
보건의료정보 전송자에게 요구 정보	- 다음 각 목의 보건의료 관련 정보 중 정보주체의 이익, 전송에 필요한 시간·비용 및 기술적으로 전송 가능한 합리적인 범위 등을 고려하여 보호위원회가 보건복지부장관과 협의하여 고시하는 정보(이하 "보건의료전송정보"라 한다)로서 해당 보건의료정보전송자가 보유하는 정보 가. 「의료법」 제22조 및 제23조에 따른 진료기록 등 진료와 관련하여 생성된 정보 나. 「약사법」 제30조에 따른 조제기록 등 조제와 관련하여 생성된 정보 다. 「의료기기법」 제2조제1항에 따른 의료기기를 통하여 생성·수집된 정보 라. 그밖에 가목부터 다목까지와 유사한 보건의료 관련 정보
통신정보 전송자에게 요구 정보	- 「전기통신사업법」 제2조제11호에 따른 기간통신역무를 제공함에 따라 생성된 이용자의 가입정보, 이용정보, 이용요금의 청구정보 및 납부정보 등의 정보 중 정보주체의 이익, 전송에 필요한 시간·비용 및 기술적으로 전송 가능한 합리적인 범위 등을 고려하여 보호위원회와 과학기술정보통신부장관이 공동으로 정하여 고시하는 정보(이하 "통신전송정보"라 한다)로서 해당 통신정보전송자가 보유하는 정보
에너지정보 전송자에게 요구 정보	다음 각 목의 에너지 관련 정보 중 정보주체의 이익, 전송에 필요한 시간·비용 및 기술적으로 전송 가능한 합리적인 범위 등을 고려하여 보호위원회와 산업통상자원부장관이 공동으로 정하여 고시하는 정보(이하 "에너지전송정보"라 한다)로서 해당 에너지정보전송자가 보유하는 정보 가. 「전기사업법」 제14조에 따른 전기 공급에 따라 생성된 에너지 사용량 정보, 전기요금의 청구정보 및 납부정보 등의 정보 나. 「도시가스사업법」 제19조에 따른 도시가스 공급에 따라 생성된 에너지 사용량 정보, 도시가스 요금의 청구정보 및 납부정보 등의 정보 다. 그밖에 가목 및 나목과 유사한 에너지 관련 정보
자율전송정보 요구권	② 정보주체는 제1항에 따른 정보 외에 법 제35조의2제1항에 따라 정보전송자가 보유하는 정보로서 시간, 비용, 기술 등을 고려하여 정보주체에게 전송할 수 있다고 해당 정보전송자가 자율적으로 정한 정보(이하 "자율전송정보"라 한다)를 자신에게 전송할 것을 요구할 수 있다.
예외 (보호위원회 고시 제외)	③ 정보주체는 법 제35조의2제2항에 따라 정보전송자에 대하여 보건의료전송정보, 통신전송정보 및 에너지전송정보를 개인정보관리 전문기관 또는 일반수신자에게 전송할 것을 요구하는 경우 제1항에도 불구하고 전송받는 자에 따라 보호위원회가 정하여 고시하는 정보는 전송을 요구할 수 없다.

4) 전송 요구의 방법

구분	상세 내용
근거	- 개인정보 보호법 제42조의5(전송 요구의 방법 등)
특정성	① 정보주체는 법 제35조의2제1항에 따른 전송 요구(이하 "본인전송 요구"라 한다)를 하는 경우에는 전송 요구 목적 및 전송을 요구하는 개인정보를 특정해야 한다.
특정 항목	② 정보주체는 제3자 전송 요구를 하는 경우에는 다음 각호의 사항을 특정해야 한다. 1. 전송 요구 **목적** 2. 전송 요구를 **받는 자** 3. 개인정보를 **전송받는 자** 4. 전송을 요구하는 **개인정보** 5. 정기적 전송을 요구하는지 여부 및 요구하는 경우 그 주기[제4항에 따라 정보전송자에게 제42조의9제1항제2호에 따른 일반전문기관(이하 "일반전문기관"이라 한다) 및 같은 항 제3호에 따른 특수전문기관(이하 "특수전문기관"이라 한다)에 대한 제3자 전송 요구를 하는 경우에 한정한다] 6. 전송 요구의 **종료 시점** 7. 전송을 요구하는 개인정보의 **보유 및 이용 기간**
요구 및 통지	③ 정보주체는 개인정보관리 전문기관 또는 일반수신자를 통하여 정보전송자에게 제3자 전송 요구를 할 수 있다. 이 경우 개인정보관리 전문기관 또는 일반수신자는 제2항 각호의 사항에 대하여 정보주체가 그 내용을 명확하게 인지하고 제3자 전송 요구를 할 수 있도록 미리 알려야 한다.
정기적 전송 요구권	④ 정보주체는 정보전송자에게 일반전문기관 및 특수전문기관에 대한 제3자 전송 요구를 하는 경우 같은 내역의 개인정보를 정기적으로 전송할 것을 요구할 수 있다.
전송 철회	⑤ 정보주체는 제1항부터 제4항까지의 규정에 따른 전송 요구를 변경하거나 철회할 수 있다. 이 경우 정보전송자, 개인정보관리 전문기관 및 일반수신자는 전송 요구 변경 및 철회의 방법·절차가 전송 요구 당시의 방법·절차보다 어렵지 않도록 해야 한다.

5) 전송의 기한 및 방법

구분	상세 내용
근거	- 개인정보 보호법 제42조의6(개인정보 전송의 기한 및 방법 등)
지체 없이 전송	① 법 제35조의2제1항 및 제2항에 따라 전송 요구를 받은 정보전송자는 정보시스템 장애 등으로 전송이 지연되거나 불가능한 사유가 없으면 지체 없이 개인정보를 전송해야 한다. 이 경우 정보전송자는 지체 없이 전송할 수 없는 정당한 사유가 있는 경우에는 정보주체에게 그 사유를 알리고 전송을 연기할 수 있으며, 그 사유가 소멸하면 지체 없이 개인정보를 전송해야 한다.

구분	상세 내용
정확·안전·최신	② 정보전송자는 개인정보를 전송하는 경우 개인정보의 정확성, 완전성 및 최신성을 유지해야 한다.
전송방식	③ 정보전송자는 전송의 안전성 및 신뢰성이 보장될 수 있도록 다음 각호의 방식(본인전송 요구의 경우에는 제1호에 한정한다)에 따라 개인정보를 전송해야 한다. 1. 정보 전송 시 안전한 암호 알고리즘으로 암호화하여 전송하는 방식 → **본인 한정** 2. 정보전송자와 개인정보관리 전문기관 및 일반수신자 간에 **미리 협의하여 정하는 방식** 3. 정보전송자와 개인정보관리 전문기관 및 일반수신자 간 **상호 식별·인증할 수 있는 방식** 4. 정보전송자와 개인정보관리 전문기관 및 일반수신자 간 **상호 확인할 수 있는 방식**
내역 게재	⑤ 정보전송자는 정보주체가 법 제35조의2제1항에 따라 개인정보 전송을 요구하고 전송 내역 등을 확인할 수 있도록 본인전송 요구 방법, 전송 현황 및 내역을 확인할 수 있는 방법을 인터넷 홈페이지 등에 게재해야 한다. 다만, 보건의료정보전송자 및 에너지정보전송자의 경우에는 중계전문기관이 대신하여 게재할 수 있다.
침해 방지 및 유의사항	⑥ 일반수신자는 제3자 전송 요구에 따라 개인정보를 전송받는 경우 다음 각호의 어느 하나에 해당하는 행위로 인하여 정보주체의 이익을 침해하거나 전송 처리 체계를 저해하지 않도록 노력해야 한다. 1. 법 제16조제1항을 위반하여 전송 요구 목적과 관련 없는 개인정보를 전송하도록 요구하는 행위 2. 법 제16조제3항에 따른 서비스 운영을 위하여 필수적인 경우가 아닌데도 전송받은 정보에 대한 제3자 제공 동의를 전송 요구와 동시에 받는 행위 3. 법 제35조의2제1항·제2항에 따른 전송 요구 또는 법 제38조제1항에 따른 권리에 대한 대리 행사를 강요하거나 부당하게 유도하는 행위 4. 법 제35조의3제1항에 따른 개인정보관리 전문기관의 지정을 받지 않고 같은 항 각호의 업무를 수행하는 행위 5. 정보주체의 동의 없이 제42조의5제2항에 따른 전송 요구 내용을 변경하여 개인정보를 요구하는 행위 6. 자기 또는 제3자의 이익을 위하여 특정 정보주체의 이익을 침해하는 행위 7. 정보주체의 전송 요구를 이유로 개인정보처리자의 전산설비에 지속적·반복적으로 접근하여 장애를 일으키는 행위 8. 그밖에 제1호부터 제7호까지와 유사한 행위로서 정보주체의 이익을 침해하거나 전송 처리 체계를 저해하는 행위

구분	상세 내용
수집 금지 (수단과 방식)	⑦ 일반전문기관, 특수전문기관 및 일반수신자는 제1호에 따른 정보주체의 접근수단을 제2호의 방식으로 사용·보관함으로써 보건의료전송정보, 통신전송정보 및 에너지전송정보를 수집해서는 안 된다. 1. 다음 각 목에 따른 정보주체의 접근수단 　가. 「전자서명법」 제2조제3호에 따른 전자서명생성정보 및 같은 조 제6호에 따른 인증서 　나. 제3자 전송 요구를 위하여 정보전송자에 등록된 정보주체의 식별자 또는 인증정보 　다. 정보주체의 생체정보 2. 다음 각 목의 방법을 통하여 정보주체의 이름으로 열람하는 방식 　가. 제1호의 접근수단을 직접 보관하는 방법 　나. 제1호의 접근수단에 접근할 수 있는 권한을 확보하는 방법 　다. 제1호의 접근수단에 대한 지배권, 이용권 또는 접근권 등을 사실상 확보하는 방법
분리 보관	⑧ 개인정보관리 전문기관 및 일반수신자는 개인정보관리 전문기관 및 일반수신자로서 처리하는 정보와 다른 개인정보처리자로서 처리하는 정보를 분리하여 보관해야 한다. 다만, 특수전문기관(「의료법」 제3조에 따른 의료기관에 한정한다)이 같은 법 제23조의2제1항에 따른 전자의무기록시스템으로 보건의료전송정보를 진료 목적으로 전송받는 경우로서 같은 법 제23조제2항에 따라 전자의무기록을 안전하게 관리·보존하는 경우에는 분리 보관을 하지 않을 수 있다.
3년 보관	⑨ 정보전송자, 개인정보관리 전문기관 및 일반수신자는 다음 각호의 보건의료전송정보, 통신전송정보, 에너지전송정보 및 자율전송정보(이하 "전송 요구대상정보"라 한다) 전송 내역을 3년간 보관해야 한다. 다만, 정보전송자의 경우 중계전문기관이 대신 보관할 수 있다. 1. 제42조의5제2항 각호의 사항 2. 정보주체의 전송 요구에 따른 정보 송수신 기록 3. 전송 요구의 철회, 거절 및 전송 중단 내역 및 사유
내역 통지	⑩ 일반전문기관 및 특수전문기관은 제9항에 따른 전송 요구대상정보 전송 내역을 제15조의3제4항 각호의 어느 하나에 해당하는 방법으로 연 1회 이상 정보주체에게 알려야 한다. 다만, 정보주체가 통지에 대한 거부의사를 표시한 경우에는 통지를 생략할 수 있다.
비용 지원	⑪ 보호위원회 및 관계 중앙행정기관의 장은 예산의 범위에서 정보전송자에 대하여 개인정보의 전송에 필요한 시설 및 기술의 구축·운영 비용 등 전송 요구의 이행에 필요한 비용을 지원할 수 있다.

6 개인정보 정정, 삭제 권리

1) 개인정보 보호법 개인정보의 정정·삭제

구분	상세 내용
근거	– 개인정보 보호법 제36조(개인정보의 정정·삭제)
정정·삭제 요구권	① 제35조에 따라 자신의 개인정보를 열람한 정보주체는 개인정보처리자에게 그 개인정보의 정정 또는 삭제를 요구할 수 있다. 다만, 다른 법령에서 그 개인정보가 수집 대상으로 명시되어 있는 경우에는 그 삭제를 요구할 수 없다.
삭제 조치 결과 알림	② 개인정보처리자는 제1항에 따른 정보주체의 요구를 받았을 때에는 개인정보의 정정 또는 삭제에 관하여 다른 법령에 특별한 절차가 규정되어 있는 경우를 제외하고는 지체 없이 그 개인정보를 조사하여 정보주체의 요구에 따라 정정·삭제 등 필요한 조치를 한 후 그 결과를 정보주체에게 알려야 한다.
삭제 방법	③ 개인정보처리자가 제2항에 따라 개인정보를 삭제할 때에는 복구 또는 재생되지 아니하도록 조치하여야 한다.
삭제 불가 알림	④ 개인정보처리자는 정보주체의 요구가 제1항 단서에 해당될 때에는 지체 없이 그 내용을 정보주체에게 알려야 한다.
증거 제출	⑤ 개인정보처리자는 제2항에 따른 조사를 할 때 필요하면 해당 정보주체에게 정정·삭제 요구사항의 확인에 필요한 증거자료를 제출하게 할 수 있다.
시행령 근거	⑥ 제1항·제2항 및 제4항에 따른 정정 또는 삭제 요구, 통지 방법 및 절차 등에 필요한 사항은 대통령령으로 정한다.

2) 통신비밀보호법 전기통신 폐기 의무

구분	상세 내용
근거	– 제12조의2(범죄수사를 위하여 인터넷 회선에 대한 통신제한조치로 취득한 자료의 관리)
정보통신 폐기	⑤ 검사 또는 사법경찰관은 제1항에 따른 청구나 제2항에 따른 신청을 하지 아니하는 경우에는 집행종료일부터 14일(검사가 사법경찰관의 신청을 기각한 경우에는 그 날부터 7일) 이내에 통신제한조치로 취득한 전기통신을 폐기하여야 하고, 법원에 승인청구를 한 경우(취득한 전기통신의 일부에 대해서만 청구한 경우를 포함한다)에는 제4항에 따라 법원으로부터 승인서를 발부받거나 청구기각의 통지를 받은 날부터 7일 이내에 승인을 받지 못한 전기통신을 폐기하여야 한다.
폐기 결과 관리 및 보고	⑥ 검사 또는 사법경찰관은 제5항에 따라 통신제한조치로 취득한 전기통신을 폐기한 때에는 폐기의 이유와 범위 및 일시 등을 기재한 폐기결과보고서를 작성하여 피의자의 수사기록 또는 피내사자의 내사사건기록에 첨부하고, 폐기일부터 7일 이내에 통신제한조치를 허가한 법원에 송부하여야 한다.

3) 전자상거래 등에서의 소비자보호에 관한 법률 시행령 ★

구분	상세 내용
근거	- 제6조(사업자가 보존하는 거래기록의 대상 등)
거래기록 보존기간	① 법 제6조제3항에 따라 사업자가 보존하여야 할 거래기록의 대상·범위 및 기간은 다음 각호와 같다. 다만, 법 제20조제1항에 따른 통신판매중개자(이하 "통신판매중개자"라 한다)는 자신의 정보처리시스템을 통하여 처리한 기록의 범위에서 다음 각호의 거래기록을 보존하여야 한다. 1. 표시·광고에 관한 기록: 6개월 2. 계약 또는 청약 철회 등에 관한 기록: 5년 3. 대금결제 및 재화 등의 공급에 관한 기록: 5년 4. 소비자의 불만 또는 분쟁 처리에 관한 기록: 3년
열람·보존 방법	② 법 제6조제3항에 따라 사업자가 소비자에게 제공하여야 할 거래기록의 열람·보존의 방법은 다음 각호와 같다. 1. 거래가 이루어진 해당 사이버몰(법 제2조제4호의 사이버몰을 말한다. 이하 같다)에서 거래당사자인 소비자가 거래기록을 열람·확인할 수 있도록 하고, 전자문서의 형태로 정보처리시스템 등에 저장할 수 있도록 할 것 2. 거래당사자인 소비자와의 거래기록을 그 소비자의 희망에 따라 방문, 전화, 팩스 또는 전자우편 등의 방법으로 열람하거나 복사할 수 있도록 할 것. 다만, 거래기록 중에 「저작권법」 제4조부터 제6조까지의 규정에 따른 저작물(「저작권법」에 따라 복사할 수 있는 저작물은 제외한다)이 있는 경우에는 그에 대한 복사는 거부할 수 있다. 3. 사업자가 법 제6조제2항에 따라 개인정보의 이용에 관한 동의를 철회한 소비자의 거래기록 및 개인정보를 보존하는 경우에는 개인정보의 이용에 관한 동의를 철회하지 아니한 소비자의 거래기록 및 개인정보와 별도로 보존할 것

7 개인정보 처리 정지의 권리 ★

구분	상세 내용
근거	- 개인정보 보호법 제37조(개인정보의 처리 정지 등)
철회권	① 정보주체는 개인정보처리자에 대하여 자신의 개인정보 처리의 정지를 요구하거나 개인정보 처리에 대한 동의를 철회할 수 있다. 이 경우 공공기관에 대해서는 제32조에 따라 등록 대상이 되는 개인정보파일 중 자신의 개인정보에 대한 처리의 정지를 요구하거나 개인정보 처리에 대한 동의를 철회할 수 있다.
정지 의무	② 개인정보처리자는 제1항에 따른 처리 정지 요구를 받았을 때에는 지체 없이 정보주체의 요구에 따라 개인정보 처리의 전부를 정지하거나 일부를 정지하여야 한다.

구분	상세 내용
거절 사유	다만, 다음 각호의 어느 하나에 해당하는 경우에는 정보주체의 처리 정지 요구를 거절할 수 있다. 1. **법률에 특별한 규정이 있거나 법령상 의무를 준수하기 위하여 불가피한 경우** 2. **다른 사람의 생명·신체를 해할 우려**가 있거나 **다른 사람의 재산과 그 밖의 이익을 부당하게 침해할 우려가 있는 경우** 3. 공공기관이 개인정보를 처리하지 아니하면 다른 법률에서 정하는 **소관 업무를 수행할 수 없는 경우** 4. 개인정보를 처리하지 아니하면 정보주체와 약정한 서비스를 제공하지 못하는 등 계약의 이행이 곤란한 경우로서 **정보주체가 그 계약의 해지 의사를 명확하게 밝히지 아니한 경우**
철회정보 파기	③ 개인정보처리자는 정보주체가 제1항에 따라 동의를 철회한 때에는 지체 없이 수집된 개인정보를 복구·재생할 수 없도록 파기하는 등 필요한 조치를 하여야 한다. 다만, 제2항 각호의 어느 하나에 해당하는 경우에는 동의 철회에 따른 조치를 하지 아니할 수 있다.
사유 알림	④ 개인정보처리자는 제2항 단서에 따라 처리 정지 요구를 거절하거나 제3항 단서에 따라 동의 철회에 따른 조치를 하지 아니하였을 때에는 정보주체에게 지체 없이 그 사유를 알려야 한다.
필요 조치	⑤ 개인정보처리자는 정보주체의 요구에 따라 처리가 정지된 개인정보에 대하여 지체 없이 해당 개인정보의 파기 등 필요한 조치를 하여야 한다.
시행령 근거	⑥ 제1항부터 제5항까지의 규정에 따른 처리 정지의 요구, 동의 철회, 처리 정지의 거절, 통지 등의 방법 및 절차에 필요한 사항은 대통령령으로 정한다.

8 자동화된 결정에 대한 정보주체의 권리

구분	상세 내용
근거	– 개인정보 보호법 제37조의2(자동화된 결정에 대한 정보주체의 권리 등)
정보주체 거부권	① 정보주체는 완전히 자동화된 시스템(**인공지능** 기술을 적용한 시스템을 **포함**한다)으로 개인정보를 처리하여 이루어지는 결정(「행정기본법」 제20조에 따른 **행정청의 자동적 처분은 제외**하며, 이하 이 조에서 "자동화된 결정"이라 한다)이 자신의 권리 또는 의무에 중대한 영향을 미치는 경우에는 해당 개인정보처리자에 대하여 해당 결정을 거부할 수 있는 권리를 가진다. 다만, 자동화된 결정이 제15조제1항제1호·제2호 및 제4호에 따라 이루어지는 경우에는 그러하지 아니하다.

구분	상세 내용
설명요구권	② 정보주체는 개인정보처리자가 자동화된 결정을 한 경우에는 그 결정에 대하여 설명 등을 요구할 수 있다.
필요 조치	③ 개인정보처리자는 제1항 또는 제2항에 따라 정보주체가 자동화된 결정을 거부하거나 이에 대한 설명 등을 요구한 경우에는 정당한 사유가 없는 한 <u>자동화된 결정을 적용하지 아니하거나 인적 개입에 의한 재처리·설명 등 필요한 조치를 하여야 한다.</u>
공개 의무	④ 개인정보처리자는 <u>자동화된 결정의 기준과 절차, 개인정보가 처리되는 방식 등을 정보주체가 쉽게 확인할 수 있도록 공개하여야 한다.</u>
시행령 근거	⑤ 제1항부터 제4항까지에서 규정한 사항 외에 자동화된 결정의 거부·설명 등을 요구하는 절차 및 방법, 거부·설명 등의 요구에 따른 필요한 조치, 자동화된 결정의 기준·절차 및 개인정보가 처리되는 방식의 공개 등에 필요한 사항은 대통령령으로 정한다.

9 권리행사의 방법 및 절차

구분	상세 내용
근거	- 개인정보 보호법 제38조(권리행사의 방법 및 절차)
대리 허용	① 정보주체는 제35조에 따른 열람, 제35조의2에 따른 전송, 제36조에 따른 정정·삭제, 제37조에 따른 처리 정지 및 동의 철회, 제37조의2에 따른 거부·설명 등의 요구(이하 "열람 등 요구"라 한다)를 문서 등 대통령령으로 정하는 방법·절차에 따라 대리인에게 하게 할 수 있다.
법정 대리인 열람요구권	② <u>만 14세 미만 아동의 법정대리인</u>은 개인정보처리자에게 그 아동의 개인정보 열람 등 요구를 할 수 있다.
수수료 산정	③ 개인정보처리자는 열람 등 요구를 하는 자에게 대통령령으로 정하는 바에 따라 수수료와 우송료(사본의 우송을 청구하는 경우에 한한다)를 청구할 수 있다. 다만, 제35조의2제2항에 따른 전송 요구의 경우에는 전송을 위해 추가로 필요한 설비 등을 함께 고려하여 수수료를 산정할 수 있다.
공개의무	④ 개인정보처리자는 정보주체가 열람 등 요구를 할 수 있는 구체적인 방법과 절차를 마련하고, 이를 정보주체가 알 수 있도록 공개하여야 한다. 이 경우 열람 등 요구의 방법과 절차는 해당 개인정보의 수집 방법과 절차보다 <u>어렵지 아니하도록</u> 하여야 한다.
이의제기	⑤ 개인정보처리자는 정보주체가 열람 등 요구에 대한 거절 등 조치에 대하여 불복이 있는 경우 이의를 제기할 수 있도록 필요한 절차를 마련하고 안내하여야 한다.

10 손해배상책임

1) 손해배상의 책임 ★

구분	상세 내용
근거	- 개인정보 보호법 제39조(손해배상책임)
손해배상 청구권	① 정보주체는 개인정보처리자가 이 법을 위반한 행위로 손해를 입으면 개인정보처리자에게 손해배상을 청구할 수 있다. 이 경우 그 개인정보처리자는 고의 또는 과실이 없음을 입증하지 아니하면 책임을 면할 수 없다.
배상금액	③ 개인정보처리자의 고의 또는 중대한 과실로 인하여 개인정보가 분실·도난·유출·위조·변조 또는 훼손된 경우로서 정보주체에게 손해가 발생한 때에는 법원은 그 손해액의 5배를 넘지 아니하는 범위에서 손해배상액을 정할 수 있다. 다만, 개인정보처리자가 고의 또는 중대한 과실이 없음을 증명한 경우에는 그러하지 아니하다.
배상액 고려요소	④ 법원은 제3항의 배상액을 정할 때에는 다음 각호의 사항을 고려하여야 한다. 1. 고의 또는 손해 발생의 우려를 인식한 정도 2. 위반행위로 인하여 입은 피해 규모 3. 위법행위로 인하여 개인정보처리자가 취득한 경제적 이익 4. 위반행위에 따른 벌금 및 과징금 5. 위반행위의 기간·횟수 등 6. 개인정보처리자의 재산상태 7. 개인정보처리자가 정보주체의 개인정보 분실·도난·유출 후 해당 개인정보를 회수하기 위하여 노력한 정도 8. 개인정보처리자가 정보주체의 피해구제를 위하여 노력한 정도

2) 손해배상의 청구

구분	상세 내용
근거	- 개인정보 보호법 제39조의2(법정손해배상의 청구)
고의·과실 시 배상청구	① 제39조제1항에도 불구하고 정보주체는 개인정보처리자의 고의 또는 과실로 인하여 개인정보가 분실·도난·유출·위조·변조 또는 훼손된 경우에는 300만원 이하의 범위에서 상당한 금액을 손해액으로 하여 배상을 청구할 수 있다. 이 경우 해당 개인정보처리자는 고의 또는 과실이 없음을 입증하지 아니하면 책임을 면할 수 없다.
손해액 인정	② 법원은 제1항에 따른 청구가 있는 경우에 변론 전체의 취지와 증거조사의 결과를 고려하여 제1항의 범위에서 상당한 손해액을 인정할 수 있다.
청구변경 기한	③ 제39조에 따라 손해배상을 청구한 정보주체는 사실심(事實審)의 변론이 종결되기 전까지 그 청구를 제1항에 따른 청구로 변경할 수 있다.

3) 징벌적 손해배상과 법적 손해배상의 비교

개인정보처리자의 고의, 과실로 인한 개인정보 유출·노출로 인한 손해 배상책임이 있다.

구분	징벌적 손해배상	법적 손해배상
목적	- 불법행위의 **징계와 예방**	- 피해 손해금액의 **보상**
개념	- 가해자의 악의적 불법행위로 피해자에게 손해를 입힌 경우 실제 손해 외에 징벌적 의미를 추가해서 배상하는 제도	- 피해자의 실재 손해를 보상하기 위한 제도, 물질과 비물질적 손해 포함
피해자 입증책임	- **입증책임 의무 있음**	- **입증책임 의무 없음**
가해자 입증책임	- 있음	- 있음
배상금액 범위	- 피해금액의 **5배 이내**(제39조)	- **300백만원 이하**(제39조의2)
예시	- 고의적인 개인정보 수집 및 판매: A사가 고객의 동의 없이 개인정보를 수집하고 이를 제3자에게 판매한 경우 - 재발 방지를 위한 처벌: B사가 반복적으로 개인정보를 유출하거나 관리 소홀로 인해 고객정보를 유출	- 개인정보 유출로 인한 신용카드정보 도용: C사의 데이터가 유출되어 고객 D가 신용카드 사기를 당했다면, D는 실제로 잃은 금액과 관련된 손해를 입증하여 법적 손해배상을 청구 - 개인정보 유출로 인한 정신적 고통: E라는 사람의 개인정보가 불법으로 유출되어 그로 인해 심리적 스트레스를 겪었다면, C는 정신적 고통에 대한 손해를 입증하여 손해배상 청구

11 법정대리인의 권리 ★

구분	상세 내용
근거	- 제22조의2(아동의 개인정보 보호)
14세 미만 아동 동의 (2개 요건)	① 개인정보처리자는 만 14세 미만 아동의 개인정보를 처리하기 위하여 이 법에 따른 동의를 받아야 할 때에는 그 법정대리인의 동의를 받아야 하며, **법정대리인이 동의하였는지를 확인** 의무
대리인 정보 수집 가능	② 제1항에도 불구하고 법정대리인의 동의를 받기 위하여 필요한 최소한의 정보로서 대통령령으로 정하는 정보는 법정대리인의 동의 없이 해당 **아동으로부터 직접 수집 가능**
양식·언어	③ 개인정보처리자는 만 14세 미만의 아동에게 개인정보 처리와 관련한 사항의 고지 등을 할 때에는 이해하기 **쉬운 양식**과 명확하고 알기 **쉬운 언어**를 사용 의무
준용	④ 제1항부터 제3항까지에서 규정한 사항 외에 동의 및 동의 확인 방법 등에 필요한 사항은 대통령령으로 정함

12 개인정보처리로 인하여 발생한 피해를 구제받을 권리

1) 개인정보 피해구제 제도★

① 제도 법령

구분	상세 내용
근거	- 개인정보 보호법 제39조의 7(손해배상의 보장)
원칙	- 개인정보처리자로서 매출액, 개인정보의 보유 규모 등을 고려하여 대통령령으로 정하는 기준에 해당하는 자는 제39조 및 제39조의2에 따른 손해배상책임의 이행을 위하여 보험 또는 공제에 가입하거나 준비금을 적립하는 등 필요한 조치 의무
예외	- 다음 각호의 어느 하나에 해당하는 자는 제1항에 따른 조치를 하지 아니할 수 있다. • 대통령령으로 정하는 공공기관, 비영리법인 및 단체 •「소상공인기본법」 제2조제1항에 따른 소상공인으로서 대통령령으로 정하는 자에게 개인정보 처리를 위탁한 자 • 다른 법률에 따라 제39조 및 제39조의2에 따른 손해배상책임의 이행을 보장하는 보험 또는 공제에 가입하거나 준비금을 적립한 개인정보처리자
준용	- 개인정보처리자의 손해배상책임 이행 기준 등에 필요한 사항은 대통령령으로 정함

② 제도 안내

개인정보보호위원회는 전체 의무대상 파악이 어려워 실질적 점검·관리를 위해 합리적 범위 조정이 불가피하고, 보험료 납입 대비 보장 범위가 좁으며, 제도에 대한 인식 부족으로 지급사례가 부족해 보험상품 개선 및 인지도 향상을 위해 2025년 제도 합리화 방안을 발표했다.

구분	상세 내용
제도 의미	개인정보 유출 피해 발생 시 기업의 배상능력이 부족한 경우에도 피해구제가 가능하도록 보험·공제에 가입하거나 준비금을 적립하는 등 필요한 조치를 의무화하는 제도
방향	- 합리적 제도정비 및 관리 - 보험료와 보장 범위 등 정확한 정보 제공 - 기업 및 국민대상 인지도 제고 지속 노력
자율제도	- 의무대상이 아닌 기업의 자발적으로 보험 가입 등 필요 조치를 위한 인센티브 활성화
활용	- 손해배상책임 보장제도를 통해 분쟁조정 손해배상금(합의금)도 보장

③ 개인정보처리자의 손해배상책임 이행 기준

구분	상세 내용
근거	- 개인정보 보호법 시행령 제48조의7(손해배상책임의 이행을 위한 보험 등 가입 대상자의 범위 및 기준 등)
적용 대상	① 법 제39조의7제1항에서 "대통령령으로 정하는 기준에 해당하는 자"란 다음 각호의 요건을 모두 갖춘 자(이하 "가입대상개인정보처리자"라 한다)를 말한다. 1. 전년도(법인의 경우에는 직전 사업연도를 말한다)의 매출액 등이 10억원 이상일 것 2. 전년도 말 기준 직전 3개월간 그 개인정보가 저장·관리되고 있는 정보주체(제15조의3제2항제2호에 해당하는 정보주체는 제외한다. 이하 이 조에서 같다)의 수가 일일평균 1만명 이상일 것. 다만, 해당 연도에 영업의 전부 또는 일부의 양수, 분할·합병 등으로 개인정보를 이전받은 경우에는 이전받은 시점을 기준으로 정보주체의 수가 1만명 이상일 것
적용 대상 제외 (면제 대상)	※ 제15조의3제2항제2호에 따른 제외 대상 1. 대통령령으로 정하는 공공기관, 비영리법인 및 단체 2. 「소상공인기본법」 제2조제1항에 따른 소상공인으로서 대통령령으로 정하는 자에게 개인정보 처리를 위탁한 자 3. 다른 법률에 따라 제39조 및 제39조의2에 따른 손해배상책임의 이행을 보장하는 보험 또는 공제에 가입하거나 준비금을 적립한 개인정보처리자 ※ 비영리 단체 ② 법 제39조의7제2항제1호에서 "대통령령으로 정하는 공공기관, 비영리법인 및 단체"란 다음 각호의 기관을 말한다. 1. 공공기관. 다만, 제2조제2호부터 제5호까지에 해당하는 공공기관으로서 제32조제4항 각호에 해당하는 공공기관은 제외한다. 　※ 제2조제2호부터 제5호까지에 해당하는 공공기관으로서 제32조제4항 각호에 해당 공공기관 　- 제2조제2호부터 제5호까지에 해당하는 공공기관 2. 「공공기관의 운영에 관한 법률」 제4조에 따른 공공기관 3. 「지방공기업법」에 따른 지방공사와 지방공단 4. 특별법에 따라 설립된 특수법인 5. 「초·중등교육법」, 「고등교육법」, 그 밖의 다른 법률에 따라 설치된 각급 학교 2. 「공익법인의 설립·운영에 관한 법률」 제2조에 따른 공익법인 3. 「비영리민간단체 지원법」 제4조에 따라 등록한 단체

구분	상세 내용
의무 적용 (면제 아님)	– 제32조제4항 각호에 해당하는 공공기관 　1. <u>연간 매출액 등이 1,500억원 이상</u>인 자로서 다음 각 목의 어느 하나에 해당하는 자(제2조제5호에 따른 각급 학교 및 「의료법」 제3조에 따른 <u>의료기관은 제외</u>한다) 　　가. <u>5만명 이상</u>의 정보주체에 관하여 <u>민감정보</u> 또는 <u>고유식별정보</u>를 처리하는 자 　　나. <u>100만명 이상의 정보주체</u>에 관하여 개인정보를 처리하는 자 　2. 직전 연도 12월 31일 기준으로 재학생 수(대학원 재학생 수를 포함한다)가 2만명 이상인 「고등교육법」 제2조에 따른 학교 　3. 「의료법」 제3조의4에 따른 상급종합병원 　4. 공공시스템운영기관
대통령령으로 정하는 자	1. 「소상공인기본법」 제2조제1항에 따른 소상공인으로부터 개인정보가 분실·도난·유출·위조·변조 또는 훼손되지 않도록 개인정보의 저장·관리 업무를 위탁받은 자 2. 제1호에 따라 위탁받은 업무에 대하여 법 제39조 및 제39조의2에 따른 손해배상책임의 이행을 보장하는 보험 또는 공제에 가입하거나 준비금을 적립하는 등 필요한 조치를 한 자

2) 손해배상책임의 이행을 위한 최저가입(적립) 금액의 기준(제48조의7제4항 관련)★

적용 대상사업자가 보험 등에 가입하거나 준비금을 적립할 때 최저가입금액(최소적립금액) 기준이다. 보험 등 가입금액과 준비금적립금액을 합산한 금액이 아래의 최저가입금액(최소적립금액) 이상이어야 한다.

① 최저가입금액 산정기준

가입 대상 개인정보처리자의 가입금액 산정요소		최저가입금액 (최소적립금액)
매출액	이용자 수	
800억원 초과	100만명 이상	10억원
50억원 초과 800억원 이하		5억원
5천만원 이상 50억원 이하		2억원
800억원 초과	10만명 이상 100만명 미만	5억원
50억원 초과 800억원 이하		2억원
5천만원 이상 50억원 이하		1억원
800억원 초과	1천명 이상 10만명 미만	2억원
50억원 초과 800억원 이하		1억원
5천만원 이상 50억원 이하		5천만원

② 최저가입금액 산정기준 산정 시 용어 의미

용어	상세 내용
보험가입금액	– 계약상 보상 최고한도액으로, 보험계약자가 보험계약을 체결 시 약정한 금액
보험료	– 보험계약에 의하여 보험계약자가 보험회사에 납입한 금액
이용자 수	– 보험(공제)에 가입하거나 준비금을 적립해야 할 연도의 전년도 말 기준 직전 3개월간 그 개인정보가 저장·관리되고 있는 일일 이용자 수 평균
매출액	– 전년도(법인의 경우 전 사업연도)의 매출액

3) 준비금 적립 방법

임의적립금(자본계정)으로 적립하고 주주총회 결의 등을 통해 해당 임의적립금이 개인정보 보호법 제39조의9의 의무 이행을 위한 것임을 명확히 하여야 한다.

적립 방법	상세 내용
준비금	– 회사가 순자산액으로부터 자본액을 공제한 금액(잉여금) 중 일부를 장래 생길지도 모르는 필요에 대비하기 위하여 회사에 적립해 두는 금액
임의적립금	– 법률의 규정에 의하지 않고, 정관/주주총회의 결의에 의하여 이익을 유보한 것으로, 그 이용 목적과 방법은 회사에서 자유롭게 정할 수 있음

CHAPTER 04 분쟁해결절차

CERTIFIED PRIVACY PROTECTION GENERAL

> 개인정보분쟁조정위원회는 개인정보 침해 등 분쟁을 신속하고 공정하게 조정하기 위해 설치된 기구로, 당사자 간 합의 또는 조정 결정을 통해 피해 구제와 시정권고를 수행한다. 단체소송은 다수의 피해자가 공동으로 소송을 제기해 피해 구제를 도모하는 제도로, 개별 소송보다 효율적으로 권리를 보호할 수 있다.

1 개인정보분쟁조정위원회

1) 개인정보분쟁조정위원회 설치 및 운영

구분	상세 내용
근거	- 개인정보 보호법 제40조(설치 및 구성)
설치	① 개인정보에 관한 분쟁의 조정(調停)을 위하여 개인정보 분쟁조정위원회(이하 "분쟁조정위원회"라 한다)를 둔다.
구성	② 분쟁조정위원회는 위원장 이내의 위원으로 구성하며, 위원은 당연직위원과 위촉위원으로 구성한다. ③ 위촉위원은 다음 각호의 어느 하나에 해당하는 사람 중에서 보호위원회 위원장이 위촉하고, 대통령령으로 정하는 국가기관 소속 공무원은 당연직위원이 된다. 　1. 개인정보 보호업무를 관장하는 중앙행정기관의 고위공무원단에 속하는 공무원으로 재직하였던 사람 또는 이에 상당하는 공공부문 및 관련 단체의 직에 재직하고 있거나 재직하였던 사람으로서 개인정보 보호업무의 경험이 있는 사람 　2. 대학이나 공인된 연구기관에서 부교수 이상 또는 이에 상당하는 직에 재직하고 있거나 재직하였던 사람 　3. 판사·검사 또는 변호사로 재직하고 있거나 재직하였던 사람 　4. 개인정보 보호와 관련된 시민사회단체 또는 소비자단체로부터 추천을 받은 사람 　5. 개인정보처리자로 구성된 사업자단체의 임원으로 재직하고 있거나 재직하였던 사람
위원장	④ 위원장은 **위원 중에서** 공무원이 아닌 사람으로 보호위원회 **위원장이 위촉**한다.

구분	상세 내용
연임	⑤ 위원장과 위촉위원의 임기는 2년으로 하되, 1차에 한하여 연임할 수 있다.
조정부	⑥ 분쟁조정위원회는 분쟁조정 업무를 효율적으로 수행하기 위하여 필요하면 대통령령으로 정하는 바에 따라 조정사건의 분야별로 5명 이내의 위원으로 구성되는 조정부를 둘 수 있다. 이 경우 조정부가 분쟁조정위원회에서 위임받아 의결한 사항은 분쟁조정위원회에서 의결한 것으로 본다.
의결	⑦ 분쟁조정위원회 또는 조정부는 재적위원 과반수의 출석으로 개의하며 출석위원 과반수의 찬성으로 의결한다.
사무처리	⑧ 보호위원회는 분쟁조정 접수, 사실 확인 등 분쟁조정에 필요한 사무를 처리할 수 있다.
시행령 근거	⑨ 이 법에서 정한 사항 외에 분쟁조정위원회 운영에 필요한 사항은 대통령령으로 정한다.

2) 개인정보 분쟁조정의 신청

구분	상세 내용
근거	- 개인정보 보호법 제43조(조정의 신청 등)
신청	① 개인정보와 관련한 분쟁의 조정을 원하는 자는 분쟁조정위원회에 분쟁조정을 신청할 수 있다.
통지	② 분쟁조정위원회는 당사자 일방으로부터 분쟁조정 신청을 받았을 때에는 그 신청 내용을 상대방에게 알려야 한다.
응대	③ 개인정보처리자가 제2항에 따른 분쟁조정의 통지를 받은 경우에는 특별한 사유가 없으면 분쟁조정에 응하여야 한다.

2 개인정보 분쟁조정

1) 분쟁의 조정

구분	상세 내용
근거	- 개인정보 보호법 제47조(분쟁의 조정)
분쟁 조정 작성	① 분쟁조정위원회는 다음 각호의 어느 하나의 사항을 포함하여 조정안을 작성할 수 있다. 　1. 조사 대상 침해행위의 중지 　2. 원상회복, 손해배상, 그밖에 필요한 구제 조치 　3. 같거나 비슷한 침해의 재발을 방지하기 위하여 필요한 조치 ② 분쟁조정위원회는 제1항에 따라 조정안을 작성하면 지체 없이 각 당사자에게 제시하여야 한다.

구분	상세 내용
수락	③ 제2항에 따라 조정안을 제시받은 당사자가 제시받은 날부터 15일 이내에 수락 여부를 알리지 아니하면 조정을 수락한 것으로 본다. ★
송달	④ 당사자가 조정 내용을 수락한 경우(제3항에 따라 수락한 것으로 보는 경우를 포함한다) 분쟁조정위원회는 조정서를 작성하고, 분쟁조정위원회의 위원장과 각 당사자가 기명날인 또는 서명을 한 후 조정서 정본을 지체 없이 각 당사자 또는 그 대리인에게 송달하여야 한다. 다만, 제3항에 따라 수락한 것으로 보는 경우에는 각 당사자의 기명날인 및 서명을 생략할 수 있다.
효력	⑤ 제4항에 따른 조정의 내용은 재판상 화해와 동일한 효력을 갖는다.

2) 분쟁조정의 거부 및 중지

구분	상세 내용
근거	- 개인정보 보호법 제48조(조정의 거부 및 중지)
분쟁 거부	① 분쟁조정위원회는 분쟁의 성질상 분쟁조정위원회에서 조정하는 것이 적합하지 아니하다고 인정하거나 부정한 목적으로 조정이 신청되었다고 인정하는 경우에는 그 조정을 거부할 수 있다.
통지	- 조정 거부의 사유 등을 신청인에게 알려야 한다.
소제기	② 분쟁조정위원회는 신청된 조정사건에 대한 처리 절차를 진행하던 중에 한쪽 당사자가 소를 제기하면 그 조정의 처리를 중지하고 이를 당사자에게 알려야 한다.

3) 집단분쟁조정

구분	상세 내용
근거	- 개인정보 보호법 제49조(집단분쟁조정)
집단분쟁조정 신청	① 국가 및 지방자치단체, 개인정보 보호단체 및 기관, 정보주체, 개인정보처리자는 정보주체의 피해 또는 권리침해가 다수의 정보주체에게 같거나 비슷한 유형으로 발생하는 경우로서 대통령령으로 정하는 사건에 대해 분쟁조정위원회에 일괄적인 분쟁조정을 의뢰 또는 신청할 수 있다.
절차의 개시 및 공고	② 제1항에 따라 집단분쟁조정을 의뢰받거나 신청받은 분쟁조정위원회는 그 의결로써 제3항부터 제7항까지의 규정에 따른 집단분쟁조정의 절차를 개시할 수 있다. 이 경우 분쟁조정위원회는 대통령령으로 정하는 기간 동안 그 절차의 개시를 공고하여야 한다.
당사자 추가신청	③ 분쟁조정위원회는 집단분쟁조정의 당사자가 아닌 정보주체 또는 개인정보처리자로부터 그 분쟁조정의 당사자에 추가로 포함될 수 있도록 하는 신청을 받을 수 있다.

구분	상세 내용
대표자 선임	④ 분쟁조정위원회는 그 의결로써 제1항 및 제3항에 따른 집단분쟁조정의 당사자 중에서 공동의 이익을 대표하기에 가장 적합한 1인 또는 수인을 대표당사자로 선임할 수 있다.
보장계획서 제출 권고	⑤ 분쟁조정위원회는 개인정보처리자가 분쟁조정위원회의 집단분쟁조정의 내용을 수락한 경우에는 집단분쟁조정의 당사자가 아닌 자로서 피해를 입은 정보주체에 대한 보상계획서를 작성하여 분쟁조정위원회에 제출하도록 권고할 수 있다.
일부 소 제기 시 조치사항	⑥ 제48조제2항에도 불구하고 분쟁조정위원회는 집단분쟁조정의 당사자인 다수의 정보주체 중 일부의 정보주체가 법원에 소를 제기한 경우에는 그 절차를 중지하지 아니하고, 소를 제기한 일부의 정보주체를 그 절차에서 제외한다.
기간	⑦ 집단분쟁조정의 기간은 제2항에 따른 공고가 종료된 날의 다음 날부터 60일 이내로 한다. 다만, 부득이한 사정이 있는 경우에는 분쟁조정위원회의 의결로 처리기간을 연장할 수 있다.

4) 분쟁조정 절차 및 개선 의견 제출

구분	상세 내용
근거	- 개인정보 보호법 제50조(조정 절차 등), 개인정보 보호법 제50조의2(개선 의견의 통보)
조정 절차	① 제43조부터 제49조까지의 규정에서 정한 것 외에 분쟁의 조정 방법, 조정 절차 및 조정업무의 처리 등에 필요한 사항은 대통령령으로 정한다. ② 분쟁조정위원회의 운영 및 분쟁조정 절차에 관하여 이 법에서 규정하지 아니한 사항에 대하여는 「민사조정법」을 준용한다.
개선 의견	- 분쟁조정위원회는 소관 업무 수행과 관련하여 개인정보 보호 및 정보주체의 권리 보호를 위한 개선 의견을 보호위원회 및 관계 중앙행정기관의 장에게 통보할 수 있다.

3 단체소송

1) 단체소송의 신청

구분	상세 내용
근거	- 개인정보 보호법 제51조(단체소송의 대상 등), 제52조(전속관할), 제55조(소송허가요건 등)

구분	상세 내용
단체소송요건 (소비자단체)	다음 각호의 어느 하나에 해당하는 단체는 개인정보처리자가 제49조에 따른 집단분쟁조정을 거부하거나 집단분쟁조정의 결과를 수락하지 아니한 경우에는 법원에 권리침해 행위의 금지·중지를 구하는 소송(이하 "단체소송"이라 한다)을 제기할 수 있다. 1.「소비자기본법」제29조에 따라 공정거래위원회에 등록한 소비자단체로서 다음 각 목의 요건을 모두 갖춘 단체 　가. 정관에 따라 상시적으로 정보주체의 권익증진을 주된 목적으로 하는 단체일 것 　나. 단체의 정회원수가 1천명 이상일 것 　다.「소비자기본법」제29조에 따른 등록 후 3년이 경과하였을 것
단체소송요건 (비영리 민간단체)	2.「비영리민간단체 지원법」제2조에 따른 비영리민간단체로서 다음 각 목의 요건을 모두 갖춘 단체 　가. 법률상 또는 사실상 동일한 침해를 입은 100명 이상의 정보주체로부터 단체소송의 제기를 요청받을 것 　나. 정관에 개인정보 보호를 단체의 목적으로 명시한 후 최근 3년 이상 이를 위한 활동 실적이 있을 것 　다. 단체의 상시 구성원 수가 5천명 이상일 것 　라. 중앙행정기관에 등록되어 있을 것
전속관할	제52조(전속관할) ① 단체소송의 소는 피고의 주된 사무소 또는 영업소가 있는 곳, 주된 사무소나 영업소가 없는 경우에는 주된 업무담당자의 주소가 있는 곳의 지방법원 본원 합의부의 관할에 전속한다. ② 제1항을 외국사업자에 적용하는 경우 대한민국에 있는 이들의 주된 사무소·영업소 또는 업무담당자의 주소에 따라 정한다.
대리인 선임	제53조(소송대리인의 선임) **단체소송의 원고는 변호사를 소송대리인으로 선임하여야 한다.**
소송허가신청	① 단체소송을 제기하는 단체는 소장과 함께 다음 각호의 사항을 기재한 소송허가신청서를 법원에 제출하여야 한다. 　1. 원고 및 그 소송대리인 　2. 피고 　3. 정보주체의 침해된 권리의 내용 ② 제1항에 따른 소송허가신청서에는 다음 각호의 자료를 첨부하여야 한다. 　1. 소 제기 단체가 제51조 각호의 어느 하나에 해당하는 요건을 갖추고 있음을 소명하는 자료 　2. 개인정보처리자가 조정을 거부하였거나 조정결과를 수락하지 아니하였음을 증명하는 서류

구분	상세 내용
소송허가요건	① 법원은 다음 각호의 요건을 모두 갖춘 경우에 한하여 결정으로 단체소송을 허가한다. 1. 개인정보처리자가 분쟁조정위원회의 조정을 거부하거나 조정결과를 수락하지 아니하였을 것 2. 제54조에 따른 소송허가신청서의 기재사항에 흠결이 없을 것 ② 단체소송을 허가하거나 불허가하는 결정에 대하여는 즉시 항고할 수 있다.

2) 단체소송과 집단소송의 차이점

구분	단체소송	집단소송
개념	- 일정 자격을 갖춘 단체가 전체 피해자 이익을 위해 소송을 제기하는 제도	- 피해 집단의 일부가 전체 피해자를 대표하여 소송을 제기하는 제도
청구권자	- 일정 요건을 갖춘 소비자단체 등 단체	- 유사한 피해를 입은 피해자 중 대표 당사자(1인 또는 일부)
소송 목적	- 위법행위의 금지·중지 등 시정조치 청구	- 금전적 피해구제(손해배상청구)
판결 효과	- 소송을 제기한 당사자(단체)와 그 구성원에게만 적용	- 명시적 제외(opt-out)하지 않은 전체 피해자에게 동일하게 적용
기타	- 피해의 사전 예방	- 피해의 사후 구제

3) 단체소송의 원고 자격

구분	단체소송	집단소송
법적 근거	- 「소비자기본법」 제29조에 따라 공정거래위원회에 등록된 소비자단체	- 「비영리민간단체 지원법」 제2조에 따른 비영리민간단체
목적	- 정관에 따라 상시적으로 정보주체의 권익증진을 주된 목적으로 할 것	- 정관에 개인정보 보호를 단체의 목적으로 명시하고 최근 3년 이상 관련 활동 실적이 있을 것
회원 수	- 정회원 1,000명 이상	- 상시 구성원 5,000명 이상
설립·등록 요건	- 공정거래위원회 등록 후 3년 경과	- 중앙행정기관에 등록되어 있고, 법률상 또는 사실상 동일한 침해를 입은 100명 이상의 정보주체로부터 소송 요청을 받을 것
소송 전제	- 집단분쟁조정 절차를 거친 후, 개인정보처리자가 조정을 거부하거나 조정결과를 수락하지 않은 경우에 한함	- 집단분쟁조정 절차를 거친 후, 개인정보처리자가 조정을 거부하거나 조정결과를 수락하지 않은 경우에 한함

PART 02 실력 확인 문제

| 개인정보 보호 제도 |

01 다음 중 개인정보 보호법상 "수범자"와 "소지자"에 대한 설명으로 옳은 것은 무엇인가?

① 개인정보 보호법의 수범자는 개인정보의 소유자에 한정된다.
② 개인정보 보호법의 소지자는 개인정보를 직접 제공한 정보주체만을 의미한다.
③ 개인정보 보호법의 수범자는 개인정보를 처리하는 자로, 소유 여부와 관계없이 법적 의무를 진다.
④ 개인정보 보호법은 소지제이므로 개인정보를 소유한 자만 책임을 진다.
⑤ 개인정보 보호법의 수범자와 소지자는 동일한 개념으로 사용된다.

해설

개인정보 보호법의 "수범자"는 개인정보를 소유하고 있는지 여부와 관계없이 법에서 정한 행위를 하는 모든 자(즉, 개인정보를 처리하는 자)를 의미한다. 따라서 개인정보의 소유자만이 아니라, 개인정보를 수집·보관·이용·제공·파기 등 처리하는 모든 자가 법의 적용을 받으며, 법적 의무를 진다. "소지자"는 개인정보의 소유자를 의미하지만, 개인정보 보호법은 소지제가 아니라 수범제의 성격을 갖고 있다.

플러스이론

수범자와 소지자의 개념

구분	상세 내용
수범자	- 법을 지켜야 하는 직접의무자로 규정한 자 - 해당 법령을 준수해야 하는 사람, 기업, 단체 등 ※ 기본권 수범자는 국민을 보호해야 하는 의무를 지는 국가기관, 지방자치단체, 공공기관 등임
소지자	- 법을 적용받는 대상을 말함

02 다음 중 법령별 "수범자"와 "소지자"에 대한 연결이 옳지 않은 것은 무엇인가?

① 개인정보 보호법 - (수범자) 민간(기업, 개인) 공공기관 등/(소지자) 누구나
② 정보통신망법 - (수범자) 정보통신서비스 제공자/(소지자) 이용 또는 가입 고객, 기업 등
③ 신용정보법 - (수범자) 신용서비스 이용자/(소지자) 신용정보회사 또는 신용정보집중기관
④ 위치정보의 보호 및 이용 등에 관한 법률 - (수범자) 위치정보 사업자/(소지자) 교사 및 학생
⑤ 정보통신기반보호법 - (수범자) 주요 통신기반시설 사업자/(소지자) 이용 또는 가입 고객, 기업 등

해설

신용정보법의 수범자와 소지자의 위치가 바뀌었다. "(수범자) 신용정보회사 또는 신용정보집중기관/(소지자) 신용서비스 이용자"가 맞다.

03 다음 중 개인정보 보호법을 구성하는 "장의 구분"으로 옳지 않은 것은 무엇인가?

① 제2장 개인정보 보호정책의 수립
② 제3장 개인정보의 처리
③ 제4장 개인정보의 안전한 관리
④ 제5장 정보주체의 권리보장
⑤ 제6장 국제협력

정답 01 ③ 02 ③ 03 ⑤

해설

정보통신망 이용촉진 및 정보보호 등에 관한 법률(약칭: 정보통신망법)에 제8장 "국제협력"이 있다.

플러스이론

개인정보 보호법의 장의 목차
제1장 총칙
제2장 개인정보 보호정책의 수립
제3장 개인정보의 처리
제4장 개인정보의 안전한 관리
제5장 정보주체의 권리보장
제6장 〈삭제〉
제7장 개인정보 분쟁조정위원회
제8장 개인정보 단체소송
제9장 보칙
제10장 벌칙

04 다음 중 개인정보 보호 원칙에 대한 설명으로 가장 옳은 것은 무엇인가?

① 개인정보는 수집 목적과 관계없이 자유롭게 이용할 수 있다.
② 개인정보의 수집은 정보주체의 동의가 있으면 무엇이든 가능하다.
③ 개인정보는 안전하게 보호되어야 하며, 정보주체가 자신의 정보에 접근할 수 있어야 한다.
④ 개인정보처리자는 개인정보의 목적 범위 외에 대해선 제한할 필요가 없다.
⑤ 개인정보의 명확성, 최소성은 보장하되 안전성은 고려하지 않아도 된다.

해설

개인정보 보호 원칙에는 개인정보의 안전한 보호(보안성 확보), 정보주체의 참여(자신의 정보에 대한 접근 및 정정 요구 등), 목적 외 이용 제한, 최소한의 수집, 명확성·최소성·안전성 보장 등이 포함된다. ③번은 개인정보 보호의 핵심 원칙(보안성 확보 및 정보주체의 권리 보장)을 올바르게 설명하고 있다.

플러스이론

개인정보처리자 기본 준수(발췌)

원칙의 특성	세부 내용
명확성	- 개인정보처리자는 개인정보의 처리 목적을 명확히 함
최소성	- 그 목적에 필요한 범위에서 최소한의 개인정보만을 적법하고 정당하게 수집
적합성	- 개인정보처리자는 개인정보의 처리 목적에 필요한 범위에서 적합하게 처리
활용성	- 그 목적 외의 용도로 활용 불가
목적성	- 개인정보의 처리 목적에 필요한 범위에서 개인정보의 정확성, 완전성 및 최신성 보장 의무
안전성	- 개인정보처리자는 개인정보의 처리 방법 및 종류 등에 따라 정보주체의 권리가 침해받을 가능성과 그 위험 정도를 고려하여 개인정보를 안전하게 관리

05 다음 중 법률의 적용순서에 관한 설명으로 옳은 것은 무엇인가?

① 하위법령(개인정보 보호법 시행령)은 구체적인 법령이므로 상위 법률(개인정보 보호법)보다 우선하여 적용된다.
② 개정법률(신법)이 특별법보다 항상 우선하여 적용된다.
③ 특별법과 일반법이 충돌할 경우, 특별법이 우선 적용되고, 특별법 우선의 원칙이 적용되지 않는 경우에만 신법 우선의 원칙이 적용된다.
④ 법률이 개정된 경우에는 구법이 신법보다 우선 적용된다.
⑤ 특별법과 일반법이 충돌할 때에는 두 법률을 모두 적용한다.

해설

특별법 우선의 원칙에 따라 일반법과 특별법이 충돌할 경우 특별법이 우선 적용되며, 특별법 우선의 원칙이 적용되지 않는 경우에 신법(개정법률) 우선의 원칙이 적용된다.

정답: 04 ③ 05 ③

06 다음 중 OECD 프라이버시 8원칙에 해당하지 않는 것은 무엇인가?

① 수집 제한의 원칙(Collection Limitation Principle)
② 정보 정확성의 원칙(Data Quality Principle)
③ 목적 명확화의 원칙(Purpose Specification Principle)
④ 보관기간 무제한의 원칙(Unlimited Retention Principle)
⑤ 이용제한의 원칙(Use Limitation Principle)

◎ 해설

OECD 프라이버시 8원칙에는 수집 제한의 원칙, 정보 정확성의 원칙, 목적 명확화의 원칙, 이용제한의 원칙, 안전성 확보의 원칙, 공개의 원칙, 개인 참가의 원칙, 책임의 원칙이 있다. 따라서 "보관기간 무제한의 원칙"은 OECD 8원칙에 포함되지 않는다.

◆ 플러스이론

OECD 프라이버시 8원칙

원칙	상세 내용
1. 수집 제한 원칙	- 개인정보는 적법하고 공정한 절차를 통해 최소한으로 수집해야 하며, 정보주체의 동의를 필요로 함(목적에 필요한 최소한의 정보 수집)
2. 정보 정확성 원칙	- 수집된 개인정보는 정확하고 최신 상태를 유지해야 하며, 처리 목적에 부합하는 방식으로 관리되어야 함(목적 범위 내 정확성, 최신성, 완전성 보장)
3. 목적 명확성 원칙	- 개인정보는 사전에 명확하게 정의된 목적을 위해서만 수집·이용되어야 하며, 목적 변경 시 정보주체의 동의가 필요(정의된 목적을 위해서만 수집 및 이용)
4. 이용 제한 원칙	- 개인정보는 정보주체의 동의 없이는 수집 목적 외의 용도로 사용하거나 제3자에게 제공되어서는 안 됨(목적 범위 내 적합하게 처리)
5. 안전성 확보의 원칙	- 개인정보는 적절한 보안 조치를 통해 손실, 무단 접근, 변경, 유출로부터 보호되어야 함(권리침해 가능성과 위험 정도를 고려하여 안전하기 처리)
6. 공개의 원칙	- 개인정보의 처리 정책, 목적, 절차에 대해 투명하게 공개해야 하며, 정보주체가 이를 쉽게 접근할 수 있어야 함(투명 공개)
7. 정보 주체의 참여 원칙	- 정보주체는 자신의 개인정보에 접근, 열람, 정정, 삭제를 요구할 권리가 있으며, 이 권리가 보장되어야 함(참여 보장)
8. 책임의 원칙	- 개인정보처리자는 법적, 윤리적 책임을 지고 개인정보 보호 원칙을 준수하며, 이를 입증할 수 있어야 함

07 다음 중 OECD 프라이버시 8원칙과 GDPR(일반 개인정보 보호법)의 차이점으로 옳은 것은 무엇인가?

① OECD 8원칙은 법적 구속력이 없으나, GDPR은 법적 구속력이 있는 규정이다.
② GDPR은 개인정보의 수집 목적을 명확히 할 필요가 없으나, OECD 8원칙은 목적 명확화를 강조한다.
③ OECD 8원칙은 정보주체의 권리를 포함하지 않으나, GDPR은 정보주체의 권리를 명확히 규정한다.
④ GDPR은 개인정보 보호책임자 지정 의무가 없으나, OECD 8원칙은 의무로 규정한다.
⑤ OECD 8원칙은 개인정보의 안전성 확보를 요구하지 않으나, GDPR은 안전 조치를 필수로 한다.

◎ 해설

OECD 프라이버시 8원칙은 개인정보 보호의 기본 가이드라인으로서 국제적으로 널리 인정되었으나, 법적 구속력은 없고 권고사항의 성격을 띠고 있다. 반면, GDPR은 유럽연합(EU)의 법률로서 회원국에 법적 구속력을 가지며 엄격한 규제를 통해 개인정보 보호를 강화한다. GDPR은 OECD 원칙을 기반으로 하면서도 정보주체 권리 확대(예 삭제권, 데이터 이동권), 책임성 강화, 법적 제재 규정을 포함한다.

정답: 06 ④ 07 ①

플러스이론
OECD 프라이버시 8원칙과 GDPR 비교

OECD 프라이버시 8원칙		GDPR
원칙	내용 요약	
1. 수집 제한의 원칙	적법, 최소화, 정보주체 동의	데이터 최소화, 적법성
2. 정보 정확성의 원칙	정확, 최신상태, 목적부합	정확성
3. 목적 명확화 원칙	목적명확화, 변경 시 재동의	목적 제한
4. 이용 제한의 원칙	목적 외 용도 사용 및 제공 금지	저장기간 제한
5. 안전성 확보의 원칙	손실, 접근, 유출 등의 보호	무결성, 기밀성
6. 공개의 원칙	투명 공개, 정보주체 쉬운 접근	적법성, 공정성, 투명성
7. 정보주체의 참여 원칙	정보주체 권리보장	공정성
8. 책임의 원칙	윤리적 책임, 입증 가능성	책임성

08 다음 중 개인정보 보호법 제16조(개인정보의 수집 제한)를 위반한 사례로 옳은 것은 무엇인가?

① 온라인 쇼핑몰은 고객의 상품 주문 시점에 고객 배송을 위해 이름, 주소, 연락처에 대한 최소한의 정보만 수집한다.
② 병원이 환자 진료를 위해 주민등록번호, 연락처, 건강정보 등 필요한 최소한의 개인정보만 수집한다.
③ 한 교육기관이 학생의 학적 관리를 위해 학번, 이름, 연락처만 수집한다.
④ 한 보험회사가 보험 가입 시 필요하지 않은 가족의 직업, 소득 등 과도한 개인정보를 일괄적으로 요구한다.
⑤ 은행이 계좌 개설 시 자금세탁 방지 등 법적 의무 이행을 위해 신분증 사본을 수집한다.

해설
개인정보 보호법 제16조는 개인정보처리자가 목적에 필요한 최소한의 개인정보만을 수집해야 하며, 과도한 개인정보 수집은 금지하고 있다. ④번 사례는 보험 가입에 불필요한 가족의 직업, 소득 등 과도한 개인정보를 요구하므로 제16조를 위반하는 행위에 해당한다.

09 다음 중 아래 사례와 관련하여 옳지 않은 것은 무엇인가?

> A기관은 개인정보처리자로서 개인정보 보호법을 준수하고 있다. 어느 날 감사원으로부터 특정 민원과 관련하여 개인정보가 포함된 자료 제출을 요구받았습니다. 이에 A기관은 자료를 제출해야 하는지, 제출하지 않을 경우 어떤 법적 문제가 발생할 수 있는지 검토하였습니다.

① 감사원법 제27조에 따른 감사원의 자료 제출 요구가 있는 경우 개인정보처리자에게 자료 제출을 요구할 수 있다.
② 공공기관의 정보공개에 관한 법률 제5조(정보공개 청구권자)에 의한 정보공개청구의 대상이 되는 정보(공공기관이 보유, 관리하는 정보)로서 동법 제9조(비공개 대상 정보) 제1항 제6호 단서 각 목에 정한 비공개대상정보 사유에 해당하는 정보를 제출하지 않을 수 있다.
③ 감사원이 제출받은 자료는 개인정보 보호법상 허용된 경우를 제외하고는 제3자에게 제공하거나 공개해서는 안 된다.
④ 재택근무·유연근무제의 도입 또는 외근 직원에 대한 근태 관리나 유류비 절감 등의 목적으로 근로자의 위치정보를 동의 없이 파악하는 것은 허용한다.
⑤ 제출된 자료에는 개인정보 유출 방지 등 안전성 확보를 위한 제도적·기술적 조치가 필요하다.

정답: 08 ④ 09 ④

> **해설**

회사가 직원에 대한 근태관리 등의 목적으로 기지국, GPS, Wi-Fi, Beacon 등의 측위설비로 수집된 개인위치정보를 이용하고자 하는 경우에는 직원의 동의를 받아 개인위치정보를 수집·이용하여야 한다(※ 출처: 2023 개인정보 법령해석 사례 30선, p.22.).

> **플러스이론**

개인정보의 목적 외 활용이 가능한 다른 법률의 특별한 규정 사례

- 소득세법 제170조(질문·조사) 세무공무원의 조사, 질문
- 감사원법 제27조(출석답변·자료 제출·봉인 등)에 따른 감사원의 자료 제출 요구
- 공공기관의 정보공개에 관한 법률 제5조(정보공개청구권자)에 의한 정보공개청구의 대상이 되는 정보(공공기관이 보유, 관리하는 정보)로서 동법 제9조(비공개 대상 정보) 제1항 제6호 단서 각 목에 정한 비공개대상정보 제외 사유에 해당하는 경우

10 다음 중 개인정보 보호법상 '목적 외 개인정보 활용 금지 원칙'을 위반한 사례로 옳은 것은 무엇인가?

① 병원이 환자의 진료를 위해 수집한 개인정보를 해당 환자의 진료 및 치료 목적으로만 사용하였다.
② 쇼핑몰이 회원가입 시 수집한 고객 정보를 상품 배송 및 고객 응대에만 사용하였다.
③ 보험회사가 보험 가입을 위해 수집한 개인정보를 고객 동의 없이 자사 마케팅에 활용하였다.
④ 공공기관이 법령에 따라 수집한 개인정보를 해당 법령에서 정한 업무 수행에만 이용하였다.
⑤ 금융기관이 대출 심사를 위해 수집한 개인정보를 대출 심사 목적으로만 사용하였다.

> **해설**

개인정보 보호법은 개인정보처리자가 개인정보를 수집한 목적의 범위 내에서만 이용할 것을 원칙으로 하며, 동의 없이 목적 외로 이용하거나 제3자에게 제공해서는 안 된다. ③번 사례는 보험회사가 고객의 동의 없이 보험 가입 목적이 아닌 자사 마케팅에 개인정보를 활용한 것으로, 이는 '목적 외 개인정보 활용 금지 원칙'을 위반한 행위이다.

11 다음 중 개인정보 보호법 제23조(민감정보의 처리 제한)를 위반한 사례로 옳은 것은 무엇인가?

① 병원이 환자의 진료를 위해 건강정보를 수집하고, 별도의 동의를 받아 처리하였다.
② 회사가 직원 복지제도 운영을 위해 노동조합 가입 여부를 별도의 동의 없이 일괄적으로 수집하였다.
③ 학교가 학생의 건강검진을 위해 학부모로부터 별도의 동의를 받아 건강정보를 수집하였다.
④ 보험회사가 법령에 따라 유전자검사 결과를 수집하였다.
⑤ 공공기관이 범죄경력자료를 법령에 따라 수집하였다.

> **해설**

민감정보(예 사상·신념, 노동조합·정당 가입·탈퇴, 정치적 견해, 건강, 성생활, 유전자정보, 범죄경력 등)는 원칙적으로 처리(수집·이용 등)가 금지되며, 정보주체의 명확한 별도 동의나 법령에 근거한 경우에만 예외적으로 처리할 수 있다.
②번 사례는 회사가 직원의 노동조합 가입 여부(민감정보)를 별도의 동의 없이 수집한 것으로, 이는 제23조의 처리 제한 원칙을 위반한 행위이다.

정답 10 ③ 11 ②

12 다음 중 개인정보 보호법 제24조의2(주민등록번호 처리의 제한)를 위반한 사례로 옳은 무엇인가? (단, 각 보기의 상황에서 '법령에 구체적 근거가 있는 경우', '정보주체 또는 제3자의 급박한 생명·신체·재산의 이익을 위해 명백히 필요한 경우' 등 예외 사유에 해당하는지 여부를 판단하시오.)

> a. 한 대형마트가 자체 멤버십 회원가입 시 본인 확인을 위해 주민등록번호를 필수로 입력받고, 입력된 주민등록번호를 내부 마케팅 목적으로도 활용하였다.
> b. 한 지방자치단체가 재난지원금 지급 대상자 선정을 위해 관련 법령에 따라 주민등록번호를 수집하였다.
> c. 한 병원이 응급환자의 신원 확인을 위해 주민등록번호를 처리하였고, 이후 해당 정보를 별도의 동의 없이 제약회사에 연구 목적으로 제공하였다.
> d. 한 보험회사가 보험금 지급을 위해 관련 법령에 따라 주민등록번호를 수집하였다.
> e. 한 인터넷 쇼핑몰이 단순 회원가입 시 법적 근거 없이 주민등록번호를 필수 입력 항목으로 요구하였다.

① a, b, c ② b, c, d
③ a, c, e ④ b, d, e
⑤ a, d, e

해설

개인정보 보호법 제24조의2는 주민등록번호 처리를 원칙적으로 금지하고, 아래 예외 사유에 해당할 때만 허용한다.
- 법령에서 구체적으로 주민등록번호 처리를 요구·허용한 경우
- 정보주체 또는 제3자의 급박한 생명·신체·재산의 이익을 위해 명백히 필요한 경우
- 기타 안전행정부령으로 정하는 불가피한 경우

플러스이론

보기에 대한 구체적 사례 해설

> a. 대형마트의 회원가입 및 마케팅 활용: 법령에 근거 없이 단순 회원가입에 주민등록번호를 요구하는 것은 금지된다. 특히 마케팅 목적 등 내부 활용은 예외 사유에 해당하지 않아 위반이다.
> b. 지방자치단체의 재난지원금 지급: 관련 법령에 따라 주민등록번호를 수집하는 경우는 예외에 해당하므로 위반이 아니다.
> c. 병원의 응급환자 신원 확인 및 제3자 제공: 응급상황에서의 신원 확인은 예외에 해당하나, 이후 별도의 동의 없이 제약회사에 연구 목적으로 제공하는 것은 법령상 근거가 없으므로 위반이다.
> d. 보험회사의 보험금 지급: 보험금 지급 등 관련 법령에 따라 주민등록번호를 수집하는 것은 허용된다.
> e. 인터넷 쇼핑몰의 단순 회원가입: 법적 근거 없이 단순 회원가입에 주민등록번호를 요구하는 것은 명백한 위반이다.

13 다음 중 개인정보 보호법 제24조(고유식별정보의 처리 제한)를 위반한 사례로 옳은 것은 무엇인가?

① 은행이 계좌 개설을 위해 법령에 따라 주민등록번호를 수집하고, 암호화 등 개인정보의 안전조치를 수행하였다.
② 병원이 환자 진료를 위해 법령에 따라 주민등록번호를 수집하고, 별도의 동의를 받았다.
③ 온라인 쇼핑몰이 단순 회원가입 시 정보주체로부터 동의를 받아 주민등록번호를 필수 입력 항목으로 요구하였다.
④ 보험회사가 보험금 청구를 위해 법령에 따라 운전면허번호를 수집하고, 접근 권한을 제한하였다.
⑤ 공공기관이 여권번호를 법령에서 정한 목적에 따라 수집하고, 내부 관리계획을 수립하였다.

정답: 12 ③ 13 ③

> 해설

개인정보 보호법 제24조는 고유식별정보(주민등록번호, 여권번호, 운전면허번호, 외국인등록번호 등)는 법령에 근거하거나, 정보주체의 별도 동의를 받는 등 엄격한 요건이 있을 때만 처리할 수 있도록 제한하고 있다. 온라인 쇼핑몰이 단순 회원가입 시 법적 근거 없이 주민등록번호를 필수로 요구하는 것은 고유식별정보 처리 제한 원칙을 위반한 사례이다.

14 다음 중 개인영상정보(CCTV 영상 등)를 제3자에게 제공하는 과정에서 개인정보 보호법상 준수사항 및 절차를 위반한 사례로 옳은 것은 무엇인가?

① 경찰이 범죄 수사를 위해 법령에 따라 CCTV 영상을 요청하자, 관리책임자가 관련 법적 근거를 확인한 후 제공하고, 제공 사실을 정보주체에게 통지하였다.
② 공공기관이 자체 감사기구의 감사 요청에 따라, 감사에 필요한 최소한의 범위 내에서 CCTV 영상을 제공하였다.
③ 상점 주인이 고객의 분실물 확인 요청을 받아, 본인 확인 후 해당 고객에게 본인의 영상만을 보여주었다.
④ 관리책임자가 법적 근거 또는 청구인(정보주체)의 동의를 받아, 제3자의 CCTV 영상을 복사해 제공하였다.
⑤ 법원의 영장에 따라 CCTV 영상을 제출하면서, 정보주체의 소재를 알 수 없어 제공 사실을 통지하지 않았다.

> 해설

개인영상정보를 제3자에게 제공할 때는 반드시 정보주체의 동의, 법령에 의한 요청, 또는 정보주체의 생명·신체·재산상 이익 보호 등 정당한 사유가 있어야 하며, 제공 사실을 정보주체에게 통지하는 등 절차를 준수해야 한다. ④번 사례처럼 법적 근거나 동의 없이 단순 요청만으로 영상을 제공하는 것은 명백한 위반이다.

15 다음 중 개인정보 보호법상 고정형 영상정보처리기기(CCTV) 설치·운영 제한 원칙을 위반한 사례로 옳은 것은 무엇인가?

① 시청이 범죄 예방을 위해 공원 입구에 CCTV를 설치하였다.
② 아파트 관리사무소가 단지 내 시설물 안전관리를 위해 CCTV를 설치하였다.
③ 아파트 관리사무소가 아파트 단지 외의 인근 도로에 CCTV를 설치해 불법 유턴을 단속하였다.
④ 어린이집이 「영유아보육법」에 따라 아동 학대 방지 목적으로 교실에 CCTV를 설치하였다.
⑤ 공공기관이 화재 예방을 위해 건물 내부에 CCTV를 설치하였다.

> 해설

고정형 영상정보처리기기는 법령에서 구체적으로 허용된 경우, 범죄 예방 및 수사, 시설의 안전 및 화재 예방, 교통단속, 교통정보 수집 등 정당한 권한이 있는 경우에만 공개된 장소에 설치·운영이 허용된다. 교통단속 권한이 없는 아파트 관리사무소가 도로에 CCTV를 설치해 불법 유턴을 단속하는 것은 법적 권한이 없어 명백한 위반 사례이다.

16 다음 중 가명·익명 처리를 위한 기술 적용 사례로 가장 적절하지 않은 것은 무엇인가?

① 병원이 환자 데이터에서 이름과 주민등록번호를 암호화하여 연구용 데이터로 활용하였다.
② 금융회사가 고객의 거래 금액을 일정 구간별로 범주화하여 통계 분석에 사용하였다.
③ 통신사가 고객의 위치정보를 일정 지역 단위로 총계 처리하여 이동 패턴을 분석하였다.
④ 데이터 분석 기업이 고객 데이터를 무작위로 재배열하여 식별 가능성을 낮췄다.

정답: 14 ④ 15 ③ 16 ⑤

⑤ 고객의 구매 내역을 내부의 경험 있는 직원이 관련 검토하여 이름은 비식별 조치하였고, 휴대폰번호는 원본으로 하여 홈페이지에 공개하였다.

해설

①~④번은 암호화, 범주화, 총계 처리, 재배열 등 실제 가명·익명 처리 기술의 적용 사례이다. 반면, ⑤번은 휴대폰번호도 개인정보이므로 비식별 조치 없이 원본 데이터를 공개한 것으로, 가명·익명 처리 원칙에 명백히 어긋나는 사례이다.

17 다음 중 B기업의 이동형 영상정보처리기기 설치·운영과 관련하여 옳지 않은 것은 무엇인가?

> B기업은 신제품 보안 점검을 위해 드론을 활용하여 공장 외부(공개된 장소)를 순찰하며 영상을 촬영하고자 한다. 이 과정에서 공장 근로자와 방문객의 얼굴 등 개인을 식별할 수 있는 영상이 촬영될 수 있다. B기업은 개인정보 보호법상 이동형 영상정보처리기기 설치·운영에 관한 규정을 준수하고자 한다.

① B기업은 업무 목적이라면 공개된 장소에서 이동형 영상정보처리기기로 개인영상정보를 촬영할 수 있다.
② 이동형 영상정보처리기기 운영자는 촬영 사실을 알릴 수 있도록 기기 또는 현장에 표지를 부착하거나, 음성 안내 등 적절한 방법으로 촬영 사실을 표시해야 한다.
③ 목욕실, 화장실 등 사생활 침해 우려가 큰 장소에서는 범죄, 화재, 재난 등 특별한 상황이 아니라면 이동형 영상정보처리기기를 이용한 촬영이 금지된다.
④ 이동형 영상정보처리기기로 수집한 개인영상정보는 비례성·적법성 등 개인정보 보호 원칙을 준수하여 수집·이용·보관·파기해야 한다.
⑤ 이동형 영상정보처리기기로 촬영한 영상은 고정형 영상정보처리기기와 다르게 본래 목적 범위 내에서 제3자에게 제공할 수 있다.

해설

이동형 영상정보처리기기로 촬영한 영상은 업무 목적 등 법령상 허용된 목적 외에는 임의로 다른 목적으로 활용하거나 제3자에게 제공할 수 없다.

18 다음은 개인정보 보호법상 안전조치 의무에 관한 사례이다. 옳지 않은 것은 무엇인가?

① A기관은 홈페이지 연간 유지관리 기업과 개인정보 위·수탁 계약을 체결하고 개인정보처리방침에 이를 공개하였다.
② B기관은 개인정보취급자에 대한 정기적인 보안 교육을 실시하고, 개인정보 유출 사고 발생 시 대응 절차를 마련하였다.
③ C기업은 개인정보가 포함된 문서를 폐기할 때 문서세단기를 사용하지 않고 일반 쓰레기로 배출하였다.
④ D회사는 개인정보처리시스템의 접근 권한을 최소한으로 설정하고, 퇴사자에 대해서는 즉시 접근 권한을 회수하였다.
⑤ E기관은 개인정보가 저장된 데이터베이스에 대한 접근 기록을 보관하고, 주기적으로 점검하였다.

해설

개인정보가 포함된 문서를 안전하게 파기하지 않고 일반 쓰레기로 배출하면 개인정보 유출 위험이 커지므로 개인정보 보호법상 안전조치 의무를 위반한 것이다. 개인정보는 파쇄, 소각 등 안전한 방법으로 파기해야 하며, 이를 준수하지 않으면 법적 제재를 받을 수 있다.

정답 17 ⑤ 18 ③

19 다음 중 D회사의 개인정보 처리와 관련하여 옳지 않은 것은 무엇인가?

> D회사는 고객의 연락처, 주소 등 개인정보를 수집·보유하고 있다. 최근 한 고객이 이사 후 주소 변경을 요청했으나, 담당자가 이를 반영하지 않아 배송 오류가 발생했다. D회사는 개인정보의 정확성, 완전성, 최신성 보장 의무를 재점검하고자 한다.

① 개인정보처리자는 개인정보의 처리 목적에 필요한 범위에서 개인정보의 정확성, 완전성 및 최신성이 보장되도록 하여야 한다.
② 고객이 개인정보 변경을 요청한 경우, 회사는 이를 신속하게 반영하여 개인정보를 최신 상태로 유지해야 한다.
③ 개인정보의 정확성, 완전성, 최신성 보장을 위해 정보주체가 직접 자신의 개인정보를 수정할 수 있는 방법을 제공해야 한다.
④ 개인정보의 정확성, 완전성, 최신성 보장은 법적 의무가 아니며, 기업의 자율적 선택사항으로 기업은 관련 피해의 책임은 정보주체에게 있다.
⑤ 개인정보의 정확성, 완전성, 최신성 유지를 위해 잘못된 입력, 변조, 훼손을 방지하는 관리적·기술적 조치를 마련해야 한다.

해설
개인정보의 정확성, 완전성, 최신성 보장은 개인정보보호법상 개인정보처리자의 법적 의무이다.

20 다음 중 C연구소의 가명정보 처리와 관련하여 옳지 않은 것은 무엇인가?

> C연구소는 신약 개발을 위한 통계 분석을 목적으로 환자들의 진료기록을 가명처리하여 연구에 활용하고자 한다. 이 과정에서 C연구소는 정보주체의 동의 없이 가명정보를 처리하고, 연구 결과를 위해 다른 의료기관과 가명정보를 결합하려 한다. 또한, 가명정보와 원래 정보를 연결하는 추가 정보는 별도로 보관한다.

① C연구소는 통계작성, 과학적 연구, 공익적 기록보존의 목적이라면 정보주체의 동의 없이 가명정보를 처리할 수 있다.
② 가명정보를 다른 의료기관과 결합하려면 개인정보보호위원회 또는 관계 중앙행정기관이 지정한 전문기관을 통해야 한다.
③ 가명정보와 원래 정보를 연결하는 추가 정보는 별도로 분리하여 안전하게 관리해야 한다.
④ C연구소는 연구 목적 범위 내에서 한시적으로 특정 개인을 알아보기 위한 목적을 포함하여 가명정보를 처리할 수 있다.
⑤ 가명정보 처리 중 특정 개인을 알아볼 수 있는 정보가 생성되면 즉시 해당 정보의 처리를 중지하고, 지체 없이 회수·파기해야 한다.

해설
가명정보는 통계작성, 과학적 연구, 공익적 기록보존 등 정당한 목적 외에 특정 개인을 알아보기 위한 목적으로 처리할 수 없다.

정답: 19 ④ 20 ④

21 다음은 개인정보 보호법상 개인정보처리 방침의 수립 및 공개에 관한 사례이다. 옳지 않은 것은 무엇인가?

① Z기업은 개인정보 처리 목적, 수집 항목, 보유 및 이용 기간, 제3자 제공 현황, 처리 위탁 현황, 정보주체 권리 및 행사 방법, 개인정보 파기 절차와 방법 등을 포함한 개인정보처리 방침을 마련하여 홈페이지에 공개하였다.

② A기관은 개인정보처리 방침을 수립하였으나, 정보주체가 쉽게 확인할 수 있도록 인터넷 홈페이지 복잡성을 고려하여 첫 화면이나 연결화면에 공개하지 않고 로그인해야 확인할 수 있도록 하였다.

③ B학교는 개인정보처리 방침을 수립·공개하면서 개인정보 보호책임자 및 담당자의 연락처, 정보주체의 권익침해 구제 방법 등도 명시하였다.

④ C연구소는 개인정보처리 방침에 개인정보의 추가적 이용·제공 판단 기준과 개인정보의 안전성 확보 조치에 관한 내용을 포함하였다.

⑤ D기관은 개인정보처리 방침을 변경할 경우 변경 이력과 시행일을 명확히 표시하여 정보주체가 쉽게 알 수 있도록 하였다.

해설

개인정보 보호법상 개인정보처리 방침의 수립 및 공개 의무에 위반되는 사례이다. 개인정보처리자는 정보주체가 언제든지 쉽게 확인할 수 있도록 개인정보처리 방침을 인터넷 홈페이지 첫 화면 또는 연결화면에 공개해야 하며, 오프라인 사업장 등에서는 보기 쉬운 장소에 게시해야 한다.

22 다음은 개인정보 보호법상 사생활 침해의 최소화 원칙과 관련된 사례이다. 옳지 않은 것은 무엇인가?

① A아파트 관리사무소는 입주민 온라인 카페의 닉네임에 동·호수 표기를 의무화했으나, 사생활 침해 우려로 동·호수 기재를 선택할 수 있도록 변경하였다.

② B회사는 고객의 신용카드 결제 내역을 분석하기 위해 이름, 연락처, 주소, 가족관계, 결제정보 등 모든 개인정보를 일괄적으로 수집하였다.

③ C기관은 CCTV 설치 시 입주민의 사생활 침해를 최소화하기 위해 촬영 각도와 위치를 조정하였다.

④ D기업은 채용 과정에서 지원자의 종교, 건강정보 등 민감한 개인정보는 수집하지 않고, 채용에 꼭 필요한 정보만 수집하였다.

⑤ E학교는 학생들의 출결 관리를 위해 지문인식 외에도 수기 출석부 등 대체 수단을 마련하여 학생의 선택권을 보장하였다.

해설

사생활 침해 최소화 원칙에 위배되는 사례이다. 개인정보 보호법은 개인정보의 수집·이용 시 목적에 필요한 최소한의 정보만을 수집하도록 규정하고 있다. 결제 내역 분석에 불필요한 가족관계, 주소 등까지 일괄적으로 수집하는 것은 과도한 개인정보 수집이며, 정보주체의 사생활 침해를 초래할 수 있다.

정답: 21 ② 22 ②

23 다음 중 개인정보 보호법상 정보주체의 권리보장에 대한 설명으로 옳지 않은 것은 무엇인가?

① 정보주체는 개인정보처리자에게 자신의 개인정보에 대한 열람, 정정·삭제, 처리 정지 등을 요구할 수 있다.
② 개인정보처리자는 정보주체의 권리행사 요청을 받은 경우, 특별한 사유가 없으면 지체 없이 필요한 조치를 해야 한다.
③ 정보주체는 자신의 개인정보가 제3자에게 제공된 사실과 내역을 요구할 권리가 있다.
④ 정보주체는 개인정보의 처리 목적을 벗어나 추가적인 이용·제공에 대해 사전 안내를 받은 경우 동의 여부의 선택 및 수집 및 이용을 거부할 수 없다.
⑤ 개인정보처리자는 정보주체의 권리보장을 위해 개인정보 처리 방침을 공개하고, 권리행사 방법을 안내해야 한다.

해설
개인정보 보호법상 정보주체는 자신의 개인정보가 처리 목적을 벗어나 추가적으로 이용·제공되는 경우 사전 안내와 관계없이 동의 여부를 선택하고 거부할 권리가 있다.

24 다음은 개인정보 보호법상 익명 처리 원칙과 관련된 사례이다. 옳지 않은 것은 무엇인가?

① F병원은 연구 목적으로 환자 정보를 활용할 때, 이름·주민등록번호 등 식별 정보를 완전히 삭제하여 누구인지 알 수 없게 처리하였다.
② G기업은 마케팅 분석을 위해 고객의 구매 이력 데이터를 익명 처리하여, 개별 고객을 식별할 수 없도록 하였다.
③ H기관은 통계 작성 목적으로 개인정보를 익명 처리한 후, 해당 데이터를 외부 연구기관에 제공하였다.
④ I회사는 익명 처리된 데이터를 추가 정보와 결합하여 특정 개인을 다시 식별하여 사실 증빙 필요시 정보주체를 확인할 수 있도록 하였다.
⑤ J연구소는 익명 처리된 데이터의 재식별 위험을 최소화하기 위해 기술적·관리적 조치를 병행하였다.

해설
익명 처리 원칙에 위배되는 사례이다. 개인정보 보호법상 익명 처리란 정보주체를 알아볼 수 없도록 처리하는 것으로, 익명 처리된 데이터는 추가 정보를 결합하더라도 특정 개인을 식별할 수 없어야 한다. 익명 처리 후 재식별이 가능하다면 이는 익명 처리로 인정되지 않으며, 법적 보호를 받지 못할 수 있다.

25 다음 중 개인정보 보호법상 법령 미준수 시 과징금 부과 기준에 대한 설명으로 옳지 않은 것은 무엇인가?

① 과징금은 전체 매출액의 3%를 초과할 수 없으나, 위반행위와 관련 없는 매출액을 소명하면 해당 부분을 제외한 금액을 기준으로 산정된다.
② 과징금 산정 시 위반행위의 중대성, 암호화 등 안전조치 이행 노력, 피해 규모 등을 종합적으로 고려하여 조정된다.
③ 개인정보 유출 사고 발생 시, 법률 준수의 강화를 위해 위반행위자의 고의성 여부와 관계없이 반드시 전체 매출액의 3%를 과징금으로 부과해야 한다.
④ 과징금은 1차 조정(위반 기간·횟수 고려)과 2차 조정(협조·피해 복구 조치 고려)을 거쳐 최종 금액이 결정된다.
⑤ 경제 위기나 업종별 여건 악화 등으로 과징금 납부 능력이 현저히 부족한 경우, 금액의 일부 범위에서 감경할 수 있다.

정답: 23 ④　24 ④　25 ③

> 해설

개인정보 보호법 제64조의2에 따르면 과징금은 위반행위의 중대성, 안전조치 이행 노력, 피해 규모 등을 종합적으로 평가해 조정되며, 반드시 전체 매출액의 3%를 부과해야 하는 것은 아니다. 예를 들어, 위반행위와 무관한 매출액을 소명하면 해당 부분을 제외한 금액을 기준으로 산정된다. 또한 고의성 여부에 따라 중대성 판단이 달라지며, 피해 복구 조치 등이 감경 사유로 작용할 수 있다.

26 다음 중 개인정보 보호법상 개인정보의 수집, 이용, 제공 등에 관한 설명으로 옳지 않은 것은 무엇인가?

① 개인정보처리자는 정보주체의 동의를 받은 경우를 한정하여 개인정보를 수집·이용하거나 제3자에게 제공할 수 있다.
② 개인정보처리자는 법률에 특별한 규정이 있거나 법령상 의무를 준수하기 위해 불가피한 경우에도 정보주체의 동의 없이 개인정보를 수집·이용할 수 있다.
③ 개인정보처리자는 수집 목적의 범위 내에서만 개인정보를 이용해야 하며, 목적을 초과하여 이용하거나 제3자에게 제공할 경우 원칙적으로 정보주체의 동의가 필요하다.
④ 정보주체 또는 그 법정대리인이 의사표시를 할 수 없는 상태에 있거나 주소 불명 등으로 사전 동의를 받을 수 없는 경우, 급박한 생명·신체·재산의 이익을 위해 필요한 때에는 동의 없이 개인정보를 수집·이용하거나 제공할 수 있다.
⑤ 개인정보처리자가 개인정보를 수집 목적의 범위를 초과하여 이용하거나 제3자에게 제공한 경우, 5년 이하의 징역 또는 5천만원 이하의 벌금형에 처해질 수 있다.

> 해설

개인정보 보호법에 따르면 개인정보처리자는 정보주체의 동의가 있는 경우뿐만 아니라, 법률에 특별한 규정이 있거나 법령상 의무 준수, 공공기관의 소관 업무 수행, 계약 이행, 급박한 생명·신체·재산의 이익 보호 등 예외적으로 동의 없이도 개인정보를 수집·이용하거나 제공할 수 있다.

27 다음 중 개인정보 보호법상 개인정보의 처리제한에 대한 설명으로 옳지 않은 것은 무엇인가?

① 개인정보처리자는 법령에 특별한 규정이 있는 경우를 제외하고는 주민등록번호 등 고유식별정보의 처리를 제한받는다.
② 개인정보처리자는 고유식별정보를 안전하게 처리하기 위해 내부 관리계획을 수립·시행하고, 접근 권한을 제한하는 등 기술적·관리적 조치를 하여야 한다.
③ 개인정보처리자는 고유식별정보를 저장하거나 전송할 때 반드시 암호화 등 안전성 확보 조치를 취해야 한다.
④ 개인정보처리자는 정보주체의 동의가 있으면 고유식별정보를 수집·이용하거나 제3자에게 제공할 수 있다.
⑤ 개인정보처리자는 고유식별정보처리시스템에 대한 접근 통제, 침입 탐지, 접속기록 관리 등 안전조치 의무를 준수해야 한다.

> 해설

개인정보 보호법 제24조에 따라 주민등록번호 등 고유식별정보의 처리는 원칙적으로 금지되며, 법령에 특별한 규정이 있거나 대통령령으로 정하는 경우 등 제한적으로만 허용된다. 단순히 정보주체의 동의만으로는 고유식별정보의 수집·이용·제공이 허용되지 않는다. 나머지 보기들은 모두 고유식별정보의 처리제한, 안전조치 의무(내부 관리계획, 접근 권한 제한, 암호화 등)에 부합하는 설명이다.

정답: 26 ① 27 ④

28 다음 중 개인정보 보호법상 개인정보 보호책임자의 지정에 관한 설명으로 옳지 않은 것은 무엇인가?

① 개인정보처리자는 반드시 개인정보 보호책임자를 지정해야 하며, 지정하지 않을 경우 사업주 또는 대표자가 자동으로 개인정보 보호책임자가 된다.
② 개인정보 보호책임자는 개인정보 처리 관련 업무를 담당하고, 이에 대한 의사결정 권한이 있는 자로 지정해야 한다.
③ 공공기관의 경우, 개인정보 보호책임자는 기관의 개인정보 처리 관련 업무를 담당하는 부서의 장 또는 대통령령에서 정한 직급 이상의 공무원이 될 수 있다.
④ 직원이 5명 미만인 소상공인은 별도의 지정 없이도 개인정보 보호책임자를 둘 필요가 없다.
⑤ 개인정보 보호책임자를 지정하지 않거나, 지정 요건에 맞지 않는 자를 지정한 경우 과태료가 부과될 수 있다.

해설

직원이 5명 미만인 소상공인의 경우 별도의 지정이 없더라도 사업주 또는 대표자가 개인정보 보호책임자가 되며, 개인정보 보호책임자를 둘 필요가 없는 것이 아니라 자동으로 대표자가 해당 역할을 하게 된다.
나머지 보기들은 모두 개인정보 보호법 및 시행령에서 정한 개인정보 보호책임자의 지정, 자격 요건, 지정하지 않을 경우의 처리, 과태료 부과 등에 부합하는 설명이다.

29 다음 중 개인정보 보호법상 개인정보파일의 등록 및 공개에 관한 설명으로 옳지 않은 것은 무엇인가?

① 공공기관의 장은 개인정보파일을 운용하는 경우, 파일의 명칭, 운영 근거 및 목적, 기록되는 개인정보 항목, 처리 방법, 보유 기간 등을 개인정보보호위원회에 등록해야 한다.
② 개인정보파일 등록 사항이 변경된 경우에도 즉시 개인정보보호위원회에 변경 등록을 해야 한다.
③ 국가 안전, 범죄 수사 등 국가의 중대한 이익에 관한 개인정보파일도 예외 없이 모두 등록 및 공개 대상에 포함된다.
④ 개인정보보호위원회는 등록된 개인정보파일 현황을 국민이 쉽게 열람할 수 있도록 공개할 수 있다.
⑤ 개인정보파일 등록 및 공개의 방법, 범위, 절차 등은 대통령령으로 정한다.

해설

개인정보 보호법 제32조에 따라 국가 안전, 외교상 비밀, 범죄 수사 등 국가의 중대한 이익에 관한 개인정보파일 등은 등록 및 공개 대상에서 제외된다.

30 다음 중 개인정보 보호법상 개인정보 유출 등의 통지 및 신고에 관한 설명으로 옳지 않은 것은 무엇인가?

① 개인정보처리자는 개인정보 유출 사실을 알게 된 때부터 지체 없이, 원칙적으로 72시간 이내에 해당 정보주체에게 통지해야 한다.
② 유출 통지는 서면, 전자우편, 팩스, 전화, 문자 등 정보주체 개개인에게 직접 전달될 수 있는 방법으로 해야 하며, 홈페이지 공지만으로는 원칙적으로 적법하지 않다.

정답: 28 ④ 29 ③ 30 ⑤

③ 1,000명 이상의 정보주체에 관한 개인정보가 유출된 경우 또는 민감정보·고유식별정보가 유출된 경우에는 보호위원회 또는 대통령령으로 정하는 전문기관에 72시간 이내에 신고해야 한다.
④ 천재지변 등 부득이한 사유로 72시간 내 통지·신고가 곤란한 경우, 해당 사유가 해소된 후 지체 없이 통지·신고할 수 있다.
⑤ 개인정보 유출 시 통지 및 신고에는 유출된 개인정보 항목, 시점과 경위, 피해 최소화 방법, 대응조치 및 구제 절차, 담당부서 연락처 등 3가지 필수 항목만 포함하면 된다.

▶해설

개인정보 유출 시 통지 및 신고에는 ① 유출된 개인정보 항목, ② 유출 시점과 경위, ③ 피해 최소화 방법, ④ 개인정보처리자의 대응조치 및 피해 구제 절차, ⑤ 담당부서 및 연락처 등 총 5가지 필수 항목이 반드시 포함되어야 한다.

31 다음 중 개인정보 보호법상 가명 정보의 처리에 관한 특례에 대한 설명으로 옳지 않은 것은 무엇인가?

① 개인정보처리자는 통계작성, 과학적 연구, 공익적 기록보존 등 목적이라면 정보주체의 동의 없이 가명정보를 처리할 수 있다.
② 가명정보를 제3자에게 제공하는 경우, 특정 개인을 알아볼 수 있는 정보가 포함되어도 무방하다.
③ 가명정보의 결합은 개인정보보호위원회 또는 관계 중앙행정기관이 지정하는 전문기관을 통해서만 가능하다.
④ 가명정보를 처리하는 자는 원래의 상태로 복원하기 위한 추가 정보를 별도로 분리하여 보관하고, 안전성 확보를 위한 조치를 취해야 한다.
⑤ 누구든지 특정 개인을 알아보기 위한 목적으로 가명정보를 처리해서는 안 된다.

▶해설

개인정보 보호법에 따르면 가명정보를 제3자에게 제공하는 경우, 특정 개인을 알아볼 수 있는 정보가 포함되어서는 안 된다. 이를 위반할 경우 5년 이하의 징역 또는 5천만원 이하의 벌금에 처해질 수 있다.
나머지 보기들은 모두 가명정보 처리 특례(동의 없는 처리 가능, 결합 절차, 안전조치 의무, 목적 외 식별 금지 등)에 부합하는 설명이다.

32 다음 중 개인정보 보호법상 개인정보의 안전한 관리에 관한 설명으로 옳지 않은 것은 무엇인가?

① 개인정보처리자는 개인정보의 분실, 도난, 유출, 위조, 변조 또는 훼손을 방지하기 위해 내부 관리계획을 수립·시행해야 한다.
② 개인정보처리자는 개인정보에 대한 접근 권한을 최소한의 인원에게만 부여하고, 접근 기록을 보관·점검해야 한다.
③ 개인정보처리자는 개인정보가 저장된 데이터베이스에 대해 암호화, 보안프로그램 설치, 최신 상태 유지를 포함한 기술적 조치를 해야 한다.
④ 개인정보처리자는 개인정보가 저장된 문서나 저장매체를 폐기할 때, 복원이 불가능하도록 완전히 삭제하거나 물리적으로 파기해야 한다.
⑤ 개인정보처리자는 개인정보 유출 사고가 발생하더라도, 내부 직원의 의도하지 않은 실수나 시스템 오류로 인한 경우에는 안전조치 의무 위반에 해당하지 않는다.

정답: 31 ② 32 ⑤

> 해설

개인정보 유출 사고가 내부 직원의 실수나 시스템 오류 등 어떠한 원인으로 발생했더라도, 개인정보 보호법상 안전성 확보 조치(내부 관리계획, 접근 권한 관리, 암호화, 보안프로그램 설치, 물리적 보관 등)를 소홀히 했다면 안전조치 의무 위반에 해당한다. 실제로 시스템 오류나 내부 직원의 실수로 인한 유출도 과태료 또는 과징금 부과 대상이 될 수 있다.

33 다음 중 개인정보 보호법상 국내대리인 지정 대상자의 범위에 대한 설명으로 옳지 않은 것은 무엇인가?

① 국내에 주소 또는 영업소가 없는 정보통신서비스 제공자 중 전년도 매출액이 1조 원 이상인 자는 국내대리인을 지정해야 한다.
② 정보통신서비스 부문에서 전년도 매출액이 100억원 이상인 해외사업자도 국내대리인 지정 의무가 있다.
③ 전년도 말 기준 직전 3개월간 일일평균 100만명 이상의 국내 이용자 개인정보를 저장·관리한 해외사업자도 국내대리인 지정 대상이다.
④ 국내에 설립된 법인이 해외사업자의 임원 구성이나 사업 운영에 지배적인 영향력을 행사하지 않더라도 무조건 국내대리인으로 지정해야 한다.
⑤ 개인정보 침해 사건이 발생하거나 발생 가능성이 있는 해외사업자도 국내대리인 지정 의무가 있다.

> 해설

국내에 설립된 법인이라도 해외사업자가 임원 구성·사업 운영 등에 지배적인 영향력을 행사하지 않는 한 반드시 국내대리인으로 지정해야 하는 것은 아니다. 국내대리인 지정 의무는 일정 매출액, 이용자 수, 지배적 영향력 등 구체적 요건을 충족하는 경우에만 발생한다. 나머지 보기들은 모두 개인정보 보호법 및 시행령에서 정한 국내대리인 지정 대상자의 범위(매출액, 이용자 수, 영향력, 침해 사건 등)에 부합하는 설명이다.

34 다음 중 개인정보 보호법상 정보주체의 권리에 대한 설명으로 옳지 않은 것은 무엇인가?

① 정보주체는 개인정보처리자에게 자신의 개인정보에 대한 열람, 정정·삭제, 처리 정지를 요구할 수 있다.
② 개인정보처리자는 정보주체의 권리행사 요구를 받은 경우, 특별한 사유가 없으면 10일 이내에 그 결과를 통지해야 한다.
③ 정보주체는 자신의 개인정보 처리에 관한 정보를 제공받을 권리, 동의의 범위 선택권, 피해에 대한 신속한 구제청구권 등을 가진다.
④ 개인정보처리자는 정보주체가 개인정보 수집·이용에 동의하지 않는다는 이유로 재화 또는 서비스 제공을 거부할 수 있다.
⑤ 정보주체가 열람, 정정·삭제, 처리 정지 요구를 했으나 법령상 제한사유가 있으면 개인정보처리자는 요구를 거부할 수 있다.

> 해설

개인정보 보호법에 따르면 개인정보처리자는 정보주체가 개인정보 수집·이용에 동의하지 않는다는 이유만으로 재화 또는 서비스의 제공을 거부할 수 없다.

35 다음 중 개인정보 보호법상 정보주체의 '개인정보처리에 관한 정보를 제공받을 권리'에 대한 설명으로 옳지 않은 것은 무엇인가?

① 정보주체는 자신의 개인정보가 어떻게 수집·이용·제공되고 있는지에 관한 정보를 제공받을 권리가 있다.
② 개인정보처리자는 개인정보 수집 시, 수집 목적, 항목, 보유 및 이용 기간, 제3자 제공 현황 등 주요 사항을 정보주체에게 알릴 의무가 있다.

정답: 33 ⑤　34 ④　35 ③

③ 정보주체는 개인정보의 처리에 관한 정보 요구에 대하여 개인정보처리자는 법령에 부합하지 않은 내부 방침(정책)에 근거하여 정보주체의 요구를 거부할 수 있다.
④ 개인정보처리자는 개인정보처리 방침을 통해 개인정보 처리에 관한 주요 사항을 공개해야 한다.
⑤ 정보주체는 자신의 개인정보가 제3자에게 제공되는 경우, 제공받는 자와 제공 목적, 제공 항목, 보유·이용 기간 등에 관한 정보를 제공받을 권리가 있다.

해설

개인정보 보호법에 따르면 정보주체는 자신의 개인정보 처리에 관한 정보를 충분히 제공받을 권리가 있으며, 개인정보처리자는 내부 방침을 이유로 정보주체의 정보 요구를 거부할 수 없다. 다만, 법령에 특별한 제한 사유가 있는 경우에만 예외적으로 거부할 수 있다.

36 다음 중 개인정보 보호법상 정보주체의 개인정보 열람 권리에 대한 설명으로 옳지 않은 것은 무엇인가?

① 정보주체는 개인정보처리자가 처리하는 자신의 개인정보에 대해 열람을 요구할 수 있으며, 개인정보의 항목, 수집·이용 목적, 보유 기간, 제3자 제공 현황 등도 확인할 수 있다.
② 개인정보처리자는 정보주체의 열람 요구를 받은 경우, 특별한 사유가 없으면 10일 이내에 열람이 가능하도록 조치해야 한다.
③ 개인정보 열람 요구는 개인정보처리자가 마련한 방법과 절차에 따라 신청할 수 있으며, 온라인 포털이나 오프라인 방문 등 다양한 방식이 허용된다.
④ 개인정보처리자는 정보주체의 열람 요구가 있더라도, 법률상 열람이 금지된 경우나 다른 사람의 권익을 침해할 우려가 있는 경우에는 그 사유를 알리고 열람을 제한하거나 거절할 수 있다.
⑤ 정보주체가 자신의 개인정보 열람을 요구한 경우, 개인정보처리자는 반드시 모든 개인정보를 제한 없이 열람하게 해야 하며, 어떠한 예외도 인정되지 않는다.

해설

개인정보 보호법에 따르면 정보주체의 열람 요구에도 불구하고, 법률에 따라 열람이 금지되거나 제한되는 경우, 다른 사람의 생명·신체·재산 등 권익을 침해할 우려가 있는 경우, 또는 공공기관의 업무 수행에 중대한 지장을 초래하는 경우 등에는 개인정보처리자가 그 사유를 알리고 열람을 제한하거나 거절할 수 있다.

플러스이론

개인정보 보호법 제35조제4항

> ④ 개인정보처리자는 다음 각호의 어느 하나에 해당하는 경우에는 정보주체에게 그 사유를 알리고 열람을 제한하거나 거절할 수 있다.
> 1. 법률에 따라 열람이 금지되거나 제한되는 경우
> 2. 다른 사람의 생명·신체를 해할 우려가 있거나 다른 사람의 재산과 그 밖의 이익을 부당하게 침해할 우려가 있는 경우
> 3. 공공기관이 다음 각 목의 어느 하나에 해당하는 업무를 수행할 때 중대한 지장을 초래하는 경우
>   가. 조세의 부과·징수 또는 환급에 관한 업무
>   나. 「초·중등교육법」 및 「고등교육법」에 따른 각급 학교, 「평생교육법」에 따른 평생교육시설, 그 밖의 다른 법률에 따라 설치된 고등교육기관에서의 성적 평가 또는 입학자 선발에 관한 업무
>   다. 학력·기능 및 채용에 관한 시험, 자격 심사에 관한 업무
>   라. 보상금·급부금 산정 등에 대하여 진행 중인 평가 또는 판단에 관한 업무
>   마. 다른 법률에 따라 진행 중인 감사 및 조사에 관한 업무

정답 36 ⑤

37 다음 중 개인정보 보호법상 정보주체의 '개인정보 처리에 관한 동의 권리'에 대한 설명으로 옳지 않은 것은 무엇인가?

① 정보주체는 자신의 개인정보 처리에 동의하지 않을 권리가 있으며, 동의하지 않았다는 이유로 필수적 서비스 제공을 거부당할 수 없다.
② 개인정보처리자는 개인정보 수집·이용 시 필수 항목과 선택 항목을 구분하여 각각 동의를 받아야 하며, 정보주체가 선택 항목에 동의하지 않아도 재화 또는 서비스 제공을 거부할 수 없다.
③ 만 14세 미만 아동의 개인정보 처리는 반드시 아동 본인의 동의만으로도 가능하며, 법정대리인의 동의는 필요하지 않다.
④ 개인정보처리자는 정보주체의 동의를 받을 때, 수집·이용 목적, 항목, 보유 기간 등 주요 내용을 명확히 알기 쉽게 고지해야 하며, 동의하지 않아도 되는 선택적 항목에 대해서는 별도로 구분하여 안내해야 한다.
⑤ 정보주체는 개인정보의 처리에 관한 동의 여부, 동의 범위 등을 자유롭게 선택·결정할 권리가 있으며, 동의 범위 내에서만 개인정보가 처리되어야 한다.

해설

개인정보 보호법에 따르면 정보주체가 동의하지 않은 사항에 대해 개인정보처리자가 임의로 개인정보를 수집·이용하는 것은 원칙적으로 허용되지 않는다. 개인정보의 수집·이용·제공 등 처리에는 정보주체의 명확한 동의가 필요하며, 법령상 예외 사유가 없는 한 내부 방침만으로 이를 정당화할 수 없다. 또한, 만 14세 미만 아동의 개인정보 처리는 반드시 법정대리인의 동의를 받아야 하며, 아동 본인의 동의만으로는 처리할 수 없다. 이는 아동의 개인정보 자기결정권 보호와 법정대리인의 보호 필요성을 반영한 규정이다.

38 다음 중 개인정보 보호법상 개인정보 정정·삭제 권리에 대한 설명으로 옳지 않은 것은 무엇인가?

① 정보주체는 개인정보처리자에게 자신의 개인정보에 대한 정정 또는 삭제를 요구할 수 있으며, 개인정보처리자는 특별한 사유가 없는 한 지체 없이 필요한 조치를 해야 한다.
② 개인정보처리자는 정보주체의 정정·삭제 요구를 받은 날부터 10일 이내에 그 조치 결과를 통지해야 한다.
③ 정보주체가 정정·삭제를 요구한 개인정보가 다른 법령에서 수집 대상으로 명시된 경우에도, 개인정보 보호를 위하여 개인정보처리자는 반드시 해당 정보를 삭제해야 한다.
④ 개인정보처리자는 정정·삭제 등 필요한 조치를 하지 않고 개인정보를 계속 이용하거나 제3자에게 제공한 경우 형사처벌을 받을 수 있다.
⑤ 개인정보처리자는 개인정보를 삭제할 때 복구 또는 재생되지 않도록 안전하게 삭제해야 한다.

해설

개인정보 보호법에 따르면 정보주체가 정정·삭제를 요구한 개인정보가 다른 법령에서 수집 대상으로 명시된 경우에는 그 삭제를 요구할 수 없다.

39 다음 중 개인정보 보호법상 개인정보 처리 정지의 권리에 대한 설명으로 옳지 않은 것은 무엇인가?

① 정보주체는 개인정보처리자에게 자신의 개인정보 처리의 정지를 요구할 수 있으며, 개인정보처리자는 특별한 사유가 없으면 지체 없이 처리의 전부 또는 일부를 정지해야 한다.

② 정보주체의 처리 정지 요구가 접수된 경우, 개인정보처리자는 그 결과를 정보주체에게 통지해야 한다.
③ 개인정보처리자는 법률에 특별한 규정이 있거나, 다른 사람의 생명·신체·재산 등 이익을 침해할 우려가 있는 경우, 계약의 이행이 곤란한 경우 등에는 개인정보처리자가 정보주체의 처리 정지 요구를 거절할 수 있다.
④ 개인정보처리자는 처리 정지 요구를 거절하거나 제한할 경우, 그 사유를 정보주체의 요구일로부터 10일 이내에 알려야 한다.
⑤ 처리 정지된 개인정보는 별도의 보관 또는 파기 등 필요한 조치를 해야 하며, 처리 정지 요구 방법 및 절차는 대통령령으로 정한다.

해설

개인정보 보호법 제37조에 따르면, 개인정보처리자는 제2항 단서에 따라 처리 정지 요구를 거절하거나 제3항 단서에 따라 동의 철회에 따른 조치를 하지 아니하였을 때에는 정보주체에게 지체 없이 그 사유를 알려야 한다

40 다음 중 개인정보 보호법상 자동화된 결정에 대한 정보주체의 권리에 대한 설명으로 옳지 않은 것은 무엇인가?

① 자동화된 결정이 정보주체의 권리나 의무에 중대한 영향을 미치는 경우, 정보주체는 해당 결정을 거부할 수 있다.
② 정보주체는 자동화된 결정에 대해 설명이나 검토를 요구할 수 있으며, 개인정보처리자는 의미 있는 정보를 제공해야 한다.
③ 자동화된 결정이 이루어진 사실, 기준과 절차 등은 개인정보처리자가 정보주체가 쉽게 확인할 수 있도록 공개해야 한다.
④ 자동화된 결정에서 정보주체의 권리를 판단할 때 정보주체는 완전히 자동화된 시스템에서 인공지능 기술을 적용한 시스템을 제외한다.
⑤ 자동화된 결정에 대한 거부권은 동의, 계약 등으로 사전에 정보주체에게 명확히 알렸거나 법률에 명확한 규정이 있는 경우에는 제한될 수 있다.

해설

정보주체는 완전히 자동화된 시스템은 인공지능 기술을 적용한 시스템을 포함한다.

41 다음 중 개인정보 보호법상 정보주체의 권리행사의 방법 및 절차에 대한 설명으로 옳지 않은 것은 무엇인가?

① 개인정보처리자는 열람 등 요구를 하는 자에게 대통령령으로 정하는 바에 따라 수수료와 우송료(사본의 우송을 청구하는 경우에 한한다)를 청구할 수 있다.
② 정보주체의 권리행사는 개인정보처리자에게 직접 방문, 서면, 전자우편, 팩스, 또는 개인정보 보호 종합포털 등 다양한 방법으로 신청할 수 있다.
③ 개인정보처리자는 정보주체의 권리행사 요구를 받는 경우 그 결과를 정보주체에게 통지해야 한다.
④ 만 12세 미만 아동의 법정대리인은 개인정보처리자에게 그 아동의 개인정보 열람 등 요구를 할 수 있다.
⑤ 개인정보처리자는 권리행사를 거부하거나 제한하는 경우, 그 사유를 정보주체에게 지체 없이 알려야 한다.

해설

만 14세 미만 아동의 법정대리인은 개인정보처리자에게 그 아동의 개인정보 열람 등을 요구를 할 수 있다.

정답: 40 ④ 41 ④

42 다음 중 개인정보 보호법상 손해배상책임에 대한 설명으로 옳지 않은 것은 무엇인가?

① 개인정보처리자는 고의 또는 과실이 없음을 입증하지 않으면 손해배상 책임을 면할 수 없다.
② 정보주체는 개인정보처리자의 법 위반 사실을 반드시 입증해야 하며, 이에 대한 입증책임은 정보주체에게 있다.
③ 개인정보처리자의 고의 또는 중대한 과실로 인한 유출 시, 법원은 손해액의 3배를 넘지 않는 범위에서 배상액을 정할 수 있다.
④ 정보주체는 개인정보 유출로 인한 손해액을 입증하지 않아도 300만원 이내에서 법정손해배상을 청구할 수 있다.
⑤ 개인정보처리자가 상당한 주의를 기울였음을 입증하면, 손해배상 책임이 감경될 수 있다.

> 해설

개인정보처리자의 고의 또는 중대한 과실로 인하여 개인정보가 분실·도난·유출·위조·변조 또는 훼손된 경우로서 정보주체에게 손해가 발생한 때에는 법원은 그 손해액의 5배를 넘지 아니하는 범위에서 손해배상액을 정할 수 있다. 다만, 개인정보처리자가 고의 또는 중대한 과실이 없음을 증명한 경우에는 그러하지 아니하다.

43 다음 중 개인정보 보호법상 법정대리인의 권리에 대한 설명으로 옳지 않은 것은 무엇인가?

① 법정대리인은 만 14세 미만 아동의 개인정보 열람을 요구할 수 있다.
② 법정대리인의 동의 없이 아동으로부터 법정대리인의 성명과 연락처를 수집할 수 있다.
③ 법정대리인은 아동의 개인정보 처리 정지를 요구할 수 있으나, 다른 법령에서 보존을 규정한 경우에는 거부될 수 있다.
④ 법정대리인은 아동의 개인정보가 제3자에게 제공된 내역을 확인할 권리가 있다.
⑤ 법정대리인의 동의를 받은 경우, 아동의 개인정보를 처리 목적 외로 자유롭게 이용할 수 있다.

> 해설

개인정보 보호법에 따르면 법정대리인의 동의가 있더라도 개인정보는 수집 목적 범위 내에서만 이용되어야 하며, 목적 외 이용 시 추가 동의가 필요하다.

44 다음 중 개인정보 보호법상 개인정보처리로 인하여 발생한 피해를 구제받을 권리에 대한 설명으로 옳지 않은 것은 무엇인가?

① 정보주체는 개인정보처리자의 법 위반 행위로 손해를 입은 경우, 손해배상을 청구할 수 있다.
② 개인정보처리자는 고의 또는 과실이 없음을 입증하지 않으면 손해배상 책임을 면할 수 없다.
③ 개인정보처리자의 고의 또는 중대한 과실로 개인정보가 유출된 경우, 법원은 징벌적 손해배상을 명할 수 있다.
④ 정보주체는 손해의 존재나 손해액을 입증하지 않아도 300만원 이하의 범위에서 법정손해배상을 청구할 수 있다.
⑤ 개인정보 분쟁조정위원회의 조정 결과에 불복하더라도, 재판상 화해의 효력이 발생하여 소송을 제기할 수 없다.

> 해설

개인정보 분쟁조정위원회의 조정 결과에 당사자가 승낙하면 재판상 화해의 효력이 발생하지만, 불복할 경우 소송을 제기할 수 있다.

정답: 42 ③ 43 ⑤ 44 ⑤

45 다음 중 개인정보 보호법상 개인정보의 전송 요구 시 특정해야 하는 항목으로 옳지 않은 것은 무엇인가?

① 전송 요구 목적
② 전송 요구를 받는 자
③ 전송을 요구하는 개인정보
④ 전송 요구의 시작 시점
⑤ 전송을 요구하는 개인정보의 보유 및 이용 기간

🔍 해설
전송 요구의 종료 시점이 맞다.

➕ 플러스이론
개인정보 보호법 제42조의5 제2항

> ② 정보주체는 제3자 전송 요구를 하는 경우에는 다음 각호의 사항을 특정해야 한다.
> 1. 전송 요구 목적
> 2. 전송 요구를 받는 자
> 3. 개인정보를 전송받는 자
> 4. 전송을 요구하는 개인정보
> 5. 정기적 전송을 요구하는지 여부 및 요구하는 경우 그 주기[제4항에 따라 정보전송자에게 제42조의9제1항제2호에 따른 일반전문기관(이하 "일반전문기관"이라 한다) 및 같은 항 제3호에 따른 특수전문기관(이하 "특수전문기관"이라 한다)에 대한 제3자 전송 요구를 하는 경우에 한정한다]
> 6. 전송 요구의 종료 시점
> 7. 전송을 요구하는 개인정보의 보유 및 이용 기간

46 다음 중 개인정보 보호법상 개인정보분쟁조정위원회에 대한 설명으로 옳지 않은 것은 무엇인가?

① 개인정보분쟁조정위원회는 개인정보 침해와 관련한 분쟁을 신속하고 공정하게 해결하기 위해 설치된 기구이다.
② 분쟁조정위원회의 조정 결정은 당사자 모두가 수락하면 재판상 화해와 동일한 효력이 발생한다.
③ 분쟁조정위원회는 집단분쟁조정 절차를 운영할 수 있으며, 대표당사자를 선임하여 절차를 진행할 수 있다.
④ 분쟁조정위원회는 당사자 일방으로부터 분쟁조정 신청을 받았을 때에는 그 신청 내용을 상대방에게 알려야 할 의무는 없다.
⑤ 분쟁조정위원회는 조정에 앞서 당사자 간 자율적 합의를 권고할 수 있으며, 합의가 성립되면 사건은 종결된다.

🔍 해설
분쟁조정위원회는 당사자 일방으로부터 분쟁조정 신청을 받았을 때에는 그 신청 내용을 상대방에게 알려야 한다.

47 다음 중 개인정보 보호법상 개인정보 분쟁 조정 제도에 대한 설명으로 옳지 않은 것은 무엇인가?

① 분쟁조정 신청은 변호사를 통해야 하며, 개인정보 침해 피해자가 직접 신청할 수 없다.
② 조정안이 양측 모두 수락하면 재판상 화해와 동일한 효력이 발생한다.
③ 집단분쟁조정은 50명 이상의 정보주체가 피해를 입은 경우 신청할 수 있다.
④ 분쟁조정은 공공기관과의 분쟁뿐 아니라 민간 기업과의 분쟁도 조정 대상에 포함된다.
⑤ 조정안을 제시받은 당사자가 제시받은 날부터 14일 이내에 수락 여부를 알리지 아니하면 조정을 수락한 것으로 본다.

🔍 해설
조정안을 제시받은 당사자가 제시받은 날부터 15일 이내에 수락 여부를 알리지 아니하면 조정을 수락한 것으로 본다.

정답: 45 ④ 46 ④ 47 ⑤

48 다음 중 개인정보 보호법상 단체소송 제도에 대한 설명으로 옳지 않은 것은 무엇인가?

① 개인정보 단체소송은 권리침해 행위의 금지·중지 청구만을 그 내용으로 하며, 손해배상 청구는 포함되지 않는다.
② 단체소송은 반드시 집단분쟁조정 절차를 거친 후, 개인정보처리자가 조정을 거부하거나 결과를 수락하지 않은 경우에만 제기할 수 있다.
③ 단체소송을 제기할 수 있는 단체는 일정 요건을 갖춘 소비자단체 또는 비영리민간단체로 제한된다.
④ 단체소송은 법률상 또는 사실상 동일한 침해를 입은 100명 이상의 정보주체가 요청한 경우에만 제기할 수 있다.
⑤ 단체소송의 판결에서 법원이 손해배상액을 산정하여 피해자들에게 일괄 지급할 수 있다.

해설
단체소송의 목적은 위법행위의 금지·중지 등 시정조치 청구이다.

플러스이론
개인정보 보호법 제51조(단체소송의 대상 등)
단체소송요건(비영리민간단체)

> 2. 「비영리민간단체 지원법」 제2조에 따른 비영리민간단체로서 다음 각 목의 요건을 모두 갖춘 단체
> 가. 법률상 또는 사실상 동일한 침해를 입은 100명 이상의 정보주체로부터 단체소송의 제기를 요청받을 것
> 나. 정관에 개인정보 보호를 단체의 목적으로 명시한 후 최근 3년 이상 이를 위한 활동 실적이 있을 것
> 다. 단체의 상시 구성원 수가 5천명 이상일 것
> 라. 중앙행정기관에 등록되어 있을 것

정답: 48 ⑤

PART

03 •••••

개인정보
라이프사이클 관리

① 개인정보 수집, 이용

② 개인정보 저장, 관리

③ 개인정보 제공

개인정보 수집·이용 단계에서는 최소한의 정보만 명확한 목적과 동의 절차에 따라 적법하게 수집·이용해야 한다. 또한 저장·관리 단계에서는 안전성 확보를 위한 암호화, 접근 통제 등 보호조치를 철저히 하고, 보유 기간 경과 시 복구 불가능하게 파기해야 한다. 제공 단계에서는 제3자 제공 및 위탁 시 정보주체 동의, 고지, 관리·감독 등 법적 요건을 준수하고, 영업 양도 등 특수 상황에서는 별도의 통지와 절차 등 개인정보 생명주기 관리 전반에 대해 보호조치할 수 있다.

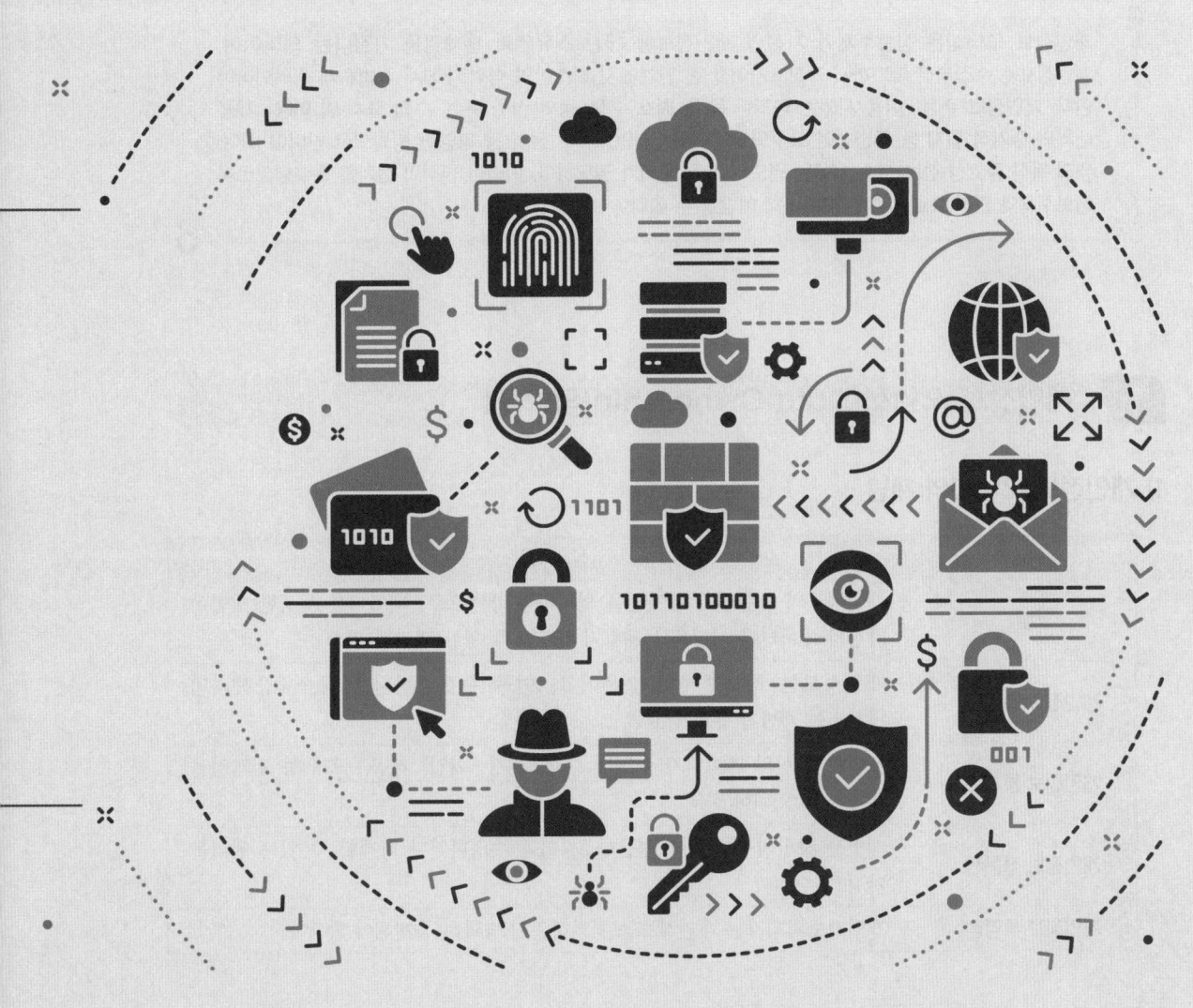

CHAPTER 01 개인정보 수집, 이용

CERTIFIED PRIVACY PROTECTION GENERAL

> 개인정보 오너십은 정보주체가 자신의 개인정보에 대한 소유권과 통제권을 가진다는 의미이며, 개인정보는 수집부터 파기까지 라이프사이클 전 단계에서 최소한의 범위 내에서 적법하게 처리되어야 한다. 개인정보 수집·이용 시에는 명확한 목적, 최소 수집, 동의 절차 준수, 수집 출처 및 이용·제공 내역의 주기적 통지 등 투명성이 요구되고, 동의는 서면, 전자, 전화 등 다양한 방법으로 받아야 하며, 영리 목적 광고성 정보 전송 시에는 별도의 사전 동의가 필요하다. 이러한 원칙과 절차를 준수함으로써 정보주체의 권리 보호와 개인정보 침해 예방할 수 있다.

1 개인정보 오너십(Data Ownership)의 이해

1) 개인정보 오너십의 개념

구분	상세 내용
개념	– 개인정보의 소유권과 통제권을 의미하는 개념으로, 데이터를 생성한 **개인이 자신의 데이터**를 어떻게 사용할지 **결정할 수 있는 권리**를 말함
개인정보 소유권	– 개인정보는 정보주체의 소유이고, 이를 수집하거나 이용·제공하려면 **명시적인 개별적 동의 필요**
개인정보 통제권	– 개인은 자신의 데이터가 어떻게 **수집, 저장, 처리, 제공, 삭제** 등 전과정을 통제할 수 있어야 함
개인정보 접근권	– 개인은 자신의 데이터에 접근하고, 이를 수정하거나 삭제할 수 있는 권리를 가짐
개인정보 투명성	– 개인정보처리자는 개인정보를 처리하는지 명확히 공개해야 함

2) 개인정보 오너십의 중요성

구분	상세 내용
개인정보 보호	- 개인정보 오너십은 개인의 프라이버시를 보호하고, 데이터가 오용되는 것을 방지
신뢰 구축	- 조직이 개인정보 오너십을 존중하면 사용자와의 신뢰를 강화
규제 준수	- 데이터 보호 규정은 개인정보 오너십을 강조하며, 이를 준수하지 않으면 벌금이나 제재를 받음
윤리적 책임	- AI와 빅데이터 기술이 발전함에 따라, 개인정보를 윤리적으로 처리하는 것이 중요

3) 개인정보 오너십의 적용 사례

구분	상세 내용
GDPR (General Data Protection Regulation)	- 유럽 일반 데이터 보호 규정 - 개인은 자신의 데이터에 접근, 수정, 삭제할 권리가 있음 - 데이터 수집 시 명시적인 동의를 얻어야 하며, 데이터 사용 목적을 투명하게 공개 - "잊혀질 권리(Right to be Forgotten)"를 통해 개인은 자신의 데이터 삭제를 요청 가능
CCPA (California Consumer Privacy Act)	- 캘리포니아 소비자 프라이버시법 - 캘리포니아 주민은 자신의 데이터가 어떻게 사용되는지 알 권리가 있음 - 데이터 판매를 거부할 수 있으며, 데이터 삭제를 요청 가능
데이터 포털 (Data Portability)	- 개인이 한 서비스에서 다른 서비스로 자신의 데이터를 이동할 수 있는 권리 예 소셜 미디어 플랫폼에서 내보내기 기능을 통해 데이터를 다운로드 가능

4) 개인정보 오너십과 인공지능(AI)의 관계

구분	상세 내용
데이터 수집 및 사용	- AI 모델을 학습시키기 위해 개인정보를 수집할 때, 명시적인 동의 필요
익명화 및 가명화	- 개인정보를 익명 처리하거나 가명처리하여 AI 모델 학습에 사용
투명성	- AI 모델이 개인정보를 어떻게 사용하는지 사용자에게 고지 의무
AI 데이터 삭제 요청	- 사용자가 데이터 삭제를 요청하면, AI 모델에서 해당 데이터를 완전히 제거 의무

5) 개인정보 오너십을 위한 안전조치 방안

구분	상세 내용
명시적인 동의	- 데이터 수집 및 사용 전에 사용자로부터 명시적인 동의 의무
데이터 최소화	- 필요한 최소한의 데이터만 수집하고 저장
암호화 및 보안	- 개인정보를 안전하게 저장하고 전송하기 위해 암호화 기술을 사용
접근 및 삭제 권한 제공	- 사용자가 자신의 데이터에 접근하고 삭제할 수 있는 메커니즘을 제공
정기 감사	- 데이터 처리 과정을 정기적으로 감사하여 개인정보 오너십이 준수되는지 확인

2 개인정보 라이프 사이클의 이해

1) 개인정보 라이프 사이클

단계	생명주기	상세 내용
1단계	개인정보의 수집	- 사용자로부터 개인정보를 직접 입력받거나, 자동으로 수집하는 단계 - 최소한의 정보만 수집해야 함 　예 회원가입, 설문조사, 쿠키 수집 등
2단계	저장 및 처리	- 수집된 개인정보를 안전하게 보관하고, 필요에 따라 처리하는 단계 - 데이터베이스에 저장하거나 분석하는 과정이 포함됨
3단계	이용	- 개인정보를 서비스 제공, 마케팅, 맞춤형 추천 등에 활용하는 단계 - 동의받은 목적 내에서만 사용해야 함
4단계	제3자 제공	- 협력 업체나 외부 기관에 정보를 제공하는 단계 - 법적 요구나 서비스 제공을 위해 제3자 제공 될 수 있음
5단계	보관 및 유지	- 법적·계약적 의무에 따라 일정 기간 보관하는 단계 - 불필요한 개인정보는 암호화하거나 제한된 접근만 허용
6단계	파기	- 보관 기간이 끝나거나 목적이 사라지면 안전하게 삭제하는 단계 - 완전 삭제, 익명화, 물리적 파기 같은 안전조치 방법 준수

2) 개인정보 라이프 사이클 유의사항

구분	생명주기	상세 내용
1단계	개인정보의 수집	- 개인정보 수집 동의, 동의 없이 개인정보 수집 등 개인정보 수집 근거와 개인정보 수집 시 적법하도록 함

구분	생명주기	상세 내용
2단계	저장 및 처리	- 개인정보처리시스템(DB, WAS 등)에 대한 접근 통제, 개인정보 암호화, 저장된 개인정보 현황을 관리해야 함
3단계	이용	- 외부로 유출되거나, 본래 목적외 오남용되지 않도록 주의해야 함 - 개인정보주체에게 동의받은 개인정보 수집 목적 외 다른 용도로 사용해선 안 됨
4단계	제3자 제공	- 수집한 개인정보를 다른 회사에 위탁, 이전하는 경우에 해당하는 단계로, 해외로의 위탁·이전이면 절차 및 안전조치에 더 유의해야 함 - 반대로 외국에서 국내로 이전, 위탁받는 경우도 안전조치 의무가 있음
5단계	보관 및 유지	- 개인정보처리시스템(DB, WAS 등)에 대한 접속 기록 관리 의무가 있음
파기 예외	분리 보관	- 개인정보를 파기해야 하지만, 법적인 보관의무가 있기에 파기할 수 없어 이를 분리하여 보관함으로서 보존해야 함. 분리하여 보관한다는 것은 일반 데이터, 파기 대상이 아닌 개인정보와 분리하여 별도로 보관한다는 뜻임. 물론 이런 경우에는 암호화, 접근 통제 등을 적용해야 함

3 개인정보 수집, 이용 원칙

구분	상세 내용
수집 최소화 원칙	- 필요한 최소한의 개인정보만 수집 예 회원가입 시 불필요한 주민등록번호 요구 불가
목적 제한 원칙	- 수집한 개인정보는 정해진 목적 내에서만 사용 필요 예 이벤트 응모용으로 받은 정보를 마케팅에 활용 불가
명확한 동의 원칙	- 개인정보를 수집·이용할 때는 사용자의 명확한 동의 필요 - 동의서는 알기 쉽게 작성해야 하고, 필수 동의와 선택 동의 항목을 구분하여 표시 - 민감정보 수집 시 별도 동의 필요
보안 및 보호 원칙	- 개인정보를 안전하게 보호하고, 유출되지 않도록 보안 조치 필요 예 암호화 저장, 접근 권한 제한, 보안 업데이트 등
이용 제한 원칙	- 목적이 달성되면 더 이상 사용하지 않고, 일정 기간 후 파기 의무 예 서비스 해지 후에도 무기한 보관 불가
제3자 제공 제한 원칙	- 사용자의 동의 없이 개인정보를 다른 업체나 기관에 제공 불가 예 광고업체에 동의 없이 전화번호 제공 불가
개인정보 접근·관리 권한 보장	- 사용자는 본인의 개인정보를 열람·수정·삭제할 권리 보장 예 탈퇴 요청 시 즉시 계정 삭제 가능해야 함

4 수집 출처 및 이용, 제공 내역 통지

1) 정보주체 이외로부터 수집한 개인정보의 수집 출처 등 통지

구분	상세 내용
근거	– 개인정보 보호법 제20조(정보주체 이외로부터 수집한 개인정보의 수집 출처 등 통지)
정보주체 고지항목	① 개인정보처리자가 정보주체 이외로부터 수집한 개인정보를 처리하는 때에는 정보주체의 요구가 있으면 즉시 다음 각호의 모든 사항을 정보주체에게 알려야 한다. 1. 개인정보의 수집 **출처** 2. 개인정보의 처리 **목적** 3. 제37조에 따른 개인정보 처리의 정지를 요구하거나 동의를 **철회할 권리**가 있다는 **사실**
정보주체에게 고지의무	② 제1항에도 불구하고 처리하는 개인정보의 종류·규모, 종업원 수 및 매출액 규모 등을 고려하여 대통령령으로 정하는 기준에 해당하는 개인정보처리자가 제17조제1항제1호에 따라 정보주체 이외로부터 개인정보를 수집하여 처리하는 때에는 제1항 각호의 모든 사항을 정보주체에게 알려야 한다. 다만, 개인정보처리자가 수집한 정보에 연락처 등 **정보주체에게** 알릴 수 있는 개인정보가 포함되지 아니한 경우에는 그러하지 아니하다.
구체화(시행령)	③ 제2항 본문에 따라 알리는 경우 정보주체에게 알리는 시기·방법 및 절차 등 필요한 사항은 대통령령으로 정한다.
고지 예외	④ 제1항과 제2항 본문은 다음 각호의 어느 하나에 해당하는 경우에는 적용하지 아니한다. 다만, 이 법에 따른 정보주체의 권리보다 명백히 우선하는 경우에 한한다. 1. 통지를 요구하는 대상이 되는 개인정보가 제32조제2항 각호의 어느 하나에 해당하는 개인정보파일에 포함되어 있는 경우 2. 통지로 인하여 다른 사람의 생명·신체를 해할 우려가 있거나 다른 사람의 재산과 그 밖의 이익을 부당하게 침해할 우려가 있는 경우

2) 개인정보 이용·제공 내역의 통지

구분	상세 내용
근거	개인정보 보호법 제20조의2(개인정보 이용·제공 내역의 통지)
주기적 통지(원칙)	① 대통령령으로 정하는 기준에 해당하는 개인정보처리자는 이 법에 따라 수집한 개인정보의 이용·제공 내역이나 이용·제공 내역을 확인할 수 있는 정보시스템에 접속하는 방법을 주기적으로 정보주체에게 통지하여야 한다.
통지 예외	– 다만, 연락처 등 정보주체에게 통지할 수 있는 개인정보를 수집·보유하지 아니한 경우에는 통지하지 아니할 수 있다.
구체화(시행령)	② 제1항에 따른 통지의 대상이 되는 정보주체의 범위, 통지 대상 정보, 통지 주기 및 방법 등에 필요한 사항은 대통령령으로 정한다. → 본 교재 156쪽 "6) 정보주체 이외로부터 수집한 개인정보의 수집 출처 등 통지"를 참고

5 개인정보 수집, 이용 시 유의사항

구분	상세 내용
개인정보의 의미	– 통계적으로 변환되어 특정 개인과의 연관성이 없어 식별이 안 되면 개인정보가 아님
최소 수집의 원칙	– 해당 재화 및 서비스를 제공하는 데 필수적인 정보만 수집
민감정보의 수집 금지	– 사상, 신념, 학력, 병력, 기타 사회활동 경력 등 개인의 권리, 이익이나 사생활이 뚜렷하게 침해할 우려가 있는 정보는 수집할 수 없음
주민등록번호 수집 금지	– 정보주체의 동의 여부와 관계없이 주민등록번호는 수집이 금지됨
개인정보처리 방침의 공개	– 정보주체의 개인정보를 수집, 이용, 제3자 제공을 위해 명시적 동의가 필요하며, 이를 위해 개인정보 처리 방침을 통해 동의를 받음 – 동의사항을 구체적으로 고지 의무, 포괄적 동의 금지

6 동의받는 방법

1) 개인정보 수집 동의를 받는 방법

구분	상세 내용
근거	- 개인정보 보호법 제22조(동의를 받는 방법)
별도 동의 **(구분 동의)**	① 개인정보처리자는 이 법에 따른 개인정보의 처리에 대하여 정보주체(제22조의2제1항에 따른 법정대리인을 포함한다. 이하 이 조에서 같다)의 동의를 받을 때에는 각각의 동의 사항을 구분하여 정보주체가 이를 명확하게 인지할 수 있도록 알리고 동의를 받아야 한다. 이 경우 다음 각호의 경우에는 동의 사항을 구분하여 각각 동의를 받아야 한다. 　1. 제15조제1항제1호에 따라 동의를 받는 경우 → (개인정보의 수집·이용) 　2. 제17조제1항제1호에 따라 동의를 받는 경우 → (개인정보의 제공) 　3. 제18조제2항제1호에 따라 동의를 받는 경우 → (개인정보의 목적 외 이용·제공 제한) 　4. 제19조제1호에 따라 동의를 받는 경우 → (개인정보를 제공받은 자의 이용·제공 제한) 　5. 제23조제1항제1호에 따라 동의를 받는 경우 → (민감정보의 처리 제한) 　6. 제24조제1항제1호에 따라 동의를 받는 경우 → (고유식별정보의 처리 제한) 　7. 재화나 서비스를 홍보하거나 판매를 권유하기 위하여 개인정보의 처리에 대한 동의를 받으려는 경우 　8. 그밖에 정보주체를 보호하기 위하여 동의 사항을 구분하여 동의를 받아야 할 필요가 있는 경우로서 대통령령으로 정하는 경우
명확성·이해 용이성	② 개인정보처리자는 제1항의 동의를 서면(「전자문서 및 전자거래 기본법」 제2조제1호에 따른 전자문서를 포함한다)으로 받을 때에는 개인정보의 수집·이용 목적, 수집·이용하려는 개인정보의 항목 등 대통령령으로 정하는 중요한 내용을 보호위원회가 고시로 정하는 방법에 따라 명확히 표시하여 알아보기 쉽게 하여야 한다.
고지 의무·입증 책임	③ 개인정보처리자는 정보주체의 동의 없이 처리할 수 있는 개인정보에 대해서는 그 항목과 처리의 법적 근거를 정보주체의 동의를 받아 처리하는 개인정보와 구분하여 제30조제2항에 따라 공개하거나 전자우편 등 대통령령으로 정하는 방법에 따라 정보주체에게 알려야 한다. 이 경우 <u>동의 없이 처리할 수 있는 개인정보라는 입증책임</u>은 개인정보처리자가 부담한다.
거부 금지	⑤ 개인정보처리자는 정보주체가 선택적으로 동의할 수 있는 사항을 동의하지 아니하거나 제1항제3호 및 제7호에 따른 <u>동의를 하지 아니한다는 이유로 정보주체에게 재화 또는 서비스의 제공을 거부하여서는 아니 된다.</u>
구체화(시행령)	⑦ 제1항부터 제5항까지에서 규정한 사항 외에 정보주체의 동의를 받는 세부적인 방법에 관하여 필요한 사항은 개인정보의 수집매체 등을 고려하여 대통령령으로 정한다.

2) 개인정보 수집 동의 세부사항

구분	상세 내용
근거	- 개인정보 보호법 시행령 제17조(동의를 받는 방법)
동의 요건 (모두)	① 개인정보처리자는 법 제22조에 따라 개인정보의 처리에 대하여 정보주체의 동의를 받을 때에는 다음 각호의 조건을 모두 충족해야 한다. 1. 정보주체가 자유로운 의사에 따라 동의 여부를 결정할 수 있을 것 2. 동의를 받으려는 내용이 구체적이고 명확할 것 3. 그 내용을 쉽게 읽고 이해할 수 있는 문구를 사용할 것 4. 동의 여부를 명확하게 표시할 수 있는 방법을 정보주체에게 제공할 것
동의 방법	② 개인정보처리자는 법 제22조에 따라 개인정보의 처리에 대하여 다음 각호의 어느 하나에 해당하는 방법으로 정보주체의 동의를 받아야 한다. 1. 동의 내용이 적힌 서면을 정보주체에게 직접 발급하거나 우편 또는 팩스 등의 방법으로 전달하고, 정보주체가 서명하거나 날인한 동의서를 받는 방법 2. 전화를 통하여 동의 내용을 정보주체에게 알리고 동의의 의사표시를 확인하는 방법 3. 전화를 통하여 동의 내용을 정보주체에게 알리고 정보주체에게 인터넷주소 등을 통하여 동의 사항을 확인하도록 한 후 다시 전화를 통하여 그 동의 사항에 대한 동의의 의사표시를 확인하는 방법 4. 인터넷 홈페이지 등에 동의 내용을 게재하고 정보주체가 동의 여부를 표시하도록 하는 방법 5. 동의 내용이 적힌 전자우편을 발송하여 정보주체로부터 동의의 의사표시가 적힌 전자우편을 받는 방법 6. 그밖에 제1호부터 제5호까지의 규정에 따른 방법에 준하는 방법으로 동의 내용을 알리고 동의의 의사표시를 확인하는 방법

중요사항 범위	③ 법 제22조제2항에서 "대통령령으로 정하는 중요한 내용"이란 다음 각호의 사항을 말한다.
	1. 개인정보의 수집·이용 목적 중 재화나 서비스의 홍보 또는 판매 권유 등을 위하여 해당 개인정보를 이용하여 정보주체에게 연락할 수 있다는 사실
	2. 처리하려는 개인정보의 항목 중 다음 각 목의 사항
	   가. 민감정보
	   나. 제19조제2호부터 제4호까지의 규정에 따른 여권번호, 운전면허의 면허번호 및 외국인등록번호
	3. 개인정보의 보유 및 이용 기간(제공 시에는 제공받는 자의 보유 및 이용 기간을 말한다)
	4. 개인정보를 제공받는 자 및 개인정보를 제공받는 자의 개인정보 이용 목적

선택권 보장 표시 의무	④ 개인정보처리자는 정보주체로부터 법 제22조제1항 각호에 따른 동의를 받으려는 때에는 정보주체가 동의 여부를 선택할 수 있다는 사실을 명확하게 알 수 있도록 표시해야 한다.

구분	상세 내용
고지 입증 방법	⑤ 법 제22조제3항 전단에서 "대통령령으로 정하는 방법"이란 서면, 전자우편, 팩스, 전화, 문자전송 또는 이에 상당하는 방법(이하 "서면 등의 방법"이라 한다)을 말한다.
개인정보 보호지침 (구체화)	⑥ 중앙행정기관의 장은 제2항에 따른 동의 방법 중 소관 분야의 개인정보처리자별 업무, 업종의 특성 및 정보주체의 수 등을 고려하여 적절한 동의 방법에 관한 기준을 법 제12조제2항에 따른 개인정보 보호지침(이하 "개인정보 보호지침"이라 한다)으로 정하여 그 기준에 따라 동의를 받도록 개인정보처리자에게 권장할 수 있다.

3) 개인정보 목적 외 이용 및 제3자 제공 시 대장에 기록관리 8가지

기록 항목	예시
개인정보 또는 개인정보파일의 명칭	○○○ 인사기록, 회원명부, 고객정보파일, 수강생명단 등
이용 또는 제공 구분(목적 외 이용/제3자 제공)	목적외이용[○] 목적외제3자제공[ ]
목적 외 이용기관 또는 제공받는 기관의 명칭 (담당자 성명, 소속, 전화번호 포함)	○○법원(담당자: 홍○○, 소속: ○○○과, 전화번호: 000-0000-0000)
이용하거나 제공한 날짜, 주기 또는 기간	2025.00.00, 매월 1회, 2025.01.01~2025.12.31
이용하거나 제공한 형태	PDF 파일, 공문회신, 사본 우편 제출, 이메일 전송
이용 또는 제공의 법적 근거	개인정보 보호법 제18조제2항제8호, 법원 제출 명령
이용 목적 또는 제공받는 목적	소송 사실 입증, 통계작성, 민원처리, 범죄수사
이용하거나 제공한 개인정보의 항목	성명, 주소, 생년월일, 연락처, 주민등록번호, 이메일

4) 개인정보 목적 외 이용 및 제3자 제공 금지

① 개인정보 목적 외 이용 및 제3자 제공

구분	상세 내용
근거	- 개인정보 보호법 제17조(개인정보의 제공), 제18조(개인정보의 목적 외 이용·제공 제한) - 개인정보 보호법 제19조(개인정보를 제공받은 자의 이용·제공 제한) - 표준 개인정보 보호지침 제8조(개인정보의 목적 외 이용 제공)
"제3자 제공"이란?	- 개인정보의 저장매체 또는 개인정보가 담긴 출력물이나 책자 등의 물리적 이전, 네트워크를 통한 개인정보의 전송, 개인정보에 대한 제3자의 접근 권한 부여, 개인정보처리자와 제3자 간의 정보 공유 등 개인정보처리자가 아닌 제3자가 개인정보를 처리할 수 있도록 하는 모든 행위

구분	상세 내용
제공 금지 원칙	- <u>원칙적으로</u> 개인정보의 <u>목적 외 이용 및 제3자 제공 금지</u>(개인정보 보호법 제18조제1항) - 개인정보처리자는 정보주체에게 이용·제공의 목적을 고지하고 동의를 받거나 법령에 의하여 이용·제공이 허용된 범위를 초과하여 개인정보를 이용하거나 제3자에게 제공이 불가하다.
예외 사유	- 예외적으로 아래의 사유에 해당하는 경우에는 목적 외 이용·제공 가능. 단, 정보주체 또는 제3자의 이익을 부당하게 침해할 우려가 없을 경우에 한한다. 1. <u>정보주체로부터 별도의 동의</u>를 받은 경우 2. <u>다른 법률</u>에 특별한 규정이 있는 경우 3. <u>명백히 정보주체 또는 제3자의 급박한 생명, 신체, 재산의 이익을 위하여 필요</u>하다고 인정되는 경우 4. 삭제〈2020.2.4.〉 5. 개인정보를 목적 외의 용도로 이용하거나 이를 제3자에게 제공하지 아니하면 다른 법률에서 정하는 소관업무를 수행할 수 없는 경우로서 <u>보호위원회의 심의·의결을 거친 경우</u> 〈공공기관 한정〉 6. 조약, 그 밖의 국제협정의 이행을 위하여 외국정부 또는 국제기구에 제공하기 위하여 필요한 경우 〈공공기관 한정〉 7. <u>범죄의 수사와 공소의 제기 및 유지</u>를 위하여 필요한 경우 〈공공기관 한정〉 8. <u>법원의 재판업무 수행</u>을 위하여 필요한 경우 〈공공기관 한정〉 9. <u>형 및 감호, 보호처분의 집행</u>을 위하여 필요한 경우 〈공공기관 한정〉 10. <u>공중위생 등 공공의 안정과 안녕을 위하여 긴급</u>히 필요한 경우

② 개인정보 목적 외 이용 및 제3자 제공 방법 및 고지사항

구분	상세 내용

목적 외 이용·제3자 제공 방법	- 개인정보 자료 제공은 부득이한 경우를 제외하고는 전자결재에 의한 문서 회신
	- 제공되는 개인정보 자료는 암호화 조치하여야 함
	- 요청 기관이 방문하여 제공하는 경우
	  • 반출된 보조기억매체는 요청 기관의 제공자료 확인 조치 후 즉시 회수하여 저장된 개인정보 삭제 처리
	  • 보조기억매체(USB, CD, 디스켓 등) 반·출입 절차에 대해서는 USB매체제어시스템과 반·출입 대장에 기록하여 처리
	- 기타의 방법으로 자료 제공이 필요한 경우는 제공 통신방식 등의 안전성 조치

구분	상세 내용

필수 고지사항	- 목적 외 이용 시
	  1. 개인정보의 이용 목적,
	  2. 이용하는 개인정보의 항목
	  3. 개인정보 보유 및 이용기간
	  4. 동의거부권이 있다는 사실 및 동의 거부에 따른 불이익이 있을 시 그 내용
	- 목적 외 제3자 제공 시
	  1. 개인정보를 제공받는 자
	  2. 개인정보를 제공받는 자의 이용 목적
	  3. 제공하는 개인정보의 항목
	  4. 제공받는 자의 개인정보 보유 및 이용기간
	  5. 동의거부권이 있다는 사실 및 동의 거부에 따른 불이익이 있을 시 그 내용

③ 목적 외 이용·제3자 제공 시 기록의무

구분	상세 내용
근거	- 개인정보 보호법 제18조(개인정보의 목적 외 이용·제공 제한) 제5호 - 개인정보 처리 방법에 관한 고시 제3조(개인정보 보호업무 관련 장부 및 문서 서식)

대장 기록 의무	- 개인정보를 목적 외의 용도로 이용하거나 또는 제3자에게 제공한 경우에는 개인정보의 목적 외 이용 및 제3자 제공 대장(개인정보 처리방법에 관한 고시 별지1호 서식)을 기록·관리하여야 한다.
	  1. 이용하거나 제공하는 개인정보 또는 개인정보파일의 명칭
	  2. 이용기관 또는 제공받는 기관의 명칭(성명, 연락처)
	  3. 이용목적 또는 제공받는 목적
	  4. 이용 또는 제공의 법적 근거
	  5. 이용 또는 제공하는 개인정보의 항목
	  6. 이용 또는 제공의 일자, 주기 또는 기간
	  7. 이용 또는 제공하는 형태
	  8. 개인정보를 제공받는 자에게 개인정보의 이용을 제한하거나 안전성 확보를 위하여 필요한 조치를 마련할 것을 요청한 경우에는 그 내용

④ 목적 외 이용 · 제3자 제공 사실의 공개(공공기관 해당)

구분	상세 내용
근거	– 개인정보 보호법 제18조(개인정보의 목적 외 이용 · 제공 제한) 제4항 – 개인정보 처리 방법에 관한 고시 제2조(공공기관에 의한 개인정보의 목적 외 이용 또는 제3자 제공의 공고)
공개 방법	– 목적 외 이용 등을 한 날부터 30일 이내 관보 또는 인터넷 홈페이지에 게재하여야 함(홈페이지에 게재 시 10일 이상 계속 게재)
공개 시 필수항목	– 목적 외 이용 또는 제3자 제공의 일자 – 목적 외 이용 또는 제3자 제공의 법적 근거 – 목적 외 이용 또는 제3자 제공의 목적 – 목적 외 이용 또는 제3자에게 제공하는 개인정보의 항목
공개 예외	– 정보주체로부터 별도의 동의를 받은 경우 – 범죄의 수사와 공소의 제기 및 유지를 위하여 필요한 경우 – 다른 법률에 특별한 규정이 있는 경우 ※ 개인정보 보호법 제18조제2항1호, 제7호에 해당되는 경우는 홈페이지 등에 공개하지 않아도 됨

⑤ 개인정보를 제공받은 자의 이용 · 제공 제한

구분	상세 내용
근거	– 개인정보 보호법 제19조(개인정보를 제공받은 자의 이용 · 제공 제한)
원칙	– 원칙적으로 개인정보의 제공받은 목적 외 이용 및 제3자 제공 금지 : 개인정보를 제공받은 자는 해당 개인정보를 제공받은 목적과 다른 용도로 이용하거나 제3자에게 제공하여서는 안 됨
예외	– 예외적으로 아래의 사유에 해당하는 경우에는 제공받은 목적 외 이용 · 제공 가능 1. 정보주체로부터 별도의 동의를 받은 경우 2. 다른 법률에 특별한 규정이 있는 경우

7. 영리목적의 광고성 정보 전송 제한

① 영리목적의 광고성 정보 전송 제한

구분	상세 내용
근거	정보통신망법 제50조(영리목적의 광고성 정보 전송 제한)
사전동의 원칙	① 누구든지 전자적 전송매체를 이용하여 영리목적의 광고성 정보를 전송하려면 그 수신자의 명시적인 사전 동의를 받아야 한다.
예외 (사전동의 없음)	다만, 다음 각호의 어느 하나에 해당하는 경우에는 사전 동의를 받지 아니한다. 1. 재화 등의 거래관계를 통하여 수신자로부터 직접 연락처를 수집한 자가 대통령령으로 정한 기간 이내에 자신이 처리하고 수신자와 거래한 것과 같은 종류의 재화 등에 대한 영리목적의 광고성 정보를 전송하려는 경우 2. 「방문판매 등에 관한 법률」에 따른 전화권유판매자가 육성으로 수신자에게 개인정보의 수집출처를 고지하고 전화권유를 하는 경우
철회한 경우 전송 불가	② 전자적 전송매체를 이용하여 영리목적의 광고성 정보를 전송하려는 자는 제1항에도 불구하고 수신자가 수신거부의사를 표시하거나 사전 동의를 철회한 경우에는 영리목적의 광고성 정보를 전송하여서는 아니 된다.
야간-새벽 시간 사전동의 의무자	③ 오후 9시부터 그 다음 날 오전 8시까지의 시간에 전자적 전송매체를 이용하여 영리목적의 광고성 정보를 전송하려는 자는 제1항에도 불구하고 그 수신자로부터 별도의 사전 동의를 받아야 한다. 다만, 대통령령으로 정하는 매체의 경우에는 그러하지 아니하다.
광고성 정보에 함께 공개 내용	④ 전자적 전송매체를 이용하여 영리목적의 광고성 정보를 전송하는 자는 대통령령으로 정하는 바에 따라 다음 각호의 사항 등을 광고성 정보에 구체적으로 밝혀야 한다. 1. 전송자의 명칭 및 연락처 2. 수신의 거부 또는 수신동의의 철회 의사표시를 쉽게 할 수 있는 조치 및 방법에 관한 사항
금지 사항	⑤ 전자적 전송매체를 이용하여 영리목적의 광고성 정보를 전송하는 자는 다음 각호의 어느 하나에 해당하는 행위를 하여서는 아니 된다. 1. 광고성 정보 수신자의 수신거부 또는 수신동의의 철회를 회피·방해하는 행위 2. 숫자·부호 또는 문자를 조합하여 전화번호·전자우편주소 등 수신자의 연락처를 자동으로 만들어 내는 행위 3. 영리목적의 광고성 정보를 전송할 목적으로 전화번호 또는 전자우편주소를 자동으로 등록하는 행위 4. 광고성 정보 전송자의 신원이나 광고 전송 출처를 감추기 위한 각종 행위 5. 영리목적의 광고성 정보를 전송할 목적으로 수신자를 기망하여 회신을 유도하는 각종 행위

구분	상세 내용
수신자 비용 필요 조치	⑥ 전자적 전송매체를 이용하여 영리목적의 광고성 정보를 전송하는 자는 수신자가 수신거부나 수신동의의 철회를 할 때 발생하는 전화요금 등의 금전적 비용을 수신자가 부담하지 아니하도록 대통령령으로 정하는 바에 따라 필요한 조치를 하여야 한다.
처리결과 알림	⑦ 전자적 전송매체를 이용하여 영리목적의 광고성 정보를 전송하려는 자는 수신자가 제1항 및 제3항에 따른 수신동의, 제2항에 따른 수신거부 또는 수신동의 철회에 관한 의사를 표시할 때에는 해당 수신자에게 대통령령으로 정하는 바에 따라 수신동의, 수신거부 또는 수신동의 철회에 대한 처리 결과를 알려야 한다.
정기적 수신동의 확인	⑧ 제1항 또는 제3항에 따라 수신동의를 받은 자는 대통령령으로 정하는 바에 따라 정기적으로 광고성 정보 수신자의 수신동의 여부를 확인하여야 한다.

② 옵트인 옵트아웃

구분	옵트인(Opt-in)	옵트아웃(Opt-out)
개념	- 개인정보 수집 및 활용 이전에 명시적으로 동의를 받는 방식	- 개인정보 활용 이후, 거부의사표시 시 개인정보 활용을 중단하는 방식
초기 설정	- 동의하지 않으면 데이터 활용 불가	- 기본적으로 데이터 활용 가능, 거부 의사 시에만 중단
사용자 권리	- 정보주체가 적극적으로 동의해야 권리 행사	- 사용자가 거부 의사를 별도로 밝힘으로써 권리 행사
활용 목적	- 개인정보 보호, 법적 리스크 최소화, 신뢰성 확보	- 데이터 수집·활용의 용이성, 마케팅 등 대량 정보 확보에 유리
예시	- 회원가입 시 '동의' 체크박스 직접 선택	- 이미 체크된 동의 항목을 해제해야만 거부로 인정
기타	- 사전 동의	- 사후 동의와 유사

③ 개인정보 일괄동의 금지

동의를 받을 때 개별동의가 원칙이다. 여러 가지를 한꺼번에 동의를 받지 않도록 한다.

구분	상세 내용
자유성	- 정보주체가 동의를 거부해도 불이익이 없어야 하며, 동의 여부를 스스로 자유롭게 선택할 수 있어야 함
구체성	- 개인정보 처리 목적, 항목, 보유·이용 기간 등 동의의 내용을 명확하고 구체적으로 고지해야 하며, 필수와 선택 항목을 구분해야 함

구분	상세 내용
충분성	– 개인정보 수집·이용 목적, 수집 항목, 보유·이용 기간, 동의 거부권 및 거부 시 불이익 등 법정 고지사항을 정보주체에게 명확히 안내해야 함
선택권 보장	– 선택적 동의 사항에 동의하지 않아도 서비스 이용이 제한되어서는 안 되며, 정보주체가 항목별로 개별적으로 동의 여부를 결정할 수 있어야 함
명확성	– 동의서는 알아보기 쉽고 명확하게 작성되어야 하며, 정보주체가 항목별로 쉽게 동의 또는 거부할 수 있도록 체크박스 등으로 구분해 제공해야 함

④ 광고의 정기적 동의 여부 확인

2년마다 동의 여부 확인을 하지 않으면 3천만원 이하의 과태료가 부과될 수 있다.

구분	상세 내용
동의 시 안내 내용(필수)	– 전송자의 명칭 – 수신자의 수신 동의 사실과 동의한 날짜 – 수신 동의 유지 또는 철회 의사 표시 방법(예 수신 거부 방법) – 무료 수신 거부 연락처(예 080 번호 등, 수신자가 비용을 부담하지 않도록 해야 함)
예시	[정기적 수신동의 확인 안내] 안녕하세요. [고객명]님, OOOO회사입니다. 본 메시지는 정보통신망법 제50제8항 및 동법 시행령 제62조의3에 따라 2년마다 발송되는 광고성 정보 수신동의 확인 안내입니다. 수신동의일자: [YYYY-MM-DD] 동의 유지 또는 철회는 무료전화 080-XXXX-XXXX로 연락주시기 바랍니다. 수신 거부 시 광고성 안내를 보내드리지 않습니다.

CHAPTER 02 개인정보 저장, 관리

CERTIFIED PRIVACY PROTECTION GENERAL

개인정보는 저장·관리 시 분실, 도난, 유출, 변조, 훼손되지 않도록 암호화, 접근 통제 등 안전성 확보 조치를 철저히 해야 하며, 처리 목적 달성 또는 보유 기간 경과 시 복구 불가능한 방법으로 지체 없이 파기해야 한다. 파기 시에는 전자파일은 영구 삭제, 문서 등은 파쇄·소각 등 매체별 적절한 방법을 적용하고, 파기 관리 대장 작성 등 절차를 준수해야 한다.

개인정보 처리 시에는 최소 수집, 목적 외 이용 금지, 접근 권한 관리, 유출 방지 등 관련 법령과 내부 관리계획을 철저히 준수할 수 있다.

1 개인정보 저장, 관리의 이해

1) 개인정보의 저장 및 관리

구분	핵심	상세 설명
개인정보 저장	- 분리 보관, 안전(암호화) 저장	- 개인정보를 안전하게 저장
개인정보 관리	- 보유 기간, 목적 달성 시 지체 없이 파기	- 개인정보파일 특성별 보관기간 설정 및 근거 관리

2) 관련 법령 및 지침

구분	상세 내용	주요 키워드
개인정보 보호법 제21조(개인정보의 파기)	- 개인정보는 보유 기간 경과 시 또는 처리 목적 달성 시 지체 없이 파기해야 한다.	- 보유 기간, 목적 달성, 지체 없이 파기
시행령 제16조 (개인정보의 파기 방법)	① 개인정보처리자는 법 제21조에 따라 개인정보를 파기할 때에는 다음 각호의 구분에 따른 방법으로 해야 한다. 1. **전자적 파일 형태인 경우: 복원이 불가능한 방법으로 영구 삭제**. 다만, 기술적 특성으로 영구 삭제가 현저히 곤란한 경우에는 법 제58조의2에 해당하는 정보로 처리하여 복원이 불가능하도록 조치해야 한다. 2. 제1호 외의 기록물, 인쇄물, 서면, 그 밖의 기록매체인 경우: **파쇄 또는 소각**	- 전자적 파일은 복원 불가능한 방법 - 비전자는 파쇄 또는 소각

구분	상세 내용	주요 키워드
표준지침 제10조 (개인정보의 파기 방법 및 절차)	① 개인정보처리자는 개인정보의 보유 기간이 경과하거나 개인정보의 처리 목적 달성, 가명정보의 처리 기간 경과, 해당 서비스의 폐지, 사업의 종료 등 그 개인정보가 불필요하게 되었을 때에는 정당한 사유가 없는 한 그로부터 **5일 이내**에 그 개인정보를 파기하여야 한다. ② 영 제16조제1항제1호의 '**복원이 불가능한 방법**'이란 현재의 기술 수준에서 **사회통념상 적정한 비용**으로 파기한 개인정보의 복원이 불가능하도록 조치하는 방법을 말한다. ③ 개인정보처리자는 개인정보의 파기에 관한 사항을 **기록**·관리하여야 한다. ④ 개인정보 보호책임자는 개인정보 파기 시행 후 **파기 결과를 확인**하여야 한다. ⑤ 개인정보처리자 중 공공기관의 개인정보파일 파기에 관하여는 제55조 및 제56조를 적용한다.	- 파기 시점 5일 이내, 완전 삭제
표준지침 제11조 (법령에 따른 개인정보의 보존)	① 개인정보처리자가 법 제21조제1항 단서에 따라 법령에 근거하여 개인정보를 파기하지 아니하고 보존하여야 하는 경우에는 물리적 또는 기술적 방법으로 **분리**하여서 저장·관리하여야 한다. ② 제1항에 따라 개인정보를 분리하여 저장·관리하는 경우에는 개인정보 **처리 방침 등**을 통하여 법령에 근거하여 해당 개인정보 또는 개인정보파일을 저장·관리한다는 점을 정보주체가 알 수 **있도록 하여야 한다.**	- 불필요 정보, 분리 보관 정보 - 개인정보 처리 방침에 공개

3) 관리적·기술적·물리적 관점

구분	상세 내용(근거)	주요 키워드
관리적 (법 제21조, 시행령 16조)	- 파기 정책 수립 및 책임자 지정 - 정기 점검	- 파기 대상 명확화 및 절차 수립 - 파기 기록 문서화
기술적 (시행령 16조, 지침 11조)	- 복구 불가능한 파일 삭제 - 암호화 파기	- 디가우징, 덮어쓰기 방식 등 - 데이터베이스(DB)에서 논리적 삭제
물리적 (지침 11조)	- 문서 파쇄, 소각 - 출력물 보안보관함 관리	- 문서 파쇄기 사용 - 보관 기한 경과 출력물 폐기

4) 파기 사례 및 준수 기준 비교

항목	적절한 조치	위반 사례	결과 및 법적 책임 예시
보유 기간 만료	- <u>5일 이내 시스템 자동 파기</u>	- 기간 경과 후에도 보관 지속	- 과태료, 시정명령
목적 달성 후	- <u>목적 종료 후 즉시 삭제</u>	- 서비스 해지 고객 정보 계속 보관	- 법 제21조 위반
파기 방법 미준수	- <u>파일은 덮어쓰기, 문서는 파쇄</u>	- 하드디스크 단순 삭제 - 문서 일반 폐기	- 정보 유출 가능성 ↑, 과징금 부과

> **참고사항** 개인정보 저장, 관리의 이해의 유의사항
>
> - "지체 없이"란? → 5일 이내(시행령 제16조)
> - 전자적 파기: 복구 불가능한 기술 적용(덮어쓰기, 디가우징)
> - 출력물 파기: 소각, 분쇄, 파쇄 등 물리적 방법
> - 분리 보관 정보도 파기 대상(표준지침 제10조)
> - 파기 이력 및 결과는 반드시 기록 관리

2 개인정보 파기의 원칙

1) 개인정보의 파기 법령

구분	상세 내용
근거	- 개인정보 보호법 제21조(개인정보의 파기)
원칙	① 개인정보처리자는 보유 기간의 경과, 개인정보의 처리 목적 달성, 가명정보의 처리 기간 경과 등 그 개인정보가 불필요하게 되었을 때에는 **지체 없이** 그 개인정보를 파기하여야 한다.
예외	다만, 다른 **법령**에 따라 보존하여야 하는 경우에는 그러하지 아니하다.
안전 파기	② 개인정보처리자가 제1항에 따라 개인정보를 파기할 때에는 복구 또는 재생되지 아니하도록 조치하여야 한다. → 본 교재 128쪽 "12. 안전조치 의무. ⑩ 개인정보의 파기"를 참고
보존 방법 (분리)	③ 개인정보처리자가 제1항 단서에 따라 개인정보를 파기하지 아니하고 보존하여야 하는 경우에는 해당 개인정보 또는 개인정보파일을 다른 개인정보와 분리하여서 저장·관리하여야 한다.

2) 개인정보의 파기 원칙

구분	상세 내용
법적 근거에 따른 파기	- 개인정보 보호법 및 관련 규정(예 GDPR, CCPA, PIPL 등)에 따라 파기 시점에 안전한 방법으로 파기할 의무 - 개인정보의 보유 기간이 만료되었거나, 처리 목적이 달성된 경우 즉시 파기 의무
필요 최소화 원칙	- 개인정보는 수집 및 처리 목적을 달성한 후 가능한 한 빨리 파기할 의무 - 불필요한 데이터를 장기간 보유 불가
완전한 파기	- 개인정보는 복구가 불가능한 방식으로 파기할 의무 - 단순히 파일을 삭제하거나 휴지통으로 이동하는 것은 완전한 파기로 간주되지 않음
안전한 파기	- 개인정보 파기 과정에서 데이터가 유출되거나 악용되지 않도록 안전한 방법을 사용할 의무 - 물리적 매체(예 서버, 하드디스크, 문서)의 경우, 파기 과정에서 물리적 손상 필요
파기 기록 관리	- 개인정보 파기 내역을 기록으로 남겨, 추적 가능하도록 해야 함 - 파기 일시, 방법, 담당자 등을 명확히 기록

3) 개인정보 파기 절차

구분	상세 내용
파기 계획 수립	- 개인정보담당자 또는 개인정보취급자가 파기 계획 수립
파기 실시	- 완전 파괴(소각, 파쇄 등) - 데이터가 복원되지 않도록 초기화 또는 덮어쓰기 수행 등
파기 관리대장 작성	- 개인정보파일 파기 관리대장에 기록
파기 결과 보고	- 보유 기간 만료 또는 목적 달성 이후 즉시(5일 이내) 파기 후 파기 결과 보고

4) 보존 의무 법령

구분	상세 내용	비고
전자상거래 등에서의 소비자보호에 관한 법률	- 표시·광고 기록: 6개월 - 계약/청약 철회 등에 관한 기록: 5년 - 대금결제/재화공급에 관한 기록: 5년 - 소비자 불만·분쟁 처리에 관한 기록: 3년	시행령 제6조

구분	상세 내용	비고
전자금융거래법	- 건당 1만원 초과 거래, 접속기록 등: 5년 - 건당 1만원 이하 거래, 거래 승인 등: 1년	시행령 제12조
신용정보의 이용 및 보호에 관한 법률(신용정보법)	- **신용정보 업무처리 기록: 3년** - **불이익 신용정보: 사유 해소 후 최장 5년 이내 삭제** - **금융거래 종료 후 개인신용정보: 최장 5년 이내 삭제(단, 타 법령 의무 시 예외)**	법 제20조, 제20조의2
통신비밀보호법	- 통신사실확인자료(발신 등): 12개월 - 통신사실확인자료(로그): 3개월 - 시외·시내전화역무와 관련된 자료: 6개월	법 제15조의 2 시행령 41조
의료법	- **환자 명부: 5년** - **진료기록부: 10년** - **처방전: 2년** - **수술기록: 10년** - **검사기록·간호기록부 등: 5년** - **방사선 사진(영상물을 포함) 및 그 소견서: 5년** - **간호기록부: 5년** - **조산기록부: 5년** - **진단서 등의 부본(진단서·사망진단서 및 시체검안서 등을 따로 구분하여 보존할 것): 3년**	시행규칙 제15조 5
국세기본법	- 일반: 5년 - 역외거래: 7년 - 이월결손금: 1년	법 제85조의 3
상법	- 상업장부, 중요 서류: 10년 - 전표 등: 5년	법 제33조
제조물책임법	- 제조물 결함 등 관련 자료: 10년(민법상 소멸시효 및 손해배상 청구기간 고려)	법 제7조
채용 관련	- **채용서류 반환 등: 채용 종료 후 180일(6개월) 내 파기** - **예외적 분쟁 등 발생 시 관련 법령에 따라 보존**	채용절차법, 개인정보 보호법 등

5) 개인정보 파기 시 고려사항

구분	상세 내용
백업 데이터 파기	- 백업된 데이터도 파기 대상에 포함되어야 함. 백업 시스템에서도 개인정보를 <u>완전히 삭제할 의무</u>
제3자 제공 데이터 파기	- 개인정보를 제3자에게 제공한 경우, <u>제3자에게도 파기를 요청하고 확인할 의무</u>
클라우드 데이터 파기	- 클라우드에 저장된 개인정보는 클라우드 제공업체의 파기 절차를 따라야 하며, <u>완전히 삭제되었는지 확인할 의무</u>
파기 절차의 투명성	- 개인정보 파기 절차를 사용자에게 공개하여 신뢰를 구축할 필요

3 개인정보 처리 시 유의 사항

구분	상세 내용
개인정보 수집 시	- 목적에 맞게 <u>최소한</u>의 개인정보만 수집할 의무 - 정보주체(사용자)에게 수집 목적, 보관 기간, 제3자 제공 여부 등을 <u>명확히 알리고 동의</u> - 만 14세 미만 아동의 개인정보는 <u>법정대리인의 동의를 받아야 함</u>
보관 및 관리 시	- 개인정보는 암호화하여 보관하고, 접근 권한을 최소화 필요 - 불필요한 개인정보는 즉시 삭제하거나 <u>익명화 필요</u> - 내부 관리 체계를 마련하고, <u>정기적으로 보안 점검</u> 의무 - 개인정보처리자는 <u>정기적으로 보안 교육을 받아야 함</u>
이용 및 제공 시	- 수집한 목적과 다르게 개인정보를 이용하려면 추가 동의를 받아야 함 - 제3자에게 제공할 때도 사전 동의를 받아야 하며, 제공 내역을 기록·관리할 의무 - 업무 위탁 시에는 <u>수탁업체</u>가 개인정보 보호 의무를 준수하도록 계약 체결 필요
파기 시	- 보관 기간이 만료되거나 목적이 달성된 개인정보는 즉시 파기할 의무 - 전자적 파일은 복구할 수 없도록 완전히 삭제하고, 종이 문서는 파쇄하거나 소각할 의무 - <u>파기 내역을 기록하고 관리할 의무</u>
사고 예방 및 대응	- 개인정보 유출, 해킹 등의 사고를 방지하기 위해 보안 시스템을 최신 상태로 유지 - 유출 사고 발생 시 즉시 대응하고, 피해를 최소화하기 위한 안전조치 의무 - 정보주체와 관계 당국에 신속하게 알리고, 재발 방지 대책을 마련할 의무

CHAPTER 03 개인정보 제공

CERTIFIED PRIVACY PROTECTION GENERAL

> 개인정보의 제공은 정보주체의 동의와 고지, 법령 근거 등 엄격한 요건 하에 이루어지며, 위탁은 본래 업무의 일부를 외부에 맡기는 것으로 위탁자는 관리·감독 의무가 따른다. 또한 영업의 양도·합병 등으로 개인정보가 이전될 때는 정보주체에게 사전 통지와 거부권 보장 등 별도 절차를 거쳐야 하며, 제공 시에는 목적, 항목, 보유 기간 등을 명확히 안내해야 한다.

1 개인정보 제공의 이해

구분	상세 내용
근거	- 개인정보 보호법 제4조에 따른 **정보주체의 권리 보장** - 개인정보 보호법 제17조(정보의 제공), 제18조(개인정보의 목적 외 이용·제공 제한) 및 시행령 제15조(개인정보의 목적 외 이용 또는 제3자 제공의 관리) 등에서 제3자 제공과 관련된 정의와 절차를 규정 준수
제3자의 범위	- 정보주체(개인)와 개인정보를 직접 수집·보유·관리하는 개인정보처리자를 제외한 모든 자 - 즉, 개인정보처리자 외의 모든 사람이나 기관이 제3자에 해당
수탁자(처리위탁자)	- 개인정보처리자로부터 개인정보 처리 업무를 위탁받아 처리하는 수탁자(예 클라우드 업체, 외주 업체)는 **제3자가 아님** - 수탁자는 개인정보처리자의 지휘·감독 하에 업무를 수행하기 때문
제3자 제공의 의미	- 개인정보처리자가 아닌 **제3자가 개인정보를 직접 처리할 수 있도록 개인정보 지배·관리권을 이전하는 모든 행위를 포함** - 개인정보 저장매체의 물리적 이전, 네트워크를 통한 전송, 제3자의 접근 권한 부여, 정보 공유 등이 모두 포함

2. 개인정보 제3자 제공, 이전, 위탁

1) 개인정보 제3자 제공

원칙적으로 수집 목적 내에서만 이용 및 제공이 가능하며, 목적 외 제공은 위의 예외 사유에 한정된다. 정보주체는 자신의 개인정보가 제3자에게 제공되는지 여부와 내역을 요구할 수 있다.

구분	상세 내용
개인정보의 제3자 제공 시 확인 사항	1. 개인정보를 제공받는 자 2. 개인정보를 제공받는 자의 개인정보 이용 목적 3. 제공하는 개인정보 항목 4. 개인정보를 제공받는 자의 개인정보 보유 및 이용 기간 5. 동의를 거부할 권리가 있다는 사실 및 동의 거부에 따른 불이익이 있는 경우에는 그 불이익의 내용
동의 없이 제3자 제공이 가능한 경우	1. 법률에 특별한 규정이 있거나 법령상 의무 준수를 위해 불가피한 경우 2. 공공기관이 법령 등에서 정하는 소관업무 수행을 위해 불가피한 경우 3. 정보주체 또는 그 법정대리인이 의사표시를 할 수 없는 상태에 있거나 주소불명 등으로 사전 동의를 받을 수 없는 경우로서 명백히 정보주체 또는 제3자의 급박한 생명, 신체, 재산의 이익을 위하여 필요하다고 인정되는 경우 4. 정보통신서비스제공자의 경우, 정보통신서비스의 제공에 따른 요금정산을 위하여 필요한 경우 5. 정보통신서비스제공자의 경우, 다른 법률에 특별한 규정이 있는 경우

2) 개인정보 국외 이전

① 개인정보 국외 이전

구분	상세 내용
근거	개인정보 보호법 제28조의8(개인정보의 국외 이전)
국외 이전 허용 조건	① 개인정보처리자는 개인정보를 국외로 제공(조회되는 경우를 포함한다)·처리위탁·보관(이하 이 절에서 "이전"이라 한다)하여서는 아니 된다. 다만, 다음 각호의 어느 하나에 해당하는 경우에는 개인정보를 국외로 이전할 수 있다. 1. 정보주체로부터 국외 이전에 관한 별도의 동의를 받은 경우 2. 법률, 대한민국을 당사자로 하는 조약 또는 그 밖의 국제협정에 개인정보의 국외 이전에 관한 특별한 규정이 있는 경우 3. 정보주체와 계약의 체결 및 이행을 위하여 개인정보의 처리위탁·보관이 필요한 경우로서 다음 각 목의 어느 하나에 해당하는 경우

국외 이전 허용 조건	가. 제2항 각호의 사항을 제30조에 따른 개인정보 처리 방침에 공개한 경우 나. 전자우편 등 대통령령으로 정하는 방법에 따라 제2항 각호의 사항을 정보주체에게 알린 경우(서면 등의 방법을 말함) 4. 개인정보를 이전받는 자가 제32조의2에 따른 개인정보 보호 인증 등 보호위원회가 정하여 고시하는 인증을 받은 경우로서 다음 각 목의 조치를 모두 한 경우 가. 개인정보 보호에 필요한 안전조치 및 정보주체 권리보장에 필요한 조치 나. 인증받은 사항을 개인정보가 이전되는 국가에서 이행하기 위하여 필요한 조치 5. 개인정보가 이전되는 국가 또는 국제기구의 개인정보 보호체계, 정보주체 권리보장 범위, 피해구제 절차 등이 이 법에 따른 개인정보 보호 수준과 실질적으로 동등한 수준을 갖추었다고 보호위원회가 인정하는 경우
동의 내용	② 개인정보처리자는 제1항제1호에 따른 동의를 받을 때에는 미리 다음 각호의 사항을 정보주체에게 알려야 한다. 1. 이전되는 개인정보 항목 2. 개인정보가 이전되는 국가, 시기 및 방법 3. 개인정보를 이전받는 자의 성명(법인인 경우에는 그 명칭과 연락처를 말한다) 4. 개인정보를 이전받는 자의 개인정보 이용 목적 및 보유·이용 기간 5. 개인정보의 이전을 거부하는 방법, 절차 및 거부의 효과
변경 시 재동의	③ 개인정보처리자는 제2항 각호의 어느 하나에 해당하는 사항을 변경하는 경우에는 정보주체에게 알리고 동의를 받아야 한다.
보호조치	④ 개인정보처리자는 제1항 각호 외의 부분 단서에 따라 개인정보를 국외로 이전하는 경우 국외 이전과 관련한 이 법의 다른 규정, 제17조부터 제19조까지의 규정 및 제5장의 규정을 준수하여야 하고, 대통령령으로 정하는 보호조치를 하여야 한다.
계약 체결 시 반영	⑤ 개인정보처리자는 이 법을 위반하는 사항을 내용으로 하는 개인정보의 국외 이전에 관한 계약을 체결하여서는 아니 된다.

② 개인정보 국외 이전 시 보호조치

구분	상세 내용
근거	- 시행령 제29조의10(개인정보의 국외 이전 시 보호조치 등)
보호조치	① 개인정보처리자는 법 제28조의8제1항 각호 외의 부분 단서에 따라 개인정보를 국외로 이전하는 경우에는 같은 조 제4항에 따라 다음 각호의 보호조치를 해야 한다. 1. 제30조제1항에 따른 개인정보 보호를 위한 안전성 확보 조치 2. 개인정보 침해에 대한 고충처리 및 분쟁해결에 관한 조치 3. 그밖에 정보주체의 개인정보 보호를 위하여 필요한 조치

구분	상세 내용
사전협의	② 개인정보처리자는 법 제28조의8제1항 각호 외의 부분 단서에 따라 개인정보를 국외로 이전하는 경우에는 제1항 각호의 사항에 관하여 이전받는 자와 미리 협의하고 이를 계약 내용 등에 반영해야 한다.

③ 국외 이전 중지 명령

구분	상세 내용
근거	- 제28조의9(개인정보의 국외 이전 중지 명령)
중지 명령 사유	보호위원회는 개인정보의 국외 이전이 계속되고 있거나 추가적인 국외 이전이 예상되는 경우로서 다음 각호의 어느 하나에 해당하는 경우에는 개인정보처리자에게 개인정보의 국외 이전을 중지할 것을 명할 수 있다. 1. 제28조의8제1항, 제4항 또는 제5항을 위반한 경우 2. 개인정보를 이전받는 자나 개인정보가 이전되는 국가 또는 국제기구가 이 법에 따른 개인정보 보호 수준에 비하여 개인정보를 적정하게 보호하지 아니하여 정보주체에게 피해가 발생하거나 발생할 우려가 현저한 경우
이의신청 알림	② 개인정보처리자는 제1항에 따른 국외 이전 중지 명령을 받은 경우에는 명령을 받은 날부터 7일 이내에 보호위원회에 이의를 제기할 수 있다.

④ 국외 이전 중지 명령에 대한 이의 제기

구분	상세 내용
근거	- 시행령 제29조의12(국외 이전 중지 명령에 대한 이의 제기)
이의신청 기한	① 법 제28조의9제2항에 따라 이의를 제기하려는 자는 같은 조 제1항에 따른 국외 이전 중지 명령을 받은 날부터 **7일 이내에** 보호위원회가 정하는 이의신청서에 이의신청 사유를 증명할 수 있는 서류를 첨부하여 보호위원회에 제출해야 한다.
결과 알림	② 보호위원회는 제1항에 따라 이의신청서를 제출받은 날부터 30일 이내에 그 처리결과를 해당 개인정보처리자에게 문서로 알려야 한다.

3) 개인정보 처리 위탁 원칙

① 위탁의 유형

유형	상세 내용	예시
처리업무 위탁	– 개인정보 자체의 처리를 외부에 맡기는 경우	콜센터, 고객DB 관리
취급업무 위탁	– 업무 수행 중 부수적으로 개인정보가 이전되는 경우	택배 배송, 문자 발송
수집 위탁	– 개인정보 수집 자체를 외부에 맡기는 경우	설문조사 대행
IT 시스템 위탁	– 개인정보처리시스템의 개발·운영·유지보수 위탁	IT 아웃소싱, 클라우드 관리
마케팅·홍보 위탁	– 마케팅, 홍보 등 특수목적의 개인정보 처리 업무 위탁	광고대행, 판촉대행

② 위탁자와 수탁자의 비교

구분	위탁자(개인정보처리자)	수탁자(위탁받은 자, 수행사)
개념	– 개인정보 처리 업무의 일부 또는 전부를 **외부에 맡기는 자**	– 위탁자로부터 개인정보 처리 업무를 **위탁받아 처리하는 자**
목적	– 본인의 업무 처리와 이익을 위해 개인정보 처리 위탁	– 위탁자의 업무 목적을 위해 개인정보를 처리
목적	– 위탁자는 수탁자에 대한 관리·감독 및 교육 의무, 계약 체결 의무 등	– 위탁자의 지휘·감독을 받으며, 계약상 의무 준수 필요
책임	– 수탁자의 위법행위로 인한 손해 발생 시 위탁자도 연대 책임 부담	– 위탁자와 함께 손해배상 책임을 질 수 있음
예시	– 고객 대상 만족도 조사를 하려는 (가)기업	– (가)기업과 계약을 맺고 **고객 리스트를 제공받은 A 컨설팅 회사**
공통	– 개인정보위수탁 계약서를 2부를 작성하고 각 1부를 보관	

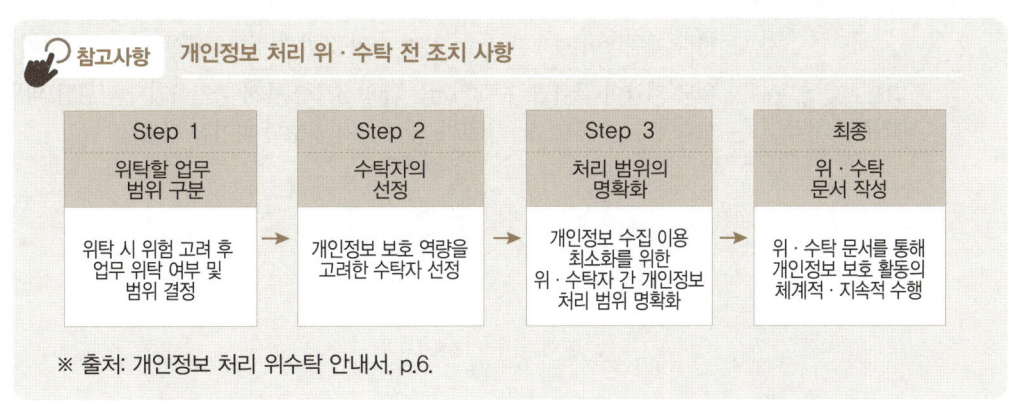

※ 출처: 개인정보 처리 위수탁 안내서, p.6.

③ 개인정보 위수탁 계약서 7가지 명시 사항

구분	상세 내용
금지사항	① 위탁업무 수행 목적 외 개인정보처리 금지에 관한 사항
보호조치	② 개인정보의 기술적 관리적 보호조치에 관한 사항
목적 및 범위	③ 위탁업무의 목적 및 범위
재위탁	④ 재위탁 제한에 관한 사항
안전성 확보	⑤ 개인정보에 대한 접근제한 등 안전성 확보 조치에 관한 사항
감독사항	⑥ 위탁업무와 관련하여 보유하고 있는 개인정보의 관리현황 점검 등 감독에 관한 사항
손해배상	⑦ 수탁자가 준수하여야 할 의무를 위반한 경우의 손해배상 등 책임에 관한 사항

④ 업무위탁 공개의 방법

구분	상세 내용
위탁계약 체결 원칙	- 위탁 업체와 반드시 계약을 체결해야 함 - 계약서에 개인정보 보호 조항(목적 외 사용 금지, 보안 유지, 재위탁 제한 등)을 포함해야 함
정보주체에게 공개 및 통지	- 개인정보 처리 방침에 위탁 내용(수탁업체, 업무 내용 등)을 명시해야 함 - 필수적으로 공개해야 하는 내용: 위탁받는 업체(수탁자), 위탁하는 업무 내용 - 중요한 위탁(예 민감정보, 신용정보 관련)은 별도로 정보주체에게 알리고 동의를 받아야 할 수도 있음
위탁업체 관리·감독 의무	- 개인정보 보호를 위해 위탁업체를 철저히 관리·감독해야 함 - 정기적으로 점검하고, 개인정보가 목적 외 사용되지 않도록 확인해야 함 - 보안 조치를 잘 이행하는지 확인하고, 필요하면 추가 보안 조치를 요구해야 함
목적 외 사용 및 제공 금지	- 위탁업체가 받은 개인정보를 다른 용도로 사용하거나 제3자에게 제공하면 안 됨 - 위탁업체가 계약을 위반하면 계약 해지 등의 조치를 취해야 함
재위탁 제한 및 관리	- 원칙적으로 위탁받은 업체가 또 다른 업체에 재위탁하는 것은 제한됨 - 만약 재위탁이 필요한 경우, 사전 승인을 받고 정보주체에게 알릴 필요가 있음
위탁 종료 후 개인정보 처리	- 위탁 계약이 끝나면, 수탁업체는 개인정보를 즉시 파기하거나 반환할 의무 - 위탁 종료 후에도 개인정보가 남아 있지 않도록 확인할 의무

3. 제3자 제공과 처리위탁의 구분

구분	제3자 제공	처리 위탁
근거	「개인정보 보호법」 제17조	「개인정보 보호법」 제26조
개념	– 개인정보를 다른 기관·회사에 넘겨주는 것	– 개인정보 처리를 다른 업체에 **맡기는 것**
개인정보처리자	– 개인정보를 **제공받은 업체**가 독립적인 개인정보처리자가 됨	– 위탁자(개인정보처리자 **변경 없음**)
목적	– 제3자의 이익을 위해 처리	– 위탁자의 이익을 위해 처리
관리·감독 의무	– 제공받는 자	– 위탁자
손해배상책임	– 제공받는 자 부담	– 위탁자 및 수탁자 부담
데이터 활용범위	– 제공받은 업체는 동의받은 **범위 내에서 자율적**으로 데이터를 활용할 수 있음	– 위탁자의 지시에 따라 개인정보를 처리
예시	– A쇼핑몰이 고객 동의를 받아 카드사(B은행)에 고객 정보를 제공해 카드 혜택을 안내하는 경우 – 병원이 환자 동의를 받아 제휴 보험사에 진료 기록을 제공하는 경우 – 사업 제휴, 개인정보 판매 등	– A쇼핑몰이 고객 데이터 관리를 위해 B IT회사에 DB 관리 업무를 **용역준** 경우 – 병원이 외부 **콜센터**에 환자 상담 업무를 위탁한 경우 – 배송업무 위탁, TM 위탁 등
유의사항	– 정보주체(사용자)에게 제공 대상, 목적, 항목, 보관 기간 등을 알리고 **사전 동의** 필요 – 제3자 제공 내역을 **기록**하고 관리해야 함 – 제3자 제공에 대한 근거가 있는 경우에 한하여 제공 가능	– **위탁업체와 계약을 체결**하고, 개인정보 보호 조항을 포함해야 함 – 위탁 사실을 공개해야 하고, 정보주체가 위탁을 거부할 수 있는 경우도 있음 – 위탁업체가 개인정보를 무단으로 사용하지 않도록 관리·감독할 의무

> **참고사항** 개인정보 제3자 제공과 처리 위탁의 구분 사례
>
> - (제3자 제공) OO회사 한국지사에서 수집한 고객정보를 해외의 본사에 마케팅 목적으로 제공하는 경우 제3자 제공 국외 이전에 해당하여, 고객으로부터 제3자 제공 동의를 별도로 받아야 한다.
> - (처리 위탁) A회사에서 고객관리 업무를 위해 B회사와 아웃소싱 계약을 체결하였는데 C회사의 서버가 베트남에 위치한다고 할 때, 이는 정보가 해외 서버로 이전되기는 하지만 고객정보를 직접 수집한 A회사의 업무처리를 목적으로 이전되는 경우로서 처리 위탁에 해당한다. 이 경우 A회사는 홈페이지의 개인정보처리방침에 제공받는자, 제공목적, 제공항목 등을 고지하여야 한다.

4. 영업의 양도 등

구분	상세 내용
근거	개인정보 보호법 제27조(영업양도 등에 따른 개인정보의 이전 제한)
개인정보처리자 의무	① 개인정보처리자는 영업의 전부 또는 일부의 양도·합병 등으로 개인정보를 다른 사람에게 이전하는 경우에는 미리 다음 각호의 사항을 대통령령으로 정하는 방법에 따라 해당 정보주체에게 알려야 한다. 1. 개인정보를 이전하려는 사실 2. 개인정보를 이전받는 자(이하 "영업양수자 등"이라 한다)의 성명(법인의 경우에는 법인의 명칭을 말한다), 주소, 전화번호 및 그 밖의 연락처 3. 정보주체가 개인정보의 이전을 원하지 아니하는 경우 조치할 수 있는 방법 및 절차
영업양수자 등의 의무	② 영업양수자 등은 개인정보를 이전받았을 때에는 지체 없이 그 사실을 대통령령으로 정하는 방법에 따라 정보주체에게 알려야 한다.
예외	다만, 개인정보처리자가 제1항에 따라 그 이전 사실을 이미 알린 경우에는 그러하지 아니하다.
제3자 제공	③ 영업양수자 등은 영업의 양도·합병 등으로 개인정보를 이전받은 경우에는 이전 당시의 본래 목적으로만 개인정보를 이용하거나 제3자에게 제공할 수 있다.
개인정보처리자	이 경우 영업양수자 등은 개인정보처리자로 본다.

5. 제3자 제공, 처리위탁, 영업양도 시 개인정보 이전의 구분

구분	제3자 제공	처리 위탁	양도 개인정보 이전
허용 요건	정보주체의 사전 동의(또는 법률상 근거), 고지 필요	위탁 사실 및 수탁자 공개 (동의 불필요, 단 예외 있음)	정보주체에게 사전 통지(이전 사실, 양수자 정보, 거부권 등)
위반 시 처벌	형사벌금(5년 이하 징역 또는 5천만 이하 벌)	2천만원 이하 과태료	1천만원 이하 과태료
목적	제공받는 자(제3자)의 목적·이익을 위해 개인정보 이전	제공하는 자(위탁자)의 목적·이익을 위해 개인정보 이전	개인정보 처리 목적은 유지, 보유·관리 주체만 변경
관리 책임	제공받는 자(제3자)가 관리 책임	원칙적으로 제공하는 자(위탁자)가 관리 책임을 계속 가짐	양수자(새로운 사업자)가 관리 책임

구분	제3자 제공	처리 위탁	양도 개인정보 이전
정보주체 보호	동의 및 고지, 안전조치 요구	위탁계약서, 관리·감독, 재위탁 제한 등 안전조치	목적 변경 시 추가 동의 필요, 본래 목적 내 이용·제공만 가능
사례	제휴사 마케팅, 보험사 제공 등	택배사, 콜센터, 시스템 관리 등 위탁	회사 매각, 합병, 분할 등

6 개인정보 제공 시 유의사항

구분	핵심 사항	상세 내용
1. 법적 근거 및 동의 확보	명시적 동의	– 개인정보를 제공하기 전에 **데이터 주체(개인)로부터 명시적인 동의 받음**. 동의는 자유롭고, 구체적이며, 명확해야 함
	법적 근거	– 동의 외에도 계약 이행, 법적 의무 준수, 공익 목적 등 법적 근거가 있는 경우에만 개인정보를 제공 가능
2. 제공 목적의 명확성	제한된 목적	– 개인정보는 **명확히 정의된 목적을 위해 제공**되어야 함. **목적 외의 용도로 사용 금지**
	목적 공개	– **제공받는 자**(제3자)가 개인정보를 **어떤 목적으로 사용할지 데이터 주체에게 명확히 알림**
3. 제공받는 자 (제3자)의 신뢰성 확인	신뢰할 수 있는 기관	– 신뢰할 수 있는 기관: 개인정보를 제공받는 기관이 데이터 보호 및 보안 측면에서 신뢰할 수 있는지 확인 의무
	계약 체결	– 제3자와의 계약을 통해 개인정보 보호 의무를 명시하고, 이를 이행할 의무
4. 최소한의 정보 제공	데이터 최소화	– 목적을 달성하는 데 필요한 최소한의 개인정보만 제공
	불필요한 정보 제외	– 민감한 정보(예 주민등록번호, 건강 정보 등)는 특별한 사유가 없는 한 제공 금지
5. 안전한 전송 방법	암호화	– 개인정보를 전송할 때는 암호화 기술(예 SSL/TLS)을 사용하여 안전하게 전송 의무
	보안 채널	– 안전한 네트워크 채널을 통해 데이터를 전송해야 하며, 공개된 이메일이나 메신저를 사용하지 않도록 함
6. 제3자의 보안 조치 확인	보안 수준 검토	– 제3자가 개인정보를 안전하게 보호할 수 있는 **기술적·관리적 조치를 갖추고 있는지 확인**
	정기 감사	– 제3자가 개인정보를 **안전하게 관리하고 있는지 정기적으로 감사 수행**

구분	핵심 사항	상세 내용
7. 개인정보 제공 기록 관리	기록 보관	- **개인정보를 제공한 내역**(제공 일시, 제공받는 자, 제공 목적 등)을 기록화
	추적 가능성	- 데이터 주체가 자신의 개인정보가 어떻게 제공되었는지 확인
8. 데이터 주체의 권리 보장	통지 의무	- 개인정보를 제공할 때 데이터 주체에게 누구에게 어떤 정보를 제공할지 고지
	접근·삭제 권리	- 데이터 주체는 제공된 개인정보에 접근하거나 삭제를 요청 가능토록 함
9. 국제적 개인정보 제공 시 유의사항	해외 이전	- 개인정보를 해외로 제공할 경우, 해당 국가의 데이터 보호 수준이 적절한지 확인
	GDPR 준수	- 유럽 연합(EU) 시민의 개인정보를 제공할 경우 GDPR을 준수
10. 위험 평가 및 관리	위험 분석	- 개인정보 제공 전에 데이터 유출, 오용 등 잠재적 위험을 평가하고 대응 방안을 마련
	사고 대응 계획	- 개인정보가 유출되거나 오용된 경우, 신속히 대응할 수 있는 절차를 마련
11. 민감정보 제공 시 추가적 주의	민감정보	- 건강 정보, 성적 취향, 종교, 정치적 견해 등 민감정보는 특별한 사유가 없는 한 제공하지 않도록 함
	강화된 동의	- 민감정보를 제공할 경우, 데이터 주체로부터 명시적이고 강화된 동의를 받음
12. 제공 후 관리	제3자 감독	- 개인정보를 제공한 후에도 제3자가 데이터를 안전하게 관리하는지 지속적으로 감독
	파기 요청	- 제공 목적이 달성된 경우, 제3자에게 개인정보 파기를 요청

PART 03 실력 확인 문제

| 개인정보 라이프사이클 관리 |

01 다음 중 개인정보 오너십(Ownership) 보장을 위한 안전조치 방안으로 부적절한 것을 고르시오.

① 개인정보 항목별로 접근 권한을 세분화하고, 권한 부여 및 변경 시 이력 관리를 통해 책임 소재를 명확히 한다.
② 개인정보처리시스템에 대한 주기적 취약점 점검과 보안 패치 적용을 통해 비인가 접근 및 유출 위험을 최소화한다.
③ 개인정보를 제3자에게 제공할 때, 정보주체의 동의 여부와 제공 목적, 제공받는 자의 안전조치 수준까지 검토한다.
④ 개인정보의 결합 가능성을 고려하여, 별도의 데이터베이스에 저장된 정보라도 결합 시 식별 가능성이 있으면 접근 통제를 강화한다.
⑤ 개인정보처리자는 정보주체의 열람, 정정, 삭제 요청이 접수된 경우, 내부 절차상 사유로 60일 이내에 처리하면 된다.

▶ **해설**
①~④번은 개인정보 오너십 보장과 관련된 실제적이고 최신의 안전조치 방안(권한 관리, 기술적 보호, 제3자 제공 시 검토, 결합 가능성에 따른 통제 강화 등)에 해당한다.
⑤번은 개인정보 보호법상 정보주체의 권리(열람, 정정, 삭제 등) 요청에 대해 특별한 사정이 없는 한 지체 없이, 통상 10일 이내에 처리해야 하므로 '60일 이내'는 법령에 부합하지 않아 부적절한 보기이다.

02 다음 중 개인정보 수집 및 이용의 원칙에 대한 설명으로 적절하지 않은 것은 무엇인가?

① 개인정보처리자는 정보주체의 동의를 받아 개인정보를 수집할 때, 수집 목적과 항목, 보유 기간, 동의 거부권 및 불이익에 대해 구체적으로 알리고 동의를 받아야 한다.
② 개인정보처리자는 서비스 제공에 반드시 필요한 최소한의 개인정보만을 수집해야 하며, 정보주체가 선택항목 제공에 동의하지 않아도 서비스 제공을 거부할 수 없다.
③ 정보주체와 계약의 체결 및 이행을 위해 필요한 경우에는 정보주체의 동의 없이도 개인정보를 수집·이용할 수 있다.
④ 개인정보처리자는 정보주체의 동의를 받은 경우, 수집 목적과 무관하게 개인정보를 자유롭게 이용할 수 있다.
⑤ 개인정보 수집·이용 동의는 정보주체가 자유롭게 선택할 수 있어야 하며, 강요하거나 기망(속임수)으로 받은 동의는 무효로 본다.

▶ **해설**
개인정보처리자는 동의를 받았더라도 반드시 동의받은 목적의 범위 내에서만 개인정보를 이용해야 하며, 목적과 무관하게 자유롭게 이용하는 것은 허용되지 않는다.

정답: 01 ⑤ 02 ④

03 다음 중 개인정보 라이프사이클 관리에 대한 설명으로 적절하지 않은 것은 무엇인가?

① 개인정보는 수집 시 정보주체에게 수집 목적, 항목, 보유 기간 등을 고지하고 동의를 받아야 한다.
② 개인정보를 제3자에게 제공할 때에는 정보주체의 동의를 받지 않아도 된다.
③ 개인정보는 이용 목적이 달성되거나 보유 기간이 종료된 경우에는 지체 없이 파기해야 한다.
④ 개인정보를 위탁 처리하는 경우, 수탁자에 대한 관리·감독 의무가 있다.
⑤ 개인정보의 수집은 서비스 제공에 필요한 최소한의 범위 내에서만 이루어져야 한다.

해설
개인정보를 제3자에게 제공할 때에는 반드시 정보주체의 동의를 받아야 하며, 동의 없이 제공하는 것은 원칙적으로 금지된다.

04 다음 중 '정보주체 이외로부터 수집한 개인정보의 수집 출처 등 통지'에 대한 설명으로 적절하지 않은 것은 무엇인가?

① 개인정보처리자는 정보주체 이외로부터 개인정보를 수집한 경우, 정보주체의 요구가 있으면 수집 출처, 처리 목적, 처리 정지 및 동의 철회 권리에 대해 알려야 한다.
② 개인정보처리자는 정보주체 이외로부터 수집한 개인정보에 대해 정보주체가 요구할 경우, 3일 이내에 통지해야 한다.
③ 대통령령에서 정하는 일정 규모 이상의 개인정보처리자는 정보주체의 요구가 없어도 일정 기간 내에 수집 출처 등을 통지해야 한다.
④ 자체적으로 생산한 정보는 정보주체 이외로부터 수집한 개인정보에 해당하므로 통지 대상이다.
⑤ 수집 출처 등 통지는 이용·제공 내역 통지와 함께 할 수 있다.

해설
자체적으로 생산한 정보는 정보주체 이외로부터 수집한 개인정보에 해당하지 않으므로, 통지 대상이 아니다.

05 다음 중 개인정보처리자가 개인정보를 목적 외로 이용하거나 제3자에게 제공하는 경우, 대장에 반드시 기록·관리해야 하는 사항으로 적절하지 않은 것은 무엇인가?

① 개인정보 또는 개인정보파일의 명칭
② 이용 또는 제공 구분(목적 외 이용/제3자 제공)
③ 목적 외 이용기관 또는 제공받는 기관의 명칭(담당자 성명, 소속, 전화번호 포함)
④ 이용하거나 제공한 날짜, 주기 또는 기간
⑤ 개인정보를 제공받은 기관의 내부 보안 정책

해설
개인정보를 목적 외로 이용하거나 제3자에게 제공할 때 대장에 기록·관리해야 하는 항목은 개인정보 보호법 시행령에 명시되어 있으며, ①~④번과 다음 항목(이용·제공 형태, 법적 근거, 이용 목적 또는 제공받는 목적, 이용·제공 개인정보 항목)이 이에 해당한다.
⑤번은 기록·관리 항목에 포함되지 않는다.

정답: 03 ② 04 ④ 05 ⑤

06 다음 중 개인정보 수집 및 이용 시 유의사항에 대한 설명으로 적절하지 않은 것은 무엇인가?

① 개인정보처리자는 개인정보의 수집·이용 목적, 항목, 보유 기간 등을 명확히 알리고 동의를 받아야 한다.
② 개인정보처리자는 서비스 제공에 반드시 필요한 최소한의 개인정보만을 수집해야 하며, 필수정보와 선택정보를 구분하여 별도 동의를 받아야 한다.
③ 민감정보는 정보주체의 이익을 위해 정보주체의 동의가 있으면 언제든 자유롭게 수집할 수 있다.
④ 주민등록번호는 법령에 특별한 근거가 없는 한, 동의가 있더라도 수집할 수 없다.
⑤ 개인정보처리 방침은 정보주체가 언제든지 열람할 수 있도록 공개해야 한다.

◎ 해설

민감정보는 원칙적으로 수집이 금지되어 있으며, 동의가 있더라도 반드시 필요한 경우에만 수집할 수 있다.

07 다음 중 옵트인(Opt-in)과 옵트아웃(Opt-out) 방식에 대한 설명으로 적절하지 않은 것은 무엇인가?

① 옵트인 방식은 정보주체가 명시적으로 동의해야만 개인정보를 수집·이용할 수 있다.
② 옵트아웃 방식은 정보주체가 별도의 거부 의사를 표시하지 않으면 개인정보를 수집·이용할 수 있다.
③ 우리나라 개인정보 보호법은 원칙적으로 옵트아웃 방식을 기본으로 한다.
④ 옵트인 방식은 정보주체의 자기결정권을 보장하는 데 효과적이다.
⑤ 가명정보를 통계·연구 목적으로 처리할 때는 제한적으로 옵트아웃 방식이 허용될 수 있다.

◎ 해설

우리나라 개인정보 보호법은 원칙적으로 옵트인 방식을 기본으로 하며, 예외적으로만 옵트아웃이 허용된다.
①, ②, ④, ⑤번은 각각 옵트인·옵트아웃의 정의, 정보주체 권리 보장, 제한적 예외 적용에 부합하는 설명이다.

08 다음 중 개인정보 보호법상 개인정보 처리에 대한 동의받는 방법에 대한 설명으로 옳지 않은 것은 무엇인가?

① 개인정보처리자는 정보주체가 동의 여부를 자유롭게 결정할 수 있도록 동의받는 방법을 마련해야 하며, 동의는 자발적이고 명확해야 한다.
② 서비스 이용계약의 체결 및 이행에 필수적으로 필요한 개인정보는 정보주체의 동의 없이 수집·이용할 수 있다.
③ 개인정보처리자는 민감정보나 고유식별정보를 처리할 때에는 정보주체에게 내용을 충분히 알리고 별도의 동의를 받아야 한다.
④ 개인정보처리자는 개인정보를 제3자에게 제공하려는 경우, 정보주체의 동의 없이도 당초 수집 목적과 합리적으로 관련된 범위 내에서는 제공할 수 있다.
⑤ 개인정보처리자는 동의를 받을 때 수집·이용 목적, 항목, 보유 및 이용 기간, 동의 거부권 및 거부 시 불이익 등을 명확히 알리고 동의를 받아야 한다.

◎ 해설

개인정보 보호법에 따르면, 서비스 이용계약 등으로 동의 없이 수집·이용한 개인정보라도 제3자에게 제공하려면 반드시 정보주체의 동의가 필요하다. 당초 수집 목적과 합리적으로 관련된 범위 내라 하더라도, 동의 없이 제3자 제공은 허용되지 않는다.

정답: 06 ③ 07 ③ 08 ④

09 다음 중 개인정보 보호법 및 정보통신망법 상 영리 목적의 광고성 정보 전송 제한에 대한 설명으로 옳지 않은 것은 무엇인가?

① 영리 목적의 광고성 정보를 전자적 전송매체(이메일, 문자, 앱 푸시 등)로 전송하려면 수신자의 명시적인 사전 동의를 받아야 한다.
② 광고성 정보는 오후 9시부터 다음 날 오전 8시까지 야간 시간대에 전송할 경우, 별도의 사전 동의를 추가로 받아야 한다(단, 일부 매체는 예외).
③ 광고성 정보의 제목이나 본문 시작 부분에는 반드시 "(광고)" 표시를 해야 하며, 수신자가 쉽게 수신 거부 또는 동의 철회 의사를 밝힐 수 있는 방법을 안내해야 한다.
④ 광고성 정보 수신 동의를 받은 경우, 수신자가 수신 거부 또는 동의 철회를 요청하더라도 광고성 정보 전송을 계속할 수 있다.
⑤ 공개된 개인정보라도 이용자가 공개한 목적 범위를 벗어나 광고성 정보 전송에 이용하려면 별도의 동의를 받아야 한다.

> **해설**
> 광고성 정보 수신 동의를 받은 경우에도, 수신자가 수신 거부 또는 동의 철회를 요청하면 즉시 광고성 정보 전송을 중단해야 하며, 이를 위반할 경우 과태료 등 제재를 받을 수 있다.

10 다음 중 개인정보의 파기 방법 및 절차에 대한 설명으로 적절하지 않은 것은 무엇인가?

① 개인정보처리자는 개인정보의 보유 기간이 경과하거나 처리 목적이 달성된 경우 지체 없이 해당 개인정보를 파기해야 한다.
② 전자적 파일 형태의 개인정보는 복원이 불가능하도록 영구 삭제하는 방법으로 파기해야 한다.
③ 종이 문서에 기록된 개인정보는 파쇄 또는 소각 등의 방법으로 파기할 수 있다.
④ 다른 법령에 따라 개인정보를 보존해야 하는 경우에도 반드시 즉시 파기해야 한다.
⑤ 개인정보의 일부만 파기하는 경우에도 복구 또는 재생이 불가능하도록 조치해야 한다.

> **해설**
> 다른 법령에 따라 개인정보를 보존해야 하는 경우에는 즉시 파기할 필요가 없으며, 그 법적 근거에 따라 보존할 수 있다.

11 다음 중 개인정보의 파기 원칙에 대한 설명으로 적절하지 않은 것은 무엇인가?

① 개인정보의 보유 기간이 경과하거나 처리 목적이 달성된 경우, 지체 없이 해당 개인정보를 완전히 파기해야 한다.
② 개인정보를 파기할 때에는 복구 또는 재생이 불가능하도록 안전하게 파기해야 한다.
③ 다른 법령에 따라 개인정보를 보존해야 하는 경우에는 그 법적 근거에 따라 보존할 수 있다.
④ 개인정보를 파기한 경우, 파기 일자, 파기 방법, 담당자 등 파기 이력을 기록·관리해야 한다.
⑤ 개인정보의 일부만 파기하는 경우에도 해당 파일 전체를 완전 삭제할 필요가 있다.

> **해설**
> 개인정보의 일부만 파기하는 경우에는 해당 부분만 복구 불가능하게 삭제하면 되며, 파일 전체를 반드시 완전 삭제할 필요는 없다.

정답: 09 ④　10 ④　11 ⑤

12 다음 중 개인정보 보호법상 개인정보의 저장 및 관리에 관한 설명으로 옳지 않은 것은 무엇인가?

① 개인정보처리자는 개인정보의 보유 기간이 경과하거나 처리 목적이 달성된 경우, 지체 없이 해당 개인정보를 복구 불가능한 방법으로 파기해야 한다.
② 다른 법령에 따라 개인정보를 파기하지 않고 보존해야 하는 경우, 해당 개인정보는 반드시 다른 개인정보와 분리하여 저장·관리해야 한다.
③ 개인정보를 분리하여 저장·관리하지 않은 경우, 1천만원 이하의 과태료가 부과될 수 있다.
④ 개인정보를 암호화하여 저장하는 것은 선택사항이며, 반드시 적용해야 하는 의무는 없다.
⑤ 개인정보를 파기할 때에는 전자적 파일은 복원이 불가능하도록 영구 삭제하고, 종이문서는 파쇄 또는 소각 등의 방법으로 파기해야 한다.

> **해설**
>
> 개인정보 보호법 및 관련 지침에 따르면, 고유식별정보 등 주요 개인정보는 반드시 암호화하여 저장해야 하며, 이는 선택사항이 아니라 법적 의무이다.

13 다음 중 개인정보 보호법상 개인정보 파기의 원칙에 대한 설명으로 옳지 않은 것은 무엇인가?

① 개인정보처리자는 개인정보의 보유 기간이 경과하거나 처리 목적이 달성된 경우, 지체 없이 해당 개인정보를 파기해야 한다.
② 개인정보를 파기할 때에는 복구 또는 재생이 불가능하도록 영구 삭제하거나, 서면 등은 분쇄 또는 소각 등으로 파기해야 한다.
③ 개인정보의 보유 기간이 경과하였으나, 다른 법령에 따라 보존해야 하는 경우에는 해당 개인정보를 분리하여 저장·관리해야 한다.
④ 개인정보 파기 시 파기 사실과 방법을 기록·관리할 필요는 없으며, 파기 결과를 별도로 확인할 필요도 없다.
⑤ 개인정보를 파기하지 않은 경우 3천만원 이하의 과태료가 부과될 수 있다.

> **해설**
>
> 개인정보 보호법 및 관련 지침에 따르면 개인정보처리자는 개인정보 파기 시 파기 사실과 방법을 기록·관리해야 하며, 개인정보 보호책임자가 파기 결과를 반드시 확인해야 한다.

14 다음 중 개인정보를 수집·이용하거나 제3자에게 제공할 때 동의서에 반드시 포함되어야 하는 내용으로 적절하지 않은 것은 무엇인가?

① 개인정보의 수집·이용 목적
② 수집 또는 제공하려는 개인정보의 항목
③ 개인정보의 보유 및 이용 기간
④ 동의를 거부할 권리가 있다는 사실 및 동의 거부 시 불이익이 있을 수 있다는 내용
⑤ 개인정보처리자의 내부 보안 정책과 직원 교육 계획

> **해설**
>
> 개인정보 수집·이용 또는 제3자 제공 동의서에는 반드시 목적, 항목, 보유 및 이용 기간, 동의 거부권 및 불이익 안내 등이 포함되어야 한다.
> 내부 보안 정책이나 직원 교육 계획은 동의서에 반드시 포함해야 하는 법정 고지사항이 아니다.

정답: 12 ④ 13 ④ 14 ⑤

15 다음 중 개인정보의 제3자 제공, 국외 이전, 위탁에 대한 설명으로 적절하지 않은 것은 무엇인가?

① 개인정보의 제3자 제공은 정보주체의 동의가 필요하며, 제공받는 자의 목적과 이익을 위해 개인정보가 이전된다.
② 개인정보 처리 위탁은 위탁자의 업무를 대행하기 위한 목적으로 개인정보를 수탁자에게 맡기는 것이며, 위탁자는 수탁자에 대한 관리·감독 의무가 있다.
③ 개인정보 국외 이전은 국내에서 수집된 개인정보를 해외의 제3자에게 제공하거나 위탁하는 것을 의미하며, 별도의 동의 및 고지 절차가 필요하다.
④ 개인정보 처리 위탁의 경우, 정보주체의 동의 없이도 위탁이 가능하며, 위탁 사실과 수탁자 정보를 정보주체가 알 수 있도록 공개해야 한다.
⑤ 제3자 제공과 위탁 모두 개인정보가 제공되는 상대방이 독립적으로 개인정보를 처리하므로, 제공 후에는 제공받은 자가 모든 관리 책임을 진다.

해설
개인정보 처리 위탁의 경우, 수탁자가 개인정보를 처리하더라도 원칙적으로 위탁자가 계속 관리·감독 책임을 진다.
제3자 제공은 제공받은 자가 관리 책임을 지지만, 위탁은 위탁자가 관리·감독 의무를 유지한다는 점에서 차이가 있다.

16 다음 중 개인정보 보호법상 개인정보 처리 시 유의해야 할 사항에 대한 설명으로 옳지 않은 것은 무엇인가?

① 개인정보처리자는 개인정보를 수집할 때 그 목적에 필요한 최소한의 정보만을 수집해야 하며, 최소 수집 원칙의 입증책임은 개인정보처리자에게 있다.
② 개인정보처리자는 정보주체의 동의를 받아 개인정보를 수집하는 경우, 필요한 최소한의 정보 외의 개인정보 수집에는 동의하지 않을 수 있음을 구체적으로 알리고 동의를 받아야 한다.
③ 개인정보처리자는 민감정보를 수집·이용할 때에는 반드시 정보주체의 별도 동의를 받아야 하며, 동의 없이도 근태관리 등 업무 목적으로 자유롭게 활용할 수 있다.
④ 개인정보처리자는 개인정보 수집·이용 목적, 항목, 보유 및 이용 기간 등을 명확히 표시하여 정보주체가 쉽게 알 수 있도록 해야 한다.
⑤ 개인정보처리자는 정보주체가 최소한의 정보 외 개인정보 수집에 동의하지 않는다는 이유로 재화 또는 서비스 제공을 거부해서는 안 된다.

해설
민감정보(예 건강정보, 사상·신념 등)는 반드시 정보주체의 별도 동의가 있어야만 수집·이용할 수 있으며, 단순히 업무 목적(예 근태관리)만으로는 동의 없이 활용할 수 없다.

17 다음 중 개인정보 위수탁(처리 위탁) 계약서에 반드시 명시해야 하는 7가지 사항에 해당하지 않는 것은 무엇인가?

① 위탁업무 수행 목적 외 개인정보의 처리 금지에 관한 사항
② 개인정보의 기술적·관리적 보호조치에 관한 사항
③ 위탁업무의 목적 및 범위
④ 재위탁 제한에 관한 사항
⑤ 개인정보 보유 기간 연장에 관한 사항

해설
개인정보 보유 기간 연장에 관한 사항은 법정 필수 명시 사항이 아니다.

정답: 15 ⑤ 16 ③ 17 ⑤

플러스이론

개인정보 위수탁 계약서 7가지 명시 사항

구분	상세 내용
금지사항	① 위탁업무 수행 목적 외 개인정보처리 금지에 관한 사항
보호조치	② 개인정보의 기술적 관리적 보호조치에 관한 사항
목적 및 범위	③ 위탁업무의 목적 및 범위
재위탁	④ 재위탁 제한에 관한 사항
안전성 확보	⑤ 개인정보에 대한 접근제한 등 안전성 확보 조치에 관한 사항
감독사항	⑥ 위탁업무와 관련하여 보유하고 있는 개인정보의 관리현황 점검 등 감독에 관한 사항
손해배상	⑦ 수탁자가 준수하여야 할 의무를 위반한 경우의 손해배상 등 책임에 관한 사항

18 다음 중 개인정보 보호법상 개인정보 제공에 관한 설명으로 옳지 않은 것은 무엇인가?

① 개인정보처리자는 개인정보의 처리 목적을 명확하게 하고, 그 목적에 필요한 최소한의 개인정보만을 적법하고 정당하게 수집·제공해야 한다.
② 개인정보는 정보주체의 동의 없이도 언제든지 제3자에게 제공할 수 있다.
③ 개인정보를 제공할 때에는 제공받는 자, 제공 목적, 제공 항목, 보유 및 이용 기간 등 주요 사항을 정보주체에게 알려야 한다.
④ 개인정보처리자는 목적 외 이용이나 제공이 필요한 경우, 반드시 정보주체의 동의를 받아야 한다.
⑤ 개인정보 제공 시 정보주체의 사생활 침해를 최소화하는 방법으로 처리해야 한다.

해설

개인정보 보호법에 따르면 개인정보는 원칙적으로 정보주체의 동의 없이 제3자에게 제공할 수 없다. 예외적으로 법령에 근거가 있거나, 급박한 생명·신체·재산 보호 등 특별한 사유가 있을 때만 동의 없이 제공이 허용된다.

19 다음 중 개인정보 보호법상 개인정보의 제3자 제공, 이전, 위탁에 관한 설명으로 옳지 않은 것은 무엇인가?

① 개인정보를 제3자에게 제공하려면 원칙적으로 정보주체의 동의를 받아야 하며, 동의서에는 제공받는 자, 목적, 항목, 보유·이용 기간, 동의 거부권 및 불이익 등 5가지 고지사항이 포함되어야 한다.
② 개인정보 처리 위탁은 본래의 수집·이용 목적과 관련된 업무를 다른 회사에 맡기는 것으로, 정보주체의 별도 동의 없이도 위탁이 가능하나, 위탁 사실과 수탁자 정보를 개인정보 처리 방침 등에 공개해야 한다.
③ 수탁자는 위탁받은 개인정보를 위탁업무 범위를 초과하여 이용하거나, 위탁자의 동의 없이 제3자에게 재위탁할 수 있다.
④ 제3자 제공은 정보주체의 동의가 없는 경우에도 법령상 근거가 있거나, 공공기관의 업무 수행, 급박한 생명·신체·재산의 이익 보호 등 일부 예외적 사유에 해당하면 제공이 가능하다.
⑤ 개인정보를 영업양도 등으로 이전하는 경우, 개인정보처리자는 사전에 정보주체에게 이전 사실과 이전받는 자의 정보, 동의 거부권 및 불이익 등을 개별적으로 통지해야 한다.

정답: 18 ② 19 ③

> **해설**

수탁자는 위탁받은 개인정보를 위탁업무 범위를 초과하여 이용하거나, 위탁자의 동의 없이 제3자에게 재위탁할 수 없다. 이를 위반할 경우 형사처벌(5년 이하 징역 또는 5천만원 이하 벌금) 및 과태료 부과 대상이 된다.

20 다음 중 개인정보 보호법상 개인정보의 제3자 제공과 위탁의 구분에 관한 설명으로 옳지 않은 것은 무엇인가?

① 제3자 제공은 개인정보를 제공받는 자의 업무처리와 이익을 위하여 개인정보가 이전되는 경우를 의미한다.
② 위탁은 개인정보처리자가 본래의 수집·이용 목적과 관련된 자신의 업무처리를 위해 개인정보를 제3자에게 맡기는 경우를 의미한다.
③ 위탁의 경우, 개인정보의 관리·감독 책임은 위탁자에게 남아 있으며, 수탁자에 대한 정기적 점검 및 교육이 필요하다.
④ 제3자 제공은 정보주체의 사전 동의가 필요하며, 제공받는 자의 이용 목적, 제공 항목, 보유·이용 기간 등 5가지 주요 사항을 고지해야 한다.
⑤ 위탁과 제3자 제공 모두 개인정보를 외부로 이전하는 것이므로, 관리·감독 책임과 동의 요건에 실질적 차이가 없다.

> **해설**

위탁과 제3자 제공은 모두 개인정보를 외부에 이전한다는 점에서는 유사하지만, 관리·감독 책임과 동의 요건에서 실질적 차이가 있다. 위탁의 경우 관리·감독 책임이 위탁자(제공자)에게 남아 있고, 정보주체의 별도 동의 없이도 가능하지만, 위탁 사실과 수탁자 정보를 공개해야 한다. 반면, 제3자 제공은 관리·감독 책임이 제공받는 자에게 있고, 정보주체의 사전 동의가 반드시 필요하다.

21 다음 중 개인정보 보호법상 영업의 양도 등에 따른 개인정보 이전에 관한 설명으로 옳지 않은 것은 무엇인가?

① 영업양도자는 개인정보 이전 전에 정보주체에게 이전 사실, 양수자 정보, 이전 거부 방법 등을 사전에 통지해야 한다.
② 영업양수자는 양도자가 통지하지 않은 경우, 개인정보 이전 후 지체 없이 정보주체에게 이전 사실을 알려야 한다.
③ 영업양수자는 이전받은 개인정보를 원래 목적과 무관한 새로운 사업 목적으로 자유롭게 활용할 수 있다.
④ 영업양수자는 개인정보를 이전받은 경우, 원래의 처리 목적 범위 내에서만 이용·제공해야 하며 개인정보처리자로 간주된다.
⑤ 영업양도자나 양수자가 통지 의무를 위반할 경우 1천만원 이하의 과태료가 부과될 수 있다.

> **해설**

개인정보 보호법 제27조제3항에 따라 영업양수자는 이전받은 개인정보를 원래의 처리 목적 범위 내에서만 이용·제공해야 하며, 새로운 목적으로 활용하려면 정보주체의 별도 동의가 필요하다.
① (양도자 통지 의무), ② (양수자 통지 의무), ④ (목적 제한), ⑤ (과태료)는 모두 개인정보 보호법 제27조 및 시행령 제29조에 명시된 사항이다.

22 다음 중 개인정보 보호법상 개인정보 제공 시 유의사항에 대한 설명으로 옳지 않은 것은 무엇인가?

① 개인정보를 제3자에게 제공하려면 정보주체의 동의가 원칙이며, 동의서에는 제공받는 자의 명칭, 이용 목적, 제공 항목, 보유 및 이용 기간, 동의 거부권 및 불이익 등 5가지 사항을 명확히 고지해야 한다.

정답: 20 ⑤ 21 ③ 22 ③

② 동의 없이 개인정보를 제3자에게 제공할 수 있는 예외는 법률에 특별한 규정이 있거나, 법령상 의무 준수, 공공기관의 소관업무 수행, 급박한 생명·신체·재산의 이익 보호 등으로 한정된다.
③ 개인정보를 제공받는 자를 고지할 때에는 '금융기관', '정부기관' 등 포괄적 명칭으로 기재해도 무방하다.
④ 동의 없이 예외적으로 개인정보를 제공하는 경우에도, 반드시 필요한 최소한의 정보만 제공해야 한다.
⑤ 개인정보를 제공받는 자의 보유 및 이용 기간, 동의 거부권 및 불이익 내용 등도 구체적으로 고지해야 한다.

해설

개인정보를 제3자에게 제공할 때 동의서에는 제공받는 자의 명칭(기업명, 상호 등)을 구체적으로 고지해야 하며, '금융기관', '정부기관' 등과 같이 포괄적으로 기재해서는 안 된다.

정답 04 ②

PART

04 •••••

개인정보의 보호조치

① 개인정보의 보호조치 개요
② 공공시스템운영기관 등의 개인정보 안전성 확보 조치

개인정보를 안전하게 지켜야 한다는 의무가 있다는 것은 누구나 알고 있지만, 실제로 어떤 방식으로 보호해야 하는지에 대해서는 막연할 수 있다. 개인정보 보호법 제29조에 따라 개인정보처리자는 개인정보가 분실, 도난, 유출, 위조, 변조 또는 훼손되지 않도록 안전성 확보에 필요한 보호조치를 구체화한 것이 「개인정보의 안전성 확보 조치 기준」이다. 「개인정보의 안전성 확보 조치 기준」의 목적과 적용 범위를 개관하고, 개인정보 보호를 위한 기술적·관리적·물리적 보호조치의 기준을 항목별로 살펴본다.

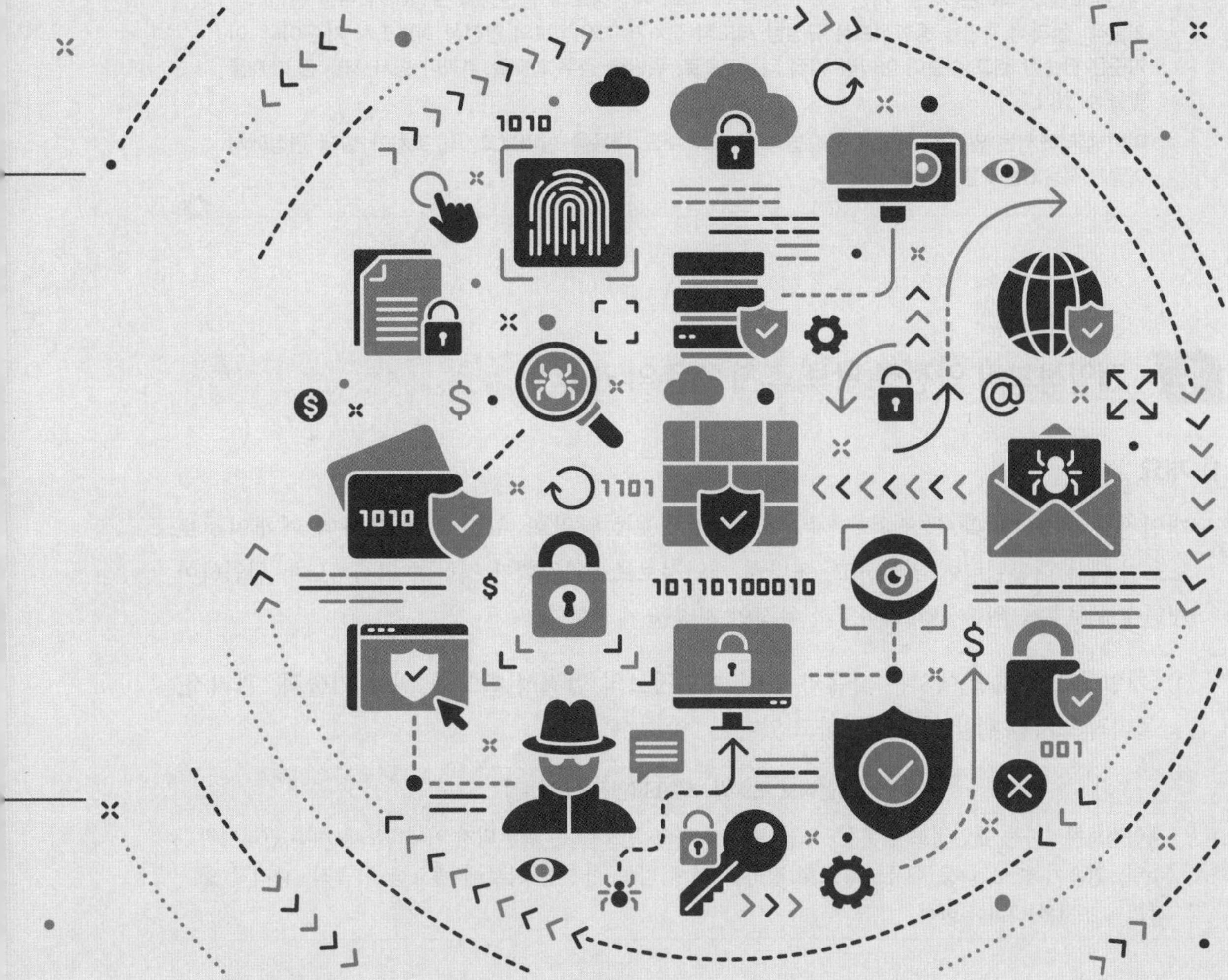

CHAPTER 01 개인정보의 보호조치 개요

CERTIFIED PRIVACY PROTECTION GENERAL

개인정보를 처리하는 자는 「개인정보 보호법」에 따라 개인정보의 안전성을 보장하기 위한 관리적·기술적·물리적 측면을 종합적으로 규정한 제도적 장치가 '개인정보의 안전성 확보조치 기준'이다. 이 기준은 단순한 권고 수준이 아니라 법적 의무이므로, 위반할 경우 과태료 부과나 형사 처벌 등 제재를 받을 수 있다.

이번 챕터에서는 안전성 확보조치의 법적 근거와 주요 내용을 살펴보고, 각 조치가 실제 현장에서 어떻게 적용되는지를 학습한다.

1 개인정보의 안전성 확보 조치 기준의 개요

1) 개요

개인정보 안전성 확보 조치 기준은 개인정보보호위원회 고시에 해당하며, 「개인정보 보호법」에서 대통령령에 위임하고, 또다시 개인정보보호위원회가 정하여 고시하도록 위임하여 개인정보 보호를 위한 구체적이고 실무적인 지침을 제시한다.

① 「개인정보 보호법」에서는 다음과 같이 개인정보의 안전성 확보를 위한 기술적, 관리적, 물리적 조치를 취할 것을 명시하고 있다.

> **「개인정보 보호법」 제29조(안전조치의무)**
> 개인정보처리자는 개인정보가 분실·도난·유출·위조·변조 또는 훼손되지 아니하도록 내부 관리계획 수립, 접속기록 보관 등 대통령령으로 정하는 바에 따라 안전성 확보에 필요한 기술적·관리적 및 물리적 조치를 하여야 한다.

② 대통령령으로, 「개인정보 보호법 시행령」 제30조에서 개인정보의 안전성 확보를 위하여 기술적, 관리적, 물리적 조치를 세부적으로 어떤 조치를 해야 하는지 설명하고 있다. 시행령 제30조 ③에서는 "안전성 확보 조치에 관한 세부 기준은 보호위원회가 정하여 고시한다."고 위임한다.

「개인정보 보호법 시행령」 제30조(개인정보의 안전성 확보 조치)

① 개인정보처리자는 법 제29조에 따라 다음 각호의 안전성 확보 조치를 해야 한다.

1. 개인정보의 안전한 처리를 위한 다음 각 목의 내용을 포함하는 내부 관리계획의 수립·시행 및 점검
   - 가. 법 제28조제1항에 따른 개인정보취급자(이하 "개인정보취급자"라 한다)에 대한 관리·감독 및 교육에 관한 사항
   - 나. 법 제31조에 따른 개인정보 보호책임자의 지정 등 개인정보 보호 조직의 구성·운영에 관한 사항
   - 다. 제2호부터 제8호까지의 규정에 따른 조치를 이행하기 위하여 필요한 세부 사항

2. 개인정보에 대한 접근 권한을 제한하기 위한 다음 각 목의 조치
   - 가. 데이터베이스시스템 등 개인정보를 처리할 수 있도록 체계적으로 구성한 시스템(이하 "개인정보처리시스템"이라 한다)에 대한 접근 권한의 부여·변경·말소 등에 관한 기준의 수립·시행
   - 나. 정당한 권한을 가진 자에 의한 접근인지를 확인하기 위해 필요한 인증수단 적용 기준의 설정 및 운영
   - 다. 그밖에 개인정보에 대한 접근 권한을 제한하기 위하여 필요한 조치

3. 개인정보에 대한 접근을 통제하기 위한 다음 각 목의 조치
   - 가. 개인정보처리시스템에 대한 침입을 탐지하고 차단하기 위하여 필요한 조치
   - 나. 개인정보처리시스템에 접속하는 개인정보취급자의 컴퓨터 등으로서 보호위원회가 정하여 고시하는 기준에 해당하는 컴퓨터 등에 대한 인터넷망의 차단. 다만, 전년도 말 기준 직전 3개월 간 그 개인정보가 저장·관리되고 있는 「정보통신망 이용촉진 및 정보보호 등에 관한 법률」 제2조제1항제4호에 따른 이용자 수가 일일평균 100만명 이상인 개인정보처리자만 해당한다.
   - 다. 그밖에 개인정보에 대한 접근을 통제하기 위하여 필요한 조치

4. 개인정보를 안전하게 저장·전송하는 데 필요한 다음 각 목의 조치
   - 가. 비밀번호의 일방향 암호화 저장 등 인증정보의 암호화 저장 또는 이에 상응하는 조치
   - 나. 주민등록번호 등 보호위원회가 정하여 고시하는 정보의 암호화 저장 또는 이에 상응하는 조치
   - 다. 「정보통신망 이용촉진 및 정보보호 등에 관한 법률」 제2조제1항제1호에 따른 정보통신망을 통하여 정보주체의 개인정보 또는 인증정보를 송신·수신하는 경우 해당 정보의 암호화 또는 이에 상응하는 조치
   - 라. 그밖에 암호화 또는 이에 상응하는 기술을 이용한 보안조치

5. 개인정보 침해사고 발생에 대응하기 위해 접속기록의 보관 및 위조·변조 방지를 위한 다음 각 목의 조치
   - 가. 개인정보처리시스템에 접속한 자의 접속일시, 처리내역 등 접속기록의 저장·점검 및 이의 확인·감독
   - 나. 개인정보처리시스템에 대한 접속기록의 안전한 보관
   - 다. 그밖에 접속기록 보관 및 위조·변조 방지를 위하여 필요한 조치

> **「개인정보 보호법 시행령」 제30조(개인정보의 안전성 확보 조치)**
>
> 6. 개인정보처리시스템 및 개인정보취급자가 개인정보 처리에 이용하는 정보기기에 대해 컴퓨터바이러스, 스파이웨어, 랜섬웨어 등 악성프로그램의 침투 여부를 항시 점검·치료할 수 있도록 하는 등의 기능이 포함된 프로그램의 설치·운영과 주기적 갱신·점검 조치
> 7. 개인정보의 안전한 보관을 위한 보관시설의 마련 또는 잠금장치의 설치 등 물리적 조치
> 8. 그밖에 개인정보의 안전성 확보를 위하여 필요한 조치
>
> ② 보호위원회는 개인정보처리자가 제1항에 따른 안전성 확보 조치를 하도록 시스템을 구축하는 등 필요한 지원을 할 수 있다.
> ③ 제1항에 따른 안전성 확보 조치에 관한 세부 기준은 보호위원회가 정하여 고시한다.

③ 시행령에서 개인정보보호위원회가 정하여 고시하도록 위임한 안전조치 의무를 요약하면 다음과 같다.

> **「개인정보 보호법 시행령」 제30조(개인정보의 안전성 확보 조치) 요약**
>
> 1. 내부 관리계획의 수립·시행 및 점검
> 2. 개인정보에 대한 접근 권한을 제한하기 위한 다음 각 목의 조치
> 3. 개인정보에 대한 접근을 통제하기 위한 다음 각 목의 조치
> 4. 개인정보를 안전하게 저장·전송하는 데 필요한 다음 각 목의 조치
> 5. 개인정보 침해사고 발생에 대응하기 위한 접속기록의 보관 및 위조·변조 방지
> 6. 개인정보처리시스템 및 개인정보취급자가 개인정보 처리에 이용하는 정보기기에 대해 컴퓨터바이러스, 스파이웨어, 랜섬웨어 등 악성프로그램의 침투 여부를 항시 점검·치료할 수 있도록 하는 등의 기능이 포함된 프로그램의 설치·운영과 주기적 갱신·점검 조치
> 7. 개인정보의 안전한 보관을 위한 보관시설의 마련 또는 잠금장치의 설치 등 물리적 조치
> 8. 그밖에 개인정보의 안전성 확보를 위하여 필요한 조치

④ 항목별 세부 내용은 「개인정보의 안전성 확보 조치 기준」 제2장 개인정보의 안전성 확보 조치에 해당하며, 제3조부터 제13조까지이다.

⑤ 「개인정보의 안전성 확보 조치 기준」은 개인정보처리자가 반드시 준수해야 하는 안전조치의 기준을 규정한 것으로, 시행령의 위임을 받아 정해진 <u>법적 구속력을 가지는 행정 규범</u>이다.

2) 목적

① 개인정보처리자가 개인정보를 처리함에 있어서 개인정보가 분실·도난·유출·위조·변조 또는 훼손되지 아니하도록 안전성 확보에 필요한 기술적·관리적 및 물리적 안전조치에 관한 최소한의 기준을 정하는 것을 목적으로 한다. 먼저, 개인정보가 분실·도난·유출·위조·변조 또는 훼손되지 않도록 하기 위하여, 각각의 의미를 이해해야 한다.

구분	설명	예시
분실	개인정보가 저장된 매체나 문서 등을 소지자의 의도와 무관하게 잃어버린 경우	- USB에 저장된 고객 정보 목록을 외부 출장 중 분실 - 출력된 개인정보 문서를 사무실 밖에 두고 온 경우
도난	개인정보가 외부의 불법적인 행위에 의해 탈취된 경우	- 노트북이나 하드디스크가 도난당함 - 업무용 모바일 기기 분실 후 무단 접속 발생
유출	권한이 없는 자에게 개인정보가 전달되거나 노출된 경우	- 이메일 전송 시 수신자 주소를 잘못 입력하여 타인에게 전송 - 클라우드 서버 설정 오류로 외부에 정보 노출
위조	개인정보의 내용이 허위로 조작되어 변경된 경우	- 타인의 이름과 이메일로 허위 계정 생성 - 보험 서류상 개인정보를 허위로 작성
변조	정당한 권한 없이 개인정보가 무단으로 수정된 경우	- 내부 직원이 고객 주소를 임의로 수정 - DB에서 사용자 권한 없이 정보가 변경됨
훼손	개인정보가 삭제되거나 원형을 알 수 없도록 파괴된 경우	- 서버 오류로 인해 고객 데이터 손상 - 악성코드 감염으로 데이터 파일 손상

② 이 안전조치는 기본적인 조치일 뿐, 기술 발전, 개인정보 처리 환경, 조직 규모, 정보의 민감성, 위협 수준 등에 따라 조직의 개인정보 리스크를 분석하고 조직에 맞는 추가적인 보호조치를 취해야 한다.

3) 용어 정의

「개인정보의 안전성 확보 조치 기준」을 학습하는 데 있어서 보호조치를 이해하기 위해 필요한 용어를 정의하였으며, 용어 순서는 고시의 순서와는 다르게 학습 중요도 순으로 카테고리를 분류하고 재정렬하였다.

구분	유형	설명
중요 개념	개인정보처리시스템	데이터베이스시스템 등 개인정보를 처리할 수 있도록 체계적으로 구성한 시스템
	이용자	정보통신서비스 제공자가 제공하는 정보통신서비스를 이용하는 자
	정보주체	(개인정보 보호법 정의) 처리되는 정보에 의하여 알아볼 수 있는 사람으로서 그 정보의 주체가 되는 사람

구분	유형	설명
접속기록관리	접속기록	개인정보처리시스템에 접속하는 자가 개인정보처리시스템에 접속하여 수행한 업무 내역에 대하여 식별자, 접속일시, 접속지 정보, 처리한 정보주체 정보, 수행업무 등을 전자적으로 기록한 것
	접속	개인정보처리시스템과 연결되어 데이터 송신 또는 수신이 가능한 상태
네트워크	내부망	인터넷망 차단, 접근통제시스템 등에 의해 인터넷 구간에서의 접근이 통제 또는 차단되는 구간
	정보통신망	전기통신설비를 이용하거나 전기통신설비와 컴퓨터 및 컴퓨터의 이용기술을 활용하여 정보를 수집·가공·저장·검색·송신 또는 수신하는 정보통신체계
인증에 사용하는 정보	인증정보	개인정보처리시스템 또는 정보통신망을 관리하는 시스템 등에 접속을 요청하는 자의 신원을 검증하는 데 사용되는 정보
	비밀번호	정보주체 및 개인정보취급자 등이 개인정보처리시스템 또는 정보통신망을 관리하는 시스템 등에 접속할 때 식별자와 함께 입력하여 정당한 접속 권한을 가진 자라는 것을 식별할 수 있도록 시스템에 전달해야 하는 고유의 문자열로서 타인에게 공개되지 않는 정보
	생체정보	지문, 얼굴, 홍채, 정맥, 음성, 필적 등 개인의 신체적, 생리적, 행동적 특징에 관한 정보로서 특정 개인을 인증·식별하거나 개인에 관한 특징을 알아보기 위해 일정한 기술적 수단을 통해 처리되는 정보
	생체인식정보	생체정보 중 특정 개인을 인증 또는 식별할 목적으로 일정한 기술적 수단을 통해 처리되는 정보
개인정보 공개/유출 경로	P2P(Peer to Peer)	정보통신망을 통해 서버의 도움 없이 개인과 개인이 직접 연결되어 파일을 공유하는 것
	공유 설정	컴퓨터 소유자의 파일을 타인이 조회·변경·복사 등을 할 수 있도록 설정하는 것
자산	모바일 기기	무선망을 이용할 수 있는 스마트폰, 태블릿 컴퓨터 등 개인정보 처리에 이용되는 휴대용 기기
	보조저장매체	이동형 하드디스크(HDD), 유에스비(USB) 메모리 등 자료를 저장할 수 있는 매체로서 개인정보처리시스템 또는 개인용 컴퓨터 등과 쉽게 연결·분리할 수 있는 저장매체

① **중요 개념**

중요 개념은 개인정보의 보호조치를 이해하는 데 꼭 알아야 할 용어를 선정하여 묶은 카테고리로, 개인정보처리시스템, 이용자, 정보주체 용어를 포함하였다.

- 개인정보처리시스템
  - "데이터베이스시스템 등 개인정보를 처리할 수 있도록 체계적으로 구성한 시스템"이라고 정의하는데, 여기에는 온라인 서비스에 대한 이해가 필요하다.
  - 예를 들어, 온라인 게시판을 생각해 보자. 온라인상의 이용자는 게시판에 글을 남기기 위해서 회원가입을 하고, 로그인 후 게시판에 글을 작성한다. 다른 이용자가 작성한 글을 볼 수도 있다.
  - 개인정보처리자는 회원 로그인과 게시판 서비스를 운영하는 서버와 데이터베이스 등을 구축하고 관리한다. 회원과 게시판 관리를 효율적으로 하기 위하여 관리자 페이지 또는 관리자 메뉴도 있다. 이렇게 개인정보가 처리되는 시스템을 "개인정보처리시스템"이라고 할 수 있다.

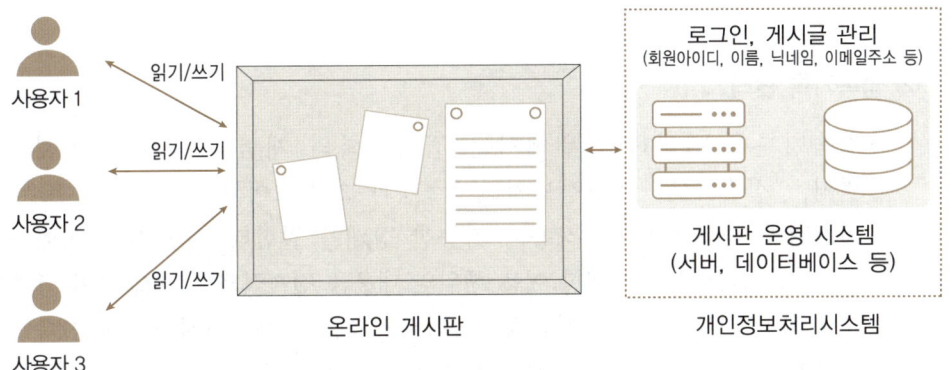

- 이용자
  - 「정보통신망 이용촉진 및 정보보호 등에 관한 법률」에서 정의된 개념으로, 정보통신망을 통해 정보통신 서비스를 이용하는 자를 의미한다. 다시 말해, 인터넷, 모바일 앱, 플랫폼 등의 전자적 수단을 이용하여 통신, 거래, 콘텐츠 소비 등의 행위를 하는 일반 사용자를 지칭한다.
  - '이용자'는 정보통신 서비스의 기능과 역할에 초점을 두고 있으며, 서비스 이용 행위 자체가 기준이 된다.

- 정보주체
  - 「개인정보 보호법」 제2조제1호에서 정의되며, 처리되는 개인정보에 의해 식별되었거나 식별될 수 있는 자연인을 의미한다. 따라서, 정보주체는 단순히 서비스를 이용하는

주체에 국한되지 않고, 그 정보가 누구의 것인가, 즉 개인정보의 주인이 누구인가에 초점을 두고 있는 개념이다.
- 예를 들어, 한 사람이 병원 예약 앱을 이용하여 가족의 정보를 입력해 진료를 예약하는 경우, 예약한 사람은 '이용자'이지만, 입력된 개인정보의 주체(환자)는 가족이 된다. 이 경우 정보통신망법상 '이용자'와 개인정보 보호법상 '정보주체'는 일치하지 않을 수 있다.

구분	이용자	정보주체
적용 법령	-「정보통신망 이용촉진 및 정보보호 등에 관한 법률」	-「개인정보 보호법」
의미	- 정보통신 서비스를 이용하는 자	- 개인정보에 의해 식별되었거나 식별 가능한 자연인
관점	- 정보통신 서비스 이용 행위 중심	- 개인정보의 소유와 권리 중심
권리	- 이용약관상 제공되는 서비스 이용 권리	- 개인정보 처리에 대한 동의, 열람·정정·삭제 청구, 처리 정지 요구 등 법적 권리

② 접속기록 관리

• 접속기록을 관리하기 위해서는 접속기록의 개념을 명확히 이해해야 한다. 먼저, "접속"이란 개인정보처리시스템과 연결되어 데이터 송신 또는 수신, 즉 시스템과 사용자가 상호작용이 가능한 상태를 말한다. 이러한 접속이 발생할 때, 개인정보처리시스템에 대한 이용 행위의 내용을 전자적으로 남긴 것이 '접속기록'이다. 구체적으로 접속기록은 개인정보처리자가 개인정보처리시스템에 접속하여 수행한 행위의 내역을 체계적으로 기록·관리한 정보를 의미한다.

•「개인정보의 안전성 확보 조치 기준」에서는 접속기록이 반드시 포함해야 하는 항목을 명확히 규정하고 있는데, 접속기록은 다음과 같은 구성 요소를 갖추어야 한다.

구성 요소	설명
누가	- 개인정보처리시스템에 접속한 자의 사용자 식별자(ID)
언제	- 접속이 발생한 일시(날짜 및 시간)
어디에서	- 접속한 IP 주소 또는 위치정보 등 접속지 정보
무엇을	- 접속 후 수행한 업무 내역(열람, 수정, 삭제, 출력 등의 작업 종류)
대상 정보주체	- 해당 업무를 통해 처리한 정보주체의 식별 정보 (예 고객 ID, 연락처 등)
기록 방법	- 전자적으로 기록하고 보관해야 하며, 위·변조 방지를 위한 안전조치도 병행

- 접속 기록의 예시는 다음과 같으며, 위의 구성요소가 모두 포함되어 있음을 알 수 있다.

사용자	접속시각	접속지(IP)	수행업무	대상 정보주체
admin001	2025-05-10 14:32	192.168.0.15	회원정보 조회	홍길동
staff007	2025-05-10 14:38	192.168.0.22	게시판 공지 작성	해당 없음
qa_test	2025-05-10 15:00	172.30.20.10	회원정보 삭제	김영희
누가	언제	어디에서	무엇을	대상 정보주체

③ 네트워크

- 네트워크는 지리적으로 떨어진 두 개 이상의 장치(컴퓨터, 서버, 라우터 등)가 서로 통신할 수 있도록 구성한 것을 말한다. 네트워크를 통해 사용자와 시스템, 시스템 간, 혹은 다양한 디바이스 간에 정보가 실시간으로 송수신이 가능하다. 네트워크 중에 정보통신망에 대한 정의는 「정보통신망 이용촉진 및 정보보호 등에 관한 법률」에 정의되어 있다.

참고사항 정보통신망

전기통신설비 단독, 또는 전기통신설비와 컴퓨터 및 컴퓨터 이용 기술이 결합된 체계를 통해 정보를 수집, 가공, 저장, 검색, 송신 또는 수신할 수 있는 정보통신체계

- 정보통신망은 단순히 인터넷이 연결된 것뿐 아니라 다양한 정보서비스가 포함된 복합적인 통신 기반을 의미하며, 기업이나 기관에서는 이러한 정보통신망을 외부망과 내부망으로 구분하여 구성하는 것이 일반적이다.
- 외부망은 일반 인터넷과 연결된 네트워크 구간으로, 외부 사용자와의 소통 및 외부 서비스 이용이 가능하다. 반면, 내부망은 외부 인터넷과는 분리되어 있어 접근통제 시스템을 통해 외부로부터의 접근이 차단 또는 제한되는 폐쇄형 네트워크를 말한다.
- 외부망과 내부망을 분리하는 방식에는 물리적 망 분리와 논리적 망 분리의 두 가지가 있다.
  - **물리적 망 분리는 물리적으로 완전히 독립된 네트워크로 구축하는 방식**을 말한다. 외부망과 내부망은 서로 다른 컴퓨터, 라우터, 스위치 등을 사용하며, 네트워크 간 연결이 철저하게 차단된 상태로 운영된다. 이러한 방식은 망 간 통신 자체를 차단함으로써 외부 해킹 및 악성코드 침입으로부터 원천적인 보호가 가능하다는 장점이 있기 때문에 고도의 보안이 요구되는 경우에 권장되는 방식이다. 그러나

물리적 장비와 관리 인력이 이중으로 필요해 구축과 유지 비용이 크고, 업무 효율성 측면에서 불편함이 발생할 수 있다는 단점이 있다.

- **논리적 망 분리는 하나의 물리적 네트워크 또는 시스템 안에서** 가상화 기술(VM, Virtual Machine), 가상랜(Virtual LAN), 접근통제 정책 등을 활용하여 외부망과 내부망을 <u>논리적으로 구분하는 방식</u>이다. 사용자 입장에서는 두 개의 독립된 시스템을 이용하는 것처럼 느껴지지만, 실제로는 네트워크 구조나 장비를 공유하는 방식이기 때문에 비용 절감과 운영 효율성 측면에서 유리하다. 하지만, 구조상 물리적 분리만큼의 보안 강도를 보장하기 어렵고, 논리적 장벽이 무력화될 경우 내부 시스템이 노출될 위험이 있다. 물리적, 논리적 두 가지 망 분리 방식은 보안 수준과 운영 효율성 면에서 상반된 특징을 가지고 있다. 따라서 조직은 처리하는 개인정보의 민감성, 보안 위협 수준, 예산과 운영환경을 고려하여 적절한 망 분리 방식을 선택해야 한다.

구분	물리적 망 분리	논리적 망 분리
의미	- 외부망과 내부망을 물리적으로 완전히 분리	- 동일 장비나 네트워크에서 논리적으로 구분
구성 방식	- 별도의 PC, 서버, 스위치, 네트워크 장비로 독립 구성	- 가상화 기술, 접근통제 정책 등으로 분리하여 구성
보안 수준	- 매우 높음(네트워크 자체 단절로 외부 침입 원천 차단)	- 중간~높음(보안 정책 적용에 따라 상이, 설정 오류 시 취약 가능)
운영 효율성	- 낮음(시스템 이중화로 인해 사용자 불편 및 복잡한 관리)	- 높음(단일 장비 내 운용 가능, 유지보수 용이)
비용	- 고비용: 인프라와 인력 모두 별도로 필요	- 저비용: 기존 인프라 활용 가능
예시	내부망 ─ 인터넷 (차단)	내부망 ─ 인터넷

④ 인증에 사용하는 정보

- 인증은 개인정보처리시스템 또는 정보통신망을 관리하는 시스템 등에 접속을 시도하는 자의 신원을 검증하여, 해당 사용자가 실제로 접근 권한을 가진 자인지 확인하는 과정을 의미한다.

- 단순히 접속 행위를 허용하는 절차가 아니라, 접근을 시도하는 자가 '허용된 사용자'임을 객관적으로 입증하는 절차이다. 이러한 인증 절차를 수행하기 위해 사용하는 정보를 인증정보라고 한다. 즉, 인증정보란 인증을 요청하는 자가 자신의 정당한 신분을 증명하기 위해 시스템에 제공하는 데이터이다.

- 예를 들어, 출입이 제한된 보호구역에 허용한 사람만 접근 가능하도록 하기 위해서는 기본적으로는 아무나 들어오는 것이 차단되어 있어야 한다. 만약 내부로 들어오고 싶다면, 들어오려는 사람이 '나는 허용된 사람이다'라는 것을 증명할 수 있어야 하고, 문을 열어주는 사람은 그 사람이 허용된 사람이 맞는지를 검증하고 안으로 들여보내거나 거절하게 된다. 이 과정을 인증 과정이라고 하고, 이때 들어오려는 사람이 '나는 진입이 허용된 사람이다'라는 걸 증명하기 위한 정보가 인증정보인 것이다.

- 인증정보의 예로는 대표적으로 비밀번호와 생체정보가 있으며, 「개인정보의 안전성 확보조치 기준」에서도 기본적인 인증 수단으로 명시되어 있다. 비밀번호는 개인이 사전에 설정해 타인에게 공개하지 않은 문자열을 입력하여, 본인임을 입증하는 수단이다. 단독으로 사용되기도 하지만, 대부분의 경우 아이디와 같은 식별자와 함께 사용되어 '누가' 접속을 시도하는지를 먼저 확인하고, 그 '누가'라는 사람이 실제 권한이 있는 사람인지를 비밀번호를 통해 검증하는 구조로 동작한다.

- 비밀번호의 인증 절차는 다음과 같이 구성된다.

구성 요소	설명
누가	- 정보주체 또는 개인정보취급자 등 시스템 접근 권한을 가진 자가
언제	- 개인정보처리시스템 또는 정보통신망 관리시스템 등에 접속을 시도할 때
어디에서	- 인증창 또는 로그인 화면에서
무엇을	- 아이디와 같은 식별자와 함께, 타인에게 공개되지 않은 비밀번호 문자열을
어떻게	- 시스템에 입력하면, 시스템은 등록된 정보와 비교하여 일치할 경우 접근을 허용하게 된다.

- 비밀번호를 인증 수단으로 쓰는 경우에는 비밀번호가 타인 또는 외부에 공개되지 않도록 주의해야 한다. 일반적으로 비밀번호 설정 시 보안 요구사항은 다음과 같다.

보안 요구사항	설명
최소 길이	- 8자리 이상(보안이 중요한 경우 10~12자리 이상)
복잡도	- 영문 대소문자, 숫자, 특수문자 중 최소 2종 이상 조합 (보안이 중요한 경우 3종 이상 조합)
연속 문자 제한	- 동일 문자 반복(예 1111, aaaa) 또는 키보드 배열 순서(예 qwerty, 123456)대로 사용하지 않아야 함

보안 요구사항	설명
개인정보 포함 금지	- 사용자 ID, 생일, 전화번호, 이름 등 추정 가능한 정보를 포함하지 않아야 함
주기적 변경	- 최소 6개월마다 변경, 보안 위험 발생 시 즉시 변경
재사용 금지	- 이전에 사용한 비밀번호를 일정 횟수 이내 재사용하지 않음
잠금 정책	- 일정 횟수 이상 비밀번호가 틀린 경우 일정시간 계정 잠금

- 최근에는 생체 인증 기술의 발전으로 인해 비밀번호나 일회용 비밀번호(OTP) 등 기존 인증 수단을 대체하거나 보완하는 수단으로 생체 인증이 폭넓게 활용되고 있다. 생체 인증은 사용자의 신체적 또는 행동적 특성을 이용하여 본인 여부를 식별하는 방식으로, 사람마다 고유하고 위·변조가 어려우며, 사용자가 별도로 기억하거나 소지할 정보가 필요 없다는 점에서 편의성과 보안성 모두를 갖춘 인증 수단으로 평가받고 있다. 그러나 생체정보는 한 번 유출되면 변경이 불가능하므로, 생체정보를 안전하게 보호해야 한다.
- 생체 정보는 크게 신체적 특징과 행동적 특징으로 구분되며, 유형별 특징은 다음과 같다.

구분	유형	설명
신체적 특징	지문	- 손가락 끝의 고유한 무늬(융선과 골짜기)를 분석하여 개인을 식별
	얼굴	- 눈, 코, 입 등의 얼굴 특징과 그 배치를 분석하여 개인을 인식
	홍채	- 눈의 홍채에 있는 고유한 무늬를 분석해 개인을 식별
	정맥	- 손등이나 손가락의 혈관 패턴을 적외선으로 스캔하여 개인을 인증
행동적 특징	음성	- 말할 때의 음색, 높낮이, 말투 등 음성 특성을 분석하여 신원을 확인
	필적	- 글씨를 쓰는 속도, 압력, 획의 방향 등 필기 습관을 분석하여 개인을 구분

- 생체인식정보는 생체정보 중에서 특정 개인을 인증하거나 식별할 목적으로 일정한 기술적 수단을 통해 처리되는 정보를 말한다. 생체정보를 생체인식정보로 만들어서 인증을 하는 데 이용한다.
- 생체인식정보는 생체정보 중에서도 특정 개인을 인증하거나 식별할 목적으로 일정한 기술적 수단을 통해 처리된 정보를 의미한다. 따라서, 모든 생체정보가 생체인식정보는 아니며, 단순히 수집된 원형 정보가 아니라, 이를 전자적으로 분석·변환하여 비교·식별이 가능한 형태로 가공된 정보만을 생체인식정보라고 한다. 예를 들어, 지문 자체는 생체정보이지만, 센서로 스캔하고 알고리즘을 통해 특징점을 추출한 후 저장하거나 비교 가능한 형태로 변환한 정보가 생체인식정보이다. 이 생체인식정보는 이후 사용자 인증 과정에서 입력된 정보와 대조되어, 그 사람이 맞는지를 판단하는 데 사용된다.

구분	생체정보	생체인식정보
의미	- 개인의 신체적·생리적·행동적 특징에 관한 정보	- 생체정보 중에서 개인 식별 또는 인증 목적으로 기술적으로 처리된 정보
처리 여부	- 원자료 상태의 정보(수집된 정보)	- 특징 추출, 알고리즘 적용 등 기술적으로 분석·변환된 정보
목적	- 식별 또는 인증 목적 외에도 일반적 특성 분석 등에 사용 가능	- 개인을 특정하거나 본인임을 확인하는 인증 및 식별 목적에만 사용
예시	- 지문 이미지, 얼굴 사진, 음성 녹음 등	- 지문의 특징점 템플릿, 얼굴 좌푯값 데이터, 음성 파형의 수학적 벡터 등

⑤ 개인정보 공개/유출 경로

- 개인정보가 외부로 유출되거나 무단으로 공개되는 경로는 다양하지만, 이 중 특히 높은 비중을 차지하는 두 가지 주요 경로는 P2P(Peer-to-Peer)와 공유 설정이다.
- P2P는 Peer to Peer로 개인 간에 직접적으로 데이터를 공유하는 구조로, 정보통신망을 통해 서버의 개입 없이 사용자(클라이언트)끼리 직접 연결되어 파일을 주고받는 방식이다.
- 일반적인 통신 구조에서는 클라이언트가 중앙 서버에 접속하여 파일을 다운로드하거나 요청을 처리받는 서버-클라이언트 구조이다. 이 경우 서버는 중앙 집중적으로 구성되어 있어, 다양한 보안 장비와 접근통제시스템, 암호화 및 백업 체계 등이 적용되어 상대적으로 보호 수준이 높은 환경에서 정보가 처리된다.
- 반면, P2P 구조에서는 중간 서버 없이 개인이 개인에게 직접 파일을 전송하기 때문에, 송·수신자 중 어느 한쪽이라도 보안 조치가 미흡하다면, 그 경로를 통해 악성코드가 유입되거나, 민감한 개인정보가 외부로 유출될 가능성이 매우 높다. 특히, 개인 이용자의 단말기나 네트워크는 기업 수준의 보호조치가 적용되지 않거나, 보안 설정이 부실한 경우가 많기 때문에, 이를 악용한 사회공학적 공격, 악성 프로그램 배포, 정보 탈취 사례가 지속적으로 발생하고 있다.

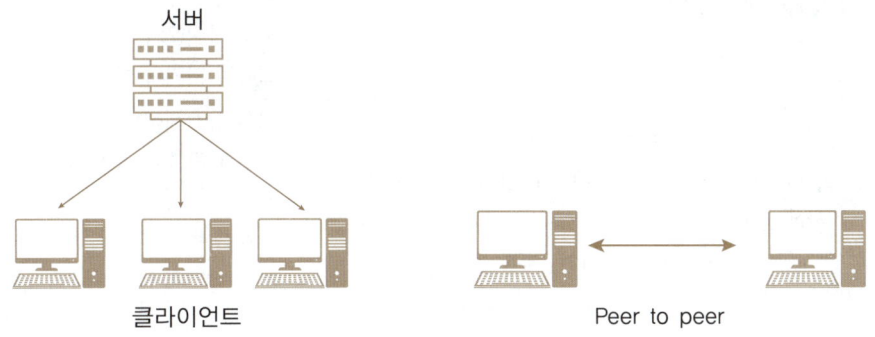

- 공유 설정이란, 컴퓨터 또는 네트워크상에 존재하는 특정 파일이나 폴더에 대해 다른 사용자도 접근할 수 있도록 권한을 부여하는 설정을 말한다. 단순히 내용을 열람하는 '조회'뿐 아니라, 파일을 수정하거나 복사하고, 삭제할 수 있는 권한까지 포함될 수 있다.
- 공유 설정은 특히 동일한 네트워크 환경, 예를 들어 사내 협업 환경 등에서 자원을 효율적으로 활용하고, 공동 작업을 원활히 수행하는 데 매우 유용한 기능이다. 예를 들어, 여러 명의 사용자가 같은 문서나 파일을 반복적으로 이메일로 주고받는 대신, 하나의 공유 폴더를 통해 실시간으로 접근하고 편집할 수 있기 때문에 협업의 속도와 효율성을 높여준다. 공유 기능은 윈도, 유닉스와 같은 시스템에서 제공하지만, Google Drive, Microsoft OneDrive 등 클라우드 기반의 파일 공유 플랫폼에서도 제공한다.
- 공유 설정이 잘못되거나 보안 통제가 없는 상태로 방치될 경우, 개인정보가 무단으로 노출되거나 변경되는 사고로 이어질 수 있다. 특히, '모두에게 공개(Everyone)' 또는 '비밀번호 없이 접근 허용'과 같은 설정은 의도치 않게 외부 사용자까지도 접근할 수 있는 상태를 만들어, 개인정보가 유출되는 주요 원인이 된다. 예를 들어, 사내 서버에 저장된 고객 정보가 담긴 파일이 내부 직원 모두에게 공유된 상태에서 공용 PC나 외부 네트워크를 통해 접근이 가능하도록 설정되어 있다면, 의도치 않게 외부인이 해당 파일에 접근할 수 있는 보안 취약점이 발생하게 된다. 또, 클라우드 서비스에서는 링크 공유 설정을 통해 누구나 접근할 수 있는 URL이 생성될 경우, 해당 링크가 외부에 노출되면 권한 없이 누구든 파일을 열람 또는 다운로드할 수 있는 문제가 발생할 수 있다.

⑥ 자산

- 개인정보 보호를 위한 안전성 확보 조치 기준에서는 개인정보처리시스템에 접속하거나 개인정보를 처리하는 다양한 기기와 장비를 '자산(Asset)'의 관점에서 관리 대상으로 보고 있다.

자산 유형	설명	예시
물리적 자산	개인정보를 저장하거나 처리하는 하드웨어 장비, 네트워크 장비 등을 포함	- 서버, 데스크톱, 노트북, 외장 하드 - USB 메모리, 백업 테이프 - 네트워크 장비(스위치, 라우터 등) - 출력 장비(프린터, 복사기 등) - 모바일 기기(스마트폰, 태블릿 등)
논리적 자산	물리적인 형태가 없으며 시스템 내에서 존재하는 정보나 소프트웨어로, 개인정보처리시스템에서 작동하는 프로그램, 데이터, 계정 등	- 개인정보 데이터베이스(DB) - 운영체제(OS), 응용 소프트웨어 - 계정, 패스워드 - 암호화 키, 인증서 - 로그, 접근 기록

자산 유형	설명	예시
인적 자산	개인정보를 처리하거나 접근할 수 있는 권한을 가진 사람 또는 조직 구성원	- 개인정보 처리 담당자 - 시스템 관리자 - 개발자, 유지보수 인력 - 외부 위탁업체 인력

- 이러한 자산 중, 특히 물리적 자산인 모바일 기기와 보조저장매체에 대해서는 별도로 정의하고 보호조치 기준을 제시하고 있다.
- 모바일 기기란 무선망(Wi-Fi, LTE, 5G 등)을 이용할 수 있는 정보처리 기기를 의미하며, 대표적으로는 스마트폰, 태블릿PC, PDA(개인휴대정보단말기) 등이 해당된다. 모바일 기기는 휴대성이 뛰어나고 장소에 구애받지 않고 개인정보처리시스템에 접근할 수 있는 장점이 있는 반면, 분실, 도난, 악성코드 감염 등의 위험이 있다. 특히, 현대 사회에서 모바일 기기는 거의 모든 사람이 사용하는 필수 도구가 되었으며, 업무 중에도 이메일, 클라우드, 내부 시스템 등을 통해 개인정보를 직접 처리하는 경우가 많아지고 있어 모바일 기기를 통한 개인정보 접근 및 처리 시 별도의 보호조치를 의무화하고 있다.
- 보조저장매체는 개인정보처리시스템 또는 개인용 컴퓨터 등과 손쉽게 연결되거나 분리되어 자료를 저장·이동할 수 있는 물리적 저장장치를 말한다. 주요 예로는 USB 메모리(Universal Serial Bus), 외장형 하드디스크(HDD), SD 카드, SSD 등이 있으며, 최근에는 OTG, 썬더볼트(Thunderbolt) 기반 고속 저장장치도 포함된다. 보조저장매체는 별도 네트워크 없이도 데이터를 대량으로 복사하고 이동할 수 있다는 점에서 편의성이 높지만, 동시에 개인정보 유출의 경로가 될 수 있다. 실제로 분실, 도난, 악성코드 감염을 통한 자동 복제 등 다양한 사고 사례가 존재한다. 이에 따라 「개인정보의 안전성 확보 조치 기준」에서는 보조저장매체를 통한 개인정보 저장 또는 반출을 원칙적으로 금지하거나, 부득이한 경우에는 암호화 및 반출승인 절차 등의 기준도 포함되어 있다.

구분	모바일 기기	보조저장매체
정의	- 무선망(Wi-Fi, LTE, 5G 등)을 이용할 수 있는 휴대용 정보처리 기기	- 개인정보처리시스템 또는 개인용 컴퓨터 등과 쉽게 연결·분리 가능한 물리적 저장장치
예시	- 스마트폰, 태블릿PC, PDA 등	- USB 메모리, 외장형 HDD, SD 카드, SSD, OTG, 썬더볼트 저장장치 등
주요 특징	- 휴대성 뛰어남 - 장소에 구애받지 않고 접근 가능 - 이메일, 클라우드, 내부 시스템 등 다양한 수단을 통해 개인정보 처리 가능	- 네트워크 연결 없이 대용량 자료 복사 및 이동 가능 - 간편하고 범용적 사용 가능

구분	모바일 기기	보조저장매체
위험 요소	- 분실 - 도난 - 악성코드 감염 - 무단 접근으로 인한 유출 가능성	- 분실, 도난 - 악성코드 감염 시 자동 복제 - 물리적 반출로 인한 유출
보호조치	- 개인정보 접근·처리 시 별도 보호조치 의무화 - 접근 통제, 암호화, 인증 등 필요	- 저장 또는 반출 원칙적 금지 - 부득이한 경우 암호화, 반출 승인 절차 등 의무화

2 개인정보의 안전성 확보 조치 기준

1) 내부 관리계획의 수립·시행 및 점검

「개인정보의 안전성 확보 조치 기준」 제4조(내부 관리계획의 수립·시행 및 점검)

① 개인정보처리자는 개인정보의 분실·도난·유출·위조·변조 또는 훼손되지 아니하도록 내부 의사결정 절차를 통하여 다음 각호의 사항을 포함하는 내부 관리계획을 수립·시행하여야 한다. 다만, 1만명 미만의 정보주체에 관하여 개인정보를 처리하는 소상공인·개인·단체의 경우에는 생략할 수 있다.

1. 개인정보 보호 조직의 구성 및 운영에 관한 사항
2. 개인정보 보호책임자의 자격요건 및 지정에 관한 사항
3. 개인정보 보호책임자와 개인정보취급자의 역할 및 책임에 관한 사항
4. 개인정보취급자에 대한 관리·감독 및 교육에 관한 사항
5. 접근 권한의 관리에 관한 사항
6. 접근 통제에 관한 사항
7. 개인정보의 암호화 조치에 관한 사항
8. 접속기록 보관 및 점검에 관한 사항
9. 악성프로그램 등 방지에 관한 사항
10. 개인정보의 유출, 도난 방지 등을 위한 취약점 점검에 관한 사항
11. 물리적 안전조치에 관한 사항
12. 개인정보 유출사고 대응 계획 수립·시행에 관한 사항
13. 위험 분석 및 관리에 관한 사항
14. 개인정보 처리업무를 위탁하는 경우 수탁자에 대한 관리 및 감독에 관한 사항
15. 개인정보 내부 관리계획의 수립, 변경 및 승인에 관한 사항
16. 그밖에 개인정보 보호를 위하여 필요한 사항

> **「개인정보의 안전성 확보 조치 기준」 제4조(내부 관리계획의 수립·시행 및 점검)**
>
> ② 개인정보처리자는 다음 각호의 사항을 정하여 개인정보 보호책임자 및 개인정보취급자를 대상으로 사업 규모, 개인정보 보유 수, 업무 성격 등에 따라 차등화하여 필요한 교육을 정기적으로 실시하여야 한다.
>   1. 교육목적 및 대상
>   2. 교육 내용
>   3. 교육 일정 및 방법
> ③ 개인정보처리자는 제1항 각호의 사항에 중요한 변경이 있는 경우에는 이를 즉시 반영하여 내부 관리계획을 수정하여 시행하고, 그 수정 이력을 관리하여야 한다.
> ④ 개인정보 보호책임자는 접근 권한 관리, 접속기록 보관 및 점검, 암호화 조치 등 내부 관리계획의 이행 실태를 연 1회 이상 점검·관리하여야 한다.

① **내부 관리계획 수립 의무**

- 개인정보처리자는 개인정보의 안전한 관리를 위하여 내부 관리계획을 수립하고 시행하여야 한다. 단순히 문서화된 계획을 보유하는 데 그치는 것이 아니라, 실제 보호조치가 일관되고 체계적으로 운영되도록 내부 정책과 절차를 마련하고 실행해야 함을 의미한다.

- 내부 관리계획은 개인정보가 분실, 도난, 유출, 위조, 변조 또는 훼손되지 않도록 예방하고, 만일의 사태 발생 시 신속하게 대응할 수 있는 내부 관리 체계를 마련하는 데 목적이 있다. 개인정보 보호를 위한 기술적·물리적 조치가 실제로 어떻게, 누구에 의해, 어떤 절차로 시행되는지를 문서화하고 실천하는 것이다.

- 다만, 모든 개인정보처리자에게 일률적으로 이 계획 수립 의무가 적용되는 것은 아니다. 현실적으로 인력과 자원이 제한되어 있는 점을 고려하여 행정부담을 완화하기 위한 취지로, 다음의 요건을 충족하는 경우에는 내부 관리계획을 별도로 수립하지 않아도 된다.

예외 요건	설명
정보주체 수 기준	- 처리하는 개인정보 정보주체 수가 1만명 미만
처리자 유형	- 소상공인, 개인, 또는 소규모 단체인 개인정보처리자

 참고사항 　내부 관리계획 예외

1만명 미만과 소상공인·개인·단체는 모두 만족해야 하는 조건으로, 공공기관이나 대기업이 1만명 미만의 정보주체에 관한 개인정보만 처리한다고 하여도 예외에 해당하지 않는다.

② 내부 관리계획 포함 사항

- 내부 관리계획에는 다음의 사항이 반드시 포함되어야 한다. 포함 항목은 개인정보 보호법령과 고시에서 준수하도록 하는 보호조치를 실제로 어떻게 구현할 것인지에 대한 세부 계획이다.

내부 관리계획 포함 사항	설명
1. 개인정보 보호 조직의 구성 및 운영에 관한 사항	- 개인정보 보호 전담조직을 어떻게 구성하고 운영할 것인지에 대한 기준
2. 개인정보 보호책임자의 자격요건 및 지정에 관한 사항	- 개인정보 보호책임자의 직급, 전문성 요건 및 공식적인 지정 절차
3. 개인정보 보호책임자와 개인정보취급자의 역할 및 책임에 관한 사항	- 각 담당자의 역할과 책임 범위
4. 개인정보취급자에 대한 관리·감독 및 교육에 관한 사항	- 실무자에 대한 교육 일정, 감독 체계, 평가 방법
5. 접근 권한의 관리에 관한 사항	- 개인정보 접근 권한의 생성, 변경, 말소에 대한 절차
6. 접근 통제에 관한 사항	- 시스템 접근을 차단하거나 제한하기 위한 기술적·관리적 조치
7. 개인정보의 암호화 조치에 관한 사항	- 저장 및 전송되는 개인정보에 대해 암호화 방식과 적용 대상
8. 접속기록 보관 및 점검에 관한 사항	- 접속 로그의 보관 기간, 점검 주기, 이상 행위 탐지 방법 등을 포함
9. 악성프로그램 등 방지에 관한 사항	- 바이러스, 랜섬웨어 등 악성코드로부터 시스템을 보호하는 방안을 수립
10. 개인정보의 유출, 도난 방지 등을 위한 취약점 점검에 관한 사항	- 시스템의 보안 취약점을 정기적으로 진단하고 개선하는 절차
11. 물리적 안전조치에 관한 사항	- 서버실 출입통제, 보안창고 운영 등 물리적 공간에 대한 보호조치
12. 개인정보 유출사고 대응 계획 수립·시행에 관한 사항	- 유출 발생 시 대응 체계, 보고 절차, 복구 방안을 포함한 대응 계획 수립
13. 위험 분석 및 관리에 관한 사항	- 개인정보 처리 과정의 위험요소를 식별 및 관리 방안
14. 개인정보 처리업무를 위탁하는 경우 수탁자에 대한 관리 및 감독에 관한 사항	- 수탁업체 선정 기준, 계약 내용, 관리 점검 절차
15. 개인정보 내부 관리계획의 수립, 변경 및 승인에 관한 사항	- 내부 관리계획을 최초 수립하거나 변경할 때의 절차와 승인 체계
16. 그밖에 개인정보 보호를 위하여 필요한 사항	- 조직 특성상 추가적으로 필요한 보호조치

③ 개인정보 보호 교육 계획

- 개인정보처리자는 개인정보 보호 수준을 향상시키고 실무자의 인식과 역량을 제고하기 위해, 개인정보 보호책임자 및 개인정보취급자를 대상으로 정기적인 교육을 실시해야 한다.
- 내부 관리계획에 이러한 정기적 개인정보 보호 교육 계획을 수립하도록 하고 있으며, 다음 각 항목이 포함되어야 한다.

포함 사항	설명
목적 및 대상	- 개인정보 보호의 중요성을 이해시키고 실무 적용 능력 향상
내용	- 개인정보 보호법령, 업무별 보호조치, 유출 예방, 사고 대응 등 교육 대상자의 업무 성격과 위험 수준에 맞는 내용으로 구성
교육 일정 및 방법	- 정기적인 일정으로 시행 - 집체교육, 온라인 교육, 워크숍 등 다양한 방법을 선택

- 개인정보처리자는 교육을 정기적으로 실시하여야 한다. 구체적인 횟수는 명시되어 있지 않으나 일반적으로 최소 연 1회 이상 실시한다. 실제로는 업종, 조직 규모, 개인정보 보유량, 처리 민감도 등에 따라 더 자주 교육이 필요한 경우도 있으며, 신규 입사자 대상 교육 또는 중요 시스템 변경 시의 특별 교육도 포함될 수 있다.
- 교육 내용은 조직 내 개인정보 보호책임자와 실제 개인정보를 다루는 취급자의 역할 차이를 고려해 차등화하여 설계한다. 예를 들어, 보호책임자에게는 법령 해석, 정책 수립, 내부 감사 등의 내용을, 개인정보취급자에게는 접근 권한 관리, 문서 파기, 비밀번호 설정 등 실무 중심의 내용을 제공하는 방식이다.
- 다음은 교육 계획서 예시이다.

- 25년 직무별 개인정보 보호 교육 계획(채용/인사)
- 목적: 채용지원자 및 임직원 개인정보 취급 시 개인정보 보호조치 강화
- 대상: 채용팀, 인사팀
- 내용: 채용지원자 및 임직원 개인정보 유출 사고 사례, 취급 시 주의사항, Q&A
- 일정: 2025년 12월 1일 11시~12시
- 방법: 오프라인 집체교육

---

④ 내부 관리계획의 관리

- 개인정보처리자는 내부 관리계획을 수립하여 시행하는 것으로 그치지 않고, 시행 과정에서 발생하는 중요한 변경 사항을 즉시 반영하여 관리계획을 수정하고, 그 이력을 체계적으로 관리해야 한다.

- '중요한 변경'이란, 조직의 개인정보 처리방식이 구조적으로 변경되거나, 법령의 개정, 조직 개편, 보호조치 방식 변경 등을 포함한다. 이러한 변화가 내부 관리계획에 제때 반영되지 않을 경우, 실제 보호조치가 무력화되거나 법적 불이행 상태가 될 수 있다. 그러므로 변경사항이 발생하면 즉시 내부 관리계획을 수정하고 재시행한다. 또한, 내부 관리계획의 변경 내역과 사유를 명확히 기록하여 이력으로 관리하여야 한다.
  - 개인정보 보호책임자는 내부 관리계획을 단순한 문서의 유지보수하는 수준이 아니라 실제 내부 관리계획의 조직 내에서 효과적으로 이행되고 있는지를 **최소 연 1회 이상 점검하여 관리**해야 한다.
- 점검 대상에는 다음과 같은 항목이 포함된다.
  - 접근 권한의 부여 및 회수 절차가 제대로 이행되고 있는지
  - 개인정보처리시스템의 접속기록이 정상적으로 저장 및 검토되고 있는지
  - 개인정보가 암호화된 상태로 안전하게 저장 및 전송되고 있는지

이 과정에서 문제가 발견되면 즉시 개선조치를 취하거나, 개인정보취급자에게 추가 교육, 관리 감독을 강화하는 등의 후속 조치를 시행해야 한다.

2) 접근 권한의 관리

- 접근 권한에 대하여는 다음과 같이 관리하도록 하고 있다.

> **「개인정보의 안전성 확보 조치 기준」 제5조(접근 권한의 관리)**
>
> ① 개인정보처리자는 개인정보처리시스템에 대한 접근 권한을 개인정보취급자에게만 업무 수행에 필요한 최소한의 범위로 차등 부여하여야 한다.
> ② 개인정보처리자는 개인정보취급자 또는 개인정보취급자의 업무가 변경되었을 경우 지체 없이 개인정보처리시스템의 접근 권한을 변경 또는 말소하여야 한다.
> ③ 개인정보처리자는 제1항 및 제2항에 의한 권한 부여, 변경 또는 말소에 대한 내역을 기록하고, 그 기록을 최소 3년간 보관하여야 한다.
> ④ 개인정보처리자는 개인정보처리시스템에 접근할 수 있는 계정을 발급하는 경우 정당한 사유가 없는 한 개인정보취급자별로 계정을 발급하고 다른 개인정보취급자와 공유되지 않도록 하여야 한다.
> ⑤ 개인정보처리자는 개인정보취급자 또는 정보주체의 인증수단을 안전하게 적용하고 관리하여야 한다.
> ⑥ 개인정보처리자는 정당한 권한을 가진 개인정보취급자 또는 정보주체만이 개인정보처리시스템에 접근할 수 있도록 일정 횟수 이상 인증에 실패한 경우 개인정보처리시스템에 대한 접근을 제한하는 등 필요한 조치를 하여야 한다.

- 주요 내용을 요약한 표는 다음과 같다.

구분	핵심 개념	설명
① 접근 권한 부여 원칙	최소한의 업무 범위	– 업무 수행에 필요한 범위에서만 접근 권한을 부여해야 하며, 조회자에게 수정·삭제 권한을 부여하는 등 과도한 권한 부여는 금지됨
	차등 부여	– 관리자, 일반 사용자 등 역할별로 권한을 구분해 부여해야 하며, 직무에 맞는 수준으로 접근 권한을 제한
② 권한 변경 및 말소	퇴직·전보 시 권한 즉시 회수	– 퇴사·계약 종료 등으로 더 이상 업무를 수행하지 않는 경우 즉시 접근 권한 말소 필요
	직무 변경 시 권한 재조정	– 개인정보 접근 범위가 줄어든 경우 기존 권한을 축소하거나 제거해야 하며, 변경 사항을 즉시 반영
③ 권한 변경 내역 기록 및 보관	최소 3년 보관 의무	– 권한 부여, 변경, 말소 내역은 기록 후 최소 3년간 보관해야 하며, 시스템 자동 기록 및 주기적 백업 권장
④ 개별 계정 원칙	공용 계정 지양	– 개인정보취급자별로 개별 계정을 발급하고, 책임 추적성 확보를 위해 공유 계정 사용을 피해야 함
⑤ 안전한 인증 수단 적용	복제·탈취 위험이 낮은 방식 적용	– 단순 비밀번호 대신 OTP, 인증서, 일회용 비밀번호 등 강력한 인증 수단 사용 권장
⑥ 인증 실패 횟수 제한 및 계정 잠금	무단 접근 방지를 위한 보호조치	– 일정 횟수 이상 인증 실패 시 접근을 제한하거나 계정을 잠금 처리하여 공격 시도를 차단

① 접근 권한 부여 원칙

- 개인정보처리자는 개인정보처리시스템에 대한 접근 권한을 개인정보취급자에게만 부여해야 하며, 이때 권한 부여는 반드시 업무 수행에 필요한 **최소한의 범위 내에서 차등적으로** 이루어져야 한다. 따라서, 접근 권한 부여 시 가장 핵심적인 원칙은 세 가지이다.

  첫째, '필요 최소한의 원칙'이다. **개인정보취급자에게 수행하는 업무를 처리하는 데 필요한 수준까지만 권한을 부여**해야 하며, 그 이상의 권한은 불필요하고 위험하다는 인식에 기반한 원칙이다. 예를 들어, 단순 조회 업무를 수행하는 직원에게 개인정보 수정이나 삭제 권한까지 부여해서는 안 되며, 업무 범위를 초과하는 권한은 반드시 제한되어야 한다.

둘째, '차등 부여의 원칙'이다. 모든 취급자에게 동일한 접근 권한을 부여하는 것이 아니라, 각자의 업무 역할과 책임 수준에 따라 권한을 구분하고 차등화해야 한다. 예컨대, 관리자는 시스템 설정과 사용자 관리까지 가능한 권한이 필요할 수 있지만, 일반 직원은 단순 조회 또는 일부 기능 제한된 쓰기 권한만을 부여받아야 한다.

② 접근 권한 변경 또는 말소

- 개인정보처리자는 개인정보처리시스템의 접근 권한을 부여한 이후에도, 개인정보취급자의 업무가 변경되는 경우에는 반드시 권한을 재점검하고 필요한 조치를 지체 없이 이행해야 한다.
- 접근 권한을 변경 또는 말소해야 하는 경우는 크게 두 가지 상황으로 나뉜다.

개인정보취급자가 변경된 경우	- 일반적으로 퇴사, 전출, 계약 종료 등으로 해당 사용자가 더 이상 개인정보를 처리하지 않게 되는 경우를 의미. 이때는 해당 사용자의 시스템 접근 권한을 완전히 말소하여 더 이상 접근이 불가능하도록 조치해야 함. 권한이 남아 있는 상태로 방치되면 퇴직자 계정을 통한 외부 유출, 비인가 접근 등의 위험이 발생할 수 있음.
개인정보취급자의 업무가 변경된 경우	- 인사이동, 조직개편, 직무 재배치 등으로 인해 기존에 수행하던 개인정보 취급 업무를 더 이상 수행하지 않거나, 접근해야 할 개인정보의 범위가 달라지는 경우 ⓐ 더 이상 개인정보를 처리하지 않는 경우: 기존 권한은 말소해야 함 ⓑ 개인정보 처리 업무는 유지하지만 범위가 달라진 경우: 기존 권한을 축소 또는 재조정하는 등 변경해야 함

- 접근 권한 변경 또는 말소 기준을 정리하면 다음과 같다.

상황	조치
개인정보취급자가 퇴사한 경우	접근 권한 말소
개인정보취급자가 더 이상 개인정보를 처리하지 않는 경우	접근 권한 말소
개인정보취급자의 업무는 유지되나, 권한 범위가 변경된 경우	접근 권한 변경

- 이러한 권한 변경 또는 말소 조치는 '지체 없이' 해야 한다. '지체 없이'란, 법령상 해석에 따르면 합리적인 사정이 없는 한 즉시를 의미한다. 업무 공백이나 조직 내부 승인 절차 등을 이유로 오랜 시간 권한 변경을 미루는 것은 허용되지 않는다.

③ 권한 부여, 변경 또는 말소에 대한 내역 기록

- 개인정보처리자는 개인정보취급자의 접근 권한을 부여, 변경 또는 말소하는 모든 행위에 대한 내역을 반드시 기록하고, 이를 최소 3년간 보관해야 한다.

- 권한 변경 내역을 기록할 때는 일반적으로 다음과 같은 정보가 포함되어야 한다.

항목	조치
관리자 또는 시스템 계정	– 권한을 부여하거나 변경, 말소한 사람 또는 시스템 계정 예 관리자 ID, 자동화 시스템 계정 등
개인정보취급자 계정 또는 식별자	– 권한이 적용된 대상자 예 직원 ID, 사용자 계정명 등
변경된 권한 내용	– 구체적으로 어떤 권한이 어떻게 변경되었는지 예 열람 권한 부여, 삭제 권한 회수 등
변경 일시	– 권한 변경이 실제로 이루어진 날짜 및 시간
변경 사유	– 변경이 발생한 배경, 요청 이유 등

- 이러한 접근 권한 부여/변경/말소한 이력은 시스템에 의해서 자동으로 남기도록 해야 하며, 이 이력은 최소 3년간 보관될 수 있어야 한다. 예를 들어 시스템 저장 용량이 부족해 로그를 순차적으로 삭제해야 하는 경우에도, 최소 보관기간인 3년이 경과하기 전에는 삭제되지 않도록 저장 주기 및 로그 정책을 설정해야 하며, 정기 백업 등도 함께 고려되어야 한다.

④ 개별 계정 원칙

- 개인정보처리자는 개인정보처리시스템에 접근할 수 있는 계정을 발급할 때, 원칙적으로 개인정보취급자 **개별에게 각각의 계정을 부여**해야 하며, 그 계정은 다른 사람과 공유되지 않도록 관리해야 한다.
- 각 개인정보취급자는 자신의 계정을 통해 업무에 필요한 최소한의 접근 권한만을 부여받아야 하며, 동일한 계정을 여러 명이 함께 사용하는 '공용 계정'은 지양한다. 그 이유는 책임 추적 가능성(Responsibility Traceability) 때문이다. 하나의 계정을 여러 명이 사용하는 경우, 해당 계정으로 발생한 행위에 대해 누가 실제로 책임이 있는지를 특정하기 어렵게 된다.
- 그러나, 모든 상황에서 공용 계정을 완전히 금지하는 것은 아니다. "정당한 사유가 없는 한"이라는 표현이 포함되어 있듯이, 일부 예외적인 경우에는 공용 계정 사용이 가능하다. 예를 들어, 다음과 같은 경우가 있을 수 있다.
  - 장비 점검을 위한 시스템 관리자 계정 등 특수한 운영 목적에 의해 여러 관리자가 동일 계정을 통해 접속해야 하는 경우
  - 긴급 복구 상황에서 시간 제약 등으로 인해 임시로 공용 계정을 사용하는 경우
  - 특정 장비나 시스템이 구조적으로 계정 분리 기능을 지원하지 않는 경우

- 이러한 정당한 사유가 있다고 하더라도 공용 계정의 사용은 최소화하여야 하며, 다음과 같은 보완 조치가 반드시 병행되어야 한다.
  - 사용 이력 및 접속 로그 철저히 기록
  - 접근 전 관리자 승인 또는 이중 인증 절차 적용
  - 공용 계정 사용 시 임시 비밀번호 적용 및 사후 즉시 변경
  - 사용 후 점검 및 감사 대상에 포함

⑤ **안전한 인증수단 적용**

- 개인정보취급자가 개인정보처리시스템에 로그인을 하거나 정보주체가 서비스에 로그인을 할 때, 안전한 인증수단을 적용해야 한다.
- '안전한 인증수단'이란, 단순한 비밀번호 입력만으로는 부족하며, 복제나 탈취 위험이 낮은 보다 강력한 인증 방식을 의미한다. 대표적으로는 다음과 같은 수단이 있다.

인증 수단	설명
인증서	- 전자서명을 기반으로 신원을 확인
보안토큰	- OTP 생성기, 스마트카드, USB형 보안장치 등 물리적 매체를 이용한 인증
일회용 비밀번호	- 로그인 시마다 새로운 비밀번호를 생성하는 방식

⑥ **인증 실패 횟수 제한 및 계정 잠금 조치**

- 개인정보처리자는 개인정보취급자나 정보주체가 개인정보처리시스템에 로그인할 때, 정당한 권한이 없는 자의 무단 접근을 방지할 수 있도록 인증 실패 횟수를 제한하고 계정 잠금 조치를 해야 한다. 이러한 보호조치는 비밀번호 공격에 대응하기 위한 방안이다.
- 비밀번호 공격이란, 아이디는 알지만 비밀번호를 모르는 공격자가 비밀번호를 알아내는 공격을 말한다. 비밀번호 공격에는 다음과 같이 무작위 대입 공격과 사전 공격이 대표적이다.

비밀번호 공격	설명
무작위 대입 공격 (Brute Force)	- 가능한 모든 문자 조합을 무작위로 입력하여 정답 비밀번호를 찾는 방식
사전 공격 (Dictionary Attack)	- 일반적으로 자주 사용되는 단어나 비밀번호 목록(사전)을 활용해 대입하는 방식

3) 접근 통제

- 접근 통제는 인가받지 못한 자는 접근하지 못하게 차단하고, 허용된 사람만 접근 가능하도록 제어하는 것이다.

> **참고사항** 접근 권한 관리와 접근 통제

비밀번호 공격	접근 권한 관리	접근 통제
정의	- 사용자가 어떤 자산(시스템, 파일, 데이터 등)에 접근할 수 있는지에 대한 권한을 부여·변경·삭제하는 관리 절차	- 권한이 부여된 사용자만 특정 자산에 실제 접근하도록 제한하고 허용 여부를 판단하는 기술적·관리적 조치
목적	- 최소 권한 원칙을 기반으로 사용자의 역할과 업무에 맞는 적절한 권한만 부여	- 승인된 사용자만 자산에 접근하도록 하여 무단 접근을 차단
중심 대상	- 사용자와 권한	- 시스템, 네트워크, 애플리케이션 등 자산에 대한 실제 접근 행위
관리 주체	- 관리자가 권한 설정 및 변경	- 시스템 또는 보안 솔루션이 사전에 정의된 규칙에 따라 접근을 허용 또는 차단
적용 시점	- 사용자 계정 생성, 인사이동, 업무 변경 등 발생 시 수시 적용	- 사용자가 실제로 자산에 접근을 시도할 때 실시간 적용
예시	- DB 읽기 권한 부여 - 파일 수정 권한 제한 - 특정 폴더 접근 권한 제거	- ID/PW 인증 - IP 주소 기반 접근 제한 - 시간대별 접근 차단 - 이중 인증(MFA) 적용
보호 조치	- 권한 부여 및 회수의 명확한 기준과 절차 접근 권한 부여/변경 기록 보관	- 접근 시도에 대한 로깅, 모니터링, 비인가 차단

- 접근 통제에 대한 조항은 다음과 같다.

> **「개인정보의 안전성 확보 조치 기준」 제6조(접근 통제)**
>
> ① 개인정보처리자는 정보통신망을 통한 불법적인 접근 및 침해사고 방지를 위해 다음 각호의 안전조치를 하여야 한다.
>   1. 개인정보처리시스템에 대한 접속 권한을 인터넷 프로토콜(IP) 주소 등으로 제한하여 인가받지 않은 접근을 제한
>   2. 개인정보처리시스템에 접속한 인터넷 프로토콜(IP) 주소 등을 분석하여 개인정보 유출 시도 탐지 및 대응

「개인정보의 안전성 확보 조치 기준」 제6조(접근 통제)

② 개인정보처리자는 개인정보취급자가 정보통신망을 통해 외부에서 개인정보처리시스템에 접속하려는 경우 인증서, 보안토큰, 일회용 비밀번호 등 안전한 인증수단을 적용하여야 한다. 다만, 이용자가 아닌 정보주체의 개인정보를 처리하는 개인정보처리시스템의 경우 가상사설망 등 안전한 접속수단 또는 안전한 인증수단을 적용할 수 있다.

③ 개인정보처리자는 처리하는 개인정보가 인터넷 홈페이지, P2P, 공유 설정 등을 통하여 권한이 없는 자에게 공개되거나 유출되지 않도록 개인정보처리시스템, 개인정보취급자의 컴퓨터 및 모바일 기기 등에 조치를 하여야 한다.

④ 개인정보처리자는 개인정보처리시스템에 대한 불법적인 접근 및 침해사고 방지를 위하여 개인정보취급자가 일정 시간 이상 업무처리를 하지 않는 경우에는 자동으로 접속이 차단되도록 하는 등 필요한 조치를 하여야 한다.

⑤ 개인정보처리자는 업무용 모바일 기기의 분실·도난 등으로 개인정보가 유출되지 않도록 해당 모바일 기기에 비밀번호 설정 등의 보호조치를 하여야 한다.

⑥ 전년도 말 기준 직전 3개월간 그 개인정보가 저장·관리되고 있는 이용자 수가 일일평균 100만명 이상인 개인정보처리자는 개인정보처리시스템에서 개인정보를 다운로드 또는 파기할 수 있거나 개인정보처리시스템에 대한 접근 권한을 설정할 수 있는 개인정보취급자의 컴퓨터 등에 대한 인터넷망 차단 조치를 하여야 한다. 다만, 「클라우드컴퓨팅 발전 및 이용자 보호에 관한 법률」 제2조제3호에 따른 클라우드컴퓨팅서비스를 이용하여 개인정보처리시스템을 구성·운영하는 경우에는 해당 서비스에 대한 접속 외에는 인터넷을 차단하는 조치를 하여야 한다.

구분	핵심 개념	설명
① 비인가 접근 제한 및 유출 시도 탐지·대응	IP 주소 등으로 접근 제한	- 개인정보처리시스템은 허가된 IP만 접근 가능하도록 설정하여 비인가 접속을 차단해야 함
	접속 기록 분석 및 대응	- 시스템 접속 시 IP 로그 등을 분석해 비정상 접근 패턴이나 유출 시도를 탐지하고 대응해야 함
② 외부에서 개인정보처리시스템 접속 시 보호조치	안전한 인증수단 적용	- 인증서, 보안토큰, 일회용 비밀번호 등 접속자 인증을 강화
③ 개인정보 저장·처리될 수 있는 모든 자산에 보호조치 적용	인터넷 공유 차단	- 홈페이지, P2P, 공유 설정 등을 통해 개인정보가 무단 공개·유출되지 않도록 PC 및 시스템에 보안 설정
④ 일정 기간 계정 비활성화 시 접근 차단	장시간 미사용 시 차단	- 일정 시간 이상 사용하지 않으면 자동 로그아웃 또는 세션 차단 기능으로 무단 접근 방지
⑤ 업무용 모바일 기기 보호조치	업무용 기기 보호조치	- 모바일 기기 분실·도난 대비 비밀번호 설정, 암호화 등 보호조치 적용 필수

구분	핵심 개념	설명
⑥ 개인정보취급자의 컴퓨터 등에 대한 인터넷망 차단 조치	대규모 사업자 망 차단	- 일일 평균 이용자 100만명 이상인 경우, 다운로드·삭제 권한 보유 기기에서 인터넷망 차단 필요 ※ 클라우드 사용 시 해당 서비스 외 인터넷 접근을 차단해야 함

① 비인가 접근 제한 및 유출 시도 탐지·대응

- 개인정보처리자는 정보통신망을 통해 개인정보처리시스템에 접근하려는 비인가된 시도와 외부 침해행위로부터 시스템을 보호하기 위해, 접근을 제한하고, 유출 시도를 탐지 및 대응해야 한다.
- 먼저, 개인정보처리자는 인가받지 않은 외부 IP나 시스템의 접근을 원천적으로 차단하기 위하여 개인정보처리시스템에 대한 접속 권한을 인터넷 프로토콜(IP) 주소 등으로 제한한다. 사전에 허용된 IP 주소(Whitelist)만 시스템에 접속할 수 있도록 설정하여 비인가 접근을 차단할 수 있다.
- 다음으로, 개인정보처리자는 단순히 접속을 제한하는 것에 그치지 않고, 개인정보처리시스템에 접속한 인터넷 프로토콜(IP) 주소 등을 분석하여 이미 접속한 사용자 또는 내부자의 이상 행위를 탐지하고 대응해야 한다. 이를 위해 접속한 IP 주소, 접속 시간, 사용자가 수행한 행위 등의 접속기록을 수집·분석한다.
- 접근 제한 및 탐지와 같은 통제는 인터넷 프로토콜(IP) 주소를 기반으로 수행되며, 네트워크 보안 솔루션을 이용해서 구현된다. 네트워크 보안 솔루션으로는 방화벽, 침입탐지시스템, 침입방지시스템, UTM(Unified Threat Management) 등이 있다.

네트워크 보안 솔루션	설명
방화벽	- 허용된 IP·포트 외 접근을 차단하며 네트워크 경계에서 트래픽을 제어
침입탐지시스템(IDS)	- 비인가 접근 시도를 탐지하고 관리자에게 경고 신호 전달
침입차단시스템(IPS)	- 탐지된 침입을 자동으로 차단
UTM	- 방화벽, IDS/IPS, 바이러스 필터링, VPN 등을 통합한 다기능 보안 장비

② 외부에서 개인정보처리시스템 접속 시 보호조치

- 개인정보처리자는 개인정보취급자가 정보통신망을 통해 외부에서 개인정보처리시스템에 접속하려는 경우, 보호되지 않은 공공 네트워크 환경에서의 위험을 고려하여 안전한 접속 수단 또는 안전한 인증 수단을 반드시 적용해야 한다.

구분	설명
안전한 인증 수단	- 인증서, 보안토큰, OTP 등 접속자의 신원 검증을 강화
안전한 접속 수단	- 네트워크 경로 자체를 암호화하고 보호

- 경로에 따라 안전한 인증 수단만 적용이 가능한 경우가 있고, 안전한 인증 수단이나 안전한 접속 수단 중 택하여 적용할 수 있는 경우가 있다.

경로	설명
외부에서 개인정보처리시스템 접속 시	- 안전한 인증 수단
외부에서 정보주체의 개인정보를 처리하는 개인정보처리시스템 접속 시	- 안전한 인증 수단 또는 안전한 접속 수단

- 안전한 접속 수단이란, 접속 경로 자체를 보호하는 통신 인프라로 대표적인 기술이 가상사설망(VPN, Virtual Private Network)이다. **가상사설망은 공용 인터넷망을 사용하면서도 사설망처럼 암호화된 안전한 채널을 구성하여 통신 내용을 외부로부터 보호하는 네트워크 기술**이다. 물리적으로 떨어진 사용자가 조직 내부 네트워크에 있는 것처럼 안전하게 접속할 수 있도록 한다. 원격 근무, 외부 출장, 협력사 연결 등 외부 환경에서 내부 시스템에 안전하게 접근해야 할 때 필수적인 보안 수단으로 활용된다.

외부 PC   인터넷   내부망

- 가상사설망은 다음과 같은 기능을 제공한다.

경로	설명
데이터 암호화	- 사용자의 단말기와 개인정보처리시스템 간 전송되는 모든 데이터를 암호화
IP 주소 은폐 및 접근 제어	- VPN을 통해 접속하면 사용자 단말기의 실제 IP가 내부망의 IP로 바뀌기 때문에, 외부에서 시스템 구조를 추적하거나 공격하는 것을 어렵게 함
접속 이력 기록 및 모니터링 가능	- 사용자 접속 시간, IP, 위치 등 접속 로그를 남기기 때문에 비인가 접속 여부를 추적하고 통제

- VPN에는 대표적으로 SSL VPN, IPSEC VPN, MPLS VPN이 있다.

경로	설명
SSL VPN (Secure Sockets Layer VPN)	- 웹 브라우저 기반으로 동작하며, 특수한 클라이언트 없이 HTTPS 보안 연결을 통해 VPN 기능을 제공
IPSec VPN (Internet Protocol Security VPN)	- IP 계층에서 동작하는 전통적인 VPN 방식으로, 네트워크 트래픽을 암호화하고 인증
MPLS VPN (Multi-Protocol Label Switching VPN)	- 통신사(ISP)가 제공하는 전용 회선을 기반으로 구성된 고속의 기업 전용 VPN 서비스

③ 개인정보 저장·처리될 수 있는 모든 자산에 보호조치 적용

- 개인정보처리자는 처리 중인 개인정보가 권한이 없는 자에게 무단으로 공개되거나 유출되지 않도록, 개인정보처리시스템뿐만 아니라 개인정보취급자의 컴퓨터, 모바일 기기 등 모든 관련 자산에 대해 필요한 보호조치를 강구해야 한다.

자산	적용 가능한 보안 조치
개인정보처리시스템	- 접근 권한 제한, 접속기록 점검, 암호화, 방화벽, 이상접속 탐지 등
업무용 PC/노트북	- 보안프로그램 설치, 하드디스크 암호화, 공용폴더 접근 제한
모바일 기기(스마트폰, 태블릿)	- 원격 잠금 및 초기화 기능 설정, 앱 접근 통제, 화면잠금 설정, 데이터 암호화
보조저장매체(USB 등)	- 반출 제한, 암호화 저장, 사용 기록 관리, 승인 절차 운영

④ 일정 기간 계정 비활성화 시 접근 차단

- 개인정보처리자는 개인정보처리시스템에 접속한 개인정보취급자가 **일정 시간 이상 업무를 수행하지 않고** 시스템에 비활성 상태로 머무를 경우, **자동으로 접속을 차단**하여야 한다. 자동 로그아웃 또는 세션 타임아웃이라고도 한다. 로그인된 개인정보취급자의 계정이나 단말기가 탈취되어서 악의적인 사용자가 권한을 오남용할 수 있기 때문이다.
- '일정 시간'의 시간 기준은 명시되어 있지 않아 시스템의 중요도 등을 고려하여 내부 정책으로 수립한다.

⑤ 업무용 모바일 기기 보호조치

- 업무 환경이 빠르게 변화함에 따라, PC뿐만 아니라 모바일 기기를 통해서도 개인정보를 처리할 수 있게 되었다. 특히 스마트폰이나 태블릿 등 모바일 기기를 이용하여

개인정보처리시스템에 원격으로 접근하거나, 업무용 앱을 통해 개인정보를 조회·수정·다운로드하는 경우도 가능하다. 업무용 모바일 기기 사용은 업무의 유연성과 효율성을 높여주는 장점이 있지만, 동시에 새로운 보안 위협을 동반한다.

- 특히, 모바일 기기는 휴대성과 이동성이 뛰어난 만큼 분실·도난의 위험이 매우 높고, 기기에 개인정보가 저장되어 있는 경우 물리적인 소유권이 탈취되는 순간 곧바로 정보 유출로 이어질 수 있다. 예를 들어, 업무용 앱을 통해 열람한 개인정보가 캐시 파일로 남거나, 첨부 파일을 다운로드해 기기 내에 저장한 경우, 해당 데이터는 쉽게 외부로 유출될 수 있다.
- 모바일 기기에 대한 보호조치로는 기본적으로 비밀번호를 설정하여 누군가가 해당 모바일 기기를 습득하더라도 내부 자료를 보거나 사용할 수 없게 해야 한다. 그 외에도 암호화 저장을 하거나 원격 삭제 기능 등 모바일 기기에 보호조치를 추가적으로 적용할 수 있다.

모바일 기기 보안 조치	설명
기기 잠금 설정	- 비밀번호, 패턴, 생체 인증(지문, 얼굴 인식) 등을 이용해 기기 자체에 대한 접근을 제한
데이터 저장 제한	- 가능하면 모바일 기기 자체에는 개인정보를 저장하지 않도록 설정
원격 잠금 및 초기화 기능 활성화	- 분실 시 관리자가 원격으로 기기 잠금, 데이터 삭제(Wipe), 위치 추적을 수행할 수 있도록 구성
모바일 기기 보안 관리 솔루션 (MDM: Mobile Device Management)	- 업무용 기기에 보안 정책을 일괄적으로 적용·통제 - 불법 앱 설치 차단, 업데이트, 데이터 암호화 등

⑥ 개인정보취급자의 컴퓨터 등에 대한 인터넷망 차단 조치

- 인터넷망 차단 조치를 해야 하는 개인정보처리자는 다음 조건을 모두 충족해야 한다.
  - 전년도 말 기준 직전 3개월간, 이때 '전년도 말 기준 직전 3개월'의 의미는 전년도 10월, 11월, 12월을 의미한다.
  - 개인정보가 저장 및 관리되고 있는 이용자 수가 일일평균 100만명 이상
- 위 조건을 충족하는 개인정보처리자에 대해서는 다음과 같은 권한을 가진 개인정보취급자의 컴퓨터 등 단말기에 인터넷망 차단 조치를 적용해야 한다.
  - 개인정보처리시스템에서 개인정보를 다운로드할 수 있는 권한 보유자
  - 개인정보처리시스템에서 개인정보를 파기할 수 있는 권한 보유자
  - 개인정보처리시스템의 접근 권한을 설정·관리할 수 있는 권한 보유자

- 개인정보취급자가 사용하는 컴퓨터는 업무망(내부망)과 인터넷망(외부망)을 완전히 분리하여, 해당 컴퓨터에서는 인터넷 접속이 원천적으로 차단되어야 한다. 그러나, 예외 조항도 존재한다. 「클라우드컴퓨팅 발전 및 이용자 보호에 관한 법률」 제2조제3호에 따른 클라우드컴퓨팅서비스를 이용하여 개인정보처리시스템을 구성·운영하는 경우에는
  - 클라우드 서비스에 접속하기 위한 연결은 허용되지만,
  - 그 외의 인터넷망 접근은 차단해야 하며, 업무용 클라우드 외부 사용이나 불필요한 인터넷 접속은 허용되지 않는다.

「클라우드컴퓨팅 발전 및 이용자 보호에 관한 법률」 제2조(정의)
이 법에서 사용하는 용어의 뜻은 다음과 같다. 3. "클라우드컴퓨팅서비스"란 클라우드컴퓨팅을 활용하여 상용(商用)으로 타인에게 정보통신자원을 제공하는 서비스로서 대통령령으로 정하는 것을 말한다.

「클라우드컴퓨팅 발전 및 이용자 보호에 관한 법률 시행령」 제3조(클라우드컴퓨팅서비스)
법 제2조제3호에서 "대통령령으로 정하는 것"이란 다음 각호의 어느 하나에 해당하는 서비스를 말한다. 1. 서버, 저장장치, 네트워크 등을 제공하는 서비스 2. 응용프로그램 등 소프트웨어를 제공하는 서비스 3. 응용프로그램 등 소프트웨어의 개발·배포·운영·관리 등을 위한 환경을 제공하는 서비스 4. 그밖에 제1호부터 제3호까지의 서비스를 둘 이상 복합하는 서비스

4) 개인정보의 암호화

- 암호는 정보가 허가되지 않은 자에게 노출되더라도 내용을 알아볼 수 없도록 변환하는 기술이다. 개인정보가 저장되거나 전송되는 과정에서의 기밀성(Confidentiality)을 보장하고, 접근이 제한된 정보가 인증되지 않은 사용자에 의해 노출되는 것을 방지하기 위해 사용된다.

- 암호는 사용하는 키의 종류와 암호화 방식에 따라 다음 세 가지 유형으로 나뉜다.

유형	설명	대표 암호 알고리즘	방향성
대칭키 암호(Symmetric Key Encryption)	- 암호화와 복호화에 동일한 키(비밀키)를 사용하는 방식, 암호화 속도가 빠르고 구현이 간단	AES(Advanced Encryption Standard)	양방향
비대칭키 암호(Asymmetric Key Encryption)	- 서로 다른 두 개의 키(공개키(Public Key), 개인키(Private Key))를 사용하는 방식	RSA(Rivest-Shamir-Adleman), Elgamal	양방향

유형	설명	대표 암호 알고리즘	방향성
일방향 암호(해시 함수, Hash)	- 암호화된 값을 복호화할 수 없도록 설계한 방식 - 입력값이 동일하면 항상 같은 결과가 나오지만, 결괏값(해시값)만으로는 원본을 유추할 수 없음	SHA(Secure Hash Algorithm)	일방향

- 개인정보가 허가되지 않은 자에게 노출되거나 시스템이 탈취되더라도 해당 정보의 내용을 식별할 수 없도록 암호화 대상과 방법에 대해 명시되어 있다.

「개인정보의 안전성 확보 조치 기준」 제7조(암호화)

① 개인정보처리자는 비밀번호, 생체인식정보 등 인증정보를 저장 또는 정보통신망을 통하여 송·수신하는 경우에 이를 안전한 암호 알고리즘으로 암호화하여야 한다. 다만, 비밀번호를 저장하는 경우에는 복호화되지 아니하도록 일방향 암호화하여 저장하여야 한다.

② 개인정보처리자는 다음 각 호의 해당하는 이용자의 개인정보에 대해서는 안전한 암호 알고리즘으로 암호화하여 저장하여야 한다.
   1. 주민등록번호   2. 여권번호
   3. 운전면허번호   4. 외국인등록번호
   5. 신용카드번호   6. 계좌번호
   7. 생체인식정보

③ 개인정보처리자는 이용자가 아닌 정보주체의 개인정보를 다음 각호와 같이 저장하는 경우에는 암호화하여야 한다.
   1. 인터넷망 구간 및 인터넷망 구간과 내부망의 중간 지점(DMZ: Demilitarized Zone)에 고유식별정보를 저장하는 경우
   2. 내부망에 고유식별정보를 저장하는 경우(다만, 주민등록번호 외의 고유식별정보를 저장하는 경우에는 다음 각 목의 기준에 따라 암호화의 적용 여부 및 적용 범위를 정하여 시행할 수 있다)
      가. 법 제33조에 따른 개인정보 영향평가의 대상이 되는 공공기관의 경우에는 해당 개인정보 영향평가의 결과
      나. 암호화 미적용 시 위험도 분석에 따른 결과

④ 개인정보처리자는 개인정보를 정보통신망을 통하여 인터넷망 구간으로 송·수신하는 경우에는 이를 안전한 암호 알고리즘으로 암호화하여야 한다.

⑤ 개인정보처리자는 이용자의 개인정보 또는 이용자가 아닌 정보주체의 고유식별정보, 생체인식정보를 개인정보취급자의 컴퓨터, 모바일 기기 및 보조저장매체 등에 저장할 때에는 안전한 암호 알고리즘을 사용하여 암호화한 후 저장하여야 한다.

⑥ 10만명 이상의 정보주체에 관하여 개인정보를 처리하는 대기업·중견기업·공공기관 또는 100만명 이상의 정보주체에 관하여 개인정보를 처리하는 중소기업·단체에 해당하는 개인정보처리자는 암호화된 개인정보를 안전하게 보관하기 위하여 안전한 암호키 생성, 이용, 보관, 배포 및 파기 등에 관한 절차를 수립·시행하여야 한다.

구분	핵심 개념	설명
① 인증정보 송수신 시 암호화	인증정보 송수신 시 암호화	- 비밀번호, 생체정보 등 인증정보는 안전한 암호 알고리즘으로 암호화하고, 비밀번호는 일방향 암호화하여 저장해야 함
② 암호화 대상	주요 식별정보 저장 시 암호화	- 주민등록번호, 여권번호, 운전면허번호, 외국인등록번호, 신용카드번호, 계좌번호, 생체인식정보는 항상 암호화 저장
③ 정보주체의 개인정보 저장 시 암호화	망 위치에 따른 암호화 적용	- 인터넷망, DMZ, 내부망에 고유식별정보 저장 시 암호화해야 하며, 주민번호 외의 경우는 영향평가 또는 위험도 분석 결과에 따라 적용 여부 결정 가능
④ 정보통신망을 통한 개인정보 송수신 시 암호화	인터넷망 구간 송수신 시 암호화	- 개인정보가 인터넷망을 통해 전송될 경우, 항상 안전한 암호 알고리즘으로 암호화
⑤ 정보주체의 고유식별정보, 생체인식정보 저장 시 암호화	기기 및 저장매체 저장 시 암호화	- 컴퓨터, 모바일 기기, 보조저장매체에 개인정보 저장 시에도 암호화 후 저장
⑥ 암호키 정책 수립	대규모 처리자의 키 관리 절차 수립 의무	- 대기업·공공기관(10만명 이상), 중소기업(100만명 이상)은 암호키 생성, 이용, 보관, 파기 등 관리 절차를 수립·시행

① 인증정보 송수신 시 암호화

- 개인정보처리자는 비밀번호, 생체인식정보 등 인증정보를 저장하거나 정보통신망을 통해 송수신할 경우, 반드시 안전한 암호 알고리즘을 적용하여 암호화해야 한다.

암호화 기준	설명
암호화 대상	- 인증에 사용되는 정보(예 비밀번호, 생체인식정보)
언제	- 인증정보를 저장 또는 정보통신망을 통해 송수신 시
암호 방법	- 안전한 암호 알고리즘 적용

- 암호 알고리즘의 안전성은 알고리즘 종류와 키 길이에 영향을 받는다. 한국인터넷진흥원에서 2018년 발간한 「암호 알고리즘 및 키 길이 이용 안내서」에는 2030년까지 권장하는 암호 알고리즘과 키 길이에 대해 가이드하고 있다.

안전한 암호 알고리즘	안전한 키 길이
AES	128 이상
RSA	2048 이상
SHA	256 이상

- 다만, 비밀번호를 저장하는 경우에는 복호화되지 아니하도록 일방향 암호화하여 저장하여야 한다.

구분	인증정보	암호화 방식
전송	생체정보	양방향 암호화
	비밀번호	양방향 암호화
저장	생체정보	양방향 암호화
	비밀번호	일방향 암호화

> **참고사항** 일방향 암호화
>
> 일방향 암호화란, 평문에서 암호화는 가능하지만, 암호문을 평문으로 복구하는 것이 불가능한 암호화 방식을 말한다. 일반적으로 해시(Hash) 암호라고 한다. 비밀번호에 일방향 암호화를 사용하는 이유는 평문 비밀번호를 저장하고 비교하는 것은 유출되었을 때 문제가 될 수 있으므로 평문 비밀번호를 저장하지 않고도 비밀번호를 사용자가 알고 있는지만 확인 가능하면 되기 때문이다. 게다가 해시 암호의 특성 중 압축성이 있어, 항상 일정한 길이의 해시값을 저장하는 것도 운영 측면에서 공간 절약에 도움이 된다.

② **암호화 대상**

- 개인정보처리자는 다음 각 호에 해당하는 이용자의 개인정보에 대해서는 안전한 암호 알고리즘으로 암호화하여 저장하여야 한다.
- 암호화 저장해야 하는 개인정보는 1호부터 7호까지 7가지가 있는데, 크게 고유식별정보와 고유식별정보가 아닌 것으로 나눌 수 있다.

암호화 대상 개인정보	유형
고유식별정보	1. 주민등록번호 2. 여권번호 3. 운전면허번호 4. 외국인등록번호
고유식별정보 아닌 개인정보	5. 신용카드번호 6. 계좌번호 7. 생체인식정보

 **참고사항** 보안 강도

보안 강도는 안전한 암호 알고리즘을 정하는 데 중요한 지표이다. 해당 암호 알고리즘의 취약성을 찾아내는 데 소요되는 작업량을 수치화한 것으로 보안 강도가 높을수록 공격자가 암호를 해독하기 위해 요구되는 시간과 자원이 많아진다는 의미이다.

그러나 보안 강도가 높다고 해서 항상 무조건 좋은 것은 아니다. 암호 알고리즘의 보안성을 높이기 위해 복잡한 연산 구조나 긴 키를 사용하면, 그만큼 처리 속도는 느려지고, 시스템 성능에 부하가 걸릴 수 있다. 특히 대량의 데이터를 실시간으로 처리해야 하는 환경이나, 제한된 자원을 사용하는 모바일 기기, 임베디드 시스템 등에서는 과도한 보안 강도가 오히려 실무 활용성을 떨어뜨리는 요인이 될 수 있다. 따라서, 암호 알고리즘은 보안성과 효율성의 균형을 고려하여 선정해야 한다.

③ 정보주체의 개인정보 저장 시 암호화

- 개인정보처리자는 정보주체의 개인정보를 저장하는 경우에는 암호화하는데, 위치별로 다른 암호화 기준이 적용된다.

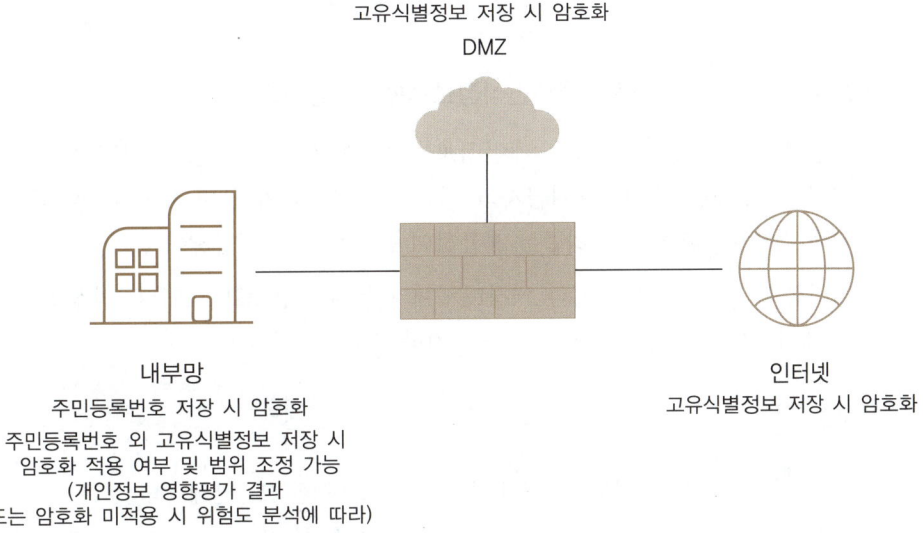

- 인터넷망 구간과 DMZ 구간에 고유식별정보를 저장하는 경우에는 암호화해야 한다.
- DMZ(De-Militarized Zone)란, 인터넷망 구간과 내부망의 중간 지점으로 웹 서버·메일서버 등 대외 공개 서비스가 위치한다. 인터넷망과 연결이 되어 있으므로 인터넷망 구간과 동일한 암호화 기준이 적용된다.
- 내부망에 고유식별정보를 저장하는 경우
  - 주민등록번호는 암호화해야 한다.
  - 주민등록번호 외의 고유식별정보는 암호화의 적용 여부 및 적용 범위를 정할 수 있다.

- 개인정보 영향평가의 결과
- 암호화 미적용 시 위험도 분석 결과

④ 정보통신망을 통한 개인정보 송수신 시 암호화

- 개인정보처리자는 개인정보를 정보통신망을 통하여 인터넷망 구간으로 송·수신하는 경우에는 안전한 암호 알고리즘으로 암호화해야 한다.
- 전송구간 암호화 방식은 SSL/TLS, HTTPS, VPN 또는 전용선이 있다.

암호화 방식	유형
SSL/TLS	- 웹 서버와 클라이언트 간 데이터를 암호화된 채널로 전송하는 전송 계층 암호화 프로토콜
HTTPS	- SSL/TLS가 적용된 웹 통신 방식 - 브라우저와 서버 간 암호화
VPN 또는 전용선	- 내부 시스템 간 대용량 개인정보 송수신 시 사용하는 보안 전용 네트워크로, 전 구간 암호화

⑤ 정보주체의 고유식별정보, 생체인식정보 저장 시 암호화

- 개인정보처리자는 이용자의 개인정보 또는 이용자가 아닌 정보주체의 고유식별정보, 생체인식정보를 개인정보취급자의 컴퓨터, 모바일 기기 및 보조저장매체 등에 저장할 때에는 안전한 암호 알고리즘을 사용하여 암호화한 후 저장해야 한다.
- 개인정보가 저장된 단말기나 저장매체체가 분실 또는 도난되거나, 악성코드에 감염되는 등 개인정보가 직접 노출되는 것을 방지하기 위한 조치이다.

구분	설명
대상	- 이용자의 개인정보 - 이용자가 아닌 정보주체의 고유식별정보, 생체인식정보
저장 위치	- 개인정보취급자의 컴퓨터, 모바일 기기 및 보조저장매체 등
저장 방법	- 안전한 암호 알고리즘으로 암호화한 후 저장

⑥ 암호키 정책 수립

- 10만명 이상의 정보주체에 관하여 개인정보를 처리하는 대기업·중견기업·공공기관 또는 100만명 이상의 정보주체에 관한 개인정보를 처리하는 중소기업·단체는, 암호화된 개인정보를 보다 안전하게 보호하기 위해 암호 키의 생성부터 폐기까지의 전 과정에 대한 관리 절차를 수립하고 시행해야 한다.

- 적용 대상은 개인정보처리자 유형과 처리하는 정보주체 수 요건이 있다.

개인정보처리자 유형	기준
대기업 · 중견기업 · 공공기관	- 10만명 이상의 정보주체에 관하여 개인정보를 처리
중소기업 · 단체	- 100만명 이상의 정보주체에 관하여 개인정보를 처리

- 아무리 강력한 암호화 알고리즘을 사용하더라도, 암호 키가 유출되거나 부실하게 관리된다면 암호화된 개인정보도 순식간에 평문처럼 노출될 수 있다. 따라서 일정 규모 이상의 개인정보처리자에게는 암호키의 생명주기 전 과정을 안전하게 관리할 수 있도록 <u>암호키 정책을 수립하고 이행</u>하도록 하고 있다.
- 암호키 정책에는 다음의 절차가 포함되어야 한다.

절차	내용
키 생성	- 안전한 난수 생성기(Random Number Generator)를 사용하여 예측 불가능한 키를 생성
키 이용	- 개인정보 암 · 복호화 작업 외의 목적으로 사용 금지 - 접근 권한자 최소화, 이용 내역 로깅
키 보관	- 암호화된 형태로 별도의 안전한 위치에 저장
키 배포	- 안전한 채널을 통해 배포
키 파기	- 복구 불가능한 방식으로 완전히 폐기

5) 접속기록의 보관 및 점검

「개인정보의 안전성 확보 조치 기준」 제8조(접속기록의 보관 및 점검)

① 개인정보처리자는 개인정보취급자의 개인정보처리시스템에 대한 접속기록을 1년 이상 보관 · 관리하여야 한다. 다만, 다음 각호의 어느 하나에 해당하는 경우에는 2년 이상 보관 · 관리하여야 한다.
  1. 5만명 이상의 정보주체에 관한 개인정보를 처리하는 개인정보처리시스템에 해당하는 경우
  2. 고유식별정보 또는 민감정보를 처리하는 개인정보처리시스템에 해당하는 경우
  3. 개인정보처리자로서 「전기통신사업법」 제6조제1항에 따라 등록하거나 같은 항 단서에 따라 신고한 기간통신사업자에 해당하는 경우
② 개인정보처리자는 개인정보의 오 · 남용, 분실 · 도난 · 유출 · 위조 · 변조 또는 훼손 등에 대응하기 위하여 개인정보처리시스템의 접속기록 등을 월 1회 이상 점검하여야 한다. 특히 개인정보의 다운로드가 확인된 경우에는 내부 관리계획 등으로 정하는 바에 따라 그 사유를 반드시 확인하여야 한다.
③ 개인정보처리자는 접속기록이 위 · 변조 및 도난, 분실되지 않도록 해당 접속기록을 안전하게 보관하기 위한 조치를 하여야 한다.

구분	핵심 개념	설명
① 접속기록 보관 기간	1년 이상 보관	– 개인정보처리자는 개인정보취급자의 접속기록을 최소 1년 이상 보관해야 함
	2년 이상 보관 필요한 경우	아래 세 가지 조건 중 하나에 해당하면 2년 이상 보관해야 함 – 5만명 이상의 정보주체 정보를 처리하는 경우 – 고유식별정보 또는 민감정보를 처리하는 경우 – 기간통신사업자에 해당하는 경우
② 접속기록 점검	주요 식별정보의 저장 시 암호화	– 접속기록은 월 1회 이상 정기적으로 점검해야 하며, 다운로드 이력이 있는 경우 반드시 사유 확인 필요
③ 접속기록의 안전한 보관	대규모 처리자의 키 관리 절차 수립 의무	– 접속기록은 위·변조, 도난, 분실되지 않도록 안전하게 보관하는 기술적·관리적 조치

① 접속기록 보관 기간

- 접속기록은 개인정보 유출, 위·변조, 무단 열람 등의 사고가 발생했을 때, 가장 중요한 증거 자료가 되기 때문에 보관 기간을 규정하고 있다.
- 개인정보처리자는 **개인정보취급자가 개인정보처리시스템에 접속한 기록을 1년 이상** 보관하고 관리해야 한다. **일정 기준에 해당하는 경우에는 2년 이상** 보관 및 관리한다.
  - 5만명 이상의 정보주체에 관한 개인정보를 처리하는 개인정보처리시스템에 해당하는 경우
  - 고유식별정보 또는 민감정보를 처리하는 개인정보처리시스템에 해당하는 경우
  - 기간통신사업자인 개인정보처리자

> **참고사항** 기간통신사업
> 전기통신회선설비를 설치하거나 이용하여 전화·인터넷접속 등과 같이 음성·데이터·영상 등을 그 내용이나 형태의 변경 없이 송신 또는 수신하게 하는 전기통신역무 및 전기통신회선설비를 임대하는 전기통신역무를 제공하는 사업

② 접속기록 점검

개인정보처리자는 개인정보처리시스템의 접속기록 등을 주기적으로 점검하여 비정상적인 접근이나 이상 행위가 있었는지를 확인해야 한다. 예를 들면, 접속 권한이 없는 사용자가 접근을 시도하거나, 근무 시간 외 접속 기록이 있었는지, 반복적인 로그인 실패가 있었는지 등의 의심스러운 징후 유무를 점검한다.

접속기록 점검	설명
목적	- 개인정보의 오·남용, 분실·도난·유출·위조·변조 또는 훼손 등에 대응
점검 주기	- 월 1회 이상
중점 점검 사항	- 개인정보의 다운로드가 확인된 경우, 사유를 반드시 확인

③ 접속기록의 안전한 보관

접속기록은 개인정보 보호의 사고 분석, 책임 추적, 법적 증거 자료로 활용되는 자산이기 때문에, 조작되거나 소실되지 않도록 안전하게 보관해야 한다. 접속기록이 위·변조 및 도난, 분실되지 않도록 해당 접속기록을 안전하게 보관하기 위한 조치는 다음과 같다.

안전한 보관 조치	설명
위·변조 방지	- 로그 생성 즉시 변경이 불가능한 형태로 저장 - 디지털 서명, 체크섬(Hash) 적용, 블록체인 기반 로그 관리 등의 기술을 사용
도난·분실 방지	- 접속기록 파일은 별도의 보안 서버에 저장하거나, 접근이 제한된 내부 저장소에 분리 보관
접근 통제	- 접속기록에 접근할 수 있는 사람(관리자 포함)은 최소한의 인원으로 한정
백업 및 이중 저장	- 시스템 장애, 랜섬웨어 감염, 하드웨어 고장 등의 상황에 대비 - 정기적인 로그 백업을 수행하고, 별도의 저장소에 이중 보관

6) 악성프로그램 등 방지

「개인정보의 안전성 확보 조치 기준」 제9조(악성프로그램 등 방지)

① 개인정보처리자는 악성프로그램 등을 방지·치료할 수 있는 보안프로그램을 설치·운영하여야 하며, 다음 각호의 사항을 준수하여야 한다.
  1. 프로그램의 자동 업데이트 기능을 사용하거나, 정당한 사유가 없는 한 일 1회 이상 업데이트를 실시하는 등 최신의 상태로 유지
  2. 발견된 악성프로그램 등에 대해 삭제 등 대응 조치
② 개인정보처리자는 악성프로그램 관련 경보가 발령된 경우 또는 사용 중인 응용 프로그램이나 운영체제 소프트웨어의 제작업체에서 보안 업데이트 공지가 있는 경우 정당한 사유가 없는 한 즉시 이에 따른 업데이트 등을 실시하여야 한다.

구분	핵심 개념	설명
① 보안프로그램 설치 및 운영	최신 상태 유지	– 보안프로그램은 항상 최신 상태로 유지해야 하며, 자동 업데이트 기능을 사용하거나 정당한 사유가 없는 한 일 1회 이상 수동 업데이트 필요
	악성프로그램이 발견된 경우에는 즉시 대응 조치	– 악성프로그램이 발견된 경우에는 즉시 삭제하거나 적절한 대응 조치
② 보안프로그램 패치	보안경보 또는 제조사 공지 시 즉시 업데이트	– 악성프로그램 경보 발령 또는 OS·응용프로그램의 보안 패치 공지가 있을 경우, 정당한 사유가 없는 한 즉시 보안 업데이트 등 조치

① **보안프로그램 설치 및 운영**

- 개인정보처리자는 개인정보처리시스템과 관련된 기기에서 악성프로그램으로 인한 침해사고를 예방하고, 개인정보의 안전성을 확보하기 위해 악성프로그램 등을 방지·치료할 수 있는 보안프로그램을 설치·운영하여야 한다.
- 보안 프로그램을 운영할 때에는 다음과 같은 사항을 반드시 준수해야 한다.

  첫째, 보안프로그램은 항상 최신 상태로 유지되어야 한다. 보안프로그램은 기본적으로 악성코드의 패턴을 이용하여 악성코드를 탐지한다. 그러나 악성코드는 계속해서 새로운 변종이 등장하고, 기존 백신으로는 탐지되지 않는 공격 방식이 나타난다. 그러므로 보안프로그램이 실시간으로 최신 악성코드 정보를 반영할 수 있도록 자동 업데이트 기능을 설정해야 한다. 만약 자동 업데이트가 불가능한 환경이라면, 정당한 사유가 없는 한 최소 일 1회 이상 수동 업데이트를 실시하여 최신의 상태를 유지해야 한다.

  둘째, 악성프로그램이 발견된 경우에는 즉시 대응 조치를 취해야 한다. 발견된 악성코드에 대해서는 삭제, 격리, 치료 등의 적절한 후속 조치가 신속하게 이루어져야 한다. 탐지를 했다면 조치 결과도 확인될 수 있도록 로그 또는 보고 체계가 마련되어야 한다.

② **보안프로그램 패치**

- 개인정보처리자는 악성프로그램 관련 경보가 발령되었거나, 사용 중인 운영체제 또는 응용 프로그램의 제작업체로부터 보안 업데이트 공지가 있는 경우, 정당한 사유가 없는 한 지체 없이 해당 업데이트를 즉시 실시하여야 한다. 보안 업데이트가 늦어지는 경우, 이미 알려진 취약점을 그대로 노출하고 있는 상태가 되어 보안 사고로 이어질 수 있기 때문이다.
- 업데이트를 즉시 적용하지 못하는 '정당한 사유'로는, 시스템 구조상 긴급 패치가 곧바로 적용되기 어려운 경우, 호환성 검토가 필요한 특수한 시스템 등 객관적이고 불가피한 기술적·운영상 사유가 있을 때 등 제한적으로 예외로 인정될 수 있다. 그러나 이

경우에도 반드시 대체 보안 조치나 조기 적용 계획을 수립하고, 대응이 지연되는 사유와 조치 일정을 문서화해야 한다.

7) 물리적 안전조치

「개인정보의 안전성 확보 조치 기준」 제10조(물리적 안전조치)
① 개인정보처리자는 전산실, 자료보관실 등 개인정보를 보관하고 있는 물리적 보관 장소를 별도로 두고 있는 경우에는 이에 대한 출입통제 절차를 수립·운영하여야 한다.
② 개인정보처리자는 개인정보가 포함된 서류, 보조저장매체 등을 잠금장치가 있는 안전한 장소에 보관하여야 한다.
③ 개인정보처리자는 개인정보가 포함된 보조저장매체의 반출·입 통제를 위한 보안대책을 마련하여야 한다. 다만, 별도의 개인정보처리시스템을 운영하지 아니하고 업무용 컴퓨터 또는 모바일 기기를 이용하여 개인정보를 처리하는 경우에는 이를 적용하지 아니할 수 있다.

구분	핵심 개념	설명
① 물리적 보관 장소 출입통제	전산실·자료보관실 등 물리적 장소의 출입통제	- 개인정보 보관 장소(전산실, 자료보관실 등)가 별도로 있는 경우에는 출입자 제한 및 통제 절차를 수립·운영
② 개인정보가 포함된 서류나 저장매체 등 잠금장치 보관	서류·보조 저장 매체는 잠금장치가 있는 장소에 보관	- 개인정보가 포함된 서류, USB, 외장하드 등은 반드시 잠금장치가 있는 안전한 장소에 보관
③ 개인정보가 포함된 보조저장매체 반출입 통제	매체 이동 시 보안대책 수립	- 보조저장매체의 반출·입에 대해 승인, 기록, 암호화 등 통제 대책 마련 필요
※ 단, 별도 시스템 없이 업무용 PC·모바일로만 개인정보를 처리하는 경우는 적용 제외 가능

① 물리적 보관 장소 출입통제

- 개인정보처리자는 개인정보를 안전하게 보관·관리하기 위해, 전산실, 자료보관실 등 **개인정보가 물리적으로 저장되어 있는 장소에 대한 출입통제 절차를 수립하고 운영**해야 한다.
- 출입통제가 필요한 물리적 공간의 예시는 다음과 같다.

물리적 공간 예시	설명
전산실	- 개인정보처리시스템이 설치되어 있는 공간(예 DB 서버, 웹 서버 등)
자료보관실	- 문서, 외장 저장매체, 백업디스크 등에 개인정보가 저장된 장소

- 다음은 개인정보처리자가 수립해야 할 출입통제 절차의 주요 내용이다.

출입통제 절차 주요 내용	설명
출입권한 부여 기준	- 업무상 필요성이 명확한 자에게만 출입 권한을 부여 - 출입 가능한 인원은 최소화하고, 직무 변경·퇴직 시 권한 즉시 회수
출입 인증 수단 적용	- 출입카드, 지문인식, 얼굴인식, 비밀번호 등을 활용하여 출입 대상자 확인
출입기록 관리 및 점검	- 출입 일시, 출입자 성명, 사유 등을 기록하여 전자 또는 수기 로그로 보관 - 출입기록과 권한 현황을 정기적으로 점검(예 월 1회, 분기 1회)
외부인 출입 절차 수립	- 외부 인력(협력업체, 유지보수 인력 등)은 반드시 사전 승인, 출입대장 기록, 담당자 동행 등 절차화
출입 이상 행위에 대한 대응 체계	- 무단 출입, 출입 기록 누락, 허가 시간 외 출입 등의 경우 즉시 보안 담당자 통보 및 후속 조치 실시

② 개인정보가 포함된 서류나 저장매체 등 잠금장치 보관

- 개인정보가 포함된 서류나 저장매체는 언제든지 물리적 유출이 가능한 가장 취약한 형태의 개인정보 자산이다. 열람 후 서류를 책상 위에 방치하거나, 누구나 열 수 있는 서랍에 USB를 보관하는 등의 사소한 실수도 심각한 유출 사고로 이어질 수 있다.
- 다음은 개인정보가 포함된 서류나 저장매체의 예시이다.

잠금장치 저장 필요 대상	설명
서류	- 개인정보가 기재된 계약서, 신청서, 인사기록카드, 병력서류 등
보조저장매체	- USB 메모리, 외장하드, CD/DVD, SD카드 등
기타 저장매체	- 백업용 디스크, 노트북, 개인정보가 담긴 출력물

- 보관 장소는 잠금장치가 있는 캐비닛, 금고, 보관함 등이다. 잠근 후 열쇠도 안전하게 보관해야 한다. 이러한 보관 장소는 출입이 제한되는 구역에 위치하고 CCTV나 출입 기록이 보관되는 등 추가적인 보호조치도 함께 갖추는 것이 좋다.

③ 개인정보가 포함된 보조저장매체 반출입 통제

- 개인정보처리자는 개인정보가 포함된 보조저장매체의 반출 및 반입을 철저히 통제하기 위한 보호조치를 마련해야 한다.
- USB, 외장하드, CD, SD카드 등 보조저장매체를 통한 개인정보 유출을 방지하는 것이 목적이다.

- 개인정보처리자는 해당 매체를 통한 정보 이동을 사전에 허가하거나 기록을 남기도록 하는 절차를 수립하고, 보안프로그램이나 장비를 통해 해당 행위를 실시간으로 감시하거나 통제할 수 있어야 한다. 예를 들어, 회사 내부망과 연결된 컴퓨터에서 USB 포트를 사용하지 못하도록 물리적으로 차단하거나, USB에 데이터를 쓰지 못하게 하고 USB 사용 기록을 남기는 프로그램을 설치하고 운영할 수 있다. 다만, 개인정보처리자가 별도의 개인정보처리시스템을 별도로 운영하지 않고, 업무용 컴퓨터나 모바일 기기 등을 활용하여 소규모로 개인정보를 처리하는 경우에는 보조저장매체 통제를 위한 보안대책의 적용이 예외적으로 면제될 수 있다.

> **참고사항** DLP(Data Loss Prevention)
>
> DLP는 조직 내에서 민감한 정보나 중요 데이터를 무단으로 외부로 유출하거나 내부에서 부적절하게 사용하는 것을 방지하기 위한 보안프로그램이다. 내부의 개인정보가 인가되지 않은 사용자나 경로를 통해 외부로 반출되는 것을 실시간으로 차단하거나 알림을 제공하고, 보조저장매체 사용 기록을 남겨 보안 사고 시 추적 및 감사를 위한 기록도 보관한다.

> **참고사항** 보안 USB
>
> 보안 USB는 일반 USB 저장장치와 달리 내부에 보안 기능이 내장되어 있어 데이터의 무단 접근, 복사, 유출을 방지할 수 있도록 설계된 저장매체이다. 데이터를 암호화하여 저장하고 사용 로그를 기록하며 인증을 통해서만 데이터에 접근할 수 있도록 한다.

8) 재해·재난 대비 안전조치

「개인정보의 안전성 확보 조치 기준」 제11조(재해·재난 대비 안전조치)
10만명 이상의 정보주체에 관하여 개인정보를 처리하는 대기업·중견기업·공공기관 또는 100만명 이상의 정보주체에 관하여 개인정보를 처리하는 중소기업·단체에 해당하는 개인정보처리자는 화재, 홍수, 단전 등의 재해·재난 발생 시 개인정보처리시스템 보호를 위한 다음 각호의 조치를 하여야 한다. 1. 위기대응 매뉴얼 등 대응절차를 마련하고 정기적으로 점검 2. 개인정보처리시스템 백업 및 복구를 위한 계획을 마련

- 개인정보처리시스템을 운영하는 동안 예상치 못한 재해·재난이 발생할 수 있으며, 다음과 같은 유형이 있다.

구분	유형	설명
자연재해	지진, 홍수, 태풍, 낙뢰, 폭설	- 자연현상으로 인해 전산실, 통신망, 전력 공급 등이 물리적으로 손상되거나 기능이 중단되는 경우
기술적 장애	시스템 고장, 네트워크 오류, 전력 장애, 저장장치 장애	- 하드웨어 및 소프트웨어의 기술적 문제로 인해 서비스가 중단되거나 데이터에 접근이 불가능해지는 경우
사이버 공격	해킹, 랜섬웨어, DDoS, 악성코드	- 외부 또는 내부 공격자에 의해 시스템이 손상되거나 데이터가 유출되는 보안 위협

- 재해·재난이 발생하는 경우 개인정보처리시스템에 있는 개인정보가 손상될 수 있으므로 일정 기준 이상의 개인정보처리자는 개인정보처리시스템의 재해·재난 대비 조치를 하도록 하고 있다.

개인정보처리자 유형	기준
대기업·중견기업·공공기관	- 10만명 이상의 정보주체에 관하여 개인정보를 처리
중소기업·단체	- 100만명 이상의 정보주체에 관하여 개인정보를 처리

- 개인정보처리자는 다양한 위기 상황에 즉각적으로 대응할 수 있도록 <u>사전에 위기 대응 매뉴얼 및 구체적인 대응 절차를 마련</u>해야 한다. 이 매뉴얼에는 사고 발생 시의 조직 구성, 업무 분장, 의사소통 체계, 복구 단계별 조치 내용 등이 포함되어야 한다. 단순히 문서로만 두지 않고, 실제 위기 상황에서 유효하게 작동하는지 확인하기 위해 정기적으로 시뮬레이션 훈련 또는 모의 점검을 실시하고 이를 문서화하여 관리해야 한다.
- 개인정보처리시스템이 손상되거나 접근이 불가능해질 경우에 대비하여, 중요 개인정보 및 시스템 데이터를 정기적으로 백업하고, 복구 가능한 체계를 갖추어야 한다. 백업 주기, 백업 방식(전체/증분/차등), 보관 장소(온사이트/오프사이트), 암호화 및 무결성 확인 절차, 그리고 복구 시나리오에 따른 복구 시간 목표(RTO, Recovery Time Object) 및 데이터 복원 목표(RPO, Recovery Point Object) 등이 포함된다. 백업된 자료는 정기적으로 복원 테스트를 수행하여 실제로 복구가 가능한지 검증되어야 하며, 백업 및 복구 절차도 문서화하여 접근 통제를 실시해야 한다.

9) 출력·복사 시 안전조치

「개인정보의 안전성 확보 조치 기준」 제12조(출력·복사 시 안전조치)
① 개인정보처리자는 개인정보처리시스템에서 개인정보의 출력 시(인쇄, 화면 표시, 파일 생성 등) 용도를 특정하여야 하며, 용도에 따라 출력 항목을 최소화하여야 한다.
② 개인정보처리자는 개인정보가 포함된 종이 인쇄물, 개인정보가 복사된 외부 저장매체 등 개인정보의 출력·복사물을 안전하게 관리하기 위해 필요한 안전조치를 하여야 한다.

① 개인정보 출력 최소화
- 개인정보처리자는 인쇄, 화면 표시, 파일 생성 등 개인정보처리시스템을 통해 개인정보를 출력하는 경우, 해당 개인정보를 출력하기 위한 목적이 명확해야 하고 목적 외의 사용은 제한되어야 한다.
- 출력된 개인정보가 불필요하고 과도하게 노출되지 않도록 하기 위해, **출력되는 개인정보 항목은 해당 용도에 필요한 최소한의 정보로 제한**되어야 한다. 예를 들어, 단순한 확인을 위한 화면 표시의 경우 전체 주민등록번호나 상세 주소까지 표시할 필요는 없으므로, 업무처리에 필요한 항목만 출력되어야 한다.

② 개인정보의 출력·복사물의 안전조치
- 개인정보처리자는 개인정보가 포함된 종이 인쇄물, 또는 개인정보가 저장된 USB, 외장하드, CD 등 외부 저장매체와 같은 출력·복사물에 대해 출력·복사 단계부터 폐기까지 보호조치를 해야 한다. 예를 들어, 종이 인쇄물의 경우 인쇄 권한을 제한하고, 인쇄물이 방치되지 않도록 출력 후 즉시 수거하고 시건장치가 있는 장소에 보관하여야 한다. 보관이 불필요한 경우에는 파쇄기 또는 전문 업체를 통해 완전한 폐기를 한다.
- 외부 저장매체에 개인정보가 저장되는 경우, 저장 전에 암호화하고, 외부 저장매체 반출입 대장을 관리한다. 사용이 끝난 저장매체는 데이터를 완전 삭제하거나 안전하게 폐기하여야 한다.

10) 개인정보의 파기

> 「개인정보의 안전성 확보 조치 기준」 제13조(개인정보의 파기)
>
> ① 개인정보처리자는 개인정보를 파기할 경우 다음 각호 중 어느 하나의 조치를 하여야 한다.
>   1. 완전 파괴(소각·파쇄 등)
>   2. 전용 소자장비(자기장을 이용해 저장장치의 데이터를 삭제하는 장비)를 이용하여 삭제
>   3. 데이터가 복원되지 않도록 초기화 또는 덮어쓰기 수행
> ② 개인정보처리자가 개인정보의 일부만을 파기하는 경우, 제1항의 방법으로 파기하는 것이 어려울 때에는 다음 각호의 조치를 하여야 한다.
>   1. 전자적 파일 형태인 경우 : 개인정보를 삭제한 후 복구 및 재생되지 않도록 관리 및 감독
>   2. 제1호 외의 기록물, 인쇄물, 서면, 그 밖의 기록매체인 경우 : 해당 부분을 마스킹, 구멍 뚫기 등으로 삭제
> ③ 기술적 특성으로 제1항 및 제2항의 방법으로 파기하는 것이 현저히 곤란한 경우에는 법 제58조의2에 해당하는 정보로 처리하여 복원이 불가능하도록 조치를 하여야 한다.

① 개인정보 완전 파기 시 조치

개인정보처리자는 개인정보를 파기할 경우 다음과 같이 재생이 불가능한 방법으로 파기해야 한다.

파기 방법	설명
완전 파괴	- 종이 문서 등 물리적 형태의 개인정보가 포함된 자료를 소각하거나 파쇄하는 방식으로 완전히 파기
전용 소자장비	- 자기장을 이용하여 저장장치 내의 데이터를 완전히 제거
초기화 또는 덮어쓰기	- 기존 데이터를 0이나 무작위 값으로 여러 번 덮어쓰거나, 디스크를 초기화하여 논리적으로 접근할 수 없도록 만드는 방식

② 개인정보 일부 파기 시 조치

개인정보처리자가 개인정보를 일부만 파기하고자 하는 경우에는, 전체 데이터를 파기하는 것과는 달리 특정 항목이나 일부 정보만을 선별적으로 제거해야 하므로, 완전 파괴, 전용 소자장비, 초기화 또는 덮어쓰기와 같은 완전한 파기 방법을 적용하기 어려울 수 있다.

파기 대상	설명
전자적 파일 형태	- 개인정보를 삭제한 후 복구 및 재생되지 않도록 관리 및 감독 예 데이터베이스에서 특정 열(column)의 값을 삭제한 경우, 파일 삭제 후 정보가 남아 있는지 주기적으로 점검
전자 파일이 아닌 일반 기록물, 인쇄물, 서면, 그 밖의 기록매체	- 마스킹, 구멍 뚫기, 절취 등으로 삭제

③ 익명 정보로 가공

기술적 특성으로 개인정보의 전부 또는 일부만 파기가 불가능한 경우에는, 시간·비용·기술 등을 합리적으로 고려할 때 다른 정보를 사용하여도 더 이상 개인을 알아볼 수 없는 정보, 익명 정보로 변환한다.

CHAPTER 02 공공시스템운영기관 등의 개인정보 안전성 확보 조치

공공시스템운영기관은 일반 국민의 개인정보를 대량으로 처리하게 되어, 유출 시 단순한 개인 피해를 넘어 국민의 신뢰 저하와 행정서비스의 근간을 위협할 수 있는 중대한 문제로 이어질 수 있다. 「개인정보의 안전성 확보 조치 기준」에서는 공공시스템운영기관 등에 개인정보 보호를 위한 추가적인 조치를 요구한다.

이 장에서는 공공부문에서 발생할 수 있는 대규모 개인정보 침해 위험을 최소화하기 위해 강화된 수준의 조치에 대한 상세한 기준을 학습한다.

1 개요

「개인정보 보호법 시행령」 제30조의2(공공시스템운영기관 등의 개인정보 안전성 확보 조치 등)

① 개인정보의 처리 규모, 접근 권한을 부여받은 개인정보취급자의 수 등 보호위원회가 고시하는 기준에 해당하는 개인정보처리시스템(이하 "공공시스템"이라 한다)을 운영하는 공공기관(이하 "공공시스템운영기관"이라 한다)은 법 제29조에 따라 이 영 제30조의 안전성 확보 조치 외에 다음 각호의 조치를 추가로 해야 한다.
  1. 제30조제1항제1호에 따른 내부 관리계획에 공공시스템별로 작성한 안전성 확보 조치를 포함할 것
  2. 공공시스템에 접속하여 개인정보를 처리하는 기관(이하 이 조에서 "공공시스템이용기관"이라 한다)이 정당한 권한을 가진 개인정보취급자에게 접근 권한을 부여·변경·말소 등을 할 수 있도록 하는 등 접근 권한의 안전한 관리를 위해 필요한 조치
  3. 개인정보에 대한 불법적인 접근 및 침해사고 방지를 위한 공공시스템 접속기록의 저장·분석·점검·관리 등의 조치
② 공공시스템운영기관 및 공공시스템이용기관은 정당한 권한 없이 또는 허용된 권한을 초과하여 개인정보에 접근한 사실이 확인되는 경우에는 지체 없이 정보주체에게 해당 사실과 피해 예방 등을 위해 필요한 사항을 통지해야 한다. 이 경우 다음 각호의 어느 하나에 해당하는 경우에는 통지를 한 것으로 본다.
  1. 법 제34조제1항에 따라 정보주체에게 개인정보의 분실·도난·유출에 대하여 통지한 경우
  2. 다른 법령에 따라 정보주체에게 개인정보에 접근한 사실과 피해 예방 등을 위해 필요한 사항을 통지한 경우

> **「개인정보 보호법 시행령」 제30조의2(공공시스템운영기관 등의 개인정보 안전성 확보 조치 등)**
>
> ③ 공공시스템운영기관(공공시스템을 개발하여 배포하는 공공기관이 따로 있는 경우에는 그 공공기관을 포함한다. 이하 이 조에서 같다)은 해당 공공시스템의 규모와 특성, 해당 공공시스템이용기관의 수 등을 고려하여 개인정보의 안전한 관리에 관련된 업무를 전담하는 부서를 지정하여 운영하거나 전담인력을 배치해야 한다.
> ④ 공공시스템운영기관은 공공시스템별로 해당 공공시스템을 총괄하여 관리하는 부서의 장을 관리책임자로 지정해야 한다. 다만, 해당 공공시스템을 총괄하여 관리하는 부서가 없을 때에는 업무 관련성 및 수행능력 등을 고려하여 해당 공공시스템운영기관의 관련 부서의 장 중에서 관리책임자를 지정해야 한다.
> ⑤ 공공시스템운영기관은 공공시스템의 안전성 확보 조치 이행상황 점검 및 개선에 관한 사항을 협의하기 위하여 다음 각호의 기관으로 구성되는 공공시스템운영협의회를 공공시스템별로 설치·운영해야 한다. 다만, 하나의 공공기관이 2개 이상의 공공시스템을 운영하는 경우에는 공공시스템운영협의회를 통합하여 설치·운영할 수 있다.
>   1. 공공시스템운영기관
>   2. 공공시스템의 운영을 위탁하는 경우 해당 수탁자
>   3. 공공시스템운영기관이 필요하다고 인정하는 공공시스템이용기관
> ⑥ 보호위원회는 공공시스템운영기관이 개인정보의 안전성 확보 조치를 이행하는 데 필요한 지원을 할 수 있다.
> ⑦ 제1항부터 제6항까지에서 규정한 사항 외에 공공시스템운영기관 등의 개인정보의 안전성 확보 조치에 필요한 사항은 보호위원회가 정하여 고시한다.

- 시행령에서 제시한 내용을 요약하면 다음과 같다.

> **「개인정보 보호법 시행령」 제30조의2(공공시스템운영기관 등의 개인정보 안전성 확보 조치 등) 요약**
>
> 1. 내부 관리계획에 공공시스템별로 작성한 안전성 확보 조치를 포함
> 2. 접근 권한의 안전한 관리를 위해 필요한 조치
> 3. 공공시스템 접속기록의 저장·분석·점검·관리 등의 조치
> 4. 공공시스템운영기관 및 공공시스템이용기관은 정당한 권한 없이 또는 허용된 권한을 초과하여 개인정보에 접근한 사실이 확인되는 경우 조치
> 5. 공공시스템운영기관은 개인정보의 안전한 관리에 관련된 업무를 전담하는 부서를 지정하여 운영하거나 전담인력을 배치
> 6. 공공시스템운영기관은 공공시스템별로 해당 공공시스템을 총괄하여 관리하는 부서의 장을 관리책임자로 지정
> 7. 공공시스템운영협의회를 공공시스템별로 설치·운영

- 「개인정보의 안전성 확보 조치 기준」 제3장 공공시스템운영기관 등의 개인정보 안전성 확보 조치에 해당하는 제14조부터 제17조에 해당하는 내용이다.

구분	상세 내용

공공시스템운영기관의 안전조치 기준 적용	① 다음 각호의 어느 하나에 해당하는 개인정보처리시스템 중에서 개인정보보호위원회(이하 "보호위원회"라 한다)가 지정하는 개인정보처리시스템(이하 "공공시스템"이라 한다)을 운영하는 공공기관(이하 "공공시스템운영기관"이라 한다)은 제2장의 개인정보의 안전성 확보 조치 외에 이 장의 조치를 하여야 한다.
	1. 2개 이상 기관의 공통 또는 유사한 업무를 지원하기 위하여 단일시스템을 구축하여 다른 기관이 접속하여 이용할 수 있도록 한 단일접속시스템으로서 다음 각 목의 어느 하나에 해당하는 경우
	  가. 100만명 이상의 정보주체에 관한 개인정보를 처리하는 시스템
	  나. 개인정보처리시스템에 대한 개인정보취급자의 수가 200명 이상인 시스템
	  다. 정보주체의 사생활을 현저히 침해할 우려가 있는 민감한 개인정보를 처리하는 시스템
	2. 2개 이상 기관의 공통 또는 유사한 업무를 지원하기 위하여 표준이 되는 시스템을 개발하여 다른 기관이 운영할 수 있도록 배포한 표준배포시스템으로서 대국민 서비스를 위한 행정업무 또는 민원업무 처리용으로 사용하는 경우
	3. 기관의 고유한 업무 수행을 지원하기 위하여 기관별로 운영하는 개별시스템으로서 다음 각 목의 어느 하나에 해당하는 경우
	  가. 100만명 이상의 정보주체에 관한 개인정보를 처리하는 시스템
	  나. 개인정보처리시스템에 대한 개인정보취급자의 수가 200명 이상인 시스템
	  다. 「주민등록법」에 따른 주민등록정보시스템과 연계하여 운영되는 시스템
	  라. 총 사업비가 100억원 이상인 시스템
	② 제1항에도 불구하고 보호위원회는 다음 각호의 어느 하나에 해당하는 개인정보처리시스템에 대하여는 공공시스템으로 지정하지 않을 수 있다.
	1. 체계적인 개인정보 검색이 어려운 경우
	2. 내부적 업무처리만을 위하여 사용되는 경우
	3. 그밖에 개인정보가 유출될 가능성이 상대적으로 낮은 경우로서 보호위원회가 인정하는 경우

공공시스템운영기관의 내부 관리계획의 수립·시행	공공시스템운영기관은 공공시스템별로 다음 각호의 사항을 포함하여 내부 관리계획을 수립하여야 한다. 1. 영 제30조의2제4항에 따른 관리책임자(이하 "관리책임자"라 한다)의 지정에 관한 사항 2. 관리책임자의 역할 및 책임에 관한 사항 3. 제4조제1항제3호에 관한 사항 중 개인정보취급자의 역할 및 책임에 관한 사항 4. 제4조제1항제4호부터 제6호까지 및 제8호에 관한 사항 5. 제16조 및 제17조에 관한 사항

구분	상세 내용
공공시스템운영기관의 접근 권한의 관리	① 공공시스템운영기관은 공공시스템에 대한 접근 권한을 부여, 변경 또는 말소하려는 때에는 인사정보와 연계하여야 한다. ② 공공시스템운영기관은 인사정보에 등록되지 않은 자에게 제5조제4항에 따른 계정을 발급해서는 안 된다. 다만, 긴급상황 등 불가피한 사유가 있는 경우에는 그러하지 아니하며, 그 사유를 제5조제3항에 따른 내역에 포함하여야 한다. ③ 공공시스템운영기관은 제5조제4항에 따른 계정을 발급할 때에는 개인정보보호 교육을 실시하고, 보안 서약을 받아야 한다. ④ 공공시스템운영기관은 정당한 권한을 가진 개인정보취급자에게만 접근 권한이 부여·관리되고 있는지 확인하기 위하여 제5조제3항에 따른 접근 권한 부여, 변경 또는 말소 내역 등을 반기별 1회 이상 점검하여야 한다. ⑤ 공공시스템에 접속하여 개인정보를 처리하는 기관(이하 "공공시스템이용기관"이라 한다)은 소관 개인정보취급자의 계정 발급 등 접근 권한의 부여·관리를 직접하는 경우 제2항부터 제4항까지의 조치를 하여야 한다.
공공시스템운영기관의 접속기록의 보관 및 점검	① 공공시스템 접속기록 등을 자동화된 방식으로 분석하여 불법적인 개인정보 유출 및 오용·남용 시도를 탐지하고 그 사유를 소명하도록 하는 등 필요한 조치를 하여야 한다. ② 공공시스템운영기관은 공공시스템이용기관이 소관 개인정보취급자의 접속기록을 직접 점검할 수 있는 기능을 제공하여야 한다.

2 공공시스템운영기관 등의 개인정보 안전성 확보 조치

1) 적용 대상

「개인정보의 안전성 확보 조치 기준」 제14조(공공시스템운영기관의 안전조치 기준 적용)

① 다음 각호의 어느 하나에 해당하는 개인정보처리시스템 중에서 개인정보보호위원회(이하 "보호위원회"라 한다)가 지정하는 개인정보처리시스템(이하 "공공시스템"이라 한다)을 운영하는 공공기관(이하 "공공시스템운영기관"이라 한다)은 제2장의 개인정보의 안전성 확보 조치 외에 이 장의 조치를 하여야 한다.

  1. 2개 이상 기관의 공통 또는 유사한 업무를 지원하기 위하여 단일 시스템을 구축하여 다른 기관이 접속하여 이용할 수 있도록 한 단일접속 시스템으로서 다음 각 목의 어느 하나에 해당하는 경우

    가. 100만명 이상의 정보주체에 관한 개인정보를 처리하는 시스템

    나. 개인정보처리시스템에 대한 개인정보취급자의 수가 200명 이상인 시스템

    다. 정보주체의 사생활을 현저히 침해할 우려가 있는 민감한 개인정보를 처리하는 시스템

> 2. 2개 이상 기관의 공통 또는 유사한 업무를 지원하기 위하여 표준이 되는 시스템을 개발하여 다른 기관이 운영할 수 있도록 배포한 표준배포 시스템으로서 대국민 서비스를 위한 행정업무 또는 민원업무 처리용으로 사용하는 경우
> 3. 기관의 고유한 업무 수행을 지원하기 위하여 기관별로 운영하는 개별 시스템으로서 다음 각 목의 어느 하나에 해당하는 경우
>   가. 100만명 이상의 정보주체에 관한 개인정보를 처리하는 시스템
>   나. 개인정보처리시스템에 대한 개인정보취급자의 수가 200명 이상인 시스템
>   다. 「주민등록법」에 따른 주민등록정보시스템과 연계하여 운영되는 시스템
>   라. 총 사업비가 100억원 이상인 시스템
> ② 제1항에도 불구하고 보호위원회는 다음 각호의 어느 하나에 해당하는 개인정보처리시스템에 대하여는 공공시스템으로 지정하지 않을 수 있다.
> 1. 체계적인 개인정보 검색이 어려운 경우
> 2. 내부적 업무처리만을 위하여 사용되는 경우
> 3. 그밖에 개인정보가 유출될 가능성이 상대적으로 낮은 경우로서 보호위원회가 인정하는 경우

① 적용 대상

개인정보보호위원회가 지정한 공공시스템을 운영하는 공공기관은 다음과 같은 적용 조건에 해당하는 경우 추가적인 보호조치를 해야 한다.

구분	유형	적용 조건
단일접속 시스템	여러 기관이 공동 사용	- 100만명 이상 정보주체의 개인정보 처리 - 개인정보취급자 수 200명 이상 - 민감한 개인정보를 처리하여 사생활 침해 우려
표준배포 시스템	표준 시스템을 다른 기관에 배포하여 사용	- 국민 대상 행정업무 또는 민원업무 처리용으로 사용하는 경우
개별 시스템	기관이 자체적으로 운영	- 100만명 이상 정보주체의 개인정보 처리 - 개인정보취급자 수 200명 이상 - 주민등록정보시스템과 연계 운영 - 총 사업비가 100억원 이상

② 공공시스템 예외

개인정보보호위원회는 다음에 해당하는 개인정보처리시스템에 대하여는 공공시스템으로 지정하지 않을 수 있다.

예외	설명
체계적인 개인정보 검색이 어려운 경우	- 시스템 구조상 개인정보를 일괄적으로 조회하거나 분석하기 어려운 경우
내부적 업무처리만을 위하여 사용되는 경우	- 외부 민원처리나 대국민 서비스와 무관하며, 내부 행정업무에만 국한되어 사용하는 경우
그밖에 개인정보가 유출될 가능성이 상대적으로 낮은 경우로서 보호위원회가 인정하는 경우	- 기술적·관리적 보호 수준, 시스템 구조, 사용 범위 등을 종합적으로 고려하여 위험이 낮다고 판단된 경우

2) 공공시스템운영기관의 내부 관리계획의 수립·시행

「개인정보의 안전성 확보 조치 기준」 제15조(공공시스템운영기관의 내부 관리계획의 수립·시행)

공공시스템운영기관은 공공시스템별로 다음 각호의 사항을 포함하여 내부 관리계획을 수립하여야 한다.
1. 영 제30조의2제4항에 따른 관리책임자(이하 "관리책임자"라 한다)의 지정에 관한 사항
2. 관리책임자의 역할 및 책임에 관한 사항
3. 제4조제1항제3호에 관한 사항 중 개인정보취급자의 역할 및 책임에 관한 사항

> 「개인정보 안전성 확보 조치 기준」
> 제4조(내부 관리계획의 수립·시행 및 점검)①
> 3. 개인정보 보호책임자와 개인정보취급자의 역할 및 책임에 관한 사항

4. 제4조제1항제4호부터 제6호까지 및 제8호에 관한 사항

> 「개인정보 안전성 확보 조치 기준」
> 제4조(내부 관리계획의 수립·시행 및 점검)①
> 4. 개인정보취급자에 대한 관리·감독 및 교육에 관한 사항
> 5. 접근 권한의 관리에 관한 사항
> 6. 접근 통제에 관한 사항
> 8. 접속기록 보관 및 점검에 관한 사항

5. 제16조 및 제17조에 관한 사항

- 공공시스템운영기관은 공공시스템별로 내부 관리계획을 수립해야 한다. 먼저, 관리책임자를 지정하고 관리책임자의 역할과 책임에 관한 사항이 포함되어야 한다. 근거가 되는 조항은 다음과 같다.

> 「개인정보 보호법 시행령」 제30조의2(공공시스템운영기관 등의 개인정보 안전성 확보 조치 등)
>
> ④ 공공시스템운영기관은 공공시스템별로 해당 공공시스템을 총괄하여 관리하는 부서의 장을 관리책임자로 지정해야 한다. 다만, 해당 공공시스템을 총괄하여 관리하는 부서가 없을 때에는 업무 관련성 및 수행능력 등을 고려하여 해당 공공시스템운영기관의 관련 부서의 장 중에서 관리책임자를 지정해야 한다.

- 공공시스템운영기관은 기관 내에서 해당 시스템을 총괄적으로 관리·감독하는 부서의 책임자를 관리책임자로 지정해야 한다. 그런 부서가 없을 때에는 공공시스템운영기관의 관련 부서의 장 중에서 관리책임자를 지정한다.

3) 공공시스템운영기관의 접근 권한의 관리

- 5호 접근 권한의 관리에 대하여는 기준 제16호에서 요구하는 조치를 어떻게 구현할지에 대한 내용이 포함된다.

> 「개인정보 안전성 확보 조치 기준」 제16조(공공시스템운영기관의 접근 권한의 관리)
>
> ① 공공시스템운영기관은 공공시스템에 대한 접근 권한을 부여, 변경 또는 말소하려는 때에는 인사정보와 연계하여야 한다.
> ② 공공시스템운영기관은 인사정보에 등록되지 않은 자에게 제5조제4항에 따른 계정을 발급해서는 안 된다. 다만, 긴급상황 등 불가피한 사유가 있는 경우에는 그러하지 아니하며, 그 사유를 제5조제3항에 따른 내역에 포함하여야 한다.
> ③ 공공시스템운영기관은 제5조제4항에 따른 계정을 발급할 때에는 개인정보 보호 교육을 실시하고, 보안 서약을 받아야 한다.
> ④ 공공시스템운영기관은 정당한 권한을 가진 개인정보취급자에게만 접근 권한이 부여·관리되고 있는지 확인하기 위하여 제5조제3항에 따른 접근 권한 부여, 변경 또는 말소 내역 등을 반기별 1회 이상 점검하여야 한다.
> ⑤ 공공시스템에 접속하여 개인정보를 처리하는 기관(이하 "공공시스템이용기관"이라 한다)은 소관 개인정보취급자의 계정 발급 등 접근 권한의 부여·관리를 직접하는 경우 제2항부터 제4항까지의 조치를 하여야 한다.

- 공공시스템운영기관의 접근 권한의 관리 요구사항을 표로 정리하면 다음과 같다.

요구사항	설명	비고
접근 권한 부여·변경·말소 시 인사정보 연계	- 접근 권한 처리 시 인사정보와 연계 필수	- 퇴직자·이직자 등 권한 자동 정리 목적
인사정보 미등록자 계정 발급 금지	- 등록되지 않은 자에게 계정 발급 불가	- 다만, 긴급상황 등 불가피한 경우 예외 인정(사유 기록 필수)

요구사항	설명	비고
계정 발급 시 교육 및 서약 필수	- 개인정보 보호 교육 실시 및 보안 서약 필요	- 계정 발급 전 선행 조건
접근 권한 점검 의무	- 권한의 적정성 여부를 반기 1회 이상 점검	- 제5조제3항의 권한 내역 기준으로 점검(권한 부여, 변경 또는 말소에 대한 내역)
공공시스템이용기관의 동일한 책임	- 이용기관도 제2~4항의 규정을 동일하게 적용(인사정보 미등록자 계정 발급 금지, 계정 발급 시 교육 및 서약 필수, 접근 권한 점검 의무)	- 계정·권한 직접 관리 시 해당

4) 공공시스템운영기관의 접속기록의 보관 및 점검

- 접속기록 보관 및 점검에 관한 사항은 기준 제17조의 내용이 포함된다.

> **「개인정보 안전성 확보 조치 기준」 제17조(공공시스템운영기관의 접속기록의 보관 및 점검)**
> ① 공공시스템 접속기록 등을 자동화된 방식으로 분석하여 불법적인 개인정보 유출 및 오용·남용 시도를 탐지하고 그 사유를 소명하도록 하는 등 필요한 조치를 하여야 한다.
> ② 공공시스템운영기관은 공공시스템이용기관이 소관 개인정보취급자의 접속기록을 직접 점검할 수 있는 기능을 제공하여야 한다.

- 공공시스템운영기관은 공공시스템에 대한 접속기록을 자동 분석 시스템을 통해 실시간 또는 주기적으로 분석하여, 개인정보를 불법적으로 유출하거나 무단 열람·수집·복사·저장·전송하는 등의 오용 및 남용 시도를 탐지해야 한다. 만약 이상 징후가 발견될 경우에는 해당 사용자로부터 행위에 대한 소명을 요구하고, 필요시 계정 일시 정지, 접근 차단, 감사 착수 등의 적절한 조치를 즉시 취해야 한다.
- 공공시스템운영기관은 시스템을 사용하는 공공시스템이용기관(개별 부처나 산하기관 등)이 직접 소속 개인정보취급자의 접속기록을 확인하고 점검할 수 있도록 기능을 제공해야 한다. 예를 들어, 이용기관 관리자 계정을 통해 사용자별 접속 일시, 접속 IP, 접근한 개인정보 항목, 조회·수정 이력 등을 조회할 수 있는 권한과 인터페이스를 제공해야 하며, 내부 감사를 위해 이 데이터를 내려받아 분석할 수 있는 기능도 포함되어야 한다.

PART 04 실력 확인 문제

| 개인정보의 보호조치 |

01 다음 중 「개인정보 보호법 시행령」 제30조에서 규정한 안전성 확보 조치에 해당하지 않는 것은?

① 접속기록 보관 및 위변조 방지
② 물리적 보안조치를 위한 보관시설 설치
③ 정보주체에 대한 고지 및 공개 의무
④ 개인정보 암호화 저장 및 전송
⑤ 악성코드 탐지 및 치료 프로그램 운영

해설
고지는 정보주체의 권리보장 관련 조항이며, 제30조는 기술적·관리적·물리적 안전조치에 대한 내용으로 구성되어 있다. 고지는 이 조항의 핵심 내용이 아니다.

02 다음 중 '위조'와 '변조'의 차이를 올바르게 설명한 것은?

① 위조는 권한 있는 자가 정보를 삭제하는 것이고, 변조는 타인이 정보를 추가하는 것이다.
② 위조는 정보 내용 자체를 허위로 작성하는 것이고, 변조는 기존 정보를 무단 수정하는 것이다.
③ 위조는 접근 권한이 없는 자의 접근이고, 변조는 권한 있는 자의 부주의로 발생한다.
④ 위조는 데이터 훼손이고, 변조는 기기의 파손이다.
⑤ 위조는 오탈자 수정이며, 변조는 암호화 해제이다.

해설
위조는 허위 정보의 생성(예 허위 보험 청구), 변조는 기존 정보의 무단 변경(예 주소 정보 임의 수정)을 의미한다.

03 접속기록에 반드시 포함되어야 하는 항목으로 올바르지 않은 것은?

① 접속한 자의 ID
② 접속 일시
③ 사용자의 전화번호
④ 접속 위치(IP 등)
⑤ 수행한 업무 내역

해설
접속기록은 시스템 활동의 보안 추적 목적이므로 전화번호는 필수 요소가 아니다. ID, 시간, 위치, 업무 내역 등의 항목이다.

04 물리적 망 분리의 특성으로 가장 적절하지 않은 것은?

① 별도의 네트워크 장비를 구성한다.
② 외부 인터넷과 완전히 분리된 구조이다.
③ 구축과 운영 비용이 낮아 경제적이다.
④ 해킹 등의 외부 위협에 강하다.
⑤ 내부망은 외부 접근이 차단된다.

해설
물리적 망 분리는 높은 보안성을 제공하지만, 이중 장비와 관리 인력이 필요하므로 비용이 높다. ③은 논리적 망 분리에 해당하는 장점이다.

정답: 01 ③ 02 ② 03 ③ 04 ③

05 다음 중 생체정보와 생체인식정보의 차이점에 대한 설명으로 가장 적절한 것은?

① 생체정보는 익명 처리된 데이터이며 생체인식정보는 고유 식별 불가능 정보이다.
② 생체정보는 수집된 원형이고, 생체인식정보는 인증·식별 목적으로 분석된 정보이다.
③ 생체정보는 텍스트 기반, 생체인식정보는 영상 기반이다.
④ 생체정보는 개인정보가 아니며, 생체인식정보만 보호법 적용 대상이다.
⑤ 생체인식정보는 행동 기반이며, 생체정보는 기술 기반이다.

✅ 해설

생체정보는 원본 데이터이고, 생체인식정보는 이를 가공해 인증 목적으로 분석된 정보이다. 지문 자체는 생체정보, 특징 추출 데이터는 생체인식정보이다.

06 다음 중 내부 관리계획 수립 의무의 예외에 해당하는 개인정보처리자는?

① 연간 1만 건 이상의 개인정보를 수집하는 대형 병원
② 공공기관으로서 민감정보를 처리하는 지방자치단체
③ 대기업이 운영하는 온라인 쇼핑몰
④ 1만명 이하의 이용자를 가진 통신사
⑤ 9,500명의 고객을 보유한 소상공인

✅ 해설

정보주체 수가 1만명 미만이며, 소상공인·개인·단체일 경우 예외적으로 내부 관리계획 수립 의무가 면제된다.

07 다음 중 내부 관리계획에 반드시 포함되어야 하는 항목이 아닌 것은?

① 이용자의 동의 철회 절차
② 접근 권한의 관리
③ 접속기록 보관 및 점검
④ 개인정보 유출사고 대응 계획
⑤ 악성 프로그램 방지 대책

✅ 해설

동의 철회 절차는 정보주체 권리 보장 영역이며, 내부 관리계획 필수 항목은 아니다.

08 다음 중 개인정보 보호책임자가 연 1회 이상 점검·관리해야 할 사항에 해당하지 않는 것은?

① 접근 권한 관리
② 내부 관리계획 이행 여부
③ 암호화 조치 이행
④ 접속기록 보관 및 점검
⑤ 개인정보 처리 위탁 절차

✅ 해설

위탁 절차는 관리 대상 중 일부지만, 보호책임자가 연 1회 이상 점검해야 하는 핵심 항목은 아니다.

09 다음 중 접근 권한 관리 기준에서, '지체 없이' 권한을 말소해야 하는 상황으로 적절하지 않은 것은?

① 퇴사한 직원
② 직무 변경으로 개인정보를 더 이상 처리하지 않는 경우
③ 개인정보 보유 기간이 만료된 경우
④ 외부 계약이 종료된 외주 인력
⑤ 개인정보 열람 요청 건이 일시적으로 급증한 경우

정답: 05 ② 06 ⑤ 07 ① 08 ⑤ 09 ⑤

> 해설

열람 요청 증가와 권한 말소는 무관하다. 나머지는 권한 회수의 대표적 사례이다.

10 다음 중 권한 부여·변경·말소 내역 기록 시 필수 항목이 아닌 것은?

① 접속 IP 주소
② 처리 일시
③ 조치 담당자
④ 변경 권한 내용
⑤ 처리 사유

> 해설

IP는 접속기록에는 필요하지만, 권한 변경 내역 기록에는 필수 항목이 아니다.

11 다음 중 접속 실패 횟수 제한 및 계정 잠금 의 목적은?

① 사용자 편의를 위한 기능
② 개인정보 자동 삭제 기능 제공
③ 비밀번호 공격으로부터의 보호
④ 접속 로그 분석 정확성 향상
⑤ 접속 위치 추적 기능 보강

> 해설

계정 잠금 기능은 무작위 대입 공격 등 비밀번호 공격을 방어하기 위한 조치이다.

12 다음 중 비밀번호를 저장할 때 적용해야 하는 암호화 방식은?

① 대칭키 암호화
② 비대칭키 암호화
③ 일방향 암호화
④ 양방향 압축 암호화
⑤ 대체 알고리즘 암호화

> 해설

비밀번호는 복호화가 불가능한 일방향 암호화 방식으로 저장해야 한다. 해시 알고리즘이 대표적이다.

13 다음 중 인터넷망 차단 의무가 적용되는 조건으로 가장 올바른 것은?

① 연간 1만 건 이상의 정보가 수집되는 경우
② 월평균 10만명의 정보주체를 보유한 경우
③ 고유식별정보를 1만 건 이상 처리하는 경우
④ 전년도 말 기준 직전 3개월간 일일평균 이용자 수가 100만명 이상인 경우
⑤ 내부 감사 결과 침해 우려가 높은 경우

> 해설

직전 3개월간 일일평균 이용자 수 100만명 이상이다.

14 다음 중 접속기록의 최소 보관 기간이 2년 이상인 경우에 해당하지 않는 것은?

① 고유식별정보를 처리하는 시스템
② 민감정보를 처리하는 시스템
③ 5만명 이상의 정보주체 정보를 처리하는 시스템
④ 공공기관에서 사용되는 인사시스템
⑤ 기간통신사업자의 시스템

> 해설

인사시스템 여부와는 무관하다. 보관 연장 조건은 고유식별정보·민감정보·5만명 이상 또는 기간통신사업자 여부이다.

정답: 10 ① 11 ③ 12 ③ 13 ④ 14 ④

15 다음 중 악성프로그램 방지를 위한 조치로 보기 어려운 것은?

① 백업 파일의 클라우드 보관
② 보안프로그램 자동 업데이트
③ 정기적 스캔 및 치료
④ 경보 발령 시 즉시 업데이트
⑤ 신규 취약점 공지 시 신속한 패치

해설
①번은 백업 관련 조치로, 악성코드 방지 자체와는 직접 관련이 없다.

16 다음 중 보조저장매체 반출입 통제가 예외로 허용되는 경우는?

① 저장매체 사용이 불가피한 대기업
② 모바일 기기를 통해 시스템을 운영하는 경우
③ 외부 감사를 준비하는 회계 법인
④ 외부 네트워크 연동이 불가능한 환경
⑤ 별도 개인정보처리시스템 없이 업무용 PC로 처리하는 경우

해설
업무용 PC 또는 모바일 기기로 개인정보를 처리하는 경우, 보안통제 예외가 인정될 수 있다.

17 다음 중 재해·재난 대비 안전조치의 내용으로 적절하지 않은 것은?

① 위기대응 매뉴얼 마련
② 복구 시나리오 수립
③ 실시간 모니터링 시스템 의무화
④ 백업 및 복구 계획 수립
⑤ 정기적 복원 테스트 실시

해설
실시간 모니터링은 재난 대비 안전조치에 포함되는 의무는 아니다. 나머지는 필수 요소이다.

18 다음 중 개인정보 출력 시 적용해야 하는 조치로 가장 적절한 것은?

① 출력 사본을 사무실 복도에 비치
② 화면에 전체 주민번호 표기
③ 용도에 필요한 항목만 출력
④ 모든 출력물을 외부 협력사에 전달
⑤ 복사 시 개별 사유 미기록

해설
출력 시 목적을 특정하고, 최소한의 항목만 출력해야 한다.

19 다음 중 「개인정보 보호법 시행령」 제30조의2에 따라 공공시스템운영기관이 반드시 포함해야 하는 조치가 아닌 것은?

① 공공시스템별 내부 관리계획 수립
② 이용자 개인정보 다운로드 사전 승인
③ 접근 권한의 안전한 관리
④ 접속기록의 저장, 분석, 점검
⑤ 권한 초과 접근 시 정보주체 통지

해설
사전 승인 의무는 명시되어 있지 않으며, 나머지는 모두 시행령 제30조의2에서 요구되는 필수 조치이다.

20 다음 중 공공시스템으로 지정되기 위한 요건에 해당하지 않는 것은?

① 민감정보를 대량 처리하는 단일접속 시스템
② 주민등록정보와 연계된 개별 시스템
③ 개인정보취급자 수 200명 이상인 시스템
④ 총 사업비가 50억원 이상인 기관 시스템
⑤ 100만명 이상의 정보주체 정보를 처리하는 시스템

정답: 15 ① 16 ③ 17 ③ 18 ③ 19 ② 20 ④

> **해설**
>
> 공공시스템 지정 기준은 총 사업비 100억원 이상이다. 50억 원은 기준 미달이다.

21. 다음 중 공공시스템운영기관이 내부 관리 계획에 반드시 포함해야 하는 사항이 아닌 것은?

   ① 관리책임자의 지정
   ② 개인정보취급자의 책임 명시
   ③ 개인정보보호위원회의 사전 승인
   ④ 접근 권한 관리
   ⑤ 접속기록 보관 및 점검 방안

> **해설**
>
> 개인정보보호위원회의 사전 승인은 내부 관리계획 수립 시 필수 요건이 아니다.

22. 공공시스템 접근 권한 관리 시 계정 발급이 불가한 대상은?

   ① 퇴직 후 퇴사 처리 중인 인사정보 미등록자
   ② 일시적 외부 파견자
   ③ 권한 있는 신규 입사자
   ④ 시스템 관리자
   ⑤ 공무직 전환 예정자

> **해설**
>
> 인사정보에 등록되지 않은 자는 계정 발급이 불가하며, 긴급상황 외에는 예외가 없다.

정답: 21 ③ 22 ①

PART
05

개인정보 관리체계

① 개인정보 관리체계 개요
② 국내 주요 개인정보 인증제도
③ 국외 주요 개인정보 인증제도
④ 공공기관 개인정보 보호 평가제도

개인정보 관리체계는 조직이 개인정보를 체계적으로 보호하고 관리하기 위해 수립하는 종합적인 관리 프로세스이다. 개인정보의 수집부터 이용, 저장, 파기까지 전 주기 동안, 위험 기반의 접근 방식을 통해 조직의 개인정보 리스크 수준에 맞춘 보호 활동을 수행한다. 개인정보 관리체계는 정보보호와 기업 운영 전반에 걸친 전략적 요소로 작용하며, 기술적 보안뿐만 아니라 조직의 정책, 절차, 인력 교육, 감사체계까지 모두 포함하는 개념이다.

공공기관의 새로운 정보시스템 도입 또는 기존 시스템의 중요한 변경 시, 시스템이 개인정보에 미칠 영향을 사전에 조사·분석·평가하여 침해 위험을 예방하는 행정절차로서 개인정보 영향평가에 대해 학습한다. 또한 공공기관의 개인정보 보호 정책과 법적 의무 이행, 보호 체계의 적절성 등을 매년 종합적으로 평가하여 개선을 유도하는 개인정보 보호 수준을 평가할 수 있다.

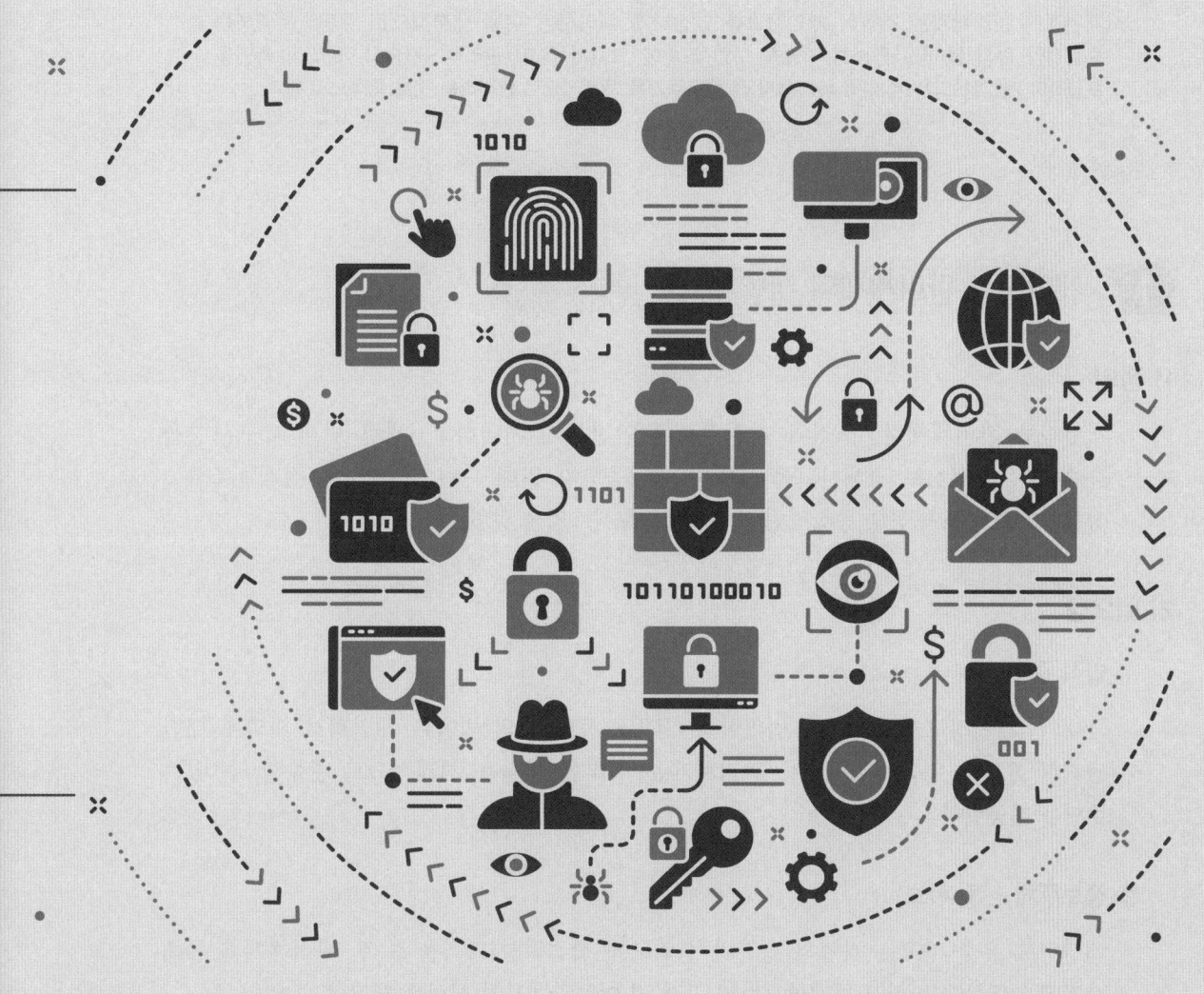

CHAPTER 01 개인정보 관리체계 개요

CERTIFIED PRIVACY PROTECTION GENERAL

> 개인정보 관리체계는 조직이 개인정보를 안전하게 처리하기 위해 내부적으로 수립·운영하는 종합적인 관리 틀이다. 단순히 기술적 보안 조치에 그치지 않고, 관리적·기술적·물리적 측면을 포괄하여 개인정보의 수집부터 파기까지 전 생명주기를 체계적으로 관리하는 것을 목적으로 한다.

1 개인정보 관리체계의 개념

1) 정의

개인정보 관리체계란, 조직이 개인정보를 안전하게 처리하고, 관련 법적 요구사항을 충족하며, 개인정보 침해사고를 예방하고 대응하기 위해 수립·운영하는 정책·조직·절차·기술적 조치 등의 종합적인 개인정보보호시스템을 말한다.

2) 필요성

① 법적 준수

국내의 「개인정보 보호법」, 유럽연합의 GDPR 등 각국의 법률은 개인정보 처리에 대한 엄격한 요건을 부과하고 있다. 관리체계는 이러한 법률을 체계적으로 준수할 수 있는 수단을 제공한다.

② 정보주체 신뢰 확보

개인정보 유출 사고는 기업의 평판과 신뢰도에 직접적인 타격을 준다. 관리체계를 통해 사전에 위험을 식별하고 통제함으로써 고객 및 이해관계자의 신뢰를 제고할 수 있다.

③ 위험 기반 대응 체계

개인정보 보호는 단순히 방어적 조치를 넘어선다. 잠재적 리스크를 식별하고 사전에 대응함으로써, 사고 발생 시 피해를 최소화하고 신속하게 복구할 수 있다.

④ 비즈니스 경쟁력 확보

글로벌 시장 진출 시, GDPR, CCPA 등 다양한 규제를 만족시키는 능력은 경쟁 우위를 결정짓는 요소이다. 인증을 통한 체계적 보호는 비즈니스 파트너와의 협상에서 신뢰를 확보하는 데 기여한다.

2 국내외 개인정보 보호 관리체계의 유형 및 현황

구분	제도명	설명	주관
국내	ISMS-P(정보보호 및 개인정보 보호 관리체계)	- 기업과 기관의 정보보호 및 개인정보 처리 체계를 종합적으로 평가	한국인터넷진흥원 (KISA)
	개인정보 영향평가(PIA)	- 공공기관이 개인정보를 처리하는 시스템 도입 시 개인정보 침해 위험을 사전에 분석·평가하여 개선	행정안전부
	개인정보 보호수준 평가	- 공공기관 대상, 개인정보 보호 법령 이행 실태를 점검하여 관리 수준을 진단하고 개선 유도	개인정보보호위원회
	개인정보 처리 방침 평가제	- 민간 기업의 공개된 개인정보 처리 방침을 평가하여 내용의 충실성, 투명성 등을 제고	개인정보보호위원회
국외	ISO/IEC 27001	- 정보보안 전반에 대한 국제 인증 - 개인정보 보호는 포함하지 않지만 ISMS의 기반이 되는 핵심 프레임워크	국제 표준(전 세계)
	BS 10012	- 개인정보 관리시스템에 특화된 국제 표준	영국 BSI
	APEC CBPR	- 국경 간 데이터 이동을 위한 개인정보 보호 인증 체계 - 각국 간 상호 인증 기반 - 기업 간 신뢰 확보 수단으로 활용	APEC 회원국

CHAPTER 02 국내 주요 개인정보 인증제도

CERTIFIED PRIVACY PROTECTION GENERAL

> 국내에서는 기업과 기관이 개인정보를 안전하게 관리하고 있음을 객관적으로 검증하기 위해 여러 인증제도와 평가제도가 운영되고 있다. 대표적으로 ISMS-P(정보보호 및 개인정보보호 관리체계 인증), PIA(개인정보 영향평가), 그리고 개인정보 보호수준 평가가 있다. 실무에 적용하기 위한 각 인증제도의 개요와 기준을 상세히 학습한다.

1 정보보호 및 개인정보 보호 관리체계 인증(ISMS-P)

① 정의 및 시행 근거

- 정보보호 및 개인정보 보호 관리체계는 정보보호 및 개인정보 보호를 위한 일련의 조치와 활동이 인증기준에 적합함을 인터넷진흥원 또는 인증기관이 증명하는 제도이다(「정보보호 및 개인정보 보호 관리체계 인증 등에 관한 고시」 제2조(정의)1호).
- 정보보호 관리체계에 대해서만 인증을 받는 ISMS와 개인정보를 포함하여 관리체계를 인증받는 ISMS-P 두 가지 유형이 있다.
- 정보보호 관리체계 인증에 대하여는 「정보통신망 이용촉진 및 정보보호 등에 관한 법률」에, 정보보호 및 개인정보 보호 관리체계 인증에 대하여는 개인정보 보호법에 각각 시행 근거가 있다.

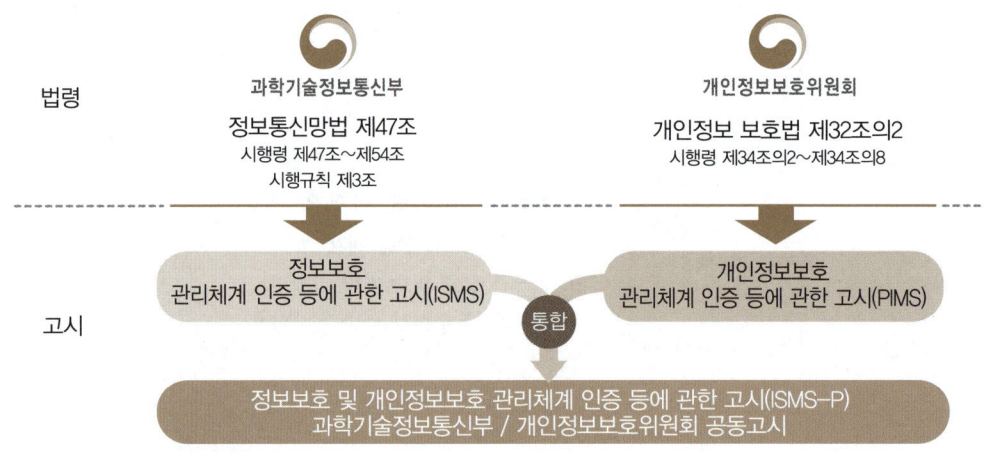

※ 출처: 정보보호 및 개인정보 보호 관리체계 인증제도 안내서(2024.07), p.9.

| 「정보통신망 이용촉진 및 정보보호 등에 관한 법률」 제47조(정보보호 관리체계의 인증) |

① 과학기술정보통신부장관은 정보통신망의 안정성·신뢰성 확보를 위하여 관리적·기술적·물리적 보호조치를 포함한 종합적 관리체계(이하 "정보보호 관리체계"라 한다)를 수립·운영하고 있는 자에 대하여 제4항에 따른 기준에 적합한지에 관하여 인증을 할 수 있다.

② 「전기통신사업법」 제2조제8호에 따른 전기통신사업자와 전기통신사업자의 전기통신역무를 이용하여 정보를 제공하거나 정보의 제공을 매개하는 자로서 다음 각호의 어느 하나에 해당하는 자는 제1항에 따른 인증을 받아야 한다.
  1. 「전기통신사업법」 제6조제1항에 따른 등록을 한 자로서 대통령령으로 정하는 바에 따라 정보통신망서비스를 제공하는 자(이하 "주요정보통신서비스 제공자"라 한다)
  2. 집적정보통신시설 사업자
  3. 전년도 매출액 또는 세입 등이 1,500억원 이상이거나 정보통신서비스 부문 전년도 매출액이 100억원 이상 또는 전년도 일일평균 이용자 수 100만명 이상으로서, 대통령령으로 정하는 기준에 해당하는 자

③ 과학기술정보통신부장관은 제2항에 따라 인증을 받아야 하는 자가 과학기술정보통신부령으로 정하는 바에 따라 국제 표준 정보보호 인증을 받거나 정보보호 조치를 취한 경우에는 제1항에 따른 인증 심사의 일부를 생략할 수 있다. 이 경우 인증 심사의 세부 생략 범위에 대해서는 과학기술정보통신부장관이 정하여 고시한다.

④ 과학기술정보통신부장관은 제1항에 따른 정보보호 관리체계 인증을 위하여 관리적·기술적·물리적 보호대책을 포함한 인증기준 등 그밖에 필요한 사항을 정하여 고시할 수 있다.

⑤ 제1항에 따른 정보보호 관리체계 인증의 유효기간은 3년으로 한다. 다만, 제47조의5제1항에 따라 정보보호 관리등급을 받은 경우 그 유효기간 동안 제1항의 인증을 받은 것으로 본다.

⑥ 과학기술정보통신부장관은 한국인터넷진흥원 또는 과학기술정보통신부장관이 지정한 기관(이하 "정보보호 관리체계 인증기관"이라 한다)으로 하여금 제1항 및 제2항에 따른 인증에 관한 업무로서 다음 각호의 업무를 수행하게 할 수 있다.
  1. 인증 신청인이 수립한 정보보호 관리체계가 제4항에 따른 인증기준에 적합한지 여부를 확인하기 위한 심사(이하 "인증심사"라 한다)
  2. 인증심사 결과의 심의
  3. 인증서 발급·관리
  4. 인증의 사후관리
  5. 정보보호 관리체계 인증심사원의 양성 및 자격관리
  6. 그밖에 정보보호 관리체계 인증에 관한 업무

⑦ 과학기술정보통신부장관은 인증에 관한 업무를 효율적으로 수행하기 위하여 필요한 경우 인증심사 업무를 수행하는 기관(이하 "정보보호 관리체계 심사기관"이라 한다)을 지정할 수 있다.

⑧ 한국인터넷진흥원, 정보보호 관리체계 인증기관 및 정보보호 관리체계 심사기관은 정보보호 관리체계의 실효성 제고를 위하여 연 1회 이상 사후관리를 실시하고 그 결과를 과학기술정보통신부장관에게 통보하여야 한다.

⑨ 제1항 및 제2항에 따라 정보보호 관리체계의 인증을 받은 자는 대통령령으로 정하는 바에 따라 인증의 내용을 표시하거나 홍보할 수 있다.

⑩ 과학기술정보통신부장관은 다음 각호의 어느 하나에 해당하는 사유를 발견한 경우에는 인증을 취소할 수 있다. 다만, 제1호에 해당하는 경우에는 인증을 취소하여야 한다.
  1. 거짓이나 그 밖의 부정한 방법으로 정보보호 관리체계 인증을 받은 경우
  2. 제4항에 따른 인증기준에 미달하게 된 경우
  3. 제8항에 따른 사후관리를 거부 또는 방해한 경우
⑪ 제1항 및 제2항에 따른 인증의 방법·절차·범위·수수료, 제8항에 따른 사후관리의 방법·절차, 제10항에 따른 인증취소의 방법·절차, 그밖에 필요한 사항은 대통령령으로 정한다.
⑫ 정보보호 관리체계 인증기관 및 정보보호 관리체계 심사기관 지정의 기준·절차·유효기간 등에 필요한 사항은 대통령령으로 정한다.

「개인정보 보호법」 제32조의2(개인정보 보호 인증)

① 보호위원회는 개인정보처리자의 개인정보 처리 및 보호와 관련한 일련의 조치가 이 법에 부합하는지 등에 관하여 인증할 수 있다.
② 제1항에 따른 인증의 유효기간은 3년으로 한다.
③ 보호위원회는 다음 각호의 어느 하나에 해당하는 경우에는 대통령령으로 정하는 바에 따라 제1항에 따른 인증을 취소할 수 있다. 다만, 제1호에 해당하는 경우에는 취소하여야 한다.
  1. 거짓이나 그 밖의 부정한 방법으로 개인정보 보호 인증을 받은 경우
  2. 제4항에 따른 사후관리를 거부 또는 방해한 경우
  3. 제8항에 따른 인증기준에 미달하게 된 경우
  4. 개인정보 보호 관련 법령을 위반하고 그 위반사유가 중대한 경우
④ 보호위원회는 개인정보 보호 인증의 실효성 유지를 위하여 연 1회 이상 사후관리를 실시하여야 한다.
⑤ 보호위원회는 대통령령으로 정하는 전문기관으로 하여금 제1항에 따른 인증, 제3항에 따른 인증취소, 제4항에 따른 사후관리 및 제7항에 따른 인증 심사원 관리 업무를 수행하게 할 수 있다.
⑥ 제1항에 따른 인증을 받은 자는 대통령령으로 정하는 바에 따라 인증의 내용을 표시하거나 홍보할 수 있다.
⑦ 제1항에 따른 인증을 위하여 필요한 심사를 수행할 심사원의 자격 및 자격 취소 요건 등에 관하여는 전문성과 경력 및 그밖에 필요한 사항을 고려하여 대통령령으로 정한다.
⑧ 그밖에 개인정보 관리체계, 정보주체 권리보장, 안전성 확보 조치가 이 법에 부합하는지 여부 등 제1항에 따른 인증의 기준·방법·절차 등 필요한 사항은 대통령령으로 정한다.

② 인증심사 종류

- 인증 심사 종류는 최초 심사, 사후 심사, 갱신 심사 3가지가 있다.
- 인증 취득 시 **최초 심사**를 수행하고, **3년간의 유효기간**이 주어지며, 그 기간동안 **연 1회 사후 심사**를 수행한다.
- 인증 유효기간이 만료되기 전에는 갱신 심사를 통해 유효기간을 연장한다.

심사 종류	설명	수행 년도 예시
최초 심사	- ISMS-P 인증을 처음으로 취득하고자 할 때 수행하는 심사, 유효기간 3년	2030년
사후 심사	- 인증을 취득한 이후 ISMS-P가 지속적으로 유지되고 있는지 확인하는 것을 목적으로 인증 - 유효기간 중 연 1회	1차: 2031년 2차: 2032년
갱신 심사	- 유효기간 갱신을 위해 실시하는 인증심사	2033년

③ 추진 체계

- ISMS-P 인증 추진체계는 정책기관, 인증기관, 심사기관이 각기 역할을 나누어 협력하는 구조로 운영된다.

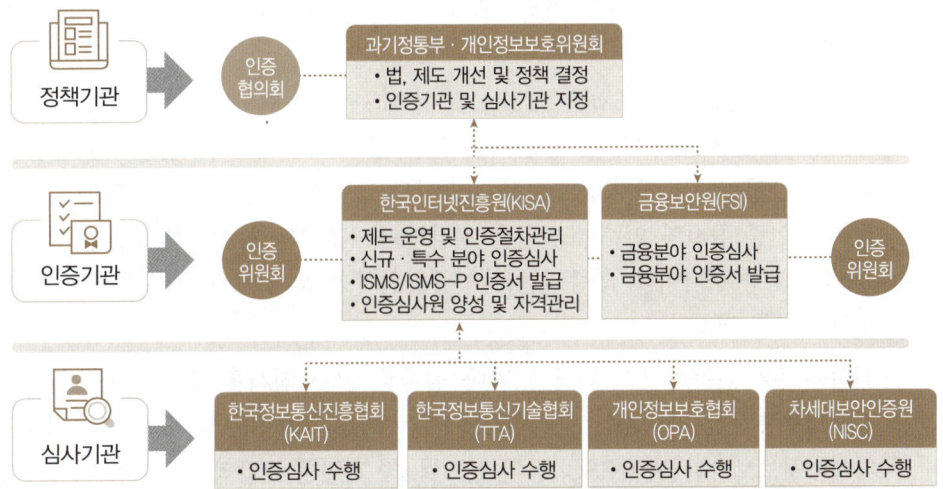

※ 출처: 정보보호 및 개인정보 보호 관리체계 인증제도 안내서(2024.07), p.14.

구성	설명
정책기관(협의회)	- 과학기술정보통신부 장관과 개인정보보호위원회는 ISMS-P 인증 제도의 운영과 관련된 정책을 논의하고 협의하기 위해 ISMS-P 인증 협의회를 구성하여 운영
인증기관	- 인증기관인 한국인터넷진흥원 또는 과학기술정보통신부장관과 개인정보보호위원회가 지정한 인증기관은 인증에 관한 업무를 수행 • 인터넷진흥원: 인증위원회 운영, 인증심사원 양성 및 자격관리, 인증제도 및 기준 개선 등 ISMS-P 인증제도 전반에 걸친 업무를 수행 • 인증기관: 신청기관이 수립·운영하는 관리체계를 인증기준에 따라 심사하고, 인증위원회를 운영하여 인증기준에 적합한 기관에게 인증서를 발급 • 금융보안원: 금융 분야 인증 심사

구성	설명
인증위원회	- 인증심사 결과가 인증기준에 적합한지 여부, 인증 취소에 관한 사항, 이의신청에 관한 사항 등을 심의·의결
심사기관	- 인증심사 업무를 수행 • 심사팀을 구성 • 정보보호 및 개인정보 보호 관리체계를 인증기준에 따라 심사 • 심사기간에 발견된 결함사항의 보완조치 이행 여부 확인
신청기관	- ISMS-P 인증을 취득하고자 신청하는 자

- 과학기술정보통신부와 개인정보보호위원회는 정책기관으로서 제도의 전반적인 방향을 설정하고, 관련 법과 제도의 개선, 정책 결정, 인증기관 및 심사기관의 지정을 담당하고, '인증협의회'를 통해 주요 정책 사항을 논의하고 협의한다.
- 정책기관에서 정한 방향에 따라, 인증기관이 실질적인 제도 운영과 인증관리 업무를 맡는다.
- 한국인터넷진흥원(KISA)은 ISMS 및 ISMS-P 인증 제도를 운영하고 인증 품질을 관리하며, 신규 및 특수 분야에 대한 인증 심사를 수행한다. 인증서를 발급하고, 인증 심사원을 양성하고 자격을 부여하는 역할도 담당한다. 금융보안원(FSI)은 금융 분야에 특화된 인증 심사와 인증서 발급을 전담하며, KISA와 함께 인증제도를 함께 운영하는 주요 기관 중 하나이다. 인증기관은 '인증위원회'를 통해 인증 심사 결과를 심의하고 최종 인증 여부를 결정한다.
- 심사기관은 인증기관의 위탁을 받아 실제로 인증 심사를 수행한다. 심사기관으로는 한국정보통신진흥협회(KAIT), 한국정보통신기술협회(TTA), 개인정보보호협회(OPA), 차세대정보보안인증원(NISC) 등이 있으며, 각 기관은 독립적으로 인증 심사를 수행한다.
- 신청기관은 정보보호 및 개인정보 보호 관리체계를 실질적으로 구축하고 운영하며, 인증 기준에 적합한지 객관적으로 검증받기 위해 인증을 신청하는 자이다.

④ 인증 대상

- 정보보호 관리체계 인증 신청기관은 의무대상자와 임의신청자로 나눈다. 의무대상자는 「정보통신망 이용촉진 및 정보보호 등에 관한 법률」에 따라 인증의무를 이행해야 하는 자이다.

> 「정보통신망 이용촉진 및 정보보호 등에 관한 법률」 제47조(정보보호 관리체계의 인증)
> ② 「전기통신사업법」 제2조제8호에 따른 전기통신사업자와 전기통신사업자의 전기통신역무를 이용하여 정보를 제공하거나 정보의 제공을 매개하는 자로서 다음 각호의 어느 하나에 해당하는 자는 제1항에 따른 인증을 받아야 한다.

> **「정보통신망 이용촉진 및 정보보호 등에 관한 법률」 제47조(정보보호 관리체계의 인증)**
>
> 1. 「전기통신사업법」 제6조제1항에 따른 등록을 한 자로서 대통령령으로 정하는 바에 따라 정보통신망서비스를 제공하는 자(이하 "주요정보통신서비스 제공자"라 한다)
> 2. 집적정보통신시설 사업자
> 3. 전년도 매출액 또는 세입 등이 1,500억원 이상이거나 정보통신서비스 부문 전년도 매출액이 100억원 이상 또는 전년도 일일평균 이용자 수 100만명 이상으로서, 대통령령으로 정하는 기준에 해당하는 자

> **「정보통신망 이용촉진 및 정보보호 등에 관한 법률 시행령」 제49조(정보보호 관리체계 인증 대상자의 범위)**
>
> ① 법 제47조제2항제1호에서 "대통령령으로 정하는 바에 따라 정보통신망서비스를 제공하는 자"란 서울특별시 및 모든 광역시에서 정보통신망서비스를 제공하는 자를 말한다.
> ② 법 제47조제2항제3호에서 "대통령령으로 정하는 기준에 해당하는 자"란 다음 각호의 어느 하나에 해당하는 자를 말한다. 〈개정 2016. 5. 31., 2024. 7. 23.〉
>   1. 전년도 매출액 또는 세입이 1,500억원 이상인 자로서 다음 각 목의 어느 하나에 해당하는 자
>   가. 「의료법」 제3조의4에 따른 상급종합병원
>   나. 직전연도 12월 31일 기준으로 재학생 수가 1만명 이상인 「고등교육법」 제2조에 따른 학교
>   2. 정보통신서비스 부문 전년도(법인인 경우에는 전 사업연도를 말한다) 매출액이 100억원 이상인 자. 다만, 「전자금융거래법」 제2조제3호에 따른 금융회사는 제외한다.
>   3. 전년도 일일평균 이용자 수가 100만명 이상인 자. 다만, 「전자금융거래법」 제2조제3호에 따른 금융회사는 제외한다.

- 인증 의무 대상자는 크게 주요 정보통신서비스 제공자, 집적정보통신 사업자, 매출액 또는 이용자 수 요건에 따른 대상자로 구분할 수 있다.

구분	의무대상자 기준
주요정보통신서비스 제공자(ISP)	- 「전기통신사업법」 제6조제1항에 따른 등록을 한 자로서 서울특별시 및 모든 광역시에서 정보통신망서비스를 제공하는 자
집적정보통신시설 사업자(IDC)	- 「정보통신망법」 제46조에 따른 집적정보통신시설 사업자

매출액 또는 이용자 수 요건에 따른 대상자	- 정보통신서비스 부문 전년도 매출액이 100억원 이상인 자
	- 전년도 일일평균 정보통신서비스 이용자 수가 100만명 이상인 자
	- 전년도 매출액 또는 세입이 1,500억원 이상인 자 중에서 다음에 해당하는 경우
	  • 「의료법」 제3조의4에 따른 상급종합병원
	  • 직전연도 12월 31일 기준으로 재학생 수가 1만명 이상인 「고등교육법」 제2조에 따른 학교

- 인증 의무 대상자가 인증을 받지 않는 경우, **3천만원 이하의 과태료**가 부과된다.

⑤ 인증 기준

- 인증 기준은 3개의 영역, 총 101개의 인증 기준으로 구성된다. 16개 항목의 관리체계 수립 및 운영, 64개 항목의 보호대책 요구사항, 21개 항목의 개인정보 처리 단계별 요구사항이 있다. ISMS는 관리체계 수립 및 운영과 보호대책 요구사항에만 해당하여 총 80개의 인증 기준이 적용되고, 개인정보 처리 단계별 요구사항은 ISMS-P인 경우에 추가로 해당하는 기준이다.

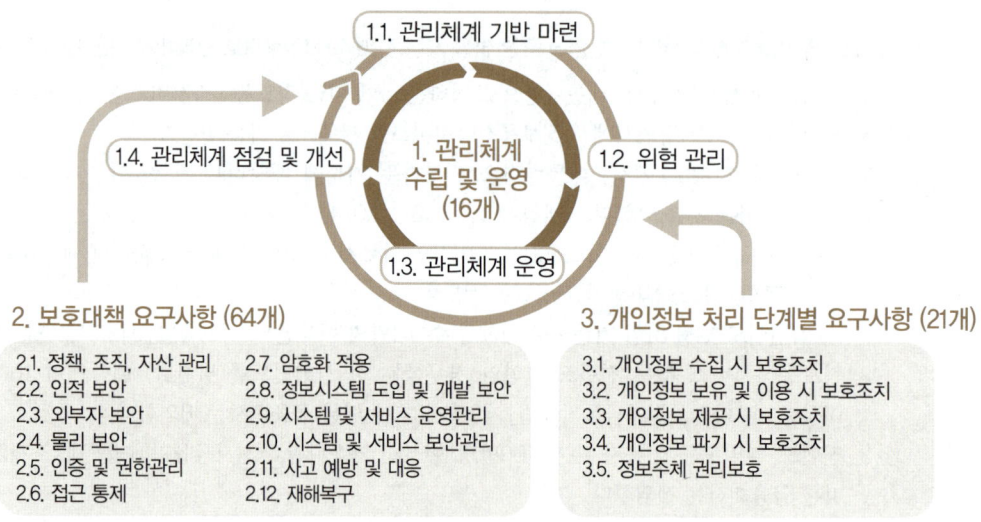

※ 출처: 정보보호 및 개인정보 보호 관리체계 인증제도 안내서(2024.07), p.16.

- '관리체계 수립 및 운영'은 정보보호 및 개인정보 보호 관리체계의 전반적인 기반을 마련하고, 위험을 식별·관리하며, 일관되게 운영하고 주기적으로 점검·개선하기 위한 과정을 포함한다.

분야	설명
1.1 관리체계 기반 마련	- 경영진의 참여를 통해 정보보호 및 개인정보 보호의 중요성을 인식하고, 최고책임자 지정을 포함한 실무 조직 구성과 관리체계 적용 범위 설정을 수행 - 조직의 정보보호 정책 및 실행 체계를 구축하는 기초 단계
1.2 위험 관리	- 정보보호 및 개인정보 보호와 관련된 위협 요소를 식별하고, 이에 대한 위험을 평가하여 우선순위를 정한 후, 적절한 대응 방안을 마련 - 정기적인 위험 분석을 통해 보호 조치를 강화
1.3 관리체계 운영	- 수립된 정책과 절차에 따라 관리체계를 조직 전반에 걸쳐 일관되게 운영하며, 구성원 교육, 외부자 통제, 문서 관리 등 구체적인 실행을 포함 - 법적 요구사항 준수 검토도 이 단계에 포함됨
1.4 관리체계 점검 및 개선	- 관리체계의 효과성을 주기적으로 점검하고, 내부감사, 법적 준수 여부 확인, 문제점 도출 및 개선 계획 수립 등을 통해 지속적으로 체계를 개선 - 독립성과 객관성을 확보한 점검이 요구됨

- '보호대책 요구사항'은 조직이 보유한 시스템, 자산, 인력, 외부자, 환경 등 모든 요소를 고려하여 통합적이고 실질적인 보안 조치를 체계적으로 수립하고 운영하기 위한 기준을 제시한다.

분야	설명
2.1 정책, 조직, 자산관리	- 정보보호 및 개인정보 보호 정책의 수립과 주기적인 검토, 책임자 지정 및 역할 부여, 정보자산 식별 및 보호대책 수립 등 조직 차원의 관리 기반을 마련
2.2 인적 보안	- 임직원, 외부 인력 등 정보 접근자에 대해 보안 서약, 보안 교육, 퇴직자 관리 등을 통해 인적 측면의 보안 위협을 통제
2.3 외부자 보안	- 외부 공급업체, 위탁업체, 협력사 등 외부자가 시스템 또는 정보를 접할 경우, 계약상 보안 요구사항 명시, 접근 권한 제한, 보안조치 이행 여부 확인 등을 통해 안전성을 확보
2.4 물리보안	- 전산실, 자료보관실 등 주요 시설에 대해 출입통제, 감시, 잠금장치 등을 적용하여 물리적 접근으로 인한 정보 유출이나 훼손을 방지
2.5 인증 및 권한관리	- 사용자의 시스템 접근을 제어하기 위해 계정관리, 인증수단 적용, 최소권한 원칙 준수 등을 통해 접근 통제를 강화
2.6 접근 통제	- 정보시스템, 네트워크, 데이터베이스 등의 접근 권한을 체계적으로 설정하고 모니터링하여 인가되지 않은 접근을 방지
2.7 암호화 적용	- 중요 정보 및 개인정보를 저장하거나 전송할 때 암호화 알고리즘과 키 관리 기준을 적용하여 데이터 보호 수준을 강화
2.8 시스템 및 서비스 운영	- 시스템의 안정적 운영을 위해 설치 변경 통제, 백업, 로그 관리, 장애 대응 절차를 마련하고 주기적으로 점검
2.9 시스템 개발 및 구축 보안	- 시스템 개발 및 도입 시 보안 요구사항을 반영하고, 보안 점검, 취약점 조치, 개발환경 보호 등의 조치를 수행
2.10 보안시스템 운영	- 방화벽, 침입탐지시스템 등 보안시스템에 대해 관리자 지정, 정책 최신화, 이벤트 대응 체계 구축 등 운영 안정성과 실효성을 확보
2.11 사고 예방 및 대응	- 침해사고 및 개인정보 유출과 같은 보안 사고를 사전에 예방하고, 사고 발생 시 신속하고 효과적으로 대응하기 위한 조직적·기술적 체계를 구축
2.12 재해복구	- 장애나 재해 발생 시를 대비해 백업 및 복구절차 마련, 재해복구시스템 구축, 복구 테스트 수행 등을 통해 업무 연속성을 보장

- '개인정보 처리 단계별 요구사항'은 개인정보의 수집부터 보유, 이용, 제공, 위탁, 그리고 파기에 이르기까지의 전 단계에 대해 구체적인 보호 요구사항을 명시하고 있다. 이 영역은 개인정보 보호법에서 요구하는 사항이 적용되었는지, 어떻게 점검하는지에 대한 관점으로 살펴봐야 한다.

분야	설명
3.1 개인정보 수집 시 보호조치	- 개인정보 수집은 적법하고 정당한 방식으로 수행되어야 하며, 정보주체의 동의 또는 법령에 근거하여, 최소한의 정보만 수집해야 함
3.2 개인정보 보유 및 이용 시 보호조치	- 수집된 개인정보는 수집 목적에 따라 정당하게 이용되어야 하며, 보유기간 동안 정확성 유지 및 안전한 저장이 보장되어야 함 - 불필요한 정보의 계속 보유를 방지하고, 사용 목적 외의 활용은 금지
3.3 개인정보 제공 시 보호조치	- 개인정보를 제3자에게 제공하는 경우, 반드시 정보주체의 동의를 받거나 법령에 근거해야 하며, 제공 내역은 기록 및 관리되어야 함
3.4 개인정보 파기 시 보호조치	- 개인정보 처리 업무를 제3자에게 위탁하는 경우, 수탁자의 관리 수준을 사전 검토하고, 위탁 계약서에 보안 책임을 명시해야 함 - 위탁 현황은 공개 의무가 있으며, 수탁자에 대한 정기적 관리·감독도 포함됨
3.5 정보주체 권리보장	- 개인정보는 보유 기간이 종료되거나 처리 목적이 달성되었을 경우 지체 없이 파기해야 하며, 전자파일은 복구 불가능한 방식으로 삭제, 문서는 소각 또는 파쇄하는 등의 물리적 조치를 따라야 함

2 개인정보 영향평가

① 정의 및 시행 근거

개인정보 영향평가는 **공공기관에서 운용하는 대통령령 기준에 해당하는 개인정보파일에 대해 정보주체의 개인정보 침해 위험요인을 분석하고 개선 사항을 도출하는 활동**이다. 그 결과는 **개인정보보호위원회에 제출**해야 한다.

> **「개인정보 보호법」 제33조(개인정보 영향평가)**
> ① 공공기관의 장은 대통령령으로 정하는 기준에 해당하는 개인정보파일의 운용으로 인하여 정보주체의 개인정보 침해가 우려되는 경우에는 그 위험요인의 분석과 개선 사항 도출을 위한 평가(이하 "영향평가"라 한다)를 하고 그 결과를 보호위원회에 제출하여야 한다.
> ② 보호위원회는 대통령령으로 정하는 인력·설비 및 그밖에 필요한 요건을 갖춘 자를 영향평가를 수행하는 기관(이하 "평가기관"이라 한다)으로 지정할 수 있으며, 공공기관의 장은 영향평가를 평가기관에 의뢰하여야 한다.
> ③ 영향평가를 하는 경우에는 다음 각호의 사항을 고려하여야 한다.
>   1. 처리하는 개인정보의 수
>   2. 개인정보의 제3자 제공 여부
>   3. 정보주체의 권리를 해할 가능성 및 그 위험 정도
>   4. 그밖에 대통령령으로 정한 사항
> ④ 보호위원회는 제1항에 따라 제출받은 영향평가 결과에 대하여 의견을 제시할 수 있다.
> ⑤ 공공기관의 장은 제1항에 따라 영향평가를 한 개인정보파일을 제32조제1항에 따라 등록할 때에는 영향평가 결과를 함께 첨부하여야 한다.

「개인정보 보호법」 제33조(개인정보 영향평가)

⑥ 보호위원회는 영향평가의 활성화를 위하여 관계 전문가의 육성, 영향평가 기준의 개발·보급 등 필요한 조치를 마련하여야 한다.

⑦ 보호위원회는 제2항에 따라 지정된 평가기관이 다음 각호의 어느 하나에 해당하는 경우에는 평가기관의 지정을 취소할 수 있다. 다만, 제1호 또는 제2호에 해당하는 경우에는 평가기관의 지정을 취소하여야 한다.
  1. 거짓이나 그 밖의 부정한 방법으로 지정을 받은 경우
  2. 지정된 평가기관 스스로 지정취소를 원하거나 폐업한 경우
  3. 제2항에 따른 지정요건을 충족하지 못하게 된 경우
  4. 고의 또는 중대한 과실로 영향평가 업무를 부실하게 수행하여 그 업무를 적정하게 수행할 수 없다고 인정되는 경우
  5. 그밖에 대통령령으로 정하는 사유에 해당하는 경우

⑧ 보호위원회는 제7항에 따라 지정을 취소하는 경우에는 「행정절차법」에 따른 청문을 실시하여야 한다.

⑨ 제1항에 따른 영향평가의 기준·방법·절차 등에 관하여 필요한 사항은 대통령령으로 정한다.

⑩ 국회, 법원, 헌법재판소, 중앙선거관리위원회(그 소속 기관을 포함한다)의 영향평가에 관한 사항은 국회규칙, 대법원규칙, 헌법재판소규칙 및 중앙선거관리위원회규칙으로 정하는 바에 따른다.

⑪ 공공기관 외의 개인정보처리자는 개인정보파일 운용으로 인하여 정보주체의 개인정보 침해가 우려되는 경우에는 영향평가를 하기 위하여 적극 노력하여야 한다.

② 개인정보 영향평가 대상

• 대상은 개인정보 보호법 시행령에서 명시하고 있다.

「개인정보 보호법 시행령」 제35조(개인정보 영향평가의 대상)

① 법 제33조제1항에서 "대통령령으로 정하는 기준에 해당하는 개인정보파일"이란 개인정보를 전자적으로 처리할 수 있는 개인정보파일로서 다음 각호의 어느 하나에 해당하는 개인정보파일을 말한다.
  1. 구축·운용 또는 변경하려는 개인정보파일로서 5만명 이상의 정보주체에 관한 민감정보 또는 고유식별정보의 처리가 수반되는 개인정보파일
  2. 구축·운용하고 있는 개인정보파일을 해당 공공기관 내부 또는 외부에서 구축·운용하고 있는 다른 개인정보파일과 연계하려는 경우로서 연계 결과 50만명 이상의 정보주체에 관한 개인정보가 포함되는 개인정보파일
  3. 구축·운용 또는 변경하려는 개인정보파일로서 100만명 이상의 정보주체에 관한 개인정보파일
  4. 법 제33조제1항에 따른 개인정보 영향평가(이하 "영향평가"라 한다)를 받은 후에 개인정보 검색체계 등 개인정보파일의 운용체계를 변경하려는 경우 그 개인정보파일. 이 경우 영향평가 대상은 변경된 부분으로 한정한다.

- 개인정보 영향평가의 대상은, 일정 규모 이상의 정보주체에 관한 개인정보 수에 연관되어 있다.

대상	설명
5만명	- 5만명 이상의 정보주체의 민감정보 또는 고유식별정보의 처리가 수반되는 개인정보파일
50만명	- 해당 공공기관의 내부 또는 외부의 다른 개인정보파일과 연계하려는 경우로서, 연계 결과 정보주체의 수가 50만명 이상인 개인정보파일
100만명	- 100만명 이상의 정보주체 수를 포함하고 있는 개인정보파일
변경 시	- 영향평가를 실시한 기관이 개인정보 검색체계 등 개인정보파일의 운용체계를 변경하려는 경우, 변경된 부분에 대해서는 영향평가를 실시

- 법령상 규정된 대상시스템이 아니더라도 대량의 개인정보나 민감한 개인정보를 수집·이용하는 기관은 개인정보 유출 및 오·남용으로 인한 사회적 피해를 막기 위해 영향평가 수행이 가능하다.
- 개인정보 영향평가 대상임에도 개인정보 영향평가를 하지 아니하거나 그 결과를 보호위원회에 제출하지 아니한 자에게는 **3천만원 이하의 과태료**가 부과된다.

③ 진행 절차

- 개인정보보호위원회는 영향평가 수행을 위한 제도 전반을 총괄하는 기관으로, 영향평가기관을 지정하는 역할을 수행한다. 이 위원회는 평가 결과가 제출되면 이를 검토하고, 필요한 경우 의견을 제시하거나 심의의견을 낼 수 있다.
- 대상 기관(공공기관)은 영향평가의 대상이 되는 주체로, 개인정보를 처리하기 위해 사전에 영향평가를 받아야 한다. 이 기관은 영향평가 수행기관(평가기관)에 평가를 의뢰하며, 평가 결과를 전달받아 이를 개인정보보호위원회에 제출한다.
- 영향평가 수행기관은 개인정보보호위원회로부터 지정받은 전문기관으로, 대상 기관의 의뢰에 따라 실제 영향평가를 수행하고, 그 결과를 대상 기관에 제출한다.

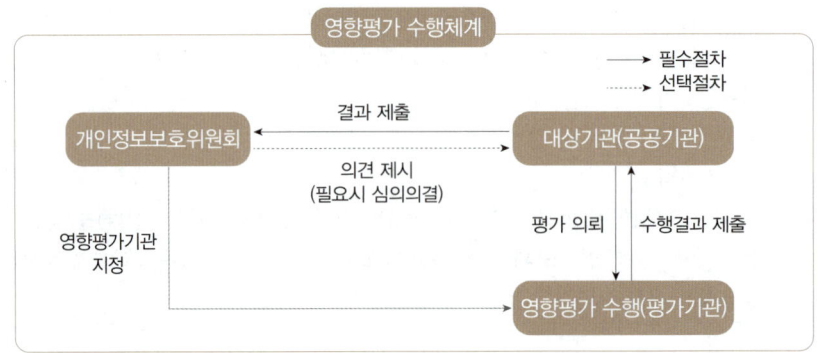

※ 출처: 개인정보 영향평가 안내서(2024.04), p.12.

- 세부적인 절차는 다음과 같다.

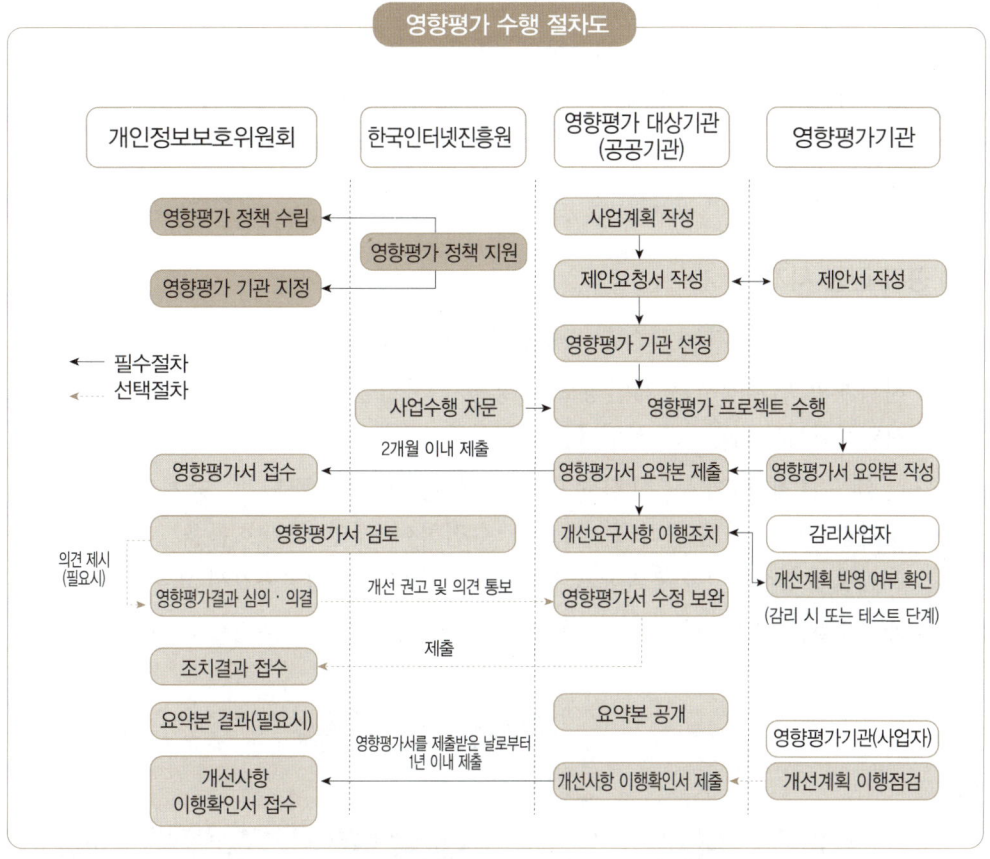

※ 출처: 개인정보 영향평가 안내서(2024.04), p.15.

- 영향평가대상 기관인 공공기관은 사업계획을 수립하고, 영향평가를 의뢰하기 위한 제안요청서를 작성한다. 이후 적절한 영향평가 수행기관을 선정하여 사업 수행을 위한 계약 또는 협약을 체결한다.
- 영향평가기관이 지정된 후에는, 프로젝트가 진행되는 동안 평가기관과 협력하여 필요한 정보를 제공하며 평가를 원활히 지원한다. 이때, 영향평가대상 기관은 한국인터넷에 자문을 요청할 수 있다. 평가가 완료되면 공공기관은 영향평가서의 요약본을 작성하여 개인정보보호위원회에 제출하고, 평가 결과에서 도출된 개선요구사항에 대해 실제 시스템에 반영하는 이행조치를 수행한다.
- 위원회가 평가 결과에 대한 심의나 의견을 요청할 경우 이를 반영하여 영향평가서를 수정·보완하고, 최종적으로 개선사항 이행확인서를 제출하여 전체 절차를 마무리한다.
- 영향평가기관은 개인정보보호위원회로부터 지정된 전문 평가기관으로, 제안요청서를 바탕으로 영향평가 제안서를 작성하고, 선정된 이후에는 본격적으로 평가 프로젝트를 수행한다.

- 평가기관은 개인정보처리시스템의 운영 구조와 처리 흐름 등을 분석하고, 위험요소를 식별하여 적절한 보호조치를 제안한다. 그 결과를 바탕으로 영향평가서를 작성하고, 그 요약본을 공공기관에 제출한다. 이후 감리사업자 또는 자체 테스트 단계를 통해 공공기관이 제시한 개선계획이 실제 시스템에 반영되었는지를 확인한다.
- 마지막으로, 개선사항 이행 여부를 점검하고 필요한 경우 이행점검 보고서를 통해 종합적인 검토를 수행한다.

④ 평가 진행 시기
- 개인정보 영향평가는 시스템 구축 단계에 따라 진행된다.
- 사업계획 단계에서는 개인정보 영향평가 사업을 준비하는 단계로, 예산을 확보하여 사업계획서를 작성하고 사업자를 선정한다.
- 분석·설계 단계는 실질적으로 영향평가가 수행되는 단계로, 세부적으로는 평가수행계획을 수립하고, 자료를 수집하여 개인정보 흐름을 분석한다. 그중에서 개인정보 침해요인을 분석하고 개선계획을 수립하여 영향평가서 요약본을 작성한다.
- 개선계획은 개발·테스트·운영 단계에서 이행하고 이행 조치를 확인한다.

※ 출처: 개인정보 영향평가 안내서(2024.04), p.11.

⑤ 영향평가 시 고려사항

개인정보 영향평가를 수행할 때 고려해야 할 항목은 다음과 같다.

고려 사항	설명
처리하는 개인정보의 수	- 수집·이용되는 개인정보의 총량이 많을수록 유출 또는 오·남용 시 피해 규모가 커짐
개인정보의 제3자 제공 여부	- 수집한 개인정보가 외부 기관이나 업체에 제공되는 경우, 제공 경로·목적·방식 등으로 인해 위험이 확산될 수 있음
정보주체의 권리를 해할 가능성 및 그 위험 정도	- 정보주체가 자신의 개인정보에 대해 열람·정정·삭제 등의 권리를 행사할 수 있는지를 검토하고, 그 권리를 제한하거나 침해할 위험이 있는지를 분석
민감정보 또는 고유식별정보의 처리 여부	- 민감정보 또는 고유식별정보 유출 시 위험도 높음
개인정보 보유 기간	- 보유 기간이 길수록 노출 가능성이나 침해 위험이 높아질 수 있음

3 개인정보 보호 수준 진단

① 근거

「개인정보 보호법」 제11조의2(개인정보 보호수준 평가)

① 보호위원회는 공공기관 중 중앙행정기관 및 그 소속기관, 지방자치단체, 그밖에 대통령령으로 정하는 기관을 대상으로 매년 개인정보 보호 정책·업무의 수행 및 이 법에 따른 의무의 준수 여부 등을 평가(이하 "개인정보 보호수준 평가"라 한다)하여야 한다.
② 보호위원회는 개인정보 보호수준 평가에 필요한 경우 해당 공공기관의 장에게 관련 자료를 제출하게 할 수 있다.
③ 보호위원회는 개인정보 보호수준 평가의 결과를 인터넷 홈페이지 등을 통하여 공개할 수 있다.
④ 보호위원회는 개인정보 보호수준 평가의 결과에 따라 우수기관 및 그 소속 직원에 대하여 포상할 수 있고, 개인정보 보호를 위하여 필요하다고 인정하면 해당 공공기관의 장에게 개선을 권고할 수 있다. 이 경우 권고를 받은 공공기관의 장은 이를 이행하기 위하여 성실하게 노력하여야 하며, 그 조치 결과를 보호위원회에 알려야 한다.
⑤ 그밖에 개인정보 보호수준 평가의 기준·방법·절차 및 제2항에 따른 자료 제출의 범위 등에 필요한 사항은 대통령령으로 정한다.

「개인정보 보호법 시행령」 제13조의2(개인정보 보호수준 평가의 대상·기준·방법·절차 등)

① 법 제11조의2제1항에서 "대통령령으로 정하는 기관"이란 다음 각호의 기관을 말한다.
　1.「공공기관의 운영에 관한 법률」 제4조에 따른 공공기관
　2.「지방공기업법」에 따른 지방공사와 지방공단
　3. 그밖에 제2조제4호 및 제5호에 따른 공공기관 중 공공기관의 개인정보 처리 업무의 특성 등을 고려하여 보호위원회가 고시하는 기준에 해당하는 기관

> **「개인정보 보호법 시행령」 제13조의2(개인정보 보호수준 평가의 대상·기준·방법·절차 등)**
>
> ② 법 제11조의2제1항에 따른 개인정보 보호수준 평가(이하 "개인정보 보호수준 평가"라 한다)의 기준은 다음 각호와 같다.
>   1. 개인정보 보호 정책·업무 수행실적 및 개선 정도
>   2. 개인정보 관리체계의 적정성
>   3. 정보주체의 권리보장을 위한 조치사항 및 이행 정도
>   4. 개인정보 침해방지 조치사항 및 안전성 확보 조치 이행 정도
>   5. 그밖에 개인정보의 처리 및 안전한 관리를 위해 필요한 조치 사항의 준수 여부
> ③ 보호위원회는 개인정보 보호수준 평가를 시행하기 전에 평가대상, 평가기준·방법 및 평가지표 등을 포함한 평가계획을 마련하여 개인정보 보호수준 평가대상 기관(이하 "평가대상 기관"이라 한다)의 장에게 통보해야 한다.
> ④ 보호위원회는 개인정보 보호수준 평가를 효율적으로 실시하기 위해 개인정보 보호에 관한 전문적인 지식과 경험이 풍부한 전문가를 포함하여 평가단을 구성·운영할 수 있다.
> ⑤ 보호위원회는 법 제11조의2제2항에 따라 다음 각호의 자료를 제출하게 할 수 있다.
>   1. 평가대상 기관이 개인정보 보호수준을 자체적으로 점검한 경우 그 결과 및 증명자료
>   2. 제1호의 증명자료의 검증에 필요한 자료
>   3. 그밖에 개인정보의 안전한 관리 여부 등 개인정보 보호수준을 평가하기 위해 필요한 자료
> ⑥ 보호위원회는 제5항에 따라 평가대상 기관의 장이 제출한 자료를 기준으로 평가를 진행하거나 평가대상 기관을 방문하여 평가할 수 있다.
> ⑦ 보호위원회는 중앙행정기관의 장 또는 지방자치단체의 장에게 소속 기관 등 소관 분야 평가대상 기관의 평가준비 또는 평가 결과에 따른 개인정보 보호 조치를 위해 필요한 사항을 지원하도록 요청할 수 있다. 이 경우 요청을 받은 중앙행정기관의 장 또는 지방자치단체의 장은 요청에 따른 지원을 하기 위해 노력해야 한다.
> ⑧ 제1항부터 제7항까지의 규정에 따른 개인정보 보호수준 평가에 관한 세부 사항은 보호위원회가 정하여 고시한다.

- 다음은 개인정보 보호수준 평가의 정의와 대상을 표로 정리한 것이다.

고려 사항	설명
누가	- 개인정보보호위원회

누구를 대상으로	- 공공기관 중
	  • 중앙행정기관 및 그 소속기관
	  • 지방자치단체
	  • 「지방공기업법」에 따른 지방공사와 지방공단
	  • 공공기관의 개인정보 처리 업무의 특성 등을 고려하여 보호위원회가 고시하는 기준에 해당하는 기관

무엇을	- 매년 개인정보 보호 정책·업무의 수행 및 개인정보 보호법에 따른 의무의 준수 여부 등을 평가

② 평가 기준

개인정보보호위원회는 개인정보 보호수준 평가를 시행하기 전에 평가대상, 평가기준·방법 및 평가지표 등을 포함한 평가계획을 마련하여 공공기관의 장에게 통보하지만, 법에서 명시한 평가 기준은 다음과 같다.

평가 기준	설명
개인정보 보호 정책·업무 수행실적 및 개선 정도	- 기관이 수립한 보호 정책의 구체성, 실질적인 운영 성과, 이전 평가 결과에 따른 개선 이행 여부 등
개인정보 관리체계의 적정성	- 개인정보 처리 전반에 걸쳐 조직·절차·기술·인력 등 관리체계가 체계적으로 구축되어 있는지
정보주체의 권리보장을 위한 조치사항 및 이행 정도	- 정보주체의 열람, 정정, 삭제, 처리 정지 등 권리 보장을 위한 내부 프로세스의 마련과 실제 이행 여부
개인정보 침해방지 조치사항 및 안전성 확보 조치 이행 정도	- 접근 권한 관리, 암호화, 접근 통제 등 침해 예방을 위한 기술적·관리적 보호조치가 적절히 적용되고 있는지
그밖에 개인정보의 처리 및 안전한 관리를 위해 필요한 조치 사항의 준수 여부	- 기타 관련 법령, 지침, 권고사항 등을 포함해 개인정보 보호를 위한 추가적인 조치의 이행 여부

4 개인정보 처리 방침 평가

① 개인정보 처리 방침 평가 개념

- 「개인정보 보호법」 제30조(개인정보 처리 방침의 수립 및 공개)에 따라 개인정보처리자는 개인정보 처리 방침을 공개해야 하고, 개인정보 처리 방침이 적정하게 작성되었는지를 개인정보보호위원회가 평가하여 개선을 권고할 수 있다.

> **「개인정보 보호법」 제30조의2(개인정보 처리 방침의 평가 및 개선 권고)**
> ① 보호위원회는 개인정보 처리 방침에 관하여 다음 각호의 사항을 평가하고, 평가 결과 개선이 필요하다고 인정하는 경우에는 개인정보처리자에게 제61조제2항에 따라 개선을 권고할 수 있다.
>   1. 이 법에 따라 개인정보 처리 방침에 포함하여야 할 사항을 적정하게 정하고 있는지 여부
>   2. 개인정보 처리 방침을 알기 쉽게 작성하였는지 여부
>   3. 개인정보 처리 방침을 정보주체가 쉽게 확인할 수 있는 방법으로 공개하고 있는지 여부
> ② 개인정보 처리 방침의 평가 대상, 기준 및 절차 등에 필요한 사항은 대통령령으로 정한다.

• 개인정보 처리 방침에서 평가하는 기준은 다음과 같다.

평가 기준	설명
개인정보 처리 방침에 포함하여야 할 사항을 적정하게 정하고 있는지 여부	- 법에서 요구하는 필수 항목(수집 목적, 항목, 보유 기간, 제3자 제공, 위탁, 권리 보장 등)을 빠짐없이 포함하고 있는지
개인정보 처리 방침을 알기 쉽게 작성하였는지 여부	- 일반 국민이 이해하기 쉬운 언어로 처리 방침이 작성되었는지를 평가
개인정보 처리 방침을 정보주체가 쉽게 확인할 수 있는 방법으로 공개하고 있는지 여부	- 정보주체가 홈페이지 등에서 개인정보 처리 방침을 쉽게 찾고 열람할 수 있는 위치에 게시했는지, 모바일 등 다양한 매체에서의 접근이 가능한지

② 평가 대상

> 「개인정보 보호법 시행령」 제31조의2(개인정보 처리 방침의 평가 대상 및 절차)
>
> ① 보호위원회는 법 제30조의2제1항에 따라 개인정보 처리 방침을 평가하는 경우 다음 각호의 사항을 종합적으로 고려하여 평가 대상을 선정한다.
>   1. 개인정보처리자의 유형 및 매출액(매출액을 산정하지 않는 경우에는 「법인세법」 제4조제3항제1호에 따른 수익사업에서 생기는 소득을 말하며, 이하 제32조 및 제48조의7에서 "매출액 등"이라 한다) 규모
>   2. 민감정보 및 고유식별정보 등 처리하는 개인정보의 유형 및 규모
>   3. 개인정보 처리의 법적 근거 및 방식
>   4. 법 위반행위 발생 여부
>   5. 아동·청소년 등 정보주체의 특성
> ② 보호위원회는 제1항에 따라 평가 대상 개인정보 처리 방침을 선정한 경우에는 평가 개시 10일 전까지 해당 개인정보처리자에게 평가 내용·일정 및 절차 등이 포함된 평가계획을 통보해야 한다.
> ③ 보호위원회는 법 제30조의2에 따른 개인정보 처리 방침의 평가에 필요한 경우에는 해당 개인정보처리자에게 의견을 제출하도록 요청할 수 있다.
> ④ 보호위원회는 법 제30조의2에 따라 개인정보 처리 방침을 평가한 후 그 결과를 지체 없이 해당 개인정보처리자에게 통보해야 한다.
> ⑤ 제1항부터 제4항까지에서 규정한 사항 외에 개인정보 처리 방침 평가를 위한 세부적인 대상 선정 기준과 절차는 보호위원회가 정하여 고시한다.

- 평가 대상에 대한 세부적인 기준은 고시에 명시되어 있다.

「개인정보 처리 방침 평가에 관한 고시」 제4조(평가 대상)

① 영 제31조의2제1항에 따른 개인정보 처리 방침의 평가 대상은 다음 각호의 사항을 종합적으로 고려하여 처리방침 평가가 필요하다고 보호위원회가 심의·의결한 자로 한다.
  1. 전년도(법인의 경우에는 전 사업연도를 말하며, 이하 이 조에서 같다)의 매출액이 1,500억원 이상이면서 전년도 말 기준 직전 3개월간 그 개인정보가 저장·관리되고 있는 정보주체의 수가 일일평균 100만명 이상일 것
  2. 전년도 말 기준 직전 3개월간 법 제23조제1항에 따른 민감정보(이하 "민감정보"라 한다) 또는 법 제24조제1항에 따른 고유식별정보(이하 "고유식별정보"라 한다)가 저장·관리되고 있는 정보주체의 수가 일일평균 5만명(업무 수행을 위해 처리되는 그에 소속된 임직원의 민감정보나 고유식별정보는 제외한다) 이상일 것
  3. 개인정보 처리 방침에 법 제22조제3항에 따라 정보주체의 동의 없이 처리할 수 있는 개인정보의 항목과 처리의 법적 근거를 정보주체의 동의를 받아 처리하는 개인정보와 구분하고 있지 않을 것
  4. 법 제37조의2에 따라 완전히 자동화된 시스템(인공지능 기술을 적용한 시스템을 포함한다)으로 개인정보를 처리하거나, 그밖에 새로운 기술을 이용한 개인정보 처리 방식으로 인하여 개인정보 침해 발생 우려가 있을 것
  5. 최근 3년간 다음 각 목의 어느 하나에 해당할 것
    가. 2회 이상 법 제34조에 따른 개인정보 유출 등이 되었을 것
    나. 법 제62조의2에 따른 과징금을 부과받았을 것
    다. 법 제75조에 따른 과태료를 부과받았을 것
  6. 19세 미만 아동 또는 청소년을 주된 이용자로 하는 「정보통신망 이용촉진 및 정보보호 등에 관한 법률」 제2조제2호에 따른 정보통신서비스를 운영할 것
② 보호위원회는 필요한 경우 평가 대상을 선정하기 전에 개인정보처리자에게 제1항 각호의 평가 대상에 해당하는지 여부에 대한 확인을 요청할 수 있다.

- 시행령과 고시의 세부 내용을 정리하면 다음과 같다.

평가 대상	설명
개인정보처리자의 유형 및 매출액	- 전년도(법인의 경우에는 전 사업연도를 말하며, 이하 이 조에서 같다)의 매출액이 1,500억원 이상이면서 전년도 말 기준 직전 3개월간 그 개인정보가 저장·관리되고 있는 정보주체의 수가 일일평균 100만명 이상
민감정보 및 고유식별정보 등 처리하는 개인정보의 유형 및 규모	- 전년도 말 기준 직전 3개월간 민감정보 또는 고유식별정보가 저장·관리되고 있는 정보주체의 수가 일일평균 5만명 이상(업무 수행을 위해 처리되는 그에 소속된 임직원의 민감정보나 고유식별정보는 제외)

평가 대상	설명
개인정보 처리의 법적 근거 및 방식	- 정보주체의 동의 없이 처리할 수 있는 개인정보의 항목과 처리의 법적 근거를 정보주체의 동의를 받아 처리하는 개인정보와 구분하고 있지 않을 것
법 위반행위 발생 여부	- 최근 3년간 다음 각 목의 어느 하나에 해당할 것 • 2회 이상 개인정보 유출 등이 되었을 것 • 법 제62조의2에 따른 과징금을 부과받았을 것 • 법 제75조에 따른 과태료를 부과받았을 것
아동·청소년 등 정보주체의 특성	- 19세 미만 아동 또는 청소년을 주된 이용자로 하는 정보통신 서비스를 운영할 것

CHAPTER 03 국외 주요 개인정보 인증제도

CERTIFIED PRIVACY PROTECTION GENERAL

국외의 개인정보 인증제도는 국내와 달리 국제적 호환성 확보와 국가 간 데이터 이전을 주된 목적으로 하고 있다. 국내 제도가 주로 법적 준수 여부와 기관 내부 관리체계의 적정성을 검증하는 데 초점이 맞추어져 있다면, 국외 제도는 글로벌 환경에서 공통 기준을 마련하여 국제 거래와 협력에서 신뢰를 보장하는 역할을 한다. 대표적으로 ISO/IEC 27000 Family와 BS 10012, CBPR이 있다.

1 ISO/IEC 27001

① ISO/IEC 27000 Family

- ISO/IEC 27000 Family는 정보보안 관리시스템(ISMS, Information Security Management System)을 설계하고 구현하며 운영하는 데 필요한 국제 표준 시리즈를 말한다.
- 국제적으로 통용되는 정보보안 기준을 제시하여 글로벌 기업이나 해외 거래 시 신뢰도를 확보하는 데 중요한 역할을 한다.

표준 번호	제목	설명
ISO/IEC 27000	정보보안 관리시스템 - 개요 및 용어	- 27000 시리즈 전체의 기본 개념과 용어를 정의
ISO/IEC 27001	정보보안 관리시스템 - 요구사항	- 정보보안 체계를 구축하고 유지하는 데 필요한 최소 요구사항 정의
ISO/IEC 27002	통제 항목 가이드라인	- 27001 Annex A 통제 항목(93개)을 실제로 어떻게 구현할지 구체적으로 안내
ISO/IEC 27003	ISMS 구현 가이드	- ISMS의 초기 기획부터 구축 단계까지 실무 지침 제공
ISO/IEC 27004	성과 측정	- 정보보안 관리 활동의 효과성과 효율성을 평가하기 위한 측정지표 설정 방법 안내
ISO/IEC 27005	정보보안 리스크 관리	- 리스크 식별, 분석, 평가 및 대응을 위한 프레임워크 제공
ISO/IEC 27006	인증기관 요건	- ISO/IEC 27001 인증을 부여하는 심사기관의 자격 및 절차 규정

- 그 외에도, 정보보호 거버넌스 표준인 ISO/IEC 27014, 클라우드 보안 가이드라인인 ISO/IEC 27017, 클라우드 개인정보 보호 ISO/IEC 27018, 개인정보 보호 관리체계 ISO/IEC 27701 등이 있다.

② ISO/IEC 27001 개념

- ISO/IEC 27001:2022는 정보 보안 관리시스템 인증의 핵심 표준으로, 조직이 정보 자산을 안전하게 관리하고 보호할 수 있도록 요구사항을 명시하고 있다.
- ISO/IEC 27001은 2022년 10월에 개정되었는데, 크게 4가지의 변화가 있었다.

변화	설명
표준 제목 변경	- 기존의 "정보 보안 관리시스템 - 요구사항"에서 "정보 보안, 사이버 보안 및 프라이버시 보호 - 정보 보안 관리시스템 - 요구사항"으로 변경 - 사이버 보안과 프라이버시 보호의 중요성을 강조
조항(Clauses) 4~10의 업데이트	- 조직의 맥락, 리더십, 계획, 지원, 운영, 성과 평가, 개선 등 ISMS의 핵심 요소에 대한 요구사항을 명확하게 재정의
Annex A의 구조 개편	- 기존 14개 영역 114개 통제 항목에서 4개 영역 93개 통제 항목으로 재구성 • 조직적 통제(Organizational controls) • 인적 통제(People controls) • 물리적 통제(Physical controls) • 기술적 통제(Technological controls)
신규 통제 항목 도입	- 11개의 새로운 통제 항목 추가 • A.5.7 위협 인텔리전스 • A.5.23 클라우드 서비스 사용을 위한 정보 보안 • A.5.30 비즈니스 연속성을 위한 ICT 준비성 • A.7.4 물리적 보안 모니터링 • A.8.9 구성 관리 • A.8.10 정보 삭제 • A.8.11 데이터 마스킹 • A.8.12 데이터 유출 방지 • A.8.16 모니터링 활동 • A.8.23 웹 필터링 • A.8.28 보안 코딩

③ ISO/IEC:27001 인증 기준

- 개편된 AnnexA의 4개의 영역에 대한 요약이다.

표준 번호	통제 수	설명
A.5 조직적 통제 (Organizational Controls)	37	- 정보 보안 정책, 역할 및 책임, 공급업체 관리, 사고 대응, 법적 요구사항 등 조직 전반의 보안 관리 체계
A.6 인적 통제 (People Controls)	8	- 직원의 보안 인식, 교육, 고용 조건, 원격 근무 등 인적 자원과 관련된 보안 조치
A.7 물리적 통제 (Physical Controls)	14	- 물리적 접근 제어, 장비 보호, 환경 보안 등 물리적 자산의 보안을 위한 조치
A.8 기술적 통제 (Technological Controls)	34	- 접근 제어, 암호화, 악성 코드 방지, 네트워크 보안 등 기술적 측면의 보안 통제

- ISO/IEC 27002:2022는 이 항목들 각각의 구현 방법 및 해설을 제공하는 참조 문서로 활용한다.

2 BS 10012

① 개념

- 영국표준협회(BSI, British Standards Institution)에서 제정한 개인정보 관리시스템(PIMS, Personal Information Management System)에 관한 국제표준으로, 개인정보의 수집, 저장, 처리, 파기 등 전 과정에 대해 법적·윤리적 책임을 다하기 위한 관리시스템을 수립하는 것이 목적이다.
- 조직이 개인정보(PII, Personally Identifiable Information)를 책임감 있고 체계적으로 처리하기 위한 기준을 제시한다.
- 주요 특징은 다음과 같다.

특징	설명
GDPR 등 글로벌 법규 대응	- 글로벌 개인정보 보호 규제에 대응하는 기반 시스템으로 설계
ISO와 연계 가능한 구조	- ISO/IEC 27001(정보보안), ISO/IEC 27701(PIMS 확장 프레임워크) 등과 통합 관리체계 운영이 가능하도록 공통 프레임워크(HLS, High-Level Structure)를 따름
리스크 기반 접근	- 개인정보 처리와 관련된 위험을 식별하고 평가하며, 위험 수준에 따라 보호 대책을 수립하고 문서화하도록 요구
지속적인 개선 강조	- PDCA(Plan-Do-Check-Act) 사이클을 기반으로, 조직 내 개인정보 보호 활동을 지속적으로 점검하고 개선

② 핵심 구성 요소

BS 10012는 다음과 같은 핵심 요소들로 구성된다.

주요 영역	설명
조직의 맥락(Context)	- 조직의 개인정보 처리 환경, 법적 요구사항, 이해관계자 파악
리더십(Leadership)	- 최고경영진의 책임과 개인정보 보호 방침 수립
기획(Planning)	- 리스크 및 기회 분석, 목표 설정, 법적 준수 계획
지원(Support)	- 인적자원, 인식 제고, 문서화된 정보 관리
운영(Operation)	- PII 처리 절차 운영, 계약 및 위탁 관리
성과 평가 (Performance Evaluation)	- 내부 감사, 경영 검토, 개인정보 보호 지표 평가
개선(Improvement)	- 사건 대응, 불일치 조치, 시스템 개선 활동

3 APEC CBPR(아시아-태평양 경제협력체 국경 간 개인정보 보호 인증제도)

① 개념

- APEC CBPR(Cross-Border Privacy Rules System)은 2011년에 출범하여 아시아·태평양경제협력체(APEC) 회원국 간에 개인정보의 국경 간 이동을 안전하고 책임감 있게 관리할 수 있도록 만든 국제적 개인정보 보호 체계이다. 미국, 일본, 한국, 싱가포르, 캐나다, 멕시코, 대만 등 9개국 이상이 참여하고 있다.
- 기업이 개인정보를 국경을 넘어 이전할 때에도 공통된 보호 기준을 준수하여 정보주체의 권리를 보장하고, 국가 간 데이터 흐름을 원활하게 하는 것을 목표로 한다.

목적	설명
국경 간 개인정보 이전 촉진	- 참여국 간 개인정보가 원활하게 이전될 수 있도록 통일된 기준을 마련하여, 국가 간 데이터 흐름의 기술적·제도적 장벽을 낮춤
정보주체의 개인정보 보호 수준 보장	- 국경을 넘어 개인정보가 이전되더라도, 인증된 기업은 공통된 보호 기준을 따라야 하므로 정보주체는 일관된 보호를 받을 수 있음
국가 간 법적 불확실성 완화	- 각국의 개인정보 보호 법제가 상이한 상황에서 CBPR은 상호 인정 가능한 체계를 통해 법적 충돌이나 해석의 불확실성을 줄여줌
글로벌 기업의 규제 준수 비용 절감 및 효율성 향상	- 중복 규제 부담이 줄고, 글로벌 비즈니스 운영이 더욱 효율화

② CBPR 인증 기준

CBPR의 인증 기준은 APEC 프라이버시 프레임워크(APEC Privacy Framework)의 8대 개인정보 보호 원칙을 따른다.

인증 기준	설명
방침 통지 (Notice)	- 개인정보를 수집·이용하기 전, 정보주체에게 수집 목적, 이용 방식, 제3자 제공 여부 등을 명확히 알려야 함
정보의 수집 제한 (Collection Limitation)	- 개인정보 수집은 목적에 필요한 최소한의 범위로 제한되어야 하며, 적법하고 정당한 방법으로 수집해야 함
정보 사용 제한 (Use of Personal Information)	- 수집된 개인정보는 사전에 고지한 목적 내에서만 이용되어야 하며, 목적 외 사용은 원칙적으로 금지됨
정보의 선택권 부여 (Choice)	- 정보주체는 개인정보 수집·이용·제공 등에 대해 동의하거나 거부할 수 있는 선택권을 가져야 함
무결성과 보안 확보 (Integrity and Security)	- 개인정보의 정확성과 최신성을 유지하고, 무단 접근이나 유출, 변조를 방지하기 위한 적절한 보안 조치를 취해야 함
접근권 보장 (Access and Correction)	- 정보주체는 자신의 개인정보에 접근하고, 부정확하거나 불완전한 정보에 대해 정정 또는 삭제를 요구할 수 있어야 함
책임성 (Accountability)	- 개인정보를 처리하는 조직은 모든 보호 원칙을 준수할 책임이 있으며, 이를 입증할 수 있는 내부 체계를 갖추어야 함
국제적 협력 지원 (Enforcement)	- 국경을 초월한 개인정보 침해에 대응하기 위해 참여국 간의 법집행 협력과 상호 지원이 가능해야 함

CHAPTER 04 공공기관 개인정보 보호 평가제도

CERTIFIED PRIVACY PROTECTION GENERAL

개인정보 영향평가는 공공기관이 일정 규모 이상의 개인정보파일을 구축·운영 또는 변경할 때 개인정보 침해 위험을 사전 분석하고 개선 방안을 도출하는 평가제도이다. 또한 개인정보 보호수준 평가는 공공기관의 법적 의무의 이행준수와 기관의 노력을 중점 평가하는 제도이다. 공공기관의 개인정보처리시스템에 대한 침해 요인 분석·개선을 위한 제도를 이해한다.

1 개인정보 영향평가

1) 개념 및 필요성

구분	상세 내용
개념	- 법 제33조제1항에 따라 공공기관의 장이 영 제35조에 해당하는 개인정보파일의 운용으로 인하여 정보주체의 개인정보 침해가 우려되는 경우에 그 위험요인의 분석과 개선 사항 도출을 위한 평가(「개인정보 영향평가에 관한 고시」제2조제1호)
필요성	- 개인정보 처리가 수반되는 사업 추진 시 해당 사업이 개인정보에 미치는 영향을 사전에 분석하고 이에 대한 개선 방안을 수립하여 개인정보 침해사고를 **사전에 예방**

2) 개인정보 영향평가 법률적 근거(법 제33조)

구분	핵심	상세 내용
공공기관	결과 제출 의무	- 대통령령으로 정하는 기준에 해당하는 영향평가 후 결과를 보호위원회에 제출하여야 함(법 제33조제1항)
	평가 의뢰	- 영향평가를 **평가기관에 의뢰하여야 함**
	결과 첨부 (파일 등록 시)	- 제1항에 따라 영향평가를 한 개인정보파일을 제32조(개인정보파일의 등록 및 공개)제1항에 따라 등록할 때에는 영향평가 결과를 함께 첨부하여야 함

보호위원회	평가기관 지정	– 대통령령으로 정하는 인력·설비 및 그밖에 필요한 요건을 갖춘 자를 영향평가를 수행하는 기관(이하 "평가기관"이라 한다)으로 지정할 수 있음
	영향평가의 활성화	– 관계 전문가의 육성, 영향평가 기준의 개발·보급 등 필요한 조치를 마련하여야 함
영양평가 시 고려요소	4요소	1. **처리하는 개인정보의 수** 2. **개인정보의 제3자 제공 여부** 3. **정보주체의 권리를 해할 가능성 및 그 위험 정도** 4. **그밖에** 대통령령으로 정한 사항

3) 평가대상: 시행령 제35조(개인정보 영향평가의 대상)

조건	상세 내용
5만명 조건	– 구축·운용 또는 변경하려는 5만명 이상의 정보주체의 **민감정보** 또는 **고유식별정보**의 처리가 수반되는 개인정보파일
50만명 조건	– 구축·운용 또는 변경하려는 해당 공공기관의 내부 또는 외부의 다른 개인정보파일과 **연계**하려는 경우로서, **연계 결과 정보주체의 수**가 50만명 이상인 개인정보파일
100만명 조건	– 구축·운용 또는 변경하려는 100만명 이상의 **정보주체 수**를 포함하고 있는 개인정보파일 ※ 현시점 기준으로 영향평가 대상은 아니나 가까운 시점(1년 이내)에 정보주체의 수가 법령이 정한 기준 이상이 될 가능성이 있는 경우, 영향평가를 수행할 것을 권고
변경 시	– 영 제35조에 근거하여 영향평가를 **실시한 기관**이 개인정보 검색체계 등 개인정보파일의 운용체계를 변경하려는 경우, 변경된 부분에 대해서는 영향평가를 실시 ※ 법령상 규정된 대상시스템이 아니더라도 **대량의 개인정보나 민감한** 개인정보를 수집·이용하는 기관은 개인정보 유출 및 오·남용으로 인한 사회적 피해를 막기 위해 영향평가 수행 가능

※ 영향평가의 대상은 「개인정보 보호법 시행령」 제35조(개인정보 영향평가의 대상)에 따라서 전자적으로 처리할 수 있는 개인정보파일에 한한다. 따라서 **종이문서**는 100만건이라 할지라도 영향평가의 대상이 **아니다.**

※ 사립대학교의 경우에도 「개인정보 보호법」 제2조제6호 및 동법 시행령 제2조(공공기관의 범위)에 따른 공공기관에 해당된다. 따라서 「개인정보 보호법」 제33조(개인정보 영향평가)에 따라서 개인정보 영향평가를 의무적으로 수행해야 한다.

※ 원칙적으로 **개인정보파일에 대한 관리 책임을 가지고 있는 기관**에서 영향평가를 수행하여야 한다. 단일접속시스템과 표준배포시스템의 경우 중앙부처에서 개인정보 영향평가를 수행하였더라도, 해당 시스템을 통해 개인정보파일을 관리하는 주체는 지자체이므로, 전체 평가 항목 중 지자체에서 수행해야 하는 평가 항목(중앙부처에서 수행한 항목과 중복 항목 제외 등)에 대해서는 영향평가를 <u>수행하여야 한다.</u> 다만, 제외할 수 있는 평가 항목은 해당 단일접속시스템 및 표준배포시스템의 성격, 구성 및 운영 방식, 중앙부처에서 영향평가를 수행한 범위 등에 상이할 수 있으므로, 중앙부처 및 영향평가기관과 사전에 협의를 거쳐 평가 항목을 결정할 것을 권고한다.

※ 도출된 침해요인은 모두 조치하는 것이 원칙이지만, 위험분석의 결과 위험도가 아주 낮거나 하는 등 합리적인 사유로 조치할 필요가 없다고 판단된다면 **기관 내부의 의사결정 절차를 거쳐 조치하지 아니할 수 있다.** 다만 법적 필수 사항인 경우에는 모두 조치될 수 있도록 하여야 한다.

※ 영향평가의 경우에는 고유식별정보의 내부망 저장 시 암호화 여부를 결정하기 위해서 "개인정보 위험도 분석기준"의 26개 체크리스트를 준용하도록 권고하고 있다. 결국 영향평가 시에도 내부망에 저장된 고유식별정보의 암호화 여부를 판단하기 위해서는 "개인정보 위험도 분석기준"에 따른 위험도 분석을 수행하게 된다(영향평가 지표 4.3.1 참고). 단, 위의 고유식별정보는 "**주민등록번호를 제외한 고유식별정보**"를 의미한다. 주민등록번호는 「개인정보 보호법 시행령」 제21조의2(주민등록번호 암호화 적용 대상 등)에 따라 저장 위치와 상관없이 <u>의무적으로 암호화</u>를 하여야 한다.

4) 영향평가 3가지 의무 유형

유형	구분	상세 내용
공공 기관	개념	- 시행령 제35조에 근거하여 특정 정보주체 수 이상(제1장 제1절 평가대상 참조)의 개인정보를 전자적으로 처리하는 공공기관은 영향평가를 의무적으로 수행
	3가지 유형	① 개인정보파일을 **신규 구축·운용**하려는 경우 ② 기 운용 중인 개인정보파일의 수집, 보유, 이용·제공, 파기 등 처리 절차를 **변경**하거나 개인정보 검색 체계 등 개인정보파일 운용체계를 변경하려는 경우 ③ 개인정보파일을 타 시스템과 **연계·제공**하려는 경우

유형	구분	상세 내용
공공기관	영향평가서 제출	- 공공기관의 장은 「개인정보 보호법 시행령」 제35조에 해당하는 개인정보파일을 구축·운용하기 전에 그 영향평가서 및 요약본을 개인정보보호위원회에 제출하여야 한다. 다만, 영 제38조제2항에 따라 영향평가서를 제출받은 공공기관은 <u>2개월 이내에 평가 결과</u>에 대한 내부승인 절차를 거쳐 영향평가서 및 그 요약본(요약본을 공개하려는 경우 해당 요약본을 포함)을 개인정보보호위원회에 제출하여야 함
	개선이행확인서 제출	- <u>영향평가 이행점검 결과 또한 미완료된 건</u>에 대해서는 영향평가 사업을 통해 영향평가서를 제출받은 날로부터 <u>1년 이내</u>에 개인정보보호종합지원시스템(intra.privacy.go.kr)의 영향평가 메뉴에서 "개선사항 이행확인서"를 등록하면 됨 - 모든 개선계획이 반드시 1년 이내에 완료될 필요는 없으며, 예산 등이 수반되어 1년 이내에 조치 완료가 <u>어려운 개선과제에 대해서는 이행점검 시점의 현황 및 계획을 작성해 주면 됨</u> ※「개인정보 영향평가에 관한 고시」 제14조(영향평가 개선사항 이행) 참조
민간기관 (공공 외) 또는 의무 외	자율 및 감경	- 개인정보처리자는 개인정보파일 운용으로 인하여 정보주체의 개인정보 침해가 우려되는 경우에는 자율적으로 판단하여 영향평가를 하기 위하여 적극 노력(「개인정보 보호법」 제33조제11항)한 경우 개인정보보호위원회는 개인정보 보호법 위반 행위자에게 과징금 부과 시 「개인정보 보호법 위반에 대한 과징금 부과기준」에 근거하여 법 위반 행위자가 개인정보 영향평가를 하는 등 개인정보 보호 활동을 성실히 수행한 것으로 확인된 경우 1차 조정을 거친 금액의 <u>100분의 30 이하</u>에 해당하는 금액을 감경할 수 있음(단, 영향평가 의무 대상 기관인 경우 제외)
공통	지속관리	- 영향평가 결과에 따른 개선사항이 사업추진 과정에서 계획대로 반영되어 개선되는지 이행점검을 통해 지속적으로 관리 필요

5) 평가 절차

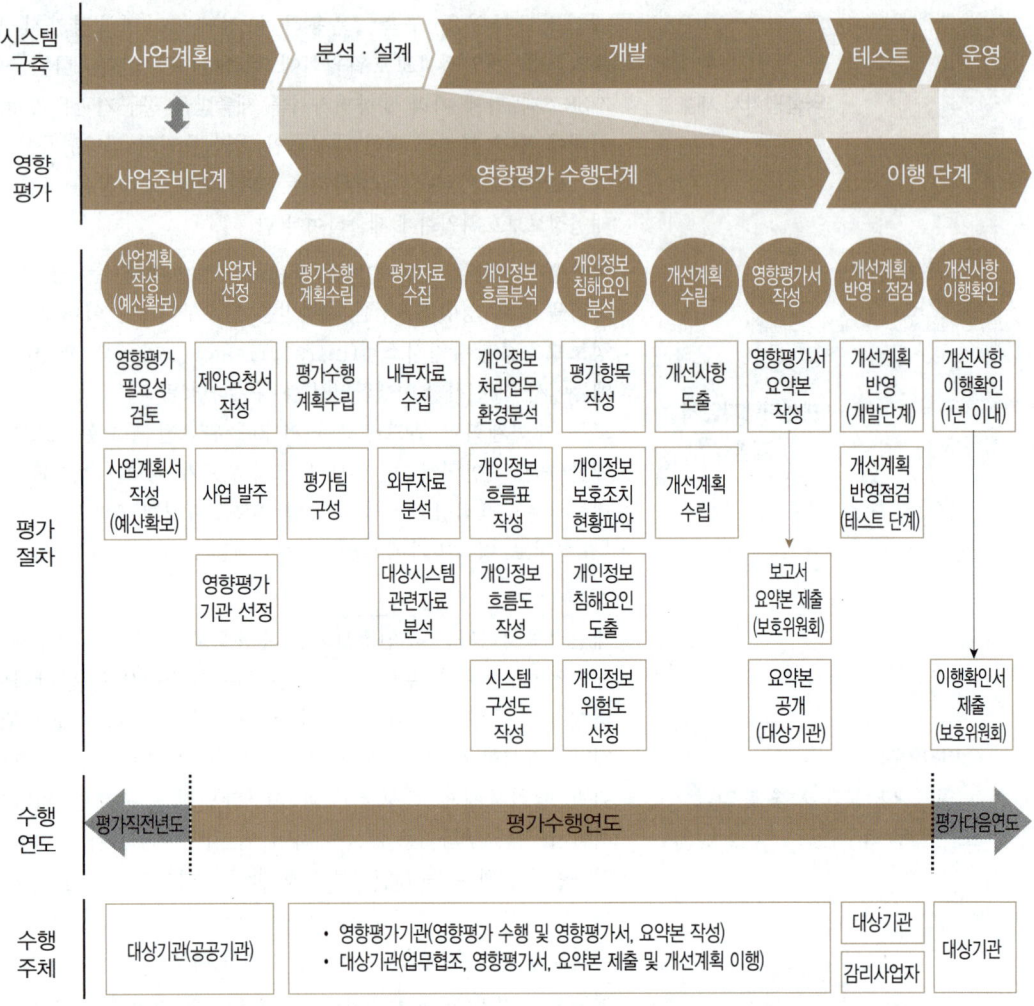

※ 출처: 개인정보 영향평가 수행안내서(개인정보보호위원회), p.11.

6) 개인정보 흐름 분석 절차

※ 출처: 개인정보 영향평가 수행안내서(개인정보보호위원회), p.11.

7) 개인정보 흐름 분석 절차 설명

구분	상세 내용
① 개인정보 처리업무 분석	– 영향평가 대상 업무 중에서 개인정보 처리업무를 도출하여 평가범위를 선정 – 개인정보를 처리(수집, 생성, 연계, 연동, 기록, 저장, 보유, 가공, 편집, 검색, 출력, 정정, 복구, 이용, 제공, 공개, 파기 등)하는 모든 업무를 파악
② 개인정보 흐름표 작성	– 개인정보의 수집, 보유, 이용·제공, 파기에 이르는 Life-Cycle별 현황을 식별하여 개인정보 처리현황을 명확히 알 수 있도록 흐름표 작성
③ 개인정보 흐름도 작성	– 개인정보 흐름표를 바탕으로 개인정보의 수집, 보유, 이용·제공, 파기에 이르는 Life-Cycle별 현황을 식별하여 개인정보 처리현황을 명확히 알 수 있도록 흐름도 작성

구분	상세 내용
④ 정보시스템 구조도 작성	- 개인정보 처리시스템, 개인정보 내·외부 연계시스템 및 관련 인프라의 구성 파악 - 다른 단계와 병렬 진행 가능하며, 분석 초기에 작성하여 타 단계 진행 시 참고 가능 ※ 흐름분석 및 개선계획 수립 단계와 관련하여 본 수행안내서에서 제시된 양식(표, 그림 등)은 예시로서, 영향평가 기관의 자체 방법론에 따라 대상 사업의 특성 등을 고려하여 양식을 추가 또는 일부 변형하여 사용할 수 있음(단, 단계별 기본 절차는 준수하여야 하며, 영향평가 품질 측면에서 각 절차의 취지 및 목적을 달성할 수 있도록 하여야 함)

8) 개인정보 영향도 등급표 예시

구분	구분	상세 내용
1등급	개념	- 그 자체로 개인의 식별이 가능하거나 매우 민감한 개인정보 또는 관련 법령에 따라 처리가 엄격하게 제한된 개인정보
	위험성	- 정보주체의 경제적/사회적 손실을 야기하거나, 사생활을 현저하게 침해 - 범죄에 직접적으로 악용 가능 - 유출 시 민·형사상 법적 책임 부여 가능 및 대외 신임도 크게 저하
	분류	- 고유식별정보, 민감정보, 인증정보, 신용정보·금융정보, 의료정보, 위치정보, 기타 중요 정보
2등급	개념	- 조합되면 명확히 개인의 식별이 가능한 개인정보
	위험성	- 정보주체의 신분과 신상정보에 대한 확인 또는 추정 가능 - 광범위한 분야에서 불법적인 이용 가능 - 유출 시 민·형사상 법적 책임 부여 가능 및 대외 신인도 저하
	분류	- 개인식별정보, 개인 관련 정보, 기타 개인정보
3등급	개념	- 개인식별정보와 조합되면 부가적인 정보를 제공하는 간접 개인정보
	위험성	- 정보주체의 활동 성향 등에 대한 추정 가능 - 제한적인 분야에서 불법적인 이용 가능 - 대외 신인도 다소 저하
	분류	- 자동 생성 정보, 가공 정보, 제한적 본인식별 정보, 기타 간접 개인정보

9) 개인정보 위험도 예시

- 위험도=개인정보 영향도+(침해요인 발생가능성×법적 준거성)×2

구분	상세 내용			
개인정보 영향도(자산 가치)	등급	설명		자산가치
	1등급	– 그 자체로 개인 식별이 가능하거나 민감한 개인정보 – 관련 법령에 따라 처리가 엄격히 제한된 개인정보 – 유출 시 법적 책임 부담 가능한 정보		5
	2등급	– 조합되면 명확히 개인의 식별이 가능한 개인정보 – 유출 시 법적 책임 부담 가능한 정보		3
	3등급	– 개인정보와 결합하여 부가적인 정보 제공 가능 정보 – 제한적인 분야에서 불법적 이용 가능 정보		1
법적 준거성 가중치 부여	구분	법적 준거성		중요도
	높음	법적 준수사항		1.5
	낮음	법률 외 요건		1
개인정보 침해요인 발생 가능성	구분	발생 가능 정도		중요도
	높음	– 즉각적인 침해 발생 가능성이 있는 경우		3
	중간	– 침해 발생 가능성이 존재하지만 즉각적이지는 않은 경우		2
	낮음	– 침해 발생 가능성이 희박한 경우		1
위험도 범위	구분	산정식		위험도
	최대값	위험도=5+(3×1.5)×2		14
	최소값	위험도=1+(1×1)×2		3

> **참고사항** 개인정보 침해요인 위험도 산정 예시

개인정보 처리업무	처리 개인정보	개인정보 영향도	질의문 코드	침해요인	발생 가능성	법적 준거성	위험도
회원가입 (수집)	성명, 주민등록번호, 전화번호, 이메일 주소, 퇴직정보	5	2.2.1	변경된 부분에 대한 정보가 반영되지 않아 개인정보파일의 현황을 적절히 파악하지 못해 보유하고 있는 개인정보의 관리가 어려움	3	1.5	14
회원가입 (보유·이용)	성명, 주민등록번호, 전화번호, 이메일 주소, 퇴직정보	5	3.4.1	정보주체가 위탁되는 개인정보 항목 및 위탁 목적 등을 알 수 없게 되어 정보주체의 권리를 제한할 수 있음	3	1.5	14

※ 출처: 개인정보 영향평가 수행안내서(개인정보보호위원회), p.66.

2. 공공기관 개인정보 보호 수준 평가

1) 법령 근거

① 개인정보 보호법

구분	상세 내용
근거	개인정보 보호법 제11조의2(개인정보 보호수준 평가)
개인정보 보호수준 평가	① 보호위원회는 **공공기관 중 중앙행정기관 및 그 소속기관, 지방자치단체**, 그밖에 **대통령령**으로 정하는 기관을 대상으로 매년 개인정보 보호 정책·업무의 수행 및 이 법에 따른 의무의 준수 여부 등을 평가(이하 "개인정보 보호수준 평가"라 한다)하여야 한다.
자료 제출 요구	② 보호위원회는 개인정보 보호수준 평가에 필요한 경우 해당 공공기관의 장에게 관련 자료를 제출하게 할 수 있다.
평가 결과 공개	③ 보호위원회는 개인정보 보호수준 평가의 결과를 인터넷 홈페이지 등을 통하여 공개할 수 있다.
개선 권고 및 조치결과 알림	④ 보호위원회는 개인정보 보호수준 평가의 결과에 따라 우수기관 및 그 소속 직원에 대하여 포상할 수 있고, 개인정보 보호를 위하여 필요하다고 인정하면 해당 공공기관의 장에게 개선을 권고할 수 있다. 이 경우 권고를 받은 공공기관의 장은 이를 이행하기 위하여 성실하게 노력하여야 하며, 그 조치 결과를 보호위원회에 알려야 한다.
구체화(시행령)	⑤ 그밖에 개인정보 보호수준 평가의 기준·방법·절차 및 제2항에 따른 자료 제출의 범위 등에 필요한 사항은 대통령령으로 정한다.

② 개인정보 보호법 시행령

구분	상세 내용
근거	제13조의2(개인정보 보호수준 평가의 대상·기준·방법·절차 등)
평가 대상 기관	① 법 제11조의2제1항에서 "대통령령으로 정하는 기관"이란 다음 각호의 기관을 말한다. 1. 「공공기관의 운영에 관한 법률」 제4조에 따른 **공공기관** 2. 「지방공기업법」에 따른 **지방공사와 지방공단** 3. 그밖에 제2조제4호 및 제5호에 따른 공공기관 중 공공기관의 개인정보 처리 업무의 특성 등을 고려하여 **보호위원회가 고시하는 기준에 해당하는 기관**

구분	상세 내용
평가 내용	② 법 제11조의2제1항에 따른 개인정보 보호수준 평가(이하 "개인정보 보호수준 평가"라 한다)의 기준은 다음 각호와 같다. 1. **개인정보 보호 정책ㆍ업무 수행실적 및 개선 정도** 2. **개인정보 관리체계의 적정성** 3. **정보주체의 권리보장을 위한 조치사항 및 이행 정도** 4. **개인정보 침해방지 조치사항 및 안전성 확보 조치 이행 정도** 5. **그밖에 개인정보의 처리 및 안전한 관리를 위해 필요한 조치 사항의 준수 여부**
평가대상 알림	③ 보호위원회는 개인정보 보호수준 평가를 시행하기 전에 평가대상, 평가기준ㆍ방법 및 평가지표 등을 포함한 평가계획을 마련하여 개인정보 보호수준 평가대상 기관(이하 "평가대상 기관"이라 한다)의 장에게 통보해야 한다.
평가단 구성	④ 보호위원회는 개인정보 보호수준 평가를 효율적으로 실시하기 위해 개인정보 보호에 관한 전문적인 지식과 경험이 풍부한 전문가를 포함하여 **평가단을 구성ㆍ운영할 수 있다.**
자료 제출 요구	⑤ 보호위원회는 법 제11조의2제2항에 따라 다음 각호의 자료를 제출하게 할 수 있다. 1. 평가대상 기관이 개인정보 보호수준을 자체적으로 점검한 경우 그 결과 및 증명자료 2. 제1호의 증명자료의 검증에 필요한 자료 3. 그밖에 개인정보의 안전한 관리 여부 등 개인정보 보호수준을 평가하기 위해 필요한 자료
평가수행 (방문 가능)	⑥ 보호위원회는 제5항에 따라 평가대상 기관의 장이 제출한 자료를 기준으로 평가를 진행하거나 **평가대상 기관을 방문하여 평가할 수 있다.**

③ 개인정보 보호수준 평가에 관한 고시

개인정보 보호법 시행령 제13조의2(개인정보 보호수준 평가의 대상ㆍ기준ㆍ방법ㆍ절차 등) 제8항의 세부사항이다.

구분	상세 내용
평가대상	① 보호위원회는 매년 평가 대상이 되는 기관의 신설, 통ㆍ폐합, 제2항에 따른 신규 및 재지정 등을 반영하여 당해연도 개인정보 보호수준 평가 대상을 확정하여야 한다. ② 영 제13조의2제1항제3호에 따른 평가 대상은 특별법에 의하여 설립된 특수법인과 「고등교육법」 제2조에 따른 학교 중에 다음 각호의 사항을 종합적으로 고려하여 보호수준 평가가 필요한 기관에 대해 보호위원회가 정할 수 있다.

구분	상세 내용
평가대상	1. 5만명 이상의 정보주체에 관한 법 제23조에 따른 민감정보 또는 법 제24조제1항에 따른 고유식별정보를 처리하는 경우 2. 100만명 이상의 정보주체에 관한 개인정보를 처리하는 경우 3. 최근 3년간 개인정보 유출 등 개인정보 침해사고가 2회 이상 발생하였거나, 보호위원회로부터 과징금 또는 과태료 처분 등을 1회 이상 받은 경우 4. 그밖에 개인정보 처리 및 관리에 있어서 개인정보 침해 우려가 크다고 판단되는 경우

2) 평가 추진체계

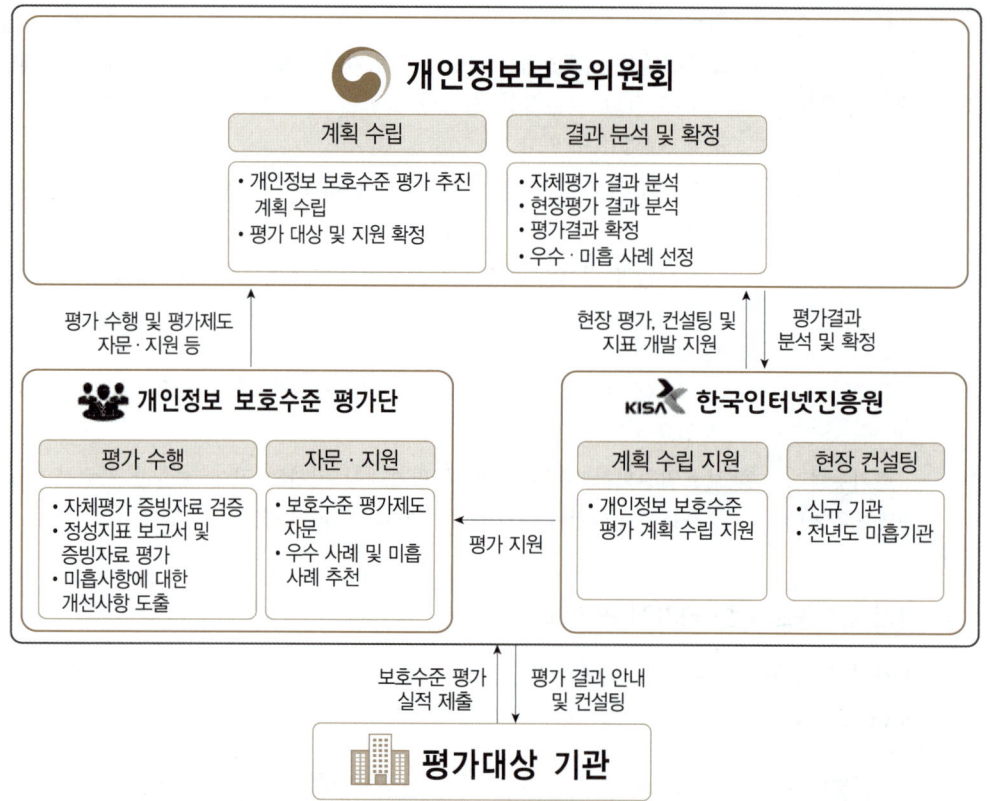

주체	구분	상세 내용
개인정보보호위원회	주관기관	– 평가제도 총괄, 평가 업무에 대한 계획 및 기준 수립, 최종 평가 결과 분석 및 결과 확정
한국인터넷진흥원	전담기관	– 평가 업무 계획 수립 지원, 수준평가 자료 검증 및 분석, 개인정보 관리 미흡 기관 컨설팅 등
개인정보 보호수준 평가단	평가수행	– 개인정보 보호 관련 법령 및 제도의 취지에 부합되도록 개인정보 보호수준 평가실(평가 자료 검증, 현장검증 및 자문 등) 평가 결과 분석 및 평가제도에 대한 자문·지원 등

3) 평가 지표

① 평가지표 구성

- (정량지표) 개인정보처리자가 준수해야 할 법령 등 법적 의무사항에 대한 자체평가
- (정성지표) 개인정보 보호 업무 추진 내용의 적절성·충실성에 대한 심층평가
- (기타지표) 신기술을 활용한 개인정보의 안전한 처리, 유출·사건 등, 감경사고대응 등

② 평가지표 세부 내용

분류(평가 방법)	분야	평가 항목	지표
정량(자체) 평가[40점]	개인정보 관리체계 [5개]	1. (해당 시) 소속기관 자체평가 자료 제출	1개
		2. 개인정보 보호책임자의 역할 수행	1개
		3. 개인정보 영향평가 수행 등	3개
	정보주체 권리보장 [10개]	4. 개인정보 처리 방침 및 열람·정정·삭제·처리정지 등	3개
		5. 수집·이용·제공 및 목적 외 이용·제공 절차	7개
	개인정보 침해방지 [28개]	6. 접근 권한 관리 및 접속기록 점검	8개
		7. 개인정보 침해사고 방지조치 및 대응 절차	10개
		8. 고유식별정보(및 생체인식정보) 암호화	4개
		9. 영상정보처리기기 운영 및 가명정보 처리	6개

분류(평가 방법)	분야	평가 항목	지표
정성(심층) 평가[40점]	개인정보 중점관리 업무[8개]	1. 개인정보 보호 조직 · 인력 · 예산	5점
		2. 개인정보 교육 · 홍보 및 우수사례 등	5점
		3. 개인정보 보호책임자 지정 및 업무 · 역할 등	5점
		4. 개인정보파일 관리 · 등록의 적절성 및 개선 노력	5점
		5. 개인정보 처리 방침의 적절성 및 이행 · 개선 노력	5점
		6. 정보주체의 실질적 권리보장	5점
		7. 개인정보 처리업무 위 · 수탁의 적절성 및 사후관리	5점
		8. 안전성 확보 조치를 위한 노력	5점
기타 지표	가점	신기술 환경에서의 데이터의 안전한 활용 및 안전조치 적절성	최대 10점
	감점	① 개인정보 유출 등 사고 발생 건당	최대 -10점
		② 유출 등 사고가 아닌 기타 개인정보 관련 사건 · 사고 발생 건당	최대 -10점
		③ 과징금 · 과태료 · 시정명령 · 시정 권고 · 공표(명령) · 개선 권고 등	최대 -3점
		④ 제출 자료가 거짓 · 허위인 경우(해당 지표 미이행 처리) 건당	최대 -2점
		(①~②감경) 개인정보 유출 등 사고 대응의 적절성 및 재발방지 노력	최대 5점

※ 평가지표는 매년 보호 분야 기술 동향 및 산업 현장 상황을 반영하여 유연한 세부 지표 개선

PART 05 실력 확인 문제

| 개인정보 관리체계 |

01 ISMS-P 인증기준의 세 가지 주요 영역은?

① 정책, 물리보안, 정보통신망
② 기반 조성, 기술대책, 운영계획
③ 관리체계 수립·운영, 보호대책, 개인정보 처리 단계별 요구사항
④ 위험관리, 재해복구, 외부자 통제
⑤ 정보보안, 물리보안, 암호화

▶ 해설
ISMS-P는 관리체계 기반·보호대책·개인정보 처리단계 요구사항의 세 영역으로 구성된다.

02 다음 중 ISMS-P 인증의 '보호대책 요구사항'에 해당하지 않는 항목은?

① 외부자 보안
② 암호화 적용
③ 시스템 개발 보안
④ 인적 보안
⑤ 정보주체 권리 보장

▶ 해설
정보주체 권리 보장은 '개인정보 처리단계 요구사항'에 속하며 보호대책 항목은 아니다.

03 개인정보 처리 방침 평가에서 고려되지 않는 항목은?

① 법령에 따른 항목 포함 여부
② 알기 쉬운 작성 여부
③ 검색 최적화 여부
④ 쉽게 열람 가능한 방식
⑤ 법적 동의 요건과의 구분 여부

▶ 해설
검색 최적화는 평가 항목이 아니며, 나머지는 법 제30조의2와 시행령에 명시된 평가 요소이다.

04 「정보통신망법」상 ISMS 인증 의무 대상이 아닌 경우는?

① 전국 규모 정보통신서비스 사업자
② 1,500억 매출을 기록한 상급종합병원
③ 하루 평균 이용자 100만명 이상인 플랫폼
④ 연매출 50억원 규모 스타트업
⑤ 서울·광역시에서 통신망 서비스를 제공하는 자

▶ 해설
스타트업은 기준 매출, 사용자 수, 지정 요건에 해당하지 않으므로 의무 대상이 아니다.

05 다음 중 ISO/IEC 27001:2022 개정에 포함된 변화가 아닌 것은?

① 표준 제목의 변경
② 조항(Clauses) 4~10 업데이트
③ 93개 통제항목으로의 구조 개편
④ 인증 유효기간 2년으로 변경
⑤ 신규 통제항목 추가

▶ 해설
ISO/IEC 27001의 유효기간은 개정과 무관하게 통상 3년이다. 나머지는 2022년 개정 내용이다.

정답: 01 ③ 02 ⑤ 03 ③ 04 ④ 05 ④

06 다음 중 APEC CBPR의 8대 보호 원칙에 포함되지 않는 것은?

① 무결성 및 보안 확보
② 익명화 처리 의무
③ 국경 간 협력
④ 선택권 보장
⑤ 책임성

해설
익명화 처리 의무는 CBPR의 직접 항목이 아니며, 책임성·선택권·보안 등은 핵심 원칙이다.

07 다음 중 개인정보 보호법상 개인정보 영향평가의 평가대상에 대한 설명으로 옳지 않은 것은 무엇인가?

① 5만명 이상의 정보주체의 민감정보 또는 고유식별정보를 처리하는 개인정보파일을 구축·운영하는 경우 영향평가의 대상이 된다.
② 100만명 이상의 정보주체의 개인정보를 포함하는 개인정보파일을 구축·운영하는 경우 영향평가의 대상이 된다.
③ 내부 또는 외부의 다른 개인정보파일과 연계하여 연계 결과 정보주체 수가 50만명 이상인 개인정보파일을 운용하는 경우 영향평가의 대상이 된다.
④ 1만명 이상의 정보주체의 개인정보를 수집·이용하는 모든 민간기업은 영향평가를 의무적으로 실시해야 한다.
⑤ 기존에 영향평가를 받은 개인정보파일이라도, 검색체계 등 운용체계를 중대하게 변경하는 경우 변경된 부분에 대해 영향평가를 실시해야 한다.

해설
개인정보 영향평가는 일정 규모 이상의 개인정보 파일을 구축·운영 또는 변경하는 공공기관이 그 대상이다. 민간기업은 원칙적으로 영향평가 의무가 없으며, 1만명 이상의 정보주체 개인정보를 수집·이용한다고 해서 영향평가 대상이 되지 않는다.
①, ②, ③, ⑤번은 모두 개인정보 보호법 및 시행령, 개인정보보호위원회 지침에 따라 영향평가가 필요한 구체적 기준(5만명, 50만명, 100만명, 운용체계 변경 등)에 부합하는 설명이다.

08 다음 중 개인정보 보호법상 개인정보 영향평가의 3가지 유형에 대한 설명으로 옳지 않은 것은 무엇인가?

① 개인정보파일을 신규로 구축·운용하는 경우 영향평가를 실시해야 한다.
② 기존에 구축된 개인정보파일의 수집, 보유, 이용, 파기 등 취급 절차를 변경하는 경우 영향평가를 실시할 수 있다.
③ 개인정보파일을 외부 기관과 연계·제공하는 경우에는 영향평가 대상에 포함되지 않는다.
④ 개인정보파일의 운용체계를 변경(예 검색체계 등)하는 경우, 변경된 부분에 대해 영향평가를 실시해야 한다.
⑤ 개인정보파일을 신규로 구축하거나, 기존 파일의 처리 절차를 변경하거나, 외부 기관과 연계·제공하는 경우 모두 영향평가의 주요 유형에 해당한다.

해설
개인정보파일을 외부 기관과 연계하거나 제공하는 경우에도 개인정보 영향평가의 주요 유형에 해당한다. 실제로 개인정보 영향평가는 ① 개인정보파일의 신규 구축·운용, ② 기존 개인정보파일의 취급 절차(수집, 보유, 이용, 파기 등) 변경, ③ 개인정보파일의 외부 기관 연계·제공 등 세 가지 유형으로 구분된다.

정답: 06 ② 07 ④ 08 ③

09 다음 중 개인정보 보호법상 개인정보 영향평가의 자율 수행 및 감경 제도에 대한 설명으로 옳지 않은 것은 무엇인가?

① 개인정보 영향평가 의무 대상이 아닌 기관이나 기업이 자율적으로 영향평가를 수행한 경우, 법 위반 시 과징금의 최대 30%까지 감경받을 수 있다.
② 자율적으로 영향평가를 수행한 경우, 과태료는 추가 감경이 가능하다.
③ 자율규제 참여자가 자율규약을 성실히 이행한 것이 확인되면 과징금·과태료 감경의 혜택을 받을 수 있다.
④ 영향평가 자율 수행에 따른 감경은 공공기관에 한정되며, 민간기업에는 적용되지 않는다.
⑤ 자율적으로 영향평가를 수행한 사실은 보호법 위반 시 감경 사유로 인정될 수 있다.

◈ 해설
개인정보 영향평가 자율 수행에 따른 과징금 및 과태료 감경 제도는 공공기관뿐만 아니라 민간기업에도 적용될 수 있다. 실제로 자발적으로 영향평가를 수행한 기업도 법 위반 시 감경 혜택을 받을 수 있다.
나머지 보기들은 모두 자율 영향평가 수행 시 감경 비율(과징금 30% 등), 자율규제 성실 이행에 따른 감경, 감경 사유 인정 등 현행 제도에 부합하는 설명이다.

◈ 플러스이론
※ 출처: 개인정보 영향평가 수행안내서, p.19.

> 공공기관 외의 개인정보처리자는 개인정보파일 운용으로 인하여 정보주체의 개인정보 침해가 우려되는 경우에는 자율적으로 판단하여 영향평가를 하기 위하여 적극 노력(「개인정보 보호법」 제33조제11항)
> – 개인정보보호위원회는 개인정보 보호법 위반 행위자에게 과징금 부과 시 「개인정보 보호법 위반에 대한 과징금 부과기준」에 근거하여 법 위반 행위자가 개인정보 영향평가를 하는 등 개인정보 보호 활동을 성실히 수행한 것으로 확인된 경우 1차 조정을 거친 금액의 100분의 30 이하에 해당하는 금액을 감경할 수 있음(단, 영향평가 의무 대상 기관인 경우 제외)

10 다음 중 개인정보 보호법상 개인정보 영향평가의 개인정보 흐름 분석 절차에 대한 설명으로 옳지 않은 것은 무엇인가?

① 개인정보 흐름 분석은 개인정보 처리업무 현황을 분석하고, 개인정보 흐름표와 흐름도를 작성하는 절차를 포함한다.
② 개인정보 흐름 분석 단계에서는 시스템 구조도와 네트워크, 보안시스템 구조도 등을 작성하여 개인정보의 이동 경로와 보호조치를 파악한다.
③ 개인정보 흐름 분석은 영향평가 수행 단계에서 가장 먼저 이루어지며, 이후 침해요인 분석, 개선계획 수립 등 절차로 이어진다.
④ 개인정보 흐름 분석 결과, 개인정보가 외부로 유출될 가능성이 확인되면 즉시 영향평가를 종료하고 개인정보 처리를 중단해야 한다.
⑤ 개인정보 흐름 분석을 통해 개인정보가 수집, 저장, 이용, 제공, 파기 등 처리 전 과정에서 어떻게 이동·처리되는지 체계적으로 파악할 수 있다.

◈ 해설
개인정보 흐름 분석 결과 개인정보 유출 가능성이 확인되더라도, 영향평가 절차는 종료되는 것이 아니라 침해요인 분석 및 개선계획 수립 등 후속 절차로 이어지며, 필요한 경우 보호조치와 개선 방안을 마련하여 개인정보 처리의 안전성을 확보해야 한다.

정답: 09 ④ 10 ④

11 다음 중 개인정보 보호법상 개인정보 영향평가 등급표에 대한 설명으로 옳지 않은 것은 무엇인가?

① 개인정보 영향평가 등급표는 개인정보 항목별로 위험도와 민감도를 기준으로 등급을 산정한다.
② 고유식별정보(주민등록번호, 여권번호 등)와 민감정보(건강정보 등)는 가장 높은 영향도 등급으로 분류된다.
③ 개인정보 영향평가 등급표는 평가 업무별로 개인정보 항목의 중요도와 처리량을 반영하여 등급을 결정한다.
④ 영향평가 등급이 낮은 개인정보파일은 영향평가 의무 대상에서 자동으로 제외된다.
⑤ 개인정보 영향도 등급표는 영향평가 수행 시 개인정보 흐름분석 단계에서 활용된다.

해설
개인정보 영향평가 등급이 낮다고 해서 자동으로 영향평가 의무 대상에서 제외되는 것은 아니다. 영향평가 대상 여부는 개인정보 항목의 종류(고유식별정보, 민감정보 등), 정보주체 수, 연계 여부 등 법령상 요건에 따라 결정된다.

12 다음 중 개인정보 보호법상 공공기관 개인정보 보호 수준 평가에 대한 설명으로 옳지 않은 것은 무엇인가?

① 개인정보 보호 수준 평가는 중앙행정기관, 지방자치단체, 공공기관, 지방공사·공단, 시도 교육청 및 교육지원청 등을 대상으로 한다.
② 보호수준 평가는 법적 의무사항 준수 여부 등 정량지표 중심의 자체평가와 개인정보 보호 업무 추진 내용의 적절성·충실성을 반영한 정성지표 중심의 전문가 심층평가로 구성된다.
③ 평가 결과 우수기관에는 포상과 표창이 수여되고, 미흡 기관에는 개선 권고와 실태점검 등 후속 조치가 이루어진다.
④ 평가 결과 미흡 기관이 개선 권고를 이행하지 않아도 별도의 불이익이나 제재가 없다.
⑤ 평가 결과는 개인정보보호위원회 홈페이지 등 인터넷을 통해 공개될 수 있으며, 평가에 필요한 자료를 정당한 사유 없이 제출하지 않거나 허위로 제출하면 과태료가 부과될 수 있다.

해설
공공기관 개인정보 보호 수준 평가 결과 미흡 기관이 개선 권고를 이행하지 않을 경우, 개인정보보호위원회는 실태점검 등 후속 조치를 할 수 있으며, 자료 미제출·허위 제출 시 과태료 부과 등 제재가 있다.

13 다음 중 개인정보 보호법상 개인정보 위험도 등급표(위험도 분석 기준)에서 위험도 예시에 대한 설명으로 옳지 않은 것은 무엇인가?

① 내부망에 저장된 고유식별정보(주민등록번호 제외)를 암호화하지 않고 저장하는 경우, 위험도가 높게 평가된다.
② 개인정보 위험도 분석 기준은 개인정보 침해 가능성과 영향도를 고려하여 점검 항목별로 위험도 등급을 산정한다.
③ 개인정보 위험도 분석 결과, 암호화 등 보호조치가 미흡한 경우에는 개선이 필요하다는 경고가 내려질 수 있다.
④ 개인정보 위험도 분석 기준에 따라 비밀번호, 바이오정보 등은 암호화 대상이 아니므로 위험도 평가에서 제외된다.
⑤ 개인정보 위험도 분석 결과보고서에는 현황 조사, 점검 항목별 위험도, 개선 권고사항 등이 포함된다.

정답: 11 ④ 12 ④ 13 ④

해설

개인정보 위험도 분석 기준에 따르면 비밀번호, 바이오정보 등은 반드시 암호화해야 하는 주요 개인정보 항목으로, 위험도 평가의 핵심 대상이다. 암호화하지 않을 경우 위험도가 높게 산정되며, 보호조치 미흡으로 간주된다.

14 다음 중 개인정보 보호법 시행령상 공공기관 개인정보 보호 수준 평가에 대한 설명으로 옳지 않은 것은 무엇인가?

① 보호수준 평가는 중앙행정기관, 지방자치단체, 공공기관, 지방공사·공단, 시도 교육청 및 교육지원청 등 약 1,400여 곳을 대상으로 한다.
② 평가는 법적 의무사항 준수 여부 등 정량지표 중심의 자체평가와 개인정보 보호 업무 추진 내용의 적절성·충실성을 반영한 정성지표 중심의 전문가 심층평가로 구성된다.
③ 개인정보 보호 인력·조직 및 예산, 정보주체 권리보장, 개인정보 보호책임자 관련 지표가 신설되고, AI 등 신기술 환경에 대한 안전조치 평가 항목이 추가된다.
④ 평가 결과 미흡 기관이 개선 권고를 이행하지 않아도 별도의 불이익이나 후속 조치가 없다.
⑤ 평가에 필요한 자료를 제출하지 않거나 허위로 제출하면 평가에 불이익을 받을 수 있다.

해설

평가 결과 미흡 기관이 개선 권고를 이행하지 않을 경우, 개인정보보호위원회는 실태점검 등 후속 조치를 시행할 수 있으며, 평가에 필요한 자료 미제출·허위 제출 시 과태료 부과 등 제재가 있다.

15 다음 중 「개인정보 보호수준 평가에 관한 고시」에 따른 공공기관 개인정보 보호 수준 평가 대상으로 옳지 않은 것은 무엇인가?

① 3만명 이상의 정보주체에 관한 법 제23조에 따른 고유식별정보를 처리하는 경우
② 5만명 이상의 정보주체에 관한 법 제23조에 따른 민감정보를 처리하는 경우
③ 100만명 이상의 정보주체에 관한 개인정보를 처리하는 경우
④ 최근 3년간 개인정보 유출 등 개인정보 침해사고가 2회 이상 발생하였거나, 보호위원회로부터 과징금 또는 과태료 처분 등을 1회 이상 받은 경우
⑤ 그밖에 개인정보 처리 및 관리에 있어서 개인정보 침해 우려가 크다고 판단되는 경우

해설

「개인정보 보호수준 평가에 관한 고시」 및 관련 법령에 따르면, 5만명 이상의 정보주체에 관한 법 제23조에 따른 고유식별정보를 처리하는 경우

플러스이론

개인정보 보호수준 평가에 관한 고시 제2조(평가 대상)

1. 5만명 이상의 정보주체에 관한 법 제23조에 따른 민감정보 또는 법 제24조제1항에 따른 고유식별정보를 처리하는 경우
2. 100만명 이상의 정보주체에 관한 개인정보를 처리하는 경우
3. 최근 3년간 개인정보 유출 등 개인정보 침해사고가 2회 이상 발생하였거나, 보호위원회로부터 과징금 또는 과태료 처분 등을 1회 이상 받은 경우
4. 그밖에 개인정보 처리 및 관리에 있어서 개인정보 침해 우려가 크다고 판단되는 경우

정답 14 ④ 15 ①

16 다음 중 「개인정보 보호수준 평가에 관한 고시」에 따른 공공기관 개인정보 보호 수준 평가의 평가지표 구성에 대한 설명으로 옳지 않은 것은 무엇인가?

① 평가지표는 정량지표(자체평가)와 정성지표(전문가 심층평가), 가감점 체계로 구성된다.
② 정량지표는 개인정보처리자가 준수해야 하는 법적 의무사항 이행 여부 등에 대한 항목으로 구성된다.
③ 정성지표는 개인정보 보호 업무 추진 내용의 적절성·충실성, 기관장의 노력, 개인정보 보호 인력·조직·예산, 정보주체 권리보장, 개인정보 보호책임자 등 주요 정책을 평가한다.
④ AI 등 신기술 환경에서의 안전한 개인정보 활용 및 안전조치 항목은 별도의 평가 지표로 신설되어 최대 10점의 가점이 부여된다.
⑤ 평가지표에는 개인정보 처리 방침의 공개 및 이행, 개인정보 위수탁 관리, 개인정보 안전조치의 적정성 등은 포함되지 않는다.

> **해설**
> 「개인정보 보호수준 평가에 관한 고시」에 따른 평가 지표에는 개인정보 처리 방침의 공개 및 이행, 개인정보 위수탁 관리·감독, 개인정보 안전조치의 적정성 등도 주요 평가 항목으로 포함되어 있다.

> **플러스이론**
> 개인정보 보호수준 평가 평가지표 구성
> - (정량지표) 개인정보처리자가 준수해야 할 법령 등 법적 의무사항에 대한 자체평가
> - (정성지표) 개인정보 보호 업무 추진 내용의 적절성·충실성에 대한 심층평가
> - (기타지표) 신기술을 활용한 개인정보의 안전한 처리, 유출·사건 등, 감경사고대응 등

17 다음 중 「개인정보 보호수준 평가에 관한 고시」에 따른 공공기관 개인정보 보호 수준 평가의 정량지표에 대한 설명으로 옳지 않은 것은 무엇인가?

① 정량지표는 개인정보처리자가 준수해야 하는 법적 의무사항 이행 여부를 중심으로 구성된다.
② 정량지표는 총 43개 항목으로 구성되어 있으며, 접근 권한 관리, 접속기록 점검, 고유식별정보 암호화 등 기술적·관리적 보호조치가 포함된다.
③ 정량지표에는 정보주체 동의 고지, 동의·비동의 구분, 복수 개인정보 처리 시 구분 동의 등 정보주체 권리 보장 관련 항목도 포함된다.
④ 정량지표는 개인정보 보호 업무의 적절성과 충실성, 기관장의 노력, 개인정보 보호 인력·조직·예산 등 정책적 요소를 중점적으로 평가한다.
⑤ 정량지표의 이행률이 낮은 항목은 동의 고지 및 구분, 복수 동의 등 정보주체의 동의 관련 항목에서 주로 나타난다.

> **해설**
> 정량지표(자체평가)는 개인정보처리자의 법적 의무사항 이행 여부 등 객관적이고 계량적인 항목(접근 권한, 접속기록, 암호화, 동의 고지 등)을 평가하며, 기관장의 노력, 인력·조직·예산 등 정책적 요소나 업무의 적절성·충실성 등은 정성지표(전문가 심층평가)에서 평가한다.

정답: 16 ⑤ 17 ④

18 다음 중 「개인정보 보호수준 평가에 관한 고시」에 따른 공공기관 개인정보 보호 수준 평가의 정성지표에 대한 설명으로 옳지 않은 것은 무엇인가?

① 정성지표는 개인정보 보호 업무 추진 내용의 적절성·충실성, 기관장의 개인정보 보호 노력, 개인정보 보호 인력·조직·예산, 정보주체 권리보장 등 정책적 요소를 평가한다.
② 정성지표 평가는 개인정보 전문가로 구성된 평가단이 현장 심층평가를 통해 이루어진다.
③ 정성지표에는 개인정보 처리 방침의 적정성, 개인정보 위수탁 관리·감독, 개인정보 안전성 확보 조치에 대한 기관의 노력도 포함된다.
④ 정성지표는 법적 의무사항 이행 여부 등 객관적·계량적 항목을 평가하는 자체평가를 말한다.
⑤ AI 등 신기술 환경에서의 개인정보의 안전한 활용 및 안전조치 노력도 정성지표 평가에 반영된다.

해설

정성지표(전문가 심층평가)는 법적 의무 이행 여부 등 객관적·계량적 항목이 아니라, 개인정보 보호 업무의 적절성·충실성, 정책 추진 노력, 기관장의 리더십, 정보주체 권리보장, 신기술 환경 대응 등 정책적·정성적 요소를 중점적으로 평가한다. 또한 정량지표가 자체평가이다.

정답: 18 ④

PART
06

최종 점검 모의고사

1회 최종 점검 모의고사

2회 최종 점검 모의고사

파트별 핵심 이론과 실력 점검 문제를 통해 익힌 내용을 문제로 다시 한번
풀어봄으로써 시험을 대비하여 최종 점검할 수 있습니다.

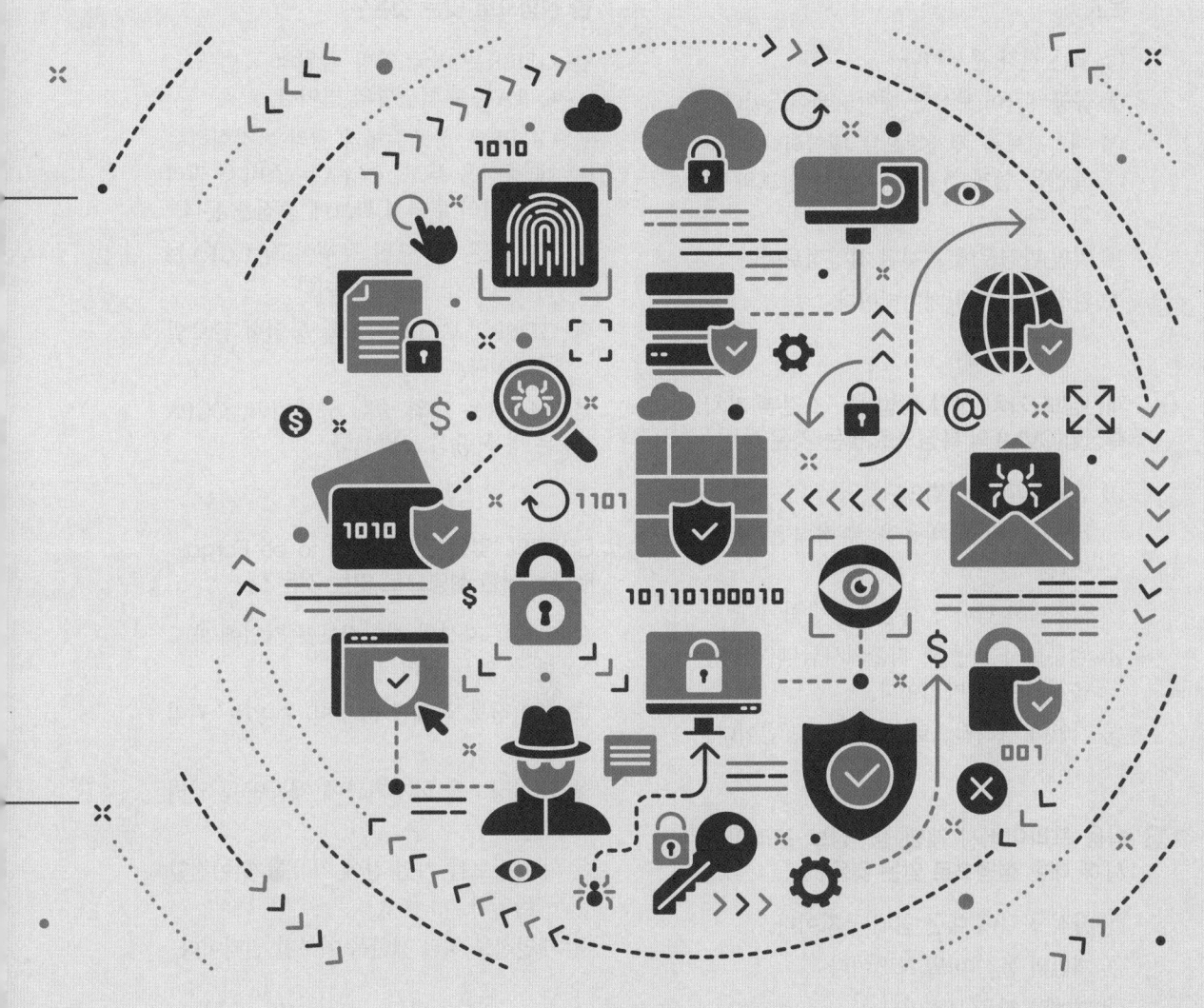

1회 최종 점검 모의고사

| 정답 및 해설 416쪽 |

01 다음 중 '개인정보 파일'의 정의로 맞는 것은?

① 모든 전자 문서이다.
② 공공기관이 보유한 데이터베이스이다.
③ 개인정보를 체계적으로 배열하여 특정 개인을 쉽게 검색할 수 있는 정보의 집합이다.
④ 법원 판결문에 기재된 개인정보이다.
⑤ 완전 익명화된 데이터이다.

02 개인정보 가치 산정 방법 중 '조건부 가치 측정법(CVM)'의 특징으로 맞는 것은?

① 전문가 합의 기법이다.
② 잠재적 피해 비용을 추정하는 방법이다.
③ 소송에서 판사가 결정하는 방법이다.
④ 설문조사를 통해 지불의사금액(WTP)을 추정하는 방법이다.
⑤ 기업이 자의적으로 산정하는 방법이다.

03 다음 프라이버시 개념 중 '정보 프라이버시'에 대한 설명으로 맞는 것은?

① 사적 공간에 대한 침해 금지이다.
② 개인의 통신 비밀 보장이다.
③ 명예와 신용 보호이다.
④ 국가 권력으로부터의 자유이다.
⑤ 개인정보의 수집·이용·전달에 대한 통제권이다.

04 다음 중 GDPR과 CCPA의 규제 차이에 대한 설명으로 맞는 것은?

① GDPR은 미국 연방 차원의 규범이고, CCPA는 유럽연합의 법이다.
② GDPR은 정보주체의 권리를 강화하는 데 중점을 두고, CCPA는 소비자 권리와 기업의 투명성 확보에 중점을 둔다.
③ GDPR은 주 단위 규제이고, CCPA는 국제기구가 제정한 법이다.
④ GDPR과 CCPA는 모두 동일한 글로벌 규범이다.
⑤ GDPR은 기업 중심 규범이고, CCPA는 정부 중심 규범이다.

05 GDPR의 '잊힐 권리'(Right to be Forgotten)에 대한 설명으로 맞는 것은?

① 언제든 자신의 개인정보를 기업에 매도할 수 있는 권리이다.
② 개인정보 삭제를 요구할 수 있는 권리이다.
③ 개인정보를 국가기관에 제공받을 권리이다.
④ 개인정보를 기업 간에 자유롭게 이전할 권리이다.
⑤ 개인정보 처리 제한을 거부할 권리이다.

06 다음 중 '정보주체'에 해당하지 않는 경우는?

① 개인정보를 수집하는 기업 담당자이다.
② 개인정보가 처리되는 당사자이다.
③ 성명과 주민등록번호로 식별되는 개인이다.
④ 개인정보 처리로 영향을 받는 개인이다.
⑤ 개인정보가 기록된 개인이다.

07 개인정보 침해 유형 중 '목적 외 이용'에 해당하는 사례는 무엇인가?

① 회원가입 동의 없이 주민등록번호를 수집하였다.
② 개인정보를 암호화하지 않고 보관하였다.
③ 제세공과금 처리를 목적으로 주민등록번호를 수집하였다.
④ 내부 직원이 개인정보를 외부에 불법 유출하였다.
⑤ 고객의 동의하에 수집한 주소를 광고 발송에 이용하였다.

08 개인정보 파일과 단순 데이터베이스를 구분하는 기준은 무엇인가?

① 전자적 저장 여부
② 공공기관 보유 여부
③ 데이터의 양
④ 특정 개인을 쉽게 검색할 수 있는 체계적 구조 여부
⑤ 소송에서 증거로 사용 가능한지 여부

09 다음 중 '공간 프라이버시'에 해당하지 않는 사례는?

① 주거 침입
② CCTV 무단 설치
③ 이메일 열람
④ 불법 도청
⑤ 화장실 몰래카메라

10 GDPR의 처리 원칙과 적용 범위에 대한 설명으로 맞는 것은?

① GDPR은 EU 역내 기업에만 적용한다.
② GDPR은 정보주체 권리(접근·정정·삭제 등)와 책임성 원칙을 요구한다.
③ GDPR은 데이터 활용 촉진을 최우선으로 하여 원칙 적용을 제한한다.
④ GDPR은 동의만 있으면 목적 외 이용을 항상 허용한다.
⑤ GDPR은 EU 역외 기업에는 전혀 적용되지 않는다.

11 「개인정보 보호법」의 제정 목적에 대한 설명으로 맞는 것은?

① 개인정보의 상업적 활용을 촉진하는 것이다.
② 개인정보 처리에 따른 개인의 권리 보호와 공공복리 증진을 도모하는 것이다.
③ 개인정보를 국가가 독점적으로 관리하기 위한 것이다.
④ 개인정보를 완전히 차단하여 활용을 금지하는 것이다.
⑤ 기업의 데이터 산업 발전을 최우선으로 보장하는 것이다.

12 다음 중 「개인정보 보호법」의 적용 대상에서 제외되는 경우는?

① 공공기관의 개인정보 처리
② 학술·역사적 연구를 위한 개인정보 처리
③ 금융기관의 신용정보 처리
④ 개인이 가정에서 순수 사적 목적으로 처리하는 개인정보
⑤ 기업의 고객관리 목적 개인정보 처리

13 「개인정보 보호법」에 따른 '필요 최소한의 개인정보 수집 원칙'에 대한 설명으로 맞는 것은?

① 개인정보는 가능한 한 많이 수집해야 한다.
② 개인정보는 수집 후 무조건 5년 이상 보관해야 한다.
③ 이용자의 동의만 있으면 모든 개인정보를 수집할 수 있다.
④ 민감정보는 일반정보와 동일하게 수집할 수 있다.
⑤ 서비스 제공과 무관한 개인정보는 수집하지 않아야 한다.

14 정보주체의 권리 보장에 해당하지 않는 것은?

① 개인정보 열람권
② 개인정보 무단 판매권
③ 개인정보 처리정지 요구권
④ 개인정보 자기결정권
⑤ 개인정보 정정·삭제권

15 다음 중 개인정보의 익명처리에 관한 설명으로 맞는 것은?

① 익명처리란 개인정보를 영구히 삭제하는 것이다.
② 익명처리란 개인정보를 특정 개인을 알아볼 수 없도록 처리하는 것이다.
③ 익명처리란 개인정보를 암호화하는 것이다.
④ 익명처리란 개인정보를 다른 이름으로 바꾸는 것이다.
⑤ 익명처리란 개인정보를 국가기관에만 제공하는 것이다.

16 다음 중 개인정보 처리방침에 반드시 포함되어야 하는 사항이 아닌 것은?

① 처리 목적
② 수집하는 개인정보 항목
③ 개인정보 보관 기간
④ 개인정보 보호 책임자의 연락처
⑤ 개인정보의 경제적 가치 평가

17 정보주체가 개인정보 수집·이용에 동의할 때 개인정보처리자가 지켜야 할 사항이 아닌 것은?

① 동의는 명확하고 구체적이어야 한다.
② 정보주체가 언제든지 동의를 철회할 수 있어야 한다.
③ 동의는 선택적으로 거부할 수 있어야 한다.
④ 정보주체의 명시적 동의 없이도 민감정보를 처리할 수 있다.
⑤ 수집 목적, 항목, 보관 기간 등을 고지해야 한다.

18 개인정보 보호법 제35조에 따른 개인정보 열람 요구의 제한 사유가 아닌 것은?

① 법률에 따라 열람이 금지되는 경우
② 타인의 생명·신체를 해칠 우려가 있는 경우
③ 개인정보처리자의 경영상 손실이 발생하는 경우
④ 공공기관의 업무 수행에 현저한 지장을 초래하는 경우
⑤ 범죄 수사에 지장을 초래하는 경우

19 개인정보 정정·삭제권에 대한 설명으로 맞는 것은?

① 정보주체는 언제든 개인정보 삭제를 요구할 수 있다.
② 정보주체는 사실과 다른 개인정보의 정정을 요구할 수 있다.
③ 개인정보 삭제 요구는 법령에 따라 보관이 필요한 경우에도 무조건 가능하다.
④ 정정·삭제 요구는 개인정보처리자가 선택적으로 수용할 수 있다.
⑤ 정정·삭제권은 공공기관에 한정된다.

20 개인정보 처리정지 요구권에 대한 설명으로 틀린 것은?

① 정보주체는 자신의 개인정보 처리정지를 요구할 수 있다.
② 다른 사람의 개인정보에 대해서도 처리정지를 요구할 수 있다.
③ 법률상 의무 이행을 위해 불가피한 경우에는 거절될 수 있다.
④ 공공기관이 법령에 따라 개인정보를 처리해야 하는 경우 제한될 수 있다.
⑤ 처리정지는 개인정보 보호법 제37조에서 규정된 권리이다.

21 개인정보 자기결정권에 대한 설명으로 맞는 것은?

① 개인정보를 국가가 독점적으로 관리할 권리이다.
② 개인정보를 영구히 삭제할 권리이다.
③ 자신의 개인정보 처리 여부와 방식에 관해 스스로 결정할 권리이다.
④ 개인정보를 무조건 공개할 권리이다.
⑤ 개인정보를 상업적으로 판매할 권리이다.

22 개인정보 열람 요구에 대한 처리 기한으로 옳은 것은?

① 즉시
② 10일 이내에 조치
③ 30일 이내에 조치
④ 60일 이내에 조치
⑤ 기한 규정이 없음

23 개인정보 보호법 제39조의2에 따른 손해배상 책임에 대한 설명으로 맞는 것은?

① 개인정보처리자는 고의 또는 과실이 없으면 책임을 지지 않는다.
② 개인정보처리자는 공공기관인 경우만 책임을 진다.
③ 개인정보처리자는 절대적 책임을 진다.
④ 개인정보처리자는 고의 또는 과실이 없음을 입증하지 못하면 손해배상 책임을 진다.
⑤ 개인정보처리자는 손해가 경미하면 책임을 면한다.

24 정보주체의 피해구제 권리 중 '집단분쟁조정' 제도가 적용되는 최소 인원 요건은?

① 5명   ② 10명
③ 15명   ④ 20명
⑤ 50명

25 개인정보 분쟁조정 절차에 대한 설명으로 옳은 것은 무엇인가?

① 조정 결과는 언제나 강제력이 있다.
② 조정은 당사자의 합의에 따라 성립된다.
③ 분쟁조정위원회는 형사처벌을 직접 결정할 수 있다.
④ 조정은 공공기관에만 가능하다.
⑤ 조정은 법원의 판결과 동일하다.

26 개인정보 단체소송 제도의 요건에 해당하지 않는 것은?

① 일정한 자격을 가진 단체가 제기해야 한다.
② 법원의 허가가 필요하다.
③ 손해배상액을 직접 청구할 수 있다.
④ 50인 이상의 피해자가 있어야 한다.
⑤ 개인정보 보호법상 권리 침해가 있어야 한다.

27 다음 중 개인정보 단체소송의 원고적격 단체에 해당하지 않는 것은?

① 개인정보보호위원회
② 소비자단체
③ 비영리 법인
④ 일정 요건을 충족한 시민단체
⑤ 환경보호단체

28 분쟁조정 제도와 단체소송 제도의 차이는?

① 분쟁조정은 민사 절차이고 단체소송은 형사 절차이다.
② 분쟁조정은 행정 절차이고 단체소송은 사법 절차이다.
③ 분쟁조정은 개인 단위 구제이고 단체소송은 집단 단위 구제이다.
④ 분쟁조정은 강제력이 강하고 단체소송은 권고적 효력이다.
⑤ 두 제도는 동일하다.

29 개인정보 보호법 제39조의3에서 규정된 징벌적 손해배상 제도에 대한 설명으로 맞는 것은?

① 손해액의 10배까지 배상하도록 한다.
② 고의 또는 중대한 과실 시 손해액의 3배까지 배상 명령이 가능하다.
③ 손해 발생 입증이 없어도 배상된다.
④ 공공기관에는 적용되지 않는다.
⑤ 민사 외 형사배상만 가능하다.

30 '개인정보 국외 이전'과 관련된 설명으로 맞는 것은?

① 국외 이전 시에는 정보주체 동의가 필요 없다.
② 국외 이전 시 개인정보보호위원회의 사전 허가가 필요하다.
③ 국외 이전은 예외 없이 금지되어 있다.
④ 국외 이전은 외교부의 승인이 필요하다.
⑤ 국외 이전은 동의 또는 법령 근거가 있어야 가능하다.

31 개인정보 오너십(Ownership)에 대한 설명으로 맞는 것은?

① 개인정보는 기업의 자산으로 기업이 소유한다.
② 개인정보는 수집 기관의 소유이다.
③ 개인정보는 정보주체의 권리 대상이며 자기결정권의 보호 영역이다.
④ 개인정보는 국유재산으로 국가 소유이다.
⑤ 개인정보는 소유 개념이 적용되지 않는다.

32 개인정보 수집의 일반 원칙 중 '목적 명확화 원칙'에 대한 설명으로 맞는 것은?

① 개인정보는 목적과 무관하게 폭넓게 수집해야 한다.
② 개인정보 수집 목적은 사후에 변경해도 상관없다.
③ 개인정보는 수집 시 목적을 명확히 해야 한다.
④ 개인정보는 목적이 불명확해도 동의가 있으면 된다.
⑤ 목적은 내부 직원에게만 알리면 된다.

33 개인정보 최소수집 원칙 위반 사례로 맞는 것은?

① 택배 배송을 위해 주소와 연락처를 수집하였다.
② 온라인 쇼핑몰 회원가입 시 주민등록번호를 필수로 요구하였다.
③ 병원 진료를 위해 환자의 병력 정보를 수집하였다.
④ 금융거래를 위해 계좌번호를 수집하였다.
⑤ 예약 확인을 위해 이메일 주소를 수집하였다.

34 개인정보 수집·이용 동의 방식에 관한 설명이 아닌 것은?

① 동의는 자발적이어야 한다.
② 동의는 명확하고 구체적이어야 한다.
③ 필수와 선택 항목을 구분해야 한다.
④ 동의 여부를 미리 체크한 상태로 두어도 된다.
⑤ 정보주체가 동의를 철회할 수 있어야 한다.

35 개인정보 수집·이용 과정에서 정보주체의 동의를 받지 않아도 되는 경우는?

① 계약 체결 및 이행을 위해 불가피한 경우이다.
② 기업의 영리 목적을 위해 필요한 경우이다.
③ 마케팅을 위해 추가 데이터를 모으는 경우이다.
④ 고객 데이터베이스 확장을 위해 필요한 경우이다.
⑤ 직원 만족도 조사를 위해 필요한 경우이다.

36 '투명성' 원칙이 구현된 것으로 맞는 것은?

① 내부 지침에만 처리 내용을 기록한다.
② 처리방침·동의 고지·공지 등을 통해 목적·항목·기간을 명확히 알린다.
③ 전문 용어 위주로 난해하게 고지한다.
④ 동의 철회 방법은 생략한다.
⑤ 수집 사실은 사후에만 공개한다.

37 다음 중 '계약 이행을 위해 불가피한 경우'로서 동의 없이 수집·이용이 가능한 예로 적절한 것은?

① 신규 상품 마케팅을 위한 연락처 수집
② 배송 계약 이행을 위한 수령인 주소 수집
③ 사내 홍보용 고객 후기 수집
④ 제휴사 추천을 위한 고객 성향 수집
⑤ 재무분석용 고객 소득 수준 수집

38 다음 중 민감정보 처리에 대한 설명으로 옳지 않은 것은?

① 명시적 동의 또는 법률 근거가 필요하다.
② 내부 규정으로 대체할 수 있다.
③ 일반정보보다 강화된 보호가 요구된다.
④ 목적 범위를 넘어 처리할 수 없다.
⑤ 불가피한 경우에도 최소 범위로 처리해야 한다.

39 개인정보 파기의 원칙으로 맞는 것은?

① 보유 기간 만료 또는 처리 목적 달성 시 지체 없이 파기해야 한다.
② 개인정보는 무조건 10년 이상 보관해야 한다.
③ 개인정보는 정보주체가 요청할 때만 파기한다.
④ 개인정보는 기업의 영업적 필요에 따라 영구 보관할 수 있다.
⑤ 개인정보는 파기 대신 무조건 익명 처리해야 한다.

40 전자적 파일 파기 방법이 아닌 것은?

① 복구 불가능한 덮어쓰기 수행
② 단순 삭제 또는 논리적 포맷만 수행
③ 물리적 파괴 또는 보안 삭제 도구 사용
④ 보유기간 경과 시 자동 파기 로직 적용
⑤ 파기 대상·방법·시점을 기록으로 보관

41 개인정보를 보유기간 경과 후에도 파기하지 않고 보관할 수 있는 경우로 맞는 것은?

① 영업상 편의를 위해 보관한다.
② 내부 규정으로 정했으므로 보관한다.
③ 법령상 보존 의무가 있는 경우이다.
④ 마케팅 분석을 위해 보관한다.
⑤ 추후 활용 가능성을 고려해 보관한다.

42 개인정보 제3자 제공과 위탁의 차이는?

① 제공은 제3자가 독자적으로 이용하는 것이고, 위탁은 수탁자가 처리자의 지시에 따라 처리하는 것이다.
② 제공은 예외 없이 금지되며, 위탁은 무조건 허용된다.
③ 제공은 동의가 필요 없으며, 위탁은 동의가 필요하다.
④ 제공과 위탁은 동일하다.
⑤ 제공은 공공기관만 할 수 있고, 위탁은 민간만 할 수 있다.

43 제3자 제공 동의서 필수 기재사항이 아닌 것은?

① 제공받는 자의 명칭
② 제공받는 자의 이용 목적
③ 제공하는 개인정보 항목
④ 제공받는 자의 보안 시스템 상세 설계도
⑤ 보유·이용 기간

44 다음 중 OECD 8원칙 중 '이용 제한(Use Limitation)' 원칙과 일치하는 국내 개인정보 보호법상의 조문은?

① 제15조(수집·이용의 동의)
② 제17조(제3자 제공)
③ 제18조(목적 외 이용·제공의 제한)
④ 제21조(파기)
⑤ 제29조(안전조치의무)

45 다음 중 '개인정보 처리방침' 공개 의무 이행으로 틀린 것은 무엇인가?

① 홈페이지의 잘 보이는 위치에 상시 공개한다.
② 목적·항목·보유기간·권리행사·책임자 연락처를 포함한다.
③ 변경 시 시행일과 주요 변경 요지를 표시한다.
④ 이용자 요청 시에만 개별 제공하고 일반 공개는 생략한다.
⑤ 영문 서비스에는 이용자 이해를 돕기 위해 영문판을 병기한다.

46 다음 상황 중 '목적 외 이용'의 적법한 예외로 보기 어려운 것은?

① 법령에 특별한 규정이 있는 경우
② 정보주체 또는 제3자의 급박한 생명·신체 이익을 위해 필요한 경우
③ 통계·학술연구로 개인 식별이 불가능한 경우
④ 마케팅 성과 개선을 위해 내부 분석이 필요한 경우
⑤ 정보주체로부터 추가 동의를 받은 경우

47 '프라이버시 기본설계(Privacy by Design)' 원칙과 거리가 가장 먼 것은?

① 기본값을 최소 공개로 유지한다.
② 전 생명주기(수집 – 보관 – 이용 – 파기) 내내 보호를 내재화한다.
③ 사후 보완 중심으로 운영한다.
④ 기능·UI 단계에서부터 권리행사 경로를 설계한다.
⑤ 보호와 효용의 동시 달성을 목표로 한다.

48 쿠키·SDK(Software Development Kit) 등 온라인 식별자 수집 시 올바른 고지는 무엇인가?

① 분석·광고 목적 항목은 고지 대상이 아니다.
② 제3자 쿠키/모바일 SDK가 수집하는 항목·목적을 처리 방침과 동의 화면에 포함해 고지한다.
③ 브라우저 기본 설정에 의존하므로 별도 고지가 불필요하다.
④ 앱은 쿠키가 없으므로 안내가 불필요하다.
⑤ 동의 철회는 재설치만 허용한다.

49 테스트/개발 환경에서의 개인정보 처리로 맞는 것은?

① 운영 원본을 그대로 복제해 사용한다.
② 최소한의 더미·가명·익명 데이터를 사용한다.
③ 외주 인력 접근 편의를 위해 모든 권한을 부여한다.
④ 로그는 무기한 보관한다.
⑤ 접근통제는 운영만 적용한다.

50 자동화된 의사결정(예: 신용평가, 추천)에 대한 설명으로 맞는 것은?

① 성능만 보장하면 충분하다.
② 학습 목적이면 동의가 불필요하다.
③ 데이터 출처 고지는 선택 사항이다.
④ 설명 가능성과 이의제기·재평가 요청 경로를 제공한다.
⑤ 권리행사 창구를 이메일 단일 채널로 제한한다.

51 개인정보 수집·이용 동의서 작성 원칙으로 옳지 않은 것은?

① 이해하기 쉬운 문장으로 작성한다.
② 목적·항목·기간·제공 여부를 구체화한다.
③ 필수·선택 항목을 구분한다.
④ 동의 거부 시 불이익을 포괄·모호한 문구로 기재한다.
⑤ 철회 방법을 명확히 안내한다.

52 단일 로그인(SSO) 연동 시 최소수집 원칙을 준수하는 설계는 무엇인가?

① 편의를 위해 이름·주소·연락처·생년월일을 모두 필수로 연동한다.
② 계정 식별에 필요한 최소 범위(식별자·이메일 등)만 연동하고 추가 항목은 서비스 내에서 별도 동의를 받는다.
③ 모든 제휴사에 동일 항목을 자동 제공한다.
④ 제휴 변경 시 추가 고지 없이 항목을 늘린다.
⑤ 식별정보 대신 주민등록번호를 연동한다.

53 연구·통계 목적의 2차 이용에 대한 설명으로 옳은 것은 무엇인가?

① 개인 식별이 가능해도 연구 목적이면 동의 없이 가능하다.
② 특정 개인 식별이 불가능한 익명정보는 별도 동의 없이 가능할 수 있다.
③ 내부 승인만 있으면 가능하다.
④ 연구 목적이면 언제나 가능하다.
⑤ 가명정보는 추가 정보와 결합해도 식별이 불가능하다.

54 이미 수집·이용 중인 개인정보를 새로운 목적으로 이용하려 할 때 가장 적절한 조치는?

① 내부 결재만 받으면 된다.
② 개인정보 처리방침에 사후 반영만 하면 된다.
③ 법령상 근거가 없고 기존 동의 범위를 벗어나면 추가 동의를 받아야 한다.
④ 기존 수집 당시의 동의로 모두 포괄된다.
⑤ 가명처리하면 목적 변경 동의가 불필요하다.

55 개발·테스트 로그에서 개인정보 최소화 원칙을 적용한 것으로 바람직한 것은?

① 이름·연락처를 원문으로 기록한다.
② 토큰·세션ID·식별자는 해시 또는 마스킹을 적용한다.
③ 모든 요청 본문 정보를 원문 저장한다.
④ 로그는 무기한 보관한다.
⑤ 외주사도 전체 로그를 상시 공개한다.

56 개인정보의 안전성 확보조치 기준의 법적 성격으로 맞는 것은?

① 권고 수준의 모범 규범에 불과하다.
② 법률과 무관한 민간 가이드이다.
③ 법·시행령에 근거한 행정규범으로 준수 의무가 부과된다.
④ 기업 내부 규정이므로 임의 준수한다.
⑤ 국제 표준이므로 국내 적용이 없다.

57 개인정보의 안전성 확보조치 기준의 적용 범위는?

① 공공부문에만 적용
② 민간부문에만 적용
③ 개인정보를 처리하는 모든 개인정보처리자에 적용
④ 정보통신서비스 제공자에만 적용
⑤ 대규모 기업에만 적용

58 내부관리계획의 최신성 유지를 위한 방식은 무엇인가?

① 고정된 연 1회 일괄 개정
② 조직·업무·시스템 변경 시 수시 반영과 정기 리뷰 병행
③ 법·가이드 변경과 무관하게 내부 정책 우선
④ 전자문서 시스템 등록만으로 충분하다.
⑤ 초안 상태로 상시 배포한다.

59 내부관리계획의 문서관리 방법으로 적절하지 않은 것은?

① 변경이력과 버전 관리를 유지한다.
② 접근권한을 부여하고 열람 로그를 남긴다.
③ 인쇄물 배포를 제한하고 최신본 단일화를 유지한다.
④ 메신저로 임의 배포하고 사본 관리 없이 운영한다.
⑤ 외부 감사 제출 시 배포본과 원본을 일치시킨다.

60 개인정보 안전성 확보조치 기준에서 요구하는 교육·훈련 체계의 운영 방식으로 바람직한 것은?

① 신입 대상 1회 교육으로 종료한다.
② 전 임직원 정기 교육과 고위험 직무 대상 심화 교육을 분리 운영한다.
③ 교육은 선택사항으로 한다.
④ 위탁사·파트너는 교육 대상에서 제외한다.
⑤ 교육 결과 평가·테스트는 불필요하다.

61 네트워크 접근통제 설계에서 "기본 거부(Default Deny)" 원칙을 구현한 사례는?

① 모든 포트를 허용한다.
② 화이트리스트 중심으로 필요한 포트만 개방한다.
③ DMZ 없이 DB를 외부에 노출한다.
④ 관리 포트를 인터넷에 공개한다.
⑤ 테스트를 위해 방화벽을 비활성화한다.

62 클라우드(IaaS) 환경에서 접근통제 특성으로 맞는 것은?

① 퍼블릭 서브넷에 관리 포트를 상시 개방한다.
② 보안그룹/네트워크 ACL로 최소 허용을 구성한다.
③ 루트 계정 공유를 허용한다.
④ 키 페어를 소스코드 저장소에 보관한다.
⑤ IAM 정책을 "전체(*) 허용"으로 설정한다.

63 외주 · 위탁사 접근 통제에서 바람직하지 않은 것은?

① 기간 · 업무 범위가 한정된 계정을 발급한다.
② 접속 출발지 · 시간대를 제한한다.
③ 작업 단위 단기 계정을 사용한다.
④ 작업 기록과 원격 세션 녹화를 시행한다.
⑤ 동일 관리자 계정을 상시 공유한다.

64 로그 무결성 검증을 자동화하는 기술이 아닌 것은?

① 해시 체인
② 전자서명
③ 블록체인/불변 저장
④ 단순 텍스트 치환 스크립트
⑤ HSM(Hardware Security Module) 기반 키 관리

65 개인정보 처리시스템의 접속기록 위 · 변조 방지 설계로 맞는 것은?

① 각 서버 로컬에 텍스트 파일로 저장한다.
② 운영자가 필요시 메모장으로 직접 수정한다.
③ 중앙 로그 서버에 수집하고 WORM/불변 저장과 해시 체인을 적용한다.
④ 저장소 비용 절감을 위해 오래된 로그는 임의 삭제한다.
⑤ 보안상 이유로 로그 생성을 최소화한다.

66 로그 접근권한 정책으로 적합하지 않은 것은?

① 감사 · 보안 담당에 읽기 권한을 부여한다.
② 운영자 수정 권한을 제한한다.
③ 접근 이중 승인(또는 상급자 승인)을 둔다.
④ 익명 사용자에게 열람 권한을 부여한다.
⑤ 접근 내역을 별도 로그로 남긴다.

67 웹 서비스의 인증/권한 실패 징후를 탐지하기 위한 로그 항목으로 맞는 것은?

① 배너 클릭 수
② 5분 내 반복 실패 로그인 횟수와 출발지 IP
③ 페이지 체류 시간
④ 광고 노출 수
⑤ 이미지 요청 수

68 클라우드(IaaS)에서 스토리지 암호화를 운영할 때 바람직한 선택은 무엇인가?

① 공급자 관리 키만 사용하고 자체 키 관리는 하지 않는다.
② 자체 KMS/HSM 또는 BYOK를 고려하여 키 통제를 강화한다.
③ 암호화 상태를 콘솔에서 비활성화한다.
④ 지역 간 복제 시 암호화를 해제한다.
⑤ 스냅샷은 암호화 대상에서 제외한다.

69 사용자 비밀번호 저장 방식은?

① AES로 암 · 복호화하여 저장한다.
② 솔트 · 스트레칭을 적용한 단방향 해시로 저장한다.
③ 평문으로 저장한다.
④ 자체 제작 해시로 저장한다.
⑤ 메일로 평문 비밀번호를 정기 발송한다.

70 전송 구간 보호 대책으로 맞는 것은?

① 내부망이므로 평문 HTTP로 전송한다.
② 최신 TLS 적용, 인증서 검증, 강한 암호군 사용을 원칙으로 한다.
③ 중간자 검사 편의를 위해 인증서 검증을 생략한다.
④ 자체 제작 약한 알고리즘을 사용한다.
⑤ 성능을 위해 암호화를 비활성화한다.

71 개인정보처리시스템 단말에 대한 악성프로그램 방지 조치로 맞는 것은?

① 수동 검사 위주로 월 1회 점검한다.
② 백신 등 악성프로그램 방지 프로그램을 설치하고 자동 업데이트 · 실시간 검사를 활성화한다.
③ 사용자 판단에 맡겨 자율로 설치한다.
④ 외근 단말은 예외로 한다.
⑤ 관리 편의를 위해 중앙 관리 기능은 비활성화한다.

72 개인정보 최소화를 위한 화면 표시 방식은?

① 내부 사용자에게는 전체 표시한다.
② 업무상 필요한 최소 범위만 마스킹하고 재표시 권한을 제한한다.
③ 고객이 원하면 전체 표시한다.
④ 로그에는 원문을 남긴다.
⑤ 영수증에는 카드번호 전부를 출력한다.

73 「개인정보의 안전성 확보조치 기준」 제2조(정의)에 따른 "접속기록"에 포함되지 않는 항목은?

① 식별자
② 접속일시
③ 접속지 정보
④ 처리한 정보주체 정보
⑤ 개인정보처리자의 대표자명

74 내부관리계획 수립 · 시행의 의무 대상에 대한 설명으로 맞는 것은?

① 일정 규모 미만이면 전면 면제이다.
② 모든 개인정보처리자는 내부관리계획을 갖추어야 한다.
③ 공공기관만 의무이다.
④ 정보통신서비스 제공자만 대상이다.
⑤ 대규모 기업만 대상이다.

75 개인정보보호책임자가 내부관리계획의 이행실태를 점검 · 관리하여야 하는 최소 주기는?

① 월 1회 이상
② 분기별 1회 이상
③ 반기별 1회 이상
④ 연 1회 이상
⑤ 2년에 1회 이상

76 다음 중 개인정보처리시스템에 접속할 수 있는 계정 발급에 관한 설명으로 맞는 것은?

① 업무 효율성을 위해 부서별로 공동 계정을 발급할 수 있다.
② 외부 인력에게는 계정을 발급할 수 없다.
③ 관리자 계정은 여러 명이 공유할 수 있다.
④ 퇴사자의 계정은 1년간 보관 후 말소한다.
⑤ 개인정보취급자별로 계정을 발급하고 다른 개인정보취급자와 공유되지 않도록 해야 한다.

77 물리적 안전조치로서 출입통제 기준에 속하지 않는 것은?

① 출입대장 기록
② 보안구역 지정
③ CCTV 설치
④ 인터넷 전용선 증설
⑤ 출입증 관리

78 개인정보 재해·재난 대비 조치에 포함되지 않는 것은?

① 재해별 대응절차 수립
② 비상연락망 구축
③ 업타임 보장
④ 예비 저장매체 준비
⑤ 재해 발생 시 복구계획 수립

79 다음 중 10만 명 이상의 정보주체 정보 처리기업에 추가로 요구되는 사후관리 항목은?

① 암호키 생성·보관 정책 수립
② 접속기록 1년 보관
③ 1년마다 내부관리계획 점검
④ 3년간 권한 변경 기록 보관
⑤ 일 1회 악성코드 점검

80 주민등록번호를 전자적으로 저장·보관하는 경우에 대한 설명으로 맞는 것은?

① 내부망 저장이면 암호화 예외이다.
② 이용자 동의가 있으면 예외이다.
③ 오래된 데이터는 예외이다
④ 소규모 처리면 예외이다.
⑤ 저장 시에는 예외 없이 안전한 암호화를 적용한다.

81 5만 명 이상 정보주체 처리시스템, 고유식별정보를 처리하거나 기간통신사업자 관련 접속기록 의무 보관 기간은?

① 6개월간 보관
② 1년간 보관
③ 2년간 보관
④ 3년간 보관
⑤ 영구 보관

82 공공시스템 지정에서 100만 명 이상의 정보주체를 처리하는 시스템 이외에도 지정 사유가 되는 것은?

① 개인정보취급자 200명 이상
② 고유식별정보 미처리
③ 타 기관 2개 이상 연계 미사용
④ 단일 접속시스템 미사용
⑤ 사업비 10억 원 미만

83 개인정보 파기 기록 보관기간에 대한 설명으로 올바르지 않은 것은?

① 1년간 보관
② 종이 인쇄물 파기 기록은 필요하지 않다.
③ 전자파일 파기 기록 1년 보관 의무
④ 복구 불가능 방식 파기 기록 보관
⑤ 기록 미작성 시 위반

84 개인정보보호 책임자 지정과 자격요건에서 반드시 포함해야 하는 것은?

① 관련 법령 이해 능력
② 시스템 개발 경험
③ 경영전략 수립 능력
④ 개인정보 마케팅 경력
⑤ 외부 법률 자문 경험

85 개인정보 백업/복구 등 재해재난 대비 시 주기적으로 반드시 해야 할 절차 중 틀린 것은?

① 위기대응 매뉴얼 마련
② 백업 데이터의 주기적 점검
③ 복구계획의 정기 점검
④ 조직도에 따라 담당자 임의 지정
⑤ 복구 절차의 문서화

86 개인정보 영향평가 대상 기준이 아닌 것은?

① 5만 명 이상의 민감정보 포함 파일
② 50만 명 이상 연계되는 개인정보 파일
③ 10만 명 미만 개인정보 파일
④ 100만 명 이상 신규 구축 정보 파일
⑤ 전자적으로 운용되는 공공기관 개인정보 파일

87 개인정보 영향평가 수행 결과 개선 권고를 '즉시' 이행하지 않았을 경우, 기관이 겪게 되는 불이익은?

① 인증 실격
② 정보주체 통지 의무
③ 보호위원회 결과공개 및 시정명령
④ 고용노동부 제재
⑤ 금융감독원 검사

88 공공기관 개인정보보호 수준진단 정량지표의 예시가 아닌 것은?

① 내외부 점검 횟수
② 개인정보 파일 수
③ 취약점 수
④ 정보주체 권리요구 처리율
⑤ 기관장 영향평가 승인 건수

89 다음 중 ISMS-P의 '보호대책 요구사항' 영역에 포함되지 않는 분야는?

① 정책, 조직, 자산 관리
② 인적 보안
③ 개인정보 수집 시 보호조치
④ 물리 보안
⑤ 암호화 적용

90 ISMS-P '개인정보 처리단계별 요구사항'에 포함되지 않는 분야는?

① 개인정보 수집 시 보호조치
② 개인정보 보유 및 이용 시 보호조치
③ 개인정보 제공 시 보호조치
④ 개인정보 파기 시 보호조치
⑤ 암호화 적용

91 ISMS-P 인증심사에서 중대한 결함이 발견되었을 때 보완조치 기한은?

① 20일 이내
② 30일 이내
③ 40일 이내
④ 60일 이내
⑤ 90일 이내

92 공공기관 개인정보 보호수준 평가에서 평가 결과에 불복하는 경우 이의제기 기한은?

① 처분을 받은 날로부터 30일 이내
② 처분을 받은 날로부터 60일 이내
③ 처분을 받은 날로부터 90일 이내
④ 처분을 받은 날로부터 120일 이내
⑤ 처분을 받은 날로부터 180일 이내

93 개인정보보호책임자(CPO)를 지정해야 하는 개인정보처리자의 기준이 아닌 것은?

① 전년도 말 기준 직전 3개월간 개인정보가 저장·관리되고 있는 이용자 수가 일평균 100만 명 이상인 정보통신서비스 제공자
② 전년도 말 기준 직전 3개월간 개인정보가 저장·관리되고 있는 이용자 수가 일평균 10만 명 이상인 정보통신서비스 제공자
③ 개인정보 처리를 업으로 하는 자
④ 공공기관
⑤ 1만 명 이상의 정보주체에 관한 민감정보를 처리하는 자

94 가명정보를 결합하여 이용하려는 경우 결합 신청을 받아 수행하는 기관은?

① 개인정보보호위원회
② 과학기술정보통신부
③ 행정안전부
④ 결합전문기관
⑤ 한국인터넷진흥원

95 개인정보 유출 사고 발생 시 정보주체에게 통지해야 하는 사항이 아닌 것은?

① 유출된 개인정보의 항목
② 유출된 시점과 그 경위
③ 유출로 인해 발생할 수 있는 피해를 최소화하기 위한 정보주체가 할 수 있는 방법
④ 개인정보처리자의 대응 조치 및 피해구제 절차
⑤ 개인정보처리자의 전년도 매출액

96 개인정보처리자가 개인정보를 목적 외로 이용하거나 제3자에게 제공한 경우 부과될 수 있는 최대 과징금은?

① 매출액의 1% 이하
② 매출액의 2% 이하
③ 매출액의 3% 이하
④ 매출액의 5% 이하
⑤ 매출액의 10% 이하

97 개인정보 영향평가에서 반드시 포함되어야 하는 평가 분야가 아닌 것은?

① 개인정보 흐름 분석
② 개인정보 파일 세부 현황
③ 개인정보 침해 요인 분석
④ 개인정보 보호조치 적정성 평가
⑤ 기관의 예산 집행 현황

98 ISMS-P 인증서에 부여되는 인증번호의 구성으로 맞는 것은?

① 인증기관코드(2자리) + 인증연도(2자리) + 인증유형(1자리) + 일련번호(4자리)
② 인증기관코드(1자리) + 인증연도(4자리) + 인증유형(1자리) + 일련번호(3자리)
③ 인증연도(2자리) + 인증기관코드(2자리) + 인증유형(2자리) + 일련번호(3자리)
④ 인증유형(1자리) + 인증기관코드(2자리) + 인증연도(2자리) + 일련번호(4자리)
⑤ 인증연도(4자리) + 인증유형(1자리) + 일련번호(4자리)

99 ISMS-P 인증 의무대상자가 되는 기준 중 '집적정보통신시설 사업자'의 정의로 올바른 것은?

① IDC(인터넷 데이터센터) 사업자
② 온라인 쇼핑몰 사업자
③ 포털 사이트 사업자
④ 클라우드 서비스 사업자
⑤ 모바일 앱 개발 사업자

100 ISO/IEC 27001과 ISO/IEC 27701의 관계로 맞는 것은?

① 27001과 27701은 별개의 독립적 인증
② 27701은 27001 인증 없이 단독 취득 가능
③ 27701은 27001의 확장판으로 27001 인증이 선행되어야 한다.
④ 27001은 개인정보, 27701은 정보보호 중심
⑤ 두 인증은 상호 배타적

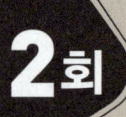

2회 최종 점검 모의고사

|정답 및 해설 442쪽|

01 다음 중 개인정보 보호법상 "개인정보의 정의"에 대한 설명으로 옳은 것은?

① 특정 개인을 식별할 수 있는 정보라 하더라도, 성명이나 주민등록번호와 같이 식별정보를 포함할 경우만 개인정보로 본다.
② 생존하는 개인에 관한 정보로서 성명, 연락처 등 하나의 정보만으로 개인을 직접 식별할 수 있는 경우뿐 아니라, 다른 정보와 결합하여 개인을 식별할 수 있는 경우도 개인정보에 포함된다.
③ 이미 공개된 정보는 공적 영역에 속하므로, 다른 정보와 결합하더라도 법률상 개인정보로 취급하지 않는다.
④ 개인의 사생활과 밀접히 관련된 기록 중 민감한 부분만 개인정보로 인정되며, 직업·경력과 같은 공개 가능한 정보는 개인정보에서 제외된다.
⑤ 개인정보의 정의는 전자적 형태로 저장·관리되는 경우로만 한정되며, 문서나 음성·영상처럼 비전자적 매체는 포함되지 않는다.

02 다음 중 "프라이버시와 개인정보"의 관계에 대한 설명으로 옳은 것은?

① 프라이버시는 개인의 사적 생활 전반에 대한 비밀과 자유를 보장하는 권리이며, 개인정보는 그러한 권리를 실현하기 위한 구체적 정보의 관리 대상으로 이해된다.
② 개인정보는 정보처리 과정에서 보호받는 독립적인 권리 개념이고, 프라이버시는 사회적 맥락에서만 다루어지는 추상적 가치이므로 양자는 법적으로 직접적인 연관성이 없다.
③ 프라이버시는 인간 존엄과 기본권 보장을 위한 헌법적 가치이지만 개인정보는 기술적 보호 대상에 불과하므로, 실질적으로 프라이버시 보호와는 분리하여 취급된다.
④ 개인정보는 국가와 공공기관의 행정 효율성을 높이기 위해 활용되는 자료이고, 프라이버시는 그러한 활용 과정에서 2차적으로 발생하는 법적 논의에만 제한적으로 적용된다.
⑤ 프라이버시는 정보통신기술 발전과 관계없이 변하지 않는 절대적 권리이므로 개인정보 보호와 달리 구체적인 법률적 근거에 의한 영향이 낮다.

03 다음 중 개인정보 보호법상 "개인정보의 유형 및 종류"에 대한 설명으로 옳지 않은 것은?

① 개인정보는 특정 개인을 식별할 수 있는 정보를 말하며, 민감정보나 고유식별정보도 개인정보에 해당한다.
② 민감정보는 개인의 사상·신념, 노동조합 가입 여부, 정치적 견해, 건강·의료 이력 등과 같이 차별이나 불이익으로 이어질 우려가 있는 정보이다.
③ 주민등록번호나 여권번호, 운전면허번호는 고유식별정보에 해당하지만, 단순한 사번·학번은 일반적인 식별정보로 분류된다.

④ 가명정보는 특정 개인의 식별성이 존재하지 않으므로 개인정보에 해당하지 않는다.
⑤ 익명정보는 합리적으로 다른 정보와 결합해도 개인을 식별할 수 없는 정보로 개인정보 보호법의 적용 대상이 아니다.

04 다음 중 개인정보 보호법상 "개인정보의 특성"에 대한 설명으로 옳은 것은?

① 개인식별을 위한 생체인식정보를 수집하는 경우 개인정보가 아니기 때문에 별도 동의를 받아야 하지 않는다.
② 개인정보는 다른 정보와 결합될 경우 예상치 못한 방식으로 새로운 의미를 형성할 수 있어, 본래 목적과 다른 부가적 정보 가치가 생성될 수 있다는 특성을 가진다.
③ 개인정보는 일정 시점에서 현행법상 보호를 받지만, 법률이 개정되거나 사회적 규범이 변경될 경우 보호대상에서 제외될 수 있는 상대적 권리적 성격만 가진다.
④ 개인정보는 물리적 자산과 달리 공유가 불가능한 독점적 자원이므로, 오직 당사자만이 갖고 있는 유일한 정보로 한정된다.
⑤ 개인의 위치정보에 해당하는 개인정보 보호에 관해서도 위치정보와 관련한 특별법이 아닌 개인정보 보호법을 적용해야 한다.

05 다음 중 "개인정보의 가치산정"에 대한 설명으로 옳은 것은?

① 개인정보의 가치는 객관적 시장가격으로만 측정될 수 있으며, 개인의 사회적 지위나 상황에 따라 달라지는 주관적 가치는 고려 대상이 아니다.
② 개인정보는 재화적 성질과 인격적 성질을 동시에 가지며, 따라서 가치평가 시 금전적 교환가치뿐만 아니라 인격권 침해에 따른 비재산적 손해도 반영될 수 있다.
③ 개인정보의 가치는 전적으로 데이터베이스 구축 비용이나 정보처리 비용에 의해 결정되므로, 동일한 정보는 누구에게나 동일한 가치를 가진다.
④ 개인정보가 유출된 경우 그 가치 산정은 해당 정보의 원래 수집 목적에 따른 사용가치에만 한정되며, 2차적 피해 가능성은 법적으로 고려 대상에 해당하지 않는다.
⑤ 개인정보가 기업에서 활용될 경우 유통·판매 가능한 자산으로만 기능하기 때문에, 경제적 교환가치만이 산정의 기준이 되고 인격적 가치는 별도로 평가되지 않는다.

06 다음 중 "해외 개인정보보호 제도"에 대한 설명으로 옳은 것은?

① 유럽연합(EU)의 GDPR은 완전히 자동화된 의사 결정을 강조하며, 사람의 인적 개입을 원칙적으로 권장한다.
② 미국은 연방 차원의 포괄적 개인정보 보호법을 통해 모든 산업 영역에서 통일된 규제를 시행하고 있으며, 개별 주법이나 분야별 특별법은 존재하지 않는다.
③ 일본의 개인정보 보호법(APPI)은 기업의 상업적 이익 보호에 더 큰 초점

을 두기 때문에, 정보주체의 열람·정정·삭제 요구권과 같은 권리는 인정하지 않는다.

④ 중국은 개인정보 보호법(PIPL)을 통해 개인정보를 중요한 자원 및 국가안보 차원에서 관리하며, 중국 외 기업이 중국 내 개인의 개인정보를 처리하는 경우는 제외한다.

⑤ 싱가포르의 소비자 개인정보 보호법 (CCPA)에서 소비자는 자신의 개인정보에 대해 열람, 삭제 요청, 수집·판매 거부 요청권 등을 행사할 수 있다.

07 다음 중 개인정보보호의 중요성을 "정보주체 관점"에서 설명한 것으로 옳은 것은?

① 정보주체 입장에서는 개인정보 보호가 곧 기업의 경쟁력 제고나 시장 신뢰성과 같은 경제적 가치 창출 문제로만 연결되므로, 개인적 권리 보장과는 직접적인 연관성이 없다.

② 개인정보 보호는 정보주체의 자기결정권을 실현하는 핵심 요소로, 자신과 관련된 정보가 언제, 누구에게, 어떤 방식으로 활용되는지를 통제할 수 있어야 한다는 점에서 권리적 의의가 크다.

③ 정보주체의 관점에서 개인정보 보호는 단순히 사생활을 비밀로 유지하기 위한 수단일 뿐이며, 개인이 사회적 활동을 수행하는 데 있어 실제적 권리 보장과는 거리가 있다.

④ 개인정보 보호는 국가기관이 관리해야 하는 행정적 영역에 불과하므로, 정보주체가 주체적으로 참여하거나 권리를 주장할 수 있는 범위는 제한적이다.

⑤ 정보주체의 관점에서 개인정보 보호는 유출 사고 대응과 같은 사후적 보상 절차에 초점을 맞추며, 사전에 정보를 통제하거나 이용을 제한하는 권리적 측면은 부차적인 위치를 차지한다.

08 다음 중 개인정보보호의 중요성을 "기업 관점"에서 설명한 것으로 옳은 것은?

① 기업에게 개인정보보호는 법률적 규제 준수에 따른 소모적 비용 부담으로, 장기적으로 기업의 평판이나 고객 신뢰 구축과 연관성이 찾기 어렵다.

② 기업이 개인정보를 안전하게 관리하고 활용하는 것은 고객 신뢰를 확보하고 시장 경쟁력을 강화하는 핵심 요소로, 법적 리스크 감소와 동시에 비즈니스 지속 가능성에도 직결된다.

③ 개인정보보호는 공공부문에 주된 책임이 있는 영역으로, 민간기업은 단순히 국가의 감독 지침을 이행하는 수준에 머무르므로 기업 전략과는 사실상 별개로 하여 운영하는 것을 권장한다.

④ 개인정보보호는 보안 부서가 전담하는 기술적 문제로, 기업의 경영진이나 연관부서와 협력하여 전략적으로 고려할 필요는 상대적으로 낮다.

⑤ 기업의 관점에서 개인정보보호는 매출과 직접적인 인과관계가 입증되지 않는 추상적 가치에 불과하므로, 법률에서 요구하는 최소한의 관리 조치 이상을 수행할 필요는 없다.

09 다음 중 "기업의 사회적 책임과 개인정보 조직 구성 및 운영"에 대한 설명으로 옳은 것은?

① 개인정보 보호를 위한 조직 구성은 법적 요구사항을 충족하기 위한 형식적 절차에 불과하며, 실제 개인정보 관리 업무는 전사적 차원에서 별도의 전담 인력보다 전 부서의 부가 업무로 하여 분산 처리하는 것이 효율적이다.

② 기업은 개인정보 보호 책임자를 임명하고 독립된 부서를 설치하여 관리해야 하며, 이를 통해 개인정보 관련 위험을

체계적으로 평가하고 대응하는 내부 통제 체계를 구축하는 것이 중요하다.
③ 개인정보보호 조직은 기업의 규모와 업무와 관계없이 반드시 최고경영자(CEO) 직속으로 설치되어야 하며, 그렇지 않은 법적 위반에 해당한다.
④ 개인정보 보호를 위한 조직 운영 시 내부 감사 기능은 별도의 독립 조직으로 구성하지 않아도 되며, 외부 전문 기관에만 의존하는 것이 내부 통제의 효과성을 높인다.
⑤ 기업은 개인정보 보호를 위해 전문성을 갖춘 CPO 지정을 통한 권한과 업무범위 설정보다 기업 경영전략에 부합하도록 CEO가 최고 경영자 권한으로 함께 겸직하여 수행하는 것을 권장한다.

10 다음 중 "기업의 사회적 책임과 개인정보 조직의 역할"에 대한 설명으로 옳은 것은?

① 개인정보 보호 조직은 개인정보 처리에 관한 기술적·관리적 조치 수행에만 집중하며, 개인정보 유출 사고 발생 시 법적 책임의 주체로서 핵심 대응 역할은 경영진에만 있다.
② 개인정보 보호 조직은 개인정보 보호 정책의 수립과 실행, 내부 교육, 침해 사고 대응 및 재발 방지를 위한 시스템 개선 등 전사적인 개인정보 관리 업무를 총괄한다.
③ 개인정보 보호 조직은 법적 의무 사항에 한정된 역할을 수행하므로, 조직 내 타 부서와의 협력이나 정보 공유는 필수 업무가 아니며 선택적 활동이다.
④ 개인정보 보호 조직의 역할은 외부 감사와 규제 기관 대응에 초점을 맞추고, 내부 관리자 교육이나 직원 인식 제고는 별도의 인사 부서에서 전담한다.
⑤ 개인정보 보호 조직은 개인정보처리자의 업무 지원만 수행하며, 개인정보 처리의 적법성 및 안전성 확보에 관한 책임과 권한은 최종적으로 각 부서장에게 있다.

11 개인정보보호 관련 법 개요에 대한 설명으로 다음 중 옳은 것은?

① 「개인정보 보호법」은 공공기관에 한정하여 개인정보의 처리와 보호에 관한 일반적 사항을 규율하며, 민간 부문의 개인정보 처리에 대해서는 별도의 법률을 적용한다.
② 「정보통신망 이용촉진 및 정보보호 등에 관한 법률」은 한때 개인정보 보호에 관한 내용을 규율했으나, 2020년 이후 대부분의 개인정보 보호 관련 조항은 「개인정보 보호법」으로 일원화되었다.
③ 「신용정보의 이용 및 보호에 관한 법률」은 정보통신서비스 제공자 등 온라인 사업자의 개인정보 처리행위를 직접적으로 규율하며, 금융 분야와는 직접적인 관계가 없다.
④ 「개인정보 보호법」은 개인정보의 수집·이용·제공에 관한 기본원칙 규정을 제외하고 이는 별도의 특별법에서 구체적인 내용을 정하고 있다.
⑤ 「위치정보의 보호 및 이용 등에 관한 법률」은 일반적인 개인정보의 보호 원칙을 전반적으로 규율하는 기본법적 성격을 가지고 있어, 다른 분야의 개인정보 보호 법령보다 우선 적용된다.

12 다음은 한 중소기업 A사가 고객 개인정보를 처리하면서 발생한 상황이다. A사는 위치정보 기반 서비스도 제공하는데, 최근 고객 위치정보를 활용하여 맞춤형 광고를 제공하려고 한다. 이에 대한 우리나라 개인정보보호 관련 법령 체계상 옳은 설명은 무엇인가?

① A사는 개인정보처리자로서 「개인정보 보호법」만 준수하면 되고, 위치정보는 별도로 규율할 필요가 없다.
② 맞춤형 광고 제공 시 위치정보를 이용하는 경우, 「위치정보의 보호 및 이용 등에 관한 법률」에 따른 위치정보사업자 등록 및 고객 동의 절차를 반드시 거쳐야 한다.
③ 「신용정보의 이용 및 보호에 관한 법률」이 위치정보 활용에 대해 전면 적용되므로, A사는 이 법률에 없는 사항은 A사의 내부 규정을 별도로 수립하고 A사의 상황에 맞도록 정하여 준수하면 된다.
④ 「정보통신망 이용촉진 및 정보보호 등에 관한 법률」은 위치정보 활용과 개인정보 보호에 대해 가장 중요한 규정을 정하고 있으며, 이 법률에 없는 사항은 ISO/IEC27001을 준수하면 된다.
⑤ 위치정보는 동의 없이 수집받을 수 있는 정보로, 고객 동의 없이 수집하고 고객정보 광고 활용에 대해 고객이 이해하기 쉬운 용어로 충분히 안내한다.

13 개인정보보호 원칙에 관한 설명으로 다음 중 옳은 것은?

① 개인정보는 수집 목적 범위 내에 필요한 최소한의 범위 내에서 정확하고 최신의 상태로 유지될 필요가 있어, 부정확한 개인정보도 발견 즉시 파기한 이후 그 결과를 보고하여 그 이력을 안전하게 관리한다.
② 개인정보는 제3자 제공 시 사전에 정보주체를 알고 있는 사람이 요청한 경우이거나 법령에 특별한 규정이 있는 경우에만 동의 없이 제공할 수 있다.
③ 개인정보처리자는 개인정보의 안전성을 확보하기 위하여 기술적·관리적 보호조치를 강구해야 하며, 이에 대한 구체적인 기준과 절차는 정보주체의 수가 50만명 이하이거나 민감정보 수가 5만명 이하일 경우 내부 방침에 의해 정할 수 있다.
④ 개인정보는 계약 체결 또는 회원가입 단계에서 미리 포괄적으로 수집할 수 있다.
⑤ 개인정보는 정확성과 완전성을 유지해야 하며, 파기 시에도 복원 불가능한 방법으로 처리해야 한다.

14 OECD 프라이버시 8원칙으로 옳지 않은 것은?

① 정보주체의 참여 원칙
② 공개의 원칙
③ 목적 명확성 원칙
④ 가명처리 원칙
⑤ 책임의 원칙

15 개인정보 수집 제한 원칙에 관한 설명으로 다음 중 옳은 것은?

① 개인정보 수집을 한 번만 통합으로 수집하기 위해 향후 1년 이내 필요한 개인정보까지만 최소한으로 수집할 수 있다.
② 개인정보 수집 시에는 법령에 특별한 규정이 없는 한 반드시 개인정보 주체의 동의를 받아야 하며, 목적 외 이용을 금지하는 원칙이 적용된다.
③ 개인정보는 반드시 서면으로만 수집해야 하며, 전자적 방법을 통한 수집은 법적으로 인정되지 않는다.
④ 개인정보처리자는 정보주체가 필요한 최소한의 정보 외의 개인정보 수집에 동의하지 아니한다는 이유로 정보주체에게 재화 또는 서비스의 제공을 거부할 수 있다.
⑤ 개인정보 수집 시 업무상 신속한 처리가 필요한 경우 정보주체의 동의를 생략하고 수집할 수 있다.

16 민감정보 처리 제한에 관한 설명으로 다음 중 옳은 것은?

① 유전정보는 개인정보의 한 종류로서 일반 개인정보와 동일한 수준으로 보호하므로 성명, 연락처, 유전정보는 한꺼번에 정보주체 동의를 받아 수집할 수 있다.
② 민감정보의 처리는 원칙적으로 금지되며, 다만 법령에서 별도로 허용하는 경우 또는 개인정보 주체가 명시적으로 동의한 경우에만 가능하다.
③ 정보주체의 범죄이력정보는 수집 시 별도의 동의 없이도 업무 수행상 필요하다고 판단되면 목적 외로 활용할 수 있다.
④ 민감정보는 개인의 신체적 특징에 관한 정보를 의미하고 생리적·행동적 특징은 제외된다.
⑤ 민감정보는 수집·이용 시 별도의 안전성 확보 조치 없이도 익명정보와 동일한 규제를 받는다.

17 고유식별정보의 처리 제한에 관한 설명으로 다음 중 옳은 것은?

① 고유식별정보는 주민등록번호, 여권번호 등 개인을 유일하게 식별할 수 있는 정보로서, 모든 경우에 정보주체의 동의 없이 자유롭게 처리할 수 있다.
② 고유식별정보 처리 시에는 「개인정보 보호법」에서 별도의 엄격한 요건을 규정하고 있으며, 원칙적으로 정보 주체의 동의를 받아야 하나 법령상 예외도 일부 인정된다.
③ 주민등록번호는 고유식별정보에 해당하지 않으며, 따라서 별도 처리 제한적으로 수집·이용할 수 있는 정보이다.
④ 고유식별정보는 수집 목적이 명확하지 않더라도, 업무상 필요하면 즉시 다른 목적으로 변경하여 활용할 수 있다.
⑤ 고유식별정보는 개인정보 중 하나로서 일반 개인정보 처리와 동일한 수준의 보호만 받으면 된다.

18 주민등록번호 처리 제한에 관한 설명으로 다음 중 옳은 것은?

① 주민등록번호는 정보주체의 동의를 받아 업무 수행을 위해 수집 및 이용할 수 있으나, 목적 외 이용할 수 없다.
② 주민등록번호 처리 시 「개인정보 보호법」 및 「주민등록법」에 따른 엄격한 처리 제한과 안전성 확보 조치를 준수해야 한다.
③ 개인정보처리자가 주민등록번호를 수집 및 이용할 경우 개인정보처리시스템 접속기록을 5년간 저장 관리하여야 한다.
④ 주민등록번호는 인터넷 등 온라인 사업자가 고객 식별을 위해 홈페이지를 통하여 회원 가입 시 수집할 수 있으며, 주민등록번호를 그 인증수단으로 사용할 수 있다.
⑤ 개인정보처리자가 주민등록번호를 수집하여 데이터베이스로 저장한 경우 암호화하지 않고 접근통제로 안전조치 의무를 준수할 수 있다.

19 이동형 영상정보처리기기의 설치·운영 제한에 관한 설명으로 다음 중 옳은 것은?

① 이동형 영상정보처리기기는 설치 장소를 특정하지 않아도 되며, 설치 목적만 명확하다면 촬영 사실을 개인정보처리자가 운영하는 홈페이지 또는 일간신문에 공개 또는 공고하여야 한다.
② 이동형 영상정보처리기기의 설치·운영 시에는 개인정보 보호법 및 영상정보처리기기 운영·관리에 관한 법령에 따라 설치 목적을 명확히 하고, 영상정보의 최소 수집 및 안전성 확보 조치를 준수해야 한다.
③ 이동형 영상정보처리기는 영상정보 처리가 개인의 사생활을 침해할 우려가 적으므로 일반 고정형 CCTV와 동일한 수준의 법적 제한이 적용되지 않는다.
④ 이동형 영상정보처리기기의 영상정보는 고정형 영상정보처리기기와 다르게 제3자에게 제공 가능하며, 개인정보 주체의 동의를 별도로 받을 필요는 없다.
⑤ 촬영 사실을 명확히 표시하여 정보주체가 촬영 사실을 알 수 있도록 하였음에도 불구하고 촬영 거부 의사를 밝히지 아니한 경우 정보주체의 권리를 부당하게 침해할 우려가 일부 있더라도 촬영할 수 있다.

20 가명정보 처리에 관한 설명으로 다음 중 옳은 것은?

① 개인정보의 일부를 변환하거나 삭제하여 개인을 알아볼 수 없게 처리한 가명정보는 개인정보 보호법을 적용받지 않는다.
② 가명정보처리자는 개인정보를 AI 학습 모델에 활용할 경우 개인정보 자체를 이용하고, 타 기관의 데이터 결합 시에는 주민등록번호나 휴대폰번호를 식별정보로 하여 결합하고 향후 데이터를 추적할 수 있도록 하는 것을 권장한다.
③ 가명정보는 개인정보 주체의 동의를 받아야만 처리할 수 있으며, 인공지능 모델의 성능 개선을 위해서 동의 없이 처리하는 경우는 반드시 재식별 처리할 수 있도록 조치하여야 한다.
④ 가명정보는 처리 목적이 명확해야 하며, 재식별 가능성을 최소화하는 기술적·관리적 보호조치를 필수적으로 갖추어야 한다.
⑤ 가명정보는 의료 연구, 통계 작성 등에 활용 가능하지만, 처리 후 재식별이 용이하면 아무런 법적 문제가 발생하지 않는다.

21 다음 중 아래에서 설명하는 가명처리 기술로 옳은 것은?

> 기존 하나의 데이터셋(테이블)을 식별성이 있는 정보집합물과 식별성 없는 정보집합물로 구성된 2개 데이터셋으로 분리하는 기술

① 마스킹
② 상하단 코딩
③ 재현데이터
④ 차분프라이버시
⑤ 해부화

22 개인정보처리방침의 수립 및 공개에 관한 설명으로 다음 중 옳은 것은?

① 개인정보처리방침은 모든 개인정보처리자가 의무적으로 수립해야 하며, 인터넷 홈페이지나 전자적 방법으로 공개해야 하고 홈페이지가 없는 경우 일간신문에 공고하여야 한다.
② 개인정보처리방침은 개인정보의 처리 목적, 처리하는 개인정보 항목, 제3자 제공 및 위탁 현황, 안전성 확보 조치 등을 포함하여 명확히 작성되어야 하며, 공개를 통해 쉽게 접근 가능해야 한다.
③ 개인정보처리방침에는 개인정보 보호책임자의 인적사항이나 연락처를 기재하지 않아도 되며, 방문 시 별도로 안내하면 충분하다.
④ 개인정보처리방침 공개 시에는 과거 변경 이력이나 사용자 동의 절차에 대한 안내는 포함하지 않아도 법적 문제가 없다.
⑤ 개인정보처리방침은 수립 시 한 번 공개하면 이후 변경 시에는 별도의 공개 의무나 고지를 하지 않아도 된다.

23 정보주체의 권리보장에 관한 설명으로 다음 중 옳은 것은?

① 개인정보처리자는 정보주체가 자신의 개인정보에 대해 열람, 정정, 삭제, 처리 정지 요구할 권리를 보장해야 하지만, 개인정보의 일부만 해당하는 열람 요구는 거부할 수 있다.
② 정보주체의 개인정보 열람 요구에 대해서는 지체 없이 처리해야 하며, 정당한 사유가 없으면 거부할 수 없다.
③ 정보주체는 개인정보 처리에 관한 동의를 수집이용 이전까지 철회할 수 있으며, 철회 시 개인정보 중지 또는 삭제 요청서 작성 시 반드시 전자적으로 처리가 원칙이다.
④ 개인정보처리자는 정보주체의 권리 행사를 방해하거나 제한할 수 있으며, 이 경우에도 별도의 이의신청 절차가 보장되지 않는다.
⑤ 개인정보처리자는 정보주체의 권리 행사 요청에 대해 법령에 따른 제한 사유가 있어도 정보주체의 권리보장이 우선이므로 공개하는 것이 바람직하다.

24 사생활 침해 최소화 원칙에 관한 설명으로 다음 중 옳은 것은?

① 개인정보처리자는 업무 수행에 필요한 최소한의 정보만을 수집·이용하며, 이를 위해 목적 달성에 불필요한 데이터는 즉시 파기하는 등 사생활 침해를 최소화해야 한다.
② 사생활 침해 최소화 원칙은 개인정보의 수집 단계에서만 적용되며, 수집 이후 정보의 이용이나 제3자 제공에는 적용되지 않는다.
③ 개인정보처리자는 모바일앱 고객의 위치정보 수집 시 기본값을 '공개'로 자동 설정하여 고객이 쉽게 앱을 이용할 수 있도록 하였다.

④ 개인정보처리자는 사생활 침해 최소화를 위해 기술적 보안 조치만 강화하면 되며, 최초에 한 번 동의받은 데이터 수집 범위나 목적에 대해서는 별도의 제한이 없다.
⑤ 이미 수집된 개인정보가 다른 사람에게 노출되거나 악용된 경우 개인정보 침해라고 볼 수 없다.

25 개인정보의 정확성, 완전성 및 최신성 보장에 관한 설명으로 다음 중 옳은 것은?

① 개인정보처리자는 수집한 개인정보가 부정확하거나 불완전한 경우에도 정정이나 삭제 요청에 대해 응답 의무가 없으며 최신성 유지도 권고사항으로, 그로 인한 정보주체의 피해에 대하여 책임은 없다.
② 개인정보의 정확성과 최신성 보장은 개인정보 보호법상 개인정보처리자의 기본 의무이며, 정기적 또는 필요시 정정·삭제 절차를 통해 이를 유지해야 한다.
③ 개인정보처리자는 연 1회 개인정보는 잘못된 정보나 누락이 없는지 점검하면 그 책임을 면한다.
④ 개인정보처리자는 정확하지 않은 개인정보에 대해 정비할 의무가 없으며, 정보주체가 별도의 요청 시에만 변경하면 된다.
⑤ 정보주체의 요청 등으로 주소·번호 변경을 신청했는데 시스템에 반영되지 않아 예전 정보로 문서, 통지가 전달된 것은 개인정보 완전성 유지 의무 위반이다.

26 개인정보처리자의 정당한 이익을 근거로 수집·이용 가능한 경우가 아닌 것은?

① 계약이 종료된 이후에도 사업자가 요금정산·채권추심 등을 위하여 고객의 서비스 이용 내역, 과금 내역 등의 개인정보를 관리하는 경우
② 사업자가 고객과의 소송이나 분쟁에 대비하여 요금 정산자료, 고객의 민원 제기 내용 및 대응자료 등을 수집·관리하는 경우
③ 개인정보처리자가 제공하는 서비스의 안전한 제공을 위해 서비스에 접속하는 이용자의 접속기록 등의 정보를 부정 이용 등을 방지하기 위한 부정행위 탐지시스템(FDS) 운영을 위해 수집하여 이용하는 경우
④ 병원 응급실 등에서 폭행·난동 발생 시 병원 관계자가 업무목적으로 현장 영상을 스마트폰으로 촬영(폭행·난동의 주체가 정보주체)하여 개인정보를 수집하여 증거자료로써 이용하는 경우
⑤ 공공주택 외의 도로 현황을 알고자 공공주택 관리사무소가 고정형 영상정보처리기기를 설치하여 촬영하는 경우

27 개인정보 보호책임자의 자격에 관한 설명으로 다음 중 옳지 않은 것은?

① 개인정보보호 경력 2년을 포함한 9년차 정보보안부서 재직 중인 팀장
② 개인정보보호 경력 1년이 있는 10년차 빅데이터 담당관
③ 개인정보보호 경력 3년을 포함한 5년차 지능정보보호 센터장
④ 개인정보보호 경력 2년을 제외한 3년차 개인정보보호 부서장
⑤ 개인정보보호 경력 4년이 있는 6년차 지능정보보호 팀장

28 "정보주체의 권리 안내서"의 자동화된 결정 판단 시 고려사항으로 옳지 않은 것은?

① '완전히 자동화된 시스템'에 의할 것
② '개인정보를 처리'하여 이루어질 것
③ 개인정보처리자에 의한 '결정'일 것
④ 다른 법률에 자동화된 결정 관련 특별한 규정이 있을 것
⑤ '완전히 자동화된 시스템에 의한 개인정보 처리'와 '결정' 사이에 '실질적 관련'이 있을 것

29 개인정보 유출 등의 통지사항으로 옳지 않은 것은?

① 유출 등이 된 개인정보의 항목
② 유출 등에 대한 개인정보보호위원회 및 전문기관에 72시간 내 신고 여부
③ 유출 등으로 인하여 발생할 수 있는 피해를 최소화하기 위하여 정보주체가 할 수 있는 방법 등에 관한 정보
④ 개인정보처리자의 대응 조치 및 피해구제 절차
⑤ 정보주체에게 피해가 발생한 경우 신고 등을 접수할 수 있는 담당부서 및 연락처

30 "개인정보 처리 방법에 관한 고시"에 따른 별지8서식(개인정보 열람 요구서)의 "요구내용"으로 옳지 않은 것은?

① 개인정보의 항목 및 내용
② 개인정보의 수집·이용의 목적
③ 개인정보의 접속기록 관리현황
④ 개인정보의 제3자 제공 현황
⑤ 개인정보 처리에 동의한 사실 및 내용

31 개인정보 오너십의 이해에 관한 설명으로 다음 중 옳은 것은?

① 개인정보 오너십은 개인정보 자체에 대한 소유권을 의미하며, 개인정보처리자가 일방적으로 소유권을 가지는 것으로 본다.
② 개인정보 오너십은 정보주체가 자신의 개인정보에 대한 통제권과 권리를 갖는 개념으로, 이는 개인정보 보호법의 근간이 된다.
③ 개인정보처리자는 개인정보 오너십 개념이 법적으로 명확하게 규정되어 있지 않아, 개인정보 관리와 책임이 없는 상태로 자유롭게 활용할 수 있다.
④ 개인정보 통제권은 정보주체가 자신의 데이터에 대한 "수집 및 제공" 단계에 대해 통제할 수 있어야 함을 의미한다.
⑤ 인공지능 기술의 발전을 위해서 AI 모델의 학습 데이터의 경우 개인정보를 포함할 수 있도록 별도 규정을 둔다.

32 다음 중 "개인정보 목적 외 이용 및 제3자 제공 관리"를 위해 대장에 기록관리 사항으로 옳지 않은 것은?

① 개인정보 또는 개인정보파일의 명칭
② 이용하거나 제공하는 형태
③ 이용 만료 후 파기 예정 일자
④ 이용 또는 제공의 날짜, 주기 또는 기간
⑤ 이용하거나 제공하는 개인정보의 항목

33 개인정보 처리 위탁에 관한 설명으로 다음 중 옳은 것은?

① 개인정보처리자가 개인정보 처리 업무를 위탁하는 경우 위탁받은 자가 자체적으로 개인정보 보호책임자를 지정하고 보호 조치 항목 일체를 수행하면, 개인정보처리자는 관리 감독 의무에서 면책된다.
② 개인정보 처리 위탁 시 개인정보처리자는 위탁 업무와 목적, 위탁 범위, 안전관리 조치 사항 등을 명확히 규정한 계약을 체결하고, 위탁받은 자에 대해 정기적으로 감독해야 한다.
③ 개인정보 처리 위탁은 법적 제약 없이 자유롭게 이뤄질 수 있으며, 위탁 사실이나 내용을 정보주체에게 알릴 의무는 없다.
④ 위탁 업무의 변경이나 재위탁 시 그 내용이 경미하다고 판단되면 별도의 계약 체결, 정보주체 동의 절차는 생략하고 고지하여 안내한다.
⑤ 개인정보처리자는 위탁받은 자가 개인정보 보호법을 위반하더라도 비영리 사업의 경우 별도의 처벌대상이 되지 않는다.

34 개인정보 수집 및 이용 원칙에 관한 설명으로 다음 중 옳은 것은?

① 개인정보는 명확하고 합법적인 목적을 위해 최소한의 범위 내에서 수집·이용되어야 하며, 수집 시 정보주체에게 목적을 명확히 고지해야 한다.
② 수집 목적을 달성한 후에도 개인정보는 향후 명확한 목적이 있는 경우 별도의 동의 없이 장기간 보관하는 것이 권장된다.
③ 개인정보 수집 시 정보주체의 동의는 권장사항이며, 법령에 특별 규정이 없는 한 무조건 받아야 하는 것은 아니다.
④ 중요하지 않은 개인정보 이용 목적은 수집 시 고지하지 않아도 되며, 사후에 변경 통지하는 것으로 갈음한다.
⑤ 개인정보는 수집 이후 정확성과 최신성 유지 의무가 정보주체의 요구권으로, 불명확한 정보로 인한 정보주체의 손해는 개인정보처리자의 책임사항이 아니다.

35 개인정보 수집 출처 및 이용·제공 내역 통지에 관한 설명으로 다음 중 옳은 것은?

① 개인정보를 제3자로부터 수집한 경우, 개인정보처리자는 정보주체에게 수집 출처, 수집 목적 두 가지를 즉시 통지하거나 공개하여야 한다.
② 개인정보처리자는 개인정보 수집 출처에 관한 정보를 정보주체에게 알릴 의무가 없으며, 수집 목적과 이용 현황만 신속하게 공개하면 충분하다.
③ 개인정보 목적 외 이용 또는 제공 내역은 정보주체가 별도로 요청한 경우에만 통지해야 하므로, 사전 고지 의무는 선택사항이다.
④ 제3자에게 목적 외 개인정보를 제공할 때는 정보주체 동의 없이도 제공할 수 있으며, 5일 이내 관보 또는 인터넷 홈페이지에 게재하여야 한다(홈페이지에 게재 시 30일 이상 계속 게재).
⑤ 5만명 이상의 정보주체의 고유식별정보를 제공받은 경우 개인정보를 제공받은 날부터 3개월 이내에 정보주체에게 알려야 한다.

36 아래 사례에서 개인정보 보호법상 적합하지 않은 처분 혹은 회사가 준수하지 않은 법적 의무에 해당하는 것은 어느 것인가?

> - A 기업은 신규 회원 가입 시 다음과 같은 절차를 진행했다.
> - 회원가입 화면에는 '마케팅 및 프로모션 활용 목적'과 '법령상 의무 이행 목적'의 개인정보 수집 항목을 구분해 명시했고, 마케팅 목적에 대해서는 별도의 동의를 받았으며, 법령상 의무 목적(전자상거래법에 의한 거래 기록 보관 등)에 대해서는 동의란 없이 안내문만 제공하였다.
> - 수집하는 개인정보 종류는 성명, 이메일, 휴대폰번호, 주소 등 가입 및 구매 진행에 필요한 최소한의 정보로 제한하였고, 불필요한 정보를 요구하지 않았다.
> - 회원은 가입 후 본인정보에 대한 정정 및 삭제를 요청할 수 있도록 별도 메뉴가 제공되었다.

① 회사가 법령상 의무 목적(예: 전자상거래 기록 보관)에 대해 별도의 동의를 받지 않은 것은 「개인정보 보호법」 제15조제2항 각호에 따라 적법하다.
② 회원정보의 정정 및 삭제 요청이 가능한 것은 「개인정보 보호법」 제3조제1항 제2호 및 제36조에 따른 정보주체의 권리 보장이다.
③ 회사가 가입 및 구매에 필요한 최소한의 정보만을 수집한 것은 「개인정보 보호법」 제3조제1항 및 제16조제1항의 최소수집 원칙을 지킨 것이다.
④ 회사가 마케팅 목적의 개인정보 수집 시 별도의 동의를 받지 않고 안내문만 제공한 것은 「개인정보 보호법」 제22조 및 제15조의 동의 원칙에 위배된다.
⑤ 모든 정보주체의 개인정보는 수집 목적 달성 후 「개인정보 보호법」 제21조에 따라 파기하여야 하며, 정당한 목적 없는 장기 보관은 금지된다.

37 개인정보 수집·이용 시 동의받는 방법에 관한 설명으로 다음 중 옳은 것은?

① 개인정보 수집·이용에 관한 동의는 묵시적 동의도 법적으로 인정되며, 구체적 설명 없이도 동의로 간주될 수 있다.
② 개인정보처리자는 개인정보 정정·삭제 요구를 받은 날부터 10일 이내에 그 결과를 정보주체에게 알려야 한다.
③ 미성년자의 개인정보는 부모나 법정대리인의 동의 없이도 수집 및 이용할 수 있으나 그 처리내역을 알려야 한다.
④ 수집 동의를 포괄적으로 받은 경우 개인정보처리자가 수집 목적을 변경하더라도 추가적인 동의 없이 가능하다.
⑤ 정보주체가 동의를 철회하면, 개인정보 수집·이용은 즉시 중단되어야 하나 이미 수집된 정보에 대한 파기는 법적으로 요구되지 않는다.

38 개인정보 수집·이용 시 유의사항에 관한 설명으로 다음 중 옳지 않은 것은?

① 개인정보 수집 시에는 목적을 명확히 하고 정보주체에게 충분히 고지하며, 최소한의 필수정보만 수집해야 하며, 법률상 별도 규정이 없으면 동의를 생략할 수 없다.
② 원고 청탁에 대한 원고료 40만원을 지급하기 위해 주민등록번호를 수집하는 것은 정보주체의 명백한 이득을 위함으로 정보주체의 동의를 받아 수집 및 이용할 수 있다.

③ 개인정보 이용 목적 변경 시 별도의 고지나 동의 없이 사업 환경 변화에 따라 자유롭게 변경할 수 없다.
④ 개인정보 수집은 이용 목적에 필요하지 않은 항목도 향후 보완 가능성을 고려하여 함께 수집하는 것이 바람직하지 않다.
⑤ 개인정보 수집 및 활용 이전에 명시적으로 동의를 받는 방식을 옵트인(Opt-in)이라고 한다.

39 영리 목적의 광고성 정보 전송 제한에 관한 설명으로 다음 중 옳은 것은?

① 영리 목적의 광고성 정보 전송은 정보주체의 명시적 동의를 받은 경우 동의 내용에 일부 경미한 변경만 있는 경우 추가 동의 없이 활용할 수 있다.
② 광고성 정보 전송 시에는 수신자가 사전에 명확히 동의한 경우에만 가능하며, 수신자가 거부 의사를 표시하면 즉시 전송을 중단해야 한다.
③ 「방문판매 등에 관한 법률」에 따른 전화권유판매자가 육성으로 수신자에게 개인정보의 수집출처를 고지하고 전화권유를 하는 경우 사전 동의 대상이다.
④ 광고성 정보 수신 동의를 포함하는 일괄 동의는 사용자 편의성을 고려한 적법한 동의 절차이다.
⑤ 오후 6시부터 그다음 날 오전 9시까지의 시간에 전자적 전송매체를 이용하여 영리목적의 광고성 정보를 전송하려는 자는 제1항에도 불구하고 그 수신자로부터 별도의 사전 동의를 받지 않아도 된다.

40 개인정보 저장 및 관리의 이해에 관한 설명으로 다음 중 옳은 것은?

① 개인정보 저장은 수집된 개인정보를 단순히 보관만 하는 경우 안전성 확보 조치의무 대상이 아니다.
② 개인정보처리자는 개인정보의 보유 기간 경과 등 개인정보가 불필요하게 되었을 때에는 정당한 사유가 없는 한 그로부터 5일 이내에 그 개인정보를 파기하여야 한다.
③ 개인정보 저장은 정보주체의 이익을 목적으로 한 경우 동의 없이 영구적으로 가능하며, 개인정보 파기 의무는 저장과 별개로 적용되지 않는다.
④ 개인정보 관리는 내부 방침에 따라 따로 정하여 수준을 정할 수 있으며, 법적 기준이나 감독 기관의 지침을 참고할 수 있다.
⑤ 개인정보 저장 시스템은 외부 위탁 시 보안 조치를 위탁업체에 전적으로 맡기고, 위탁자는 개인정보처리자의 직접적인 관리 대상에서 제외된다.

41 다음 중 개인정보 파기 또는 보관의무에 대한 설명으로 옳지 않은 것은?

① 개인정보는 수집 및 처리 목적을 달성한 후 가능한 한 빨리 파기할 의무가 있다.
② "전자상거래 등에서의 소비자보호에 관한 법률"에 따라 소비자 불만·분쟁처리에 관한 기록은 10년 보관의무가 있다.
③ 개인정보는 복구가 불가능한 방식으로 파기해야 한다.
④ "신용정보법"에 따라 신용정보 업무처리 기록은 3년 보관의무가 있다.
⑤ "의료법"에 따라 처방전은 2년 보관의무가 있다.

42 개인정보 처리 시 유의사항에 관한 설명으로 다음 중 옳은 것은?

① 개인정보는 반드시 양방향 암호화하여 보관하고, 접근 권한을 최대화하여 관리한다.
② 개인정보 보호를 위해서는 개인정보 처리 전 과정에서 안전성 확보 조치를 철저히 이행하고, 처리 기록을 남기며, 정기적인 점검과 교육을 실시해야 한다.
③ 개인정보처리자는 처리 중 개인정보가 부정확할 경우 정보를 임의로 삭제하고 정보주체에게 안내한다.
④ 불필요한 개인정보는 즉시 가명처리의 의무가 있다.
⑤ 공공기관이 아닌 기업은 개인정보의 처리와 관련한 사고 발생 시에는 신고 의무가 없으며, 내부적으로 안전조치를 강화하여 처리하면 충분하다.

43 개인정보 제공의 이해에 관한 설명으로 다음 중 옳은 것은?

① 개인정보처리자로부터 개인정보 처리 업무를 위탁받아 처리하는 수탁자(클라우드 업체, 외주 업체)는 제3자에 해당한다.
② 개인정보를 제3자에게 제공할 때에는 정보주체의 사전 동의가 원칙이며, 법령에 특별한 규정이 있는 경우에만 예외적으로 동의 없이 제공할 수 있다.
③ 개인정보 제공 시에는 제공받는 자, 제공 목적, 제공되는 개인정보 항목 등의 내용을 정보주체에게 사후에 통지하면 충분하다.
④ 개인정보처리자의 수탁사의 하도급을 받아 개인정보를 처리하는 재수탁사는 제3자의 범위에 해당한다.
⑤ 개인정보 제공에 관한 사항은 개인정보 처리방침의 공개사항에 포함하지 않아도 된다.

44 개인정보의 제3자 제공 시 확인 사항으로 옳지 않은 것은?

① 개인정보를 제공받는 개인정보 처리 건수
② 개인정보를 제공받는 자
③ 개인정보를 제공받는 자의 개인정보 이용 목적
④ 개인정보를 제공받는 자의 개인정보 보유 및 이용 기간
⑤ 제공하는 개인정보 항목

45 개인정보 제공 시 동의와 예외에 관한 설명으로 다음 중 옳은 것은?

① 정보통신서비스제공자의 경우, 정보통신서비스의 제공에 따른 요금정산을 위하여 필요한 경우
② 정보주체 또는 그 법정대리인으로부터 사전 동의를 받을 수 없는 경우로서 명백히 정보주체만의 급박한 생명, 신체, 재산의 이익을 위하여 필요하다고 인정되는 경우
③ 정보통신서비스제공자의 경우, 다른 법률에 특별한 규정이 있는 경우
④ 공공기관이 법령 등에서 정하는 소관업무 수행을 위해 불가피한 경우
⑤ 법률에 특별한 규정이 있거나 법령상 의무 준수를 위해 불가피한 경우

46 개인정보 제공과 관련한 정책 공개 의무에 관한 설명으로 다음 중 옳은 것은?

① 개인정보처리방침에 개인정보 제3자 제공 내역을 포함하지 않아도 법적 문제는 발생하지 않는다.
② 개인정보처리방침에는 제공 대상자, 제공 목적, 제공 항목 등의 정보를 포함하여 정보주체에게 쉽게 접근 가능하도록 공개해야 한다.
③ 개인정보의 제공 내역은 영업 비밀로 취급되어 공개 대상에서 제외될 수 있다.
④ 개인정보 제공 내역은 연 1회 이상 감독기관에만 보고하면 정보주체 공개 의무는 면제된다.
⑤ 개인정보처리방침은 내부 관리자나 직원만 열람할 수 있게 제한하는 것이 원칙이다.

47 개인정보 제3자 제공 및 위탁 원칙에 관한 설명으로 다음 중 옳은 것은?

① 제3자 제공 시 개인정보를 적법하게 제공받은 개인정보처리자(기업)는 동의받은 범위 내에서 정보주체로부터 재동의를 받아야 한다.
② OO회사 한국지사에서 수집한 고객정보를 해외의 본사에 마케팅 목적으로 제공하는 경우 제3자 제공 국외 이전에 해당하고, 한국지사에서 동의를 받은 경우 본사는 별도로 동의를 받지 않아도 된다.
③ 처리 위탁 시 손해배상 책임의 전부가 수탁사로 이전된다.
④ 기업의 사업 확장을 위해 개인정보의 제3자 제공 시 목적 외 이용이나 재제공은 정보주체 동의 없이도 가능하며, 위탁 업무 변경 시 별도의 계약 체결이나 동의 절차가 필요 없다.
⑤ 개인정보를 제3자에게 제공하거나 처리 업무를 위탁할 때에는 정보주체의 사전 동의를 반드시 받아야 하며, 목적 범위 내에서만 가능하다.

48 개인정보 제3자 제공과 개인정보 처리 위탁의 차이점에 관한 설명으로 다음 중 옳은 것은?

① 처리 위탁의 목적은 개인정보를 수탁받은 업체의 이익을 위해 개인정보를 처리하는 것이다.
② 개인정보 처리 위탁은 정보주체의 별도 동의를 필요로 하지 않으나, 경찰서의 범죄수사를 목적으로 한 개인정보의 제3자 제공은 반드시 사전 동의를 받아야 한다.
③ 개인정보 위탁 시에는 개인정보처리자의 관리·감독 의무가 없으나, 제3자 제공 시에는 의무가 부과된다.
④ 개인정보 제3자 제공은 개인정보 처리 목적 외의 목적으로 다른 사업자에게 개인정보를 제공하는 것이고, 개인정보 처리 위탁은 개인정보처리자가 업무의 일부를 외부에 위임하되 개인정보 처리는 계속 책임지는 것이다.
⑤ 개인정보 처리 위탁은 개인정보위수탁 계약서의 서면계약 없이 구두 협의가 원칙이다.

49 다음 중 개인정보의 영업 양도 등과 관련한 정보주체에게 알려야 하는 것으로 옳은 것은?

① 개인정보를 이전하는 자의 성명
② 개인정보를 이전받으려는 사실
③ 정보주체가 개인정보의 이전을 원하지 아니하는 경우 조치할 수 있는 방법 및 절차

④ 개인정보를 이전하는 자의 주소
⑤ 개인정보를 이전하는 자의 전화번호 및 그 밖의 연락처

50 개인정보가 포함된 영업의 양도 시 처리 절차와 관련하여 다음 중 옳은 것은?

① 개인정보가 포함된 영업 양도 및 양수 시, 양도인이 정보주체에게 고지하여 알린 경우에도 양수인은 정보주체에게 개인정보를 이전받은 사실을 추가로 알려야 한다.
② 개인정보 양도 시 개인정보처리자는 양수인과 계약을 체결하여 개인정보 보호 조치 의무를 명확히 규정하고, 양도 사실을 정보주체에게 통지하거나 공지해야 한다.
③ 개인정보가 포함된 영업 양도는 정보주체의 동의를 반드시 받아야 하며, 동의가 없으면 양도가 불가능하다.
④ 개인정보 이전 시에는 개인정보처리방침 변경 사항을 공개하지 않아도 무방하며, 정보주체 통지도 선택사항이다.
⑤ 영업 양도 후 개인정보의 관리는 전적으로 양도인의 몫이며, 양수인은 개인정보처리자가 아니다.

51 다음 중 개인정보 제공 시 반드시 준수해야 하는 사항으로 옳지 않은 것은?

① 제한된 목적으로 제공
② 개인정보의 사용 목적 공개
③ 영업의 확장으로 인한 개인정보 제공 이후에 정보주체로부터 구체적이고 명시적 동의
④ 목적 달성에 필요한 최소한의 개인정보만 제공
⑤ 안전한 전송을 위한 암호화

52 다음 중 개인정보를 제3자 제공에 대한 사례에 해당하는 것은?

① 택배회사
② 콜센터
③ 시스템 유지관리
④ 제휴사 마케팅
⑤ 회사의 매각

53 다음 중 개인정보를 제공, 위탁 등에 대해 옳지 않은 것은?

① 제17조제1항제2호에 해당하지 아니함에도 같은 항 제1호를 위반하여 정보주체의 동의를 받지 아니하고 개인정보를 제3자에게 제공한 자 및 그 사정을 알면서도 개인정보를 제공받은 자→5년 이하의 징역 또는 5천만원 이하의 벌금
② 위탁자의 동의를 받지 아니하고 제3자에게 다시 위탁한 자→2천만원 이하 과태료
③ 정보주체에게 개인정보의 이전 사실을 알리지 아니한 자→3년 이하의 징역 또는 3천만원 이하의 벌금
④ 위탁자의 동의를 받지 아니하고 제3자에게 다시 위탁한 자→2천만원 이하 과태료
⑤ 위탁하는 업무의 내용과 수탁자를 공개하지 아니한 자→1천만원 이하 과태료

54 다음 중 개인정보의 수집 · 이용 원칙에 관한 설명으로 옳은 것은?

① 개인정보는 수집 목적 외 용도로 업무상 목적이나 경영진의 판단에 따라 예외적으로 이용할 수 있다.
② 개인정보 수집 · 이용 목적이 달성되었더라도, 해당 개인정보를 다른 유관 사업 영역에서 추가 활용하는 것은 법률 위반이 아니다.
③ 개인정보 수집 시에는 목적의 명확성, 최소 수집, 목적 외 이용 제한 등 기본 원칙을 반드시 준수해야 한다.
④ 개인정보를 처음 수집할 때는 동의를 받으나, 이후 유사한 목적의 사업을 하는 경우 별도 안내로 동의를 갈음할 수 있다.
⑤ 개인정보는 스타트업 사업자에 한하여 목적 외 이용이 허용된다.

55 다음 중 「개인정보 보호법 시행령」 제30조(개인정보의 안전성 확보 조치)로 옳지 않은 것은?

① 개인정보 종합관리계획의 수립 · 시행 및 점검
② 개인정보를 안전하게 저장 · 전송하는 데 필요한 다음 각 목의 조치
③ 개인정보 침해사고 발생에 대응하기 위한 접속기록의 보관 및 위조 · 변조 방지
④ 개인정보의 안전한 보관을 위한 보관시설의 마련 또는 잠금장치의 설치 등 물리적 조치
⑤ 개인정보에 대한 접근 권한을 제한하기 위한 다음 각 목의 조치

56 다음 중 손해배상의 책임과 관련하여 배상 금액의 고려 요소로 옳지 않은 것은?

① 위반행위에 따른 벌금 및 과징금
② 개인정보처리자가 정보주체의 개인정보 분실 · 도난 · 유출 후 해당 개인정보를 재현하기 위하여 노력한 정도
③ 위반행위의 기간 · 횟수 등
④ 개인정보처리자의 재산 상태
⑤ 고의 또는 손해 발생의 우려를 인식한 정도

57 다음 중 용어에 대한 사례의 연결이 옳지 않은 것은?

① 변조→데이터베이스(DB)에서 사용자 권한 없이 정보가 변경됨
② 분실→USB에 저장된 고객 정보 목록을 외부 출장 중 정류장에서 떨어트림
③ 도난→악성코드 감염으로 데이터 파일 손상
④ 위조→보험 서류상 개인정보를 허위로 작성
⑤ 유출→클라우드 서버 설정 오류로 외부에 정보 노출

58 다음 중 개인정보 접속기록의 필수 구성요소로 옳지 않은 것은?

① 개인정보처리시스템에 접속한 자의 사용자 식별자(ID)
② 접속이 발생한 일시(날짜 및 시간)
③ 접속한 IP 주소 또는 위치정보 등 접속지 정보
④ 접속 후 수행한 업무 내역에 대한 데이터베이스 쿼리문
⑤ 해당 업무를 통해 처리한 정보주체의 식별정보

59 다음 중 접근권한 관리에 대한 설명으로 옳지 않은 것은?

① 접근 권한의 최소화 및 차등 부여
② 개별 계정 부여
③ 인증 실패 횟수 제한 및 계정 잠금
④ 퇴직·전보 시 권한 해당 연도 이내 권한 회수
⑤ 권한 변경 내역 최소 3년 기록 및 보관

60 다음 중 외부에서 개인정보처리시스템 접속 시 보호조치에 관한 설명으로 옳지 않은 것은?

① 데이터 암호화→사용자의 단말기와 개인정보처리시스템 간 전송되는 데이터를 암호화
② IPSec VPN(Internet Protocol Security VPN)→웹 브라우저 기반으로 동작하며, 특수한 클라이언트 없이 HTTPS 보안 연결을 통해 VPN 기능을 제공
③ IP 주소 은폐 및 접근 제어→VPN을 통해 접속하면 공인(외부) IP가 사설(내부) IP로 변환(NAT)되어, 외부에서 시스템 구조를 추적하거나 공격의 어려움
④ 보조저장매체(USB 등)→반출 제한, 암호화 저장, 사용 기록 관리, 승인 절차 운영
⑤ 계정 비활성화 시 접근 차단→일정 시간 이상 시스템에 비활성 상태로 머무를 경우, 자동으로 접속을 차단

61 다음 중 해쉬 암호화 방식에 관한 설명으로 옳은 것은?

① 암호화와 복호화를 위해 하나의 동일한 키(비밀키)를 사용하는 방식이다.
② 서로 다른 두 개의 키(공개키(Public Key), 개인키(Private Key))를 사용하는 방식이다.
③ 암호화된 값을 복호화할 수 있도록 설계한 방식이다.
④ 입력값이 동일하면 항상 같은 결과가 나오지만, 결괏값(해시값)만으로는 원본을 유추할 수 없다.
⑤ 대표적 암호 알고리즘은 AES (Advanced Encryption Standard)이다.

62 다음 중 「개인정보의 안전성 확보 조치 기준」 제7조(암호화)에 따른 암호화 대상정보로 옳지 않은 것은?

① 여권번호
② 계좌번호
③ 생체정보
④ 신용카드번호
⑤ 운전면허번호

63 다음 중 2년 이상 접속기록 보관 대상정보로 옳은 것은?

① 정보통신서비스제공자에 해당하는 경우
② 계좌번호를 처리하는 경우
③ 신용카드번호를 처리하는 경우
④ 3만명 이상의 정보주체 정보를 처리하는 경우
⑤ 기간통신사업자에 해당하는 경우

64 아래에서 설명하는 정보보안 제품 또는 시스템으로 옳은 것은?

> 조직 내에서 민감한 정보나 중요 데이터를 무단으로 외부로 유출하거나 내부에서 부적절하게 사용하는 것을 방지하기 위한 보안프로그램이다. 내부의 개인정보가 인가되지 않은 사용자나 경로를 통해 외부로 반출되는 것을 실시간으로 차단하거나 알림을 제공하고, 보조저장매체 사용 기록을 남겨 보안 사고 시 추적 및 감사를 위한 기록도 보관한다.

① IAM(Identity and Access Management)
② IPS(Intrusion Prevention System)
③ DLP(Data Loss Prevention)
④ WAF(Web Application Firewall)
⑤ MDM(Mobile Device Management)

65 다음 중 메모리 상주 공격의 유형으로 옳지 않은 것은?

① 키로거 설치 및 메모리 상주
② 프로세스 할로잉(Process Hollowing)
③ DLL 인젝션 및 DLL 사이드로딩
④ DDoS(Distributed Denial of Service) 공격
⑤ 파일리스(Fileless) 멀웨어 공격

66 다음 중 분야별 생체정보의 연결이 옳지 않은 것은?

① 신체적→지문
② 생리적→뇌파
③ 행동적→필적
④ 신체적→음성
⑤ 생리적→유전정보

67 다음 중 공공시스템 운영기관의 단일접속시스템 중 안전조치 의무 대상에 해당하는 것은?

① 50만명 이상의 정보주체에 관한 개인정보를 처리하는 시스템
② 개인정보처리시스템에 대한 개인정보취급자의 수가 100명 이상인 시스템
③ 정보주체의 사생활을 현저히 침해할 우려가 있는 5천명 이상의 민감한 개인정보를 처리하는 시스템
④ 개인정보처리시스템에 대한 개인정보취급자의 수가 50명 이상인 시스템
⑤ 5만명 이상의 정보주체에 관한 개인정보를 처리하는 시스템

68 다음 중 공공시스템 운영기관의 개별시스템 중 안전조치 의무 대상에 해당하는 것은?

① 5만명의 정보주체에 관한 개인정보를 처리하는 시스템
② 10만명의 정보주체에 관한 개인정보를 처리하는 시스템
③ 50만명의 정보주체에 관한 개인정보를 처리하는 시스템
④ 개인정보처리시스템에 대한 개인정보취급자의 수가 200명인 시스템
⑤ 총사업비가 50억원인 시스템

69 다음 중 공공시스템운영기관의 접근 권한의 부여, 변경, 또는 말소 내역 등의 정기점검 주기로 옳은 것은?

① 매월 1회 이상
② 분기별 1회 이상
③ 반기별 1회 이상
④ 연 1회 이상
⑤ 기관의 개인정보 내부관리 계획에 따른다.

70 개인정보 보호를 위한 안전조치 적용 시 기술적 조치와 관리적 조치의 균형에 관한 설명으로 옳은 것은?

① 운영 환경에 따라 기술적 조치에 집중하고 관리적 조치는 최소화할 수 있다.
② 관리적 조치 강화만으로 기술적 위험을 완화할 수 있다.
③ 두 조치는 상호보완적이며 모두 철저히 시행되어야 한다.
④ 기술적 조치는 선택사항, 관리적 조치는 반드시 의무사항이다.
⑤ 조치 간 역할이 구분되므로 최소한의 범위에서 안전조치 한다.

71 다음 중 세 가지 분야별 조치에 대한 연결이 옳지 않은 것은?

① 물리적 조치→통제구역 출입통제
② 관리적 조치→내부 관리계획 수립·시행
③ 기술적 조치→개인정보처리시스템 접근통제
④ 물리적 조치→개인정보처리자의 컴퓨터에 바이러스 백신 설치
⑤ 관리적 조치→정기적 직원 교육

72 아래에서 설명하는 취약점 또는 약점에 해당하는 것은?

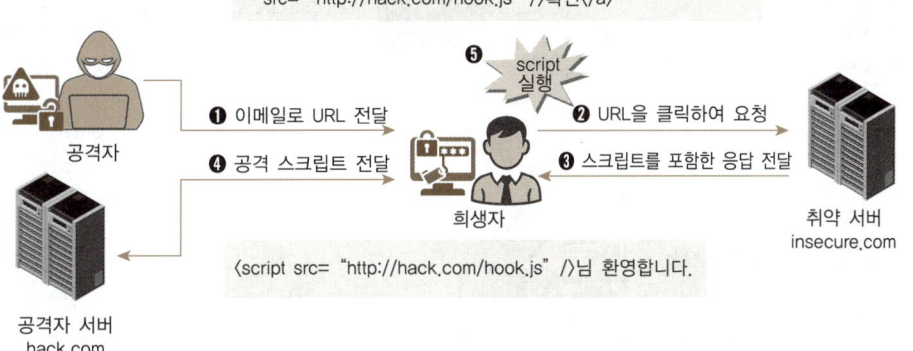

- 공격 설명: 웹 페이지에 악의적인 스크립트가 포함될 수 있으며, 해당 웹페이지를 열람하는 접속자의 권한으로 부적절한 스크립트가 실행되어 정보 유출 등의 공격을 유발할 수 있다.

※ 출처: 소프트웨어 보안약점 진단가이드라드(한국인터넷진흥원)

① Stored XSS
② Reflective XSS
③ 운영체제 명령어 삽입
④ 오류 메시지 정보 누출
⑤ Null Pointer 역참조

73 아래에서 설명하는 웹쉘(Web Shell) 업로드 취약점으로 옳은 것은?

> 웹 서비스에서 파일 확장자나 콘텐츠 타입 검증이 미흡하여 공격자가 악성 스크립트(웹쉘)를 서버에 업로드할 수 있는 취약점

① 파일 업로드 취약점
② 웹 애플리케이션 에디터 취약점
③ SQL 인젝션 등 간접 취약점
④ 웹/애플리케이션 서버 설정 오류
⑤ 소스 코드 취약점

74 접속기록 점검에 관한 설명으로 옳은 것은?

① 접속 시간, 접속자 ID, 접속 IP, 수행 행위 내용을 포함한다.
② 접속 로그는 일자별 총접속 수만 기록한다.
③ 점검은 분기 1회만 진행해도 충분하다.
④ 점검 결과는 내부 영업기밀정보로 관리한다.
⑤ 외부 IP로 접속한 이상 로그를 감지한 경우, 관리자가 다시 확인 후 판단하고 해킹이 아닌 경우 기록관리 하지 않는 것을 권장한다.

75 아래에서 설명하는 취약점 또는 약점에 해당하는 것은?

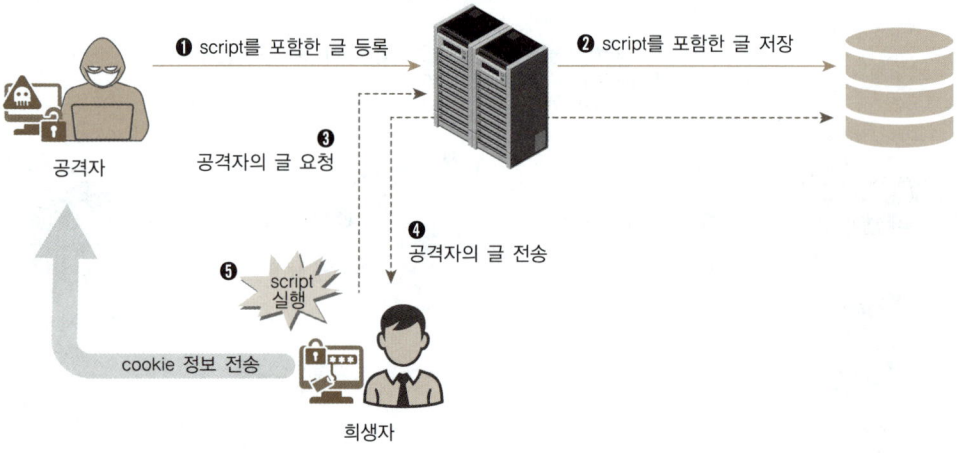

– 공격 설명: 공격자가 미리 취약한 서버에 악의적인 스크립트가 포함된 정보를 저장해서 일반 사용자들이 해당 정보를 조회하는 경우 접속자의 권한으로 부적절한 스크립트가 수행되어 정보 유출 등의 공격을 유발할 수 있다.

※ 출처: 소프트웨어 보안약점 진단가이드라드(한국인터넷진흥원)

① Stored XSS
② Reflective XSS
③ 운영체제 명령어 삽입
④ 오류 메시지 정보 누출
⑤ Null Pointer 역참조

76 기업 내 악성 소프트웨어 감염 시 신속한 대응 절차로 가장 적합한 것은?

① 발견 즉시 격리 및 삭제하고 원인 분석과 보안 패치 실시한다.
② 감염 사실을 발견한 경우 원인 파악보다 즉시 치료하고 정상 운영 유지한다.
③ 주기적 백업 없이 감염 파일 복구를 시도하여 복구하면 충분하다.
④ 감염된 디바이스 폐기는 하지 않고 모니터링 하에 계속 사용할 것을 권장한다.
⑤ 악성코드 대응은 정보보호부서 외의 개인정보취급자 등 전사적 관여가 불필요하다.

77 개인정보 출력 시 유의해야 할 사항은?

① 출력물을 보관하는 경우 안전한 장소에 보관하고, 비인가 출력은 기록 및 관리한다.
② 한번 출력한 내용은 자유롭게 공유해도 무방하다.
③ 출력 기록은 보관 또는 관리할 대상이 아니다.
④ 출력물 파기는 임의로 개인정보 특성에 따라 수행한다.
⑤ 출력 담당 책임은 해당 개인정보의 정보주체 본인이다.

78 서버실 물리적 출입 통제 강화 방안으로 옳은 것은?

① 매시간마다 서버 장비를 모니터링 하는 서버실 총괄관리자는 출입할 때마다 수기대장에 기록하여 관리하는 것이 바람직하다.
② 출입은 통제하기 위해 일반적으로 제한구역을 접견구역으로 설정하여 관리하는 것을 권장한다.
③ 출입 제어 장치는 내용연수(내구연한) 유지관리 없이 고장이 발생한 경우 수리한다.
④ 출입 기록은 매월 1회 한 번에 일자, 시간, 방문자 등을 고려하여 일시에 작성하고 안전하게 관리한다.
⑤ 출입자 인증서 발급, 출입 기록 관리 및 CCTV 설치하여 안전하게 관리한다.

79 개인정보처리시스템의 백업관리에 대한 설명으로 옳은 것은?

① 백업 상태의 수시 점검을 위해 모바일에서도 수시로 확인할 수 있도록 방화벽 보안정책의 출발지를 'any'로 설정한다.
② 백업 데이터는 서버 내 동일 위치에, 즉 물리적으로 가까운 곳에만 저장관리를 권장한다.
③ 주기적 백업과 안전한 별도 장소 보관하고 중요등급의 시스템은 별도의 소산백업을 권장한다.
④ 백업 일정은 사용자 수가 가장 많은 시간대에 설정하여 시스템 성능테스트를 함께 할 수 있도록 하는 것을 권장한다.
⑤ 백업에서 오류가 발생한 경우 오류사항을 보고하고 다음달 정기점검 때까지 기다려서 백업을 정상화한다.

80 복구가 불가능한 파기 방법으로 적절한 것은?

① 아카이브 보관
② 디가우징, 물리적 파쇄, 안전한 소각
③ 파일명 변경 및 숨김 처리
④ 시스템 내 별도 디스크를 추가하여 영구 보존
⑤ 단순 삭제 및 휴지통 비우기

81 공공기관 개인정보 보호 강화 방안으로 옳지 않은 것은?

① 인사 발령 이후 새로운 CCTV 담당자에 대한 보안서약서 징구
② 인사시스템에 접근 권한에 대한 주기적 점검을 통한 권한 관리
③ 신규 입사직원 대상으로 개인정보보호 및 정보보안 교육 실시
④ 개인정보보호 우수 평가 직원의 실수로 발생한 개인정보유출에 대한 책임 면제
⑤ CPO(개인정보총괄책임자) 주도의 개인정보보호를 위한 캠페인 실시

82 공공기관의 최소 권한 원칙 적용 시 옳은 것은?

① 시스템 안전성 확보를 위해 개인정보취급자인 퇴사직원의 권한을 다음 연도에 권한해제 또는 삭제한다.
② 전체 직원에게 동일한 권한으로 적용하여 일관성 및 신속성을 증대시킨다.
③ 업무 용도 외 권한을 오남용이 발생하지 않도록 사내 규정으로 명문화한다.
④ 권한 남용한 경우 해당 직무에서 배제하고 1년 이후 다시 그 직무에 복귀시킨다.
⑤ 권한에 대한 사항은 신속성을 위하여 문서화 없이 구두만으로 즉시 부여한다.

83 안전한 인증 및 접속수단에 해당하지 않는 것은?

① OTP(One-Time Password)
② SSL(Secure Sockets Layer)/TLS(Transport Layer Security)
③ MFA(Multi-Factor Authentication)
④ 안전한 비밀번호 쿠키 저장
⑤ FIDO(Fast IDentity Online)

84 다음 중 디렉터리 리스팅 취약점을 방어방법으로 옳지 않은 것은?

① Apache의 경우 httpd.conf에서 Options -Indexes 설정으로 디렉터리 목록 노출을 차단
② 이전에 작업한 파일을 웹 서버에 백업 파일(.bak, .tmp 등)이나 버전별 임시 파일로 보관하여 복구파일로 활용
③ IIS는 "Directory Browsing" 기능을 비활성화하여 목록 노출 방지
④ 디렉터리에 기본 인덱스 파일이 있으면 목록 대신 해당 파일이 열리도록 하여 디렉터리 구조 노출 방지
⑤ 특정 중요한 디렉터리에는 IP 필터링, 인증, 권한 설정을 적용하여 무단 접근 차단

85 데이터 암호화 시 암호화 키 유출 시 예상되는 피해 및 대비책은?

① 키 관리는 별도 점검 없이 처음 구축했을 때 1회 별도로 저장하면 충분하다.
② 키 유출은 흔히 발생하지 않기 때문에 암호화 키 정보는 담당직원 업무용 컴퓨터에 저장 보관한다.
③ 신속한 복구를 위해 전체 직원이 접속 가능한 업무 폴더에 올리고 공유한다.
④ 키 유출이 발생하지 않도록 키를 안전한 장소에 분리 저장하고 정기적으로 교체한다.
⑤ 암호화 키는 논리적이 아닌 물리적 자산에 속한다.

86 다음 중 개인정보 관리체계에 대한 설명으로 옳은 것은?

① 개인정보 관리체계는 법적 의무 대상이 없는 권고사항이다.
② 개인정보 관리체계는 기술적 장치를 중심으로 하며 조직 구조와는 별개로 운영된다.
③ 개인정보 관리체계는 조직 내 개인정보 보호 관련 정책, 절차, 역할 등이 체계적으로 운영되는 시스템이다.
④ 정보주체가 직접 개인정보 관리체계를 설계하도록 하여 법률과 충돌이 있더라도 이해관계자 의견 일체를 모두 반영한다.
⑤ 관리체계는 개인정보처리자가 아닌 외부 기관이 전적으로 담당하고 책임지도록 계약한다.

87 다음 중 개인정보 관리체계 구축 시 최우선 고려사항은?

① 개인정보 처리 업무를 외부에 위임한다는 사실을 숨긴다.
② 최신 IT장비 도입으로 보안약점의 대부분을 해소할 수 있다.
③ 개인정보 보호책임자의 역할은 선택사항이다.
④ 개인정보 처리 전 과정에서의 위험 식별과 통제 체계 구축이다.
⑤ 개인정보 처리시스템은 통제 없이 자율적으로 관리 운영하도록 권장한다.

88 다음 중 개인정보 보호책임자의 역할로 옳지 않은 것은?

① 개인정보 보호 교육 계획의 수립 및 시행
② 개인정보 처리와 관련한 불만의 처리 및 피해 구제
③ 개인정보파일의 보호 및 관리·감독
④ 보안사고 예방을 위한 해킹 방어 기술의 개발
⑤ 개인정보 유출 및 오용·남용 방지를 위한 내부 통제시스템의 구축

89 다음 중 국제적으로 널리 인정받는 개인정보보호 관리체계는?

① ITIL
② GDPR
③ HIPAA
④ COBIT5
⑤ ISO/IEC 27701

90 다음 중 우리나라 ISMS, ISMS-P에 관한 설명이 옳지 않은 것은?

① ISMS-P 인증심사의 종류는 '최초심사', '사후심사', '갱신심사'가 있다.
② ISMS-P의 인증을 받아도 ISMS 인증을 추가 또는 별도로 받는 것이 바람직하다.
③ ISMS-P는 ISMS의 보안 요소에 개인정보보호 관리체계(PIMS) 요건을 통합한 인증이다.
④ ISMS-P 인증은 정보보호 관련 분야로, 총 160개의 세부 항목을 기반으로 심사한다.
⑤ ISMS 인증은 개인정보 처리 단계별 요구사항을 포함한다.

91 다음 중 해외 개인정보보호 프레임워크 비교 설명으로 옳은 것은?

① GDPR은 유럽연합의 개인정보 보호법이고, ISO 27701은 개인정보보호 경영시스템 국제 표준이다.
② HIPAA는 유럽의 개인정보 보호법이다.
③ CCPA는 개인정보보호에 관한 국제표준이다.
④ ISO 27701은 미국 내 법률이다.
⑤ GDPR은 기술 표준 문서에 불과하다.

92 다음 중 개인정보 영향평가(PIA) 후 보호위원회 제출사항으로 옳지 않은 것은?

① 영향평가의 결과
② 평가기준에 따른 개인정보 침해의 위험요인에 대한 분석·평가
③ 영향평가를 수행한 전문가 명단
④ 평가 분야 및 항목
⑤ 영향평가의 대상 및 범위

93 다음 중 개인정보 영향평가 진행 시 주요 활동이 아닌 것은?

① 개인정보 처리 목적 및 범위 파악
② 위험요인 식별 및 평가
③ 개인정보 보호법 개정 제안을 위한 법률 분석
④ 개선 대책 수립 및 실행
⑤ 이해관계자 의견 수렴

94 다음 중 개인정보 보호법 시행령 제37조의 개인정보 영향평가 시 고려사항으로 옳은 것은?

① 영향평가 결과를 개인정보보호위원회에 2개월 이내에 제출 여부
② 민감정보 또는 고유식별정보의 처리 여부
③ 정보주체로부터 사전동의를 받는 개인정보 여부
④ 정보주체로부터 동의를 받지 않는 개인정보 여부
⑤ 30만명의 개인정보를 연계 처리하는 시스템 구축 여부

95 다음 중 개인정보 보호수준 평가에 관한 고시 기준 평가 대상이 아닌 것은?

① 개인정보보호위원회로부터 과징금 또는 과태료 처분 등을 1회 이상 받은 경우
② 10만명의 정보주체에 관한 민감정보를 처리하는 경우
③ 100만명의 정보주체에 관한 개인정보를 처리하는 경우
④ 6만명의 정보주체에 관한 고유식별정보를 처리하는 경우
⑤ 최근 3년간 개인정보 유출 등 개인정보 침해사고가 1회 발생한 경우

96 다음 중 개인정보보호 수준 평가에 관한 설명으로 옳은 것은?

① "개인정보 보호 업무 추진 내용의 적절성·충실성에 대한 심층평가"는 정량이 아닌 정성지표이다.
② 한국인터넷진흥원이 주관기관이다.
③ 행정안전부는 전담기관이다.
④ 정보주체 권리보장 지표에 "개인정보 보호책임자의 역할 수행"이 있다.
⑤ 기타 지표에는 감정지표만 있다.

97 다음 중 개인정보 보호법 시행령 제13조의2(개인정보 보호수준 평가의 대상·기준·방법·절차 등)의 평가 내용이 아닌 것은?

① 정보주체의 권리보장을 위한 조치사항 및 이행 정도
② 개인정보 보호 정책·업무 수행 실적 및 개선 정도
③ 개인정보 침해방지 조치사항 및 안전성 확보 조치 이행 정도
④ 개인정보처리자 외 시스템 사용자의 개인 신상 정보
⑤ 개인정보 관리체계의 적정성

98 다음 중 개인정보 영향평가가 의무화되는 경우에 해당하지 않는 것은?

① 고위험 개인정보 처리 업무를 새로 도입하는 경우
② 향후 2년 후 개인정보를 처리할 예정 시스템 구축 시
③ 대규모 CCTV 설치 및 운영 시
④ 민감정보를 대량 처리하는 시스템 구축 시
⑤ 신기술 도입으로 개인정보 침해 가능성이 높은 시스템 구축 시

99 다음 중 정보시스템 전체를 범위로 하는 ISMS-P 인증의 인증 범위에 해당하지 않는 것은?

① 백업시스템
② 홈페이지
③ 서버
④ 데이터베이스
⑤ 시설 설비

100 다음 중 ISMS의 의무대상에 해당하지 않는 것은?

① 집적정보통신시설 사업자(IDC) A기업
② 전년도 일일평균 정보통신서비스 이용자 수가 200만 명 C기업
③ 정보통신서비스 부문 전년도매출액이 101억원인 A기업
④ 전년도 매출액이 1,500억이고, 직전연도 12월 31일 기준으로 재학생 수가 1만명인 고등학교
⑤ 전년도 매출액이 1,000억인 상급종합병원

최종 점검 모의고사 정답 및 해설

1회 최종 점검 모의고사

01	02	03	04	05	06	07	08	09	10
③	④	⑤	②	②	①	⑤	④	③	②
11	12	13	14	15	16	17	18	19	20
②	④	⑤	②	②	⑤	④	③	②	②
21	22	23	24	25	26	27	28	29	30
③	②	④	②	②	③	①	③	②	⑤
31	32	33	34	35	36	37	38	39	40
③	②	②	④	①	②	②	②	①	②
41	42	43	44	45	46	47	48	49	50
③	①	④	③	④	②	④	②	⑤	③
51	52	53	54	55	56	57	58	59	60
④	②	③	②	③	②	③	②	④	②
61	62	63	64	65	66	67	68	69	70
②	②	⑤	④	③	④	②	②	②	②
71	72	73	74	75	76	77	78	79	80
②	⑤	②	④	②	③	④	③	①	⑤
81	82	83	84	85	86	87	88	89	90
③	①	②	④	③	③	③	③	③	⑤
91	92	93	94	95	96	97	98	99	100
③	②	③	④	⑤	③	⑤	①	①	③

01 개인정보 파일이란 개인정보를 체계적으로 배열·구성하여 특정 개인을 쉽게 검색할 수 있는 집합을 의미한다.

02 CVM은 설문조사를 통해 개인이 개인정보 보호를 위해 얼마까지 지불할 의사가 있는지 추정하는 방법이다.
① 델파이 같은 전문가 합의기법을 의미하며, ② 기대손실 기반의 잠재 피해비용 추정 방법이다. ③ 법원의 손해배상액 판단 절차이고, ⑤ 기업의 임의 판단에 의한 산정이다.

03 정보 프라이버시는 개인이 자신의 정보가 언제, 누구에 의해, 어떻게 수집·이용되는지를 통제할 수 있는 권리를 의미한다. ① 사적 공간 보호는 공간 프라이버시이고, ② 통신 비밀 보장은 통신 프라이버시이다. ③ 명예·신용 보호는 인격(평판) 프라이버시이고, ④ 국가 권력으로부터의 자유는 자유 프라이버시이다.

04 GDPR은 정보주체 권리 보호와 기업 의무 강화에 초점을 두며, CCPA는 소비자의 알 권리, 삭제 권리 등 투명성을 강조한다. ①, ③은 설명이 반대이고, ④는 동일한 규범은 아니다. ⑤는 틀린 설명이다.

05 GDPR에서 보장하는 잊힐 권리는 정보주체가 일정 조건에서 자신의 개인정보 삭제를 요구할 수 있는 권리를 말한다.

06 정보주체란 개인정보로 식별되는 개인을 의미하며, 수집 주체인 기업 담당자는 해당하지 않는다.

07 동의를 받아도 동의받은 목적 외의 용도로 개인정보를 사용하는 것은 '목적 외 이용'에 해당한다.
① 동의 없이 수집은 '불법 수집'이고, ② 암호화 미흡은 '안전성 미확보'이다. ③ 영장에 따른 제공은 '법적 근거에 의한 제공'이고, ④ 직원의 외부 유출은 '유출·침해'이다.

08 개인정보 파일은 특정 개인을 쉽게 검색할 수 있도록 체계적으로 배열된 집합이라는 점에서 단순한 데이터베이스와 구분된다.

09 이메일 열람은 정보 프라이버시 침해 사례이고, 공간 프라이버시는 주거, 화장실, 사무실 등 물리적 공간의 사생활 보장과 관련된다.

10 GDPR은 정보주체의 권리(열람권, 정정권, 삭제권, 이동권 등)를 강화하고 데이터 컨트롤러와 프로세서에게 책임성(Accountability) 원칙을 요구한다. GDPR은 EU 역내 기업뿐 아니라 EU 시민의 개인정보를 처리하는 역외 기업에도 적용되므로(역외 적용), ①과 ⑤는 틀렸다. ③, ④는 GDPR의 목적과 원칙에 맞지 않는다.

11 개인정보 보호법 제1조는 개인정보 처리로 인한 권리와 이익을 보호하고, 공공복리를 증진하는 것을 목적으로 규정하고 있다.

12 개인정보보호법 제58조는 개인이 가정 등에서 순수하게 개인적·가사 목적으로 처리하는 경우에는 법 적용 대상에서 제외한다고 규정한다.

13 개인정보보호법 제16조는 서비스 제공 목적에 필요한 최소한의 개인정보만 수집하도록

규정한다. ① 최소 수집이 원칙이지 다수 수집이 아니고, ② 보관 기간은 목적 달성 후 지체 없이 파기해야 한다. ③ 동의가 있더라도 목적과 무관한 수집은 금지되고, ④ 민감정보는 별도 동의와 법적 근거가 필요하다.

14 개인정보 무단 판매권은 존재하지 않으며, 오히려 금지 사항이다.

15 개인정보보호법 제2조제1호의2에 따르면 익명정보는 특정 개인을 알아볼 수 없도록 처리한 정보를 말한다. ① 익명 처리는 삭제와는 다른 개념이고, ③ 암호화는 기술적 보호조치일 뿐 익명화와 다르다. ④ 단순 가명처리는 익명처리와 다르고, ⑤ 제공 대상과 무관하다.

16 개인정보 보호법 제30조는 목적, 항목, 보관 기간, 보호책임자 등을 포함하도록 규정하고 있으며, 경제적 가치 평가는 의무사항이 아니다.

17 민감정보는 반드시 정보주체의 명시적 동의나 법적 근거가 필요하다.

18 경영상 손실은 열람 제한 사유가 아니다. ① 법률상 제한, ② 타인 권익 침해 우려 시 제한 가능하다. ④ 공공기관 업무 지장 시, ⑤ 수사 목적을 위해 제한 가능하다.

19 개인정보보호법 제36조는 정보주체가 개인정보의 오류 정정과 삭제를 요구할 수 있도록 규정한다. ①과 ③ 삭제는 법령상 보존 의무가 있으면 제한된다. ④ 기업이 임의로 거부할 수 없고, ⑤ 민간과 공공 모두 적용된다.

20 정보주체는 자기 정보에 대해서만 처리정지를 요구할 수 있다.

21 개인정보 자기결정권은 헌법상 일반적 인격권에서 파생된 권리로, 자신의 개인정보 처리 여부와 방식을 스스로 결정할 권리를 의미한다.

22 개인정보보호법 시행령 제41조는 열람 요구 시 10일 이내에 조치하도록 규정한다.

23 개인정보보호법은 입증책임을 전환하여, 개인정보처리자가 고의·과실이 없음을 입증하지 못하면 손해배상 책임을 지도록 한다. ② 공공기관만이 아니라 모든 처리자가 대상이다. ③ 절대책임은 아니며 입증에 따라 면책 가능하다. ⑤ 경미한 손해도 배상 책임이 인정된다.

24 개인정보보호법 제49조는 10명 이상의 정보주체가 공동으로 분쟁조정을 신청할 수 있도록 규정한다.

25 분쟁조정은 당사자 합의로 성립하며, 강제력이 아니라 권고적 효력을 가진다. ① 항상 강제력이 있지는 않으며, ③ 형사처벌은 사법부 권한이다. ④ 민간·공공 모두 가능하고, ⑤ 판결과 동일하지 않다.

26 단체소송은 침해행위의 금지·중지를 청구할 수 있으나 손해배상액 청구는 개별 소송으로 해야 한다.

27 단체소송은 일정 요건을 갖춘 비영리 단체 등이 가능하며, 개인정보보호위원회는 원고적격 단체가 아니다.

28 분쟁조정은 개별 정보주체의 권리 구제 절차이고, 단체소송은 집단 차원에서 침해 행위의 중지를 요구하는 절차이다.

29 고의·중과실 침해 시 법원은 손해액의 최대 3배까지 배상을 명령할 수 있다. ① 10배 규정은 없고, ③ 손해 입증은 필요하며, ④ 특정 주체 배제 규정이 아니고, ⑤ 형사배상이라는 개념은 부정확하다.

30 개인정보 국외 이전은 원칙적으로 정보주체의 동의 또는 법령 근거가 있어야 가능하다 (개인정보보호법 제39조의1②).

31 개인정보는 정보주체의 권리가 중심이며, 자기결정권 보호 대상이다. ①·②·④는 소유 귀속을 잘못 기술했고, ⑤는 권리 귀속 개념을 부정하여 부적절하다.

32 개인정보보호법 제15조는 개인정보를 수집할 때 이용 목적을 구체적으로 알리고 명확히 해야 한다고 규정한다. ① 최소 수집 원칙이

적용되며, ② 사후 임의 변경은 금지된다. ④ 동의 시 명확해야 하고, ⑤ 정보주체에게 고지해야 한다.

33 주민등록번호는 법적 근거가 있는 경우를 제외하고는 수집을 제한한다.

34 미리 체크된 동의는 유효한 동의로 인정되지 않는다.

35 개인정보보호법 제15조제1항은 계약 체결 및 이행에 필요한 경우 예외적으로 동의 없이 수집할 수 있다고 규정한다.

36 투명성은 이용자 대상 고지·공개로 구현된다. ① 내부 기록만으로는 부족하고, ③ 난해한 고지는 부적절하며, ④ 철회 안내 생략은 권리 침해이고, ⑤ 사후 공개만으로는 불충분하다.

37 계약의 체결·이행에 필요한 범위에서는 동의 없이 처리가 허용된다(예: 물품 배송을 위한 주소). ①, ③, ④, ⑤는 계약 이행과 무관한 마케팅·분석 목적이라 동의가 필요하다.

38 민감정보는 명시적 동의 또는 법률 근거가 필요하며 내부 규정으로 대체할 수 없다. ①, ③, ④, ⑤는 민감정보의 강화 보호·최소 처리 원칙에 부합한다.

39 개인정보보호법 제21조는 보관 기간 만료 또는 목적 달성 시 지체 없이 파기할 것을 규정한다.

40 개인정보의 안전성 확보조치 기준 제10조에 따라 개인정보 파기 시에는 복구 및 재생이 불가능한 방법을 사용해야 한다. 단순 삭제나 논리적 포맷(빠른 포맷)만으로는 복구 프로그램으로 데이터를 복원할 수 있어 적절한 파기 방법이 아니다. 안전한 파기를 위해서는 덮어쓰기(7회 이상), 물리적 파괴, 전문 보안 삭제 도구 등을 사용해야 한다.

41 법령상 보존 의무가 있을 때만 예외적으로 보관(또는 분리보관)이 허용된다. ①, ②, ④, ⑤는 정당한 근거가 되지 않는다.

42 제공은 제3자가 자신의 목적을 위해 독자적으로 이용하는 것이고, 위탁은 본래 처리자의 지시에 따라 수탁자가 처리하는 것을 의미한다.

43 명칭·목적·항목·보유기간은 필수 고지사항이며, 시스템 설계도 공개 의무는 없다.

44 이용 제한 원칙은 수집 목적 외 이용·제공을 제한하는 것으로 제18조와 일치한다. 다른 보기는 각각 ① 동의·수집 단계, ② 제공 절차, ④ 파기, ⑤ 안전조치에 관한 규정이다.

45 처리방침은 누구나 쉽게 상시 열람할 수 있어야 하므로, 요청자에게만 제공하고 일반 공개를 생략하는 것은 의무 불이행이다. ①, ②, ③은 의무 이행에 부합하고, ⑤는 권장 조치로 의무 이행을 방해하지 않는다.

46 마케팅 성과 개선은 예외 사유가 아니며, 동의 또는 별도 법령 근거가 필요하다.

47 프라이버시 기본설계는 사전 예방·내재화가 원칙이며, 사후 보완 중심은 원칙에 반한다.

48 제3자 쿠키·모바일 SDK의 수집 항목·목적을 명시하고 선택권·철회 경로를 제공하는 것이 투명성에 부합한다. ①, ③, ④, ⑤는 고지·선택권을 축소하거나 과도하게 제한하여 부적절하다.

49 비운영 환경에서는 가명·익명·더미 데이터 중심으로 최소 처리·권한을 적용하는 것이 원칙이다. ① 원본 복제는 높은 위험이고, ③ 권한 남발은 금물이다. ④ 무기한 보관은 부적절하며, ⑤ 비운영 시에도 통제가 필요하다.

50 자동화 의사결정은 설명 가능성 확보와 이의제기·재평가 경로 제공이 권장·요구된다. ① 성능만으로 충분하지 않고, ② 학습 목적이라도 근거·고지가 필요하며, ③ 출처 고지는 투명성 핵심이고, ⑤ 권리행사 채널 과도 제한은 부적절하다.

51 거부 불이익은 사실에 근거해 명확·구체적으로 안내해야 하며, 포괄·모호 문구는 자기결정권을 침해한다. ①, ②, ③, ⑤는 동의서의 기본 원칙에 부합한다.

53 필수 식별 정보만 최소 연동하고, 추가 항목은 해당 서비스 목적에 따라 별도 동의를 받는 것이 원칙이다.

52 익명정보는 개인 식별이 불가능하므로 통계·연구 목적에 동의 없이 이용할 수 있다. ①·④는 과도한 일반화이고, ③ 내부 승인만으로는 부족하며, ⑤ 가명정보는 추가 정보 결합 시 식별 가능성이 있으므로 오답이다.

54 기존 동의 범위를 벗어나 새로운 목적으로 이용하려면 추가 동의를 받거나 법령상 근거가 있어야 적법하다. 단순한 내부 결재나 사후 반영만으로는 정당화되지 않는다.

55 로그에는 식별자 마스킹/해시, 최소 필드·최소 보존 등 기술·관리 조치를 적용해야 한다. ①·③은 과도한 원문 기록이고, ④ 무기한 보관은 부적절하며, ⑤ 광범위 공개는 통제 원칙 위반이다.

56 법·시행령 위임에 근거한 행정규범(예: 고시)으로, 개인정보처리자에게 준수 의무가 부과된다.

57 법령이 정한 개인정보처리자 전체를 포괄 적용 대상으로 삼는다.

58 '수시 반영+정기 점검' 병행이 최신성·적합성을 보장한다. ①만으로는 변화를 따라가기 어렵고, ③ 내부 정책 우선도 부적절하다.

59 내부관리계획은 개인정보 보호를 위한 기본적인 문서로 체계적인 관리가 필요하다. 버전 관리, 접근권한 통제, 로그 기록, 최신본 유지, 원본과 배포본 일치 등은 모두 문서관리의 기본 원칙이다. 반면 메신저로 임의 배포하고 사본 관리 없이 운영하는 것은 문서 유출 위험과 버전 혼란을 야기하므로 적절하지 않다.

60 교육·훈련은 정기성과 직무별 적합성을 갖추어야 하며, 특히 고위험 직무(개인정보 직접 취급, 관리자 권한 보유자 등)에 대해서는 심화·맞춤형 교육을 별도로 운영하는

것이 바람직하다. 또한 위탁사·파트너 등 개인정보를 처리하는 모든 인력은 교육 대상에 포함되어야 하고, 결과에 대한 평가·이수 관리(기록·보완조치)가 요구된다.

61 필요 경로만 허용하는 allowlist가 기본 거부 원칙의 구현이다.

62 보안그룹/ACL로 최소 허용을 구성하며, 루트·키 관리·IAM 최소권한이 필수이다.

63 공유 계정은 책임 추적을 불가능하게 하므로 금지해야 한다.

64 텍스트 치환은 무결성 검증 기술이 아니다. ①, ②, ③, ⑤는 무결성·키 보호와 관련된 적절한 기술이다.

65 중앙 수집 후 WORM/불변 저장+해시 체인을 적용하면 로그의 무결성·추적 가능성을 확보할 수 있다. ① 로컬 저장은 위·변조·유실 위험이 크다. ② 운영자 직접 수정은 금물이다. ④ 임의 삭제는 증거 보전을 저해한다. ⑤ 로그 생성을 최소화하면 탐지·사후분석 능력이 떨어진다.

66 익명 열람은 무결성·기밀성·책임성을 저해한다. 나머지는 최소권한·추적성 확보에 부합한다.

67 반복 실패 로그인+출발지 IP는 크리덴셜 스터핑·브루트포스 탐지 시 중요한 지표이다. ①, ③, ④, ⑤는 보안과 직접 관련성이 낮다.

68 클라우드에서는 KMS(Key Management Service)/HSM(Hardware Security Module)·BYOK(Bring Your Own Key) 등으로 키 통제력을 확보하고, 복제·스냅샷·백업에도 일관된 암호화를 적용하는 것이 바람직하다.

69 비밀번호는 솔트+반복 연산(KDF 등)을 포함한 단방향 해시가 원칙이다. ① 복호화 가능한 저장은 위험하다. ③, ⑤ 평문은 금물이다. ④ 자체 해시는 검증 부족이다.

70 TLS+인증서 검증+강한 암호군은 전송구간 기본 원칙이다.

71 고시는 악성프로그램 방지 프로그램의 설치·자동 업데이트·실시간 검사를 기본으로 요구한다.

72 최소 표시+재표시 권한·기록·추가 인증+서버단 통제가 중요하다. ①, ③은 과도 노출, ④는 우회 가능, ⑤는 재유출의 원인이 된다.

73 접속기록이란 개인정보처리시스템에 접속하는 자가 개인정보처리시스템에 접속하여 수행한 업무 내역에 대하여 식별자, 접속일시, 접속지정보, 처리한 정보주체정보, 수행업무 등을 전자적으로 기록한 것을 말한다. 개인정보처리자의 대표자명은 접속기록에 포함되는 항목이 아니다.

74 내부관리계획은 개인정보를 처리하는 모든 개인정보처리자의 기본 관리적 조치이다. 규모에 따라 내용의 간소화는 가능하나 의무 자체가 소멸하는 것은 아니다.

75 개인정보보호책임자는 접근권한 관리, 접속기록 보관 및 점검, 암호화 조치 등 내부관리계획의 이행실태를 연 1회 이상 점검·관리하여야 한다.

76 개인정보처리자는 개인정보처리시스템에 접근할 수 있는 계정을 발급하는 경우, 정당한 사유가 없는 한 개인정보취급자별로 계정을 발급하고 다른 개인정보취급자와 공유되지 않도록 하여야 한다.

77 인터넷 전용선 증설은 물리적 출입통제와 관련이 없다. 출입대장 기록, 구역 지정, CCTV, 출입증 관리 등은 보안구역 관리에 속한다.

78 업타임 보장이란 시스템, 네트워크, 서비스 등이 일정 기간 동안 정상적으로 작동하며 사용 가능한 상태를 유지하는 시간의 비율을 의미한다. 즉, 서비스가 중단 없이 지속적으로 운영을 목적으로 한다. 따라서 업타임 보장은 재해 대응의 직접적 조치가 아니다. 나머지는 모두 재해·재난 대비 조치 내용이다.

79 대기업·공공기관은 암호키 생성·보관·파기 절차를 별도로 수립해야 한다.

80 주민등록번호는 저장 단계에서 안전한 암호화가 기본이며, 내부망·동의·규모 등으로 예외가 성립하지 않는다.

81 5만 명 이상인 경우 고유, 민감정보 등은 2년 이상 접속기록 보관 의무가 있다.

82 개인정보취급자 수가 200명 이상이면 공공시스템 지정 대상이다.

83 종이 인쇄물 등도 파기 기록 보관 의무가 있다.

84 개인정보 보호 관련 법령 이해 능력이 책임자 지정 필수 요건이다.

85 담당자는 임의 지정이 아니라 공식 절차에 따라 지정·통보되어야 한다.

86 개인정보 영향평가는 현행법 및 고시에 따라 5만명 이상 민감정보 파일, 50만 명 이상 연계, 100만 명 이상 신규 구축 파일, 전자적으로 운용되는 파일 등이 주요 대상이다. 10만 명 미만은 명확하게 의무대상에서 제외된다.

87 영향평가 후 미이행기관은 개인정보보호위원회의 결과공개, 시정명령 등 불이익을 받을 수 있다. 이행 결과 미이행은 과태료, 점검대상 확대 등 행정 불이익으로 연결된다.

88 취약점 수는 개인정보 보호 수준진단 항목에 포함되지 않는다. 나머지는 공식 진단 평가의 정량지표 영역이다.

89 '개인정보 수집 시 보호조치'는 제3영역인 '개인정보 처리단계별 요구사항(22개)'에 포함되는 항목이다. 제2영역인 '보호대책 요구사항(64개)'에는 2.1 정책·조직·자산 관리, 2.2 인적 보안, 2.3 외부자 보안, 2.4 물리 보안, 2.5 인증 및 권한관리, 2.6 접근통제, 2.7 암호화 적용, 2.8 정보시스템 도입 및 개발 보안, 2.9 시스템 및 서비스 운영관리, 2.10 시스템 및 서비스 보안관리, 2.11 사고 예방 및 대응, 2.12 재해복구의 12개 분야가 포함된다.

90 ISMS-P 제3영역 '개인정보 처리단계별 요구사항(22개)'은 3.1 개인정보 수집 시 보호조치, 3.2 개인정보 보유 및 이용 시

보호조치, 3.3 개인정보 제공 시 보호조치, 3.4 개인정보 파기 시 보호조치, 3.5 정보주체 권리보호의 5개 분야로 구성된다. '암호화 적용'은 제2영역 보호대책 요구사항의 2.7에 해당한다.

91. 인증심사 후 결함이 발견되면 결함보고서를 받은 날로부터 40일 이내에 보완조치를 완료하고 보완조치내역서를 제출해야 한다. 보완조치가 미흡할 경우 최대 60일까지 연장 가능하지만, 총 100일(40일+60일)을 초과하면 인증을 받을 수 없다. 심사팀장의 이행점검 완료 시점까지가 보완조치 기한에 포함된다.

92. 개인정보보호위원회의 처분에 불복이 있는 경우, 질서위반행위규제법 제20조에 따라 처분을 받은 날로부터 60일 이내에 개인정보보호위원회에 서면으로 이의를 제기할 수 있다. 또한 행정심판법 및 행정소송법에 따라 90일 이내에 행정심판을 청구하거나 행정소송을 제기할 수도 있다.

93. 개인정보보호법 시행령 제32조에 따라 개인정보보호책임자를 의무적으로 지정해야 하는 개인정보처리자는 ① 일평균 100만 명 이상의 정보주체에 관한 개인정보를 처리하는 정보통신서비스 제공자, ③ 개인정보 처리를 업으로 하는 자, ④ 공공기관, ⑤ 1만 명 이상의 정보주체에 관한 민감정보 등을 처리하는 자이다. 10만 명은 해당 기준이 아니다.

94. 개인정보보호법 제28조의3에 따라 가명정보를 결합하려는 자는 결합전문기관에 결합을 신청해야 한다. 결합전문기관은 개인정보보호위원회 또는 관계 중앙행정기관의 장이 지정하며, 가명정보의 안전한 결합과 반출을 담당한다.

95. 개인정보보호법 제34조에 따라 개인정보 유출 시 정보주체에게 통지해야 하는 사항은 ① 유출된 개인정보의 항목, ② 유출된 시점과 경위, ③ 피해를 최소화하기 위해 정보주체가 할 수 있는 방법, ④ 개인정보처리자의 대응 조치 및 피해 구제 절차, ⑤ 정보주체에게 피해가 발생한 경우 신고 등을 접수할 수 있는 담당부서 및 연락처이다. 매출액은 통지 사항이 아니다.

96. 개인정보보호법 제34조의2에 따라 개인정보를 목적 외로 이용하거나 제3자에게 제공한 경우, 개인정보보호위원회는 관련 매출액의 100분의 3 이하에 해당하는 금액을 과징금으로 부과할 수 있다. 과징금은 위반행위의 내용·정도, 기간·횟수, 위반행위로 인한 피해 규모 등을 고려하여 결정된다.

97. 개인정보 영향평가는 ① 처리하는 개인정보의 흐름 분석, ② 개인정보 파일 세부 현황, ③ 개인정보 침해요인 및 위험도 분석, ④ 개인정보 보호조치 적정성 평가, ⑤ 개선 권고사항 등을 포함해야 한다. 기관의 예산 집행 현황은 영향평가의 필수 내용이 아니며, 개인정보 보호 예산 확보 여부 정도만 확인한다.

98. ISMS-P 인증번호는 인증기관코드(2자리)+인증연도(2자리)+인증유형(1자리)+일련번호(4자리)로 구성된다. 예를 들어, 'AA-23-P-0001'은 인증기관 AA에서 2023년에 발급한 ISMS-P 인증의 1번째 인증서를 의미한다. 인증유형은 ISMS는 'S', ISMS-P는 'P'로 표기된다.

99. 정보통신망법 제46조에 따른 집적정보통신시설 사업자는 IDC(Internet Data Center) 사업자를 의미한다. 즉, 정보통신설비와 이를 운영·관리하기 위한 인력 및 시설을 집적하여 정보통신서비스 제공자에게 서버 등을 임대하거나 위탁 운영하는 사업자이다. IDC 사업자는 규모와 관계없이 ISMS 인증 의무대상이다.

100. ISO/IEC 27701은 ISO/IEC 27001(정보보안관리체계)을 기반으로 한 개인정보보호 확장 표준이다. 27701 인증을 받기 위해서는 반드시 27001 인증을 먼저 취득해야 하며, 27001의 정보보안 체계 위에 개인정보 관리(PII) 요구사항을 추가한 구조이다. 따라서 27701은 단독 인증이 불가능하고 27001의 확장판으로 작동한다.

2회 최종 점검 모의고사

01	02	03	04	05	06	07	08	09	10
②	①	④	②	②	④	②	②	②	②
11	12	13	14	15	16	17	18	19	20
②	②	②	③	②	②	②	②	②	④
21	22	23	24	25	26	27	28	29	30
⑤	②	②	①	②	②	④	②	③	②
31	32	33	34	35	36	37	38	39	40
②	②	②	⑤	③	②	②	②	②	②
41	42	43	44	45	46	47	48	49	50
②	②	②	①	②	②	⑤	④	③	②
51	52	53	54	55	56	57	58	59	60
③	④	②	③	①	②	③	④	④	②
61	62	63	64	65	66	67	68	69	70
④	②	②	③	④	②	④	②	③	④
71	72	73	74	75	76	77	78	79	80
④	②	①	②	①	①	①	②	③	②
81	82	83	84	85	86	87	88	89	90
④	②	④	③	②	③	②	④	⑤	④
91	92	93	94	95	96	97	98	99	100
①	③	④	②	⑤	①	②	②	⑤	⑤

01 ① 개인정보를 너무 제한적으로 해석하고 있으며, ③ 공개 여부와 관계없이 식별 가능성이 있으면 개인정보가 될 수 있음을 간과하였다. ④ 개인정보의 정의를 민감한 정보로만 축소시키고 있으며, ⑤ 개인정보가 반드시 전자적 형태에 국한되지 않음을 잘못 진술한 것이다.
※ 법률적 근거: 「개인정보 보호법」 제2조(정의)

02 ② 양자를 전혀 연결하지 않는 오류가 있으며, ③ 개인정보 보호를 단순한 기술적 문제로 축소하여 법적 의미를 배제한 잘못된 설명이다. ④는 개인정보를 행정 효율성이라는 도구적 관점에서만 바라본 편향된 진술이고, ⑤ 프라이버시 또한 법률과 판례에서 구체적으로 규율되는 권리 또는 특별법에서 명시된 다른 법률 등에도 영향을 받는다
※ 법률적 근거: 「개인정보 보호법」 제1조(목적)

03 ④ 가명정보는 특정 개인을 식별할 수 없도록 가명처리된 정보이지만, 다른 정보와 결합하면 해당 개인을 식별할 수 있는 가능성이 존재하여 개인정보에 해당한다.

[법적 근거조항]
- 가명정보 정의: 「개인정보 보호법」 제2조(정의) 제1호의2
- 익명정보 정의: 「개인정보 보호법」 제2조(정의) 제1호의3
- 가명정보 처리 관련 요건: 「개인정보 보호법」 제28조의2(가명정보의 처리 등)
- 고유식별정보 범위: 「개인정보 보호법」 시행령 제19조(개인정보를 제공받은 자의 이용·제공 제한)
- 민감정보 정의 및 처리 제한: 「개인정보 보호법」 제23조(민감정보의 처리 제한)

04 ① 개인을 식별하기 위한 생체정보는 개인정보이므로 수집 시 별도 동의를 받아야 한다. ③ 개인정보의 보호가 사회적 규범이나 법률 개정에 따라 제한적으로 달라지기는 하지만, 인권 보장의 본질적 측면에서 배제되는 것은 아님을 잘못 표현하였다. ④ 개인정보가 유통·복제 가능하다는 점을 부정하여 틀렸으며, ⑤ 특별법을 우선하여 적용해야 한다.
※ 법률적 근거: 「개인정보 보호법」 제1조(목적), 제2조(정의)

05 ① 개인정보의 가치는 주관적 가치이고 고려 대상이다. ③ 객관적 시장가격에만 국한하여 개인정보의 상대적·상황적 가치를 무시한 설명이다. ④ 개인정보 유출 피해의 법적 평가에서 중요한 2차적·파급적 손해를 고려하지 않은 잘못된 진술이며, ⑤ 개인정보를 단순한 경제적 교환가치로 환원시켜 인격적 권리의 본질을 부정하고 있어 올바르지 않다.
※ 법률적 근거: 「개인정보 보호법」 제1조(목적), 제39조(손해배상의 책임)

06 해외 주요 개인정보보호 제도는 각국의 법적·사회적 배경에 따라 차이가 있다. ① EU(European Union)의 GDPR의 자동화된 의사결정이란 인간의 개입 없이 전산 알고리즘이나 기계적 프로세스를 통해 이루어지는 의사결정을 의미한다. 이는 정보주체에게 심각한 영향을 미칠 수 있기 때문에 금지하거나 제한한다. ② 미국은 연방

단위의 통합 개인정보 보호법이 존재하지 않고, 주별로 다양한 법률이 제정되어 있다. ③ 일본의 APPI는 정보주체의 열람·정정·삭제 요구권을 명시적으로 강화하였다. ⑤ 그중에서도 캘리포니아주는 2018년 '소비자 개인정보 보호법(CCPA)'을 제정하고 2020년부터 시행하면서 미국 내 가장 포괄적인 개인정보 보호 체계를 선도하고 있다. CCPA의 소비자는 자신의 개인정보에 대해 열람, 삭제 요청, 수집·판매 거부 요청권 등을 행사할 수 있다.

※ 법률적 근거: 유럽 일반 개인정보보호법 GDPR(General Data Protection Regulation), 미국 캘리포니아주 차원의 개인정보 보호법 CCPA(California Consumer Privacy Act) 및 미국 건강보험의 이동성 보호와 함께 개인의 건강정보 보호를 주요 목적인 HIPAA(Health Insurance Portability and Accountability Act) 등 분야별 법률, 일본 개인정보 보호법 APPI(Act on the Protection of Personal Information), 중국 개인정보 보호법(PIPL, Personal Information Protection Law), 호주 개인정보 보호원칙 APPs(Australian Privacy Principles)

07 ① 개인정보 보호의 권리적 성격을 무시하고 기업 중심의 경제적 기능으로만 한정하여 잘못되었다. ③ 개인정보 보호를 단순한 비밀유지 수단으로 축소하였다. ④ 정보주체의 권리 주체성을 부정하는 오류가 있으며, ⑤ 사후적 대응에만 국한하여 본질적 사전적 권리 보장의 의미를 배제하였다.

※ 법률적 근거: 「개인정보 보호법」 제4조 (정보주체의 권리)

08 ①, ③, ④, ⑤는 각각 개인정보보호의 긍정적 효과 무시, 공공부문에만 책임 한정, 기술적 문제로만 취급, 추상적 가치로 여기는 등 틀린 설명이다.

※ 법률적 근거: 「개인정보 보호법」 제3조 (개인정보 보호 원칙), 「개인정보 보호법」 제29조(안전조치의무), 「개인정보 보호법」 제39조(손해배상책임)

09 ① 법적 요구를 단순 형식적 절차로 축소하고 있어 부적절하며, ③ 최고경영자 직속 설치를 법적 의무로 규정하지 않아 사실과 다르다. ④ 내부 감사의 독립성과 전문성을 강조하지 않아 내부통제 효과성을 저하시킬 수 있으며, ⑤ 개인정보 책임자의 권한과 업무 범위 설정을 법률상 명확히 규정하고 있어 겸직이 아닌 전문성 있는 책임자 지정을 권장한다.

※ 법률적 근거: 「개인정보 보호법」 제31조 (개인정보 보호 책임자 지정 등)

10 ① 법적 책임 주체를 경영진으로만 국한하여 역할 분담을 왜곡했으며, ③ 개인정보 보호 조직의 협업 및 활동 범위를 과소평가하였다. ④ 조직 역할을 감사 및 외부 대응으로만 한정하여 실무적 중요성을 축소하였고, ⑤ 개인정보 보호 조직과 각 부서의 책임 분담 관계가 올바르지 않다.

※ 법률적 근거: 「개인정보 보호법」 제31조 (개인정보 보호 책임자 지정 등)

11 ① 민간 부문의 개인정보 처리에 대해서는 별도의 법률(특별법)이 아닌 일반법으로 개인정보 보호법을 준수한다. ③ 금융 분야의 개인정보는 「신용정보법」에서 특화 규정이 마련되어 있다. ④ 「개인정보 보호법」은 개인정보의 수집·이용·제공에 관한 기본원칙 규정에 대한 법률이다. ⑤ 「위치정보법」은 특정한 위치정보 처리에 관한 법률로서 특별법으로 일반적인 개인정보의 보호 원칙은 일반법인 개인정보 보호법을 적용한다.

※ 법령 근거: 「개인정보 보호법」 제1조(목적), 제3조 (개인정보 보호 원칙), 2020년 1월 9일 개정된 이른바 데이터 3법 관련 개정

12 ① A사에서 고객 위치정보를 이용한 맞춤형 광고는 위치정보법과 개인정보 보호법 양쪽의 규제를 받는다. ③ 「신용정보의 이용 및 보호에 관한 법률」이 위치정보 활용에 대해 전면 적용되므로, A사는 이 법률에 없는 사항은 A사의 내부 규정을 별도로 수립하고 A사의 상황에 맞도록 정하여 준수하면 된다. ④ 「신용정보법」은 금융 신용정보를, 「정보통신망법」은 2020년 이후

개인정보보호법으로 상당 부분 기능이 이동해 기본법 체계를 마련하였기 때문에 개인정보보호법을 따른다. ⑤ 위치정보는 개인정보에 포함되며, 고객 동의 없는 광고 활용은 법 위반이다.

※ 법령 근거:「개인정보 보호법」제2조(정의),「위치정보의 보호 및 이용 등에 관한 법률」제15조(위치정보의 수집 등의 금지),「개인정보 보호법」제15조(개인정보의 수집·이용), 2020년 개인정보 보호법, 정보통신망 이용촉진 및 정보보호 등에 관한 법률(정보통신망법), 신용정보의 이용 및 보호에 관한 법률(신용정보법) 세 개의 법률을 칭하는 데이터 3법 개정

13 ① 정확성과 최신 상태로 유지하는 것은 개인정보 처리의 기본 원칙이며, 부정확하거나 불필요한 개인정보는 파기 절차를 거쳐 안전하게 파기하여야 한다. ② 제3자 제공 시에는 원칙적으로 개인정보 주체의 동의를 반드시 받아야 하고, 예외는 법령에 명시된 경우에만 허용된다. ③ 개인정보 보호 조치에 관한 구체적 기준은「개인정보 보호법」및 관련 하위법령에서 정하며, 내부 방침만으로 결정할 수 없다. ④ 개인정보는 계약 체결 또는 회원가입 단계에서 미리 포괄적으로 수집하지 말아야 하며, 해당 정보가 필요한 시점에서 수집하는 것이 바람직하다.

※ 법령 근거:「개인정보 보호법」제3조(개인정보 보호 원칙), 제21조(개인정보의 파기), 제29조(안전조치의무)

14 OECD 프라이버시 8원칙에 ④ "가명처리 원칙"은 없다.

15 ① 미래의 필요한 정보를 예측하여 수집하지 않고 최소한으로 수집하여야 한다. ③ 서면 수집만 인정된다는 규정은 없으며, 전자적 방법을 포함한 다양한 수집 방식이 허용된다. ④ 개인정보처리자는 정보주체가 필요한 최소한의 정보 외의 개인정보 수집에 동의하지 아니한다는 이유로 정보주체에게 재화 또는 서비스의 제공을 거부할 수 없다. ⑤ 개인정보의 수집 시 법령에 근거하지 않은 시급성을 근거로 정보주체의 수집 동의를 생략하여 수집할 수 없다.

※ 법령 근거:「개인정보 보호법」제16조(개인정보의 수집의 제한), 제29조(안전조치의무), 제3조(개인정보 보호 원칙)

16 ① 별도 동의를 받아야 한다. ③ 법령에 근거 없이 목적 외로 활용할 수 없다. ④ 민감정보는 개인의 신체적·생리적·행동적 특징에 관한 정보로서 특정 개인을 알아볼 목적으로 일정한 기술적 수단을 통해 생성한 정보, 인종이나 민족에 관한 정보이다. ⑤ 민감정보는 수집·이용 시 별도의 안전성 확보 조치를 하여야 하고 익명정보와는 구분한다.

※ 법령 근거:「개인정보 보호법」제23조(민감정보의 처리 제한), 제29조(안전조치 의무)

17 ① 동의 없이 자유롭게 처리할 수 없다. ③ 주민등록번호는 고유식별정보에 해당한다. ④ 고유식별정보는 다른 목적으로 변경하여 활용할 수 없다. ⑤ 고유식별정보는 개인정보 중 하나로서 일반 개인정보 처리와 동일한 수준이 아닌 엄격한 보호가 요구된다.

※ 법령 근거:「개인정보 보호법」제24조(고유식별정보의 처리 제한), 제29조(안전조치의무)

18 ① 주민등록번호는 고유식별정보로 분류되며,「개인정보 보호법」과「주민등록법」에 따라 엄격한 처리 제한과 안전성 확보 의무가 적용된다. ④ 주민등록번호 사용은 법정주의로 일반 사업자가 법률에 명확한 근거 없이 수집동의를 받을 수 없고, 그 인증수단으로도 사용할 수 없다. ⑤ 개인정보처리자가 주민등록번호를 수집하여 데이터베이스로 저장한 경우 암호화하여야 한다.

※ 법령 근거:「개인정보 보호법」제24조, 제24조의2(주민등록번호 처리의 제한), 제29조(안전조치 의무)

19 ① 이동형 영상정보처리기기는 사람이나 차량 등에 부착하여 이동하면서 영상정보를 수집하는 장치로, 촬영 사실을 개인정보보호위원회

홈페이지에 공개하여야 한다. ③ 이동형 특성상 사생활 침해 가능성이 크므로 고정형 기기와 동일하거나 더 엄격한 관리가 필요하며, ④ 영상정보의 제3자 제공은 개인정보 주체의 동의를 전제로 한다. 설치 장소의 제한도 중요하여, 무분별한 설치 및 운영은 법 위반에 해당한다. ⑤ 촬영 사실을 명확히 표시하여 정보주체가 촬영 사실을 알 수 있도록 하였음에도 불구하고 촬영 거부 의사를 밝히지 아니한 경우. 이 경우 정보주체의 권리를 부당하게 침해할 우려가 없고 합리적인 범위를 초과하지 아니하는 경우로 한정한다.

※ 법령 근거: 「개인정보 보호법」 제25조(고정형 영상정보처리기기의 설치·운영 제한), 제25조의2(이동형 영상정보처리기기의 운영 제한)

20 ① 가명정보는 개인정보 중 일부를 변형하거나 삭제하여 특정 개인을 직접 식별하기 어렵게 만든 정보로 개인정보 보호법에 적용을 받는다. ② 가명정보처리자는 개인정보를 AI 학습 모델에 활용할 경우 개인정보 가명 처리하고, 타 기관의 데이터 결합 시에는 후에는 삭제하여 재식별을 최소화 해야 한다. ③ 가명정보는 개인정보 주체의 동의 없이 처리할 수 있으며, 인공지능 모델의 성능개선을 위해서 동의 없이 처리 처리하는 경우는 반드시 재식별 최소화하여야 한다. ⑤ 재식별이 용이하면 법적 책임의 문제가 발생한다.

※ 법령 근거: 「개인정보 보호법」 제28조의2(가명정보의 처리 등), 제3조(개인정보 보호 원칙), 제29조(안전조치의무)

21 ① 마스킹: 열의 정보 중 일부 또는 전부를 다른 문자나 기호 등으로 대체하는 기술
② 상하단 코딩: 정규분포에서 양단에 치우친 정보는 적은 수의 분포를 갖게 되어 식별성을 가질 수 있으므로 양 끝단의 정보를 범주화 처리 기술
③ 재현데이터: 원본과 최대한 유사한 통계적 성질을 보이는 가상의 데이터를 생성하기 위해 개인정보의 특성을 분석하여 새로운 데이터를 생성하는 기술
④ 차분프라이버시: 특정 개인에 대한 사전지식이 있는 상태에서 해당 정보가 포함된 데이터베이스와 포함되지 않은 데이터베이스 질의에 대한 응답 값으로 개인을 알아볼 수 없도록 응답 값에 임의의 숫자 잡음을 추가하여 특정 개인의 존재 여부를 알 수 없게 하는 기술

22 ① 개인정보처리방침은 일간신문에 공고할 의무는 없다. ③ 개인정보처리방침에는 개인정보 보호책임자의 인적사항이나 연락처를 기재해야 한다. ④ 개인정보처리방침 공개 시에는 과거 변경 이력이나 사용자 동의 절차에 대한 안내는 포함한다. ⑤ 개인정보처리방침은 변경 시에는 그 변경내역을 공개하여야 한다.

※ 법령 근거: 「개인정보 보호법」 제30조(개인정보처리방침의 수립 및 공개)

23 ①「개인정보 보호법」은 정보주체의 개인정보 열람, 정정, 삭제, 처리 정지 권리를 보장하며, 개인정보처리자는 이에 대해 신속하고 적절하게 대응해야 한다. 열람 요구는 개인정보 전체에 대해 인정되며, 임의로 일부만 제한할 수 없다. ③ 전자적 신청이 의무는 아니다. ④ 정보주체의 이의신청 절차가 보장된다. ⑤ 개인정보처리자는 정보주체의 권리 행사 요청에 대해 법령에 따른 제한 사유가 있는 경우 공개하지 않을 수 있다.

※ 법령 근거: 「개인정보 보호법」 제35조~제38조(정보주체 권리 보장), 제39조(손해배상책임)

24 ② 사생활 침해 최소화 원칙은 수집·이용·제공 등 개인정보 처리 전 과정에 걸쳐 적용 ③ 개인정보처리자는 모바일앱 고객의 위치정보 수집 시 기본값을 설정하지 않고 자동 설정 없이 고객이 선택하도록 고객의 선택권을 부여하여 사생활 침해를 최소화한다. 따라서 자동 설정하는 것은 옳지 않다. ④ 개인정보처리자는 사생활 침해 최소화를 위해 기술적 보안 조치에 국한하지 않는다. ⑤ 이미 수집된 개인정보가 다른 사람에게 노출되거나 악용된 경우 개인정보 침해에 속한다.

※ 법령 근거: 「개인정보 보호법」 제3조(개인정보 보호 원칙), 제15조(개인정보의 수집·이용), 제18조(개인정보의 목적 외 이용·제공 제한)

25 ① 개인정보처리자는 수집한 개인정보가 부정확하거나 불완전한 경우에도 정정이나 삭제 요청에 대해 응답 의무가 있으며 최신성 유지 의무로, 그로 인한 정보주체의 피해에 대하여 책임은 있다. ③ 면책 조항은 별도로 없다. ④ 개인정보처리자는 정확하지 않은 개인정보에 대해 최신화할 의무가 있다. ⑤ 정보주체의 요청 등으로 주소·번호 변경을 신청했는데 시스템에 반영되지 않아 예전 정보로 문서, 통지가 전달된 것은 개인정보 최신성 유지 의무 위반이다.
※ 법령 근거: 「개인정보 보호법」 제3조(개인정보 보호 원칙)

26 ⑤ 공공주택 관리사무소의 자제 요청에도 불구하고 입주민의 폭언·폭행 위협이 지속되어 사전고지 후 녹음·촬영하는 경우는 가능하나, 공동주택 외의 공간에 대한 개인영상정보 수집을 위해 공공주택 관리 사무소가 개인영상정보를 촬영할 수 없다.
※ 관련 근거: 개인정보 처리 통합 안내서(개인정보보호위원회) p.53.

27 ①, ③, ④, ⑤ 개인정보보호 경력, 정보보호 경력, 정보기술 경력을 합하여 총 4년 이상 보유하고, 그중 개인정보보호 경력을 최소 2년 이상 보유해야 한다. ② 빅데이터 담당관은 경력은 있으나 개인정보보 보호 경력이 요건에 미흡하다.
※ 법령 근거: 「개인정보 보호법」 시행령 제32조(개인정보 보호책임자의 업무 및 지정요건 등, 별표1(개인정보 보호책임자의 자격)

28 ④ "다른 법률에 자동화된 결정 관련 특별한 규정이 없을 것"이 올바른 문장이다.
※ 법령 근거: 「개인정보 보호법」 제37조2(자동화된 결정에 대한 정보주체의 권리 등), 제38조(권리행사의 방법 및 절차), 자동화된 결정에 대한 정보주체의 권리 안내서(개인정보보호위원회)

29 1. 유출 등이 된 개인정보의 항목
2. 유출 등이 된 시점과 그 경위
3. 유출 등으로 인하여 발생할 수 있는 피해를 최소화하기 위하여 정보주체가 할 수 있는 방법 등에 관한 정보
4. 개인정보처리자의 대응조치 및 피해 구제 절차
5. 정보주체에게 피해가 발생한 경우 신고 등을 접수할 수 있는 담당부서 및 연락처
※ 법령 근거: 「개인정보 보호법」 제34조(개인정보 유출 등의 통지·신고)

30 1. 개인정보의 항목 및 내용
2. 개인정보의 수집·이용의 목적
3. 개인정보 보유 및 이용 기간
4. 개인정보의 제3자 제공 현황
5. 개인정보 처리에 동의한 사실 및 내용
※ 법령 근거: 「개인정보 보호법」 시행령 제35조(개인정보의 열람), 개인정보 처리 방법에 관한 고시

31 ① 법적 소유권 개념은 명확하지 않으나, 개인정보처리자가 일방적으로 소유권을 가지지 않는다. ③ 개인정보처리자에게 개인정보 관리와 책임이 있다. ④ 개인정보 통제권은 개인은 자신의 데이터가 어떻게 수집, 저장, 처리, 제공, 삭제 등 전 과정을 통제할 수 있어야 함을 의미한다. ⑤ 개인정보를 익명 처리하거나 가명 처리하여 AI 모델 학습에 사용한다.
※ 법령 근거: 「개인정보 보호법」 제3조(개인정보 보호 원칙)

32 '개인정보의 목적 외 이용 또는 제3자 제공의 관리'에 따른 기록관리 사항은 아래와 같다.
1. 이용하거나 제공하는 개인정보 또는 개인정보파일의 명칭
2. 이용 기관 또는 제공받는 기관의 명칭
3. 이용 목적 또는 제공받는 목적
4. 이용 또는 제공의 법적 근거
5. 이용하거나 제공하는 개인정보의 항목
6. 이용 또는 제공의 날짜, 주기 또는 기간
7. 이용하거나 제공하는 형태
8. 개인정보를 제공받는 자에게 개인정보의

이용을 제한하거나 안전성 확보를 위하여 필요한 조치를 마련할 것을 요청한 경우에는 그 내용
※ 법령 근거: 제18조(개인정보의 목적 외 이용·제공 제한), 개인정보 처리 방법에 관한 고시 제3조(개인정보 보호업무 관련 장부 및 문서 서식)

33 ① 개인정보 보호법은 개인정보 처리 위탁 시 위탁 범위와 목적, 안전 조치 등을 명확히 규정한 계약 체결과 정기적인 감독 의무를 개인정보처리자에게 부과한다. ③ 위탁 사실과 내용을 정보주체에게 알려야 하며, ④ 업무 변경이나 재위탁 시에도 적절한 계약과 동의 절차가 필요하다. ⑤ 개인정보처리자는 위탁받은 자가 개인정보 보호법을 위반하더라도 비영리 사업의 경우 별도의 처벌대상이 된다.
※ 법령 근거: 「개인정보 보호법」 제26조(업무위탁에 따른 개인정보의 처리 제한)

34 ② 수집 목적 달성 후 개인정보의 장기간 보관은 원칙적으로 금지되며, 정확성·최신성 유지 의무도 중요한 법적 의무이다. ③ 동의는 기본적으로 필수이며, 이행하지 않을 경우 법적 제재를 받을 수 있다. ④ 중요하지 않은 개인정보 이용 목적은 수집 시 고지해야 한다. ⑤ 개인정보는 수집 이후 정확성과 최신성 유지 의무가 정보주체의 요구권으로 불명확한 정보로 인한 정보주체의 손해는 개인정보처리자의 책임사항이다.
※ 법령 근거: 「개인정보 보호법」 제3조(개인정보 보호 원칙), 제16조(개인정보의 수집 제한)

35 ① 개인정보 보호법은 개인정보처리자가 제3자로부터 개인정보를 수집하는 경우, 정보주체가 자신의 개인정보가 어디서 수집되었는지 알 권리를 보장하기 위해 수집 출처, 수집 목적, 제공받은 자 등 관련 내용을 정보주체에게 지체 없이 통지하거나 공개할 것을 명확히 규정하고 있다. ② 이 의무는 정보주체의 권리 보호를 위한 필수적 조치이며, 정보주체가 자신의 개인정보 이용 내역을 투명하게 알 수 있게 한다. 동의 없는 제3자 제공은 원칙적으로 제한되며, 통지 의무도 엄격히 이행되어야 한다. ③, ④ 목적 외 이용 등을 한 날부터 30일 이내 관보 또는 인터넷 홈페이지에 게재하여야 한다(홈페이지에 게재 시 10일 이상 계속 게재).
※ 법령 근거: 「개인정보 보호법」 제20조(정보주체 이외로부터 수집한 개인정보의 수집 출처 등 통지), 「개인정보 보호법 시행령」 제15조(개인정보의 목적 외 이용 또는 제3자 제공의 관리), 제15조의2(개인정보 수집 출처 등 통지 대상·방법·절차)

36 ④ 마케팅 등 임의적 목적의 개인정보 수집은 반드시 정보주체의 동의를 받아야 하며 단순 안내문만 제공하는 것은 법적 요건을 충족하지 않는다(법 제15조, 제22조). 나머지는 위의 위반 사항과 관련성이 밀접하지 않다.

37 ① 수집 동의 시 명확하고 구체적 설명이 있어야 하고 묵시적 동의는 원칙적으로 인정되지 않는다. 불가피하게 묵시적인 동의에 의한 경우 그 입증책임은 개인정보처리자에게 있다. ③ 미성년자의 개인정보는 법정대리인의 동의를 받아야 한다. ④ 처리 목적 변경 시에는 추가 동의를 반드시 받아야 하며 포괄적 동의를 받아서는 안 된다. ⑤ 동의 철회 시에는 수집·이용 중단뿐 아니라 관련 수집한 개인정보의 파기 조치도 필요하다.
※ 법령 근거: 「개인정보 보호법」 제15조(개인정보 수집·이용), 제37조(개인정보의 처리정지 등), 「개인정보 보호법 시행령」 제44조(개인정보의 처리정지 등)

38 ② 주민등록번호 수집은 법정주의에 따라 법률에 근거하여 수집 및 이용이 가능하므로 정보주체의 동의로는 옳지 않다.
※ 법령 근거: 「개인정보 보호법」 제3조(개인정보 보호 원칙), 제16조(개인정보의 수집 제한), 제18조(개인정보의 목적 외 이용·제공 제한), 제24조의2(주민등록번호 처리의 제한)

39 ① 일부 경미한 변경만 있는 경우에도 추가 동의를 받아야 한다. ③ 「방문판매 등에 관한 법률」에 따른 전화권유판매자가 육성으로 수신자에게 개인정보의 수집 출처를 고지하고 전화 권유를 하는 경우 사전 동의 예외 대상이다. ④ 광고성 정보 수신 동의는 별도 동의를 받아서 수집해야 한다. ⑤ 오후 9시부터 그다음 날 오전 8시까지의 시간에 전자적 전송매체를 이용하여 영리목적의 광고성 정보를 전송하려는 자는 제1항에도 불구하고 그 수신자로부터 별도의 사전 동의를 받아야 한다.
  ※ 법령 근거: 정보통신망법 제50조(영리목적의 광고성 정보 전송 제한)

40 ① 개인정보를 단순히 보관만 하는 경우 안전성 확보 조치의무 대상이다. ③ 개인정보 저장은 정보주체의 이익을 목적으로 한 경우에도 동의를 받고 동의 시 명시한 기간 동안(영구로 설정한 경우 영구로 가능) 가능하며, 개인정보 파기 의무는 보관기간이 경과한 경우 파기하여야 하는 연관성이 있다. ④ 개인정보 관리는 내부 방침이 아닌 법적 기준이나 감독 기관의 지침에 따른다. ⑤ 개인정보 저장 시스템은 외부 위탁 시에도 위탁자는 개인정보처리자로서 그 책임과 의무를 갖는다.
  ※ 법령 근거: 「개인정보 보호법」 제29조(안전조치의무), 제21조(개인정보의 파기), 표준 개인정보 보호지침 제10조(개인정보의 파기 방법 및 절차)

41 "전자상거래 등에서의 소비자보호에 관한 법률"에 따라 소비자 불만·분쟁 처리에 관한 기록은 3년 보관의무가 있다.
  ※ 법령 근거: 「개인정보 보호법」 제21조(개인정보의 파기)

42 ① 개인정보의 특성에 따라 단반향 또는 양방향 암호화하여 보관하고, 접근 권한을 최소화하여 관리한다. ③ 개인정보처리자는 처리 중 개인정보가 부정확할 경우에는 이를 정보주체에게 정정 안내를 하여 처리한다. 임의로 삭제하는 것은 바람직하지 않다. ④ 불필요한 개인정보는 즉시 가명처리할 의무는 없다. ⑤ 공공기관이 아닌 일반기업도 개인정보처리자이므로 개인정보의 처리와 관련한 사고 발생 시에는 신고 의무가 있다.
  ※ 법령 근거: 「개인정보 보호법」 제29조(안전조치의무), 제34조(개인정보 유출 등의 통지·신고)

43 ① 수탁자(클라우드 업체, 외주 업체)는 제3자에 해당하지 않는다. ③ 개인정보의 제3자 제공에 대해 정보주체의 명확한 사전 동의를 원칙으로 규정하며, 동의 없이 제공할 수 있는 경우는 법률에서 엄격히 정하는 예외에 한정된다. 제공 시 제공받는 자, 목적, 항목 등을 정보주체에 명확히 고지하고 허락을 받아야 한다. 법적 절차나 계약상의 의무는 예외 사유에 포함될 수 있으나, 사전 동의가 없는 일방적 제공은 위법이다. ④ 수탁사의 하도급을 받아 개인정보를 처리하는 재수탁사는 제3자가 아니다. ⑤ 개인정보 제공에 관한 사항은 개인정보처리방침에 포함되어야 한다.
  ※ 법령 근거: 「개인정보 보호법」 제17조(정보의 제공), 제18조(개인정보의 목적 외 이용·제공 제한) 및 시행령 제15조(개인정보의 목적 외 이용 또는 제3자 제공의 관리)

44 1. 개인정보를 제공받는 자
2. 개인정보를 제공받는 자의 개인정보 이용 목적
3. 제공하는 개인정보 항목
4. 개인정보를 제공받는 자의 개인정보 보유 및 이용 기간
5. 동의를 거부할 권리가 있다는 사실 및 동의 거부에 따른 불이익이 있는 경우에는 그 불이익의 내용
  ※ 법령 근거: 「개인정보 보호법」 제17조(개인정보의 제공)

45 1. 법률에 특별한 규정이 있거나 법령상 의무 준수를 위해 불가피한 경우
2. 공공기관이 법령 등에서 정하는 소관업무 수행을 위해 불가피한 경우
3. 정보주체 또는 그 법정대리인이 의사표시를 할 수 없는 상태에 있거나 주소불명 등으로

사전 동의를 받을 수 없는 경우로서 명백히 정보주체 또는 제3자의 급박한 생명, 신체, 재산의 이익을 위하여 필요하다고 인정되는 경우
4. 정보통신서비스제공자의 경우, 정보통신서비스의 제공에 따른 요금정산을 위하여 필요한 경우
5. 정보통신서비스제공자의 경우, 다른 법률에 특별한 규정이 있는 경우
※ 법령 근거: 「개인정보 보호법」 제15조(개인정보의 수집·이용)

46 ① 개인정보 보호법은 개인정보처리방침에 개인정보 제3자 제공 내역을 포함하고 정보주체가 쉽게 접근 가능하고 공개하도록 명시하고 있다. ③ 영업 비밀이나 업무상 비밀을 이유로 개인정보 제공 내역을 공개하지 않는 것은 정당한 사유가 아니며, ④ 감독 기관 보고만으로 정보주체 공개 의무가 대체되지 않는다. ⑤ 개인정보처리방침은 정보주체가 확인할 수 있도록 대외적인 공개 대상이며, 내부 문서로 제한하지 않는다.
※ 법령 근거: 「개인정보 보호법」 제30조(개인정보처리방침의 수립 및 공개)

47 ① 제공받은 개인정보처리자(기업)는 동의받은 범위 내에서 정보주체로부터 재동의를 받을 의무가 없다. ② 한국지사에서 동의를 받은 경우에도 본사는 동의를 별도로 동의를 받아야 한다. ③ 처리 위탁 시 손해배상 책임의 전부가 반드시 수탁사로 이전되지는 않는다. ④ 기업의 사업 확장을 위해 개인정보의 제3자 제공 시 목적 외 이용이나 재제공은 정보주체 동의가 필요하다.
※ 법령 근거: 「개인정보 보호법」 제26조(업무위탁에 따른 개인정보의 처리 제한), 제29조(안전조치의무)

48 ① 처리 위탁의 목적은 개인정보를 수탁받은 업체의 이익이 아닌 위탁자의 업무 등을 목적으로 한다. ② 범죄수사를 목적으로 한 제3자 제공은 반드시 사전 동의 의무가 없다. ③ 개인정보 위탁 시에도 개인정보처리자의 관리·감독 의무가 있다. ⑤ 개인정보 처리 위탁은 개인정보위수탁계약서의 서면 계약이 원칙이다.
※ 법령 근거: 「개인정보 보호법」 제26조(업무위탁에 따른 개인정보의 처리 제한) 제18조(개인정보의 목적 외 이용·제공 제한)

49 개인정보처리자는 영업의 전부 또는 일부의 양도·합병 등으로 개인정보를 다른 사람에게 이전하는 경우에는 미리 다음 각호의 사항을 대통령령으로 정하는 방법에 따라 해당 정보주체에게 알려야 한다.
1. 개인정보를 이전하려는 사실
2. 개인정보를 이전받는 자(이하 "영업양수자 등"이라 한다)의 성명(법인의 경우에는 법인의 명칭을 말한다), 주소, 전화번호 및 그 밖의 연락처
3. 정보주체가 개인정보의 이전을 원하지 아니하는 경우 조치할 수 있는 방법 및 절차
※ 법령 근거: 「개인정보 보호법」 제27조(영업양도 등에 따른 개인정보의 이전 제한)

50 ① 양도인이 그 이전 사실을 이미 알린 경우 양수인은 정보주체에게 고지의무가 없다. ③ 개인정보가 포함된 영업 양도는 정보주체에게 고지의 의무가 있다. ④ 개인정보처리방침 변경 사항을 공개하고, 정보주체 통지는 의무사항이다. ⑤ 양수인은 개인정보처리자이다.
※ 법령 근거: 「개인정보 보호법」 제27조(영업양도 등에 따른 개인정보의 이전 제한)

51 개인정보를 제공 이전에 정보주체로부터 구체적이고 명시적 동의를 받아야 한다.

52 • 3자 제공: 제휴사 마케팅, 보험사 제공 등
• 처리 위탁: 택배사, 콜센터, 시스템 관리 등 위탁
• 양도 개인정보 이전: 회사 매각, 합병, 분할 등

53 정보주체에게 개인정보의 이전 사실을 알리지 아니한 자 → 1천만원 이하 과태료
※ 법률적 근거: 「개인정보보호법」 제75조(과태료)

54 ① 개인정보는 수집 목적 외 이용은 법률에 근거가 있거나 정보주체의 추가적 동의를 받은 경우 제한적으로 가능하다. 업무상 목적이나 경영진의 판단에 따라 예외 사유가 아니다. ② 개인정보를 다른 유관 사업 영역에서 추가 활용하는 것은 법률 위반이다. ④ 유사 목적의 사업을 하는 경우 별도 안내로 동의가 필요하다. ⑤ 개인정보는 스타트업 사업자도 목적 외 이용은 허용되지 않는다.
법률적 근거: 「개인정보보호법」 제15조(개인정보의 수집·이용), 제16조(개인정보의 수집 제한), 제18조(개인정보의 목적 외 이용·제공 제한)

55 1. 내부 관리계획의 수립·시행 및 점검
2. 개인정보에 대한 접근 권한을 제한하기 위한 다음 각 목의 조치
3. 개인정보에 대한 접근을 통제하기 위한 다음 각 목의 조치
4. 개인정보를 안전하게 저장·전송하는 데 필요한 다음 각 목의 조치
5. 개인정보 침해사고 발생에 대응하기 위한 접속기록의 보관 및 위조·변조 방지
6. 개인정보처리시스템 및 개인정보취급자가 개인정보 처리에 이용하는 정보기기에 대해 컴퓨터바이러스, 스파이웨어, 랜섬웨어 등 악성프로그램의 침투 여부를 항시 점검·치료할 수 있도록 하는 등의 기능이 포함된 프로그램의 설치·운영과 주기적 갱신·점검 조치
7. 개인정보의 안전한 보관을 위한 보관시설의 마련 또는 잠금장치의 설치 등 물리적 조치
8. 그밖에 개인정보의 안전성 확보를 위하여 필요한 조치
※ 법령 근거: 「개인정보 보호법」 제29조(안전조치의무), 개인정보 보호법 시행령 제30조(개인정보의 안전성 확보 조치)

56 법원은 제3항의 배상액을 정할 때에는 다음 각호의 사항을 고려하여야 한다.
1. 고의 또는 손해 발생의 우려를 인식한 정도
2. 위반행위로 인하여 입은 피해 규모
3. 위법행위로 인하여 개인정보처리자가 취득한 경제적 이익
4. 위반행위에 따른 벌금 및 과징금
5. 위반행위의 기간·횟수 등
6. 개인정보처리자의 재산상태
7. 개인정보처리자가 정보주체의 개인정보 분실·도난·유출 후 해당 개인정보를 회수하기 위하여 노력한 정도
8. 개인정보처리자가 정보주체의 피해구제를 위하여 노력한 정도
※ 법률적 근거: 「개인정보보호법」 제39조(손해배상책임)

57 훼손 → 악성코드 감염으로 데이터 파일 손상

58 접속 후 수행한 업무 내역(열람, 수정, 삭제, 출력 등의 작업 종류)

59 퇴직·전보 시 권한 즉시 회수

60 • SSL VPN(Secure Sockets Layer VPN): 웹 브라우저 기반으로 동작하며, 특수한 클라이언트 없이 HTTPS 보안 연결을 통해 VPN 기능을 제공
• IPSec VPN(Internet Protocol Security VPN): IP 계층에서 동작하는 전통적인 VPN 방식으로, 네트워크 트래픽을 암호화하고 인증

61 ① 복호화가 안 된다. ② 서로 다른 두 개의 키(공개키(Public Key), 개인키(Private Key))를 사용하지 않는다. ③ 암호화된 값을 복호화할 수 없도록 설계한 방식, ⑤ 대표적 암호 알고리즘은 SHA(Secure Hash Algorithm)이다.

62 개인정보처리자는 다음 각호의 해당하는 이용자의 개인정보에 대해서는 안전한 암호 알고리즘으로 암호화하여 저장하여야 한다.
1. 주민등록번호
2. 여권번호
3. 운전면허번호
4. 외국인등록번호
5. 신용카드번호
6. 계좌번호
7. 생체인식정보

63
- 아래 세 가지 조건 중 하나에 해당하면 2년 이상 보관해야 한다.
  - 5만명 이상의 정보주체 정보를 처리하는 경우
  - 고유식별정보 또는 민감정보를 처리하는 경우
  - 기간통신사업자에 해당하는 경우
- 개인정보처리자는 개인정보취급자의 접속기록을 최소 1년 이상 보관해야 한다.

64
- IAM(Identity and Access Management): 사용자 인증(Authentication)과 권한 부여(Authorization)를 관리하여 시스템과 데이터에 대한 접근 권한을 제어한다.
- IPS(Intrusion Prevention System): 네트워크나 시스템에서 악의적인 공격이나 침입 시도를 실시간으로 탐지하고 차단한다.
- WAF(Web Application Firewall): 웹 애플리케이션으로 들어오는 HTTP/HTTPS 트래픽을 필터링하여 SQL 인젝션, XSS 등 웹 공격으로부터 애플리케이션을 보호한다.
- MDM(Mobile Device Management): 기업이나 조직에서 사용하는 모바일 기기를 중앙에서 관리하고, 보안 정책을 적용하여 기기와 저장된 데이터를 보호한다.

65
- 파일리스(Fileless) 멀웨어 공격: 시스템의 파일 시스템에 새로운 실행 파일을 남기지 않고, 메모리상에서만 악성코드가 실행되는 공격이다. 대표적으로 PowerShell 스크립트를 이용하거나 정상 프로세스의 메모리 영역을 조작하여 악성행위를 수행한다.
- 프로세스 할로잉(Process Hollowing): 정상 프로세스를 생성한 후 그 프로세스의 메모리 공간을 악성코드로 교체하여, 정상 프로세스인 것처럼 위장하고 악성 활동을 지속한다.
- DLL 인젝션 및 DLL 사이드로딩: 정상 프로세스에 악성 DLL을 주입하거나 DLL 탐색 경로를 악용하여 악성 DLL이 로드되도록 하는 공격이다.
- 키로거 설치 및 메모리 상주: 키보드 입력을 가로채 저장하는 키로거가 메모리에 상주하여 사용자 입력 정보를 탈취한다.
- DDoS 공격: 여러 곳에서 동시에 발생하는 대량의 인터넷 트래픽을 이용해 특정 서버나 네트워크에 과부하를 일으켜 정상적인 서비스를 방해하는 공격이다. 공격자는 악성코드에 감염된 컴퓨터들과 IoT 기기 등으로 구성된 봇넷을 통해 공격 명령을 전달하며, 표적 서버는 이 넘쳐나는 요청을 처리하지 못해 서비스가 지연되거나 중단시키는 공격이다.

66
- 신체적: 지문, 얼굴, 홍채·망막의 혈관 모양, 손바닥·손가락의 정맥 모양, 귓바퀴 모양 등
- 생리적: 뇌파, 심전도, 유전정보 등
- 행동적: 음성, 필적, 걸음걸이, 자판입력 간격·속도 등

67
- 100만명 이상의 정보주체에 관한 개인정보를 처리하는 시스템
- 개인정보처리시스템에 대한 개인정보취급자의 수가 200명 이상인 시스템
- 정보주체의 사생활을 현저히 침해할 우려가 있는 민감한 개인정보를 처리하는 시스템

68
- 100만명 이상의 정보주체에 관한 개인정보를 처리하는 시스템
- 개인정보처리시스템에 대한 개인정보취급자의 수가 200명 이상인 시스템
- 「주민등록법」에 따른 주민등록정보시스템과 연계하여 운영되는 시스템
- 총사업비가 100억원 이상인 시스템

69 공공시스템운영기관은 정당한 권한을 가진 개인정보취급자에게만 접근 권한이 부여·관리되고 있는지 확인하기 위하여 제5조제3항에 따른 접근 권한 부여, 변경 또는 말소 내역 등을 반기별 1회 이상 점검하여야 한다.

70 ①, ② 개인정보 안전 확보는 기술적·관리적 조치가 상호 보완적으로 균형 있게 적용되어야

하며 어느 한쪽만 강화해서는 충분치 않다. ④ 어느 한 분야만 선택하거나 의무가 없다. ⑤ 조치 간 역할이 구분되므로 최대한 안전조치 하도록 한다.

※ 법령 근거: 「개인정보 보호법」 제29조 (안전조치의무)

71
- 관리적 조치: 내부 관리계획 수립·시행, 전담조직 운영, 정기적 직원 교육
- 기술적 조치: 개인정보처리시스템 등의 접근 권한 관리, 접근통제시스템 설치, 개인정보의 암호화, 보안프로그램 설치 및 갱신, 개인정보처리자의 컴퓨터에 바이러스 백신 설치
- 물리적 조치: 전산실, 자료보관실 등의 접근 통제

72
- XSS(Cross-Site Scripting, 크로스사이트 스크립팅)는 공격자가 입력한 악성스크립트가 사용자 측에서 응답하는 취약점으로, 사용자 입력값에 대한 검증이 미흡하거나 출력 시 필터링 되지 않을 경우 발생한다. 쿠키 값 또는 세션 등 사용자의 정보를 탈취하거나 피싱 사이트로의 접근 유도 등 사용자에게 직접적인 피해를 줄 수 있다.
  - Reflective XSS: 웹 페이지에 악의적인 스크립트가 포함될 수 있으며, 해당 웹페이지를 열람하는 접속자의 권한으로 부적절한 스크립트가 실행되어 정보 유출 등의 공격을 유발할 수 있다.
  - Stored XSS: 공격자가 미리 취약한 서버에 악의적인 스크립트가 포함된 정보를 저장해서 일반 사용자들이 해당 정보를 조회하는 경우 접속자의 권한으로 부적절한 스크립트가 수행되어 정보 유출 등의 공격을 유발할 수 있다.
- 오류 메시지 정보누출: 응용프로그램이 실행환경, 사용자 등 관련 데이터에 대한 민감한 정보를 포함하는 오류 메시지를 생성하여 외부에 제공하는 경우, 공격자의 악성 행위를 도울 수 있다. 예외 발생 시 예외 이름이나 서버환경 등 중요정보를 출력하는

경우, 프로그램 내부 구조를 쉽게 파악할 수 있기 때문이다
- 운영체제 명령어 삽입: 운영체제 명령어를 생성할 때 검증되지 않은 외부 입력값을 허용하여 악의적인 명령어가 실행 가능한 보안 약점이다.
- Null Pointer 역참조: 변수의 주소 값이 Null인 객체를 참조하는 보안 약점이다.

73
- 파일 업로드 취약점: 웹 서비스에서 파일 확장자나 콘텐츠 타입 검증이 미흡하여 공격자가 악성 스크립트(웹쉘)를 서버에 업로드할 수 있는 취약점이다. 게시판, 첨부파일, 이미지 업로드 기능 등에서 자주 발생한다. 확장자 변조, 이중 확장자 사용, 인코딩 우회 기법 등이 사용된다.
- 웹 애플리케이션 에디터 취약점: SmartEditor, DaumEditor, Namo Crosseditor 등 웹 에디터 내 보안 취약점으로 인해 악성코드 업로드가 가능해지는 경우
- SQL 인젝션 등 간접 취약점: 서버 내부의 데이터베이스나 파일 시스템 접근 권한을 얻기 위한 우회 공격으로, SQL 인젝션 등의 다른 취약점을 통해 웹쉘을 생성하거나 업로드하는 경우
- 웹/애플리케이션 서버 설정 오류 (Misconfiguration): 웹 서버 설정 부주의로 외부에서 접근 가능한 임시 폴더 등에 웹쉘 업로드가 가능한 경우
- 소스 코드 취약점(Source Code Vulnerabilities): 웹 애플리케이션의 소스 코드 내 보안 취약점을 통해 악성코드가 삽입되거나 웹쉘이 작동하게 되는 경우

74 접속기록은 상세히 기록·보관하며 정기적·자동화된 점검으로 이상 징후 탐지가 필수이다. ② 접속기록은 상세히 기록·보관한다. ③ 접속기록의 점검은 월 1회 수행한다. ④ 점검 결과는 내부 영업기밀정보로 보기 어렵다. ⑤ 이상 로그를 감지한 경우 기록관리가 바람직하다.

75 문제 72번 해설 참조

76 ② 감염 사실을 발견한 경우 원인 파악을 수행한다. ③ 주기적 백업을 수행하는 것이 바람직하다. ④ 감염된 장치는 폐기 또는 감염 원인을 삭제하는 등 안전 조치하여야 한다. ⑤ 악성코드 대응은 정보보호부서(정보보안부서 및 개인정보보호부서)를 포함한 전체 부서의 전사적 협력이 필요하다.

77 ② 한번 출력한 내용은 내용의 비공개 여부에 따라 공유 여부를 다르게 한다. ③ 출력 기록은 보관 또는 관리할 대상이다. ④ 출력물 파기는 임의사항이 아니다. ⑤ 출력 담당 책임은 해당 개인정보취급자(출력한 사람) 또는 개인정보처리자이다.

78
- 상시로 서버실 출입이 있는 관리자는 수기대장을 기록하지 않는다.
- 출입은 통제하기 위해 일반적으로 통제구역으로 설정하여 관리하는 것을 권장한다.
- 출입 제어 장치는 매월 유지관리를 통해 성능점검 등 주기적 점검 및 관리를 하는 것을 권장한다.
- 출입 기록은 출입이 발생하는 경우 해당 일시에 작성한다.
- 엄격한 출입 통제와 기록 유지, 감시로 물리적 보안을 강화해야 한다.

79 ① 보안정책의 출발지를 'any'로 설정되지 않도록 점검하여야 한다. ② 백업 데이터는 서버 외 위치에 물리적으로 분리한다. ④ 백업 일정은 사용자 수가 가장 적은 시간대에 설정하여 백업으로 인한 시스템 부하를 최소화한다. ⑤ 백업에서 오류가 발생한 경우 오류사항을 신속하게 조치하여 정상화하는 것이 바람직하다.
※ 소산 백업이란 천재지변이나 재난 등 비상사태에 대비하여 백업 데이터를 원본과 일정 거리 이상 떨어진 곳(예: 별도의 IDC, 원격지)에서 안전하게 보관하는 방식이다.

80 ① 아카이브 보관은 장기 영구 보관할 때 사용한다. ③ 파일명 변경 및 숨김 처리가 아닌 완전파기를 권장한다. ④ "영구 보존"이나 ⑤ "단순 삭제 및 휴지통 비우기"는 바람직하지 않다.
※ 아카이브 보관이란 역사적, 법적, 문화적, 혹은 장기 보존 가치가 있는 데이터, 기록물, 문서, 파일 등을 선별하여 안전하고 체계적으로 저장하고 관리하는 것을 의미한다. 이는 단순한 백업과 달리 장기간 보존을 목적으로 하며, 필요시 쉽게 검색하고 활용할 수 있도록 하는 체계적 데이터 저장 방식이다.

81 개인정보보호 우수 평가 직원의 실수로 발생한 개인정보 유출에 대한 책임을 면제한 것은 강화 방안에 해당하지 않는다.

82 ① 개인정보취급자인 직원이 퇴사한 경우 해당 직원의 권한을 즉시 또는 신속하게 해제 또는 삭제한다. 다음 연도에 처리하는 것은 바람직하지 않다. ② 전체 직원에게 차등화한 권한으로 적용한다. ④ 권한 남용한 경우 다시 그 직무에 복귀는 바람직하지 않다. ⑤ 권한에 대한 사항은 신속성을 위하여 문서화가 바람직하다.
※ 법령 근거: 「개인정보 보호법」 제29조제1항제2호, 제72조

83
- OTP(One-Time Password): 일회용 비밀번호로 매번 다른 코드가 생성되어 재사용과 도청 위험 최소화
- SSL/TLS 암호화 통신: 네트워크 연결 시 데이터 암호화와 서버 인증을 보장하여 중간자 공격 방지
- 다중요소 인증(MFA): 비밀번호 외에 OTP, 생체인식(지문, 안면인식), 하드웨어 토큰 등을 조합하여 인증 강도를 높인다.
- VPN(가상사설망): 공용 네트워크상에서 암호화된 터널을 통해 안전하게 기업 내부 자원 접속 지원

- FIDO(Fast IDentity Online) 인증: 비밀번호 없이 하드웨어 기반 생체인식이나 보안키를 사용한 표준 인증 방식

84 웹 서버에 불필요한 백업 파일(.bak, .tmp 등)이나 임시파일이 존재하지 않도록 주기적 점검 및 삭제

85 ① 키 관리는 주기적으로 점검한다. ② 키 관리 서버에 저장 보관한다. ③ 공유대상이 아니다. ⑤ 암호화 키는 논리적 자산에 속한다.

86 ① 개인정보 관리체계는 법적 의무 대상이다. ② 별개로 하지 않는다. ④ 법률과 충돌이 있는 이해관계자 의견을 반영하지 않을 수 있다. ⑤ 외부 기관이 전적으로 담당 또는 책임지도록 계약은 바람직하지 않다.

87 ① 숨기지 않는다. ② 최신 IT 장비 도입만으로 한정하기 어렵다. ③ 개인정보 보호책임자의 역할은 선택 사항이 아니다. ⑤ 개인정보 처리시스템은 통제하에 운영한다.

88 ④ 해킹방어 기술의 개발은 해당하지 않는다.
1. 개인정보 보호 계획의 수립 및 시행
2. 개인정보 처리 실태 및 관행의 정기적인 조사 및 개선
3. 개인정보 처리와 관련한 불만 처리 및 피해 구제
4. 개인정보 유출 및 오용·남용 방지를 위한 내부통제시스템의 구축
5. 개인정보 보호 교육 계획의 수립 및 시행
6. 개인정보파일의 보호 및 관리·감독
7. 그 밖에 개인정보의 적절한 처리를 위하여 대통령령으로 정한 업무
※ 법령 근거: 「개인정보 보호법」 제31조 (개인정보 보호책임자의 지정 등)

89 ISO/IEC 27701은 개인정보보호 관리체계 구축을 위한 국제 표준으로, 다양한 국가와 산업에서 채택되고 있다.
- ITIL(Information Technology Infrastructure Library)은 IT 서비스 관리를 위한 모범 사례(베스트 프랙티스) 프레임워크로, 조직이 IT 서비스를 효과적으로 계획, 제공, 운영 및 개선할 수 있도록 지원한다. ITIL은 IT 서비스 제공 시의 전 과정을 체계화하여 고객 만족과 비즈니스 목표를 달성하는 것이 목표이다.
- GDPR(General Data Protection Regulation)은 유럽연합(EU)의 개인정보 보호법으로, 2018년부터 시행되어 전 세계적으로 가장 강력한 개인정보 보호 규제로 평가받는다. GDPR은 EU/EEA 내에 거주하는 개인의 개인정보 처리와 관련해 투명성, 안전성, 권리 보호를 강화하는 것이 목적이다.
- HIPAA(Health Insurance Portability and Accountability Act)는 1996년에 제정된 미국 연방법으로, 의료정보의 개인정보 보호와 보안 강화가 목적이다. HIPAA는 환자의 건강 정보(Protected Health Information, PHI)를 보호하고, 의료 서비스 제공자 및 보험사 등이 이를 안전하게 관리하도록 법적 기준을 규정한다. 주요 내용은 개인정보의 비밀 유지, 무단 접근 방지, 데이터 보안 강화, 위반 시 민·형사 처벌 조치 등으로 구성된다.
- COBIT 5(Control Objectives for Information and Related Technologies 5)는 ISACA에서 개발한 IT 거버넌스 및 관리 프레임워크이다. 조직이 IT 자원을 효과적으로 관리하고, 비즈니스 목표와 IT 목표를 일치시키며, 위험을 최적화하고 가치 창출을 극대화할 수 있게 지원한다. COBIT 5는 5가지 원칙과 여러 관리·거버넌스 프로세스로 구성되어 있어 IT 전반에 관한 관리체계 마련에 활용된다.

90
- 정보보호 관리체계(ISMS) 인증을 받고자 하는 신청기관은 '1. 관리체계 수립 및 운영', '2. 보호대책 요구사항' 2개 영역에서 80개의 인증기준을 적용받게 되며 개인정보 처리 단계별 요구사항을 포함하지 않는다.
- 정보보호 및 개인정보보호 관리체계(ISMS-P) 인증을 받고자 하는 신청기관은

'3. 개인정보 처리 단계별 요구사항'을 포함하여 101개의 인증기준을 적용받게 된다.
※ 법령 근거:「개인정보 보호법」시행령 제34조의2(개인정보 보호 인증의 기준·방법·절차 등), 정보보호 및 개인정보보호 관리체계 (ISMS-P) 인증제도 안내서

91 ② HIPAA는 미국 연방법으로, 의료정보의 개인정보 보호와 보안 강화가 목적이다. ③ CCPA는 개인정보보호에 관한 국제 표준이 아닌 미국 내 캘리포니아주의 소비자 개인정보 보호법이다. ④ ISO 27701은 국제 표준이다. ⑤ GDPR은 EU 개인정보보호법이다.

92 1. 영향평가의 대상 및 범위
2. 평가 분야 및 항목
3. 평가기준에 따른 개인정보 침해의 위험요인에 대한 분석·평가
4. 제3호의 분석·평가 결과에 따라 조치한 내용 및 개선계획
5. 영향평가의 결과
6. 제1호부터 제5호까지의 사항에 대하여 요약한 내용
※ 법령 근거:「개인정보 보호법」시행령 제38조 (영향평가의 평가기준 등)

93 개인정보 보호 관련 법률 준수를 위한 법률분석은 필수이다. 다만 개정을 위한 목적은 해당하지 않는다.

94 1. 민감정보 또는 고유식별정보의 처리 여부
2. 개인정보 보유기간
※ 법령 근거:「개인정보 보호법」시행령 제37조 (영향평가 시 고려사항)

95 1. 5만명 이상의 정보주체에 관한 법 제23조에 따른 민감정보 또는 법 제24조제1항에 따른 고유식별정보를 처리하는 경우
2. 100만명 이상의 정보주체에 관한 개인정보를 처리하는 경우
3. 최근 3년간 개인정보 유출 등 개인정보 침해사고가 2회 이상 발생하였거나, 보호위원회로부터 과징금 또는 과태료 처분 등을 1회 이상 받은 경우
4. 그밖에 개인정보 처리 및 관리에 있어서 개인정보 침해 우려가 크다고 판단되는 경우

96 ② 개인정보보호위원회가 주관기관이다. ③ 한국인터넷진흥원은 전담기관이다. ④ 개인정보 관리체계 분야에 "개인정보 보호책임자의 역할 수행"이 있다. ⑤ 기타 지표에는 감점지표(개인정보 유출 등 사고 발생 건당 등)와 가점지표(신기술 환경에서의 데이터의 안전한 활용 및 안전조치 적절성)가 있다.

97 1. 개인정보 보호 정책·업무 수행실적 및 개선정도
2. 개인정보 관리체계의 적정성
3. 정보주체의 권리보장을 위한 조치사항 및 이행 정도
4. 개인정보 침해방지 조치사항 및 안전성 확보 조치 이행 정도
5. 그밖에 개인정보의 처리 및 안전한 관리를 위해 필요한 조치 사항의 준수 여부
※ 법령 근거:「개인정보 보호법」시행령 제13조의2(개인정보 보호수준 평가의 대상·기준·방법·절차 등)

98 영향평가는 향후 예정인 정보시스템을 현재 영향평가 의무대상으로 하지 않는다.
※ 법령 근거:「개인정보 보호법」제33조 (개인정보 영향평가)

99 에어컨 등 시설의 일반 설비는 ISMS-P 인증 범위에 해당하지 않는다.
※ 법령 근거: 정보보호 및 개인정보보호 관리체계(ISMS-P) 인증제도 안내서

100 전년도 매출액이 1,500억인 상급종합병원

개인정보 관리사 CPPG

2026. 1. 7. 초 판 1쇄 인쇄
2026. 1. 14. 초 판 1쇄 발행

지은이 | 최윤미, 이아람
펴낸이 | 이종춘
펴낸곳 | BM (주)도서출판 성안당

저자와의
협의하에
검인생략

주소 | 04032 서울시 마포구 양화로 127 첨단빌딩 3층(출판기획 R&D 센터)
    | 10881 경기도 파주시 문발로 112 파주 출판 문화도시(제작 및 물류)
전화 | 02) 3142-0036
    | 031) 950-6300
팩스 | 031) 955-0510
등록 | 1973. 2. 1. 제406-2005-000046호
출판사 홈페이지 | www.cyber.co.kr
ISBN | 978-89-315-8369-4 (13000)
정가 | 35,000원

이 책을 만든 사람들

책임 | 최옥현
진행 | 최창동
본문 디자인 | 인투
표지 디자인 | 박원석
홍보 | 김계향, 임진성, 김주승, 최정민
국제부 | 이선민, 조혜란
마케팅 | 구본철, 차정욱, 오영일, 나진호, 강호묵
마케팅 지원 | 장상범
제작 | 김유석

이 책의 어느 부분도 저작권자나 BM (주)도서출판 성안당 발행인의 승인 문서 없이 일부 또는 전부를 사진 복사나 디스크 복사 및 기타 정보 재생 시스템을 비롯하여 현재 알려지거나 향후 발명될 어떤 전기적, 기계적 또는 다른 수단을 통해 복사하거나 재생하거나 이용할 수 없음.

※ 잘못된 책은 바꾸어 드립니다.